Paris
1868

Schiller, Friedrich von

Oeuvres complètes

Poésies

Tome 1

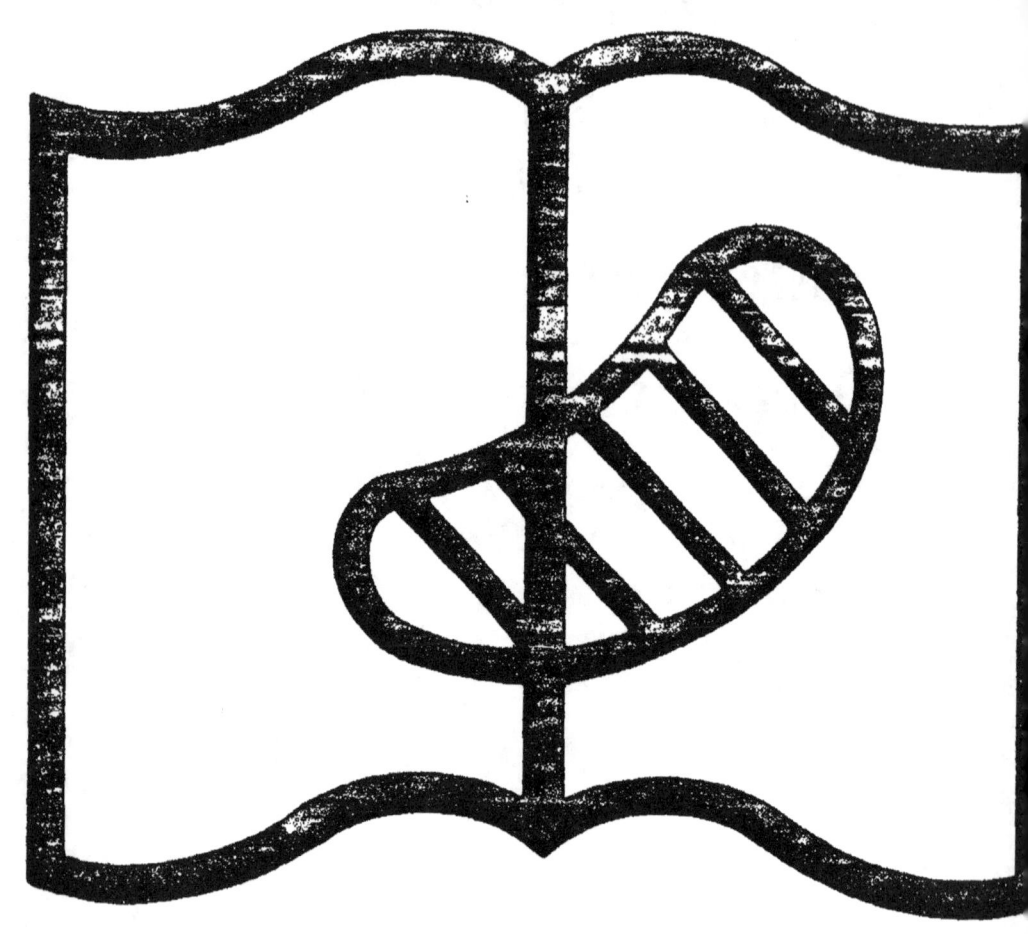

Symbole applicable
pour tout, ou partie
des documents microfilmés

Original illisible

NF Z 43-120-10

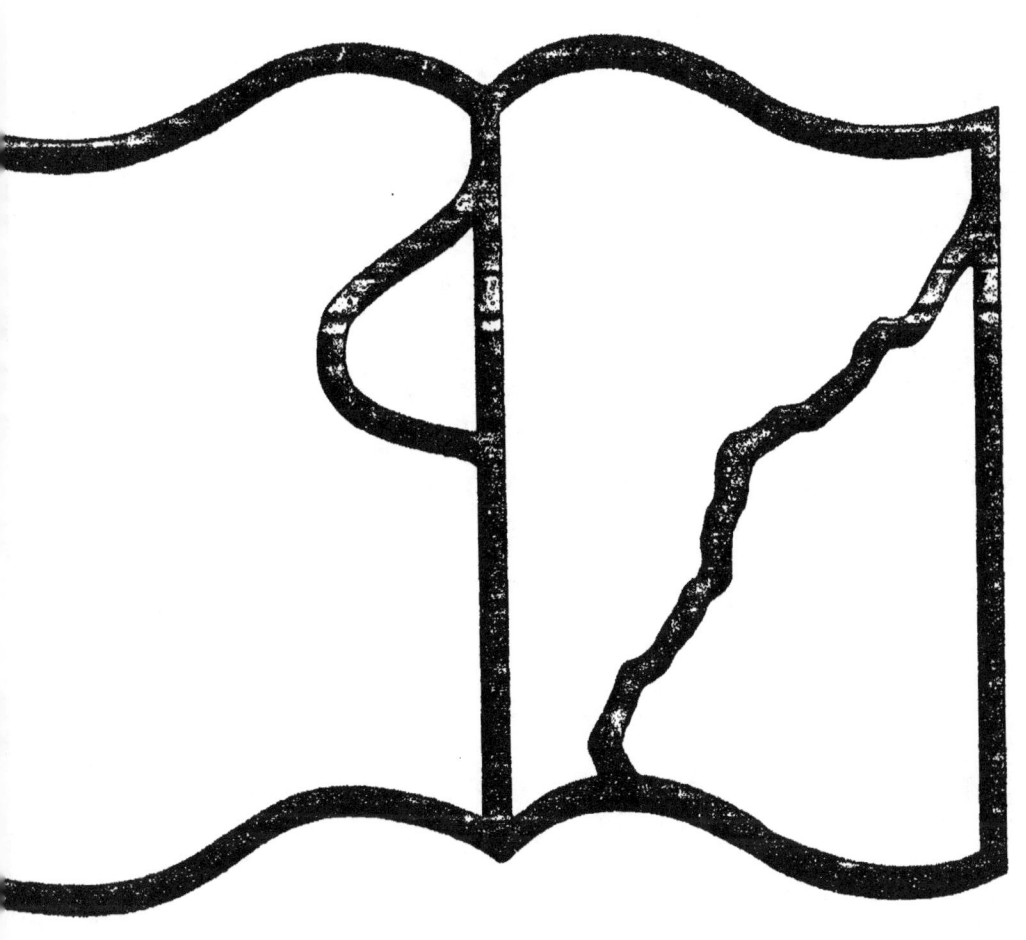

Symbole applicable
pour tout, ou partie
des documents microfilmés

Texte détérioré — reliure défectueuse

NF Z 43-120-11

ŒUVRES
DE SCHILLER

I

IMPRIMERIE GÉNÉRALE DE CH. LAHURE
Rue de Fleurus, 9, à Paris

POÉSIES
DE SCHILLER

TRADUCTION NOUVELLE

PAR AD. REGNIER

MEMBRE DE L'INSTITUT

PARIS

LIBRAIRIE DE L. HACHETTE ET Cie

BOULEVARD SAINT-GERMAIN, N° 77

1868

A

SON ALTESSE ROYALE

CHARLES-ALEXANDRE

GRAND-DUC DE SAXE-WEIMAR

PRINCE CHER AUX AMIS DES ARTS ET DES LETTRES
ZÉLÉ POUR TOUS LES GRANDS SOUVENIRS DE SA PATRIE
RESTAURATEUR DE L'ANTIQUE WARTBOURG
GARDIEN VIGILANT
ET
FAUTEUR GÉNÉREUX
DE LA GLOIRE PLUS RÉCENTE
QUI DE WEIMAR RAYONNA SUR L'ALLEMAGNE

DIGNE PETIT-FILS DE CHARLES-AUGUSTE

DE CELUI QUI DANS LA DERNIÈRE DEMEURE
REPOSE ENTRE

SCHILLER ET GOETHE

PRÉFACE.

L'Allemagne est à la veille de célébrer le centième anniversaire de la naissance de Schiller par une de ces solennités vraiment nationales auxquelles tous prennent part, grands et petits, savants et ignorants, et qui ne consistent pas seulement en hommages officiels et publics, mais se fêtent surtout dans les cœurs. Chez nos voisins, Schiller est connu de tous, aimé de tous, regardé, avec raison, comme le représentant le plus fidèle de l'esprit de la nation, de ses sentiments, de ses instincts, de ses aspirations. Je comprends qu'ils soient fiers de se reconnaître en lui, qu'ils aiment à se contempler dans un tel miroir qui leur renvoie leurs traits à la fois si ressemblants et si nobles et si purs. A ce motif de leur enthousiasme il s'en joint d'autres de l'ordre le plus élevé; mais il suffirait à lui seul, on en conviendra, pour expliquer cette sorte de culte qu'ils ont voué à l'auteur de *Guillaume Tell* : en l'honorant, ils s'honorent eux-mêmes.

Je me félicite que les quatre premiers volumes de notre traduction, qui renferment les poésies détachées et le théâtre de Schiller, c'est-à-dire ses œuvres les plus appréciées en tous lieux, et, à bon droit, les plus admirées, paraissent juste au moment de ce jubilé, et viennent se joindre comme un sincère hommage parti de la France au triomphe que lui décernent ses compatriotes[1]. Schiller, par sa manière de sentir et de dire, est le plus allemand des poëtes d'outre-Rhin; mais par le point de vue auquel il s'élève généralement, et par ses tendances constantes, il est de tous aussi le plus humain, le plus cosmopolite, le moins enfermé dans les limites du lieu et du temps où il vit. Nous associer à ceux qui le célèbrent, ce n'est point prendre part à une fête de clocher ni de province : il est partout, à le prendre au temps de sa maturité et de ses vrais chefs-d'œuvre, le poëte de toutes les âmes généreuses, de tous les vrais amis de l'humanité, de quiconque a foi au progrès. Puis, par le droit du génie, il est du petit nombre de ces grandes figures de l'histoire littéraire qui appartiennent à tous les siècles, à toutes les contrées; il compte parmi ces phares resplendissants, qui, tout en restant attachés au port, à la plage où ils s'élèvent, rayonnent au loin et éclairent tout le domaine des lettres et des arts.

Schiller, qui a commencé de très-bonne heure à écrire en vers et en prose, n'est pas dans tous ses ouvrages également pur, également beau. Ses productions se divisent en plusieurs périodes bien distinctes. Dans celles de sa jeunesse, il y a de nombreux détails, des pages, plus d'un opuscule entier que l'homme de goût effacerait volontiers, et que ceux-là surtout ne peuvent s'empêcher de condamner, qui ne séparent jamais, ni dans leur esprit, ni dans leur cœur, le beau du vrai et du bien. Dans les œuvres même qui ne sont plus des essais, des ébauches, il y a tel principe, telle doctrine, que non-seulement le chrétien, mais le philosophe le moins préoccupé d'un symbole de foi révélé peut, tout en se les expliquant par la vie même de l'auteur et par l'esprit de son temps, et en rendant justice à la droiture parfaite de ses intentions, trouver faux et dangereux, soit en eux-mêmes, soit dans leurs conséquences. On pourrait çà et là hésiter à traduire, çà et là se repentir d'avoir tra-

---

[1]. M. Hachette, qui entend d'une manière si libérale, ainsi que ses honorables associés, les bons rapports et échanges intellectuels entre les nations, n'a rien négligé pour que, à tous égards, cet hommage fût digne d'une telle circonstance, digne du pays à qui il est offert, comme du pays d'où il vient.

duit, si, en somme, l'impression de l'ensemble n'était salutaire; si la voie, malgré quelques détours, ne menait à un noble but, ou du moins, car le but a peut-être quelque chose de vague et d'indéfini, ne conduisait par de hautes et sereines régions où il est bon de séjourner à ceux que la foi n'élève pas plus haut encore. Schiller, comme à son insu, je l'ai dit ailleurs, est, par la nature même de son inspiration, tout imprégné de christianisme là même où il est le moins chrétien : il ouvre l'âme de ses lecteurs au désir de l'excellent et du parfait; et, ne pouvant par ce qu'il leur offre lui-même apaiser la soif qu'il fait naître, les pousse et les prépare à mieux.

Jusqu'ici on n'a pas publié en France de traduction complète des Œuvres de Schiller. Entre les traductions de telle ou telle partie de ses ouvrages, et surtout parmi celles du théâtre et des poésies, il en est qui se recommandent par les noms de leurs auteurs et dont nous ne voulons ici ni contester ni apprécier le mérite. Nous dirons seulement qu'aucune d'elles ne nous a paru si évidemment excellente et définitive qu'il fallût s'interdire toute tentative nouvelle, et renoncer, pour éviter cette concurrence partielle, à entreprendre une traduction complète.

Une autre considération d'une nature toute différente m'a fait hésiter pendant quelque temps, je l'avoue. Bien que nous ne soyons plus aussi exclusifs qu'autrefois et que, tout en restant fidèles à nos gloires nationales, à l'admiration que nous avons vouée à nos grands modèles et à ceux que nous offre l'antiquité classique, nous reconnaissions que d'autres races, d'autres contrées ont produit aussi des esprits excellents; que le beau est un, mais que les voies par lesquelles l'homme y tend ici-bas diffèrent : malgré ces habitudes plus libérales et plus hospitalières du goût français, je me suis demandé si ce serait agir dans l'intérêt de la gloire de Schiller que de le traduire tout entier dans notre langue. Jusqu'ici, parmi nous, les hommes d'un esprit cultivé qui ignorent l'allemand, ne connaissent Schiller, pour la plupart, que par ses chefs-d'œuvre; un bon nombre même, peu curieux ou de peu de loisir, savent seulement qu'il est un des plus grands noms de l'Allemagne, répètent de confiance les titres de ses drames les plus célèbres, et l'admirent sur parole. Entre ces derniers, s'il en est qui prennent en main la traduction que nous publions, il y en aura sans doute bien peu qui lisent autre chose que ses ballades et ses drames, et, pourvu que notre version nouvelle ne reste pas au-dessous de celles qui existent déjà, nous ne ferons auprès de ceux-là aucun tort au grand écrivain, mais plutôt quelque bien, toutes les fois que nous aurons réussi, comme ce serait le devoir de qui vient après, à le mieux rendre que ceux qui nous ont précédé. Pour les esprits plus attentifs, plus amis de l'étude sérieuse, qui voudront le connaître tout entier, ils auront, sans aucun doute, eu lisant dans notre publication ceux de ses ouvrages qui leur sont inconnus, cette pensée toujours présente, qu'une traduction, quelque consciencieuse qu'elle puisse être, n'est, comme on l'a dit tant de fois, qu'un calque infidèle et insuffisant, une gravure, un dessin à la place d'une peinture ou d'une sculpture; ils nous imputeront à nous plus qu'à l'original une bonne part des imperfections de pensée ou de style qu'ils pourront rencontrer çà et là; ils s'en prendront de ce qui les étonnera dans certaines façons de concevoir les choses et de les rendre à la différence du génie des deux langues, différence qui tient assurément en très-grande partie au génie même des races et des nations, mais qui d'effet devient cause et exerce à son tour une puissante influence sur la manière de penser et de sentir de ceux qui parlent et écrivent ces langues; ils ajouteront enfin, dans le jugement à porter de notre auteur, tout ce qu'il peut ainsi perdre de grandeur et de beauté, et corrigeront les erreurs d'optique et de perspective. Même en admettant qu'ils agissent ainsi, je ne veux pas prétendre qu'il ne soit pas plus avantageux pour tout auteur qui a beaucoup écrit de n'être connu que par ses chefs-d'œuvre. Mais Schiller gagnera à un double point de vue à paraître aux yeux tout entier. D'abord la diversité de ses aptitudes rehausse le lustre que chacune d'elles en particulier a répandu sur lui. Je ne crois pas qu'il y ait un autre exemple d'un grand poëte dramatique et lyrique qui se soit placé aussi haut dans l'histoire et la philosophie, au moins dans cette partie de la philosophie que nos voisins appellent l'esthétique et qui traite du beau dans les arts et dans les lettres. Puis, pour le comprendre complétement dans ses poésies, il faut connaître ses autres œuvres: l'historien et surtout le philosophe expliquent le poëte. Entre son début et l'époque de sa parfaite maturité, il y eut un moment de crise et de lutte, où ces trois genres, ces trois talents, après s'être disputé ses préférences, formèrent entre eux une heureuse alliance, qui les maintint quelque temps dans une sorte d'équilibre ; mais la poésie finit par prendre le dessus avec éclat, et par absorber en elle les forces des deux tendances rivales, ou mieux par s'élever sur le solide fondement des études d'histoire et de philosophie. La publication des Œuvres complètes de Schiller tourne à sa gloire d'une autre manière encore, en même temps qu'elle offre un salutaire exemple. Elle permet d'apprécier le progrès vraiment incroyable que l'auteur de *Wallenstein* a accompli depuis ses premiers essais aventureux jusqu'à ses derniers chefs-d'œuvre, des *Brigands* à *Guillaume Tell*, des *Conquérants* au *Plongeur*, de sa thèse *sur l'Union de l'âme et du corps* à son traité *de la Poésie naïve et de sentiment*, de ses premières lettres à sa correspondance avec Kœrner, avec Goethe, avec G. de Humboldt, etc. La distance parcourue, les degrés franchis, font autant d'honneur à son caractère qu'à son esprit et montrent combien est grande l'influence de la volonté sur le talent, ou plutôt combien ces deux forces s'excitent et s'aident réciproquement. On ne veut avec tant d'ardeur et de constance que lorsqu'on peut victorieusement, et à son tour un tel vouloir double le pouvoir. Mais qu'est-il besoin de justifier par de telles raisons notre entreprise? La grande place que tient Schiller dans l'histoire des lettres allemandes, et par conséquent dans l'histoire de l'esprit humain, appelle l'attention sur tout ce qu'il a été comme sur tout ce qu'il a fait. Il est de ceux dont rien ne peut se dérober aux yeux ni demeurer ignoré : il n'a point à craindre, j'ai essayé de le faire voir, cette entière révélation ; mais, quand elle eût pu tourner contre lui, les droits de la vérité sont supérieurs à tous les autres. Qui dit haut rang dit haute responsabilité, et surtout au temps où nous vivons, temps de curieuses recherches et de critique approfondie, celui qui réunit pour un procès quelconque, qu'il soit de canonisation ou de condamnation, toutes les pièces de l'enquête, n'a point à s'excuser vis-à-vis de ceux qui, en léguant leur nom à la postérité, se sont faits l'objet d'un tel procès, d'une telle enquête. Notre seul tort pourrait être, car éditeur et traducteur ce n'est point même chose, d'avoir involontairement, par notre fait ou le fait même de notre langue, altéré les pièces du jugement. A cet égard, nous pourrons répondre au moins du soin consciencieux que nous avons apporté à notre tâche; nous savions qu'un tel soin était surtout un devoir envers un auteur qui, comme Schiller, était lui-même si consciencieux, et qui, à mesure qu'il devenait plus célèbre et se savait plus goûté, exigeait plus de soi et se contentait plus difficilement.

Notre traduction des Œuvres complètes de Schiller formera dix volumes. Le premier contiendra les poésies détachées; les trois suivants le théâtre; le cinquième et le sixième, les deux grandes histoires (*Révolte des Pays-Bas* et *Guerre de trente ans*), avec les opuscules historiques; le septième, les œuvres philosophiques, et les mélanges divers, parmi lesquels se trouveront le roman épistolaire inachevé, intitulé *le Visionnaire*, et quelques récits qui sont en partie histoire et en partie fiction. Les trois derniers renfermeront toute la correspondance connue et publiée jusqu'à présent. Les lettres à Kœrner et les lettres à Goethe en sont, au point de vue littéraire, la portion la plus intéressante. Nous avions d'abord pensé à faire un choix dans les autres; mais, comme nous ne voulions rien omettre qui eût rapport à l'histoire de l'auteur et de ses ouvrages ou qui pût répandre quelque lumière sur celle de son temps et de ses contemporains célèbres, nos suppressions n'auraient pas opéré une réduction bien notable, et il nous a paru qu'il valait mieux être complet et satisfaire toutes les curiosités, si diverses dans leurs goûts et dans le plaisir et le fruit qu'elles retirent des détails d'histoire biographique et littéraire.

Les raisons de l'ordre où nous avons rangé les ouvrages et opuscules de Schiller se comprennent d'elles-mêmes; celui que nous avons adopté pour les poëmes contenus dans le tome premier demande seul quelques mots d'explication. Nous n'avons pas voulu nous conformer à l'ordre chronologique, qui est celui des éditions allemandes de la maison Cotta, et en cela nous avons suivi l'exemple donné par Schiller lui-même dans le premier recueil qu'il a publié de ses poésies détachées (2 vol., 1800 et 1803). Il a placé les pièces de sa jeunesse, celles qui lui paraissaient les plus faibles, celles où son goût, devenu, dans les dernières années de sa vie, si sévère et si pur, trouvait le plus à reprendre, au milieu de son second volume, les faisant précéder et suivre, pour se rendre favorables la première et la dernière impression du lecteur, de ses chefs-d'œuvre les plus récents. Dans notre traduction, un artifice du même genre nous a paru plus nécessaire encore que dans cette première collection offerte à l'Allemagne par l'auteur lui-même. En passant dans une autre langue, le mauvais et l'étrange paraît plus mauvais et plus étrange encore ; le rhythme s'efface, et naturellement les belles qualités du style, ses hardiesses heureuses, voilent et rachètent beaucoup moins que dans l'original le vice de la pensée. On a pu depuis (et pourtant a-t-on bien fait?) ranger les poésies d'après leur date dans les éditions allemandes. Schiller est assez connu, assez aimé de ses compatriotes pour résister à cette épreuve d'une première impression fâcheuse : les uns sautent ces débuts hasardés et vont droit aux chefs-d'œuvre ; d'autres, sans parler de ceux qui de lui admirent tout, aiment à le suivre de degré en degré jusqu'au faîte. Chez nous, comme nous l'avons dit, beaucoup ne connaissent encore que son nom, que les titres de ses principaux ouvrages. Plus d'un, rebuté, en lisant les poèmes, par ces premières débauches d'esprit, n'irait pas au delà. Voilà pourquoi nous avons voulu, comme il l'avait voulu lui-même, montrer d'abord le vrai Schiller, les œuvres qui font sa gloire, rejetant plus loin les premières ébauches qui, malgré les brillantes promesses dont elles abondent, ne sont pas faites pour figurer à l'entrée et servir de portique à l'édifice. Mieux vaudra les lire comme un supplément, avec les préventions favorables qu'auront laissées les chefs-d'œuvre. Pour qu'on puisse toutefois comparer la traduction au texte, et rétablir la suite chronologique, nous avons placé à la fin du volume des *Poésies détachées* une table de concordance qui les range dans l'ordre des éditions allemandes.

Les *Œuvres complètes*, telles qu'on les publie en Allemagne, ne contiennent pas tout ce que Schiller a écrit, et il a paru divers suppléments, destinés à combler les lacunes et parmi lesquels je ne signalerai que ceux qui ont pour éditeurs MM. Boas et Hoffmeister. Ces suppléments contiennent des opuscules en prose et en vers, appartenant surtout à la première jeunesse de l'auteur, que celui-ci ou son ami et son éditeur Kœrner avaient rejetés de la collection des Œuvres ; des variantes, de mérite et d'intérêt divers, relatives aux ouvrages compris dans cette collection ; et, ce qui me paraît être la partie la plus importante de ces suppléments, les remaniements, faits pour le théâtre, de quelques-uns des premiers drames, des *Brigands*, de *Fiesque* et de *don Carlos*. Nous avons extrait de ces recueils complémentaires et traduit, soit dans des appendices, soit dans des notes placées au bas des pages, ce qui nous a paru ou le plus remarquable en soi et absolument, ou le plus propre à caractériser notre auteur à ses diverses époques de culture et de progrès et dans les transformations successives de son talent. De tous nos appendices, le plus considérable est celui qui termine le volume des poésies détachées : il renferme, sans parler de deux ou trois petits poëmes qu'on peut s'étonner de ne pas voir figurer dans les Œuvres, les premiers essais lyriques de Schiller et la plupart des épigrammes qu'il avait exclues du Recueil de ses poésies : c'est surtout à titre de curiosités littéraires et pour que notre traduction soit complète que nous avons compris ces deux sortes d'opuscules dans notre publication. Les essais qu'on peut appeler, malgré la violence et la présomptueuse assurance du ton, les premiers bégayements de sa muse, montreront combien, de la jeunesse à la maturité, le goût peut changer, se former, se redresser : ne nous hâtons pas trop de désespérer de qui d'abord n'obéit pas au frein; mais, d'un autre côté, ne concluons pas des excès, de l'enflure, du gigantesque, au talent et au génie futur. Pour un qui échappe à ces tempêtes intérieures, il y en a cent dont l'intelligence et la verve s'y noient. Parmi les épigrammes, il y en a de très-jolies, de très-finement aiguisées, et l'on trouvera, je crois, que l'auteur a été plus que sévère dans le triage qu'il a fait pour ses œuvres; mais par un bon nombre aussi l'on verra combien ce qu'on appelle les pointes, et cette sorte d'esprit qui les aiguise, peut différer d'une contrée à une autre, d'une langue à une autre; combien ce genre d'agrément, qui souvent est tout à la surface, résiste mal à la traduction. Et que de fois, même si celle-ci était fidèle et parfaite, ce qu'on trouve au delà du Rhin ou de la Manche charmant, piquant, blessant, ne pourrait-il point paraître en deçà (et réciproquement) fade, émoussé, inoffensif!

La traduction du théâtre de Schiller est tout entière de moi; pour les autres ouvrages, j'ai eu des collaborateurs. Les poésies ont été traduites, en partie par M. Cattaut, professeur au lycée d'Amiens, en partie par M. Sauejouand, professeur à Sainte-Barbe; quelques morceaux par d'habiles et modestes auxiliaires qui ont désiré n'être pas nommés; le reste par moi. M. Jacques Porchat, de Lausanne, auteur de la *Traduction de Goethe* qui paraît en même temps que notre Schiller et en forme le pendant, s'est chargé des deux grands ouvrages historiques, la *Révolte des Pays-Bas* et la

Guerre de trente ans, et en outre du *Visionnaire*; M. Corrard, professeur de rhétorique au collège Rollin, de tous les ouvrages d'esthétique, c'est-à-dire d'une grande partie du tome XI et de tout le tome XII de l'édition de Cotta (*Taschenausgabe*), à l'exception des *Lettres sur l'éducation esthétique de l'homme*, qui ont été mises en français par M. Louis Prévost, ex-professeur suppléant à la Faculté des lettres de Toulouse, lequel a de plus traduit toute la *Correspondance*, les *Lettres philosophiques de Jules et de Raphaël*, la thèse sur la *Connexion de la nature animale et de la nature spirituelle de l'homme*, et, pour ne rien omettre, les deux *Préfaces des Chevaliers de Malte* et *des Causes célèbres*. La version des *Lettres sur don Carlos*, insérée dans le théâtre à la suite du drame de ce nom, est de M. de Suckau, professeur de logique au lycée de Toulouse; celle de deux des dissertations historiques : 1° *Sur les migrations des peuples, les croisades et le moyen âge*, et 2° *Coup d'œil sur l'état de l'Europe au temps de la première croisade*, a pour auteur M. Sanejouand, que j'ai déjà nommé; enfin, celle de *l'Homme devenu criminel pour avoir perdu l'honneur*, et du morceau sur *le Théâtre considéré comme institution morale*, est l'œuvre de mon fils aîné. Les opuscules, soit historiques, soit littéraires, qui ne sont pas compris dans cette énumération, ont été traduits par moi.

Parmi ces noms que je viens d'écrire, il en est un qui m'inspire de douloureux regrets. C'est celui d'un jeune professeur qui donnait les plus belles espérances, de M. Sanejouand, un des élèves les plus distingués du lycée Louis-le-Grand, qui a été enlevé à la fleur de l'âge, peu de temps après qu'il avait commencé à nous seconder, dans notre entreprise, avec cette ardeur et cette bonne volonté aimable et dignement docile qu'il apportait à toutes choses. Sa modestie égalait son mérite. Il suffisait de le voir pour l'aimer, de le pratiquer quelques jours pour l'estimer et lui donner sa confiance. Parmi les jeunes gens que j'ai connus, qui ont été ou mes élèves ou mes amis, il est un de ceux qui m'ont laissé le plus cher souvenir, et je ne puis revoir son travail, corriger les épreuves en ayant sous les yeux son manuscrit, les dernières pages peut-être qu'il ait écrites, sans ressentir une profonde impression de tristesse, douce à la fois et amère, selon que je pense à lui ou à sa mort si inattendue et si prématurée.

J'aurais souhaité que les noms de ceux qui ont bien voulu s'associer à moi dans cette longue tâche, accompagnassent le mien sur le titre, et j'ai eu quelque peine à me rendre au désir de MM. les éditeurs, qui ont tenu à ce que toute la traduction de Schiller fût signée d'un seul nom. Ils ont voulu constater par là l'unité de direction et de méthode. Cette unité existe en effet. Mes collaborateurs, dont plus d'un avait déjà fait ses preuves dans des travaux du même genre, ou offrait d'ailleurs toutes les garanties désirables, m'ont honoré d'une marque de confiance dont je les remercie tous sincèrement ici : en me remettant leurs manuscrits, ils m'ont donné leurs pleins pouvoirs et m'ont permis d'y faire tous les changements qui me paraîtraient utiles. Ces pleins pouvoirs, j'en ai usé librement, pour qu'il y eût dans les diverses parties de notre œuvre autant d'accord et d'harmonie que faire se pouvait : j'ai modifié ici plus, là moins, quant au fond ou quant à la forme, l'interprétation de mes associés et auxiliaires, selon qu'elle m'a paru plus achevée, disons mieux, selon que leur méthode était plus conforme à la mienne. Outre la responsabilité entière des parties que j'ai traduites seul, j'en ai donc une grande aussi dans tout le reste, et j'ai cru devoir le dire ici, d'abord afin que l'on sache que rien n'a été négligé pour que le monument que nous voulions élever à Schiller dans notre langue fût digne de lui, puis afin que mes collaborateurs, qui pourraient çà et là, dans les endroits où je me suis permis des changements, n'être pas entièrement d'accord avec moi sur la manière soit d'entendre, soit de rendre, n'aient à répondre qu'autant qu'il est juste et qu'ils le voudront, de ce qui n'est pas uniquement leur œuvre.

Je ne m'arrêterai pas longuement ici à exposer quelle a été la méthode de traduction sur laquelle nous nous sommes entendus entre nous et qui m'a guidé dans mon travail de révision. Deux mots suffiront à définir notre système. Nous nous sommes fait un devoir, quant au fond, et, ce qui est presque aussi important, au moins dans les parties poétiques, quant à la forme, de la fidélité la plus scrupuleuse, et nous nous sommes efforcés de donner à notre copie toute l'exactitude qui se peut concilier, d'une part, avec la clarté et, de l'autre, avec le génie de notre langue et ses sévères exigences. Il résulte de là que Schiller ayant eu, de ses premières œuvres à ses dernières, des manières fort diverses, notre traduction doit être, comme l'est l'original même, très-inégale. Il nous a été beaucoup plus agréable d'essayer de lutter avec notre auteur au temps de sa maturité et dans les parties les plus pures et les plus achevées; mais nous avons dû tâcher de le suivre aussi, au début, dans ses violences de pensée et de style, ses témérités, sa déclamation. Notre langue se prêtant moins à l'étrange, aux excès de tout genre, notre fidélité même nous rend ici parfois, malgré nous, infidèles, quelque mesure que nous ayons voulu garder, parce que le français, lors même qu'on tente de diminuer le relief, fait ressortir davantage ce qui est choquant, enflé, exagéré en quelque genre que ce soit. Qu'on n'attribue donc à Schiller qu'avec certaines restrictions, les taches, les tons faux et criants qui peuvent blesser le lecteur français dans quelques-unes de ses premières productions. Il y a tel état de l'atmosphère et du ciel, tel milieu de lumière qui rend l'œil plus facile à éblouir, plus sensible aux couleurs trop éclatantes : notre langue produit un effet semblable. Vues à travers sa limpide netteté, certaines licences de conception et de forme, certaines espèces de mauvais goût déplaisent davantage aux regards de l'esprit. C'est là une belle qualité de notre idiome, mais, le dirai-je? peut-être aussi, à certains égards, une imperfection. Un frein puissant empêche sans doute les écarts, mais ne risque-t-il pas, s'il n'est manié par une main très-habile, de réprimer plus qu'il ne faut l'élan et la vigueur?

Malgré cette inexactitude inhérente à la fidélité pour qui traduit en français, nous nous sommes tenus, dans les poésies lyriques plus qu'ailleurs encore, aussi près de notre texte qu'il nous a été possible. Dans ce genre, la construction, les images, les figures de tours et de mots, toutes les hardiesses de style, sont fréquemment le fond à la fois et la forme de la pensée et du sentiment. Les effacer, y substituer des équivalents, c'est bien souvent transformer une belle strophe en banale platitude, éteindre l'inspiration, « changer le vol de l'aigle, comme dit quelque part Schiller, en rampement de limace. » Ce vol, selon les époques diverses de notre poëte, tantôt s'élève aux plus sereines hauteurs, tantôt se perd dans d'épais nuages. Qu'importe? l'interprète doit moins craindre ici l'insolite et l'étrange que l'insignifiance, qui, dans un bon nombre de morceaux, serait la suite inévitable de la timidité de la version et la pire manière de dénaturer l'original, celle assurément que l'auteur, si l'on pouvait prendre son avis, condamnerait le plus dans son traducteur. Qu'on veuille bien nous pardonner pour ce motif, surtout dans les poëmes de l'adolescence et de la jeunesse, dans les fougueux hommages à Laure, par exemple, et dans quelques-uns des essais que contient l'appendice du tome 1er, certains emplois de mots qui peuvent étonner, des tours dont on ne s'aviserait pas si l'on écrivait en français, et particulièrement des inversions trop libres, trop fréquentes. Le mieux serait sans doute de repenser en français tout ce qu'on traduit, je veux dire d'amener l'idée, le sentiment, l'image à la forme qu'ils auraient s'ils avaient pris naissance dans notre idiome, dans un esprit pensant en français, mais cela est simplement impossible. Les langues, selon leur diversité de nature, placent les esprits sur des pentes diverses, et il y a telle conception, telle alliance d'idées, tel mouvement de pensée, naturels et légitimes dans l'une, dont jamais vous n'aurez dans une autre l'inspiration ou la tentation.

A propos des poésies, je dois signaler un genre de difficultés très-propres à arrêter le lecteur malgré la peine qu'a pu se donner le traducteur pour les amoindrir. Ce sont les idées abstraites exprimées dans les poëmes philosophiques, et qui, sous l'éclat du style et la pompe des images, restent parfois insaisissables à qui ne connait point la philosophie de Schiller et les modifications par lesquelles elle a passé. Le seul moyen de lever le voile et de voir clair dans ces profondeurs, de comprendre ces compositions dont nous n'avons pas, que je sache, d'exemples dans notre langue, c'est d'étudier les opuscules philosophiques de notre auteur. Chez lui, je l'ai déjà fait entendre, tout se tient ; les parties de son œuvre s'éclairent réciproquement ; des pièces dont l'édifice se compose, l'une conduit à l'autre, l'une prend jour sur l'autre.

Dans les ouvrages en prose, d'histoire et de philosophie, l'exposition des faits, d'une part, et, de l'autre, les idées, la suite des idées, le raisonnement, sont le principal, et ces écrits garderaient, en grande partie, leur intérêt et leur valeur dans une traduction, même sans ce respect scrupuleux du style et de ses nuances qui est de rigueur dans la version des poésies. Il peut même arriver de temps en temps, surtout dans les traités philosophiques, qu'il soit bien difficile, pour ne pas dire impossible, de concilier la clarté avec la minutieuse fidélité, qu'on soit obligé de subordonner celle-ci à celle-là, et de manier avec un peu plus de liberté les termes et les tours ; mais nous n'avons pas oublié que partout, quel que puisse être le mérite de Schiller comme historien et comme penseur, il demeure toujours et avant tout peut-être, dans les productions de sa maturité et dès le milieu de sa carrière littéraire, brillant écrivain ; qu'il est, en tout sujet, orateur ou poëte et souvent l'un et l'autre ; que, là même où la raison gouverne, l'imagination tout au moins règne, et que nulle part chez lui la forme n'est chose assez accessoire ou indifférente pour que l'interprète n'en doive pas tenir très-grand compte et la reproduire avec tout le soin et l'attention dont il est capable.

En tête de notre traduction, nous avons placé un récit détaillé de la vie de Schiller et une appréciation de ses œuvres. La difficulté que pouvait offrir la composition de cette biographie n'était point celle que présente la vie de tant de grands auteurs de l'antiquité : la rareté des documents, l'ignorance des faits ; c'était plutôt l'abondance des matériaux, la nécessité de se borner et de choisir. Le nombre des ouvrages relatifs à Schiller qui ont été publiés en Allemagne est très-considérable, et ce n'est point une petite tâche de se les procurer tous et de les lire. Outre les biographies proprement dites, dont quelques-unes sont très-développées, nos voisins ont écrit sur leur grand poëte une quantité d'opuscules, traitant, les uns, de telle ou telle circonstance de sa vie, les autres, de tel ou tel aspect de son génie, de tel ou tel moment de sa carrière, de sa culture, de sa fécondité littéraire. Joignez à cela les commentaires, explications, appréciations ; les suppléments aux œuvres avec des notices historiques sur chacune d'elles, des discussions de dates quand il y a lieu, etc. Enfin les Allemands ont appliqué à tout ce qui le concerne cette curiosité infatigable, cette ardeur de recherches approfondies qui les distingue en toute chose ; il n'est point d'hommages que ne lui aient rendus l'enthousiasme à la fois et l'érudition, choses qui, au delà du Rhin, se concilient mieux que partout ailleurs. Au milieu de cette richesse de documents, l'embarras, je le répète, était de choisir et d'élaguer. Dans l'histoire d'un grand écrivain qu'on admire et qu'on aime, tout paraît intéressant. L'on se décide avec peine à rien retrancher ou taire de la vie soit extérieure soit intérieure, qui souvent exercent l'une sur l'autre, surtout chez le poëte lyrique, une si grande influence ; et ce ne sont pas toujours les faits les plus importants, eu apparence, par eux-mêmes, qui l'ont été le plus par leurs effets. Il peut y avoir tel petit détail, qu'on est tenté d'omettre, qui éclaire certaines nuances de l'esprit, révèle certain instinct poétique, marque le vrai point de vue où il se faut placer pour bien juger un ouvrage. Je devais naturellement me renfermer dans des limites plus étroites que les biographes allemands qui racontaient la vie de Schiller à ses compatriotes ; j'ai tâché de garder un juste milieu entre le trop et le trop peu, mais je n'ose pas espérer pour cela qu'on ne me juge ni trop long ni trop court : je sais combien il est rare de mériter un tel éloge, et surtout, pour peu qu'on s'étende, d'intéresser assez pour ne pas paraître trop long.

Je n'avais aucun moyen de compléter ou de contrôler moi-même, autrement que par la lecture des Œuvres et de la Correspondance, les recherches et le récit des narrateurs allemands. Schiller n'est jamais sorti de l'Allemagne et n'y a même habité ou visité que fort peu d'endroits ; ses historiens ont pu puiser à toutes les sources de renseignements, et n'ont rien négligé pour arriver en tout point à la plus exacte certitude. Il est un seul fait, appuyé sur des documents qui se trouvent à Paris, je veux dire l'histoire du brevet de citoyen français, au sujet duquel j'ai pu ajouter quelques grains, recueillis par moi-même, à leur monceau d'informations si diligemment amassées.

J'ai indiqué dans la biographie même et dans les notes qui l'accompagnent, un certain nombre des ouvrages que j'ai lus ou consultés et comparés. Mes deux guides principaux ont été MM. Palleske et Hoffmeister. Je regrette vivement que, de la *Vie de Schiller* publiée tout récemment par le premier, je n'aie pu employer pour mon travail que le tome Ier; le tome II n'est arrivé à Paris que pendant l'impression de ma notice, et je n'ai pu en faire usage que pour quelques additions et améliorations introduites çà et là. C'est un livre écrit avec amour et enthousiasme, où, ce qui paraît difficile, l'admiration la plus exaltée s'allie aux plus clairvoyantes recherches ; jamais historien ne s'intéressa plus ardemment à son sujet : l'auteur a voulu tout voir, tout savoir par lui-même, et, quoiqu'il vienne le dernier, toutes ses informations sont de première main : sur bien des points il a complété ou rectifié le récit de ceux qui l'ont précédé. L'ouvrage de M. Hoffmeister est d'un ton plus égal et plus tempéré, quoique tout pénétré aussi d'une vive admiration ; on serait malvenu de parler de Schiller à l'Allemagne sans honorer sa gloire d'une sorte de culte. Il a surtout écrit l'histoire de son esprit, caractérisé toutes ses œuvres, les plus grandes et les moindres, et suivi à tous ses degrés, par une subtile et curieuse analyse, à laquelle aucune nuance n'échappe et pour qui la psychologie et l'esthétique allemandes n'ont point de mystères, le développement successif de son génie. Il fait la part de la nature et de l'art, et nous montre comment le torrent peu à peu se transforme en fleuve profond, limpide, majestueux. Parmi les biographies plus courtes, il en est une que j'ai connue trop tard, c'est celle de M. Charles Goedeke, résumé substantiel, œuvre d'un esprit original, ferme à la fois et ingénieux. J'ai eu l'occasion de citer le rapide abrégé de M. Schefter, net, élégant, facile, et attachant malgré sa brièveté. Les suppléments aux Œuvres les plus complets dont j'aie pu me servir sont ceux de MM. Boas et Hoffmeister, dont j'ai déjà parlé plus haut, et qui, en bien des points, sont presque identiques. La commodité de ces collections ne m'a pas empêché d'apprécier, comme elles le méritent, les publications partielles, comme celles de M. Dœring, par exemple, qui les ont préparées. Entre les commentaires, je nommerai particulièrement celui que M. Viehoff a consacré aux poésies détachées. Enfin, je mentionnerai, dans un autre genre, un recueil fort intéressant composé par M. Diezmann, et qui forme comme une histoire de Schiller racontée par lui-même, c'est-à-dire qui contient tout ce qui, dans ses écrits, est relatif à sa personne, à sa vie, à ses sentiments, à ses principes ; il serait désirable que nous eussions sur tous les hommes vraiment dignes d'être connus, qui se sont peints dans leurs œuvres, des mémoires du même genre.

Si, pour les faits, j'ai puisé consciencieusement à toutes les sources dignes de foi [1], pour les appréciations littéraires, qui occupent une assez grande place dans ma *Vie de Schiller*, j'ai tenu sans doute à savoir l'opinion des critiques éminents d'outre-Rhin, mais en même temps je crois avoir gardé la plus libre indépendance. Il va sans dire

---

1. S'il est quelques travaux importants que je n'aie point cités, c'est que je n'aurai pu les connaître ou me les procurer, et leurs auteurs, considérant que j'écris en France, voudront bien me pardonner ces omissions involontaires.

que nos voisins sont, à certains égards, plus compétents que nous pour juger leurs grands auteurs, et en particulier Schiller, le plus allemand de tous, comme je l'ai dit; mais, d'un autre côté, un juge étranger, qui ne prononce qu'après une sérieuse étude et en connaissance de cause, peut espérer de rester plus dégagé de toute admiration préconçue, de toute prévention partiale. Le point de vue de la critique change d'un pays à un autre, comme d'un temps à un autre temps. Ces gloires-là seules deviennent, de nationales, universelles, celles-là seules passent d'un âge à tous les âges, qui résistent à ces épreuves des temps et des lieux ; et Schiller, dans ses productions les plus belles et les plus pures, dans les chefs-d'œuvre qui sont sa vraie couronne, n'a point à les redouter.

VIE
DE SCHILLER.

L'aïeul et le bisaïeul paternels de Schiller furent, l'un après l'autre, boulangers dans le village de Bittenfeld, près de la ville wurtembergeoise de Waiblingen. Son père, qui se nommait Jean-Gaspard, comme celui de Goethe, fut mis de bonne heure en apprentissage chez un chirurgien barbier, et à l'âge de vingt-deux ans, en 1745, pendant la guerre de la succession d'Autriche, il partit pour les Pays-Bas, avec un régiment de hussards bavarois, en qualité de chirurgien, ou, comme l'on dit en allemand, de « barbier de campagne. » Brave et actif, préférant, dit-on, le sabre à la lancette et au rasoir, il obtint d'être employé, en diverses occurrences, comme sous-officier, et d'accompagner de petits détachements chargés de quelque expédition. A la paix d'Aix-la-Chapelle, il rentra dans son pays et s'établit à Marbach, où il épousa, âgé de vingt-six ans, Élisabeth-Dorothée Kodweiss, fille d'un aubergiste du lieu, à l'enseigne du Lion, qui cumulait avec son industrie les fonctions d'inspecteur et mesureur juré du bois. Un curieux inventaire nous a conservé le détail des modestes apports des deux époux. Jean-Gaspard, outre ses instruments de chirurgie, une bibliothèque de sept volumes, et un assortiment de drogues médicinales, estimé 7 florins. 30 kreutzers, possède un chiffre très-honnête d'économies, s'élevant à plus de 800 florins comptant. Élisabeth n'a point d'argent, mais sa dot est un morceau de terre, un mobilier de peu de pièces, mais solide et durable, et un trousseau où le beau, comme plus tard dans l'esprit du poëte, tient, ce semble, plus de place que l'utile : il renferme sept bonnets, dont plusieurs à dentelles d'or et d'argent, des colliers de perles, de grenat, d'agate, et l'on n'y compte que quatre paires de bas, trois de coton blanc, et une de laine.

Les temps étaient durs, le métier de l'époux peu lucratif. Cependant le jeune ménage, tant qu'il ne fut que de deux personnes, se tira d'affaire comme il put. Mais au bout de huit ans de mariage, il naquit une fille, Élisabeth-Christophine-Frédérique. Le père alors prit une résolution héroïque. Frédéric le Grand recommençait la guerre. Le duc de Wurtemberg, Charles-Eugène, prenait les armes comme allié de l'Autriche, et levait des troupes. En sa qualité d'ancien soldat, le chirurgien Jean-Gaspard obtint le grade d'enseigne et d'adjudant dans le régiment du prince Louis, et partit pour la Bohême, quittant sa famille pour la faire vivre avec sa solde. Deux ans plus tard, pendant l'automne de 1759, nous le retrouvons dans un camp de manœuvres, avec le grade de lieutenant. Sa femme, à qui il avait fait, de temps en temps, de rares et courtes visites, l'y était venue voir. Elle était grosse pour la seconde fois, et ce fut dans sa tente que de premières douleurs l'avertirent que sa délivrance était proche. Elle n'eut que le temps de retourner à Marbach, auprès de ses parents, et c'est là qu'elle mit au monde, le 10 novembre 1759[1], le fils unique qu'elle avait porté dans les larmes, pauvre et délaissée, et qui devait être sa gloire et celle de l'Allemagne, JEAN-CHRISTOPHE-FRÉDÉRIC SCHILLER[2].

L'enfant avait quatre ans quand la paix d'Hubertsbourg lui rendit son père, qui vint tenir garnison d'abord à Ludwigsbourg, puis à Cannstadt, et fut envoyé, deux ans plus tard, en 1765, comme officier de recrutement, à Gmünd, en Souabe. Le duc de Wurtemberg

---

1. Quelques biographies placent la naissance de Schiller au 11 novembre : c'est la date que porte le registre de la paroisse; mais nous savons que Schiller et sa famille célébrèrent toujours le 10 novembre, et, d'ailleurs, cette date est confirmée par un document irrécusable, des annales de famille écrites par le père du poëte, et où il avait marqué, entre autres choses, les jours de naissance de ses enfants. La date du 11 est évidemment celle du baptême.

2. Le prénom de Jean était, depuis plusieurs générations, celui du chef de la famille; les deux suivants, que porte aussi sa sœur aînée, lui furent donnés par son noble parrain, le colonel Christophe-Frédéric de La Gabelentz, qui commandait le régiment où servait le père de Schiller.

lui donna à cette occasion rang de capitaine, et lui permit de s'établir avec sa famille dans le village voisin de Lorch, sur la frontière du Wurtemberg propre. Là le petit Frédéric, enfant très-délicat de corps, d'esprit et de cœur, trouva dans la personne du pasteur Moser un premier maître, dont la figure à la fois austère et douce, et le noble caractère, firent sur son âme une salutaire impression et y laissèrent un ineffaçable souvenir. Au milieu des agitations violentes de sa première jeunesse, qu'il traduisit en déclamations fougueuses dans son drame des *Brigands*, sa pensée se reporta, non sans regret sans doute, sur sa pure et tendre enfance, et sur l'homme vénéré qui était demeuré pour lui un touchant idéal de vertu, et il donna le nom de Moser à l'un des personnages de sa pièce, au ministre du Seigneur venant parler à l'impie du Dieu juste, qui est patient parce qu'il est éternel. Moser devint l'ami de la famille Schiller et admit l'enfant prédestiné aux leçons que recevaient ses propres fils. Dès l'âge de six ans il l'initia aux premiers éléments de la langue latine, et l'année suivante à ceux de la langue grecque.

Je n'ai nulle envie de faire ici de notre naïf écolier un génie précoce, digne de figurer parmi les enfants célèbres. Il était bien doué, avait l'esprit curieux, vif et facile, le cœur bon, tendre, aimant, mais sans rien d'extraordinaire, rien qui fit de lui une brillante exception. Il commença par être comme tout le monde. Les dons merveilleux que lui avait faits la nature se développaient en lui, à son insu, à l'insu des hommes. Les cheveux d'un blond clair qui flottaient sur sa tête n'avaient point d'auréole ; ses yeux d'un bleu limpide, point de regard d'aigle. J'aime mieux le voir ainsi, je l'avoue, le voir tel que nous le montrent les souvenirs les plus dignes de foi, simple et naturel, point bizarre, préservé des dangers de la vanité et de l'admiration de soi-même, qui offusque l'esprit et gâte le cœur, que de m'extasier devant le petit prodige que nous peignent certains récits fabuleux qui nous le représentent « perché, rêveur, au haut des toits, et plongeant de là un profond regard dans l'arsenal de la création. » Laissons du moins à ces hommes qui règnent par la pensée et qui souvent, dans le reste de la vie, payèrent si cher le privilège du génie, la douce insouciance et la sérénité de l'enfance. Quelle que doive être la carrière, c'est là le meilleur début. Pourquoi donc une nature à part, dès l'entrée dans le monde, à ceux qui ne furent grands que pour avoir possédé plus pleinement, plus richement, la commune nature, les vraies qualités humaines ?

Le village de Lorch est situé dans une paisible vallée d'où l'œil s'étend à perte de vue sur une contrée aussi riche que variée, que borne dans un lointain brumeux la Forêt-Noire. Les environs les plus proches ont un aspect à la fois aimable et sévère. Un cours d'eau, la Rems, serpente dans de vastes prairies, au pied des hauteurs couvertes de noirs sapins. Le cône escarpé du Stauffen (*der hohe Stauffen*) domine majestueusement les collines et les vallons. Au spectacle imposant de la nature, toujours semblable à elle-même, s'associent les souvenirs divers du passé. Une des montagnes voisines est un Calvaire où la piété d'un autre âge a représenté, de station en station, par des groupes sculptés de bois peint, le chemin de la croix et les scènes touchantes de la Passion de l'Homme-Dieu. Plus près du village, dans le couvent de Lorch, des tombes illustres, celle du fondateur de la puissance des Hohenstauffen, reportent la pensée au point culminant du moyen âge et rappellent l'éclat et la vanité des terrestres splendeurs. Çà et là sont des ruines de tours, de châteaux forts, qui racontent une histoire moins ancienne, les guerres des paysans, la guerre de trente ans. Et à tous ces lieux, aux grandes scènes de la nature comme aux monuments des annales humaines, l'imagination populaire, si féconde, si poétique dans ces contrées, attachait de belles et fantastiques légendes, que, dans l'humble demeure où s'élevait notre poëte, la mère racontait à ses enfants, tandis que le père, à peine revenu de la guerre, leur disait ses campagnes, mêlant ainsi les tableaux réels et animés d'un présent qu'il avait vu à l'idéale épopée d'autrefois.

Le jeune Fritz[1] et sa sœur Christophine s'abreuvaient, avec l'avidité de leur âge, à toutes les sources de poésie. C'étaient deux bonnes et pieuses natures, très-ouvertes à tout sentiment d'enthousiasme. Christophine nous a conservé un touchant souvenir de leurs premières années, qui nous peint à la fois la mère et les enfants. Il est antérieur au séjour de Lorch et du temps où la famille demeurait à Ludwigsbourg. La maman conduisait le dimanche le petit Schiller et sa sœur chez ses parents à Marbach, et en route elle leur expliquait l'évangile du jour. « Une fois, comme nous allions avec notre mère chez nos chers grands-parents, elle nous fit passer par la montagne. C'était un beau lundi de Pâques, et en marchant elle nous raconta l'histoire des deux disciples que Jésus rencontre, puis

---

1. C'est le diminutif allemand de Frédéric.

accompagne, sur la route d'Emmaüs. Sa parole et son récit s'animèrent de plus en plus, et quand nous arrivâmes au haut de la montagne, nous étions si émus que nous nous jetâmes tous trois à genoux et nous mîmes à prier. Cette montagne devint pour nous un Thabor. » Le père ne combattait point par ses discours ou ses exemples, comme cela se voit si souvent dans les familles, la pieuse influence maternelle. On a trouvé dans les papiers de sa veuve une sorte d'hymne en vers rimés, auquel elle avait, de sa main, ajouté la note suivante : « Papa a lui-même composé cette prière, et il la récitait tous les matins. » C'est une pièce qui ne manque ni de poésie ni d'onction, et qui renferme des sentiments vraiment chrétiens, et non pas seulement une de ces invocations vagues et déclamatoires à l'Être suprême, comme il s'en est tant fait alors et depuis. Il y est question de pénitence et de conversion, de la faiblesse de l'homme abandonné à ses propres forces, de la nécessité de la grâce divine, des pièges du tentateur. Elle se termine ainsi : « Mais faut-il pour cela désespérer de devenir meilleur ? me plaindre toujours au bon Dieu de mon impuissance ? Non, je veux reprendre courage. Esprit de grâce, assiste-moi, pour que ma conduite aujourd'hui et toujours t'agrée à toi seul. Mène-moi par une voie unie, dirige-moi par tes chemins. Donne-moi aussi, dans l'ordre temporel, la nourriture, le vêtement, la protection et la bénédiction. Tout ce que je suis et tout ce que j'ai, je le remets à ta garde. Fais que ma vie soit bonne, et bonne ma fin. »

Les actions répondaient aux paroles. Le père et la mère étaient des modèles de probité, d'ordre et de modération. Les enfants, à si bonne école, se montraient dociles, véridiques, heureux de bien faire. Le petit Schiller n'avait, dit-on, qu'un seul défaut opiniâtre, une seule passion que ses parents ne pouvaient point, hélas ! encourager, celle de donner tout ce qu'il avait, livres, habits, etc. Un jour le digne capitaine remarque que les souliers de son garçon n'ont plus leurs petites boucles et sont attachés avec de simples cordons. Il l'interroge, et l'enfant répond : « J'ai donné mes boucles de tous les jours à un pauvre petit : il ne les mettra que les dimanches. Vous savez, j'en ai, moi, pour les dimanches, une autre paire. »

On trouvera peut-être que j'insiste trop sur ces souvenirs d'un âge si tendre ; mais je suis de l'avis des anciens et je crois que le poëte, plus encore que l'orateur, se forme dès le berceau. Les premières influences sont décisives ; c'est surtout au début de la vie, quand les yeux commencent à voir, l'oreille à entendre, l'esprit à comprendre, que l'âme, plus passive encore qu'active, fait sa provision pour le voyage d'ici-bas : l'expérience chaque jour accroîtra le trésor, mais le premier fonds, le fonds inépuisable, ce seront toujours, presque toujours, les images, les sensations des premiers temps. Les pluies, les orages gonflent le lac; mais sous les ondes est le même lit, au-dessus le même ciel qui d'abord s'y refléta. Dans Schiller en particulier, ces heureuses impressions de l'enfance me paraissent avoir laissé des traces profondes. Il ne se rencontre plus dans le reste de sa vie aucune influence aussi salutaire, aucune qui, après sa généreuse nature, nous explique aussi bien, ce me semble, cet amour du beau et du bien qui l'anima toujours, au milieu des tendances les plus diverses, ce fond pieux, on peut le dire, cet idéal d'humaine perfection, qui font le charme de la plupart de ses œuvres.

En janvier 1766, la famille s'accrut d'une seconde fille, Louise-Dorothée Catherine. Le père, qui, depuis trois ans, à ce qu'il paraît, n'avait point reçu de solde et qui, pendant tout ce temps, avait été réduit à vivre de son modique avoir et des secours, nous dit-on, de quelques proches, adressa une requête au duc et lui peignit sa situation. Sa plainte fut entendue : il obtint de passer dans la garnison de Ludwigsbourg, et on lui paya son arriéré de solde. Notre poète fut aussi de ceux, on le voit, que « la dure pauvreté, » *sæva paupertas utiles bello tulit,* « fit bons pour la guerre, » pour cette lutte avec soi-même qui forme et achève le génie. Heureusement, il était alors à un âge où la pauvreté, quand elle ne va pas jusqu'aux privations cruelles et aux tortures de la misère, n'ôte ni la sérénité ni les douces joies de la vie.

A Ludwigsbourg, Schiller fut envoyé à l'école latine. Il paraît qu'il montrait alors un désir assez vif d'être un jour, comme son maître chéri, Moser, pasteur de l'Église luthérienne, à laquelle appartenaient ses parents. Cette vocation enfantine rendait sa mère bien heureuse, et son père ne s'y montrait pas contraire. Elle se révélait dans les jeux du petit écolier. Affublé d'un tablier noir en guise de manteau, d'un petit chiffon blanc qui imitait le rabat, il aimait, dit-on, à grimper sur une chaise et de là, comme d'une chaire, il édifiait, très-sérieux vraiment, et exigeant qu'on le fût comme lui, la famille attentive, par des bribes de sermons, sans oublier ni les divisions en règle, ni les citations bibliques.

L'école latine justifiait bien son nom. Dans la première classe, ou classe inférieure, et dans la seconde, on n'enseignait que le latin. Le vendredi seul était consacré à l'allemand, que l'on n'étudiait guère que dans les catéchismes et dans des livres religieux d'une sévère orthodoxie. Dans la classe supérieure, où ceux qui aspiraient à devenir théologiens, apprenaient, outre le latin, un peu de grec et d'hébreu, Schiller s'appliqua surtout aux vers latins et l'emporta dans cet exercice sur tous ses condisciples. Dans les occasions solennelles, c'était lui qu'on chargeait des harangues poétiques. C'est ainsi qu'il eut à fêter l'installation d'un nouveau professeur qui s'appellait *Winter*, mot qui en allemand veut dire *hiver*. « C'était un hiver, disait le compliment, qui promettait à l'école un beau printemps. » On a conservé du temps où il débutait dans les études classiques et n'en était qu'aux premiers éléments, un petit essai, nécessairement fort banal, du jeune écolier : des strophes allemandes, avec une traduction en prose latine, d'une latinité assez équivoque, adressées à Papa et à Maman, à l'occasion du jour de l'an. Un de ses camarades d'enfance rapporte un souvenir postérieur de trois ou quatre ans à ce compliment de bonne année. Un jour, c'était à la veille de sa confirmation, sa pieuse mère, l'ayant vu rôder dans les rues l'air insouciant et distrait, lui fit des reproches sur son indifférence. Affligé de cette réprimande, et son cœur protestant contre ces apparences, il se retire à l'écart, et dans une pièce de vers allemands, propre à réjouir celle qu'il venait d'attrister, il exprime avec effusion sa ferveur et ses bonnes résolutions. « Es-tu devenu fou, Frédéric ? » s'écria son père, quand on le mit dans la confidence de cet accès poétique, qui était en effet le prélude d'un délire si glorieux (comment l'eût-il prévu ?) pour son modeste nom.

Ludwigsbourg était, dans ce temps-là, la résidence ordinaire du duc de Wurtemberg, qui y menait joyeuse vie. Un opéra italien, un théâtre français, des ballets, des danseurs de corde animaient la petite ville et montaient, comme bien l'on pense, la tête des écoliers. Le nôtre ne prêchait plus, il jouait la tragédie. Christophine lui peignait des décorations, des personnages. Des chaises vides représentaient le parterre et les loges. Sans doute, parfois aussi, quelques camarades préférés étaient admis à la représentation. Nous savons par un compagnon d'étude de cette époque que Schiller dès lors n'avait point le cœur banal, et ne s'attachait qu'à un petit nombre d'amis intimes, mais tous le considéraient, et c'était généralement lui qui donnait le ton dans les jeux. Il était pétulant, de bonne humeur, et n'avait jamais peur de rien. Vers la fin de son séjour à Ludwigsbourg, il devint gauche et timide, ou plutôt farouche, et se passionna pour l'étude. Ses maîtres étaient obligés de le modérer.

On restait dans l'école latine jusqu'à l'âge de quatorze ans. Les théologiens futurs allaient subir tous les ans un examen à Stuttgart, devant le consistoire, et ceux qui obtenaient de bonnes notes et étaient reconnus capables, passaient, pour continuer leurs études, dans les écoles qu'on appelait claustrales. Schiller se distingua dans ces diverses épreuves. Ses progrès en latin, en grec, en hébreu, lui méritèrent, pour chacune de ces langues, un double A ou double Bien. Encore une preuve, s'il en fallait, et ici il ne s'agit pas d'un de ces génies que nous nommons en France réguliers et classiques, encore une preuve, dis-je, que la vigueur, la liberté, la fougue même de l'esprit n'excluent pas nécessairement l'application, et, d'un autre côté, que l'étude des lettres antiques ne coupe pas les ailes et qu'elle peut être une bonne discipline même pour qui doit s'ouvrir des voies nouvelles.

Le duc de Wurtemberg, Charles-Eugène, dont nous avons déjà parlé, et que nous verrons figurer successivement dans la vie de Schiller comme bienfaiteur et comme persécuteur, avait fondé, en 1770, à la Solitude, près de Stuttgart, un « orphelinat militaire » (ce fut le premier nom de cette maison), où devaient être élevés des enfants pauvres, particulièrement des fils de soldats. Le fondateur se prit bientôt d'une belle passion pour cette école, en étendit la destination, y admit des élèves de toute condition, de préférence des enfants d'officiers, et changea le nom d'orphelinat en celui de « séminaire » ou « pépinière, » puis, à la fin de 1772, éleva l'établissement à la dignité d'Académie. Il ne s'en tint pas là. En novembre 1775, « l'École de Charles, » *die Karlsschule*, pour la désigner par le nom qu'elle a gardé dans l'histoire, et sous lequel le théâtre et le roman l'ont célébrée, fut transférée à Stuttgart, dans une ancienne caserne, qui était située derrière le château ducal, et qu'on avait appropriée, en l'agrandissant, à son nouvel usage. Les bâtiments étaient vastes ; le prince n'avait rien épargné pour son institution favorite, et il suffit de jeter les yeux sur le plan pour se faire une idée de l'importance qu'il lui avait donnée. L'enceinte de l'école, sans parler de la grandeur et de la beauté des dortoirs, des classes, du réfectoire surtout et de la salle d'exercice, contenait une bibliothèque, un théâtre, un cabinet d'histoire naturelle, des ateliers pour les artistes, un bain d'hiver. Un jardin, où chaque élève avait son petit parterre, qu'il cultivait lui-même, des bassins de natation, des manéges, etc., complétaient ce bel ensemble. Même avant la translation de l'Académie à Stuttgart, le duc y attirait, par tous les moyens, les meilleurs sujets de toutes les écoles du pays. Ayant appris par une des enquêtes qu'il ordonnait de temps en temps, les grandes espérances que le jeune Schiller, fils d'officier, donnait à ses maîtres, il offrit à son père de l'admettre gratuitement à l'École militaire et de fournir à tous les frais de son éducation. Mais dans ce séminaire ducal, bien que les études y fussent très-variées, et qu'on y préparât, malgré l'épithète de « militaire, » à des carrières fort diverses, on n'enseignait point la théologie. La faveur offerte contrariait les vues des parents, de la mère surtout, et ce ne fut qu'à la troisième demande du duc qu'ils consentirent à lui donner leur cher Frédéric. « Donner » était le mot, dans la pensée de Charles-Eugène; il promettait de bien placer son pensionnaire à la sortie de l'École, mais à la condition (et les parents durent plus tard s'y engager par écrit) qu'il se consacrerait entièrement à la maison de Wurtemberg. Le temps n'est pas loin où, comme nous le verrons, il parut au poëte qu'on avait, par cette clause, payé trop cher sa pension.

La date de l'admission de Schiller est le 17 janvier 1773. L'Académie, à cette époque, était encore à la Solitude, c'est-à-dire au milieu des bois, dans un château isolé, d'où la vue s'étendait sur une vaste contrée. Il choisit pour objet d'étude et pour carrière (c'était de bonne heure, il n'avait que treize ans) la jurisprudence ; mais d'abord, il poursuivit ses progrès dans les langues classiques. Il devint, en peu de temps, dit-on, assez habile en latin ; en grec, il remporta un premier prix. Quant aux mathématiques, à la géographie, et même à l'histoire, qu'il devait plus tard enseigner et écrire avec tant d'éclat, il y prit peu de goût. La muse dès lors le hantait à son insu, et l'attirait ailleurs, vers le monde qui ne se mesure ni ne se raconte. Ses loisirs, et plus que les loisirs sans doute, étaient consacrés à la lecture des poëtes allemands. Celui qu'il préférait entre tous, c'était le plus allemand, le plus germain de tous, Klopstock, sa *Messiade* et ses odes : il se pénétrait, en le lisant, de ferveur, de solennel enthousiasme, de patriotisme. On raconte que, dans ce temps-là, il épanchait souvent son cœur en ardentes prières, et qu'il aimait à se livrer, avec quelques intimes, à des exercices de recueillement et de dévotion. Déjà il avait choisi son sujet d'épopée sainte, un grand et austère sujet : il travaillait à un poëme biblique, dont Moïse était le héros. Bientôt au démon de l'épopée vint se joindre celui du drame. A la *Messiade* il associa, dans son admiration, une tragédie de Gerstenberg, *Ugolino*, à peu près oubliée aujourd'hui, mais que le prince de la critique allemande, l'illustre Lessing, avait beaucoup vantée au moment où elle fut publiée, et qui paraît avoir fait sur notre écolier une vive et profonde impression. Sans délai, il ajoute d'autres cordes à sa lyre, et entreprend un drame intitulé « les Chrétiens. » C'étaient sans doute les chrétiens de la primitive Église, les martyrs de la foi naissante, qu'il voulait célébrer en prenant pour modèle le chantre de la Rédemption.

Quand on admettrait que tout est dans tout, ce n'était pas là, il faut en convenir, la voie la plus courte pour exceller dans la jurisprudence, ni la preuve qu'il l'étudiât avec ardeur. Aussi ne s'étonnera-t-on pas de voir, en 1775, après la translation de l'École à Stuttgart, lorsque le duc ajouta aux autres branches d'étude des chaires de médecine, le jeune Schiller renoncer sans peine aux Institutes et aux Pandectes. Il se fit inscrire, avec six de ses camarades, sur la liste des élèves qui devaient suivre l'enseignement médical. Ce ne sont pas non plus là les frais bocages, les sentiers solitaires qui invitent le poëte; mais, s'il s'écrie : *O ubi campi Sperchiusque!* n'ajoute-t-il pas aussitôt :

Felix qui potuit rerum cognoscere causas?

Et parmi les mystères de ce monde en est-il de plus propres à tenter la curiosité de l'esprit que ceux de l'organisation humaine? que ce microcosme dont la grande merveille, pour qui ne s'arrête pas où atteint le scalpel, est l'union de l'âme et de la matière, l'influence réciproque de ces deux natures, que le poëte dans ses chants, quand il colore et façonne le sentiment et l'idée, marie et assemble avec harmonie? Il est facile, on le voit, de tout expliquer, chez les hommes illustres, par de grandes raisons, d'heureux instincts. Mais, sans chercher si loin, l'inconstance de la jeunesse, le dégoût qui vous prend si vite pour une étude qu'on néglige, et le désir d'être agréable au duc qui trouvait que les cours de droit étaient trop suivis, suffisent amplement à nous rendre compte de ce nouveau changement. Au reste, il parut d'abord avoir plutôt déserté le droit qu'adopté la médecine. A part les études anatomiques, il ne suivait les cours qu'en apparence, ou du moins n'y était guère présent que de corps. Ses ailes poussaient et de plus en plus l'emportaient loin de sa cage. C'est, à ce qu'il paraît, vers ce temps qu'il fit connaissance avec Shakspeare. Dans une leçon de philosophie, celui de ses maîtres dont il garda toujours le plus cher souvenir, le professeur Abel, avait lu, comme exemple, un morceau d'*Othello*. Étonné, plutôt que ravi, à la vue de ce nouveau monde qui s'entr'ouvre à ses yeux, Schiller, à la fin de la leçon, pria son maître de lui prêter le livre. Il le lit, le dévore en cachette, en subit la puissante influence, mais non sans se défendre contre elle. Une vérité si réelle, si entière, si profonde, n'est point le fait d'une imagination de seize ans. « Habitué à chercher l'auteur dans son œuvre, à y rencontrer son cœur, il m'était insupportable, a dit lui-même plus tard l'auteur de *Wallenstein*, de ne pouvoir ici nulle part saisir le poëte. Je n'étais pas encore capable de comprendre la nature de première main. » Si plus tard il la comprit ainsi et en admira sincèrement le peintre inimitable, jamais cependant ce regard à qui rien n'échappe, cette langue qui dit tout et mêle tous les tons, ce génie sans ménagements qui vous plonge soudain de la lumière dans les ténèbres, du haut des sommets les plus élevés dans les plus profonds abîmes, vraiment unique pour voir ce que nul n'a vu et ce que chacun pourtant reconnaît aussitôt, jamais cette manière si multiple, où le beau touche au laid, le sublime à l'étrange, l'ironie à l'enthousiasme, ne dut avoir, ce semble, entièrement et sans réserve, les sympathies du poëte qui tendit et s'éleva, chaque jour davantage, à l'idéal le plus pur, le plus choisi, et, si je l'ose dire, le plus homogène.

Un des professeurs de l'École de Charles publiait un recueil littéraire appelé le *Magasin de Souabe*. C'est là que notre étudiant débuta, en 1776, par une pièce descriptive et lyrique intitulée *le Soir*, qu'il ne signa pas, bien entendu : qu'eût dit le Duc, à qui rien n'échappait? Ce n'est pas un chef-d'œuvre ni une inspiration bien originale, mais un exercice de style et de rhythme qui promet, et l'on ne s'étonne pas de lire, dans une note de l'éditeur, qu'il lui semble que l'auteur, qui n'a encore que seize ans, pourrait bien avoir quelque jour *os magna sonaturum*. La flatteuse prédiction l'enivra-t-elle? Voulut-il, gonflant la voix, la justifier sans retard? On le dirait vraiment en jetant les yeux sur un autre poëme, sur une imprécation qui a pour titre *le Conquérant*, et qui parut l'année d'après dans la même Revue. Quand on lit cette déclamation gigantesque, on se demande : Est-ce présage de génie ou de folie? Il est grimpé sur des échasses et en proie au vertige : le moyen de ne pas tomber et tomber de façon à ne plus se relever? Nous le verrons faire, avant de trouver sa voie et d'assurer sa marche, bien d'autres tours périlleux. Cette fièvre lui venait du dehors, c'était une contagion. Les lettres allemandes étaient dans cette période qu'on a nommée, d'après le titre d'une pièce médiocre de Klinger, *die Sturm-und Drangperiode*, « période de tempête et d'ardeur irrésistible. » En France, la révolution approchait de plus en plus ; le volcan fumait et bouillonnait, la lave cherchait des issues : encore quelques jours et elle jaillira du sommet de la montagne dans la plaine, des hauteurs de l'esprit dans les champs de la vie politique et sociale; la théorie se traduira en faits grands et terribles, en institutions nouvelles. En Allemagne, les têtes fermentent tout autant, plus encore peut-être ; mais l'agitation ne sortira pas du domaine de l'intelligence et de l'imagination, dont nos voisins ont moins de peine, ce semble, à étendre les limites qu'à les franchir pour passer à la pratique. Tandis que chez nous les innovations et les réformes ébranleront la société dans ses fondements, ils s'en tiendront eux à une révolution littéraire et philosophique. Notre manifeste, ce seront les Droits de l'homme; le leur, *Goetz de Berlichingen*, *Werther*, *les Brigands*.

Goethe avait publié *Goetz* en 1773; *Werther*, en 1774. Schiller, après deux nouveaux essais qu'il détruisit, et dont l'un, inspiré par Werther et intitulé *l'Étudiant de Nassau*, était l'histoire d'un suicide, l'autre une tragédie, *Côme de Médicis*, commença en 1777 son drame des *Brigands*.

Il en prit l'idée dans un récit de Schubart, inséré deux années auparavant dans le *Magasin de Souabe*, et « abandonné au génie, disait l'auteur, comme un beau sujet de comédie ou de roman, » avec invitation à qui le traiterait de ne pas transporter timidement l'action en Italie ou en Espagne, mais de la placer en Allemagne, où elle s'était passée réellement. Au commencement de 1777, Schubart, poète plein de verve et journaliste audacieux, avait été attiré traîtreusement par Charles-Eugène sur le territoire de Wurtemberg et enfermé dans le château fort d'Asperg, pour y expier, dans un cachot, quelques mordantes et trop spirituelles épigrammes. Cet acte de perfide tyrannie avait naturellement appelé sur le captif l'intérêt de tous les cœurs généreux, et une vive attention sur ses écrits. Je m'explique qu'un poète de dix-huit ans ait voulu lui devoir son premier sujet dramatique, débuter au théâtre sous ses auspices, et sa sympathie pour ce martyr de la liberté n'est sans doute pas étrangère à l'amère violence qui respire dans toute sa pièce. Dans l'histoire racontée par Schubart, qui est une variante, moderne, et réelle, s'il faut l'en croire, de la parabole de l'Enfant prodigue, Charles, *le Fils perdu* (c'est le titre que Schiller donna d'abord aussi à son drame), ne devient pas chef de brigands et ne déclare pas la guerre à la société. Cette partie du rôle et le personnage d'Amalie, aimée des deux frères, sont deux inventions de notre poëte écolier. Mais ce n'est pas le moment d'apprécier son œuvre; attendons qu'il l'ait achevée. On s'accorde à dire, il est vrai, qu'il choisit son sujet et commença de le traiter en 1777, mais il paraît qu'à la fin de cette année il interrompit son travail, ou du moins cessa pour un temps de s'en occuper volontairement et sciemment. Laissant l'étrange mixture, une fois faite dans sa tête, bouillir seule, sans qu'il le sût en quelque sorte, sur la flamme allumée, qui ne devait plus s'éteindre, il reprit sérieusement ses études de médecine. Il avait, comme nous l'avons dit, deux sœurs; au mois de septembre il lui en était né une troisième, Caroline-Christiane. Il savait qu'il serait un jour leur seul appui : c'eût été tenter Dieu que de les vouloir nourrir et doter avec sa poésie en vers et en prose; il fallait songer à sa carrière, à son avenir et au leur. Ce dut être un héroïque effort; car, en compagnie de quelques camarades qui partageaient ses goûts, tels que G. de Hoven, J. Petersen, F. Scharffenstein, Ch. Haug, etc., il voguait déjà bien loin de la rive, bien loin du monde réel. On s'essayait dans tous les genres : toute une collection était prête, odes, dithyrambes, satires, épigrammes, et n'attendait qu'un éditeur. Nous savons que Schiller avait fourni, pour sa part, un poëme, bien lugubre sans doute, à en juger par le titre : *la Crypte des Rois*, et par le premier vers, le seul qui se soit conservé : « J'allai naguère avec l'esprit des sépulcres...; » puis une ode, également perdue, intitulée *le Chant de triomphe de l'Enfer*, où Satan énumérait toutes les ruses qu'il avait imaginées, depuis le commencement du monde jusqu'au temps présent, pour perdre le genre humain : les démons attentifs l'interrompaient en chœur par des chants blasphématoires. On a supposé que la ballade : *le Comte Éberhard*, pourrait être aussi de ce temps; mais j'avoue que j'ai peine à le croire.

Sa résolution une fois prise, il se remit courageusement à l'étude, de concert avec Hoven, qui, comme lui, se destinait à la médecine.

Le cours était de cinq années. Parvenu au bout de la quatrième, Schiller espérait pouvoir passer son examen par faveur avant le temps. Dans cette vue, il composa une thèse, que nous n'avons plus, et dont le titre était : *Philosophie de la physiologie*. Les professeurs la trouvèrent trop hardie de toute manière pour en autoriser l'impression. Le duc, après l'avoir lue, confirma leur jugement et déclara « qu'il serait fort bon pour l'auteur de rester un an de plus à l'Académie, où il pourrait pendant ce temps modérer encore un peu son feu, de façon à devenir assurément un jour un très-grand sujet. »

C'est peu de jours après cette sentence, qui le jeta dans un profond découragement, que Schiller vit pour la première fois deux hommes à la renommée desquels la gloire devait plus tard associer son nom. Le duc de Saxe-Weimar, Charles-Auguste, vint avec Gœthe visiter l'École et assister à la distribution des prix, le 14 décembre 1779. Schiller en remporta quatre. Quand on proclama son nom, quand il alla les recevoir et qu'il baisa humblement un pan de l'habit du duc de Wurtemberg (les cavaliers, ou fils de nobles familles, étaient seuls admis à l'honneur de baiser la main ducale), qui eût deviné dans la personne du pauvre étudiant qui avait vaincu ses condisciples dans deux sujets d'étude aussi *réels* que la *Matière médicale* et la *Médecine pratique* (c'étaient deux de ses prix), le futur créateur des figures éthérées de Max et de Thécla?

Il avait consacré deux années, exclusivement, il nous l'apprend lui-même, aux études de médecine. C'était assez, trop sans doute, à ses yeux. En 1780, sans les négliger entièrement, il se permit mainte distraction. Parmi les cours professés à l'École, il en fréquenta deux qui avaient pour objet, l'un Homère et l'autre Virgile. Homère, qui, avant cela, avait eu peu d'attrait pour lui, le charma et l'émut vivement. La traduction en vers iambiques de Burger, dont le professeur lut quelques chants dans ses leçons, lui plut beaucoup aussi, et l'on a pensé que cette lecture pouvait bien lui avoir inspiré son petit opéra de *Sémélé*, qui du moins par la versification a beaucoup de rapport avec la manière de Burger. Quant à Virgile, il lui rendit hommage plus directement, et traduisit, en hexamètres pleins de hardiesse, un morceau du premier livre de l'*Énéide*. Cette traduction parut dans le *Magasin de Souabe* (1780), sous ce titre : *la Tempête dans la mer Tyrrhénienne*.

L'influence des deux épopées antiques, modèles si parfaits de grandeur à la fois et de mesure, ne se montre guère dans le chant de deuil, la *Fantaisie funèbre*, comme il l'appelle dans le sens allemand du mot, qu'il composa cette même année pour pleurer la mort d'un condisciple plein d'espérance et chéri de tous, du frère de son ami le plus intime, G. de Hoven. C'est d'abord comme une affreuse vision, puis une sorte d'apothéose : on y sent passer ce souffle dont il est parlé dans le livre de Job, qui donne le frisson et glace le cœur, et l'on s'étonne qu'une affliction réelle puisse s'accorder avec une telle audace de style et d'images. Et pourtant la douleur du poëte était vive et sincère : pour s'en assurer, il suffit de lire la lettre touchante et grave, plus grave qu'on ne l'attendrait de cet âge, qu'il adresse au père de celui qui n'est plus.

Je ne parle pas d'autres distractions de ses études qui, volontaires ou imposées, sont à peu près de la même époque : de l'étude du rôle de Clavigo, dans la pièce de Goethe qui porte ce nom, rôle qu'il joua sur le théâtre de l'Académie, en présence de la cour et de la ville, avec une violence qui excita, dit-on, les rires de l'auditoire; d'un pompeux compliment prononcé, peu avant cet échec dramatique, au nom de toute l'École, en l'honneur de la comtesse de Hohenheim, qui fut d'abord la favorite de Charles-Eugène, puis son épouse, et que Schiller avait eu à célébrer précédemment déjà en vers et en prose. C'était le duc lui-même qui donnait le sujet de ces éloges; celui qu'il indiqua en 1780 était « la Vertu considérée dans ses effets[1]. » Bien que la comtesse, on s'accorde à le dire, usât noblement de sa puissante influence, il était difficile, ce semble, d'oublier l'origine de cette faveur et de la comprendre, quel qu'en fût l'emploi, parmi les effets de la vertu. Heureusement, il n'y a rien d'élastique comme les grands mots, quand on ne les définit pas; les points d'exclamation ne coûtent guère aux orateurs de vingt ans, et que d'hommages moins naïfs ont célébré le vice auguste, sans même que le présent, comme ici, rachetât le passé!

Le jugement sévère porté sur sa thèse; son échec dans Clavigo, plus sensible peut-être, si l'on se reporte à son âge; la contrainte qu'on lui faisait subir en le retenant dix mois encore à l'École, dont

---

[1]. Ce morceau d'éloquence s'est retrouvé dans les papiers de la comtesse de Hohenheim, et il a été publié par un de ses héritiers, sous le titre de *Premier écrit de la jeunesse de Schiller*. L'éditeur n'est pas d'accord avec M. Palleske, dans sa *Vie de Schiller*, sur l'année où ce discours fut prononcé : il le place non à l'an 1780, mais à 1775.

le joug désormais lui pesait chaque jour davantage; la douleur où l'avait plongé la mort de son ami; la flatterie déclamatoire succédant, par une sorte de jeu ironique des circonstances, aux plaintes funèbres; la tâche qui lui fut imposée un peu plus tard, comme à un des élèves les plus avancés dans le cours de médecine, de soigner un camarade hypocondriaque (nous avons encore les rapports qu'il fit sur son état); la peine qu'il eut à le préserver du suicide; les soupçons que ses chefs manifestèrent, à cette occasion surtout, sur ses opinions et dispositions personnelles; la défense qu'il dut écrire pour les repousser et où respire çà et là une généreuse indignation: tout semblait se réunir pour développer les germes d'exaltation qui fermentaient déjà dans son sang, dans sa tête, dans son cœur[1]. Il retourna à ses *Brigands*; il reprit son drame, oublié, négligé du moins depuis deux ans, pour y jeter l'amertume, la révolte, toutes les violences dont tout son être débordait, et y souffler à pleins poumons ces souffles de tempête qui alors agitaient, ici le monde politique, là l'empire des lettres. Il y travaillait mystérieusement, en conspirateur, se dérobant avec soin à la vigilance des surveillants. Plus d'une scène fut écrite à la lueur d'une lampe de nuit, à l'infirmerie (le seul lieu de la maison où il fût permis d'avoir de la lumière, passé une certaine heure) : il se donnait pour malade afin d'échapper aux ténèbres du dortoir et de prolonger ses veilles.

Quand un morceau était achevé, il le lisait au petit conciliabule de camarades dont nous avons parlé, et qui se réunissait, pour l'entendre, tantôt dans quelque cachette du vaste édifice ou dans un coin du jardin, tantôt, aux jours de promenade, au pied d'un rocher, sous de vieux arbres, dans quelque retraite favorable au mystère. Un de ces auditeurs préférés nous a conservé, dans une esquisse, que son fils[2] a plus tard reproduite par la gravure, le souvenir d'une de ces réunions furtives au milieu d'un petit bois, nommé le Bopserwaldchen. Les amis du poëte, tous montés alors au même ton que lui, écoutaient

---

1. J'ai lu dans un journal de Weimar, la *Feuille du Dimanche*, un article anonyme assez intéressant, qui a pour objet de montrer, par l'exemple de ce qui a manqué à Goethe et à Schiller dans leur enfance, que la meilleure manière d'élever la jeunesse est de combiner l'éducation domestique et celle qu'on reçoit dans les écoles, et qui fait voir, en particulier, qu'un régime tel que celui de l'Académie militaire était nécessairement antipathique et funeste à une nature comme celle de Schiller.

2. M. Ch. de Heideloff. Sa gravure se trouve en tête de l'*Histoire de l'École de Charles*, de M. Wagner.

ces lectures avec enthousiasme. Les scènes les plus fougueuses, les plus hardies, étaient les plus applaudies. Ces têtes folles s'étaient dit, comme, dans la pièce, Grimm, l'un des futurs brigands : « Il nous faut faire un livre que l'on condamne à être brûlé par la main du bourreau. » Ce qui charmait aussi l'auditoire, c'étaient, çà et là, des allusions au monde où ils vivaient, des mots, des idées, des traits de caractère, où ils reconnaissaient leur entourage. L'auteur s'était donné certaines licences de l'ancienne comédie, et avait emprunté à des camarades les noms mêmes de quelques-uns de ses brigands, ceux de Moor, par exemple, et de Schweizer.

Pendant qu'il chargeait ainsi secrètement dans sa prison la bombe incendiaire, on peut le dire, qui devait bientôt éclater avec fracas sur toute l'Allemagne, il se préparait en même temps à l'épreuve finale qui allait lui ouvrir la porte de cette prison. Des deux sujets qu'il offrit de traiter : 1° *De l'étroite connexion de la nature animale de l'homme et de sa nature physique*; 2° *De la liberté et de la moralité de l'homme*, les professeurs choisirent le premier, et ils lui donnèrent en même temps à développer en latin un autre thème plus technique : *De differentia febrium inflammatoriarum et putridarum*. La dissertation latine ne fut pas jugée digne de l'impression. L'allemande, qui parut, avec autorisation, chez Chr. Fr. Cotta, figure, depuis 1838, dans les Œuvres complètes; Schiller l'en avait exclue. C'est, selon toute apparence, à en juger par les titres des chapitres, qui, avec un fragment du chapitre premier, sont tout ce qui nous reste de la thèse rejetée l'année précédente, un remaniement fort adouci et amorti de *la Philosophie de la physiologie*. Parmi les idées développées dans ce morceau, il en est qui contrastent avec celles que l'auteur adopta plus tard, mais la doctrine qu'il y professe, la tendance qu'il y montre, éclairent et expliquent plus d'une poésie de sa jeunesse. Il est en verve et se donne carrière, citant, à l'occasion, ses auteurs favoris : Shakspeare, le drame d'*Ugolino*, et, avec une impudente et narquoise sécurité, ses propres *Brigands*, déguisés sous le titre étrange de *Life of Moor, tragedy by Krake*. Il avait placé en tête une dédicace au duc, où s'est glissé, entre les protestations de dévouement et de reconnaissance, comme un pressentiment de son trop prochain avenir : « Il ne se trouverait à plaindre, dit-il, que si jamais ses propres efforts contrariaient les vues du meilleur des princes. »

Pour sortir de l'école, il ne lui restait plus qu'à soutenir les épreuves orales. Il disputa en latin contre un de ses professeurs, dans une séance solennelle, en présence du duc. Au nombre des assistants se trouvait un jeune musicien, Streicher, que nous verrons reparaître bientôt dans cette biographie, et qui, de ce jour-là, comme il nous l'apprend lui-même, conçut pour le poëte, qu'il n'avait jamais vu, dont il ne savait même pas le nom, une inaltérable amitié. Il paraît cependant que l'objet de cette soudaine et tendre affection n'avait, à première vue, rien de bien séduisant. Le portrait que Streicher nous trace du jeune étudiant n'est certes point, à part les cheveux d'or peut-être (si c'était bien l'or antique), celui d'un Apollon. Son aspect n'offrait pas cette fleur de beauté pure et correcte dont brillait l'auteur de Werther; mais cela n'empêche point que sa physionomie, ses manières, toute sa personne inspirèrent une vive sympathie à l'artiste enthousiaste et s'emparèrent de toute son attention. « Ses cheveux rougeâtres, nous dit-il, ses genoux qui se rapprochaient l'un de l'autre, le rapide clignement de ses yeux quand il discutait vivement, son fréquent sourire pendant qu'il parlait, mais surtout son nez bien formé, son regard d'aigle, profond et hardi, qui brillait sous un front très-plein et largement bombé, firent sur S. (le narrateur cache son nom sous cette initiale) une profonde impression. Il ne détourna plus les yeux de dessus le jeune homme. Tout son être et toute sa nature l'attirèrent tellement et gravèrent si bien au dedans de lui ce spectacle que, s'il savait dessiner, il pourrait encore aujourd'hui, après quarante-huit ans, représenter toute cette scène de la manière la plus frappante. » Pour compléter la description, il faut ajouter que Schiller avait la vue courte et, comme Streicher nous l'apprend ailleurs, les yeux malades. Ce portrait a été l'objet de vives discussions; car rien de ce qui concerne son poëte bien-aimé n'est indifférent à l'Allemagne : elle le voit des yeux d'une amante. On a nié, par exemple, le regard d'aigle. On a rappelé que Goethe avait parlé de la douceur des yeux de Schiller, et que Petersen, son camarade, avait dit qu'il ne portait point dans le regard la marque distinctive du génie. Ceux qui ont voulu concilier ces jugements divers, en ont appelé au plus ressemblant des bustes de Daunecker. Si ce n'est pas le feu du regard, ont-ils dit, c'est l'ensemble du front, du nez, des sourcils, qui justifie l'expression de Streicher. Quoi qu'il en soit de cette partie de la physionomie de Schiller, puisqu'ici l'occasion s'est offerte de parler de ses traits et de son extérieur, ce qui me paraît ressortir de tout ce qu'on raconte sur sa personne et des représentations qui nous restent de lui, c'est d'abord que sa figure était de celles qui invitent plutôt le ciseau que le pinceau, et qu'un buste ou une médaille font mieux valoir qu'une toile ; puis que l'art a eu peu à faire pour l'idéaliser et pour créer d'après un tel modèle, sans aucune modification qui dénature, un de ces types aimés et vraiment personnels que les peuples adoptent et qui répondent à l'attente de qui cherche dans les traits l'âme et le génie propre. Une autre remarque que suggèrent les images diverses de Schiller et leurs dates, c'est que l'âme, chez lui, n'a cessé de façonner le corps, et qu'il semble que le progrès intérieur que ses œuvres nous rendent sensible se soit manifesté au dehors, embellissant de plus en plus et ennoblissant son aspect.

Mais j'ai mal choisi mon temps pour le contempler et le décrire, pendant qu'il argumente, et en latin encore, et qu'il gagne son diplôme à la sueur de son front. Hâtons-nous de terminer l'épreuve et de lui ouvrir enfin les portes de l'école pour le suivre dans le monde.

Le duc de Wurtemberg avait promis, on s'en souvient, aux parents de Schiller de bien placer leur fils à la fin de ses études. Crut-il tenir sa parole en l'attachant au régiment de grenadiers du général Augé, en qualité de chirurgien, avec un traitement de 18 florins, environ 40 francs, par mois ? On peut se représenter le brillant début que fit dans la vie le jeune docteur[1] ainsi pourvu ! Il alla louer à l'une des extrémités de Stuttgart une petite chambre plus que simple, ornée d'une grande table avec deux bancs, et d'un autre meuble économique, mais tout aussi élégant, dit-on : d'un compagnon de demeure, ancien camarade d'école, qui payait la moitié du loyer ; il était lieutenant d'infanterie et jouissait d'une réputation assez équivoque. Dans la même maison habitait la veuve d'un capitaine, Louise Vischer, une blonde aux yeux bleus, âgée de trente ans et mère de deux enfants. C'était elle, on le suppose, qui sous-louait à Schiller et à son associé leur modeste garni : relation bien prosaïque de quittances et de comptes, de crédit et de dettes peut-être. Elle

---

1. On ne pouvait le saluer du titre de docteur que par formule de bénévole politesse. Il n'avait pas pris ses degrés. L'Académie militaire fut élevée au rang d'Université (pour trois facultés), à la fin de 1781, par l'empereur Joseph II. Elle prit alors le nom de « Haute École de Charles, » et put, de ce moment seulement, conférer les grades.

était aimable et bonne, quelque peu musicienne, et ne manquait point d'esprit ; mais il eût fallu pour la trouver belle un goût peu difficile. Heureux les poëtes dont on ne connaît que les œuvres et dont la vie échappe aux regards dans un vague lointain ! Heureux aussi leurs lecteurs et fi des commérages qui désenchantent ! Qui reconnaîtrait la divine Laure des premières poésies, l'objet de ces fougueuses ardeurs, de ces ravissements inénarrables, « la musicienne dont les accords enchaînaient les astres au plus haut des cieux, » dans cette bonne voisine, comme on en a partout, qui, dans les intervalles de loisir que lui laissaient le ménage et les enfants, exécutait quelque sonate sur son clavecin ? Et le poëte lui-même, à l'âme brûlante, aux visions extatiques, qui se consume aux pieds de son idole, quand il ne s'envole point par delà les sphères, qui l'irait chercher sous l'uniforme roide et grotesque du pauvre chirurgien, tel que nous le décrit un de ses camarades, malin railleur qui n'oublie rien, ni le petit chapeau couvrant à peine le sommet de la tête, ni la grosse queue qui de là descend sur un long cou, emprisonné dans un col étroit et bas, ni les cheveux roulés en boudins sur les deux côtés de la face, ni la base de la statue, les guêtres rembourrées qui lui font les jambes plus grosses que les cuisses ? Mettez donc une lyre dans les mains d'un tel Orphée ! Je lui pardonne vraiment la déclamation de ses odes des premiers amours, ses élans gigantesques pour échapper à une telle réalité, ses efforts surhumains pour transfigurer et l'amant et l'amante. D'un autre côté, on peut, sans pruderie, trouver bon, ce me semble, dans l'intérêt du beau non moins que du bien, qu'un peu de ridicule châtie ce lyrisme effréné, et que quelques grimaces, enlaidissant cette ivresse, la rendent moins contagieuse. C'étaient, disent quelques admirateurs de bonne volonté, de platoniques amours. Bien que leurs raisons soient peu concluantes et contredites par des témoignages moins bénévoles, je veux bien dire comme eux : seulement les sens, si leur rôle n'est ici que poésie et métaphore, tiennent, il faut l'avouer, une bien grande place dans ce délire. Après cela, une telle ardeur, quand on en sait l'objet, s'explique mieux peut-être comme une simple aspiration, moins à Louise ou à Laure qu'à tout son sexe, et comme la fièvre des premières espérances et des premiers désirs, que comme le chant de triomphe d'un vulgaire et facile amour.

Une poésie d'un tout autre ordre, que j'aurais dû mentionner avant ces débauches d'esprit en l'honneur de Laure, c'est l'*Élégie sur la mort d'un jeune homme*, écrite, aussitôt après la sortie de l'École, sur le cercueil d'un camarade, d'un ami, J. Ch. Weckerlin. Elle fut imprimée, au moyen d'une souscription, et comme elle contenait, parmi des plaintes touchantes, quelques hardiesses, quelques invectives amères qui sentaient l'esprit fort (le régime, l'esprit, les exemples de l'Académie, sans parler des tendances presque universelles de l'époque, n'étaient guère propres à former des chrétiens), elle souleva dans une certaine partie du public de grandes clameurs. « Que Dieu me soit en aide ! s'écrie le poëte, dans une lettre en argot d'étudiant (c'est le mot) écrite à G. de Hoven. Ce maudit petit rien (j'adoucis les termes) m'a fait dans tout le pays plus de renommée que vingt ans de pratique médicale. Mais c'est un nom comme celui de l'homme qui a brûlé le temple d'Éphèse. » Qu'eût-ce été donc si l'on avait tout su, si l'on eût fouillé dans le portemanteau du chirurgien, si l'on y avait découvert l'œuvre des ténèbres, cet insolent défi à la société, ce drame incroyable qui a nom *les Brigands*? Le secret ne tardera plus à éclater.

« Qu'est-ce que tu possèdes en propre ? » demande quelque part Épictète. « Mon imagination, l'usage de mes fantaisies, et voilà tout, » aurait bien pu répondre avec lui Schiller, débutant dans la vie. La mine était riche, il est vrai, et il avait jeté à pleines mains dans le pamphlet dramatique et métal et scories. Mais n'en fait pas de la monnaie qui veut. « Mon principal motif, écrit-il à son ami Petersen, de désirer la publication des *Brigands*, c'est le puissant Mammon, qui n'a nul penchant à loger sous mon toit, c'est l'argent. » Une seconde raison, c'est qu'il voudrait savoir quel sort l'attend, auprès du public, comme auteur, comme poëte dramatique. Une troisième, bien sincère alors sans doute, quoiqu'elle ne s'accorde guère avec la seconde, c'est que, voulant devenir professeur de médecine et de physiologie, et prévoyant que la poésie, le drame, etc., ne peuvent que faire obstacle à sa carrière, il tient à déblayer sans retard sa route, à se débarrasser de ses *Brigands*, pour n'y plus penser. Mais les éditeurs sont moins faciles à trouver que les raisons de publier. Après s'être adressé vainement aux libraires de Stuttgart et de Mannheim, il lui fallut entreprendre la publication à ses frais et à ses risques, et pour cela emprunter, sous la caution d'un ami, une somme d'argent, qu'il eut dans la suite bien de la peine à rembourser, et qui lui rendit souvent fort amère sa première gloire. Qu'importe ? la pièce parut, sans nom d'auteur, sous la double rubrique de Francfort et de Leipzig[1], moins mal imprimée que ne le disent la plupart de ceux qui mentionnent cette première édition, et ornée d'une double vignette, dont l'une représente la scène de la tour où est enfermé le vieux Moor, l'autre César dans la barque de Charon et Brutus prêt à y entrer.

On était alors dans l'été de 1781. Tout était paisible en Allemagne, surtout à Stuttgart. Au milieu de ce repos, le cri de révolte de Charles de Moor éclata comme un coup de tonnerre et excita dans toutes les têtes une fermentation qu'on a peine à s'expliquer en relisant aujourd'hui ce drame, audacieux sans doute, excessif, emporté, mais qu'ont vaincu depuis, en hardiesse, en déclamation furieuse, tant d'autres défis jetés à la société du haut de la scène. L'effet qu'il produisit dès sa première apparition, et qui ne fit que s'accroître quand, peu après, il fut représenté sur le théâtre, rappelle vraiment cette épidémie dramatique des habitants d'Abdère, cette fièvre, décrite par Lucien, qui, après des saignements de nez et d'abondantes sueurs, éclatait en iambes, en tirades tragiques, en une rage universelle de déclamation théâtrale.

Tout occupé, dès sa sortie de l'École, des espérances qu'il fondait sur son drame, Schiller, on le comprend, ne pouvait prendre beaucoup de goût à sa profession. Le seul livre de médecine qu'il acheta pendant tout le temps de sa pratique chirurgicale, ce fut l'*Almanach des apothicaires pour l'année 1781*. Le seul souvenir, en quelque sorte, qu'on ait gardé de cette pratique, c'est la cure hardie, aventureuse, disaient ses anciens, de plusieurs de ses grenadiers, qu'il guérit du typhus contre toutes les règles. Son projet de professer un jour n'a pu être bien sérieux. Au lieu de s'y préparer, il s'était chargé de la rédaction d'une feuille politique insignifiante qui paraissait deux fois par semaine à Stuttgart. A la veille de publier *les Brigands*, en mars 1781, il inséra dans ce journal, qui l'aidait à vivre, une ode chaleureuse qui fêtait le retour de Charles-Eugène et où était contenue (*varium et mutabile musa!*) la strophe suivante :

« Dis-nous, terre étrangère, ne regardes-tu pas d'un œil d'envie les campagnes bienheureuses du Wurtemberg? Ne porteriez-vous pas volontiers des chaînes, républiques, si vous l'aviez pour souverain.... lui? » Le moment est proche où ces chaînes qu'il bénit lui parai-

---

[1] « C'est toujours là, dit un journal du temps, le lieu de l'impression, quand on ne veut pas dire le véritable. »

tront bien lourdes. Le succès des *Brigands* va le forcer à les rompre.

Pendant l'impression de la pièce, Schiller en avait envoyé, en épreuves, les sept premières feuilles au libraire Schwan de Mannheim, personnage important, et sorte de Mécène, décoré du titre de conseiller aulique des finances. Celui-ci n'eut rien de plus pressé que de les aller lire au baron Wolfgang Héribert de Dalberg, qui avait fondé en 1779 le Théâtre-National de Mannheim et le dirigeait alors avec le titre d'intendant. Dalberg, homme d'esprit et de sens, vit sur-le-champ le succès populaire et les bonnes recettes que promettait cette œuvre brillante et paradoxale, et il écrivit à l'auteur pour lui proposer de mettre son drame sur la scène, s'il voulait le retravailler en vue de la représentation. Schiller, ravi de cette offre, oublia volontiers qu'il avait déclaré dans sa préface que *les Brigands* ne convenaient pas au théâtre et n'en avaient pas besoin, et consentit avec empressement, après une courte négociation, à les remettre sur le métier pour y faire les coupures, additions et changements nécessaires. Le 6 octobre 1781, il envoya à Dalberg son nouveau manuscrit, la pièce appropriée au théâtre au moyen de modifications très-notables et parfois très-heureuses, auxquelles, à la demande du baron, il en ajouta quelques autres encore : une, en particulier, qui parut lui coûter beaucoup et qui consistait à transporter à la fin du moyen âge la date de l'action, qui, dans le drame sous sa première forme, était le temps présent. La version théâtrale fut imprimée sans retard, et mise en vente chez Schwan aussitôt après la représentation. A peu près en même temps parut, avec le nom de l'auteur cette fois, une seconde édition de la version originale et littéraire, de celle que reproduisent les Œuvres complètes[1]. En tête de celle-ci était une vignette représentant un lion qui se dresse et lève une griffe menaçante, avec cette devise : « In Tirannos (sic). »

C'est au commencement de 1782, le 13 janvier, que *les Brigands* furent joués pour la première fois sur le théâtre de Mannheim, devant une foule pressée de spectateurs, accourus de près et de loin. L'affluence était telle, que, si l'on n'avait réservé une place au poète, il eût pu difficilement lui-même assister à la représentation. Il s'y était rendu de Stuttgart en secret et sans avoir demandé de congé :

1. On trouvera dans le tome II de notre traduction, dans l'*Appendice aux Brigands*, les additions et modifications les plus remarquables de la version théâtrale.

il craignait un refus. Le rideau se leva dès cinq heures. La pièce était bien montée, plusieurs des rôles du moins étaient confiés à des acteurs distingués, élèves d'Ekhof, du régénérateur de l'art dramatique en Allemagne. Le célèbre Iffland, alors âgé de vingt-trois ans, jouait Franz; Beil, le brigand Schweizer; et Beck, Kosinsky. Malheureusement l'acteur qui représentait le héros du drame, Charles de Moor, laissait, dit-on, beaucoup à désirer. Bök (c'était son nom) ne convenait bien à ce rôle ni par son visage et toute sa personne, ni par sa déclamation et son jeu. Les trois premiers actes ne produisirent pas l'effet qu'on s'en était promis; mais les grandes scènes des deux derniers, surtout la lutte de Franz avec ses terreurs et ses remords, électrisèrent l'assemblée. Ce fut un triomphe, un enthousiasme comme on en avait rarement vu au théâtre, et qui firent sur l'auteur une profonde et durable impression. « Je crois, écrivait-il quelques jours après à Dalberg, que, si l'Allemagne doit avoir un jour en moi un poëte dramatique, c'est de la semaine dernière qu'il me faut dater cette espérance. »

L'enthousiasme des premiers jours s'est refroidi, mais non éteint en Allemagne. Aujourd'hui encore de graves critiques vont jusqu'à trouver trop sévère le jugement de Hegel qui voyait dans Charles de Moor un idéal non mûri, conçu par un jeune homme. Aujourd'hui encore on s'évertue à défendre, au point de vue de l'art même et de la scène, la subtile et monstrueuse perversité de Franz, le caractère et la passion d'Amalie, où se mêlent aux vaporeuses aspirations de si libres et sensuelles ardeurs; on admire ou du moins l'on veut justifier tout ce fracas dramatique, les excès de tout genre, le désordre, la confusion, le mélange mal fondu de tous les tons, du trivial impudent et de l'emphase déclamatoire, mélange qui est tout autre chose que la simplicité se mariant à la noblesse, et que le familier, le trivial même, associé, avec art et mesure, au vrai sublime. La pièce est restée populaire, elle est demeurée au théâtre[1]. De grands acteurs, Iffland et Louis Devrient dans le rôle de Franz, Fleck, à Berlin, dans celui de Charles, y ont attiré la foule. Le succès durable, la faveur constante du public, si mêlé, si mobile, sont de forts arguments pour une pièce de théâtre, et l'on ne peut nier qu'un drame qui émeut, intéresse, captive une génération après

---

1. L'année dernière encore on a célébré, sur le théâtre de Weimar, le jour anniversaire de la naissance de Schiller (10 novembre 1858) par la représentation des *Brigands*.

l'autre, qu'une grande et intelligente nation non-seulement tolère et absout, mais ne se lasse pas de goûter et d'applaudir, ne soit une œuvre, sinon belle, au moins forte, une œuvre qui remue puissamment de grands ressorts de l'âme humaine. Mais propre à remuer, à passionner, et vraiment grand et vraiment beau, ce n'est point même chose. Il y a dans notre âme des régions diverses. Les génies les plus puissants sont peut-être ceux qui règnent dans toutes à la fois; les plus purs sans contredit, ceux qui ne veulent dominer que dans les plus hautes, au-dessus des nuages du moins et des vapeurs immondes. Hâtons-nous de dire que si, dans ses *Brigands*, Schiller, trop souvent, trop longtemps, nous retient dans ces couches infimes où s'agitent les instincts mauvais et grossiers, parfois aussi il perce les nues sombres, et, s'il n'atteint aux sereines hauteurs, nous les montre du moins, et s'élance, et y aspire avec la foi ardente de qui se sent fait pour y monter. On a souvent dit que, pour juger une œuvre littéraire, il fallait se reporter au temps où elle fut composée, savoir la vie, les antécédents de l'auteur, les tendances de son époque, le milieu où il vivait. Cela est vrai, j'en conviens; ici-bas tout est relatif et il est bien de plaider en toute cause les circonstances atténuantes. N'oublions pas cependant qu'autre chose est d'apprécier l'ouvrage en lui-même, autre chose de juger l'auteur, de voir ce qu'il a pu et dû faire, les circonstances une fois données. En pareille matière, soyons, tant qu'on voudra, indulgents pour le créateur, mais demeurons sévères pour la création, et ne concluons pas, du mérite relatif de celui-là, le mérite absolu de celle-ci. Ici par exemple, quand je songe à l'éducation de Schiller, à son inexpérience, à ses relations, à ses habitudes d'alors, à l'esprit de son temps, aux approches de la grande tempête politique, sociale, religieuse, qui allait ébranler le monde, à la corruption de la plupart des petites cours de l'Allemagne, au despotisme tracassier que cette corruption rendait plus odieux, aux emportements effrénés qui étaient de mode dans les lettres et la poésie et qui avaient succédé à une médiocre et servile routine : quand je considère tout cela, je comprends le bouillonnement d'idées, le pêle-mêle de sentiments qui s'agitent dans une tête d'écolier, dans un cœur de vingt ans; je m'explique cette éruption de lave ardente où sont fondus ensemble les éléments les plus nobles et les plus vils; je puis prévoir, si vous voulez, en contemplant ce chaos, que celui qui l'a créé le débrouillera un jour et l'ordonnera, y remarquer même des parties déjà ébauchées et qui plaisent à voir; mais de là à admirer sans réserve, à reconnaître pour œuvre d'art le chaos avant la création, il y a loin. Cet exemple est un de ceux qui montrent le mieux à quiconque a du sens le danger qu'il y a à ouvrir, à briser le creuset, à lâcher le métal, avant que le moule soit fait et prêt à le recevoir. Depuis Schiller, bien d'autres, moins illustres, moins forts, mais non moins impatients et présomptueux, se sont essayés avant le temps, et, pour essai, ont déclaré la guerre, à la façon des géants, à toutes les institutions et traditions divines et humaines. Quand on veut escalader le ciel, au moins faut-il être de force à entasser des montagnes. L'auteur des *Brigands* en remue, lui, çà et là dans son drame, déployant, hélas! la même vigueur, j'en conviens, pour soulever parfois des grains de sable. Mais que dire de ceux qui, singes des géants dans des corps de pygmées, n'ont en tout et pour tout que des taupinières pour figurer Pélion et Ossa?

Malgré l'ivresse bien pardonnable du succès, Schiller ne se fit pas complétement illusion sur son œuvre. Il publia lui-même, sous le voile de l'anonyme, dans le *Répertoire wurtembergeois*, qu'il avait fondé avec son maître Abel et son camarade Petersen, un compte rendu de la représentation et une spirituelle critique, où l'éloge ou plutôt la défense tient sans doute une grande place, mais se mêle aux aveux implicites et explicites de qui se sait appelé à mieux. La pièce fut bientôt jouée à Hambourg, à Leipzig, à Berlin. A Leipzig (c'était le temps de la foire) on la défendit, parce que les voleurs, les héros à la manière de Spiegelberg, pullulaient dans la ville. A Munich, de jeunes garçons s'associèrent pour former une bande de brigands, et leur projet n'avorta, dit-on, que parce qu'un des enrôlés voulut, avant de partir pour la forêt de Bohême, dire adieu à sa maman. A Fribourg en Brisgau, on découvrit une conspiration plus sérieuse, à ce qu'on rapporte, de quelques jeunes écervelés électrisés par Charles de Moor. Dans les journaux, la plupart des critiques tonnèrent et contre l'auteur et contre le scandale d'un tel triomphe. On publia, dans l'intérêt de la morale et des âmes sensibles, des remaniements du drame, adoucis et expurgés. A l'étranger, les traducteurs, les imitateurs se mirent à l'œuvre, s'enthousiasmant à l'envi pour l'original. L'un d'eux, dans sa préface, prévoit que les âmes froides ou refroidies crieront au mauvais goût, à la barbarie, au délire! « Mais d'autres âmes fortes, pittoresques, sentimentales, pourront en appeler.... Oui, le livre de *Schyller* (sic) deviendra celui des âmes fortes, des jeunes gens, et peut-être des femmes ; oui, des femmes[1] ! » Le roman, qui toujours glisse sur la pente que la mode lui montre, alla naturellement chercher ses héros au gibet et sur la roue et ne fabriqua plus que redresseurs de torts et sublimes égarés. Il paraît que Schiller lui-même songea à donner une suite à son drame; mais heureusement il n'exécuta pas ce projet. Un bas bleu, vingt ans plus tard, l'accomplit à sa place, et publia « un tableau d'humanité sublime » en six actes, sous le titre de « Charles Moor et ses compagnons, après la scène d'adieux près de la vieille tour. »

Notre poëte n'avait pas jeté toute sa fougue exubérante dans sa tragédie des *Brigands*. Elle débordait tout autant, plus librement peut-être, malgré les entraves du mètre, dans ses premières fantaisies lyriques. Il les réunit, jointes aux essais assez médiocres de quelques amis, en un volume, qu'il fit paraître à ses frais (nouvelle dette, nouveau souci pour l'avenir), avec ce titre étrange : « Anthologie pour l'an 1782, imprimée dans l'imprimerie de Tobolsk[2]. » En tête du recueil était une dédicace à la Mort, qu'il apostrophe sous le nom de « Czar tout-puissant de toute chair, sans cesse occupé à diminuer le nombre de ses sujets, assouvissant éternellement dans toute la nature sa faim insatiable. » Les poésies à Laure, dont nous avons parlé, figuraient dans la collection, avec les chants funèbres mentionnés aussi plus haut, et avec beaucoup d'autres poëmes de genres très-divers, et dont plus d'un a des apparences assez violentes pour qu'on puisse ranger le poëte, dit-il dans sa dédicace, sur un ton de lugubre plaisanterie, « parmi les collègues et cousins des Damiens et des Ravaillac. » Entre ces productions de sa muse novice, Schiller a fait plus tard un choix qui se trouve dans les Œuvres complètes au nombre des poésies dites « de la première période. » C'est un mélange étonnant de beautés et de défauts, de sentiment vrai et de déclamation, de naturel et d'enflure, de hardiesses heureuses et excessives. De la lecture de l'original (ici la traduction est souvent presque impossible) on garde cette impression, que l'auteur est encore plus

---

1. *Les Voleurs*, tragédie en prose, en cinq actes, par *Schyller*, imitée de l'allemand par A. C. D. P. — On a peine à s'expliquer, sous la plume d'un tel admirateur, ce titre ignoble des *Voleurs*, si propre à éteindre tout d'abord l'enthousiasme des âmes « *les plus pittoresques.* » — *Robert chef de Brigands*, par le citoyen La Martelière (Paris, 1793), imitation entreprise à l'instigation de Beaumarchais, faisait meilleur effet sur l'affiche.

2. Je n'ai pas vu l'édition originale de l'*Anthologie*, mais je possède la réimpression très-fidèle qui en a été faite en 1850 par les soins de M. Ed. Bülow, à Heidelberg (Bangel et Schmitt).

riche que prodigue, que ces folles dépenses ne le réduiront pas à la misère, comme elles ont fait tant d'autres : l'exemple est dangereux !

Puis, dans cet amas de bien et de mal, de noble et de trivial, de beau et de laid, on admire, non pas seulement des étincelles de génie, de grandes promesses de style poétique et de parfait langage, mais des pièces entières, bien voisines déjà de la perfection pour l'ensemble et la composition comme pour les détails, la ballade du *comte Éberhard*, par exemple, qui a inspiré à Ary Scheffer deux de ses plus énergiques tableaux, et la *Bataille*, ce drame lyrique si entraînant, qu'on croirait écrit au milieu de la mêlée, comme Vernet copiait, dit on, la tempête, attaché au mât, sur le navire qu'elle ballottait. Schubart, du fond de sa prison, applaudit à cette verve plus déchaînée encore et plus puissante que la sienne. Il adressa à l'auteur une ode de remercîments, où il lui dit qu'il s'est abreuvé à ses chants, « à ce torrent de feu, » avec autant de délices que le voyageur, « fermant les yeux avec volupté, » étanche sa longue soif dans l'onde fraîche du ruisseau.

Schiller fit lui-même, dans le *Répertoire wurtembergeois*, la critique de l'*Anthologie*, comme il avait fait celle des *Brigands*, avec le même mélange d'orgueilleuse indépendance et de modestes aveux. « Le ton de ces poëmes est, dit-il, trop individuel, trop profond, trop viril, pour qu'il convienne à nos bavards et bavardes sucrés. » Il place les chants à Laure au-dessus des autres, mais trouve qu'ils sont outrés et trahissent une imagination trop indomptée ; « je remarque aussi en divers endroits, ajoute-t-il avec trop de raison, des traits de lubricité sensuelle, enveloppés dans un pathos platonique. » Outre cet article, il inséra dans cette Revue, qui ne vécut pas longtemps (il n'en parut en tout que trois cahiers), une dissertation *sur l'État actuel du théâtre allemand*; un essai philosophique, la *Promenade sous les tilleuls*, et une nouvelle intitulée *Une action généreuse du temps présent*, trois morceaux admis dans les Œuvres complètes, qu'ils ne parent ni ne déparent.

Les licences littéraires, politiques et morales, des poésies lyriques et des *Brigands* n'étaient pas faites pour plaire au duc de Wurtemberg. Un maître tel que lui, et il faut le dire, un maître quelconque, surtout en ce temps-là, se serait indigné et inquiété à moins. Il manda son ancien élève, lui témoigna, avec bonté, son déplaisir, lui montra les écueils de la voie qu'il suivait. Schiller fut touché de ses conseils ; mais, lorsque le duc y ajouta l'ordre de ne plus imprimer aucune œuvre poétique qu'il ne la lui eut montrée d'abord, il refusa de prendre cet engagement. Sans parler de la conscience exaltée qu'il avait de ses droits, des mille projets, lointains ou prochains, qui fermentaient dans sa tête, un motif tout actuel l'empêchait de se soumettre à ce commandement du prince. L'obéissance l'eût condamné, à l'instant même, à un trop cruel sacrifice. Il avait déjà commencé un nouveau drame, la *Conjuration de Fiesque*, qui lui faisait concevoir les plus belles espérances, et auquel il eût fallu renoncer tout d'abord, car il était facile de prévoir qu'il ne serait pas beaucoup plus que ses *Brigands* du goût de l'auguste censeur. A ce refus, le poëte joignit bientôt un autre sujet de plainte. Il composa, à l'occasion de la mort subite du général Rieger, qui avait été tour à tour l'instrument détesté et la victime du despotisme de Charles-Eugène, un chant funèbre, où, à l'éloge du mort, dont on pouvait s'étonner après avoir lu l'*Anthologie*, se joignaient quelques traits blessants pour le prince. Une dernière cause acheva d'irriter ce dernier. Des plaintes s'élevèrent au sujet d'un passage des *Brigands*, où Spiegelberg, le plus vil scélérat de la bande, appelle le pays des Grisons, « l'Athènes actuelle des Larrons. » Tout le canton s'émut de cette injure, et décerna solennellement le diplôme de bourgeoisie à deux journalistes allemands, qui avaient, l'un à Hambourg, l'autre à Coire même, relevé, comme un attentat de lèse-république, cette boutade bien innocente, où le poëte, qui depuis la supprima, n'avait fait que se conformer à un dicton populaire et n'avait guère en vue qu'un endroit très-mal famé du pays. Mais quel beau prétexte pour les malveillants! Un petit chirurgien de régiment venir créer à sa patrie des embarras diplomatiques, aigrir les relations du Wurtemberg avec des voisins déjà peu commodes, à qui les moyens de vengeance ne manquaient pas, et chez qui plus d'une fois on avait publié des attaques fort déplaisantes contre le gouvernement et la cour de Charles-Eugène! Le remède était simple. Le duc fit signifier, sans retard, au poëte l'ordre de se taire désormais, de ne plus rien imprimer, à moins que ce ne fût quelque œuvre médicale, et de cesser tout commerce avec le dehors, c'est-à-dire de renoncer au théâtre; car celui de Stuttgart, alors d'ailleurs peu brillant, lui était naturellement fermé, même avant la dernière injonction du prince : il lui eût fallu s'imposer la plus timide prudence, et se dépouiller en quelque sorte de lui-même pour obtenir d'y être joué. Dans la disposition d'esprit où était Schiller, une telle exigence lui parut naturel-

lement le comble de la tyrannie. Le vouloir mettre en cage et lui
défendre d'y chanter! Il n'y avait pas de temps à perdre ; il fallait,
avant qu'on lui coupât les ailes, prendre son vol vers de meilleurs
climats. Il songea à Mannheim, à Dalberg. L'illustre Lessing avait
été poëte du théâtre de Hambourg ; Klinger, de celui de Leipzig.
Un mot, un signe de Dalberg devaient suffire pour lui faire à Mannheim une position semblable. A la fin de mai 1782, il se rendit,
toujours sans congé, comme l'on peut croire, dans cette ville, en compagnie de Mme Vischer, dont nous avons parlé, et de Mme de Wolzogen, dont nous parlerons bientôt, et assista avec elles à une nouvelle représentation des *Brigands*. Puis, tout enivré, encore une fois,
de l'enthousiasme du public, qui ne se lassait pas de l'applaudir, il
alla conter à l'intendant grand seigneur ses peines et ses espérances.
Dalberg parut touché, fit de belles promesses, mais ne lui dissimula
pas que la difficulté était plutôt de ménager à l'amiable son départ
de Wurtemberg, que de l'employer, une fois libre, à Mannheim.
De retour à Stuttgart, il écrit au baron la lettre la plus pressante, lui
trace, avec une naïve confiance, la voie qu'il faut suivre pour persuader le duc, et se remet, plein d'espoir, à travailler à son *Fiesque*,
au nouveau drame avec lequel il compte inaugurer les fonctions
qu'il rêve, de poëte théâtral. Mais voilà qu'un nouvel orage éclate
soudain sur sa tête. Il avait trop compté sur la discrétion de ses compagnes de voyage : son colonel et le duc ont appris sa désobéissance,
tous les détails de son escapade. Le duc s'emporte, le mande, lui
adresse de sévères reproches, renouvelle sa double défense, en le
menaçant cette fois des plus durs châtiments en cas de désobéissance,
puis lui ordonne d'aller sur-le-champ à la grande garde de la ville,
de rendre son épée, et de tenir les arrêts pendant quinze jours.
Heureuses, dit-on, ces petites souverainetés où le prince peut étendre sa sollicitude sur chacun de ses sujets! Je le veux bien, mais
à une condition toutefois : c'est que cette sollicitude ne deviendra
point tracassière, et que la toute-puissance inoccupée ne changera
point, dans son petit cercle, le moindre incident en affaire d'État.
Ici, du reste, le fréquent retour de l'intervention personnelle du
maître s'explique et par le talent du coupable, et par sa qualité d'ancien élève de l'Académie. Charles-Eugène voyait en lui, non pas seulement une tête opiniâtre à dompter, mais un ingrat à punir. C'était,
disait-il, une éducation à reprendre, à achever : dans un cachot, sans
doute, comme celle de Schubart. Il aimait à régenter autant qu'à

régner, et se mettait peu en peine de varier ses moyens de discipline et de les approprier aux personnes. Schiller voyait bien que, désormais, il n'y avait plus guère d'accommodement à espérer, et surtout qu'on ne lui accorderait pas de bonne grâce son congé, ni la permission d'aller vivre ailleurs. Il n'oubliait pas la reconnaissance qu'il devait au duc, mais on n'éteint pas par obéissance, par gratitude, le feu sacré, on n'étouffe pas la voix du génie, on ne renonce pas à soi-même. Plutôt rompre avec éclat et se soustraire au joug par la fuite que de se réduire, exclusivement (et, qui sait? pour le reste de ses jours peut-être), à panser et à droguer ses grenadiers. Toutefois, il écrivit encore à Dalberg, reçut encore de lui de bonnes paroles; il le revit même un peu plus tard, à la veille de fuir, dans un voyage que le baron fit à Stuttgart, et il le pria une dernière fois d'intervenir auprès du duc. Ce fut peine perdue. Dalberg ne voulut pas, dans l'intérêt de son théâtre et de la gloire future de son protégé, risquer de déplaire au duc de Wurtemberg. Il était homme de cour et fin diplomate. Trop de cœur ne va pas à ce double rôle. Puis, soyons justes, qui pouvait dans *les Brigands* deviner l'auteur de *Tell* et de *Wallenstein*?

Réduit à lui-même, découragé, voyant le présent et l'avenir sous le jour le plus sombre, Schiller était en proie à une amère tristesse. Son caractère s'aigrissait, son humeur devenait chaque jour plus dure et plus farouche; il sentait que bientôt son abattement ne lui laisserait même pas la force de se résoudre. Plus d'autre salut qu'un prompt et secret départ. Il s'ouvrit à Streicher, au jeune musicien dont nous avons parlé plus haut, et qui, depuis le premier jour où il avait vu notre poëte, lui avait témoigné une amitié de plus en plus ardente et dévouée. Streicher se disposait à partir prochainement pour Hambourg, où il voulait achever auprès de l'illustre Bach ses études musicales. Il se montra prêt à avancer son voyage, pour accompagner son ami et le seconder dans sa fuite. Schiller mit aussi dans sa confidence sa sœur aînée, Christophine, qui, loin de le dissuader, approuva bravement son projet, et lui dit que, le duc ayant si mal rempli la promesse qu'il avait faite de le bien pourvoir à sa sortie de l'école, tout ce qu'il ferait lui-même pour s'affranchir était honnête et légitime. Une fois résolu, bien irrévocablement, Schiller eut assez d'empire sur lui-même et de liberté d'esprit pour se remettre vaillamment à son *Fiesque*. Il n'avait encore exécuté tout au plus que la moitié du plan de sa pièce, et il fallait qu'avant son départ elle fût finie : c'étaient ses lettres de crédit pour Mannheim.

Cependant on attendait à Stuttgart le grand-duc de Russie Paul, avec sa femme, nièce du duc de Wurtemberg. Ce dernier s'apprêtait à faire aux augustes voyageurs le plus magnifique accueil et à leur donner des fêtes brillantes. Il ne se doutait guère alors qu'on ne se souviendrait un jour de l'éclat de ces fêtes, et ne les mentionnerait dans l'histoire, que parce qu'elles servirent à favoriser et à voiler la fuite du pauvre praticien de régiment, qu'il croyait sans doute avoir réduit à néant, et dont il ne voulait même plus entendre parler. C'était dans la première moitié de septembre 1782 que le grand-duc devait arriver. Le 1er jour du mois, Schiller, pour tenter un dernier effort, adressa à Charles-Eugène une supplique respectueuse, où il le priait de révoquer la double injonction qu'il lui avait faite, de ne plus rien écrire de littéraire et de n'entretenir aucune relation avec le dehors. Le prince refusa de recevoir cette lettre et fit défendre au poëte, sous peine des arrêts, de lui adresser désormais aucun écrit. Des amis lui avaient conseillé de fléchir le courroux de son maître et seigneur en le célébrant, à l'occasion des solennités qui s'apprêtaient, dans quelque dithyrambe, où on lui eût permis sans doute de se donner carrière et où l'exaltation déclamatoire n'eût point paru de mauvais goût. Il refusa, comme bien l'on pense, de descendre à cette lâcheté et de baiser à genoux la main qui s'appesantissait sur lui. Confirmé dans sa résolution de fuir par l'accueil qu'avait reçu sa supplique, il alla faire une dernière visite à la Solitude, où sa famille demeurait depuis 1775 (son père y avait été placé à cette époque, comme directeur de la pépinière ducale[1]). Là, le cœur déchiré, il prit congé de sa sœur, de sa tendre mère, à qui la nouvelle de son départ, d'un départ si prochain, causa une inconsolable douleur, et il fit du fond du cœur, mais sans laisser devant lui échapper son secret, ses adieux à son père. Il tenait à ne pas le compromettre par sa fuite : il voulait qu'il pût affirmer qu'il l'avait ignorée ; on est si disposé toujours à traiter un confident en complice. Au reste, il faut le dire à l'éloge de Charles-Eugène, jamais il n'inquiéta les parents du fugitif et ne rendit le père, son modeste et fidèle serviteur,

---

[1]. Ce qui sans doute avait appelé sur lui le choix du duc, c'était un ouvrage intitulé : « Considérations sur les choses de l'agriculture dans le duché de Wurtemberg, » qu'il avait publié à Stuttgart, en quatre parties, de 1767 à 1769.

responsable des torts qu'il trouvait au fils. A la Solitude, il apprit que le 17 septembre il devait y avoir dans les bois voisins de cette résidence une chasse gigantesque, pour laquelle on avait réuni jusqu'à six mille cerfs, puis spectacle et brillante illumination. Naturellement la capitale serait vide et la police occupée ailleurs pendant cette soirée. De retour à Stuttgart, il sut en outre que son régiment ne serait pas de garde dans la ville ce jour-là. Il convint avec Streicher de profiter de l'occasion, et ils fixèrent leur départ au 17, à neuf heures du soir.

Streicher a raconté dans les moindres détails, avec une grande simplicité, l'histoire de cette fuite. Cédons-lui la parole pour en rapporter les derniers incidents. « Les voyageurs montèrent en voiture, et partirent vers dix heures du soir. Ils sortirent de Stuttgart par la porte d'Essling, parce que c'était la plus sombre de la ville et qu'un des amis les plus sûrs de Schiller (évidemment Scharffenstein) y commandait le poste en qualité de lieutenant : s'il s'élevait quelque difficulté, on comptait l'écarter aussitôt par l'intervention de l'officier. Quel bonheur que dans ce temps-là ce ne fût pas l'usage de demander leur passe-port aux voyageurs en voiture! Le « halte-là! qui-« vive » de la sentinelle, quoique les deux jeunes gens s'y attendissent, leur fit une étrange impression. Aux questions du sous-officier, qui sortit à l'appel du factionnaire : « Quels sont ces messieurs? où vont-« ils? » Streicher répondit : « Le docteur Ritter et le docteur Wolf. Ils « se rendent à Essling. » Après les avoir inscrits sous ces deux noms, on leur ouvrit la porte. Quand ils furent dehors, ils se crurent échappés à un grand danger, et, comme si ce danger avait pu revenir, ils échangèrent à peine quelques paroles, tant qu'ils tournèrent autour de la ville pour aller gagner la route de Ludwigsbourg. Mais lorsqu'ils eurent franchi la première montée, ils retrouvèrent leur calme, leur liberté d'esprit; l'entretien s'anima, et roula non pas seulement sur le passé le plus récent, mais encore sur le prochain avenir. Vers minuit, ils virent au ciel, à la gauche de Ludwigsbourg, une rougeur extraordinaire, et, quand la voiture fut en vue de la Solitude, le château de cette résidence, placé sur une assez grande hauteur, se montra soudain, avec ses nombreuses dépendances, dans un éclat enflammé, qui, à la distance d'une lieue et demie, faisait l'effet le plus surprenant. La pureté et la sérénité de l'air permettaient de tout distinguer si clairement que Schiller put montrer à son compagnon le point où demeuraient ses parents, puis tout à coup, comme frappé d'un trait sympathique, il s'écria, en étouffant un soupir : « Ma mère !... » Entre une et deux heures du matin, on arriva au relais d'Entzweihingen, où il fallut s'arrêter. Après qu'on eut demandé du café, Schiller tira de sa poche un cahier de poésies inédites de Schubart, dont il lut les plus remarquables à son compagnon. »

Vers huit heures du matin, les voyageurs atteignirent la frontière. A la vue des couleurs de l'Électorat palatin, des poteaux et des barrières, rayés de bleu et de blanc, qui lui annonçaient qu'il était libre, qu'il entrait dans une contrée sur laquelle ne pesait pas le joug auquel il se dérobait, Schiller, jusque-là un peu sombre, s'épanouit, et parut renaître à une vie nouvelle. A 9 heures du soir, on s'arrêta à Schwetzingen pour y passer la nuit; les portes de Mannheim, en ce temps-là, ne s'ouvraient point après le crépuscule. « Le 19 septembre (je laisse à Streicher le soin d'achever le récit), les voyageurs furent sur pied de très-bon matin, pour se préparer à faire leur entrée dans Mannheim. On tira des coffres ce qu'ils contenaient de mieux pour s'assurer par le semblant de l'aisance une considération qu'on refuse presque toujours à qui paraît indigent ou malheureux. » Schiller n'avait pour tout bien que vingt-trois florins et Streicher vingt-huit; mais le poète comptait sur *Fiesque* pour ses premières dépenses, puis sur des honoraires fixes, attachés au titre qu'il ambitionnait, et qui lui donneraient le temps de se créer d'autres ressources. « Persuadés qu'avant quinze jours ces présomptions seraient changées en certitude, les deux amis montèrent une dernière fois en voiture et se dirigèrent vers Mannheim, qu'ils atteignirent en deux heures, et où ils entrèrent sans qu'on les arrêtât à la porte ni qu'on leur adressât aucune question. »

Cette fuite de Schiller, qui va le jeter dans de cruels embarras, mais donner l'essor à son génie, est la grande crise, le moment décisif de sa vie. Je l'ai racontée fort en détail, mais je suis loin d'en avoir rapporté toutes les circonstances connues. Les admirateurs du poète les ont notées avec un soin pieux et savent nous dire, heure par heure, tout ce qui s'est passé dans ces trois jours, au dehors et au dedans, sur la route et dans l'âme du fugitif. Peu de faits, dans l'histoire soit politique, soit littéraire, ont été étudiés et mis en lumière avec autant d'attention et de recherches. Les romanciers et les poètes se sont associés aux biographes pour célébrer et populariser cet affranchissement du grand écrivain. C'est déjà, ou peu s'en faut, une sorte de légende. M. Laube, en particulier, en a fait le dénoûment de sa pièce des *Élèves de l'École de Charles*, qui paraît avoir été goûtée en Allemagne. Un élégant narrateur, M. Hermann Kurz, en a introduit le récit dans un roman, en grande partie historique, où la jeunesse de Schiller tient une très-grande place, et qui est intitulé *Schiller's Heimathjahre*, « Les années que Schiller a passées dans sa patrie. » Ne sourions pas en voyant cette sollicitude, ce culte presque superstitieux de nos voisins[1] pour une mémoire chérie. J'avoue que, pour mon compte, je serais heureux d'avoir des détails aussi circonstanciés sur la vie de nos grands auteurs et surtout des plus français d'entre eux, d'un Molière, d'un Corneille, par exemple. Puis, c'est un noble et touchant sentiment que le zèle ardent, unanime, pour cette gloire d'outre-tombe qui ne peut plus corrompre par l'orgueil celui qui en est l'objet.

A Mannheim, les deux amis descendirent chez Meyer, régisseur du théâtre, qui les garda à dîner et leur loua sur-le-champ un logis près de sa maison. Aussitôt après le dîner, Schiller se retira dans une chambre voisine, et écrivit au duc de Wurtemberg une lettre respectueuse et touchante, où il convient qu'il a pris pour fléchir le cœur de son prince un moyen violent, parce qu'il ne lui en restait pas d'autre, et se montre prêt à rentrer sans délai dans sa patrie, si on lève la défense qui lui a été faite, de publier des écrits littéraires et d'entretenir des relations avec le dehors. Il fit partir cette lettre le 24 seulement (au moins est-elle datée de ce jour), sous le couvert du colonel de Seeger, intendant de l'École de Charles, auquel il écrivit en même temps pour le prier de mettre sa supplique sous les yeux de Charles-Eugène et de l'appuyer de toute son influence[2]. La réponse ne tarda pas. On y engageait le fugitif à revenir : le duc, grâce à la visite de ses augustes parents, était tout à la joie et à la clémence; mais des conditions que le poète mettait à son retour, pas un mot. Il était impossible de se rendre à cet appel, qui ne promettait que le pardon. Schiller, sans retard, renouvela sa demande, et inquiet de cette vague invitation qu'on lui avait adressée, il écrivit

1. De nos voisins en général, et non pas seulement des lettrés. Dans un calendrier populaire pour 1859, M. Berthold Auerbach vient d'insérer une gracieuse nouvelle intitulée *Frederic le Grand de Souabe*, et adressée à tous, où il raconte la naissance de Schiller, et, on peut le dire, son histoire avant sa naissance et dans le sein de sa mère.

2. Ces deux lettres ont été retrouvées, il y a peu de temps, dans les papiers du colonel de Seeger.

à plusieurs de ses amis pour les prier, s'ils apprenaient qu'il fût menacé de quelque danger, de l'en avertir au plus tôt.

Le soir même de l'arrivée à Mannheim, Streicher avait parlé au régisseur (Dalberg était absent) de la tragédie de *Fiesque*, entièrement achevée, et qui était, nous l'avons dit, le seul espoir de l'exilé. On fixa aussitôt un jour pour donner lecture du manuscrit aux principaux acteurs du théâtre. Iffland, Beil, Beck et plusieurs autres artistes se rendirent avec empressement à l'invitation de Meyer. Schiller veut lire lui-même, et se met à déclamer le premier acte, mais, hélas! de ce ton d'emphase monotone qui lui avait autrefois attiré un si ridicule échec dans le rôle de Clavigo, et qui eût suffi à dénaturer et à compromettre, même un chef-d'œuvre. L'auditoire reste froid, et à peine l'acte est-il fini que Beil se retire. On passe au second. Pas un signe de satisfaction ni d'approbation. La patience des plus bienveillants est à bout, on se lève, on se disperse. Meyer tire Streicher à part, et le prie de lui dire franchement si c'est bien Schiller qui est l'auteur des *Brigands* : il n'a jamais rien entendu de plus commun, de plus misérable que *Fiesque*. Cependant il demande par politesse qu'on lui laisse le manuscrit; il lira les trois autres actes, il veut voir le dénoûment. Schiller rentra chez lui le cœur navré, mais si loin de se douter du tort qu'il s'était fait par sa déclamation, que le soir il disait à son ami que, si l'on ne voulait pas l'attacher au théâtre de Mannheim en qualité de poète, il s'engagerait dans la troupe comme acteur. Le lendemain, Streicher retourne de bonne heure chez Meyer. Celui-ci, du plus loin qu'il l'aperçut, lui cria : « Vous avez raison! *Fiesque* est un chef-d'œuvre! mais aussi pourquoi Schiller, avec sa prononciation souabe, vous débite-t-il ainsi toute chose du même ton solennel, l'ordre de fermer la porte comme les plus éloquentes tirades de son héros? Il faut maintenant que la pièce aille au comité, que nous la lisions nous-mêmes et mettions tout en œuvre pour qu'elle soit jouée prochainement. » Streicher n'a rien de plus pressé que d'aller reporter ces bonnes paroles à son ami désespéré, mais, en messager délicat, il se garde bien de lui tout dire et de lui expliquer la cause de ce changement inattendu : on sait les bizarreries de l'amour-propre; Schiller eût peut-être fait meilleur marché en ce moment de son drame que de son talent de lecteur.

Une nouvelle réponse de Stuttgart, toute semblable à la première, détermina le fugitif, non pas à y retourner, mais à s'éloigner pour un temps de Mannheim, dans la crainte d'une demande d'extradition. Le gouvernement palatin aurait bien pu livrer, comme déserteur, un chirurgien militaire, élevé à l'Académie aux frais de son souverain. Les deux amis se rendirent à pied, en deux traites, de Mannheim à Francfort, par Darmstadt, en suivant la belle route connue sous le nom de *Bergstrasse*, ou « route de la montagne. » Ils se logèrent vis-à-vis du pont du Main, dans une modeste auberge du faubourg : en réunissant tout ce qu'ils avaient, il leur restait à peine de quoi vivre dix ou douze jours. Le lendemain de son arrivée, Schiller écrivit à Dalberg pour lui peindre sa triste situation, lui promettre de lui envoyer dans trois semaines sa tragédie de *Fiesque*, retravaillée en vue du théâtre, et lui demander une avance de 300 florins, dont les deux tiers lui serviraient à payer les dettes qu'il avait laissées à Stuttgart, dettes qui pouvaient amener l'emprisonnement d'un ami, comme lui insolvable, qui avait répondu pour lui. Il attendit la réponse avec une impatience pleine d'angoisses. Meyer écrivit, au nom de Son Excellence le baron, que, la pièce ne pouvant se jouer sous sa forme actuelle, on ne donnerait rien pour le moment, et qu'on attendrait pour se prononcer au sujet de l'avance demandée qu'on eût vu le remaniement promis. Dalberg était riche, et ce refus peut paraître dur; on serait tenté d'ajouter inique, en considérant ce que lui avaient rapporté les *Brigands*. Profondément humilié d'une telle réponse et plus encore de la nécessité où il se voyait réduit de continuer à mettre tout son espoir dans celui qui se montrait si impitoyable, Schiller ne laissa pas échapper une seule plainte, même devant Streicher, et renferma au dedans de son cœur sa honte et son affliction. A Francfort la vie était trop chère, et il résolut d'aller s'établir pour quelque temps aux environs de Mannheim. Afin de se procurer les modiques ressources nécessaires pour ce déplacement, il alla offrir à un libraire, pour vingt-cinq florins, un assez long poëme, que nous n'avons plus, intitulé *le démon Amour*, et qui, selon Streicher, était charmant. Le libraire n'en voulut donner que dix-huit florins, et le poëte, indigné, garda son manuscrit. Heureusement, le lendemain, Streicher reçut de sa mère trente florins, et les deux amis s'embarquèrent sur le coche du Main pour Mayence. Ils firent à pied (Schiller à grand'peine) presque toute la route de Mayence à Worms. Là ils trouvèrent une lettre du régisseur Meyer, à qui ils avaient écrit avant de quitter Francfort, et qui leur donnait rendez-vous à l'auberge du *Viehhof*, à Oggersheim, petite ville voisine de

Mannheim. Ils y arrivèrent à l'heure qu'on leur marquait et y furent reçus fort amicalement par le régisseur et sa femme, et deux autres admirateurs du poëte, venus de Mannheim. Schiller s'établit, sous le nom de docteur Schmidt, dans ce lieu ignoré et paisible, et se remit à l'ouvrage. Le plus pressé sans doute était de polir et d'achever *Fiesque*, mais le vent soufflait d'ailleurs et il y tournait son aile. Depuis son départ de Mannheim, d'autres disent, mais sans fondement, je crois, depuis le temps de ses arrêts à Stuttgart, il avait conçu le plan d'une tragédie bourgeoise, de celle qui porte le nom d'*Intrigue et Amour*, et il y rêvait à toute heure. Il voulait, non se vouer à ce genre, mais s'y essayer, y marquer sa trace, avant de s'envoler pour toujours dans ces hautes régions de poésie où il aspirait et se sentait appelé. Dominé par ce sujet, il avait bien de la peine à se remettre à *Fiesque*, surtout aux dernières scènes, qu'il fallait particulièrement retravailler pour mieux conformer le dénoûment à l'histoire. Cependant peu à peu il en vint à bout, et il put donner le nouveau manuscrit à Meyer. La réponse tarda assez longtemps et ne fut pas plus gracieuse que la première. Même ainsi remanié, le drame, disait Dalberg, ne pourrait être mis sur la scène, et par conséquent on ne ferait pas d'avance à l'auteur. Il s'est conservé un rapport, rédigé par Iffland et signé de lui, qui montre que le comité de lecture ne partageait pas entièrement l'avis du noble intendant. Ce rapport renferme de sévères critiques, mais reconnaît en même temps que la pièce a de grandes beautés, et exprime l'opinion que tant de génie et de travail doit mériter assistance au poëte dans la triste situation où il se trouve. Le nouveau refus de Dalberg fut pour Schiller un coup bien rude, et, après les épreuves précédentes, bien propre à lui ôter tout courage et tout espoir; mais il entendait au dedans de lui une voix qui cassait l'arrêt du spéculateur sans entrailles : il était de ceux desquels il est dit : *Merses profundo, pulchrior evenit*, et il sentait que l'avenir le vengerait de ces humiliations; mais, pour le moment, il fallait à tout prix se créer des ressources, payer les dépenses de l'auberge : les dettes des deux amis y étaient écrites, perpétuel reproche! sur le tableau noir, dans la salle commune, et, pour les éteindre en partie, Schiller avait été déjà obligé de vendre sa montre.

Il livra son drame à imprimer au libraire Schwan, qui lui paya un louis d'honoraires par feuille. C'était à peine assez pour acquitter le compte de l'aubergiste, se procurer quelques vêtements nécessaires pour l'hiver et payer les frais du voyage de Thuringe. Car c'était en Thuringe qu'il voulait se réfugier. Mme de Wolzogen, dame veuve qu'il avait connue à Stuttgart, où elle avait deux fils à l'Académie, Charles et Guillaume, lui avait offert un asile, même avant que sa fuite fût un fait accompli et dès qu'elle en avait su le projet, dans sa maison de Bauerbach, près de Meiningen. Schiller crut que le moment était venu d'accepter cette offre. Les deux jeunes Wolzogen étaient à l'École dans une autre division que lui. Mais Guillaume, en lisant les poésies de son ancien camarade, avait conçu pour lui une sincère admiration et une vive amitié. Il l'avait présenté à sa mère, qui s'était associée à ses sentiments pour le poète et qui, du jour où elle le sut malheureux, lui témoigna une sollicitude dévouée. Il sentait qu'il pouvait sans rougir se rendre à une invitation faite de si bon cœur. Il lui écrivit à Stuttgart pour lui rappeler sa bienveillante proposition et lui dire qu'il allait se réfugier dans l'asile qu'elle lui ouvrait. Il écrivit aussi à ses parents, leur témoigna le désir de les voir avant son départ, leur donna même un rendez-vous, les priant d'amener avec eux Mme de Wolzogen et Mme Vischer ; mais il ne paraît pas, ou du moins rien ne prouve, que cette entrevue ait eu lieu.

C'est le 30 novembre 1782 qu'il partit d'Oggersheim, sous son premier pseudonyme de docteur Ritter, en compagnie de Streicher et de Meyer, qui vinrent de Mannheim, avec quelques autres amis, prendre congé de lui, et le conduisirent jusqu'à Worms. Streicher, peu de temps auparavant, était allé par économie s'établir à Mannheim. Bien que ce premier éloignement eût préparé les deux amis aux derniers adieux, la séparation fut cruelle. « Encore aujourd'hui, dit Streicher dans son récit, composé bien des années plus tard, je ne puis penser sans un profond chagrin à ce moment où il me fallut abandonner ce cœur vraiment royal, le plus noble poète de l'Allemagne, l'abandonner seul et dans le malheur. » Le froid était très-rigoureux, et le poète, assis dans une des lentes diligences de ce temps-là, n'avait pour s'en défendre, pendant un long voyage d'une soixantaine de lieues, qu'une légère redingote.

Quand il arriva à Bauerbach, après un voyage de plusieurs jours, il lui sembla qu'il entrait dans le paradis. Ce n'était pourtant qu'un pauvre village peu pittoresque, attristé par l'hiver (une neige épaisse couvrait le sol et les toits); mais il se sentait libre, à l'abri du danger, à l'abri de la misère (disons le mot), et la reconnaissance envers un noble cœur ne pèse pas à une âme généreuse. Mme de Wolzogen était à Stuttgart, mais elle avait donné ses instructions à son intendant, et l'exilé fut accueilli comme un hôte bienvenu. De longues années après son séjour à Bauerbach, il disait encore à sa sœur que le temps qu'il y avait passé était le meilleur et le plus heureux de sa vie. Là son cœur se guérit par la solitude, par le commerce avec des âmes fidèles, bonnes et sincères, de l'amère misanthropie où l'avaient plongé le contact des indifférents et des malveillants et cette cruelle déception qu'il nous peint dans une lettre de ce temps-là : « J'avais étreint l'humanité avec une brûlante ardeur, et je trouvai à la fin que je n'avais dans les bras qu'un glaçon. » Mais, pour une âme comme la sienne, le ciel le plus serein a des nuages, la paix la plus profonde des troubles et des tourments. Mme de Wolzogen vint bientôt à Bauerbach avec sa fille Charlotte, aimable enfant, pleine de grâce et de candeur. La mère avait trente-huit ans, la fille seize. Schiller avait déjà rencontré Charlotte à Stuttgart, chez sa mère. Dans une visite où il se trouvait en compagnie d'un autre jeune homme, qui venait comme lui, à la veille d'un voyage de ces dames, prendre congé d'elles, il l'avait vue rougir et pleurer, il avait cru naïvement que c'était pour lui, pour le poëte déjà célèbre et persécuté, que ce jeune cœur se troublait. Et, sur cette douce et complaisante erreur, il avait bâti tout un édifice de charmant avenir. La présence de ces deux êtres chéris, dont l'un était sa providence, et l'autre déjà, dans ses rêves, la compagne de sa vie, lui fit oublier son passé si douloureux, son présent si précaire. Il ne pouvait se lasser de les voir, de les entendre ; la plus courte absence, leurs visites aux environs, le jetaient dans d'inconsolables ennuis. La mère et la fille retournèrent pour près de quatre mois à Stuttgart. Les regrets ne firent qu'accroître la tendresse du solitaire, et le jour où elles revinrent à Bauerbach l'enivra de joie et d'espoir. On peut se figurer ce qu'il éprouva lorsque, au milieu de ces ravissements qui rendent le cœur si apte à la souffrance, Mme de Wolzogen, par une confidence inattendue, vint renverser ses espérances, et lui apprendre que ce n'était pas à lui, mais au jeune homme qui l'accompagnait dans cette visite dont il avait gardé une si chère mémoire, que s'adressaient les involontaires aveux de Charlotte. Elle lui remit en même temps une lettre de son fils Guillaume, qui recommandait sa sœur bien-aimée au loyal dévouement de son ami et lui demandait ce qu'il pensait de M. de Winkelmann (c'était le nom de son rival). La conduite de Schiller fut pleine de noblesse. Il rendit sincèrement témoignage aux bonnes qualités du fiancé de Charlotte. « Je connais, disait-il, M. de *** ; nous sommes en mésintelligence, pour des motifs qu'il serait trop long de dire et qui n'auraient pour vous nulle importance, mais cela ne m'empêche pas de le tenir pour un bon et noble cœur et de l'estimer vraiment : il n'est pas indigne de votre sœur. » Même après cet impartial aveu, ce fut un rude combat pour le poëte de renoncer à celle qu'il aimait. Il se disait prêt à sacrifier pour elle la poésie même et la gloire, si le bonheur et la paix en ce monde étaient à ce prix. Mme de Wolzogen, quand elle se trouva avec lui à Bauerbach, seule et sans sa fille, qu'elle avait ramenée dans sa pension en Wurtemberg, mit tout en œuvre pour le consoler, le guérir, tourner ailleurs ses pensées. Elle écoutait ses confidences, mettait à le décourager des ménagements infinis, et surtout le dédommageait par une cordiale tendresse : il la payait ardemment de retour, l'adorant, pour sa fille et pour elle-même, comme un fils à la fois et comme un ami passionné. Mais la solitude, les doux épanchements ne suffisaient pas à relever, à retremper son âme. Il fallait que, pour un peu de temps du moins (jamais il n'eût consenti alors à une longue et durable séparation), il quittât son asile, qu'il voyageât, qu'il rentrât dans le monde et donnât un autre but à son activité dévorante. Charles-Eugène, depuis sa fuite, ne l'avait point inquiété ; il savait que désormais il pouvait être sans crainte de ce côté. Dalberg, qui avait entendu parler avec éloge, par Streicher sans doute qui était encore à Mannheim, de la tragédie bourgeoise de Schiller, lui avait écrit pour essayer de renouer avec lui. Peut-être, d'ailleurs, commençait-il à revenir, après avoir vu *Fiesque* imprimé (il avait paru chez Schwan dans les premiers jours de 1783), sur le premier jugement qu'il avait porté de ce drame. Puis il s'était mis à arranger à sa guise, pour les représenter sur son théâtre, des pièces de Shakspeare, et sans doute il pensait que, pour cette besogne, il trouverait dans le jeune poëte dramatique un utile auxiliaire. Celui-ci ne saisit ni ne repoussa la main qu'on lui tendait. Il répondit, sans trop se presser, avec une froide politesse ; ne cacha pas à M. l'intendant qu'après l'épreuve qu'il avait faite au sujet de *Fiesque*, il craignait que sa *Louise Miller*[1], nom auquel il substitua plus tard celui d'*In-*

---

1. Dans l'allemand de Schiller *Louise Millerin*, avec la désinence féminine

trigue et Amour, ne parut pas non plus convenir au théâtre, et termina sa lettre par lui donner une idée de la pièce. Dalberg revint à la charge et l'engagea à approprier, si besoin était, son drame à la scène. Quand Schiller se décida à quitter Bauerbach pour cinq ou six semaines (il ne voulait pas entendre parler d'un plus long terme), les ouvertures parties de l'intendance de Mannheim, et peut-être renouvelées depuis, le firent naturellement songer à aller passer dans cette ville le temps de sa courte absence. Mme de Wolzogen lui témoigna, au moment de son départ, une sollicitude maternelle : elle garnit sa bourse pour les frais du voyage et même en vue du retour, sans oublier, en bonne ménagère, les provisions pour les premiers jours de la route.

A son entrée dans sa retraite de Thuringe, Schiller avait formé les plus beaux projets de travail. Il n'en voulait sortir et reparaître dans le monde qu'avec des œuvres qui marquassent sa place, des œuvres bonnes à montrer aux amis comme aux ennemis. Il s'était mis en effet courageusement à l'ouvrage : il avait achevé, retravaillé sa tragédie de *Louise Miller*; par intervalles, il la quittait pour méditer sur d'autres sujets, tels que Conradin de Souabe, auquel il finit par renoncer; *Marie Stuart*, dont il écrivit un acte à Bauerbach, s'il en faut croire Reinwald dont nous parlerons bientôt; enfin *don Carlos*, thème que Dalberg lui avait autrefois proposé et auquel il s'arrêta pour le moment. Il lut, pour y chercher les matériaux de ce drame, l'*Histoire de Philippe II*, de Brantôme, et la nouvelle de Saint-Réal intitulée *Histoire de don Carlos*. L'état de son propre cœur, la lutte que s'y livraient aussi l'amour et le devoir, lui rendaient ce sujet attrayant à la fois et douloureux. Les dispositions où il était entravaient et favorisaient tour à tour l'inspiration. Elles devaient être aussi, ce semble, des sources vives de poésie lyrique; mais trop intimes sans doute, trop profondes pour y mêler l'art et le style. On ne rapporte à son séjour en Thuringe que deux petits poèmes qu'il n'a pas compris dans ses œuvres : un épithalame pour une fille adoptive de Mme de Wolzogen, qui lui fournit l'occasion de bénir sa bienfaitrice, et des strophes railleuses au sujet des espérances trompées du duc et de la duchesse de Cobourg, qui, au moment où ils s'apprêtaient à prendre possession des États de leur voisin, le duc Georges, corégent

---

qui s'ajoutait et s'ajoute encore familièrement à certains noms de famille du peuple et de la bourgeoisie, employés au féminin.

de Meiningen, tombé malade à la suite d'une chasse, avaient appris tout à coup, à leur grand déplaisir, la guérison de ce prince.

Avant de sortir avec lui de sa retraite, mentionnons la liaison qu'il y forma avec le bibliothécaire Reinwald de Meiningen, qui fut pour lui un ami sûr et dévoué et devint plus tard son beau-frère, le mari de Christophine. La partie de la correspondance de Schiller qui est datée de Bauerbach nous fournirait encore d'autres particularités, mentionnées toutes comme très-dignes d'intérêt par ses biographes : par exemple, son intervention dans une querelle entre la commune et le mandataire de Mme de Wolzogen, l'intendant Vogt, qui était souvent sa seule société et faisait sa partie d'échecs dans les longues soirées d'hiver; ses visites aux pasteurs des environs, âmes honnêtes et paisibles dont le contact lui fut salutaire; la fête qu'il organisa et la réception seigneuriale qu'il fit aux nobles dames à un de leurs retours au village; et, souvenir tout différent, l'explosion soudaine de susceptibilité à laquelle donna lieu, dans les premiers temps de son séjour, la prière que lui avait adressée Mme de Wolzogen, de mieux garder son incognito, pour ne pas la compromettre elle-même à la cour de Wurtemberg. La lettre qu'il écrit à ce sujet à Streicher surprend et afflige, et l'on blâmerait à bon droit cet excès de fierté voisin de l'ingratitude, si l'on ne savait tout ce qu'il faut pardonner à une sensibilité maladive, à la race irritable des poëtes. Une chose que mes lectrices, si j'en ai, lui pardonneront moins peut-être, c'est la plainte qui se glisse dans une autre lettre datée du même lieu, d'être privé depuis six semaines du tabac de Maroc qu'il prise de préférence. Quelle habitude pour un si gracieux génie ! Mais suivons-le à Mannheim et rentrons avec lui dans le monde agité des lettres et du théâtre.

Il avait passé près de huit mois à Bauerbach : c'est le 27 juillet 1783 qu'il arriva à Mannheim. Les lettres qu'il écrivit, et pendant son voyage même et après son arrivée, à Mme de Wolzogen, sont pleines de l'amitié la plus reconnaissante et la plus exaltée, de pieux élans, d'aspirations ardentes au bien. Le but est vague, la voie incertaine, mais quel trésor de pensées généreuses et de nobles désirs, quel profond sentiment de l'alliance intime du bien et du beau! « Demeurez toujours pour moi ce que vous avez été jusqu'ici et soyons un modèle d'inaltérable amitié. Travaillons à nous rendre mutuellement meilleurs et plus nobles. — Mon séjour à Bauerbach a eu pour moi de toute manière les plus grands avantages. Combien vous avez déjà amélioré mon cœur ! Jouissez, jouissez entièrement de cette pensée, d'avoir fait et de faire encore un homme de bien de celui qui, s'il était mauvais, aurait l'occasion de perdre des milliers d'autres hommes. » Ailleurs, il la confie au bras du Dieu tout-puissant et lui demande de le prier, « pour qu'il protége, lui dit-il, le cœur et la jeunesse de votre ami. » Dans une de ses premières lettres, envoyée d'une des stations de sa route, il lui écrit : « Vous ne refuserez pas de me croire si je vous dis que je vous porte dans mon cœur comme je désire être porté moi-même dans la main de Dieu. » Le langage de la vertu, de la piété même peut assaisonner, je le sais, de très-profanes attachements, et je ne veux pas transformer cette liaison en amitié édifiante, mais montrer seulement que les espérances, les vœux ardents du poëte allaient au delà de l'horizon visible. Quand la foi aux choses d'en haut n'eût joué dans sa vie que le rôle de muse, d'inspiratrice aimée, cela serait déjà digne de remarque, et elle a fait plus : elle élevait son âme et, comme toujours quand cette foi est sincère, elle se traduisait en bons sentiments et en salutaire influence.

Lorsque Dalberg, qui était en voyage au moment de l'arrivée de Schiller, fut revenu à Mannheim, il fit fête au poëte, l'invita à retravailler encore *Fiesque*, lui promit de reprendre *les Brigands*, puis, quelque temps après la première entrevue, lui proposa un engagement d'un an en qualité de poëte du théâtre, lui offrant trois cents florins d'honoraires (dont deux cents seraient payés sur-le-champ) s'il voulait, de la fin d'août 1783 au 1er septembre 1784, donner à la scène qu'il dirigeait, *Fiesque*, *Louise Miller*, et un troisième drame qu'il composerait dans l'année. Ces offres, peu splendides, même en y ajoutant, comme fit le baron, la recette d'une représentation de chacun des trois drames, Schiller eût hésité peut-être à les accepter, s'il n'eût reçu en ce temps-là de Bauerbach la nouvelle que M. de Winkelmann allait y passer deux mois. Un dépit jaloux, l'impossibilité de retourner dans sa retraite regrettée, le décidèrent. Dalberg, comme pour célébrer son consentement, donna, dans la seconde quinzaine d'août, une représentation des *Brigands*, qui attira un nombre immense de spectateurs. Le lendemain de ce nouveau triomphe et comme en expiation de la joie qu'il lui avait causée, Schiller fut atteint d'une fièvre épidémique, d'un caractère assez dangereux, qui ravageait alors Mannheim et qui y enleva de nombreuses victimes; entre autres, son fidèle ami, le régisseur Meyer. Impatient de guérir, de se mettre à l'ouvrage, de remplir les engagements qu'il avait pris, il abusa du quinquina : il en mangea, dit-il lui-même, comme du pain et, par là, compromit l'avenir et altéra sa santé pour le reste de sa vie [1]. Ce n'est que vers la fin de septembre qu'il put reprendre le travail avec suite. Il remit une dernière fois sur le métier sa tragédie de *Fiesque*, et se pliant, malgré sa répugnance, aux désirs de l'intendant et de l'acteur principal, il modifia diverses parties de la pièce et surtout, plus qu'il n'eût fallu peut-être, le dénoûment, et arrêta enfin la forme sous laquelle, peu après, elle fut représentée. Ce remaniement fut achevé dans le courant de novembre, et l'on fixa la première représentation au prochain carnaval.

Par sa qualité de poëte breveté de la scène de Mannheim, Schiller devenait membre du comité du théâtre. La première séance à laquelle il assista fut celle du 15 octobre. Dalberg avait fait de ce comité une sorte de petite académie, où l'on traitait et discutait de vive voix ou par écrit les diverses questions relatives à la représentation théâtrale, à l'art du comédien et de l'auteur dramatique. Il fondait de belles espérances pour ce conseil, qui lui tenait fort au cœur, sur l'adjonction de notre poëte. Malheureusement la santé de celui-ci, les ménagements qu'elle demandait, ne lui permirent pas de prendre tout d'abord à des travaux, qui du reste l'eussent intéressé, toute la part qu'il eût voulu. La vie agitée où il était entraîné (je ne dirai pas malgré lui, il avait vingt-quatre ans), dans la sphère où son emploi même l'appelait, n'était pas faite pour rétablir rapidement ses forces et réparer l'atteinte qu'elles avaient reçue. Aux dissipations du monde des coulisses, à cette épreuve, mollement combattue, bien qu'elle lui causât quelquefois d'amers repentirs, il s'en joignait une autre d'une nature toute différente, mais peu propre aussi à calmer les nerfs et à parfaire la guérison de sa fièvre : c'étaient, du côté de sa famille, outre les inquiétudes que lui donnait la santé de sa mère, toujours inconsolable de son départ, les instances opiniâtres de son père, de sa sœur aînée, pour qu'il fît sa paix avec le duc de Wurtemberg. Son bon sens, autant que sa dignité, lui défendait désormais de faire ou de laisser faire aucune démarche dans cette vue ; il

---

1. C'est du moins ce que répètent l'un après l'autre les biographes de Schiller ; mais n'est-ce pas médire du quinquina? On m'assure que l'abus de ce fébrifuge, bien qu'il puisse avoir certains inconvénients, produirait difficilement les funestes effets qu'on lui prête ici, et surtout qu'on ne pourrait guère imputer à cet abus la maladie de poitrine dont Schiller souffrit longtemps et qui fut la cause de sa mort.

ne pouvait ni ne voulait plus songer au retour que lorsqu'il se verrait vraiment indépendant, et qu'on ne pourrait pas dire que le besoin le ramenait. Son père finit par se rendre à ses raisons, par céder du moins à son inébranlable résolution. Un autre ennui le tourmentait quand il songeait à la patrie : la pensée des dettes qu'il avait laissées à Stuttgart. Il n'avait pu consacrer à les éteindre les deux cents florins qu'il avait reçus, et bien misérables étaient les promesses du prochain avenir.

Fiesque fut joué, pour la première fois, à Mannheim, le 11 janvier 1784, après des répétitions auxquelles l'auteur avait présidé. Bok remplit le rôle principal, Iffland celui de Verrina ; une jeune actrice de dix-huit ans, Caroline Ziegler, exprima, dit-on, d'une manière charmante, le mélange de grâce délicate et de tendre rêverie que le poète a voulu donner à Léonore. Quelques scènes furent vivement applaudies, mais l'ensemble de la pièce, et surtout le nouveau dénoûment, laissèrent l'auditoire assez froid. La seconde représentation, qui eut lieu le 18 du même mois, eut plus de succès, grâce à Beil, qui s'y était chargé du rôle du nègre. A Berlin, le drame fut accueilli avec un véritable enthousiasme, et joué sept fois dans le mois de mars, à de courts intervalles : c'était beaucoup en ce temps-là. On assure que Fleck y était admirable dans le personnage de Fiesque. Vienne avait devancé Berlin, et donné la pièce dès la fin de janvier. L'empereur Joseph II goûtait tellement la tragédie républicaine, comme l'auteur l'appelle sur le titre, qu'il l'arrangea lui-même, trois ans plus tard, pour être représentée sur le théâtre de la cour.

La presse accueillit avec indifférence le nouveau drame de l'auteur des *Brigands*. Aux yeux de plus d'un critique sans doute, c'était un pas en arrière plutôt qu'en avant. Pour la composition cependant, pour l'art de conduire l'action, d'enchaîner les scènes, je crois qu'on peut dire que *Fiesque* est un grand progrès. Le sujet était fourni par l'histoire, mais la conception ne laisse pas d'être originale ; l'auteur manie librement les faits et les caractères, et brode à sa guise sur le canevas donné. Pour les personnages, excepté Fiesque et André Doria, et dans une certaine mesure Giannettino, il ne trouvait pas sur sa route de ces figures connues, aux traits arrêtés, que le poète ne peut offrir aux spectateurs que tels qu'ils les ont dans leur mémoire. Pour l'action, à part le fond même de la conjuration, les détails n'étaient pas non plus de ceux que tous savent ; il pouvait à son gré inventer et modifier, et donner aux épisodes qu'il imaginait autant d'importance qu'aux matériaux historiques. Aussi la fiction ne tient-elle pas moins de place dans sa tragédie que l'histoire; il ne vise point à ce qu'on appelle la couleur locale, ni à cette fidélité qui fait d'un drame une chronique. Il a sans doute quelques prétentions, qu'il dissimule peu, à voir clair en politique, à pénétrer, dans ses replis les plus cachés, l'ambition profonde et rusée, à lui prêter les plus savants calculs; il croit même, et le dit dans sa préface, qu'en pareille matière son inexpérience lui donne certains avantages, et qu'il voit mieux (c'est là son idée, je pense) parce qu'il ne s'est pas fatigué, ébloui à regarder. Mais, malgré ce mérite dont il se pique, de poëte homme d'État, il cherche l'intérêt dans la peinture des caractères plus que dans le jeu, le contraste, les surprises des événements; il sent que le vrai domaine du poëte dramatique, c'est bien plutôt l'âme humaine que la scène extérieure de ce monde. On peut s'étonner après cela que, pour plaire à Dalberg, aux acteurs, il ait consenti, en arrangeant sa pièce pour le théâtre, à ce dénoûment inconséquent, impossible, qui métamorphose soudain l'ambitieux, l'usurpateur, en un républicain désintéressé, héroïque[1]; que d'un seul coup de ciseaux il ait défait toute la trame qu'il avait ourdie avec tant de soin, violant à la fois l'histoire, et, ce qui est plus grave, la vérité, la suite de son principal caractère.

Parmi les personnages que son sujet ne lui donnait pas et qu'il a créés, le plus remarquable est celui du nègre. Au jugement d'Iffland, qui sans doute appréciait surtout ce rôle à son point de vue et voyait le parti qu'en pouvait tirer un artiste de talent, c'était (j'emploie son expression) une conception magistrale. Sans nier les parties fortes et saisissantes, les contrastes piquants et spirituels, de ce caractère, j'avoue que son étrangeté même empêche qu'il ne soit à mes yeux une création de premier ordre : il est trop un être à part, une figure comme on n'en voit pas, et les peintures vraiment admirables sont celles que nous reconnaissons tout d'abord, quelque extraordinaires qu'elles puissent être, soit en beau soit en laid.

Il est un autre rôle important qu'il ne faut pas juger avec notre goût d'aujourd'hui : c'est celui de l'austère Verrina. Même pour le temps, il était sans doute guindé et exagéré; mais cette roideur théâtrale du républicain, qui n'était encore qu'art et fiction, il serait

---

1. Voyez, dans le tome II de notre traduction, l'*Appendice à Fiesque*.

injuste de la condamner avec toute la sévérité que ces excès de sentiments et de langage, devenus, peu d'années après, vérité et histoire, ont depuis lors légitimement inspirée.

Les deux plus grands défauts, à mon sens, de ce second drame de Schiller, c'est, d'une part, l'introduction dans sa fable du rôle si choquant de Julie. Il lui sert, je le sais, à nous mieux peindre Fiesque, mais quelle impardonnable profanation du cœur, de l'honneur de la femme! Le poëte s'avoue lui-même très-novice en politique; il l'est plus encore, à cette heure, en tout ce qui touche aux relations de la société élégante et polie, à quelque époque qu'on la prenne. Quels modèles ont posé devant lui? Où a-t-il étudié les femmes, lui qui bientôt les peindra d'une main si délicate? Ici même il y a déjà des traits charmants dans sa Léonore : un peu plus de naturel, et elle offrirait, au milieu de ces intrigues politiques et galantes, un aimable refuge à l'esprit et au cœur. L'autre défaut est plus grave encore, parce qu'il s'étend à peu près à toute la pièce, en rend les vices plus déplaisants, en cache ou en corrompt les beautés mêmes : c'est le pathos et l'afféterie du style. Je suis moins choqué de la déclamation colossale des *Brigands*, d'abord à cause de la différence des sujets : une fiction toute romanesque comporte plus d'emphase que la réalité sérieuse, les grands intérêts de la politique; puis, dans son premier drame, l'auteur déclame plus franchement, plus naïvement; dans *Fiesque*, il mêle à l'enflure la manière et le précieux; c'est une voix de Stentor qui, par moments, détone en petits accents flûtés, c'est-à-dire, et cette métaphore explique le fait et nous laisse bon espoir, une voix qui mue et se forme, qui n'est pas encore montée ou plutôt descendue à son vrai ton, mais qui bientôt le trouvera : croyez-en les notes pures à la fois et fortes que çà et là elle produit.

Trois mois après *Fiesque*, le 15 avril 1784, la troupe de Mannheim joua *Louise Miller*, qui parut sur l'affiche sous le titre, proposé par Iffland, de *Cabale* (ou *Intrigue*) *et Amour*. Si les gens de Mannheim, « qui n'avaient pas, comme Schiller s'en était plaint pour se consoler de leur tiédeur, de sang romain dans les veines, et pour qui le mot de liberté républicaine n'était qu'un vain son, » avaient accueilli sans enthousiasme son drame politique, semi-spartiate et semi-génois, ils le dédommagèrent amplement à la première représentation de la nouvelle tragédie. Un mois auparavant, un drame bourgeois d'Iffland avait eu à Mannheim un très-grand succès, et la comparaison alarmait les amis de notre poëte, mais elle ne fit que relever son triomphe. Il assistait à la représentation dans une loge, seul avec son ami Streicher, qui suivait avec plus d'intérêt les impressions de l'auteur que ce qui se passait sur la scène, et nous a peint le jeu de sa physionomie, plutôt sereine qu'inquiète, les éclairs qui jaillissaient de ses yeux quand l'effet des endroits sur lesquels il comptait répondait à son attente, le froncement de ses sourcils quand les acteurs rendaient mal son intention. A la fin du premier acte, il se contenta de dire comme à part lui : « Cela va bien ; » mais, quand le rideau tomba pour la seconde fois, quand il vit la salle entière se lever, qu'il l'entendit éclater en acclamations, en applaudissements unanimes, il ne put se contenir et, dans un élan de surprise et de joie, se leva lui-même et salua le public.

La pièce était bien montée : Beil, jouait le musicien Miller ; Iffland, le fourbe Wurm ; Bök, le Président ; Caroline Ziegler, qui venait d'épouser Beck, l'héroïne Louise Miller ; et son mari Beck, Ferdinand ; la pièce fut imprimée sans retard, les théâtres de l'Allemagne s'empressèrent de la représenter, même celui de Stuttgart, d'où plus d'une raison semblait devoir l'exclure : aussi ne la put-il donner qu'une seule fois. Les journaux ne confirmèrent pas le jugement du parterre : la plupart demeurèrent muets, quelques-uns se montrèrent très-sévères. Le goût du public n'a pas changé, c'est toujours une de ses pièces favorites, et un grand nombre de critiques aujourd'hui (dans le nombre il en est d'éminents) se sont mis d'accord avec lui, et ont réformé (dirai-je en seconde instance ?) l'arrêt de leurs devanciers.

Quand on lit la pièce ou qu'on la voit représenter, on s'explique la diversité des appréciations, car les beautés et les défauts y abondent. Si l'on se reporte au temps où elle parut, si l'on sait ce qui se passait alors dans un grand nombre de petites cours d'Allemagne, on comprend avec quelle chaleur la bourgeoisie devait applaudir à ce châtiment, infligé sur le théâtre, aux turpitudes dont elle était témoin et victime, à ce régime des maîtresses, des ministres rampants et despotes, prêts à tout pour parvenir et se maintenir au pouvoir. Ce qui nous paraît aujourd'hui déclamation, atteignait à peine alors à la vérité des faits ou du moins aux impressions des contemporains. On en peut dire autant d'un autre ressort principal de la pièce, de la mise en présence et en contact des deux classes ou castes (le mot n'est pas trop fort pour le temps et le lieu) de la société d'alors. La distance qui les séparait et que l'orgueil aristocratique s'efforçait de maintenir, tandis que le progrès des lumières la comblait de jour en jour, les prétentions hautaines et méprisantes des esprits étroits d'entre les nobles, et, chez la bourgeoisie, la révolte encore impuissante du droit contre l'usage, le sentiment de la dignité personnelle arrêté et retenu par un vieux pli d'humilité héréditaire : tout cela était chose actuelle et vivante, et bien propre à passionner des auditeurs qui se reconnaissaient comme acteurs dans le drame et pouvaient se dire : *De te fabula narratur*. L'art le plus élevé n'est pas celui, je le sais, qui attend le succès des passions et des intérêts du moment, mais ces passions et ces intérêts avaient leur source dans les éternels sentiments, dans les instincts bons et mauvais du cœur humain : la soif de domination et d'égalité, la hauteur superbe du plus fort, le frémissement du plus faible sous le joug.

La nouvelle tragédie était, autant et plus que les deux précédentes peut-être, une œuvre révolutionnaire, inspirée par le contraste, alors si frappant, entre les idées et les faits, entre les principes et les mœurs. L'influence de J. J. Rousseau, si marquée dans *les Brigands*, continue de s'y faire sentir, et c'est un périlleux modèle : rien de plus voisin de la déclamation que son genre d'éloquence, et cette fois encore Schiller est loin d'avoir évité cet écueil. Les tirades outrées, l'enflure, plus naïve qu'étudiée, gâtent plus d'un bel endroit. Autre excès bien voisin de celui-là : la passion s'exalte jusqu'à la convulsion, et l'on partage, en lisant et surtout en voyant certaines scènes, la sollicitude du médecin du théâtre de Mannheim, qui aurait bien pu protester encore, et dire d'*Intrigue et Amour* ce qu'il avait dit, dans une gazette de Berlin, au sujet des *Brigands*, que de telles pièces ruinaient la santé des acteurs.

Malgré ces défauts, encore très-choquants, de mesure et de goût, on peut dire cependant, je crois, que l'auteur, dans ce troisième drame, est bien plus près que dans les deux premiers de la nature et de la vérité ; il s'égare moins dans le monde de sa fantaisie, il pénètre plus avant dans le cœur humain. S'il fait encore trop crier ses personnages, ce sont souvent au moins des cris de l'âme, pleins de terreur et de pitié, assez puissants pour dominer le fracas au milieu duquel ils éclatent. Il me paraît aussi plus habile dans la peinture des caractères, il ne s'ingénie plus autant à les faire étranges pour les mettre en relief. A mon gré, Wurm et le président tiennent encore trop du monstre, et Kalb de la caricature ; mais l'exception n'est plus sa source favorite d'originalité. Dans Louise, dans Ferdinand, dans le musicien Miller, et en partie dans lady Milfort, on sent que l'idéal et le naturel commencent à se marier dans la mesure voulue. Le rôle du musicien particulièrement est parfois admirable de vérité et d'énergie. Outre ces divers mérites, le style me paraît gagner en propriété, en précision même, sans rien perdre de sa force ni de sa chaleur, qui souvent même, je l'ai dit, me semblent encore exagérées. Les tons divers sont mieux fondus ou plus habilement heurtés; un pinceau moins novice et moins aventureux applique les couleurs au dessin; le familier et le pompeux, le trivial même et l'enflure sont employés, amenés, opposés, avec beaucoup plus d'art. Un proverbe oriental, qui s'applique au progrès du talent comme à celui de la vertu, dit que le paon est bleu tant qu'il croît et se forme, mais que lorsqu'il a pris toutes ses plumes il se teint d'or. Notre poëte a commencé par des couleurs moins modestes que le bleu du paon, par un éclat qui, bien souvent, blesse les yeux; mais voilà les reflets d'or qui de plus en plus se montrent et dominent; nous touchons à la maturité, à la vraie beauté.

Intrigue et Amour est, je crois, de toutes les pièces de Schiller, celle qui a été traduite le plus souvent. En français seulement on pourrait compter une dizaine de versions ou imitations. La traduction italienne a eu une grande vogue sur diverses scènes d'Italie; au théâtre de Vérone, c'est maintenant encore un des drames qu'on reprend le plus volontiers. Il y a quelques années (1852), M. Verdi en a fait un opéra.

Vers la fin d'avril 1784, Schiller passa quelque temps à Francfort, en compagnie d'Iffland et de Beil, qui allèrent y donner des représentations. Ce dut être pour lui un vif chagrin de les voir partir de Francfort pour Stuttgart, et de ne pouvoir les y suivre. Si quelque chose put le consoler quand il fut revenu seul à Mannheim, ce fut d'apprendre que son drame des *Brigands*, la cause de sa fuite, était entré avec eux dans sa patrie, que Charles-Eugène n'en avait pas empêché la représentation, et que la pièce et les artistes avaient eu un brillant succès. Mais cette joyeuse nouvelle qui lui venait de Wurtemberg, il l'expiait par de cruels soucis, partis du même lieu. La dette qu'il avait contractée à l'occasion de ce même drame, et qui, par l'effet des remises successives et de l'accumulation des intérêts, s'était élevée de deux cents florins à trois cents, devenait de jour en jour plus criante. Cet engagement d'honneur n'était plus un mystère pour ses parents, et son père commençait à s'irriter vivement contre lui. L'ami qui avait répondu pour lui, se voyant pressé de plus en plus, finit par s'enfuir et accourut à Mannheim, où on le poursuivit et l'arrêta. Le poëte, désespéré, ne sait à qui recourir. A Mannheim aussi il a déjà des dettes. Dans cette affreuse détresse, il s'oublie jusqu'à écrire à son pauvre père, qui avait pour tout bien 400 florins de salaire annuel, une lettre pleine d'amertume, et à lui reprocher de n'avoir pas payé pour lui, cette fois encore : le loyal capitaine avait déjà pris sur son nécessaire pour acquitter d'autres dettes de son fils. Le salut vint d'où on ne l'attendait pas. Un architecte, peu aisé et médiocrement cultivé, chez qui logeait Streicher, et à qui il avait fait partager son admiration pour son ami, mit tout en œuvre pour se procurer les 300 florins, et vint tirer de peine le malheureux débiteur et sa caution.

On n'a guère le cœur à l'ouvrage parmi de telles tribulations, et cependant, pour tenir la promesse faite et pouvoir espérer un nouvel engagement annuel, il y avait un troisième drame à faire. Mais le vrai poëte, quelque fécond qu'il soit, ne travaille pas à la tâche et ne commande pas à l'inspiration. *Don Carlos* était commencé, mais le sujet, tel que Schiller l'avait conçu, était si riche qu'il devenait bien difficile de le réduire aux proportions de la scène. Puis il était chaque jour plus exigeant envers lui-même et se contentait de moins en moins de ces effets de premier jet, de ces beautés qui semblent trouvées par hasard et comme d'instinct. Il se préparait à la composition par l'étude, il lisait Shakspeare et les tragiques français, il voulait se frayer sa voie entre l'auteur d'*Hamlet* et ceux de *Cinna* et de *Phèdre*; il cherchait entre ces deux genres un milieu approprié à son talent, au goût de son temps et de son pays. Nous pouvons reconnaître, je crois, qu'il l'a trouvé dans les drames qui suivirent; un tel aveu n'implique point que ce genre moyen soit supérieur aux deux autres ou les vaille. Ce qui est certain, c'est qu'au point où il était parvenu, rien ne pouvait lui être plus salutaire que l'étude des grands modèles; rien n'était plus propre à mettre un premier frein à sa verve immodérée. Le travail du style contribua beaucoup aussi à la régler. La prose est trop complaisante, le vers est un obstacle qui force ou du moins avertit de choisir et d'élaguer. Pour *don Carlos*, il adopta l'iambe, ce mètre facile et souple qui convient à l'action et au dialogue, se prête à tous les tons et qui, manié habilement, paye si bien le poëte, par l'élégance et la précision, de la gêne qu'il lui impose. Nous applaudissons aujourd'hui à ces progrès, à ce labeur plus retenu, plus réfléchi, à tous ces signes de force et de maturité. Dalberg y eût sans doute applaudi comme nous, si le mieux n'eût été ici à ses yeux l'ennemi du bien, c'est-à-dire des recettes du théâtre. « Un chef-d'œuvre, rien de mieux, mais il me le faut dans le temps voulu, au terme marqué par le contrat. » Malgré l'expérience du passé, Schiller comptait sur la bienveillance de l'intendant. On le voit au ton des lettres qu'il lui écrit ; elles sont pour un temps semées de paroles obséquieuses et soumises, et de pressantes prières, qui ne s'expliquent que par une sorte d'assurance d'arriver à ses fins et de voir renouveler son engagement, ou, sinon et mieux encore, d'obtenir l'assistance du riche Mécène pour l'accomplissement d'un nouveau projet qu'il avait formé, projet qu'on pourrait dire fort sage, si la sagesse était de regimber contre l'aiguillon, de se faire illusion à soi-même et de tenter l'impossible. Il voulait, disait-il, si une main généreuse l'y aidait, se remettre à l'étude de la médecine, prendre ses degrés, assurer par l'exercice de sa profession sa vie de tous les jours, et ne plus consacrer à la poésie que ses loisirs. M. de Dalberg approuva ce beau dessein, mais il connaissait celui qui l'avait conçu et ne le crut pas sans doute exécutable : au moins fit-il la sourde oreille quand Schiller implora sa générosité, et qu'il lui demanda, en promettant de dire bien haut *Deus hæc otia fecit*, la faveur d'un congé qui ne le priverait ni de son titre ni de son traitement. Le refus de l'intendant, qu'il était facile de prévoir, détermina le poëte, que mainte autre raison d'ailleurs aurait poussé à cette résolution, quand elle ne lui eût pas été imposée, à résigner ses fonctions de dramaturge en titre. Dalberg n'essaya en aucune façon de le retenir, et, dès le milieu de novembre 1784, Schiller était libre, mais encore une fois sans ressources, si la Providence ne venait à son secours.

Il essaya d'un moyen de salut qui, dans ce temps-là surtout, était bien précaire. Il fonda un journal. Au mois de juillet précédent, il avait formé le plan d'une publication périodique qui devait porter le nom de *Dramaturgie de Mannheim*. Il en avait parlé au comité, à Dalberg ; il avait offert de se charger de la rédaction moyennant une gratification de cinquante ducats par an. La proposition ne fut pas agréée, non plus que d'autres plans du même genre qu'il avait imaginés. Il avait paru, pour un temps, renoncer à son dessein mal accueilli, et s'était remis, pendant l'automne, à son *don Carlos* ; mais la gêne, torture de tous les instants, est féconde en projets et opiniâtre dans ses rêves; il revint bientôt à l'idée d'une Revue, qu'il résolut de publier, sans autre assistance que celle des souscripteurs, sous le titre de *Thalie Rhénane*, et, quand sa rupture avec l'intendance du théâtre fut consommée, il rédigea un programme, une déclaration de principes, un appel au public, où l'humilité dans un sens, la bravade dans un autre, font étrange figure. « Le public est maintenant mon tout, mon étude, mon souverain, mon confident. Désormais je n'appartiens qu'à lui ; je ne comparaîtrai devant aucun autre tribunal que le sien, c'est le seul que je craigne et révère. Je ne sais quoi de grand entre en moi à cette pensée, que je ne porte plus d'autre chaîne que celle du jugement du monde, que je n'appelle à nul autre trône qu'à l'âme humaine. » Craignant que le souvenir de ses *Brigands*, de cet audacieux brûlot, n'effraye les abonnés, il fait une sorte d'amende honorable, impute la violence de son début à la contrainte où il vivait à l'Académie, et déclare que son premier drame est un fruit « de l'accouplement contre nature de la subordination et du génie. » Il promet en même temps d'imprimer en tête du journal les noms des souscripteurs, il étale les riches matériaux qu'il peut offrir à ses lecteurs. Ce fut peine perdue. Le public ne se pressa pas de s'abonner, ni la *Thalie* de paraître. Le premier cahier est du milieu de mars 1785. Il renferme le premier acte de *don Carlos*, une traduction d'un épisode de *Jacques le fataliste* de Diderot, un morceau sur la Salle des antiques de Mannheim, une dissertation remarquable sur cette question : « Quel effet peut produire un bon théâtre permanent? » C'était le discours de réception qu'il avait lu le 21 juin à la Société allemande de l'Électorat palatin, dont il avait été nommé membre ordinaire ; il se trouve dans les Œuvres complètes avec ce nouveau titre : « Le théâtre considéré comme une institution morale. » En outre, à la place d'une histoire, qu'il avait promise, du théâtre de Mannheim, il avait inséré dans ce premier cahier une suite de critiques sur les représentations données sur ce théâtre pendant les trois derniers mois. Ces critiques soulevèrent dans les coulisses une véritable tempête. Toutes les médiocrités vaniteuses et jalouses se déchaînèrent contre l'imprudent aristarque. Il s'était jeté dans un guêpier, dont les bourdonnements et les piqûres achevèrent de lui rendre insupportable le séjour de Mannheim.

Heureusement, pendant qu'aux bords du Rhin le présent lui était odieux et l'avenir sombre et fermé à l'espoir, ailleurs s'ouvraient pour lui de riantes perspectives. Au commencement de juin 1784, dans une heure de profond découragement, une joie vive, une surprise charmante était venue consoler ses ennuis. Laissons-le la raconter lui-même. « Il y a quelques jours, écrit-il à Mme de Wolzogen, à la date du 7 juin, j'ai eu la plus belle surprise du monde. Je reçois un paquet de Leipzig, et j'y trouve, de quatre personnes qui me sont absolument étrangères, des lettres pleines de chaleur et de passion pour moi et pour mes écrits. Dans le nombre de ces amis inattendus étaient deux dames, fort jolies de visage. L'une m'avait brodé un précieux portefeuille, l'autre m'avait dessiné son propre portrait et celui des trois autres personnes, avec un talent que tous les dessinateurs de Mannheim admirent. Un troisième correspondant, pour faire aussi quelque chose qui me fût agréable, avait mis en musique un morceau de chant de mes *Brigands*. Un tel don, me venant de mains tout à fait inconnues, dû uniquement à l'estime la plus pure, au seul désir de se montrer reconnaissant de quelques heures de satisfaction qu'on a goûtées à la lecture de mes œuvres, un tel don m'est une plus grande récompense que les bruyantes acclamations du monde; c'est un dédommagement unique et doux pour mille instants de chagrin. Et quand je poursuis en partant de là, quand je pense qu'il y a peut-être dans le monde plusieurs de ces cercles où l'on m'aime inconnu, où l'on se réjouirait de me connaître, que peut-être dans cent ans et plus, lors même que ma cendre sera dispersée, l'on bénira mon souvenir et l'on me payera encore dans la tombe un tribut de larmes et d'admiration.... oh! alors je me réjouis de ma vocation de poëte et je me réconcilie avec Dieu et avec mon destin souvent si dur. » Cet hommage inattendu lui venait de Godefroi Kœrner, qui fut depuis conseiller d'appel à Dresde, de sa fiancée Minna Stock, de la sœur aînée de celle-ci, Dora, et de Ferdinand Huber, qui se fit connaître plus tard par des essais poétiques. C'étaient des cœurs sincères et fidèles, et cette aimable prévenance, qui ressemble à une fantaisie romanesque, fut, comme nous le verrons, le principe d'une amitié durable, qui exerça sur l'avenir de Schiller une salutaire influence. Il est à peine croyable que, touché, comme il l'était, jusqu'au fond de l'âme par cette marque d'intérêt, il ait pu garder le silence pendant sept mois et différer sa réponse jusqu'au commencement de décembre. Dans une vie mêlée, comme l'était la sienne, de dissipations dont on rougit et d'ennuis qui énervent, il y a des temps où l'on s'abandonne soi-même, où l'on n'étendrait même pas la main pour saisir la corde qui peut vous tirer de l'abîme. Mais il en est d'autres aussi, grâce à Dieu, où, dans un noble cœur, égaré et délaissé, la réflexion, les sentiments généreux, le repentir qui ramène à l'espoir, prennent le dessus et vous crient : « Aide-toi et le ciel t'aidera! » Ce fut dans un de ces moments où la tristesse, au lieu d'abattre le cœur, le relève, qu'il écrivit à ses bons anges de Leipzig une lettre d'excuses et de tendre reconnaissance. Malgré ce long retard, sa voix fut entendue, et, nous le dirons bientôt, un sincère dévouement répondit à son appel.

Peu de jours après cette bonne inspiration, il en eut une autre non moins heureuse. Le duc de Weimar, Charles-Auguste, dont nous avons déjà parlé, se trouvait à Darmstadt, chez le landgrave son beau-père. On vantait dès lors son noble caractère, ses grandes vues, sa haute intelligence, son goût pour toutes les choses de l'esprit. Schiller conçoit un ardent désir de le voir, de lui être présenté. Il part, muni de lettres de recommandation de Dalberg et de Mme de Kalb, amie au cœur fort tendre, dont nous reparlerons dans un instant. Il est accueilli avec bonté et admis à l'honneur de lire devant la cour de Hesse et les hôtes augustes du landgrave le premier acte de *don Carlos*. Charles-Auguste s'entretint avec lui d'une manière très-affable, lui fit quelques observations critiques, et sut si bien le mettre à son aise qu'il s'enhardit à lui demander la permission de lui dédier sa pièce et lui témoigna combien il serait heureux de lui appartenir. Ce vœu fut exaucé, et, dès le 27 décembre, Schiller, encore à Darmstadt, reçut du prince un billet fort aimable qui lui conférait le titre de conseiller au service du duc de Weimar[1]. On sait quelle est, quelle était surtout alors en Allemagne la valeur d'un titre. D'un trait de plume, Charles-Auguste avait fait de lui un autre homme; il l'enlevait (qu'on me passe ce mot d'aujourd'hui) à la Bohême littéraire pour lui donner rang dans le monde; il lui ouvrait un nouvel horizon, lui rendait la foi en son génie et en sa destinée. Le poète s'empressa de témoigner sa reconnaissance dans une lettre pleine d'enthousiasme, puis il en renouvela l'expression dans une dédicace qu'il mit en tête de ce premier cahier de sa *Thalie* dont nous avons plus haut fait connaître le contenu. Ce fut pour lui,

---

[1]. Ce premier billet de Charles-Auguste a été publié en 1857, avec un fac-similé, par la dernière fille du poète, Mme Émilie de Gleichen-Russwurm, qui y a joint une douzaine d'autres billets du même prince à Schiller, et trois de la princesse Louise sa femme. Elle a dédié ce petit recueil au grand-duc actuel de Saxe-Weimar, Charles-Alexandre, petit fils de Charles Auguste, sous le titre de *Premières entrées en relation de Charles-Auguste avec Schiller*.

de toute manière, un moment décisif, qui le releva et le grandit aux yeux de ses amis comme de ses ennemis; ses créanciers prirent patience pour un temps, en reprenant confiance; son père lui-même rompit le silence qu'il avait gardé pendant plusieurs mois et lui écrivit une longue lettre, austère sans doute et pleine de reproches, mais qui du moins mettait fin à une douloureuse rupture.

Sa joie et ses espérances nouvelles, il ne pouvait s'y livrer, en jouir, à Mannheim. Tout lui rendait ce séjour intolérable, impossible. Il y était lassé de tout, des hommes et des choses. Sa vie y avait été trop précaire, trop attristée à la fois et trop dissipée, trop menée au hasard; son avenir y eût trop souffert de son passé. La teinte sombre que ce lieu avait prise à ses yeux se reflétait sur les relations de société, et même d'amitié et d'amour qu'il y avait formées. Deux femmes surtout, à Mannheim, avaient attiédi, sans l'éteindre, le souvenir de Charlotte de Wolzogen et de sa mère. L'une, Marguerite Schwan, la fille du libraire, paraît lui avoir inspiré quelques velléités de mariage; c'était une personne agréable et spirituelle, mais elle aimait trop à plaire, dit-on, pour se décider de bon cœur à sacrifier à un seul les hommages de tous. L'autre, Charlotte d'Ostheim, belle et charmante, enthousiaste et romanesque (elle avait vingt-trois ans), touchante par les malheurs qui avaient éprouvé et mûri son âme avant le temps, avait conçu, comme à première vue, pour le poète, un de ces vifs attachements où il est difficile, je crois, de distinguer l'admiration de l'amour, et la part de l'esprit de celle du cœur et des sens. Elle n'était plus libre, elle avait épousé, peu de temps avant de venir à Mannheim et d'y faire la connaissance de Schiller, un officier qui avait fait, au service de France, la guerre d'Amérique, M. Henri de Kalb, brave soldat, « homme vrai et cordialement bon, » c'est Schiller lui-même qui le juge ainsi : il était à la fois l'ami de l'époux et de la jeune épouse; nul comme lui ne savait concilier avec une sincérité, dirai-je plus naïve? des sentiments qu'à bon droit l'on peut trouver inconciliables. Cependant, lorsqu'il fut bien décidé à quitter Mannheim (Mme de Kalb avait en vain pendant assez longtemps combattu cette résolution), il reconnut que « des raisons de convenance et de situation l'éloignaient, comme il dit dans une lettre adressée à Kœrner ou plutôt aux quatre amis, de ce qui peut-être encore lui pourrait être cher dans cette ville. » Que ne s'en était-il aperçu plus tôt? Le mutuel penchant datait déjà de dix mois.

La lettre d'où cette phrase est extraite fait vraiment pitié à lire : la tristesse et le découragement y débordent et le submergent; il en devient injuste, presque ingrat. La fuite, encore une fois, peut seule le sauver, lui rendre la paix, le courage de vivre, le travail, le talent : heureux, pouvons-nous ajouter à ses plaintes, s'il n'emporte pas dans son âme inquiète, vraie source de ses maux, les plus cuisantes des peines qui lui semblent attachées à ces lieux qu'il ne veut plus, dit-il, et ne peut plus voir. « C'est dans une angoisse de cœur inexprimable que je vous écris, mes excellents amis. Je ne puis plus rester ici. Pendant douze jours j'ai porté partout avec moi, au dedans de l'âme, comme une résolution de sortir de ce monde. Les hommes, toutes mes relations, la terre et le ciel me sont odieux. Je n'ai pas une âme ici, pas une seule, qui remplisse le vide de mon cœur; pas une amie, pas un ami. Ce qui peut-être encore me pourrait être cher, des raisons de convenance et de situation m'en éloignent.... Oh! mon âme a soif de nouveaux aliments, d'hommes meilleurs, d'amitié, d'attachement, d'amour. Ma veine poétique est glacée, de même que mon cœur s'est desséché pour les cercles que j'ai fréquentés jusqu'ici. Il faut que vous la réchauffiez. Auprès de vous, je veux être et je serai, doublement, triplement, tout ce que j'ai été autrefois, et plus que tout cela, ô mes très-chers, je serai heureux. Je ne l'ai encore jamais été. Pleurez sur moi, que je sois forcé de faire un tel aveu. Je n'ai pas encore été heureux, car la renommée et l'admiration, et toutes les autres compensations du métier d'écrivain, ne valent pas un seul de ces moments que donnent l'amitié et l'amour.... Elles laissent le cœur à jeun. » Puis, son espérance s'exalte, il rêve le plus riant avenir. « Quel nombre infini de félicités je me promets auprès de vous, et comme je serai occupé de demeurer digne de votre amour, de votre amitié, et, si cela est possible, de votre enthousiasme! » Les amis de Leipzig ne se contentèrent pas de lui répondre qu'ils l'attendaient avec impatience et le recevraient à bras ouverts, mais, sur une lettre où il leur avouait sans réticence sa détresse, Kœrner lui envoya en lettres de change une somme d'argent. Au milieu des dispositions d'amère tristesse que révèlent ces confidences, et de ses préparatifs de départ, les ennuis que lui causa, comme nous l'avons raconté, le premier numéro de la *Thalie*, vinrent l'achever, et augmenter encore, s'il est possible, son impatience de partir. Le 25 mars, il écrivit à Huber, pour le charger, avec autant de confiance qu'il eût fait un ami de dix ans, de mille petits services relatifs à son installation à Leipzig. Il lui dit ses goûts et ses besoins. Il ne veut demeurer ni au rez-de-chaussée, ni sous le toit. Il désirerait deux chambres : l'une pour coucher et travailler, l'autre pour recevoir ses visites. Pour mobilier, il demande, outre le lit, une bonne commode, un bureau, un sofa, une table et quelques fauteuils. Il ne voudrait pas pour tout au monde que ses fenêtres donnassent sur un cimetière : il aime les hommes et leur mouvement. De plus, il lui serait pénible de tenir encore ménage lui-même. « D'abord, je ne m'y entends pas ; puis par ces soins mon âme est partagée, et je me sens précipité de mon domaine idéal, quand un bas déchiré me ramène au monde réel. » Enfin, il aimerait mieux jeûner que de manger seul.

C'est dans les premiers jours d'avril 1785 qu'il quitta Mannheim. Il passa avec son fidèle Streicher la soirée qui précéda son départ. Convaincu par une dure expérience que la poésie en ce temps-là, en Allemagne, rapportait moins au poëte qu'un métier quelconque à un artisan médiocre et diligent, il était bien résolu, disait-il, de n'être plus poëte qu'à ses heures. Il voulait se remettre à l'étude de la jurisprudence et ne doutait pas qu'il n'arrivât bientôt à une honorable position. En se quittant, les deux amis se promirent de ne plus s'écrire avant que Streicher fût devenu maître de chapelle, et Schiller ministre de quelque petit prince. Ni l'un ni l'autre n'a vu son rêve s'accomplir. Streicher est mort à Vienne en 1833, fabricant de pianos. Schiller, grâce à Dieu, est resté, est devenu un grand poëte. Il a continué de gravir, à la sueur de son front, le chemin qui mène à la gloire. L'admiration est égoïste : en jouissant de son génie, qui de nous regrette qu'il y ait sacrifié les honneurs, la richesse et jusqu'à son bien-être en ce monde ?

« Si vous voulez bien trouver à votre goût un homme qui a porté de grandes choses dans son cœur et n'en a fait que de petites, qui jusqu'à présent ne peut conclure que de ses folies que la nature avait sur lui des vues particulières, qui, dans son amitié, est très-exigeant et ne sait pas même encore ce qu'il est capable de faire ; mais qui peut aimer autre chose que lui, plus que lui-même, et n'a pas de plus cuisant chagrin que d'être si peu ce qu'il voudrait être.... si un tel homme peut vous devenir cher, notre amitié est éternelle, car je suis cet homme-là. » C'est ainsi qu'il s'était annoncé à ses aimables correspondants, c'est dans ces sentiments de franche confiance et d'heureuse attente qu'il arriva à Leipzig, après un long et pénible voyage, à travers la boue, l'eau et la neige ; mais qu'est-ce que tout cela et que n'endure-t-on pas avec joie quand chaque pas vous rapproche d'une vie nouvelle, et qu'on voit poindre à ses yeux, comme il le dit lui-même, « une belle aurore couleur de rose¹? » Nous savons peu de chose de son séjour à Leipzig. Il y logea dans une petite chambrette d'étudiant, résigné à sa pauvreté et la supportant de bon cœur, parce qu'il se sentait libre, entouré de bienveillance et plein d'espoir. Il fit, dès les premiers jours, de nombreuses connaissances. Un de ses passe-temps était de fréquenter le café de Richter, où tout Leipzig affluait. « C'est une chose singulière, écrit-il au libraire Schwan, qu'une réputation littéraire. Le petit nombre d'hommes de mérite et de valeur qui se présentent à vous parce que vous avez un nom, et dont l'estime vous cause de la joie, n'est que trop compensé par l'essaim fatal de ceux qui bourdonnent, comme ces mouches attirées par les ordures, autour des écrivains, vous regardent ébahis comme une bête curieuse, et, par-dessus le marché, pour avoir barbouillé eux-mêmes quelques feuilles de papier, s'imposent à vous comme confrères. Un grand nombre ne pouvaient absolument se mettre dans la tête que l'homme qui a fait *les Brigands* dût avoir le même air que les autres enfants des mères humaines. On se serait attendu, tout au moins, à des cheveux coupés ronds, à des bottes à l'écuyère et à un fouet de piqueur. »

Dans ses plans de vie nouvelle entrait le mariage, le bonheur domestique. A peine sorti de Mannheim, il était revenu, dans ses projets, de la jurisprudence à la médecine, mais il se croyait toujours si résolu de s'assurer une existence, un gagne-pain, et de ne plus donner aux Muses que ses moments perdus, qu'il écrivit le 24 avril à Schwan, pour lui demander la main de sa fille Marguerite. L'honnête libraire, moins confiant que le poëte dans cet avenir assuré, lui répondit par un refus, qu'il adoucit en lui disant, avec raison peut-être, que sa fille, avec le caractère tout particulier qu'elle avait, ne lui convenait pas. Schiller se le tint pour dit, et n'entra même pas, comme il l'avait promis à son départ de Mannheim, en correspondance avec Marguerite. Elle dut l'accuser d'inconstance, d'infidélité, car il ne paraît pas que le père ait fait part à sa fille de la

---

1. M. H. Doering a publié à part, sous le titre de *Schiller's Sturm-und Drangperiode*, l'histoire de la partie la plus agitée de la vie de Schiller, c'est-à-dire des années qui précédèrent son départ de Mannheim pour Leipzig, en 1785.

demande ni du refus ; mais elle ne fut pas inconsolable, fit plus tard un autre choix, et mourut en couches à l'âge de trente-six ans.

Kœrner était allé passer les mois d'été dans le village de Gohlis, voisin de Leipzig. Schiller vint s'y établir au commencement de juillet. Là, tout entier aux joies de l'amitié, heureux d'avoir trouvé un autre lui-même, un noble cœur, un esprit élevé, vraiment capable de le comprendre et pour qui, comme à ses propres yeux, le premier devoir de l'amitié était de s'améliorer réciproquement, d'aspirer ensemble au bien et au beau en toutes choses, il répandit son âme dans un poëme plein d'enthousiasme, un *Hymne à la Joie*, qui marque une époque nouvelle dans ses poésies lyriques et a mérité de devenir en Allemagne un chant favori d'union et de confraternité. Beethoven l'a mis en musique, et en a fait le chœur final de sa neuvième symphonie. Un récit que j'aimerais à croire, bien qu'on ignore sur quel témoignage il se fonde, assigne à ce poëme une touchante origine. Un matin, pendant une promenade dans le Rosenthal, entre Gohlis et Leipzig, Schiller, dit la légende, aperçut un jeune homme à demi déshabillé, en prière sur le bord de la Pleisse, où il s'apprêtait à se noyer. C'était, comme il l'apprit de lui en le questionnant, un pauvre étudiant en théologie qui longtemps avait lutté contre la plus affreuse misère. Le poëte lui donna le peu d'argent qu'il avait sur lui, et lui fit promettre qu'il différerait au moins de huit jours l'exécution de son criminel dessein. Dans le courant de la semaine, il assista à une fête donnée à l'occasion d'un mariage dans une famille aisée de Leipzig. Au moment où la joie était le plus bruyante, il se leva tout à coup, demanda quelques moments d'attention, réclama de tous les assistants des secours pour le malheureux, et fit lui-même la quête à la ronde, une assiette à la main. Cette quête, ajoute-t-on, fut si abondante qu'elle suffit à soutenir le pauvre étudiant jusqu'au jour où il eut une place. C'est aussitôt après cette bonne œuvre que Schiller aurait exprimé dans ce bel hymne, mêlé de chœurs, sa reconnaissance à la joie, à cette joie bienveillante qui élève et agrandit le cœur en l'ouvrant au sentiment de l'universelle fraternité[1].

C'est aussi au séjour de Schiller à Leipzig et aux environs que quelques-uns de ses biographes font remonter un premier achèvement et une première représentation de *don Carlos*, en prose. La

---

[1]. *L'Hymne à la Joie* a paru d'abord dans le second cahier de la *Thalie*, en 1786.

pièce eut, dit-on, sous cette forme première, beaucoup de succès ; les théâtres de Berlin et de Dresde la jouèrent après celui de Leipzig[1]. On parle en outre d'une petite comédie badine composée en ce temps-là, qui serait en la possession d'un collecteur de manuscrits, lequel ne l'aurait acquise qu'à la condition de ne point la publier, à cause de certaines personnalités que l'auteur s'y était permises.

Kœrner venait d'épouser Minna, et il avait été placé à Dresde en qualité de conseiller d'appel. Au mois de septembre, il invita Schiller à venir l'y rejoindre. Le poëte, qui estimait Kœrner autant qu'il l'aimait, et qui était si sûr de son propre cœur et de celui de son ami qu'il avait, sans rougir, puisé dans sa bourse à son arrivée à Leipzig, s'empressa de se rendre à cette invitation. Nous avons peu de renseignements sur ce séjour de Schiller à Dresde, peu de lettres datées de cette époque. On raconte qu'une de ses récréations préférées était de descendre l'Elbe dans une gondole, où il s'abandonnait, en jouissant du paysage, à ses rêves poétiques. Il demeura un assez long temps avec Kœrner et sa famille dans un vignoble que celui-ci possédait au bord du fleuve, près du village de Loschwitz. Il y occupait un pavillon situé dans le jardin, sur une hauteur où la vigne touchait à un bois de pins[2]. Là, il consacrait la plus grande partie de son temps à continuer et à retravailler don Carlos, dont le premier acte, avec deux scènes du second, avait seul paru jusqu'ici dans la Thalie, et dont il n'avait fait qu'improviser en quelque sorte la fin pour le théâtre. De tous ses drames, c'est celui qu'il a gardé le plus longtemps sur le métier. Du jour où il l'avait commencé à celui où il l'acheva, le poëte était devenu un tout autre homme. Il sent lui-même que le changement qui s'était fait dans sa vie, et surtout au dedans de lui, nuisait à l'unité de l'inspiration, à la suite, à l'accord des caractères. « Il faut, dit-il, qu'un drame soit l'œuvre d'un été. » L'infant, tel qu'il l'avait rêvé, était d'abord son favori ; puis l'auteur, peu à peu, avait trop dépassé en âge son jeune héros, pour s'y intéresser toujours avec la même sympathie : Posa, plus mûr et plus ferme,

---

1. M. Ed. Boas, dans le t. III de ses Supplements aux OEuvres de Schiller, a publié, d'après une copie conservée dans les archives du théâtre de Dresde, cette forme primitive du drame de don Carlos, et il conseillait en 1840 aux intendants des grands théâtres de l'Allemagne d'essayer l'effet qu'elle produirait à la représentation.

2. On a publié à Dresde, chez G. Taubert, une petite lithographie qui représente ce pavillon. Au bas en a placé ces mots : « C'est ici que Schiller a écrit don Carlos. »

quoique aussi exalté, avait conquis sa préférence, Posa qui, à en juger par une lettre de Mannheim, et par un plan, composé en 1783, dont on trouvera la traduction dans notre *Appendice à don Carlos*, ne figurait même pas, dans la première conception, parmi les caractères principaux. « J'ai apporté, avoue-t-il, à la composition du quatrième et du cinquième acte un tout autre cœur qu'à celle des précédents. » Mais ces difficultés à vaincre ne faisaient qu'accroître son ardeur au travail. Il avait traité avec le libraire Gœschen, de Leipzig; l'impression était commencée. Un jour, pendant qu'il s'occupait de retoucher le second acte, la famille Kœrner était allée faire une partie de campagne. Lui, au dernier moment, s'était résolu à rester à la maison pour avancer sa révision. Mme Kœrner, qui avait compté qu'il serait de la partie, avait, en bonne ménagère, fermé la cave et les armoires : on devait faire la lessive en son absence. Le pauvre solitaire eut faim, il eut soif, il eut froid; il entendait claquer au vent le linge qu'on séchait sous ses fenêtres; sa verve s'éteignit, mais son dépit lui en tint lieu, et il l'exhala dans une boutade comique, qu'il faut lire en allemand pour en goûter le charme : ces choses légères, quelque transparente que puisse être une traduction, perdent trop à passer d'une langue dans une autre.

Pendant les mois d'hiver, que Kœrner passait à Dresde, Schiller vivait à part, en ville, dans son logis, mais presque tous les jours il rendait visite à son ami. Il avait trouvé en lui, nous l'avons déjà dit, ce qu'il cherchait. Kœrner n'était pas un admirateur subalterne, n'ayant de l'amitié que la tendresse et le dévouement. C'était un esprit cultivé, ferme et libre, et l'influence était réciproque. « Son caractère, dit de lui Schiller dans une de ses lettres, n'est point imposant, mais d'autant plus solide, d'autant plus sûr à l'épreuve. Jamais je n'ai surpris son cœur rendant un son faux; son sens est droit, non prévenu, hardi; dans tout son être il y a un beau mélange de feu et de calme. » Ce beau mélange, le poëte l'admirait, mais ne l'imitait pas encore : il l'eût peut-être préservé d'une passion qui, pendant son séjour à Dresde, l'aveugla soudain et le rendit le jouet d'une mère intrigante, dit-on, et d'une fille coquette. Ses amis du moins furent persuadés qu'on ne s'était montré flatté de sa conquête que parce qu'elle attirait l'attention et en pouvait amener d'autres plus riches et plus sortables. Si du moins l'on s'était contenté des hommages de sa muse! Mais sans scrupule on le laissait y joindre en présent des objets de prix, et jusqu'à des sommes d'argent, qu'il prenait sur les avances que Gœschen lui faisait sur *don Carlos*. Il paraît avoir joué ce rôle de dupe, pendant l'hiver de 1786 et 1787, avec la plus confiante bonhomie, toujours aussi peu élégant, aussi négligé, aussi pauvre dans sa mise, qu'il l'avait été de tout temps, et convaincu sans doute qu'avec un cœur et un esprit comme le sien, on ne pouvait prêter à la raillerie. Le seul souvenir que ses œuvres poétiques aient gardé de ce vertige est une feuille d'album du 2 mai 1787 qui parle d' « éternel accord » et se termine par cette assurance : « Ton cœur me restera, si tu connais le mien¹. » Un court séjour qu'il avait fait au printemps à Tharand loin de la belle, ne l'avait point guéri; ses amis jugèrent qu'une plus longue absence était nécessaire, et résolurent, quoi qu'il leur en coûtât, de l'éloigner de Dresde. Il était demeuré sourd à une invitation fort amicale de l'illustre acteur Schrœder, qui, après avoir reçu son *don Carlos*, l'avait exhorté à venir demeurer auprès de lui à Hambourg, lui promettant, sans rien pouvoir stipuler d'avance, de meilleures et plus honorables conditions que celles qu'il avait trouvées naguère à Mannheim. Un autre appel le toucha davantage. Mme de Kalb était allée se fixer à Weimar, elle l'engageait à y venir. C'était, depuis qu'il avait vu Charles-Auguste à Darmstadt, et qu'il lui appartenait en quelque sorte par le titre dont ce prince l'avait honoré, c'était le lieu où tendaient tous ses vœux. Il savait qu'il y trouverait ses pairs, les plus grands esprits de l'Allemagne : Wieland, qui lui avait offert de l'associer à la rédaction du *Mercure allemand*, Herder, Goethe, à son prochain retour d'Italie; il pouvait espérer d'avoir part, avec ces hommes illustres, à la faveur d'une cour éclairée, avide des jouissances de l'esprit, fière d'encourager le génie et digne d'en partager l'éclat. *Don Carlos* venait de paraître, et, ce drame à la main, il pouvait se présenter hardiment dans le monde délicat et poli auprès duquel les œuvres fougueuses de sa jeunesse eussent été des lettres de crédit peu goûtées : vues de loin et à travers son nouvel ouvrage, elles ne pouvaient que lui donner, ce semble, cet attrait piquant qu'a toujours, en haut lieu comme partout, l'étrange, l'effréné même, quand on n'y voit plus un danger, mais seulement un souvenir d'autrefois.

Le premier acte de *don Carlos* avait paru, comme nous l'avons

---

1. Schiller n'a pas admis cette petite pièce de vers dans le recueil de ses poésies détachées. On en trouvera la traduction dans l'*Appendice*.

dit, dans le premier cahier de la *Thalie Rhénane*, en 1785. C'est la partie de la pièce où le poëte fit plus tard les plus grands changements. C'était un premier jet, de riches matériaux, des scènes détachées, liées entre elles par des esquisses et des récits en prose. La seconde et la troisième scène du second acte furent publiées, dans le second cahier de la *Thalie*, au commencement de 1786; les scènes quatre à treize, dans le troisième cahier; la première moitié du troisième acte, dans le quatrième. Là, le remaniement, les additions et suppressions postérieures furent moins considérables. L'auteur, surtout quand il fit paraître le troisième et le quatrième cahier, était déjà plus sûr de son plan, plus maître de son idée. Il avait, pour se guider et se contenir, cet ensemble en prose qu'il avait rédigé pour le théâtre. C'est vers la fin de l'automne de 1786 que la tragédie, sous sa forme métrique, fut achevée. Il retravailla alors, et refondit çà et là ce qui avait été inséré dans la *Thalie*, et donna, en 1787, une première édition de la pièce complète. Chacune des éditions suivantes publiées du vivant de l'auteur, se distingue par des suppressions, des changements nouveaux. Celle de 1802, particulièrement, a été retouchée, abrégée, d'une main exercée et sévère; c'est, avec de légères améliorations que l'auteur y introduisit en 1804, peu de temps avant sa mort, la rédaction définitive, celle que nous possédons dans les Œuvres complètes[1].

Don Carlos, dans la vie de Schiller, est comme une brillante limite, qui sépare deux époques, deux manières. Désormais, à la poésie spontanée, il joindra plus d'art et de réflexion; à l'instinct, au premier jet, souvent fortuit, la pensée mûrie. Jusqu'à présent, la passion et l'imagination ont été ses deux muses presque uniques; dans son nouveau drame, que nous considérons ici sous sa forme dernière et définitive, il les écoute encore, heureusement, plus qu'il ne pense peut-être, mais il veut leur associer, comme inspiratrice principale et non moins dramatique à ses yeux, la philosophie politique : l'idée du vrai et du bien dans le gouvernement des hommes, le cosmopolitisme et la philanthropie. C'est là, nous dit-il dans les *Lettres sur don Carlos*, qu'il publia deux ans plus

---

[1]. Sur l'histoire du drame de *don Carlos* et de ses remaniements, on peut voir, entre autres travaux, une excellente introduction placée en tête d'une concordance anonyme des diverses éditions de cette tragédie, qui a paru à Hanovre en 1842 : *Schiller's Don Carlos nach dessen ursprünglichem Entwurfe, zusammengestellt mit den beiden späteren Bearbeitungen.*

tard, le principe d'unité de sa pièce, l'idée mère, la vraie source d'intérêt. L'amour de l'infant pour sa belle-mère ne sert, d'une part, qu'à éprouver et à nous montrer, à la fin, vainqueur de l'épreuve, le royal instrument des plans de Posa; de l'autre, qu'à préparer l'action véritable, qu'à amener la scène entre Philippe II et Posa, qui fait de ce dernier l'arbitre de l'action, et lui met dans la main tous les ressorts du drame. L'amitié de Posa pour Carlos n'est pas non plus ce que vous pensez peut-être. Ce que Posa aime avec tant d'ardeur, ce n'est pas le prince, c'est sa propre idée faite homme, c'est l'espoir qu'il a fondé sur lui, c'est le rêve de liberté, d'humanité, qu'il veut accomplir par le prince. Sa tendresse pour l'infant vient uniquement de ce qu'il a fini par l'identifier avec ses aspirations politiques, avec le but auquel il tend, auquel il mène le roi futur. Cela est si vrai que, lorsque Posa voit Philippe II et qu'il surprend en lui quelques velléités généreuses, produit de la souffrance et du sentiment des misères, de l'isolement, de l'impuissance du despotisme, il est tenté, un instant du moins, de laisser là le fils pour le père, de préférer le présent à l'avenir, et de faire, sans délai, du tyran même le destructeur de la tyrannie. Que demande à ses instruments le fanatisme, quel qu'il soit, sinon d'être prompts et sûrs? Et voyez comme Posa seconde la passion du jeune prince, parce qu'il trouve dans la reine un appui, qu'elle entre dans le complot de l'affranchissement des Pays-Bas! Il n'y a de vertu, de devoir à ses yeux, que ce qui le mène à son but. A la fin de la pièce, Posa se dévoue et meurt. Gardez-vous, nous dit l'auteur, de croire que ce soit pour Carlos, pour expier le tort d'avoir été mystérieux avec lui, d'avoir risqué de le perdre par son silence. C'est à son idée qu'il se dévoue; sa mort la rendra sacrée pour son ami, comme la mort de Lycurgue rendit autrefois ses lois inviolables. Voilà comment le poëte veut que nous concevions son drame. Son plan, sa donnée, c'est, comme il nous l'apprend lui-même, « le projet enthousiaste, formé entre les deux amis, de créer le plus heureux état que la société humaine puisse atteindre; c'est de ce projet enthousiaste, en lutte avec la passion, que traite cette tragédie. » Il veut, dit-il ailleurs, faire sortir en quelque sorte de sa pièce « le créateur futur de l'humaine félicité, » et, s'il nous fait « une peinture complète, une peinture affreuse » du despotisme, c'est pour mieux mettre en relief « son ravissant contraire. » L'objection qu'on lui pourrait faire, que c'est là un fond bien sérieux, bien abstrait pour le drame, le touche peu : il compte que plus d'un lecteur « éprouvera une surprise qui peut-être ne sera pas sans quelque charme, en voyant mises en œuvre dans une tragédie des idées qu'il aura retenues de son Montesquieu. » Surprise, je le veux bien; charme, c'est moins sûr; mais Schiller, je le crois, fait tort à son œuvre en lui imposant cette rigoureuse unité, et en attachant l'intérêt de la pièce à cet ajustement si exact du cadre même. Quand il a pris d'abord son sujet, non pas, et on le voit bien aux caractères et aux faits, dans l'histoire, mais dans la nouvelle, assez médiocre, à mon sens, de l'abbé de Saint-Réal, intitulée *don Carlos, infant d'Espagne*, son plan n'a pas eu dès la première conception cette rigueur d'unité qu'il s'est étudié plus tard à y trouver. Ses vues évidemment, et il l'avoue, se sont modifiées chemin faisant. A la fin, son but était bien ce qu'il nous dit; mais au départ, il en avait, je crois, un autre, et, le drame achevé, il est revenu sur ses pas, et s'est efforcé d'amoindrir les écarts et les détours de la route, mais sans réussir complétement à en faire une ligne droite. L'examen que Schiller fait de sa pièce, dans ses *Lettres sur don Carlos*, prouve une fois de plus que l'esprit qu'on veut avoir nuit à celui qu'on a. Le seul mérite auquel il prétende, c'est précisément celui qui lui manque ici le plus, le mérite de l'ensemble et de la composition : il ne veut pas qu'on puisse dire : *Ponere totum nescit*. Et pourtant, il sent bien lui-même que c'est mauvais signe d'avoir à démontrer l'unité d'un ouvrage; il convient que cette unité doit se sentir, que l'harmonie du tout doit frapper les regards et paraître d'elle-même, que c'est au drame à nous révéler le point de vue de l'auteur. Sachons-lui gré de placer si haut le mérite de l'unité, comme aussi celui de la pensée et des grandes vues morales et politiques, mais cherchons ailleurs que lui le mérite de sa pièce, celui qu'elle a, non, comme auraient dit peut-être, il y a trente ans, certains critiques, parce qu'elle n'est pas une, mais quoiqu'elle ne le soit pas.

Pourquoi, malgré les défauts que presque tous avouent, *don Carlos* est-il, entre les drames de Schiller, un de ceux qui ont le plus d'attrait et qui émeuvent le plus? Répondrai-je que l'attrait particulier qu'il a tient en grande partie au vague, au demi-jour, à la langueur, répandus sur toute la pièce? Ce sont choses peu goûtées aujourd'hui parmi nous, et auxquelles notre langue, notre tournure d'esprit, nos traditions littéraires répugnent. Il y a des climats qui ne connaissent pour ainsi dire pas le crépuscule, mais seulement le jour et la nuit, sans transition en quelque sorte de l'un à l'autre. Tel est, dit-on, le ciel sous lequel s'épanouissent et mûrissent chez nous les fleurs et les fruits de l'esprit, et Dieu me garde d'en médire ! Rien de plus beau que la lumière claire et pure du soleil, montrant les objets tels qu'ils sont, les colorant de couleurs vives et tranchées, en marquant nettement les contours. C'est avoir l'esprit et le goût mal faits, soit ! d'y préférer les douteuses lueurs du matin et du soir. S'ensuit-il qu'elles n'existent pas, qu'elles n'aient pas leur charme, d'un ordre inférieur, si l'on veut, dans certains climats du monde de l'esprit comme du monde extérieur? Que ce charme dans le monde de l'esprit soit aussi pur, aussi sain pour l'intelligence et pour le cœur que celui du plein jour, de la parfaite clarté, des pensées nettes, des sentiments définis : c'est une autre question, où j'inclinerais volontiers vers l'avis de ceux qui condamnent, comme mollesse et paresse de l'esprit, le vague dans le penser, et surtout, comme énervant l'âme, le vague habituel dans le sentir. Mais qu'importe au poëte, en tant que poëte, que nous buvions, à la coupe qu'il mélange, la force et la santé ou de doux poisons? Heureux et bénis ceux qui ne nous charment que pour nous rendre meilleurs, qui ne nous enivrent que pour nous élever à ces hauteurs sereines où le beau et le bien se rencontrent! L'homme, hélas! est ainsi fait que les philtres les plus salutaires ne sont pas ceux qui toujours l'attirent le plus. Voilà pourquoi, dans ce drame, ce qui touche surtout, ce n'est point l'enthousiasme du poëte pour le progrès et le bonheur de l'humanité, ce sublime idéal des grandes âmes; c'est le cœur de Carlos, c'est le cœur de la reine : la sympathie pour deux cœurs nous est d'ailleurs plus facile et plus douce que celle qui s'étend à tout le genre humain.

Rien de plus indécis, de plus vague, de plus mêlé, que l'impression que nous laisse l'amour du jeune prince, tel que le poëte nous l'a dépeint. La vertu condamne cet amour et il s'est allumé dans le cœur le plus pur; il doit être vaincu et ne peut l'être; tous les nobles sentiments l'encouragent, ce semble, et l'entretiennent, et il demeure et se sent coupable; il joint aux ardeurs, aux naïfs élans d'une première passion, les défiances, les timides langueurs, les tristesses énervées d'une âme méconnue, isolée, comprimée; il couve dans le mystère, entouré de dangers, sous la lourde atmosphère de la tyrannie. Et la pauvre reine, sacrifiée, en proie, elle aussi, aux sentiments les plus divers, les plus inconciliables, nous ne la voyons le plus souvent que comme à travers un voile qui, de temps en temps, se soulève pour nous laisser jeter dans son cœur un rapide et profond regard, jusqu'à ce qu'à la fin elle jure, avec une douce et triste fermeté, de braver les destinées humaines, de ne plus trembler devant les hommes, et peu d'instants après le drame finit, l'abandonnant (et nous avec elle) à toutes les incertitudes d'un sombre avenir. Au-dessus de ces mystères présents et futurs que nous souhaitons et tremblons de percer, pendent, voûte étouffante, les noirs nuages du despotisme, qui répandent sur toutes choses leur triste teinte, et sous lesquels nous suivons le poëte, curieux et frissonnants.

La tragédie de *don Carlos*, si nous pouvions en approfondir ici l'examen, donnerait lieu à bien d'autres remarques. Une critique qu'on a bien souvent répétée est relative à l'anachronisme des belles théories de Posa, prêchées au XVI° siècle, à la cour de Philippe. Schiller, dans les lettres que nous avons citées, dit, pour se défendre, que c'est en prison qu'on fait les plus beaux rêves de liberté, que c'est aux temps qu'on peut appeler l'aurore de la vérité que naissent les hommes extraordinaires, que son chevalier de Malte avait longtemps voyagé, qu'il avait conféré avec les esprits les plus éclairés et les plus avancés, que la Réformation avait semé en Europe les germes de toutes les libertés. Tout en reconnaissant la force de ces arguments, on peut encore s'étonner, je crois, de trouver une telle précision dans la sagesse politique de Posa, des doctrines si arrêtées, si coordonnées, si datées, qu'on croit, en l'entendant, comme l'auteur l'avoue lui-même, lire l'*Esprit des Lois*. Tout le drame, au reste, nous l'avons déjà dit, est, pour les faits comme pour les caractères, bien plus fiction qu'histoire. Je ne m'arrêterai pas aux autres critiques, à l'impossibilité de la grande scène entre Philippe II et Posa, laquelle est pourtant comme le pivot sur lequel tourne toute l'action; à la longueur de l'épisode de la princesse Eboli et à la situation trop vive, pour ne rien dire de plus, qu'il amène; aux artifices trop peu déguisés de la composition, aux machines qui sont trop en vue, et à l'inexpérience que révèle toute la combinaison de la pièce. Ces défauts sont tempérés, plus que rachetés souvent, par un grand et rare mérite. Le poëte est ému et sincère; il s'identifie de tout son cœur avec ses personnages, partage leurs passions, leurs souffrances, leur enthousiasme. En somme, je le répète, ce drame attache et séduit; il en sort je ne sais quelle influence magnétique, qui s'insinue, pénètre et fascine. Le style a sa part dans cet enchantement, il a de l'élégance, de la grâce, et souvent de la force. Félicitons l'auteur d'avoir laissé la prose pour les vers; il avait besoin, comme je l'ai déjà remarqué, du frein du rhythme pour se façonner à la précision et à la dignité. Seulement, il se complait trop dans cette harmonie, et ne sait pas toujours se borner quand une pensée lui plaît et qu'elle coule en beaux vers sous sa plume.

Avant de conduire Schiller à Weimar, apprécions ici rapidement, à la suite de *don Carlos*, divers opuscules, en prose et en vers, qui parurent dans la *Thalie*, dont la publication, commencée par Schwan, fut continuée par Gœschen à Leipzig. Dans le second cahier, qui est le premier de 1786, on lit, outre l'*Hymne à la Joie*, dont nous avons parlé, deux petits poëmes, signés de la lettre Y, comme s'ils étaient encore du temps de l'*Anthologie*[1], et intitulés, le premier, *Incrédulité de la passion*, le second, *Résignation*. Il les inséra plus tard dans ses Poésies complètes, mais en adoucissant et abrégeant notablement le premier, dont il changea le titre en celui de *la Lutte*. On ne peut lire ces deux fantaisies, l'une aussi bien que l'autre, quoique la seconde nous soit donnée pour un correctif de la première, sans éprouver, tout en admirant le talent du poëte, une sorte de vertige à la vue de l'abîme sans fond et plein de ténèbres que le doute a creusé dans son âme. Quel rayon d'en haut les viendra jamais dissiper? Il sentait lui-même, le poëte et l'auteur, sinon l'homme tout entier, qu'il lui manquait un fond solide pour y jeter l'ancre, qu'il errait ballotté au hasard. Quand il écrivait, il était en proie à une sorte de fièvre qui tendait à l'excès tous les ressorts de son esprit. « Ce que je suis, dit-il quelque part, je ne le suis vraiment que par une exaltation de mes forces, qui, souvent, n'est pas naturelle. »

Continuer ainsi, c'était s'énerver et s'épuiser. Faute de mieux, il eut recours à l'étude. Stimulé par l'exemple de Kœrner, il résolut de se nourrir l'esprit de faits et d'idées, et s'appliqua à l'histoire et à la philosophie. Pour un temps, il renonça à la poésie, aux vers du moins; il interrompit sa course haletante pour reprendre des forces et amasser les provisions de la route[3]. Il se flattait que ces études

1. Parmi les poésies de l'*Anthologie*, la plupart de celles qui ont Schiller pour auteur, et en particulier les pièces adressées à *Laure*, sont signées de la lettre Y.
2. Littéralement *libertinage d'esprit*, dans l'ancien sens du mot.
3. Il n'est rien dans la vie de Schiller sur quoi l'on n'ait longuement disserté en

nouvelles ne seraient pas seulement une saine discipline pour toutes ses facultés, mais encore, au moyen de l'enseignement peut-être, et par le produit de ses écrits, un gagne-pain moins précaire que la poésie. Ses autres desseins s'étaient évanouis : la jurisprudence, la médecine n'étaient point son fait.

Il débuta dans l'histoire par une peinture, faite d'après Mercier, du caractère de Philippe II, qui parut dans le second cahier de la *Thalie*. C'est un travail qui se rattache à la fois à son drame de *don Carlos* et à son récit de la guerre des Pays-Bas, dont nous parlerons bientôt. Il forma le projet de publier, avec des collaborateurs, l'histoire des principales révoltes du moyen âge et des temps modernes. De ce recueil il ne parut qu'un premier volume, qui porte la date de 1788 et qui contient trois morceaux, dont le second, le seul qui soit de Schiller, est une traduction presque littérale de la *Conjuration de Venise* de Saint-Réal.

Ce n'étaient là que des exercices de style; d'autres ouvrages de la même époque tiennent du roman et de l'histoire. C'est d'abord un récit, vrai en grande partie, et fort remarquable par le style, intitulé : *L'homme devenu criminel pour avoir perdu l'honneur*, et inséré aussi dans le second cahier de la *Thalie*; on en peut rapprocher un morceau d'un genre analogue qu'il mit, en 1789, dans le *Mercure allemand*, et qui a pour titre : *Jeu du sort, fragment d'une histoire véritable*, sans doute de celle du général wurtembergeois Rieger, à qui nous l'avons vu consacrer en 1783 un chant funèbre. C'est ensuite une série de lettres narratives, composées toutes, hormis la dernière, à Dresde et à Weimar, de 1786 à 1789, et publiées dans la *Thalie*, du quatrième au huitième cahier. Elles forment, sous le titre du *Visionnaire*[1], la première partie, « le torse, comme dit Tieck, d'un excellent roman, » que l'auteur laissa inachevé, peut-être à cause du succès même de son œuvre : il eût été difficile de répondre entièrement à l'attente qu'elle avait excitée, et de soutenir l'intérêt jusqu'au bout sans faiblir. Le récit a beaucoup d'aisance; le style, clair et naturel, ne rappelle plus en aucune façon la déclamation tendue qui

---

sens divers. Plus d'un a blâmé son infidélité à la poésie et regretté les années consacrées à l'histoire et surtout à la métaphysique. Dans une brochure intitulée *Du développement de Schiller dans les années 1785 à 1795* (Nordhausen, 1859), M. Th. Perschmann s'est attaché à justifier cette déviation apparente, et à montrer qu'elle n'avait fait que conduire plus sûrement le poëte à son but.

1. Littéralement : « L'homme qui voit des esprits. »

dépare en maint endroit la prose des premiers drames. Le fond du roman est historique; le personnage dans l'âme duquel l'action se passe, et qui est pour l'auteur l'objet d'une étude de psychologie religieuse qu'on peut ne pas trouver toujours aussi impartiale qu'elle est à certains égards fine et pénétrante, paraît être un prince de la maison de Wurtemberg, le duc Charles-Alexandre, qui vivait dans la première moitié du XVIII° siècle.

Les *Lettres philosophiques* de Jules et de Raphaël, qui parurent dans la *Thalie* en 1786, la même année que le commencement du *Visionnaire* (la dernière lettre de Raphaël est seule de 1789), sont aussi restées inachevées, bien que Schiller eût promis d'en donner la suite. Ici, l'interruption est périlleuse, on pourrait dire coupable. « Le scepticisme et le libertinage d'opinion, est-il dit dans l'avant-propos, sont les paroxysmes fiévreux de l'esprit humain, et l'ébranlement anomal qu'ils occasionnent dans une âme bien organisée doit justement finir par contribuer à l'affermissement de la santé. Plus l'erreur est éblouissante et séduisante, plus grand est le triomphe de la vérité; plus le doute a de tourments, plus on sent le besoin de conviction, de ferme certitude. » Ce besoin, l'auteur le sentait, je n'en doute pas; je n'en veux d'autre preuve que l'exaltation sincère de Jules qui évidemment n'est autre que Schiller lui-même, comme Raphaël sans doute nous représente Kœrner, qui peut-être même a eu part à la rédaction de cette correspondance : au moins la dernière lettre est-elle signée K dans la *Thalie*. Mais sentir ce besoin, et le satisfaire, sont deux choses, hélas! bien différentes. Résoudre les doutes, les contradictions, pour me servir encore des propres paroles de Schiller, « en une vérité universelle, purifiée de toute erreur et solidement établie : » à cela l'esprit, l'imagination ne suffisent pas, et, quand on n'a pas d'autre puissance que celle-là, c'est une téméraire présomption de nous promettre d'étancher notre soif, après les brillants mirages de l'erreur et ses rêves fiévreux, à des sources nouvelles de vérité et de certitude. La dernière lettre, qui pose des bornes à la sagesse humaine et indique la seule voie d'investigation que Raphaël juge légitime, révèle clairement l'influence de Kant : elle est de 1789, époque à laquelle les principaux ouvrages du philosophe de Kœnigsberg, à l'exception de la *Critique du jugement*, avaient déjà paru. Nous aurons à reparler ailleurs de cette influence, qui fut puissante sur l'esprit du poète : maintenant, suivons-le à Weimar.

Le séjour de Weimar, où Schiller arriva au mois d'août 1787, n'eut pas d'abord pour lui tout le charme qu'il s'en promettait. Le duc ne lui témoigna pas un intérêt bien empressé, et, à Tiefurt, dans le cercle de la duchesse mère Amalie, il se trouva gêné et dépaysé, et fit une impression plutôt étrange qu'agréable. Il faut dire que cette princesse très-lettrée, qui avait donné l'exemple à son fils d'attirer à Weimar les beaux esprits de l'Allemagne, était alors distraite par les apprêts de son prochain voyage en Italie. L'accueil cordial, trop cordial peut-être, que Mme de Kalb fit au poète, ne suffit pas, je le crains, pas longtemps du moins, à le dédommager de ces mécomptes. Parmi les célébrités de l'Athènes du Nord, ce fut Wieland qui se montra le plus bienveillant. Il comptait trouver dans Schiller un diligent collaborateur pour son *Mercure*, alors très-languissant, et peut-être en outre un mari pour une de ses filles ; mais la différence d'âge, de génie et de caractère des deux poètes, ne permettait pas que cette liaison devînt et demeurât vraiment intime. De l'amitié elle n'eut que les apparences et les faciles rapports, et fut surtout littéraire. Dans les deux années qui suivirent, Schiller inséra au *Mercure* divers travaux, mais il se montra peu jaloux de joindre au titre de collaborateur celui de gendre. Par l'intermédiaire de Schütz, d'Iéna, il fut mis aussi au nombre des rédacteurs de la *Gazette littéraire*, qui se publiait dans cette université, voisine de Weimar, qu'il était allé visiter dès le mois d'août. Sa propre Revue, la *Thalie*, fut pendant longtemps négligée. En 1787, il n'en parut rien ; en 1788, un seul cahier fut publié, le cinquième, qui ne contenait de l'éditeur qu'une suite du *Visionnaire*. L'année d'après, il se remit à y travailler plus activement. A partir de 1790, il cessa de prendre part à la rédaction du *Mercure*, tout en demeurant dans de bons termes avec Wieland.

Des travaux du genre de ceux que nous venons de dire n'enrichissent guère, et ils étaient peu propres à tirer Schiller de la gêne où nous l'avons vu jusqu'ici. Quoiqu'il menât à Weimar une vie fort retirée, qu'il se dissipât beaucoup moins qu'autrefois au dehors, qu'il évitât, autant que faire se pouvait, les occasions de dépenses, il était obligé souvent de s'imposer de dures privations. Longtemps après, dans une lettre qu'il écrit à Goethe en 1795, il rappelle (sans que le souvenir ait gardé rien d'amer) les embarras où en ce temps-là le jetait parfois sa pauvreté. « Je me souviens de la situation où je me trouvai un jour à Weimar, il y a sept ans, ayant dépensé tout mon argent à deux gros près, tout juste de quoi payer un port de lettre, et ne sachant d'où j'en aurais d'autre. Dans cette extrémité, figurez-vous la joyeuse surprise que j'éprouvai en recevant une somme, depuis longtemps oubliée, qui m'était due par la *Gazette littéraire* (d'Iéna). » Jamais de tels nuages n'avaient traversé le ciel serein du poëte ministre : est-ce pour cela que certains sons, certaines nuances du moins, de la lyre de Schiller manquent à la sienne? Quant à celui-ci, ambitionnait-il encore, dans sa détresse, ce brillant avenir auquel nous le voyions rêver au moment de s'éloigner de Mannheim et de son ami Streicher? Je ne sais, et j'en doute; mais, au milieu de sa solitude et de sa gêne, le plus ardent de ses vœux était de trouver une compagne selon son cœur, une épouse dévouée, une ménagère attentive. « Il faut, écrivait-il à Kœrner, que j'aie autour de moi quelqu'un qui m'appartienne, que je puisse et doive rendre heureux, dont l'existence ravive et rafraîchisse la mienne. » Nous touchons, grâce à Dieu, au temps où ce vœu va enfin s'accomplir.

Vers la fin de 1787, il fit le voyage de Meiningen, pour rendre visite à sa sœur Christophine, qui avait épousé Reinwald, et revoir à Bauerbach la famille de Wolzogen. En retournant à Weimar, il passa à cheval par Rudolstadt, en compagnie de son ancien camarade Guillaume de Wolzogen, et ils visitèrent ensemble, aux environs de la ville, les dames de Lengefeld, alliées de la famille de Wolzogen, auxquelles Schiller n'était pas entièrement inconnu. Il les avait vues, mais seulement quelques minutes, trois ans auparavant, comme elles traversaient Mannheim, à leur retour d'un voyage en Suisse. Mme de Lengefeld, femme bienveillante, mais quelque peu susceptible et formaliste, avait perdu de bonne heure son mari, homme de mérite, qui s'était distingué dans les fonctions de forestier. Elle avait deux filles. L'aînée, Caroline, avait épousé, âgée de seize ans, M. de Beulwitz, conseiller aulique à Rudolstadt, union qui était loin, dit-on, d'être heureuse. Elle n'avait point d'enfants, et demeurait dans la maison de sa mère. La plus jeune, Charlotte, devait obtenir prochainement, à la cour de Weimar, une place de demoiselle d'honneur. Les deux sœurs avaient l'intelligence cultivée, plus de lecture et d'expérience aventureuse dans les choses de l'esprit que bien des pères et des prétendants n'en voudraient voir, je crois, à leurs filles ou à leurs fiancées. On fit très-bon accueil au poëte, on parla des *Lettres de Jules et de Raphaël*, des poëmes de l'*Anthologie* qui ont rapport à ces lettres. La conversation fut animée, franche et cordiale. Ravi d'être compris, ou du moins admiré (la seconde de ces deux choses implique-t-elle toujours la première?) et, se flattant sans doute par instinct, sans se le dire peut-être bien nettement, qu'à l'admiration pourrait se joindre un sentiment plus tendre, Schiller, au bout de quelques heures, se sentit si bien à son aise, si intime déjà dans la maison, qu'il exprima l'intention de venir l'été prochain s'établir sur les bords de la Saale, dans la charmante vallée de Rudolstadt; et l'attrait était mutuel, car son projet fut accueilli avec joie. Il retourna à Weimar, persuadé que l'hiver lui paraîtrait bien long. Par une heureuse rencontre, Mme de Stein invita les dames de Lengefeld à venir passer quelques mois auprès d'elle dans cette résidence. Schiller eut l'occasion de revoir de temps en temps les deux sœurs; il prêta ou procura des livres de lecture à Charlotte, lui écrivit quelques lettres, quelques billets, très-discrets, où le respect tempère, sans les cacher, un doux et noble penchant, une affectueuse confiance. Ce n'était plus un de ces orages du cœur et des sens qui rarement présagent un bonheur durable; c'était un sentiment plus calme, mais aussi, dès les premiers jours, plus assuré et plus profond. Charlotte de Lengefeld avait accompli sa vingt et unième année. C'était, de l'avis de tous et en particulier d'après le témoignage de Goethe et de Wieland, une personne fort aimable. « Sa taille et sa figure, nous dit sa sœur, avaient beaucoup de grâce. L'expression de la plus pure bonté animait ses traits, et dans son regard n'éclatait que vérité et innocence. Sensée, et sensible à tout ce qui est bien et beau dans la vie et dans l'art, elle avait dans tout son être une belle harmonie. Modérée, mais en même temps fidèle et constante dans ses affections, elle paraissait faite pour jouir de la plus pure félicité. » L'expression de sa physionomie dans les portraits que j'ai vus d'elle m'a paru confirmer ce témoignage. Elle avait un talent distingué pour la peinture de paysage, et l'on a conservé d'elle quelques poésies gracieuses et délicates. Quand Schiller fit sa connaissance, elle avait au cœur une blessure, peu profonde sans doute, car elle en guérit bientôt, qui la mettait dans cette disposition de tendre tristesse qui rend parfois et plus gracieuse et plus aimante. Elle avait dû renoncer à un jeune militaire qu'elle aimait ou croyait aimer, et que son service avait conduit au delà des mers, dans une autre partie du monde. Quelle fut la lutte entre ses regrets et son nouveau penchant? c'est le secret de son cœur, mais ce que nous savons, c'est que Schiller ne tarda pas à prendre confiance et à espérer d'être payé de retour. Autre preuve d'intimité naissante, Charlotte se chargea de bonne grâce de lui choisir un logis pour l'été prochain, auprès de Rudolstadt, dans les environs de la demeure de sa mère. Quand elle partit de Weimar, il lui remit une poésie composée pour elle, sous ce titre : *A une amie, pour mettre dans son album* [1]. « Le monde n'est pas ce qu'il te paraît, lui dit-il ; garde-toi des illusions, » et surtout, ajoutait-il sans doute tout bas, de celles que tu te fais au sujet de la cour (on songeait, avons-nous dit, à y placer Charlotte comme demoiselle d'honneur) : ce n'est point là ta place, la place de celle qui sera ma compagne. Une petite satire, *la Femme célèbre*, est à peu près du même temps. C'est une peinture gaie et piquante des ennuis de tout genre par lesquels le mari expie la gloire de sa femme, un hommage, par contraste, au mérite modeste de Charlotte.

Vers le milieu de mai 1788, il alla occuper la demeure qu'on lui avait retenue, à une demi-lieue de Rudolstadt, dans le village de Volkstædt, situé en face des hauteurs boisées qui bordent le cours sinueux de la Saale. Dans ce gracieux paysage, au milieu des douceurs de l'amitié, il reprit plaisir à la vie et retrouva la sérénité et l'enjouement de ses meilleurs jours. Aux heures de l'étude solitaire, il travaillait à la suite de son roman *le Visionnaire*, à son *Histoire de la Révolte des Pays-Bas*, sujet auquel il s'était arrêté dès l'époque de son séjour à Dresde et qui l'occupait sérieusement depuis ce temps-là : il lisait, méditait, s'instruisait ; puis, quand venait le soir, il trouvait d'attrayantes distractions dans le cercle de la famille de Lengefeld, qui avait d'étroites relations avec tout ce qu'il y avait de gens d'esprit et de société polie à Rudolstadt. Il lisait devant cet auditoire bienveillant des fragments choisis des ouvrages qu'il composait alors, et qui devenaient l'objet d'entretiens animés. Il lui lisait aussi les grands modèles, particulièrement des traductions des poëtes grecs, d'Homère, de quelques tragédies. Jusque-là, on peut le dire, il avait peu pratiqué cette admirable école du beau, du vrai, du naturel et des justes proportions ; mais son âme se trouvait enfin dans cet état d'heureux équilibre où l'on goûte et comprend de telles leçons, où l'on se pénètre de tels exemples. Ce fut pour lui la plus salutaire discipline : elle lui apprit, sans lui rien ôter de ses qualités

---

1. D'autres pensent que ce petit poëme fut composé pour une autre jeune personne, nommée Caroline, qui était fille du conseiller intime Schmidt, de Weimar, et pour laquelle Schiller écrivit dans un exemplaire de *don Carlos* une dédicace où respire une tendre estime (voy. l'*Appendice à don Carlos*, p. 220 du t. III).

propres, tout ce que gagnent la grandeur et la force à se régler et à se contenir. Euripide eut pour lui d'abord un charme tout particulier; c'était, par les « doux vices » qui s'y mêlent aux beautés, une transition à mieux encore. A la prière des deux sœurs, il traduisit en iambes allemands l'*Iphigénie à Aulis*, non sur l'original (il ne savait pas assez de grec pour cela), mais sur une version latine littérale, et en s'aidant des traductions françaises de Brumoy et de Prévost. Cette traduction de Schiller n'est pas une copie bien fidèle de la pièce d'Euripide. L'esprit antique, dit avec raison Guillaume de Humboldt, n'y apparaît que comme une ombre à travers le vêtement qu'on lui a prêté ; mais c'est une conciliation, poétiquement ménagée, des deux manières grecque et moderne. Cette *Iphigénie* allemande parut en 1789, dans les sixième et septième cahiers de la *Thalie*. Elle fut suivie, dans le huitième, de quelques scènes des *Phéniciennes* du même auteur, plus exactement rendues, sans que l'aisance du style y perde rien.

Avant de venir demeurer à Rudolstadt, il avait rendu aux Grecs un autre hommage par son hymne plein d'enthousiasme, *les Dieux de la Grèce*, inséré dans le cahier de mars 1788 du *Mercure allemand*. C'est un ardent regret des « dieux éclos du cerveau des poëtes, » et, comme dit encore Boileau, « des mille agréments divers que la fable offre à l'esprit ; » et d'autre part un plaidoyer, d'apparence peut-être trop sincère, et pas assez exclusivement poétique, en faveur de la thèse résumée dans ces quatre vers :

> De la foi d'un chrétien les mystères terribles
> D'ornements égayés ne sont point susceptibles :
> L'Évangile à l'esprit n'offre de tous côtés
> Que pénitence à faire et tourments mérités.

Ne sortons pas du domaine des lettres et de la poésie : là même, cette sorte d'apostasie était d'un ingrat. A son insu, je ne veux pas dire contre son gré, Schiller est tout pénétré de christianisme; peu de poëtes descendent plus avant que lui, pour parler comme Bossuet, dans cette « intime infinité du cœur » où nous plonge la foi de l'Évangile. Cette ode, pleine de verve et surtout d'éclat, fit grande sensation, et provoqua plus d'une réponse en vers et en prose. Malheureusement elles furent toutes, pour le talent, même celles de Kleist et du comte Léopold de Stolberg, bien inférieures à l'attaque. Ce fut celle de Stolberg qui émut le plus Schiller. Il voulut d'abord, et

Wieland l'y engageait, la réfuter; mais, après réflexion, il garda le silence.

Il faut rapprocher des *Dieux de la Grèce* le poëme didactique intitulé *les Artistes*, qui fut commencé à Rudolstadt dans l'automne de 1788, et terminé à Weimar en 1789. Ce n'est plus un défi passionné, mais une calme et solennelle exposition de la théorie du beau, telle que l'auteur la concevait, telle qu'il la développa plus tard, en la déterminant et l'achevant, dans ses traités sur l'esthétique, et qu'il s'efforça de l'appliquer désormais dans ses ouvrages poétiques. Le sentiment et le culte du beau, l'art, y est présenté comme moyen et comme fin à la fois du progrès de l'humanité. Cette pièce est, je crois, de toutes les poésies de Schiller, la plus travaillée et en même temps, par le fond comme par la forme, celle qui demande le plus d'attention et d'étude pour être bien comprise. Et je ne parle pas des étrangers seulement; les commentaires (on en a publié plusieurs) ne sont pas inutiles à la plupart des Allemands eux-mêmes [1].

Nous avons déjà parlé des *Lettres sur don Carlos*, qui sont de la même époque. On peut être d'un autre avis que l'auteur sur l'invention et la composition du drame, mais la mesure parfaite qui règne dans toute la discussion, et ne lui ôte rien de sa chaleur, est d'un heureux augure pour ce qu'il produira désormais. Le style et le ton révèlent cet empire de l'esprit sur lui-même qui le règle sans l'appauvrir.

Au mois d'août, la douce paix dont il jouissait à Volkstædt fut troublée par un cruel chagrin. Il reçut la nouvelle de la mort de Mme de Wolzogen. Dans la lettre qu'il écrivit au fils de cette généreuse bienfaitrice, il a peine à maîtriser sa douleur. « Son souvenir, lui dit-il, vivra éternel et ineffaçable dans mon âme, et toute l'affection que je lui devais, ce respect cordial que j'éprouvais pour elle, lui demeureront à jamais consacrés. »

Goethe était revenu d'Italie. Le 7 septembre, en compagnie de Herder et de Mme de Stein, il vint faire une visite à la famille de

---

[1]. Voyez, par exemple, le commentaire, ou plutôt l'explication en prose publié en 1858 à Leipzig, par M. Fr. Friedemann, aux yeux de qui les *Artistes* sont « de beaucoup le plus beau poëme de Schiller. » Je suis loin de nier le talent avec lequel Schiller a traité ce sujet et vaincu des difficultés qui pouvaient paraître insurmontables; mais il m'est impossible, pour peu que je reconnaisse l'utilité de l'explication de M. Friedemann, d'accorder une telle préférence à ce morceau didactique. La clarté est, selon moi, un des premiers mérites de toute œuvre poétique.

Lengefeld, et Schiller revit, dans tout l'éclat de la gloire et de la prospérité, l'homme illustre dont il avait, une fois déjà, à l'École de Charles, admiré le front radieux. Cette rencontre n'eut pas l'effet que s'en étaient promis sans doute les amis communs des deux poëtes, et rien ne présagea, à ceux qui en furent témoins, la sincère amitié qui, plus tard, les unit l'un à l'autre. Ce que Schiller avait écrit jusqu'ici ne pouvait avoir beaucoup d'attrait pour Goethe, au moment où il revenait d'Italie, amoureux des muses antiques, au profil pur et sévère. Dans ces dispositions, témoigner à l'auteur (il ne connaissait pas l'homme encore) une vive sympathie, c'eût été une prévenance peu sincère. Et pourtant cette sympathie aurait seule pu encourager Schiller à sortir de la réserve que lui commandait l'infériorité de sa position et de sa renommée. L'entrevue fut donc froide, et ils demeurèrent étrangers l'un à l'autre. « A tout prendre, écrit Schiller à Kœrner, la haute idée que j'ai réellement de Goethe ne se trouve pas diminuée après cette connaissance personnelle; mais je doute que jamais nous nous rapprochions beaucoup l'un de l'autre. Une grande partie de ce qui m'intéresse encore, de ce que j'ai encore à espérer et à souhaiter, a fini son temps chez lui. Foncièrement, tout son être est autrement disposé que le mien; nos manières de voir paraissent essentiellement différentes. Cependant, on ne peut conclure d'une telle rencontre rien de sûr ni de solide. Le temps nous apprendra le reste. » A cette tiédeur se mêlait par moments, quand, à la vue de Goethe, il faisait un retour sur lui-même, un mouvement involontaire de jalouse amertume : « Cet homme, ce Goethe, dit-il crûment au même ami, m'est décidément une pierre d'achoppement, et il me rappelle trop souvent que le sort m'a durement traité. Comme son génie est légèrement porté par son destin ! » Lorsqu'il retourna à Weimar vers le milieu de novembre, il ne chercha que bien rarement les occasions de voir le grand homme : il semblait redouter de subir sa domination. Cela n'empêcha point Goethe de lui témoigner de l'intérêt : il fut particulièrement satisfait des *Dieux de la Grèce*, il y put reconnaître certains sons de sa propre lyre. Tout en se défendant de son influence, Schiller déjà s'y soumettait. Il avoue que c'est en vue de Goethe qu'il s'est efforcé de donner à son poëme des *Artistes* une irréprochable perfection.

Nous avons dit qu'à Volkstædt il travaillait activement à son *Histoire de la Révolte des Pays-Bas*, dont le drame de *don Carlos* lui avait donné l'idée. Elle parut en 1788, pour la foire de Saint-Michel. Ce n'est malheureusement qu'un fragment : l'auteur s'est arrêté à la retraite de Guillaume d'Orange et à l'établissement de la domination sanglante du duc d'Albe. Plus tard, il y ajouta deux morceaux, dont le premier, la *Vie et la mort du comte Lamoral d'Egmont*, fut publié dans la *Thalie*, en 1789, et le second, le *Siège d'Anvers, par le prince de Parme, dans les années 1584 et 1585*, ne fut écrit qu'en 1795 et parut dans les *Heures*. On peut joindre à cette double addition un petit récit qui fut inséré dans le *Mercure allemand* : *Le duc d'Albe dans un déjeuner au château de Rudolstadt, en 1547*. Ce début de Schiller dans la grande histoire l'emporte sur ce qu'il a écrit depuis en ce genre, par la chaleur, la vie, le mouvement. L'amour de la liberté, le plus sincère dévouement à l'humanité animent tout le récit. C'est une cause qu'il défend, plus encore qu'une histoire qu'il écrit. *Prouver* et persuader lui importe plus que *raconter*. De là parfois une involontaire partialité, un point de vue trop personnel, des jugements, des explications, des suppositions de causes, qu'il puise dans son esprit et dans sa conviction plutôt qu'ils ne ressortent des faits mêmes. De là aussi peut-être, et de ses habitudes antérieures de style et de pensée, vient cet éclat qui sent la rhétorique et qui se remarque surtout dans l'introduction et dans le premier tiers de la narration. Plus loin, il se laisse davantage entraîner au cours des faits et montre moins les préoccupations, use moins des artifices de l'avocat et du poëte.

Ce brillant essai, par ses qualités comme par la nature de ses défauts, révélait, ce semble, l'aptitude de Schiller pour l'enseignement de l'histoire. Le célèbre professeur Eichhorn venait de quitter Iéna pour Goettingue; sa chaire était vacante. Les amis de Schiller la demandèrent pour le poëte historien, et le ministre de Voigt le proposa à Charles-Auguste, qui était alors à Gotha. Ce prince l'agréa avec empressement et, après s'être mis d'accord avec les autres ducs de Saxe, de qui dépendait aussi l'Université, il chargea Goethe de la conclusion de l'affaire. Celui-ci se montra plein de bonne volonté, et ne négligea rien pour hâter la nomination. En outre, comme le candidat se défiait de lui-même, il combattit ses scrupules et l'encouragea en lui disant qu'enseigner c'était apprendre, *docendo discitur*. Ce qui effrayait surtout Schiller, c'était la nécessité de se livrer exclusivement, pendant deux ou trois ans, pour remplir honorablement sa nouvelle tâche et se satisfaire lui-même, aux recherches d'érudition historique, « de fouiller, dit-il, dans des milliers de vieux écrits sans esprit et sans cœur; » c'était aussi, et plus encore peut-être, de renoncer à la douce perspective qu'il avait devant les yeux, à la vie paisible et heureuse de Volkstædt, où il avait compté retourner dès que la saison l'eût permis. « Comme chacune de mes journées aurait une belle fin, s'écriait-il vers ce temps-là dans une de ses lettres à Caroline de Lengefeld, si après avoir achevé ma tâche quotidienne, je pouvais toujours me réfugier auprès de vous, épanouir en votre société la plus belle partie de mon être et jouir librement de moi même !... Pourquoi faut-il qu'un tel vœu ne puisse s'accomplir? » A ces causes d'hésitation se joignait un dernier scrupule, qui n'était pas sans gravité : son établissement à Iéna, son entrée en fonctions allaient l'entraîner dans de nouvelles dépenses (pour son seul diplôme de *doctor philosophiæ*, il lui fallut, en effet, débourser quarante-quatre thalers), et ses anciennes dettes n'étaient pas encore payées, et il devait, pour commencer, professer sans traitement. Cependant, après avoir bien pesé le pour et le contre, il accepta la place qu'on lui offrait, et qui allait enfin lui assurer, comme il le dit lui-même, « une existence civile, » une position régulière. « Pour être heureux, écrit-il à Charlotte de Lengefeld, avec qui il entretenait, ainsi qu'avec sa sœur, une correspondance de plus en plus confiante et intime, il faut que je vive dans une certaine aisance, libre de soucis, et il faut que cette aisance ne dépende pas des productions de mon esprit. Or, le parti que je viens de prendre (d'accepter cette chaire) pouvait seul me mener là, et c'est pour cela que je l'ai pris. »

Peu de temps avant de quitter Weimar, il y fit la connaissance du poëte Bürger, qui vint y passer quelques jours. Il trouva qu'il était bon et facile à vivre, mais peu distingué, et que son talent avait baissé. « Le printemps de son esprit est passé, écrit-il; on sait trop, hélas! qu'il n'est point de fleur qui se flétrisse plus vite que celle de poésie. Le feu de l'inspiration paraît s'être affaibli chez lui jusqu'à n'être plus qu'une paisible lampe de travail. » Cependant ils convinrent d'engager entre eux une petite lutte poétique, de traduire, chacun dans le mètre qui lui plairait, un même morceau de Virgile. Schiller n'oublia pas ce défi et, trois ans après, pendant une convalescence, il se délassa à rendre en *ottave rime* pleines de grâce et d'aisance, le second et le quatrième chants de l'*Énéide*. Il les inséra dans le premier numéro de la *Nouvelle Thalie*, en 1792 (l'ancienne Revue de ce nom s'arrêta au douzième cahier en 1790). Plus tard à retravailla soigneusement cette traduction avant de la mettre dans le recueil de ses poésies.

Schiller n'avait pas encore trente ans lorsqu'il alla prendre possession de sa chaire à Iéna. Il commença son cours le 26 mai 1789 par un discours d'ouverture, qui fut inséré dans le *Mercure allemand*, au mois de novembre suivant, et que nous avons dans ses œuvres, sous ce titre : *Qu'est-ce que l'Histoire universelle et pourquoi l'étudie-t-on?* Il avait choisi modestement pour y faire son début une salle de médiocre grandeur, qui pouvait contenir un peu plus de cent auditeurs, dont quatre-vingts assis. Il devait monter en chaire à six heures du soir. A cinq heures et demie la salle était pleine. « Et, de la fenêtre du professeur Reinhold, je voyais, écrit-il à Kœrner, les troupes d'étudiants qui montaient la rue pour se rendre au cours, se succéder sans interruption. Bien que je ne fusse pas exempt de toute crainte, je prenais plaisir à voir ainsi croître l'affluence et me sentais plutôt encouragé.... Mais peu à peu la foule augmenta à un tel point que la salle d'attente, le vestibule et l'escalier regorgeaient de monde, et que des troupes entières se retiraient faute de place. » Sur l'avis d'une personne qui était auprès de lui, il se décida à choisir, pour faire sa leçon, une salle plus grande où pouvaient tenir quatre cents auditeurs, la plus grande de l'Université. « On vit alors, continue-t-il, le plus plaisant spectacle. Tout s'élança dehors et descendit en grande hâte la rue Saint-Jean : c'est l'une des plus longues d'Iéna, et d'un bout à l'autre elle était remplie d'étudiants. Comme ils couraient tant qu'ils pouvaient pour avoir une bonne place, les habitants prirent l'alarme et tout était en mouvement aux fenêtres. On crut d'abord que c'était le feu, et la garde du château s'inquiéta. *Qu'est-ce donc? qu'y a-t-il donc?* criait-on partout. Et l'on se répondait : *C'est le nouveau professeur qui va faire sa leçon.* Tu vois que le hasard lui-même a contribué à rendre mon début très-brillant. Accompagné de Reinhold, je suivis peu de temps après ce courant; j'eus à traverser presque toute la ville : c'était pour moi comme si j'eusse passé par les verges. » Son entrée dans la salle fut un de ces triomphes dont la popularité de nos plus illustres maîtres nous a parfois offert le spectacle. Il eut peine à parvenir à sa chaire, à y monter. Malgré son émotion, dès qu'on lui eut laissé prononcer les dix premières paroles, « il fut maître, comme il dit, de sa contenance » et il lut son discours avec une force et une sûreté de voix qui l'étonnèrent lui-même. Ceux-là même qui se pressaient hors de la salle l'entendaient distinctement. Son discours fit grande sensation ; ce fut, pendant toute la soirée, le sujet de tous les entretiens ; et les étudiants le fêtèrent comme jamais ils n'avaient fait jusque-là un nouveau professeur : ils lui donnèrent, à la nuit, une sérénade et, complément solennel de l'ovation germanique, crièrent en son honneur un triple *vivat*. Il choisit d'abord pour ses jours de leçons le mardi et le mercredi, de six à sept heures du soir, afin d'avoir cinq jours libres pour sa préparation et ses autres travaux. Dans le premier semestre, il enseigna l'histoire ancienne jusqu'à Alexandre le Grand. Plus tard, il fit des leçons sur l'histoire des États européens et sur les croisades.

Du premier de ces deux cours nous sont restées trois dissertations historiques, qui furent d'abord publiées dans les cahiers 10 et 11 de la *Thalie* : *Quelques idées sur la première société humaine, en prenant pour guide la tradition mosaïque* ; *la Mission de Moïse* ; *la Législation de Lycurgue et de Solon*. Ces morceaux sont remplis d'idées ingénieuses et écrits d'un style sobre et simple : on y sent la bonne influence de l'enseignement. Dans les deux premiers, l'auteur, comme on doit s'y attendre d'après tout ce qu'on sait déjà de lui, donne carrière à son esprit en très-libre penseur, et, comme tant d'autres, il montre, si je ne me trompe, combien le rationalisme est impuissant quand il veut tout expliquer et interpréter, lever tous les voiles, percer toutes les ténèbres, éclaircir tous les mystères ; mais du moins il ne mêle à son exposition rien de cette légèreté qui fut trop longtemps à la mode en pareille matière. La dissertation sur les deux grands législateurs de Sparte et d'Athènes ne satisferait pas, je crois, un érudit ni un philosophe placé au point de vue de la science moderne ; mais, malgré l'exagération et l'étroitesse de vues qu'on y peut remarquer et auxquelles n'échappe guère le demi-savoir, elle se lit avec plaisir comme tout ce qui est écrit avec esprit et originalité. Ce qui manquait surtout au poëte professeur, c'était cette préparation générale, cette instruction solide et lentement mûrie, à laquelle ne peuvent suppléer, quelque laborieuses qu'elles soient, les recherches faites au jour le jour et pour la circonstance : on s'apercevait trop, nous disent des témoins contemporains, qu'il ne savait, bien souvent, que de la veille ce qu'il enseignait. Mais le feu et la vigueur de sa parole, sa brillante imagination, ses aperçus lumineux, séduisaient la jeunesse, qui lui passait et son accent souabe et son genre trop oratoire, et sans doute ne se plaignait pas de le voir parfois changer son cours d'histoire en cours d'éloquence.

A la popularité dont il jouissait parmi les étudiants, se joignaient d'autres joies, d'autres satisfactions : des relations, pleines d'attrait pour l'esprit et pour le cœur, avec d'aimables et bienveillantes familles, avec des hommes de mérite, tels que Griesbach, Schütz, Reinhold, gendre de Wieland, qui prêchait avec ardeur à Iéna, depuis 1787, la doctrine nouvelle de Kant. Jamais Schiller ne s'était senti plus heureux ; il ne se voyait plus isolé et comme perdu dans ce monde, mais membre utile d'un grand et noble corps. « Je jouis de la pensée, écrit-il en ce temps-là, que je suis ici chez moi, et je me sens uni plus étroitement au monde qui m'entoure, parce qu'ici j'appartiens à un tout. Toute visite de jeunes gens ou de professeurs, mille autres circonstances, me rappellent cette pensée et ravivent cette jouissance nouvelle pour moi. » Mais ce qui lui manquait toujours, ce qu'il désirait de plus en plus à mesure que ses autres désirs étaient satisfaits, c'étaient les douces joies et la tranquille sécurité de la vie domestique, c'était, comme nous l'avons dit, une compagne selon son cœur. Une tendre affection l'attachait à Caroline et à Charlotte de Lengefeld. Si elles eussent été libres toutes deux, laquelle eût-il préférée? Il est difficile de le dire, en lisant ses lettres, dont un grand nombre s'adressent aux deux sœurs à la fois, comme s'il les confondait dans un même et unique amour. On serait même tenté de supposer, à voir certaines effusions plus passionnées qui ont pour objet Mme de Beulwitz, qu'il éprouve un attrait plus vif pour l'aînée, pour celle à la main de qui il ne peut aspirer. J'aimerais mieux croire que ce qui avec Charlotte tempère l'expression de ses sentiments, c'est, d'abord, la pensée même qu'ici l'amour peut engager leur avenir à tous deux, que la parole a plus de sens et de portée; qu'elle est de celles qui ne reviennent pas; puis, le doute qu'il conserve encore sur les dispositions de celle qui, en donnant son cœur, peut donner sa main. Cette explication est vraie en partie, je crois, mais pourtant ne suffit peut-être pas à faire paraître tout simple et tout clair ce qu'il y a çà et là d'ambigu et d'étrange dans la correspondance avec les deux sœurs. Son choix une fois fait et consacré par le mariage, nous verrons Schiller époux irréprochable; mais jusque-là et jusqu'au dernier moment avant l'hymen, on dirait qu'artiste éclectique, il assemble et compose de perfections diverses et d'attraits pris partout non-seulement son idéal de beauté, mais encore son amour, si l'on peut donner ce nom à un sentiment si peu exclusif. Dans une des premières lettres qu'il écrit d'Iéna à Kœrner, il parle de ses projets et désirs de mariage comme s'il avait encore le cœur parfaitement libre, bien qu'alors ses relations avec Charlotte et Caroline fussent déjà fort tendres. A Iéna, dit-il à son ami, il ne voit aucune jeune fille qui lui plaise, une seule peut-être, et encore tout au plus, et pourtant il vient d'assister à un bal où se trouvaient presque toutes les beautés de l'endroit. « Si tu sais ailleurs, ajoute-t-il, quelque bon parti, écris-le moi : ou beaucoup d'argent, ou plutôt pas d'argent du tout, pour trouver en compensation d'autant plus de charme dans le commerce de la vie. » Il se disait, je pense, et se croyait peut-être plus libre qu'il ne l'était, et son indécision, sans doute, aurait eu plus tôt un terme s'il eût mieux interrogé son âme et moins hésité à se déclarer ; mais rien de plus timide, on le sait, même chez les plus hardis, qu'un sentiment sincère et profond. Au mois de juillet, les dames de Lengefeld passèrent par Iéna pour aller aux eaux de Lauchstædt, près de Halle. En revoyant Charlotte, après une absence qui la lui avait rendue plus chère, il parut sentir plus vivement tout ce qu'elle pouvait être, tout ce qu'elle était déjà pour lui ; il voulut parler, mais la réserve de son amie, qu'il prit pour de la froideur, « refoula dans son cœur ses brûlants aveux. » Moins craintif dans une lettre que dans le tête-à-tête, il lui écrit peu de jours après : « Votre dernier séjour à Iéna a été pour moi comme un songe.... et un songe qui n'est pas purement agréable ; car jamais je n'ai eu tant à vous dire qu'alors, et jamais je n'ai moins dit. Ce que j'étais forcé de garder au dedans de moi m'accablait ; je n'ai pas joui de votre vue. Cela m'est déjà arrivé tant de fois ! et je n'ai pas toujours pu en accuser des obstacles extérieurs. On a peine à s'imaginer que souvent les gens qui sont le plus d'accord, qui si vite et si aisément se comprennent, et vivent si intimement l'un dans l'autre, aient cependant un si long chemin à faire pour se joindre. Si près et pourtant si loin ! » Est-il possible d'être à la fois si confiant et si timide ? Charlotte ne lui répondit pas : « Parlez pour vous. » Elle aimait Schiller. « Elle sentait, raconte sa sœur, l'impossibilité de vivre sans lui ; elle montra une répugnance absolue pour un autre parti qui se présenta. Et tout le cœur de Schiller (le jugeait-elle aussi bien que celui de sa sœur ?), toutes ses espérances pour la vie, étaient attachés à cette perspective » d'épouser Charlotte. Il fallait un tiers pour mettre ces deux mains l'une dans l'autre. Caroline intervint, dois-je dire généreusement? J'en serais tenté vraiment en voyant combien le poëte l'adorait, elle aussi; mais sa générosité, s'il y en eut, fut telle qu'on ne put soupçonner, du moins que nous sachions, ni rivalité ni sacrifice. Au reste, comme je l'ai déjà fait entendre, on se demande à maint endroit des lettres de Schiller, en voyant la part qu'il fait dans son affection à chacune des deux sœurs, si ce ne serait pas plutôt la préférée ou du moins l'épousée qui aurait eu le droit d'être jalouse. Caroline parle d'elle-même au sujet de cette union avec la simplicité et l'aisance de qui n'a rien à cacher. « Avec nos habitudes simples, nous dit-elle, éloignées de toute prétention à l'éclat extérieur, je vis dans ce mariage, pour ma sœur, un avenir exempt de soucis, et je me réjouis vivement à l'espoir d'une vie plus fréquemment commune avec mon ami, à qui j'allais être alliée d'une manière si intime. » Elle décida Schiller à venir faire une visite à Lauchstædt. Il échangea avec Charlotte de tendres aveux, on se promit foi et mariage; mais on convint de cacher à la mère ces fiançailles jusqu'au jour où Schiller aurait un traitement fixe et assuré. Certains scrupules de la noble dame, bien confiante, au reste, ou bien peu clairvoyante, il en faut convenir, demandaient d'ailleurs aussi des ménagements.

Cet accord, cette prochaine espérance comblèrent Schiller de joie et ouvrirent devant lui, nous dit-il lui-même, « une céleste perspective, » qu'embellit encore la promesse que lui fit Kœrner (ils se virent à Leipzig dans ce temps-là), de quitter Dresde pour s'établir auprès de lui à Iéna. Dans la lettre qu'il écrivit aux deux sœurs le soir du 3 août, du jour même où il avait revu son ami, il laisse éclater ses transports. « Jamais, s'écrie-t-il, jamais je n'ai été si heureux, je n'ai éprouvé tant de joie à la fois.... Quels jours divins nous nous donnerons mutuellement! Avec quelle béatitude tout mon être se déploiera dans ce cercle intime! Oh! j'ai conscience, en ce moment, que je n'ai perdu aucun des sentiments que je soupçonnais obscurément en moi. Je sens qu'au dedans de moi vit une âme ouverte à tout ce qui est beau et bon. Je me suis retrouvé moi-même, et j'apprécie mon être parce que je puis vous le consacrer. » Dans les lettres suivantes ce sont les mêmes ravissements, mêlés d'une impatience qui croît de jour en jour. « Combien est court le printemps de la vie, le temps de la fleur de l'esprit! et, de ce court printemps, il me faudra perdre encore des années peut-être, avant que je possède ce qui désormais m'appartient. »

Aux vacances, il alla passer un mois à Volkstædt, où il habita le même logis que l'été précédent, et partagea son temps entre la préparation de son cours prochain et les visites à ses amies, les doux entretiens avec elles et les rêves d'avenir rêvés en commun. Mme de Lengefeld n'était toujours pas dans le secret des engagements mutuels des deux amants, et n'avait garde de les deviner.

A son retour à Iéna, de mesquins ennuis vinrent se joindre aux tristesses de la séparation. En faisant imprimer son discours d'ouverture, il avait ajouté à son nom le titre de professeur d'histoire, et sa nomination le désignait comme professeur de philosophie, appellation collective qui comprenait l'histoire et les lettres dans toutes leurs branches. M. Heinrich, le professeur d'histoire, fort peu goûté, mais titulaire, n'était pas homme à souffrir un tel empiétement, et il se plaignit de l'outrecuidance du jeune collègue sans traitement. Le famulus de l'Académie (de son chef ou par ordre?) arracha de la porte du libraire l'affiche où se lisait ce titre usurpé. Heureusement la première édition s'écoula promptement, et l'auteur put conjurer l'orage en substituant sur la seconde le genre à l'espèce, la philosophie à l'histoire.

Pour se consoler de ces misères, il n'avait, dira-t-on, qu'à laisser sa pensée s'envoler à Rudolstadt, mais il n'en avait guère le temps. Il s'était condamné à un travail forcé et qui l'excédait. A son cours public et gratuit il avait voulu joindre un cours privé, dont il se promettait un petit revenu. « Tous les jours, dit-il à Kœrner, il me faut composer toute une leçon et la mettre par écrit ; tous les jours près de deux feuilles d'impression, sans le temps que prennent les lectures et les extraits. Tu me diras que j'augmente inutilement ma peine, mais ma mémoire extrêmement faible m'y contraint. » Il ne s'y fiait point assez ; peu de temps après, l'improvisation lui réussit. Si du moins cette peine eût été récompensée, s'il avait pu amasser pour entrer en ménage, un petit pécule ; mais son cours privé avait tourné misérablement, nous dit-il, et par sa faute. On l'avait affiché trop tard, quand les étudiants avaient déjà disposé de leur temps en s'inscrivant ailleurs. Il comptait trente auditeurs en tout, et là-dessus il s'attendait à n'en avoir pas dix peut-être qui le payeraient. « Malgré cela, dit-il, je ne change rien à mon plan, et je travaille comme je ferais pour cent. » Mais ces ennuis et ces mécomptes le dégoûtaient d'Iéna et de l'université. Il formait de nouveaux projets, aspirait à une autre position. Ses désirs le reportaient aux bords du Rhin ; une fois marié, il serait volontiers retourné même à Manheim, où pourtant il s'était senti si fort à plaindre autrefois : les souvenirs de la jeunesse sont toujours chers et embellissent les lieux où elle s'est passée, même malheureuse. Pour accomplir ces espérances, il comptait sur l'appui d'un puissant protecteur qui, à ce qu'il avait appris, témoignait à son égard beaucoup d'estime et de bienveillance, de Charles Théodore de Dalberg, coadjuteur de l'Électeur de Mayence et frère de l'intendant Wolfgang Héribert de Dalberg, dont nous avons souvent parlé plus haut, et que nous avons vu tour à tour tendre et retirer sa main à notre poëte. Sur une réponse que celui-ci reçut du coadjuteur, il s'apprêtait par son conseil à s'adresser à l'Électeur directement, et, si cette démarche était vaine, au roi de Prusse; car pendant quelque temps il voulut à tout prix laisser sa chaire et trouver fortune ailleurs. Ses deux amies le calmèrent doucement et l'exhortèrent à la patience. Au mois de décembre, elles vinrent faire un séjour à Weimar; il put les aller voir presque toutes les semaines; son courage se ranima, et, plus content du présent, il reprit confiance dans l'avenir.

Pour mettre la mère de Charlotte dans la confidence, on attendait toujours un traitement fixe, un revenu certain; car la bonne dame n'avait pas le moyen d'assurer l'existence de sa fille : deux cents thalers par an étaient tout ce que Charlotte pouvait se promettre d'elle. Schiller s'adressa au duc de Weimar, qui, avec empressement, lui assigna un traitement de deux cents thalers en qualité de professeur extraordinaire. Pouvant une fois compter sur ce modeste revenu, il écrivit à Mme de Lengefeld pour lui demander la main de sa fille. Avec ses préjugés bien naturels, son goût pour la cour, qui venait de la décider à accepter la place d'institutrice des princesses de Rudolstadt et à se séparer de sa famille pour demeurer au château, il est bien douteux qu'elle eût accueilli la demande d'un homme sans naissance, quelque illustre qu'il fût, si Mme de Stein, qui avait beaucoup d'estime pour Schiller, n'eût plaidé sa cause auprès d'elle, et surtout si le coadjuteur Dalberg n'eût flatté le légitime orgueil de la mère et calmé sa sollicitude en lui faisant dire que, dès qu'il serait Électeur, ce qui, vu le grand âge de l'Électeur actuel, ne paraissait pas devoir tarder longtemps, il donnerait à Schiller une position conforme à ses goûts. Il alla jusqu'à exprimer devant des amis communs l'intention d'assurer au poëte un splendide traitement de quatre mille thalers, tout en lui laissant la disposition de son temps. Les événements, les conquêtes de la France ne permirent pas à Dalberg, devenu Électeur et archichancelier, d'accomplir cette belle espérance, mais au moins contribua-t-il, en la faisant naître, à décider le consentement maternel. La cour de Meiningen mit aussi son poids dans la balance, en donnant au poëte le titre de conseiller aulique.

Sa fiancée et Caroline étaient allées à Erfurt, ville qui dépendait alors de l'électorat de Mayence, et qui était la résidence du coadjuteur. Schiller s'y rendit, de son côté, vers le milieu de février 1790, pour les ramener et pour faire visite à M. de Dalberg, qui lui témoigna la plus bienveillante sympathie. On raconte que Sa Grandeur, qui avait un certain talent pour la peinture, voulut faire hommage à Charlotte, à l'occasion de son mariage, d'un tableau de sa façon, qui représentait l'Hymen gravant sur un arbre les noms des deux époux : on voyait auprès la source d'Hippocrène et les attributs de la Tragédie et de l'Histoire. A peine de retour à Iéna, Schiller alla avec les deux sœurs au-devant de Mme de Lengefeld, qui venait de Rudolstadt pour assister à la cérémonie nuptiale et, dès qu'il l'eut rencontrée, il la conduisit, non à Iéna, mais dans l'église d'un village situé sur la route, tout près de la ville, et nommé Wenigenjéna, où le mariage fut béni à huis clos le 22 février 1790[1]), par le pasteur Schmidt, sectateur de Kant, qualité que le marié a soin de relever dans une lettre à Kœrner. Par cette hâte et ce mystère il se déroba à la curiosité des étudiants et des professeurs, qui s'étaient promis de le surprendre et de lui faire fête. Le pasteur lui demanda quelle formule de bénédiction il voulait qu'il employât : « L'ancienne, répondit Schiller (je ne sais quelle était la nouvelle), celle où sont les chardons et l'herbe de la terre[2]. » S'il choisissait ce texte austère, c'était simplement pour

---

1. Schiller indique cette date dans une lettre à Kœrner, du 1er mars, et dans une lettre à son père, du 10 mars. Dans ses Mémoires sur la vie de son beau-frère, Caroline de Lengefeld, ou, du nom de son second mari, Caroline de Wolzogen, place le mariage au 20 février. Bien qu'en fait de dates de ce genre un souvenir féminin soit généralement plus sûr, il me paraît impossible que le poëte, quelque distrait que nous le supposions, se soit ainsi trompé deux fois, une ou deux semaines après la cérémonie. Au reste, le calendrier suffit à prouver que la date est bien le 22 : en 1790, le 22 février était un lundi, et Schiller raconte à Kœrner que c'est un lundi qu'il est allé au-devant de sa belle-mère. — La date du 22 est confirmée par le registre de l'église de Wenigenjéna, dont M. Palleske a donné un extrait dans le t. II de la Vie de Schiller, qui ne m'est parvenu que pendant l'impression de cette biographie.

2. L'ancienne bénédiction du rit luthérien contenait ces versets de la Genèse :

être agréable à sa belle-mère qui tenait, en religion surtout, aux anciens usages, car sa pensée à lui était toute à la joie et aux doux présages. « Quelle belle vie je mène maintenant! écrit-il à Kœrner le 1ᵉʳ mars. Je regarde autour de moi avec bonheur, et mon cœur trouve hors de lui sans cesse un doux contentement; mon esprit, une si belle nourriture et récréation! Mon existence est entrée dans un harmonieux équilibre. Ces jours se sont écoulés pour moi, non dans une exaltation passionnée, mais paisibles et sereins. J'ai vaqué à mes affaires comme avant et avec plus de satisfaction de moi-même. Encore un changement (la paternité), et je n'ai plus rien à souhaiter du dehors. » Et ce n'est pas là une de ces effusions éphémères, comme il y en a tant, soit de joie, soit de tristesse, dans les lettres de Schiller. Son âme avait enfin trouvé, comme il le dit, son équilibre. Les vaines agitations étaient calmées. Et le bonheur le visitait au moment où son talent était parvenu à sa maturité, où il avait conscience de toute sa force. La paix du cœur et l'ordre dans la vie vont achever de régler son esprit, sans lui rien ôter de son éclat, et il pourra désormais donner l'essor à sa pensée, sans craindre qu'elle l'emporte et l'égare. Ces jours heureux qui l'unirent à une femme dévouée lui donnèrent aussi un noble et fidèle ami, digne de lui par l'intelligence comme par le cœur. Pendant ses fréquents séjours à Weimar, avant son mariage, il se lia étroitement avec Guillaume de Humboldt, qui avait pour fiancée une tendre amie et comme une seconde sœur de Charlotte, Caroline de Dacheroeden, et qui, sachant les espérances de Schiller, se proposait, une fois marié lui aussi, d'aller placer sa tente auprès de la sienne, aux bords du Rhin, à Mayence.

Les ressources fixes du jeune ménage étaient plus que médiocres; mais, animé par ses nouveaux devoirs, encouragé désormais par l'esprit d'ordre qui ménageait les fruits de son travail, Schiller, par une activité infatigable, comblait vaillamment les vides de son modeste budget. Outre ses cours d'histoire, il fit, en 1790, un cours privé d'esthétique, sur la tragédie, en prenant pour base de son enseignement l'*Œdipe à Colone*, de Sophocle : deux dissertations, contenues dans les Œuvres complètes, l'une, « Sur la cause du plaisir que nous prenons aux sujets tragiques, » l'autre, « Sur l'art tragique, »

« Et Dieu dit à la femme : Tu enfanteras des fils dans la douleur.... Et il dit à Adam : Que la terre soit maudite à cause de toi, tu en mangeras le fruit dans les travaux, tous les jours de ta vie. Elle te produira des épines et des chardons, et tu mangeras l'herbe de la terre. » *Genèse*, chap. III, 16, 17 et 18.

sont le produit de ces leçons. Une grande entreprise l'occupait en même temps. Un recueil de mémoires relatifs à l'histoire de France qui paraissait alors à Londres, lui avait donné l'idée de publier en Allemagne une collection du même genre, mais s'étendant à l'histoire universelle, à partir du XII° siècle de notre ère, et se divisant en deux parties, le moyen âge et les temps modernes. Il devait paraître au moins trois volumes par an de chaque partie. Les traductions de mémoires devaient être accompagnées d'introductions et de dissertations historiques, et, pour les époques où les mémoires manquaient, de récits suivis des événements qui comblassent les lacunes. De la première partie, il ne parut que quatre volumes; de la seconde, qui commençait au règne de Henri IV, vingt-neuf (Iéna, 1790 à 1806). Schiller travailla d'abord seul à ce grand projet; à partir du tome IV° de la première section et du tome III° de la seconde, il s'adjoignit Woltmann, Paulus et d'autres collaborateurs; puis il cessa de prendre part à la publication. Malgré cela, et bien qu'il eût annoncé publiquement sa retraite, son nom continua de figurer sur le titre.

Des dissertations historiques qu'il composa pour ce recueil, et qui de là ont passé dans ses œuvres, la première a pour titre : *Sur la migration des peuples, les croisades et le moyen âge.* Elle sert d'introduction, non pas seulement à l'*Alexias* de la princesse Anne Comnène, dont elle est immédiatement suivie, mais encore à divers autres mémoires relatifs au moyen âge. C'est un morceau fort bien écrit, où les idées originales ne manquent pas; mais on peut trouver, je crois, que les vues de l'auteur sont rétrécies par ses préventions et celles de son temps, et en outre, comme on l'a fait remarquer, l'époque n'est point assez appréciée en elle-même et absolument, mais seulement comme transition à autre chose et préparation des temps qui suivront.

Il y a un progrès d'impartialité et de véritable indépendance d'esprit dans la *Préface* qu'il composa pour la traduction allemande, faite par Niethammer et publiée à Iéna en 1792, de l'*Histoire des chevaliers de Malte*, de Vertot. L'enthousiasme et le dévouement de la foi, les actions généreuses qu'elle produit y sont dignement appréciés, la supériorité de la perfection morale sur la culture intellectuelle, franchement reconnue, et justice rendue à l'époque qui porta de si beaux fruits de vertu. Son admiration pour ce saint héroïsme, que l'antiquité ne connut pas, lui inspira plus tard un petit poëme d'une élégante précision, *die Malthéser*, « les chevaliers de Malte, » qui parut d'abord dans l'*Almanach des Muses* de 1796.

A la dissertation sur le moyen âge, il faut rattacher le fragment qui est intitulé : *Coup d'œil sur l'état de l'Europe au temps de la première croisade*, mais qui ne traite en réalité que de l'origine et du premier développement de la féodalité. Le *Coup d'œil, du point de vue de l'histoire universelle, sur les événements politiques les plus remarquables du temps de l'empereur Frédéric I*, est également demeuré un fragment, qui s'arrête à l'élection de Conrad de Hohenstaufen, c'est-à-dire aux préliminaires du sujet, et que Woltmann a continué dans les tomes IV et V de la Collection des mémoires. De ces deux morceaux, le premier se distingue par l'habileté de l'argumentation, le choix des faits et le parti qu'en tire l'auteur pour appuyer sa thèse ; le second par l'éclat oratoire du style.

L'introduction de la partie relative aux temps modernes est l'*Histoire des troubles qui précédèrent le règne de Henri IV, jusqu'à la mort de Charles IX*. Cette histoire, dont la suite fut plus tard écrite par le professeur Paulus, est animée du même esprit que le récit de la *Révolte des Pays-Bas* et celui de la *Guerre de trente ans*, dont nous parlerons dans un instant. La figure qui y domine, et que l'historien a peinte avec le plus de soin et de sympathie, est l'amiral de Coligny. Certains faits prennent peut-être sous sa plume plus d'importance qu'ils n'en devraient avoir, et on lui a reproché avec raison, je crois, de s'élever hors de propos au ton sérieux et tragique ; mais, en somme, le tableau est bien tracé et offre plusieurs parties remarquables.

L'*Histoire de la Guerre de trente ans*, que je viens de nommer, est le dernier de ses travaux d'histoire. Il la composa pour être insérée dans le *Calendrier historique des dames*, que publiait le libraire Gœschen, et il y travailla avec ardeur pendant l'année de son mariage. Vers l'automne de 1790, la première partie, composée des deux premiers livres, et s'arrêtant à la bataille de Breitenfeld, était achevée. Elle parut dans le *Calendrier pour* 1791.

Dans le mois de janvier de cette année 1791, pendant un séjour à Erfurt, où le coadjuteur Dalberg continuait à lui marquer la plus grande faveur, Schiller eut un violent accès de fièvre catarrhale, au moins est-ce le nom qu'il donne lui-même à sa maladie. Après avoir gardé le lit un jour, et quelques jours la chambre, se croyant entièrement rétabli, il retourna à Iéna ; mais, le lendemain de son retour, re mai, plutôt pallié que guéri, éclata de nouveau et fit de rapides progrès. Un point de côté, accompagné de toux, de crachement de sang et d'oppression, mit sa vie en danger. Malgré les fortes saignées, les sangsues, les vésicatoires, le septième jour son état devint, nous dit-il dans une lettre à Kœrner, si inquiétant, qu'il perdit tout courage ; mais, le neuvième et le dix-septième, des crises favorables se déclarèrent. Pendant cette douloureuse maladie, à laquelle succéda une grande et opiniâtre faiblesse, ses élèves, et dans le nombre Hardenberg, célèbre depuis sous le nom de Novalis, ses amis d'Iéna et de Weimar, et surtout sa nouvelle famille, lui prodiguèrent les marques les plus touchantes d'affection et de sollicitude. Il les raconte avec reconnaissance, sans oublier l'intérêt que lui témoigna Charles-Auguste, qui lui envoya, pour le fortifier, une demi-douzaine de bouteilles de madère, et lui accorda un congé, qu'il eût, au reste, été forcé de prendre en tout cas, avec ou sans permission, car sa santé avait reçu une violente atteinte, dont il ne put de longtemps se remettre, dont il ne se remit jamais complétement. Il eut, dans les mois qui suivirent diverses rechutes, et particulièrement au mois de mai, à Rudolstadt, deux accès d'asthme convulsif, qui furent, dit-il, effrayants. Pendant ses souffrances et pendant les langueurs ou l'inaction forcée de la convalescence, il put apprécier le don inestimable que Dieu lui avait fait en plaçant à ses côtés Charlotte de Lengefeld, et les trésors de tendresse dévouée que renferme le cœur d'une bonne épouse. Sa reconnaissante affection s'accroissait pour elle de jour en jour : « Ma maladie, en me condamnant absolument au repos, écrit-il à Kœrner au mois d'octobre 1791, nous a tellement habitués l'un à l'autre, que je n'aime pas à la laisser seule. Et lors même que je suis occupé, ce m'est déjà une joie de penser qu'elle est auprès de moi, et sa chère vie, son activité tout autour de moi, la pureté enfantine de son âme et l'intimité de son amour me donnent à moi-même un calme et une harmonie que sans cela, avec mon mal hypocondriaque, il me serait presque impossible d'avoir. Si seulement nous étions tous deux en bonne santé, il ne nous faudrait rien de plus pour vivre comme des dieux. » Quelques petits voyages à Rudolstadt, à Erfurt, où il eut le plaisir de voir jouer son *don Carlos* par la troupe de Weimar, et surtout un séjour aux eaux de Carlsbad, pendant lequel il visita, à Égra, la maison où fut tué Wallenstein, le rétablirent peu à peu, « rouvrirent son cœur, comme il dit à Wieland, aux sentiments de la vie et de la joie, et récréèrent les forces de son esprit. » Bien des indices révélaient un mal chronique, contre lequel il s'armait, ajoute-t-il, de patience et de résignation. Il cherchait des distractions dans l'étude, dans de faciles compositions : c'est dans ce temps-là qu'il traduisit, et en prenant beaucoup de goût à cette tâche, les deux livres de l'*Énéide* dont nous avons parlé. Puis, revenant, au moins en projet, à la poésie, qu'il se repentait par moments d'avoir abandonnée, il formait de beaux plans qui le séduisaient : entre autres, celui d'un hymne à la lumière et d'un poème, didactique sans doute, sur la *Théodicée* de Kant. Il rêvait aussi, et déjà depuis longtemps, à une épopée dont le héros devait être le grand Frédéric : l'idée lui en était venue en lisant l'*Histoire de mon temps*, du roi philosophe. Plus tard, quand il écrivit son *Histoire de la Guerre de trente ans*, il substitua à Frédéric II, dans son projet d'épopée, Gustave-Adolphe, personnage plus épique peut-être et plus facile à couronner d'une auréole poétique ; mais de ces divers desseins, dont plusieurs étaient antérieurs à sa maladie, aucun ne fut exécuté.

Une autre inspiration de la *Guerre de trente ans*, le sujet de *Wallenstein*, qui le ramena au drame, à sa vraie et première vocation, l'occupait depuis 1790, dans le même temps ou à peu près, à ce qu'il paraît, qu'un autre sujet de tragédie, dont la première esquisse s'est trouvée dans ses papiers : la *Mort de Thémistocle*. A l'époque de sa vie où nous sommes parvenus, il jugeait sévèrement, à l'exception de *don Carlos*, ses premières œuvres théâtrales. Il n'aimait pas qu'on lui en parlât, puis parfois il songeait à les retoucher. Souvent il allait jusqu'à douter de son talent dramatique. Avant que nous le montrions reprenant confiance et revenant à la poésie ; et surtout à celle du théâtre, il nous faut achever ce que nous avons à dire de la *Guerre de trente ans*, et parler de ses œuvres philosophiques.

Nous avons dit que le *Calendrier des dames* pour 1791 contenait les deux premiers livres de la *Guerre de trente ans*. Empêché par sa longue maladie, il ne put mettre dans celui de 1792 qu'un court fragment, auquel il ajouta, sous le nom de *Portraits*, les biographies peu étendues de trois personnages qui figurent dans l'histoire de cette guerre : de la landgrave de Hesse-Cassel, Amélie-Élisabeth, de l'électeur Maximilien de Bavière, et du cardinal de Richelieu. Le reste, à peu près la seconde moitié, de l'ouvrage, parut dans le *Calendrier pour 1793*. Dans cette histoire, l'étendue de la narration n'est pas proportionnée au nombre des années ni des faits, mais à l'intérêt des événements et à l'importance des acteurs, au moins jusqu'à la période française de la guerre ; car à cette période l'auteur ne consacre qu'un rapide résumé. Les huit ans qui s'écoulent de 1626, où Wallenstein entre en scène, jusqu'à 1634, époque de sa mort, tiennent plus de place dans le récit que tout le reste de l'histoire. Les trois années où domine la grande figure de Gustave-Adolphe forment à elles seules près du tiers de l'ouvrage. En tête, l'auteur a placé une introduction où l'époque entière est peinte à grands traits, d'une main hardie ; puis, à travers un récit, mêlé de portraits, de jugements, de réflexions, et qui nous apprend les causes et les occasions de cette grande lutte, nous entrons dans l'action qui, après un tableau de la situation des divers États de l'Europe, se déroule rapidement, jusqu'au moment où paraissent Wallenstein et Gustave-Adolphe. Là, séduit et soutenu par l'intérêt du sujet, l'historien, comme je l'ai dit, ralentit sa marche ; mais arrivé au cinquième et dernier livre, qui commence après la mort de Wallenstein, il a hâte de finir, et serre et effleure les événements. Il semble que sa patience soit à bout. Sans doute, l'état de sa santé était pour beaucoup dans cette précipitation ; puis, s'il voulait, comme le désirait son libraire, achever le récit dans le troisième calendrier, pour n'y plus revenir, il ne pouvait se donner plus libre carrière, il était contraint de se borner à cette esquisse. Que de fois des convenances d'éditeur, des nécessités de date, de format, ont mis les auteurs, ou à la gêne, ou, ce qui est pis peut-être, trop au large !

Outre ce premier défaut, d'harmonie et de proportion, qui, par cela même qu'il diminue de grands personnages et de grands intérêts, devient en même temps un défaut d'impartialité, on peut, je crois, reprocher à Schiller, dans une partie de cette histoire, de ne s'être pas suffisamment éclairé sur quelques points relatifs à la France : je ne puis attribuer à une autre cause certaines erreurs de fait ou d'appréciation contre lesquelles de judicieux critiques ont réclamé avec raison. « La mémorable bataille de Rocroi n'est citée que par occasion ; selon Schiller, c'est Condé, et non Mercy, qui s'est retiré après celle de Fribourg ; Turenne ne joue, pour ainsi dire, qu'un rôle secondaire auprès de Wrangel, guerrier estimable du reste ; enfin la politique de Richelieu est censurée plus sévèrement et plus exclusivement que celle de Ferdinand lui-même, en faveur de qui l'auteur fait quelquefois valoir l'empire des circonstances¹. » En matière religieuse, quelque désir qu'il ait, je le crois, d'être équitable et vrai, on peut se plaindre que çà et là, à son insu peut-être, il laisse trop pencher la balance, je ne dirai pas en faveur de ses coreligionnaires (il n'appartenait plus par la foi à aucune secte chrétienne), mais en faveur de ceux dont la croyance fut celle de ses premières années. Ces réserves faites, on doit dire qu'il est généralement exact et que, sans avoir étudié son sujet en érudit, il choisit judicieusement les faits et sait distinguer le vrai du faux. Le célèbre historien Jean de Müller lui rend ce témoignage, qu'à deux exceptions près, et encore l'une lui paraît-elle une faute d'impression, il a trouvé son récit d'accord, jusque dans les plus petits détails, avec les meilleures sources. Je dirai, en passant, au sujet des articles que cet éminent critique a consacrés successivement aux trois parties de l'*Histoire de la Guerre de trente ans*, qu'il relève avec admiration ce que l'historien dans Schiller doit au poëte dramatique, et que, l'invitant à revenir au drame, il lui prédit qu'il sera le Shakspeare de l'Allemagne.

Pour le mode d'exposition et le caractère du récit, on a dit avec raison, je crois, que l'*Histoire de la Guerre de trente ans* était d'un genre plus tempéré que celle de la *Révolte des Pays-Bas*. Cependant c'est toujours cette narration ornée que voulaient les anciens, cette voix de l'orateur qui seule, au jugement de Cicéron, pouvait rendre l'histoire immortelle : « Historia vero, testis temporum.... qua voce « alia, nisi oratoris, immortalitati commendatur²? » Çà et là se détachent, sans nuire à l'ensemble, où ils s'enchâssent harmonieusement, de beaux portraits, de saisissantes descriptions, comme celle de la prise de Magdebourg, des narrations animées, intéressantes. Le poëte s'y révèle, comme aussi par l'admiration enthousiaste pour les actions héroïques et les grands caractères, surtout pour Gustave-Adolphe, qui, comme on l'a justement remarqué, est en quelque sorte son Achille : on croit par moments lire un poëme épique. C'est une critique, soit; mais ne la mérite pas qui veut, et ce n'est point l'émotion généreuse, ni le mouvement poétique du récit qui dépare la proclamation, sincère d'ailleurs et digne, des grands événements: *Rerum gestarum pronuntiator sincerus et grandis*³. « Le talent de l'his-

---

1. M. Davau, dans la *Biographie universelle*.
2. *De oratore*, II, 9.
3. Cicéron, *Brutus*, 83.

torien, dit G. de Humboldt dans la belle introduction qu'il a placée en tête de sa correspondance avec Schiller, publiée par lui-même, est étroitement apparenté au talent poétique et philosophique, et chez celui qui n'aurait aucune étincelle de cette double faculté, la vocation d'historien pourrait bien être fort douteuse. »

Schiller, nous l'avons dit, avait voulu quitter, pour un temps, les vers et les fictions, se mûrir par la réflexion et par le savoir, nourrir sa mémoire et son intelligence de faits et d'idées, et laisser jeûner son imagination; mais au poète tout aliment de l'esprit devient poésie, il transforme en sa substance les matières les plus arides et les plus austères, à plus forte raison d'aussi riches études que celle de l'histoire, et, comme nous l'allons voir, de la philosophie. Cependant ses premières réflexions sur la partie de la philosophie qui avait le plus d'attrait pour lui, celle qui traite du beau, de ses conditions et de ses lois, produisirent d'abord sur lui un effet décourageant, dont il se plaint à Kœrner : « La critique m'a nui, dit-il; depuis plusieurs années déjà, je ne trouve plus en moi cette hardiesse, cette vive ardeur que j'avais avant de connaître aucune règle. Je me regarde maintenant créer et composer, j'observe le jeu de l'inspiration, et mon imagination se comporte avec moins de liberté depuis que je ne la sais plus sans témoins. » Le remède à cette timidité, c'était de ne pas rester sur le seuil, de ne pas se contenter de soulever le voile, mais de pénétrer plus avant, d'approfondir ce qu'il n'avait fait qu'effleurer, de s'approprier par la méditation, ou plutôt de retrouver au dedans de lui et de reconnaître pour loi innée, *nata les. coi* conditions de l'art qui, comme loi écrite et venue du dehors, l'inquiètent et le troublent. « Quand je serai assez avancé, ajoute-t-il, pour que cette conformité à l'art devienne en moi nature, comme l'éducation le devient chez les hommes formés aux bonnes mœurs, mon imagination reprendra son ancienne liberté et ne se posera que des bornes volontaires. » L'université d'Iéna était alors une brillante école de philosophie. Le professeur Reinhold y enseignait, comme je l'ai dit, la doctrine de Kant. Le profond penseur de Kœnigsberg avait publié ses principaux ouvrages : c'était en 1790 qu'avait paru sa *Critique du Jugement*, destinée, selon lui, à servir de lien entre celles de la *Raison pure* et de la *Raison pratique*. La première partie de ce livre traite du beau, du sublime, et des beaux-arts. Schiller se mit à l'étudier, et, captivé par le grand sens et les vues neuves et fécondes de l'auteur, il forma le projet de s'initier complètement à sa philosophie. Dans la suite, en effet, passant de l'esthétique à la morale, il aborda la *Critique de la Raison pratique*; mais il ne paraît pas qu'il ait jamais fait une sérieuse étude de celle de la *Raison pure* ou spéculative. Cela n'était pas nécessaire, au reste, pour se pénétrer des grands résultats de cette œuvre fondamentale : dans le centre où il vivait, les esprits en étaient trop occupés pour qu'il y demeurât étranger. Pour comprendre la salutaire influence que la théorie du beau de Kant, d'un maître qu'il admirait et respectait, dut exercer sur le poëte, à ce moment de sa vie, il faut voir avec quelle sagesse ce philosophe, sans rien ôter au génie de son indépendance et de son originalité, y associe le goût, qui, nous dit-il, assure l'union des facultés mêmes dont le génie se compose. Qu'on me permette de citer une de ses phrases : c'est une leçon qu'on ne saurait trop répandre, et, venant d'outre-Rhin, et d'un tel homme, elle a chance d'être écoutée. « Le goût et le jugement en général est la discipline du génie; il lui rogne fort les ailes.... mais en même temps il lui donne une direction, en lui montrant sur quoi et jusqu'où il peut s'étendre, s'il veut ne pas s'écarter de son but ; et en introduisant dans l'abondance des pensées la clarté et l'ordre, il donne de la consistance aux idées, les rend dignes d'un assentiment durable et universel, dignes de l'imitation d'autrui et susceptibles d'une culture toujours progressive. Si donc, dans la lutte de ces deux qualités, il fallait, en un produit de l'art, sacrifier quelque chose, ce devrait être plutôt du côté du génie[1]. »

M. Kuno Fischer, dans un discours[2] prononcé à Iéna, aux lieux mêmes où Schiller étudia Kant, a peint le poëte philosophe avec une élégante netteté, et suivi pas à pas dans ses œuvres le développement de son système d'esthétique[3]. Il le montre désireux en tout temps de combiner le point de vue du moraliste et celui de l'artiste, disciple de Rousseau d'abord, puis, par une transition toute spontanée et

---

1. Kant, *Critique du Jugement*. § 50.
2. Ce discours, à la fois brillant et précis, a été inséré, avec des additions considérables, dans le *Frankfurter Museum* de 1858, nos 15 à 25. C'est là que je l'ai lu. Il en a paru tout récemment une traduction dans la *Revue germanique* (juillet 1859). La même Revue a publié, au mois de février précédent, une autre étude intéressante de M. Fischer, intitulée *Die Selbstbekenntnisse Schiller's*, « les Confessions de Schiller. » C'est également un discours prononcé à Iéna (dans les premiers jours de mars 1857).
3. Voyez aussi une dissertation de M. Ch. Tomaschek, qui a pour titre *Schiller und Kant*. Je ne sais s'il en a paru une suite, comme semblaient le promettre les mots de *Première dissertation* que porte le titre.

comme une pente de sa nature, se rapprochant peu à peu de Kant, avant même de le connaître. Deux poëmes, tous deux didactiques, mais dont le second est un brillant retour à l'inspiration lyrique, marquent le commencement et la fin du temps qu'il consacra à la philosophie. Dans le premier, *les Artistes*, il semble qu'on voit le poëte se transformer en philosophe ; dans le second, *l'Idéal et la Vie*, le philosophe redevenir poëte[1]. Le premier, pour les idées, est le point de départ, fort élevé déjà, où il est parvenu quand il entreprend de gravir les hauteurs de la théorie; le second est le dernier sommet qu'il atteint et d'où il s'élance, reprenant son essor, dans de nouvelles régions de poésie, plus pures et plus saines.

Un des attraits des œuvres philosophiques de Schiller, c'est qu'on assiste, en les lisant dans l'ordre chronologique, à la naissance, aux progrès successifs, à toute l'évolution de sa pensée. Ses divers traités sont bien des parties d'un même tout, mais non pas d'un système arrêté d'avance et immuable; le plan se fait, se modifie, se perfectionne, à mesure que l'édifice s'élève. Et ce n'est pas seulement d'un ouvrage à l'autre qu'on suit ces changements, ce travail de formation. Dans l'un des plus considérables, dans les *Lettres sur l'Éducation esthétique de l'homme*, du commencement à la fin de l'ouvrage le point de vue change. L'idée d'où part l'auteur est que l'homme, avant de devenir moral, doit d'abord (qu'on veuille bien me passer cette terminologie) devenir esthétique, c'est-à-dire être ennobli et cultivé par l'art, au moyen du sentiment du beau ; et l'idée à laquelle il aboutit et qui est bien différente, c'est qu'une fois esthétique, une fois cultivé esthétiquement, il n'a plus à devenir moral, mais l'est devenu.

Pour bien montrer ce que Schiller a emprunté à Kant, et ce qu'il a tiré de son propre fonds, il faudrait exposer, plus en détail que ce n'est ici le lieu de le faire, la doctrine du maître et analyser les œuvres philosophiques du disciple. C'est un disciple, en effet, mais qui ne jure pas aveuglément sur la parole du maître, un disciple qui reste lui-même et n'adopte la doctrine que pour la marquer de son empreinte. « Schiller, dit Guillaume de Humboldt, dans l'introduction déjà citée, s'appropria la nouvelle philosophie d'une manière conforme à sa nature. Il entra peu dans la structure

---

1. C'est ce que M. Fischer rend très ingénieusement par un germanisme fort expressif, mais qui ne peut se traduire littéralement : « Wenn *sich Schiller* in dem ersten Gedicht aus der Poesie gleichsam *herausphilosophirt*, so hat er *sich* in dem zweiten aus der Philosophie wieder *herausgedichtet*. »

propre du système ; mais il s'attacha à la déduction du principe du beau et de la loi morale. Là il fut nécessairement très-frappé de trouver le sentiment naturel, le sentiment humain établi dans ses droits, et fondé philosophiquement dans toute sa pureté. Précisément sur ce point, les théories qui dominaient immédiatement avant Kant avaient déplacé les vrais points de vue, et, en les déplaçant, dégradé le sublime. Mais, d'un autre côté, Schiller, d'après la marche de ses idées, trouva les facultés sensibles de l'homme en partie lésées, en partie insuffisamment appréciées, dans le nouveau système.... Aussi arriva-t-il que, lorsqu'il prononça publiquement, pour la première fois, le nom de Kant dans le traité *de la Grâce et de la Dignité*, il se présenta comme l'adversaire de ce philosophe. Il était dans la nature de Schiller que jamais un grand esprit voisin de lui ne l'attirât dans sa sphère ; mais une telle influence, tout en le laissant dans la sienne, dans celle qu'il s'était créée lui-même, l'excitait puissamment.... Les germes des idées qu'il a développées dans *Grâce et Dignité* et dans les *Lettres esthétiques*, se trouvent déjà dans ce qu'il a écrit avant de faire connaissance avec la philosophie de Kant, et ces idées ne nous représentent que le fond intime et original de son esprit. Cependant cette connaissance du système de Kant devint une nouvelle époque dans sa carrière philosophique ; il y trouva un secours et un aiguillon. Il ne serait pas besoin d'un bien grand talent de divination pour conjecturer comment Schiller, sans Kant, aurait développé ces idées entièrement propres à lui-même. La liberté de la forme y aurait sans doute gagné. »

L'éditeur de Kant, M. Rosenkranz, comparant la *Critique du Jugement* avec les *Observations sur le sentiment du beau et du sublime*, que le philosophe de Kœnigsberg avait publiées vingt-six ans plus tôt, fait remarquer que, dans le plus ancien de ces deux ouvrages, l'esthétique est encore mêlée à la psychologie et à la morale, tandis que, dans le plus récent, elle est en train de s'en dégager, « pour se mettre, dit-il, sur ses pieds, » et former une partie distincte de la science, et il ajoute que c'est Schiller qui a consommé la séparation. Cet éloge, si c'en est un, car on a reproché à Kant, avec raison je crois, d'avoir ici lui-même, aux dépens de la vérité, poussé trop loin l'abstraction, ne s'applique pas à tous les traités de Schiller. Dans ses recherches sur le Tragique, dans ses premières vues sur le Pathétique, le Sublime, non-seulement la séparation n'est pas encore faite, mais c'est le point de vue moral qui domine sur le point de vue esthétique. Dans le traité *de la Grâce et de la Dignité*, inséré dans la *Nouvelle Thalie* en 1793, l'auteur concilie ce double aspect et donne au second une importance égale à celle du premier. Pour ne parler que de la plus notable de ses conclusions dans cet opuscule, de celle au moins où il se montre le plus indépendant, il établit, contrairement à la doctrine de Kant, que le devoir peut s'accorder avec le penchant, et que de cet accord il résulte une beauté de mœurs, une grâce morale, qui est le devoir devenu inclination, la vertu pratiquée sans lutte et sans effort, l'aisance dans le bien. Kant ne veut pas que jamais l'inclination puisse devenir un ressort moral ; le seul qu'il admette, c'est la loi, ce sont les principes. Toute bonne action suppose un combat, un sacrifice. Le devoir dit à l'homme : « C'est par respect, uniquement par respect, que tu dois m'accomplir. » Schiller, moins austère et plus humain, ne refuse pas d'obéir, mais il demande que cette loi morale qu'il respecte, il lui soit permis de l'aimer. Kant n'approuva pas cet accord entre la dignité, qui réside dans la volonté souveraine maîtrisant la nature, et la grâce, qui consiste dans la beauté de l'âme, dans la volonté affranchissant la nature. Il trouva, tout en rendant hommage au talent du professeur, comme il l'appelle, et ne voulant voir dans leur différence d'opinion qu'un malentendu, qu'il accordait trop à la nature, et portait atteinte par ce compromis à la majesté du devoir, de la loi morale[1]. Goethe, au contraire, prétendit que ce n'était pas faire à la nature la part assez belle, que l'auteur se montrait ingrat envers cette auguste mère, qui, pourtant, ne l'avait certes pas traité en marâtre. Il crut même pouvoir s'appliquer à lui-même certains passages assez durs du traité *de la Grâce et de la Dignité*[2]. « Et s'ils ne s'appliquent pas à moi, » dit-il, si ce ne sont point des personnalités, des allusions, mais des idées absolues, « tant pis : l'abîme qui sépare nos deux manières de voir n'en est que plus décidément béant et profond. » Entre ces deux blâmes contraires, entre ces deux extrêmes, Schiller n'aurait-il pas trouvé le sage et vrai milieu? Je le crois, mais il faut y rester, et Kant a senti combien la pente pouvait devenir glissante : il a prévu où pouvait conduire cette première concession. En effet, dans *les Lettres sur*

---

1. Voy. *Religion innerhalb der Grenzen der blossen Vernunft*, premier morceau, Remarque, t. X, p. 24, note (éd. Rosenkr. et Schub.). Schiller fut très-flatté de l'attention que le maître avait accordée à son traité *de la Grâce et de la Dignité*, et de l'éloge qu'il en avait fait, le nommant un ouvrage « composé de main de maître. »

2. Voy. *Annalen*, 1794, t. XXVII des Œuvres, p. 35 et 36.

l'*Éducation esthétique de l'homme*, publiées dans les *Heures*, en 1795, Schiller, comme nous l'avons dit, ne se contente plus de cette alliance du bien et du beau, de cette conciliation de la morale et de l'esthétique ; il subordonne en quelque sorte la première à la seconde : la culture esthétique, telle qu'il l'entend, contient la culture morale. L'art suffit à former, à parfaire l'homme, à accomplir ici-bas sa vocation, sa destinée ; seul il s'adresse à l'homme tout entier et établit entre sa double nature cette harmonie qui est l'idéal de l'humaine perfection. Le grand prêtre de l'art et du beau, Goethe, ne pouvait manquer d'applaudir à cette doctrine et de s'y reconnaître. Il y avait à peine quelques mois qu'il était en correspondance avec Schiller : une profession de foi si conforme à la sienne, à ses tendances, à sa pratique, et où était inséré un portrait de lui, portrait anonyme, mais à la fois très-beau et très-ressemblant, gagna son cœur et combla cet abîme qui lui paraissait mettre obstacle à toute vraie sympathie. Après avoir lu le manuscrit de ces lettres sur *l'Éducation de l'homme* (elles lui avaient été communiquées avant l'impression), il témoigna vivement sa satisfaction à Schiller d'une rencontre si inattendue entre deux esprits partant de prémisses si diverses, et se félicita de pouvoir désormais poursuivre, d'accord avec lui et de compagnie, la route où jusqu'ici il avait marché seul.

On ne se sent pas le courage d'être aussi sévère qu'il le faudrait peut-être pour cette influence exclusive réservée à l'art, qui unit le monde intellectuel au monde sensible, quand on voit d'une part où aboutit le culte de la matière et la négation théorique ou pratique de l'esprit, de l'autre où peut s'égarer l'excès de l'abstraction, ne tenant plus compte de la réalité, des conditions complexes de la vie, des éléments divers de la nature humaine. Cependant, ne poussons pas non plus trop loin l'indulgence pour un système qui peut devenir d'autant plus dangereux, qu'il paraît, je ne dirai pas plus désintéressé (c'est un artiste, un poète qui l'a fait), mais plus noble, plus pur, plus humain, je veux dire plus approprié à notre double substance à la fois. En partant de la théorie de Schiller, une logique rigoureuse pourrait, de conséquence en conséquence, nous mener bien loin, plus loin que l'auteur ne l'eût voulu, je crois. L'art n'est pas la seule chose qui se rapporte à tout notre être, la seule source où l'âme humaine, sensation, entendement et vouloir, puisse étancher toute sa soif. Ou bien les termes art et beau auraient donc une telle compréhension qu'ils embrasseraient la religion et la morale, le vrai, le bien et le parfait, sous tous leurs aspects; le jugement esthétique, pour parler comme Kant, serait le seul qui pût, qui dût déterminer la volonté, et le goût deviendrait l'arbitre de la vie humaine.

Aux *Lettres sur l'Éducation esthétique* se rattachent les deux dissertations « sur les Limites nécessaires du beau, » et « sur le Danger des mœurs esthétiques, » publiées également dans les *Heures*, en 1795, et qu'il réunit par la suite en une seule; un autre traité « sur l'Utilité morale des mœurs esthétiques, » qu'il composa plus tard, et enfin, à certains égards, celui qui est intitulé *du Sublime*, remaniement, postérieur à 1797, d'une partie de la dissertation *sur le Pathétique*, insérée, en 1793, dans la *Nouvelle Thalie*. De ces divers opuscules, les trois premiers avaient pour objet de répondre à quelques-unes des objections qu'on ne pouvait manquer de faire à sa théorie, et de prévenir (y réussit-il en effet?) certaines conséquences qu'on en pouvait tirer.

De l'esthétique, ainsi considérée dans son ensemble et à sa plus grande hauteur, il passa à la poétique : il voulut appliquer les principes sur lesquels il avait fondé toute sa théorie de l'art à la partie de l'art qu'il avait cultivée, et à laquelle il n'avait, pour un temps, renoncé qu'afin d'y revenir plus riche, et plus fort, et plus maître de lui. L'ouvrage où il a exposé ses vues sur la poésie est intitulé « De la poésie naïve et de la poésie de sentiment[1]; » il a paru dans les *Heures*, en 1795 et 1796. Une des parties de ce sujet, le tragique, l'avait déjà occupé, comme nous l'avons dit, au commencement de ses travaux de philosophie, et lui avait donné l'occasion d'étudier avec autant d'intérêt que de fruit la *Poétique* d'Aristote. Maintenant il s'agissait d'embrasser le sujet tout entier et d'y répandre les lumières qu'il devait à Kant et à ses propres méditations.

Aux yeux de Schiller, dans ce traité épistolaire de l'éducation de l'homme, que Goethe trouvait si fort à son goût, l'idéal esthétique, c'était l'équilibre parfait de toutes les puissances de la nature humaine, l'heureuse harmonie des facultés sensibles et intellectuelles, harmonie qui soustrait l'homme, dans son être, à toute influence prédominante, et par là lui assure la vraie liberté. L'homme est appelé et originellement destiné à cet état bienheureux de perfection où toutes ses

---

1. L'expression que Schiller emploie pour l'opposer à naïf est *sentimentalisch*. Nous n'avons point pour ce terme d'équivalent exact en français; c'est plutôt, je crois, *de sentiment* que *sentimental*; car il a soin de distinguer *sentimentalisch* du dérivé plus simple *sentimental*.

forces et aptitudes se pondèrent et s'accordent. Mais, d'une part, la condition humaine en ce monde, les nécessités et les misères de la vie réelle; de l'autre, la culture artificielle qui développe inégalement les facultés, altèrent la primitive harmonie, et mettent une différence sans cesse croissante entre l'homme tel qu'il est et l'homme tel qu'il fut et doit être. L'objet de la poésie est de donner à l'humanité sa plus complète expression. Si, pour cela, la poésie n'a qu'à rendre ce qui est, ce qu'elle voit, elle est naïve. Si, au lieu de copier, il faut qu'elle imagine, qu'à la réalité elle substitue ses aspirations, elle est idéale, ou, pour parler comme Schiller, de sentiment. Cette harmonie, cette beauté idéale qu'elle cherche, le monde extérieur, l'humanité réelle ne les lui offrent point; elle n'en a point l'expérience, elle n'en a que le désir et le sentiment. L'auteur montre en quoi diffèrent ces deux genres de poésie, quel est le caractère propre de chacun d'eux, et, de ce point de vue, ressort, à ses yeux, la diversité de l'antique et du moderne, du classique et du romantique.

Je ne le suivrai pas dans la distribution en genres et en espèces de la poésie de sentiment, dans l'application qu'il fait de ses idées à quelques grands poètes, les rangeant, ou tout entiers, pour leurs sujets comme pour leur mode d'inspiration, dans l'une de ces deux grandes classes de poésie, soit naïve, soit de sentiment; ou bien, contraste tantôt heureux, tantôt déplaisant, dans l'une, pour le sujet, et dans l'autre, pour la manière de le traiter. Ces développements et d'autres qui s'y mêlent ou s'y rattachent, sont pleins, comme tout l'ouvrage, d'idées ingénieuses, de brillants aperçus, et semés de pensées solides et profondes. Tout ce système de poétique, aussi bien que la théorie générale d'esthétique auquel il appartient, sont-ils propres, dans leur ensemble, à satisfaire un esprit sévère et méthodique? Toutes les parties sont-elles bien coordonnées? Contribuent-elles toutes à la beauté, ensemble, et à la solidité de l'édifice? La pensée est-elle partout aussi nette, aussi précise qu'elle doit l'être en pareille matière? Résiste-t-elle toujours, par exemple, à l'épreuve de la traduction, et surtout de la traduction dans notre langue, si exigeante, pour la netteté surtout? Je n'oserais l'affirmer, et cette hésitation n'étonnera pas après ce que j'ai dit de la composition de ces opuscules, de la manière dont le plan se faisait et se modifiait à mesure qu'il s'exécutait. Mais un mérite que personne, je crois, ne leur contestera, en les lisant et en les comprenant dans l'original, c'est la beauté de la forme, c'est l'éclat répandu sur ce fond sérieux et abstrait, l'aisance oratoire et poétique avec laquelle sont maniés ces sujets arides. Si le choix des termes était toujours aussi sûr, aussi parfait, d'une part pour la rigueur, de l'autre pour la transparence, que le style est noble et pittoresque, si l'auteur ne se contentait çà et là d'éclairer sa pensée de ce demi-jour dont la langue même qu'il écrit semble parfois s'accommoder trop aisément, on pourrait, étendant à la plupart de ces traités et à presque toutes leurs parties un éloge qu'ils méritent en beaucoup d'endroits, les reconnaître pour d'admirables exemples de la difficulté vaincue et de cette lutte que le style engage avec la pensée, non pour la surpasser, mais uniquement pour s'égaler à elle et l'associer à son triomphe.

Rattachons aux œuvres philosophiques, avant de reprendre la suite de la vie de Schiller, quelques morceaux de critique dignes d'attention, qu'il a écrits à diverses époques : d'abord, une appréciation de l'*Egmont* de Goethe, qui fut insérée en 1788, peu de temps après la publication de la pièce, dans la *Gazette universelle de littérature*, et où l'idée qu'il se fait du personnage principal, idée fort éloignée de celle de Goethe, met bien en relief la différence de leurs deux génies. Huit ans après, au temps de l'intimité des deux poètes, Schiller se chargea d'arranger cette tragédie pour le théâtre, et il apporta à ce remaniement un esprit de suite et d'inflexible logique que Goethe, tout en s'y soumettant en très-grande partie, jusqu'à sacrifier le rôle de Marguerite de Parme, ne put s'empêcher d'appeler cruel. La recension (comme disent nos voisins, des poésies de Bürger parut dans la même gazette en 1791. Quand il la republia onze ans plus tard parmi ses opuscules en prose, il ajouta à la fin une note pour dire que son avis n'avait pas changé, que le sentiment qui le lui avait inspiré était juste, qu'il saurait seulement l'appuyer aujourd'hui sur de meilleures raisons. Cependant, il faut le dire, dans ce jugement, qui blessa Bürger plus peut-être que les rudes coups du sort qui le frappèrent en ce temps-là, la sévérité est poussée non pas seulement jusqu'à la dureté, mais jusqu'à l'injustice. « Cette injustice, dit Bouterweck, ne consiste pas tant dans le blâme, qui, au moins en partie, est toujours fondé, que dans la froideur de l'éloge, trop restreint, et dans le contraste que fait cette froideur avec la chaleur du blâme. » Le noble idéal de poésie auquel Schiller s'était élevé lui faisait prendre en profond dégoût le commun, le trivial, les apparences même de ces défauts, et l'empêchait de voir les mérites qui, chez Bürger, en maint endroit, les rachetaient. Il ne pouvait goûter le poëte dont Goethe, moins exclusif pourtant, a pu dire qu'il était plat comme son public; mais au moins Goethe reconnaissait-il en même temps qu'il avait un talent décidé, bien allemand (éloge mérité, mais lui-même insuffisant), et il avouait que Schiller « avait présenté un peu durement à Bürger son miroir d'un poli idéal, et qu'on pouvait, pour cette raison, prendre le parti de l'auteur maltraité. »

Les poésies de Matthisson trouvèrent le critique plus indulgent, et cependant c'est en 1794, postérieurement à l'étude qu'il fit de Kant, où il puisa des principes plus arrêtés et plus sévères, qu'il les apprécia dans la même *Gazette littéraire*. Il avait vu, comme nous l'avons dit, Bürger à Weimar, et l'homme avait nui au poëte; de même, avant d'écrire son jugement sur Matthisson, il avait fait sa connaissance, en Wurtemberg, dans un voyage dont nous parlerons bientôt, et l'homme à ses yeux fit valoir et le poëte et le genre de poésie qu'il cultivait.

Mentionnons enfin la préface qu'il composa en 1792 pour une traduction des *Causes célèbres* de Pitaval, et la recommandation, toujours dans la *Gazette littéraire*, en 1795, du *Calendrier des Jardins*, publié par Cotta. Dans la première, il développe surtout cette idée, qu'il n'est rien de plus instructif dans l'histoire de l'homme que le récit de ses égarements; dans la seconde, il nous donne son avis sur une matière bien différente et préfère soit à la grande horticulture française, trop régulière, trop alignée à son gré, soit à la liberté, à la variété excessive des jardins anglais, un certain milieu tempéré entre ces deux extrêmes. Dès 1793, dans ses *Considérations sur divers sujets d'esthétique*, il rapprochait du style français des parcs, la manière de nos tragiques; du style anglais, celle de Shakspeare : entre les deux théâtres aussi, on le sait, il voulait et cherchait un milieu. Le petit poëme intitulé la *Promenade* est de la même époque et inspiré par le même goût que le morceau sur le *Calendrier des Jardins*. Une excursion plus directe encore dans le domaine des arts est la dissertation écrite en 1800, à l'occasion d'un concours de dessin dont le sujet était les adieux d'Hector et d'Andromaque, et adressée, sous forme de lettre, à Goethe, en sa qualité d'éditeur des *Propylées*. On peut, je crois, remarquer, sans être bien exigeant, que l'auteur n'est point là sur son terrain : c'est un sujet où l'exercice, plus encore que l'aptitude spéciale, paraît lui manquer.

Il est temps de revenir au récit de sa vie. Pendant qu'il était aux eaux de Carlsbad vers la fin de juin 1791, le bruit de sa mort se répandit et parvint aux oreilles d'un admirateur aussi tendre qu'exalté, du Danois Jens Baggesen, qui avait fait sa connaissance l'année précédente, en passant à Iéna. Baggesen avait reçu cette triste nouvelle au moment où il s'apprêtait à partir avec sa femme pour une petite excursion qu'il avait projeté de faire à Hellebeck, à cinq milles et demi au nord de Copenhague, en compagnie du comte et de la comtesse de Schimmelmann, enthousiastes, comme lui, de Schiller. Un des plaisirs que se promettaient les quatre amis était de chanter au bord de la mer, dans ce site admirable, dit-on, et sublime, l'*Hymne à la Joie* de leur poète favori. Ils ne renoncèrent pas au voyage, mais changèrent en fête funèbre la partie de plaisir, et en triste élégie l'hymne à la joie, chant d'union fraternelle, que Baggesen, par l'addition d'une strophe de regret et d'éloge, appropria à la disposition des cœurs. Puis on lut en commun les scènes les plus touchantes de *don Carlos*, les *Dieux de la Grèce*, d'autres morceaux où se peignait la noble âme du poëte, de ce Raphaël, disait Baggesen, mort avant d'avoir peint sa Transfiguration. Schiller, revenu d'Erfurt à Iéna, était bien faible encore, quand Reinhold, avec qui Baggesen était en correspondance, vint lui lire le récit de cet hommage à sa mémoire, anticipé grâce à Dieu! Il l'entendit avec une douce et reconnaissante émotion, ne s'attendant guère alors au généreux témoignage de sympathie qui devait suivre de près cette erreur, cette apothéose avant la mort. Baggesen, ravi de joie, en apprenant la résurrection, comme il dit dans une de ses lettres, de l'immortel écrivain, se hâta de faire part de l'heureuse nouvelle au ministre comte de Schimmelmann, et au prince Chrétien-Frédéric de Holstein-Augustenbourg, à qui il avait fait partager aussi le culte qu'il vouait à Schiller, les espérances qu'il fondait sur lui. Il leur communiqua en même temps les renseignements qu'il tenait de Reinhold sur la situation précaire du poëte, sur la double et inconciliable nécessité où il se trouvait de travailler pour vivre et de se reposer pour rétablir sa santé. La délibération ne fut pas longue. Le prince et le ministre se réunirent pour offrir à Schiller un présent de trois mille thalers [1], réparti en une pension annuelle de mille thalers pendant trois années consécutives, sans autre condition que de prendre du repos et « d'éloigner le danger qui

---

1. 11,250 francs.

menaçait sa vie. « Ils ne lui cachaient pas qu'ils seraient heureux de le voir venir demeurer auprès d'eux à Copenhague, et lui promettaient, pour peu que cette perspective lui plût, de lui assurer, après son entière guérison, une honorable position dans le service de l'État. « Mais, ajoutaient-ils, nous abandonnons cela à votre libre choix. Nous désirons conserver à l'humanité un de ses maîtres, et toute autre considération doit être subordonnée à ce désir. » La lettre des deux Mécènes, datée du 27 novembre 1791, a bien le cachet du temps : « ils ne connaissent d'autre orgueil que celui d'être hommes, citoyens de la grande république dont les limites embrassent plus que la vie d'une génération, plus que les bornes de l'univers; » mais du reste l'offre était faite avec une si discrète délicatesse que Schiller put et dut l'accepter sans hésitation. C'était d'ailleurs, dans ses mains, il le sentait, un argent placé à glorieux intérêt. L'émotion qu'il ressentit à la lecture de ce message inattendu fut si vive que l'on conçut de nouvelles alarmes pour sa santé, et qu'il fut obligé de différer de quelques jours ses remerciements. Nous n'avons pas la lettre qu'il écrivit aux deux généreux Danois, mais bien celle qu'il adressa à Baggesen qui avait appelé sur lui leur munificence. Il y peint éloquemment les épreuves de sa vie passée, la nécessité où il s'était trouvé de vivre des produits de son esprit avant que son esprit fût mûr et formé par l'étude, le regret amer qu'il sentait, à chacune de ses œuvres, de rester si fort au-dessous de l'idéal qu'il concevait; enfin la triste perspective d'engager, affaibli, malade, plus pauvre d'espérance, une lutte contre le destin, perspective qui s'ouvrait devant lui au moment même où il reçut les lettres venues de Danemark. « Je l'obtiens enfin, continue-t-il, cette liberté de l'esprit si longtemps, si ardemment désirée, le libre choix de mon activité. J'aurai du loisir, et par là le moyen de retrouver ma santé perdue, ou, sinon, le trouble de l'esprit ne donnera plus du moins de nouveaux aliments à ma maladie. Je porte sur l'avenir un regard serein, et, supposé même que l'événement prouve que ma confiance en moi-même n'était qu'une flatteuse illusion par laquelle mon orgueil humilié se vengeait du destin, au moins ne sera-ce pas la constance qui me fera défaut, pour justifier les espérances que deux citoyens éminents de notre siècle ont fondées sur moi. Comme mon lot en ce monde ne me permet pas d'exercer à leur manière une bienfaisante influence, je veux essayer de bien faire de la seule façon qui me soit possible, et puisse en moi le germe qu'ils ont semé se développer en une belle floraison pour l'humanité ! » Il parle ensuite de l'invitation qu'on lui a faite d'aller vivre à Copenhague et exprime un vif regret de ne pouvoir l'accepter, pour sa santé d'abord, puis à cause de ses relations avec le duc de Saxe-Weimar, « de la volonté de qui il ne dépend pas, dit-il, que j'aie plus de loisir. » Voilà donc notre poëte, pour la première fois de sa vie, préservé des soucis du lendemain, et assuré, pour un temps, du pain de chaque jour, en état d'acquitter enfin ses vieilles dettes désespérées, heureux surtout de n'être plus à la tâche, à la chaîne, de pouvoir attendre l'inspiration.

Les deux nobles Danois, particulièrement le comte de Schimmelmann, avaient recommandé le secret et ne voulaient pas être nommés. Mais Schiller pouvait-il taire leur bienfait à ses parents, à Kœrner, à Charles-Auguste? Kœrner, dans sa joie, ne fut pas discret, et, de proche en proche, l'histoire parvint à un journal de Francfort, qui naturellement n'eut rien de plus pressé que de la raconter tout au long. Schiller en témoigna un très-vif déplaisir : ce qui le fâcha surtout, c'est qu'il put craindre que le duc de Weimar, qui du reste prit une grande part à son bonheur, n'eût su la nouvelle par la gazette et le bruit public avant de recevoir la lettre où lui-même la lui apprenait confidentiellement. Mais ce chagrin ne dura pas longtemps. « Rien ne lui manquait, écrit-il à Kœrner au mois de février, pour être le plus heureux des hommes : rien, hélas! que sa santé d'autrefois. »

Un des fruits les plus doux de son indépendance, ce fut de pouvoir se livrer à son gré aux études de philosophie dont nous avons, il n'y a qu'un moment, embrassé l'ensemble. Avant d'en donner les résultats au public, il fit de plusieurs des ouvrages qu'il inséra, comme nous l'avons dit, dans des revues, l'objet de leçons privées, devant un auditoire choisi (*privatissime*, disent nos voisins). L'exposé de tout son système, il le dédia, en témoignage de reconnaissance, au prince d'Augustenbourg : ce fut à lui, et non à Kœrner, comme c'était d'abord son intention, qu'il adressa les *Lettres sur l'Éducation esthétique de l'homme*. Il consacra aussi une partie de ses premiers loisirs, comme on peut le voir par les dates que nous avons indiquées plus haut, à terminer son *Histoire de la guerre de trente ans*.

Au travail, aux joies de l'esprit (il publia encore, en 1792, la première partie de ses opuscules en prose), son aisance lui permit de joindre les distractions salutaires, les satisfactions du cœur. Au commencement de juin, il fit, avec un ami de Baggesen qui étudiait à Iéna, le voyage de Dresde, pour rendre visite à son ami Kœrner ; malheureusement son plaisir fut troublé par des accès de son mal. A son retour à Iéna, il eut le bonheur de recevoir dans sa maison sa mère chérie, dont il vivait séparé depuis si longtemps, que sa fuite de Stuttgart avait tant affligée, et à qui, depuis ces cruels adieux, il avait fait verser, malheureux dans sa gloire, tant de larmes de douleur et de joie. Elle venait de guérir, ainsi que son fils, d'une grave maladie ; elle lui amenait sa dernière fille, Nanette, la plus jeune sœur du poëte, naïve enfant de quinze ans, pleine de talent, dit-on, et qui n'avait pas de plus grand plaisir que de débiter des tirades des poëmes de son frère. Elle était de celles que Dieu ne fait que montrer à la terre : elle mourut peu de temps après, avant d'avoir accompli sa dix-neuvième année.

A cette époque de la vie de Schiller, les événements abondent. Quelques semaines avant la visite de sa mère, l'Assemblée législative de France lui décerna un honneur dont il eût été, je crois, plus fier deux ou trois ans plus tôt. Sur la proposition de Guadet, parlant au nom de la commission extraordinaire, elle adopta, le 26 août 1792, un décret qui conférait le titre de citoyen français à dix-sept étrangers, de célébrité fort diverse, et au nombre desquels se trouvaient, avec Wilberforce, Washington, Kosciusko, etc., les Allemands Campe, Klopstock, et l'orateur du genre humain, Anacharsis Cloots. Un membre, dont le nom est demeuré inconnu, mais qui sans doute se souvenait d'avoir lu, quelques mois auparavant, dans le *Moniteur*, que « la tragédie de *Fiesque*, ouvrage du génie, était la conjuration du républicanisme contre la monarchie, la lutte des principes mise en action, le plus beau triomphe du républicanisme en théorie et dans le fait[1], » demanda que le nom du sieur Schiller, publiciste allemand, fût ajouté à cette liste « des amis de la liberté et de la fraternité universelle. » L'Assemblée y consentit sans hésiter, sachant, je suppose, ce qu'elle faisait, un peu mieux du moins que le scribe qui, dans le procès-verbal de la séance, métamorphosa Schiller en Giller. Le *Moniteur*, ne trouvant sans doute pas au mot une physionomie assez étrangère, allongea Giller en Gilleers ; le *Bulletin des lois*, moins lettré, imprima tout bonnement Gille, et

---

1. *Moniteur* du 1er février 1792. Par une bizarre faute d'impression, le journal officiel a partout *Tiesco* pour *Fiesco*.

c'est, ô vanité de la gloire! à M. Gille, publiciste allemand, en Allemagne, que le ministre de l'intérieur, Roland, adressa, le 10 octobre suivant, l'an 1ᵉʳ de la République française, un imprimé, revêtu du sceau de l'État, de la loi du 26 août, signée Clavière et contre-signée Danton [1]. Ce diplôme, accompagné, à tout hasard, d'une lettre très-flatteuse pour le mystérieux personnage, embarrassa fort, on se l'explique, les Œdipe des postes allemandes; cependant, au bout de cinq ans, il arriva, grâce à Campe, à sa destination [2]. C'était un peu tard : depuis le jour où la loi avait été portée jusqu'à celui où le brevet fut remis aux mains de Schiller, son opinion sur la révolution française avait bien changé. Vers le milieu de 1792, son enthousiasme était déjà plus qu'attiédi; déjà cet hommage, au moment où on le lui rendait, ne s'adressait plus à ce qu'il était, mais à son passé, à l'auteur des *Brigands* et de *Fiesque*. Alors toutefois il eût pu être fier encore, il l'eût été sans doute, de « ces sentiments que lui témoignait un grand peuple, comme disait la lettre d'envoi de Roland, dans l'enthousiasme des premiers jours de sa liberté. » Mais, depuis, les belles espérances s'étaient éteintes dans le sang; le diplôme lui-même rappelait d'affreux souvenirs : celui qui avait proposé le décret, tous ceux dont il portait les signatures ou étaient montés sur l'échafaud ou s'étaient donné la mort pour n'y pas monter.

Schiller avait été surtout indigné de la condamnation et du supplice de Louis XVI : il avait été sur le point de descendre lui-même dans l'arène, de joindre sa voix à celle des avocats du roi; déjà il

---

1. J'ai vérifié dans les recueils que je cite ces diverses transformations si bizarres. Le procès-verbal de la séance du 26 août a *Giller* (voy. t. XIII des *Procès-verbaux*, p. 358); le manuscrit, déposé aux Archives de l'Empire, est conforme au texte imprimé. Je trouve en outre dans le procès-verbal cette mention curieuse : « Un c toyen admis à la barre demande la même faveur (le droit de cité) pour deux autres hommes illustres de l'Allemagne (ils ne sont pas nommés). Cette demande est renvoyée au comité de l'instruction publique. » — Le *Moniteur* du 28 août, dans son bulletin de l'Assemblée nationale, écrit *Gillers*, et la *Collection générale des lois* (t. X, in-4, p. 655, nᵒ 2372), ainsi que l'imprimé envoyé à Schiller et la lettre de Roland, substituent à ces deux orthographes la forme, par trop française pour le coup, de *Gille*. La minute manuscrite de la loi, conservée aux Archives, porte encore Giller, ainsi que me l'a affirmé, après vérification, mon savant et obligeant confrère, M. le comte de Laborde, directeur général des Archives de l'Empire; c'est donc à l'imprimerie du *Bulletin des lois* que la dernière mutilation, d'où est résulté le nom de Gille, a été faite.

2. On le conserve dans la Bibliothèque publique de Weimar, où je l'ai vu il y a quelques années.

demandoit à Kœrner de lui trouver un habile traducteur pour mettre en français un mémoire qu'il voulait adresser à la Convention, au nom de tout le peuple allemand. « Je crois, dit-il, qu'en de telles occasions on ne peut demeurer indolent et inactif. » Les événements marchaient si vite en France que son mémoire n'eût pu être qu'une éloquente et tardive protestation. Je regrette cependant qu'il ne l'ait pas écrit : il était digne de plaider une telle cause.

Dès 1793, voyant dans quelle voie la République française s'engageait, il en prédit la fin prochaine. Voici, au rapport de sa belle-sœur, Mme de Wolzogen[1], le jugement prophétique qu'il exprima un jour, en s'entretenant, pendant son séjour à Stuttgart, dont nous allons parler, avec son ancien camarade, le docteur de Hoven : « Les vrais principes qu'il faut donner pour fondement à une constitution civile réellement heureuse, ne sont pas encore si communs parmi les hommes. Ils ne sont encore nulle part qu'ici, dit-il en montrant un livre de Kant, la Critique de la Raison pratique, qui était précisément sur la table. Puis, il faudrait, et c'est la chose principale, que le peuple fût mûr pour une telle constitution : or il s'en faut de beaucoup, il s'en faut de tout, qu'il le soit. La République finira aussi rapidement qu'elle est née; la constitution républicaine aboutira à un état d'anarchie, et tôt ou tard un homme de grande intelligence, un homme énergique paraîtra, n'importe d'où il vienne, qui se fera le maître, non-seulement de la France, mais peut-être aussi d'une grande partie de l'Europe. » Il ne désespéra pas pour cela de l'humanité, il ne prit point en haine la liberté; mais, se dérobant au présent, à la triste réalité, contre laquelle, surtout avec son caractère, son genre d'esprit, sa santé, il ne pouvait rien, il se réfugia plus que jamais, ouvrier de l'avenir, dans les régions de la pensée, où le beau réside, où se prépare le progrès.

Au printemps de 1793, sa santé, toujours aussi incertaine, après lui avoir interdit l'enseignement public, le força de renoncer aussi au cours privé qu'il faisait chez lui. Il alla s'établir hors de la ville, comptant, pour se rétablir, sur l'heureuse influence de l'air des champs. « C'est aujourd'hui, écrit-il à Kœrner le 7 avril, que j'ai enfin déménagé pour aller demeurer dans mon jardin, et je ne suis pas peu réjoui de voir la campagne et le ciel. Pendant tout cet hiver,

---

[1]. J'aurais dû citer plutôt l'Autobiographie (p. 133) du Dr de Hoven lui-même, publiée en 1840, avec un appendice contenant dix-huit lettres de Schiller.

c'est à peine si j'ai pu cinq fois aller en plein air, et maintenant je me sens comme un prisonnier qui vient pour la première fois à la lumière du jour. » Malheureusement le temps était mauvais et le changement de séjour lui fut moins salutaire qu'il ne l'avait espéré. Souvent il était si souffrant qu'il n'avait plus aucun goût à l'étude, « à penser, dit-il, et à écrire. » Dès que son mal lui laissait quelque répit, il se remettait au travail, soit à ses traités d'esthétique, soit à la révision des poésies de sa jeunesse, dont il préparait un recueil. Il consulte, au sujet de cette révision, son aristarque ordinaire, Kœrner, qui l'engage à n'être pas trop sévère. « Corrige les fautes de langue et de versification, mais sois indulgent pour un certain luxe d'images, pour la fougue juvénile, qui doit te déplaire aujourd'hui que tu as changé de manière, mais qui convient au ton de quelques-uns de ces poëmes, fort estimables en leur genre. Je sais bien ce que le goût plus mûr rejette; mais il suffira pour ta justification d'écrire la date au haut de chaque poëme. » Kœrner n'avait plus l'*Anthologie*; il indique de mémoire à son ami dix-sept morceaux, soit contenus dans ce recueil, soit d'une date postérieure, qui, à ses yeux, méritent, sans nul doute, d'être conservés. En tête, il place les *Artistes*, dont Schiller, les jugeant en philosophe plus qu'en poëte, n'est plus content, bien que ce soit sa plus récente poésie ; et la raison de ce mécontentement, c'est que ses idées sur l'art se sont depuis bien étendues et que ses points de vue ont changé. Parmi les pièces que Kœrner a omises dans sa liste, l'auteur demande grâce pour *Hector et Andromaque*, qu'il nomme l'une de ses meilleures, et il pense qu'*Amalie dans le jardin* et le *Ravissement*, une des poésies à Laure, sont dignes aussi de pardon. En revanche, il aurait bien envie de sacrifier *Laure au clavecin*, que son ami a épargnée. Ce qui le charme dans ce travail de correction, c'est qu'il se sent encore poëte. « Je pense, dit-il, que tu seras forcé d'avouer, en relisant, après ma révision, et sous leur forme nouvelle, mes *Dieux de la Grèce*, que les Muses ne m'ont pas encore abandonné, et que la critique n'a pas fait fuir l'inspiration. »

Il y avait onze ans que Schiller était loin de son pays. Un vif désir de le revoir, de respirer l'air natal, de visiter sa famille, s'empara de son cœur. Dans une lettre du 1er juillet, il annonce son voyage à Kœrner, comme une résolution arrêtée. « C'est tout l'espoir de mon père, lui dit-il, et je lui dois cette marque d'affection. Au mois d'octobre, il aura soixante-dix ans; l'on ne peut donc plus avec lui rien remettre. » Il attend aussi d'heureux effets de ce changement d'air pour sa santé, pour celle de sa femme, qui, depuis quelques mois, lui cause de l'inquiétude. Il fut rassuré, grâce à Dieu, sur le compte de Charlotte, avant de quitter Iéna, et aux alarmes succéda un doux espoir. « Je ne puis dire, écrit-il, combien j'ai le cœur content, depuis que mon inquiétude s'est dissipée, et que je vois venir le jour qui doit mettre le comble à mon bonheur domestique. J'avais souvent besoin de toute ma philosophie pour tenir éveillé mon courage, en voyant souffrir ma Charlotte, en sentant la décadence de ma propre santé. Maintenant je suis délivré de la moitié de ma peine, et l'autre moitié, celle qui me touche personnellement, m'est aussi bien moins sensible. Il me semble voir le flambeau de ma vie qui s'éteint se rallumer à celui d'une autre, et je suis réconcilié avec le destin. » C'était à Heilbronn, ville libre impériale, qu'il comptait passer l'hiver. Il y arriva avec sa femme le 8 août, très-fatigué du voyage, et obligé de garder le lit pendant les premiers jours; mais la vue de ses parents et de ses sœurs, qui s'étaient empressés d'accourir à Heilbronn, le bon accueil qu'il reçut des autorités de la ville, de tous ses concitoyens, le bonheur de se sentir dans son pays, non loin des lieux où il était né (il les pouvait découvrir du haut du Wartberg), tout se réunit pour réjouir son cœur, et la joie parut ranimer sa santé.

C'était toujours Charles-Eugène qui régnait en Wurtemberg; Schiller lui adressa une lettre respectueuse et n'obtint pas de réponse, mais il apprit par des amis que le duc avait dit : « Si Schiller entre en Wurtemberg, je l'ignorerai. » Il y entra en effet, et visita Ludwigsbourg et la Solitude, sans aller rendre ses devoirs au roi de Souabe, comme il le nomme. Sûr de n'être pas inquiété, et c'était tout ce qu'il voulait du duc, il quitta, peu après cette visite, Heilbronn, où il était trop loin des siens, et où, du reste, il ne se plaisait pas, pour venir s'établir à Ludwigsbourg, qui n'est qu'à trois lieues de la Solitude, où demeuraient ses parents, ainsi que de Stuttgart. C'est là, dans cette petite ville, toute pleine des souvenirs de son enfance, qu'il goûta les premières joies de la paternité : le 14 septembre 1793, Charlotte lui donna un fils, qu'il nomma Charles-Frédéric-Louis[1]. Après l'accouchement, qui fut long et pénible, et pen-

1. Charles-Frédéric-Louis Schiller est mort à Stuttgart le 21 juin 1857, à l'âge de soixante-quatre ans. Il avait été conservateur des forêts (Oberförster) et avait résidé successivement à Rottweil, à Neustadt, à Lorch et à Gmünd. Il a

dant lequel il fit de vains efforts pour déguiser ses alarmes, son bonheur éclata avec transport. Quel idéal, même pour un Schiller, vaut une telle réalité ? Un de ses anciens camarades, Conz, nous raconte que c'était plaisir de le voir admirer, caresser du regard, observer avec tendresse « son fils d'or (*seinen Goldsohn*), le Charles de son cœur, » comme il l'appelait. Il venait de lire les *Institutions oratoires*, il voulait l'élever selon les principes de Quintilien, écrire lui-même, à son intention, un traité de l'éducation. « Autant qu'il dépendra de moi, j'en ferai, dit-il gaiement dans une de ses lettres, écrite cinq jours après l'heureux événement, un héros de plume (*einen Federheld*), afin qu'il puisse écrire la seconde partie des ouvrages que son père a commencés, et, s'il plaît à Dieu, commencera encore. »

Il retrouva à Ludwigsbourg son condisciple de Hoven, devenu médecin de la cour, qui prodigua les soins les plus attentifs à la femme de son ami. Elle put bientôt s'en passer. « La mère et l'enfant se portent très-bien, écrit l'heureux père, et j'ai du moins le bonheur d'être maintenant le seul malade dans ma maison. » De Hoven fut émerveillé des changements qu'il remarqua dans la personne de Schiller, mais attristé en même temps de l'état de sa santé. « Son feu juvénile s'était adouci, raconte-t-il ; il avait beaucoup plus de dignité dans toute sa manière d'être ; à la négligence d'autrefois s'était substituée une bienséance élégante, et sa maigreur, son apparence pâle et maladive achevaient ce que son aspect avait d'intéressant. Malheureusement la douceur de son commerce était troublée fréquemment, presque tous les jours, par ses indispositions ; mais aux heures où il se trouvait mieux, avec quelle abondance s'épanchait la richesse de son esprit ! combien son cœur tendre et sympathique se montrait aimant ! avec quelle évidence s'exprimait dans tous ses discours, dans toutes ses actions, son noble caractère ! quelle bienséance dans sa gaieté, jadis un peu abandonnée ! quelle dignité jusque dans ses plaisanteries ! Bref, il était devenu un homme accompli. »

Charles-Eugène, qui était déjà très-gravement malade au moment où Schiller lui écrivit, mourut le 24 octobre. Son ancien élève put dire de lui, comme Corneille de Richelieu :

<blockquote>
Il m'a fait trop de bien pour en dire du mal,
Il m'a fait trop de mal pour en dire du bien ;
</blockquote>

ou plutôt on s'explique que tour à tour, selon les souvenirs qui pré-

laissé un fils, Frédéric-Louis-Ernest, né en 1826, qui est officier dans l'armée autrichienne.

naient le dessus, il en ait parlé avec éloge et blâme; que, dans une promenade en compagnie de Hoven, il contemple sa tombe avec émotion et mette ses qualités au-dessus de ses défauts, et que dans une lettre à Kœrner il laisse échapper cette phrase amère : « La mort du vieil Hérode n'a nulle influence sur moi ni sur ma famille, sinon en ce sens que tous ceux qui avaient affaire directement au maître, comme mon père, se trouvent très-bien d'avoir maintenant devant eux *un homme*. C'est ce qu'est le nouveau duc (Frédéric-Eugène), dans toutes les bonnes et mauvaises acceptions du mot. » Cependant, malgré les instances de son père, il ne voulut pas adresser à ce nouveau duc un hommage poétique, qu'on eût pris peut-être pour une marque de la joie que lui causait la mort de son prédécesseur. La lettre qui renferme les paroles sévères que nous venons de citer est, du reste, une des plus tristes que Schiller ait écrites, la plus sombre de toutes, peut-être. Son mal si opiniâtre, sans nul progrès, dit-il, ni en bien ni en mal, l'accable et le décourage. Il est mécontent des autres et de lui-même, il doute de son génie, désespère de l'avenir. « Fasse le ciel que la patience ne m'échappe pas, et qu'une vie si souvent interrompue par une véritable mort garde encore pour moi quelque prix ! » Après cette lettre, pendant près de deux mois, il garde le silence, il ne veut ni ne peut plus correspondre avec personne. Le 3 février 1794, il écrit à Kœrner : « Je vis encore et le fatal mois de janvier est passé; c'est donc, il faut l'espérer, encore un répit pour quelque temps. » Puis, après ce triste début, après quelques nouvelles rapides de sa femme, de « son cher petit, qui est vif comme la vie même, » il se met à lui parler de ses *Lettres esthétiques*, lui expose longuement toute une théorie du génie, de la science, de l'art. Au milieu de mars, il lui annonce qu'il a changé de séjour, qu'il est à Stuttgart. Combien il regrette de ne s'y être pas établi plus tôt, d'être resté privé si longtemps de toute société attrayante, de tout contact avec de « bonnes têtes! » Il jouit surtout du commerce du sculpteur Dannecker, qui avait été son condisciple à l'Académie militaire. Cette école, qui leur avait laissé sans doute à tous deux des souvenirs de nature fort diverse, ne survécut pas à son fondateur, et les deux camarades purent en déplorer ensemble, comme Schiller le fait pour son compte dans une lettre de ce temps-là, la suppression. Dannecker avait passé quatre ans à Rome, il s'y était admirablement cultivé, et ses entretiens étaient pour notre auteur, alors occupé de la philosophie de l'art, aussi utiles qu'agréables. Un précieux souvenir de leur rencontre est le beau buste du poëte, que Dannecker, profitant de l'occasion, s'empressa de modeler, et qui orne aujourd'hui la bibliothèque grand-ducale de Weimar.

Schiller fit connaissance à cette époque avec quelques autres hommes distingués, parmi lesquels il faut compter Matthisson, dont nous avons déjà parlé, et Fichte, qui venait de Suisse et était à la veille de partir pour Iéna, où il devait professer la philosophie à la place de Reinhold. Il rencontra Fichte à Tübingue, en allant y rendre visite à son ami et ancien maître Abel, qui se montra fier de son élève, et heureux de le voir si près du but auquel il avait aspiré, bien qu'il l'entendît se plaindre d'être toujours loin de son idéal, et qu'il le vît tendre sans cesse à une plus grande perfection. A Ludwigsbourg, il avait retrouvé dans ses modestes fonctions d'autrefois son vieux professeur Iahn, et des élèves qui étaient alors sur ces bancs où lui-même il s'était assis jadis, ont raconté qu'il avait pris plaisir plus d'une fois à leur venir faire la classe au lieu et place de l'instituteur émérite.

Pendant son voyage à Tübingue, il entra en relation avec la librairie Cotta, à la tête de laquelle étaient alors Frédéric Cotta, depuis baron Cotta de Cottendorf, et Chr. J. Zahn, qui plus tard composa la belle mélodie de la chanson des cavaliers du *Camp de Wallenstein*. Ce fut une relation durable d'amitié et d'affaires, et c'est dans ses entretiens avec ces deux hommes de mérite que fut conçu à cette époque le double plan de la *Gazette politique* que dirigea Posselt, au refus de Schiller, et que publie encore aujourd'hui la maison Cotta sous le nom de *Gazette universelle*, et du journal littéraire mensuel que nous verrons bientôt paraître sous le titre des *Heures*, et à la direction duquel Schiller se consacra avec la plus grande ardeur.

Sa pension danoise allait cesser à la fin de 1794; il fallait y substituer une autre source de revenu, qu'il espérait s'ouvrir au moyen de cette publication périodique. « Il faut, disait-il, que ce journal soit une œuvre qui fasse époque, que tout ce qui prétend avoir du goût nous achète et nous lise. » Une autre perspective, si sa santé ne la lui eût interdite, lui aurait pourtant, ce semble, souri davantage. « Faut-il que ma maladie me contrarie en toute chose? écrivait-il à Kœrner au mois d'octobre 1793. Je pourrais vraisemblablement obtenir d'être placé à Weimar en qualité de professeur auprès du jeune prince. Selon toute apparence, son plan d'éducation, maintenant qu'il a dix ans, sera étendu, et comme je suis très-bien auprès du duc et aussi de la duchesse, et qu'on aurait à me donner de moins qu'à un autre ce que je touche déjà comme émoluments de ma chaire à Iéna, la chose réussirait sans doute. J'aurais alors à Weimar une existence très-tolérable. Mais mes indispositions ne me permettent pas du tout de penser à contracter une obligation. Ce ne serait pas un mauvais poste auprès de notre prince, pour les espérances futures aussi, qui, maintenant que j'ai un enfant, me sont moins indifférentes. » Ce prince, fils et successeur de Charles-Auguste, que Schiller eût voulu enseigner, j'ai eu fort souvent l'honneur de le voir lorsqu'il venait visiter la fille de sa sœur, Mme la duchesse d'Orléans, dans l'asile qu'il lui avait ouvert, et témoigner la plus tendre sollicitude à ses petits-neveux, mes augustes élèves. Quelle influence eût exercée sur lui un maître tel que Schiller? Je ne sais, mais il n'eût pu lui inspirer assurément une plus noble et plus touchante bonté, ni dans ses rapports avec ses sujets, une plus loyale droiture.

Après neuf mois de séjour dans son pays, Schiller retourna vers le milieu de mai à Iéna. Jamais peut-être il n'avait été plus riche en projets d'études et de publications, et ce fut pour lui une grande satisfaction de s'en pouvoir entretenir avec un ami tel que Guillaume de Humboldt, qu'il trouva à Iéna, à son retour, et dont la société avait le plus grand charme pour lui. Il appréciait beaucoup ses qualités aimables et solides : « Mes idées, disait-il à Kœrner, se développent, en causant avec lui, d'une manière plus heureuse et plus rapide. Il y a dans son être un tout complet qu'on voit très-rarement et que je n'avais trouvé qu'en toi jusqu'ici. » La philosophie et la poésie se disputaient encore sa préférence. En Souabe, la poésie avait recommencé à faire valoir ses droits : il avait lu les Grecs, surtout Homère, dans la traduction de Voss; il avait médité, travaillé son plan de *Wallenstein*; mais en même temps il avait continué ses *Lettres sur l'Éducation esthétique* et poursuivi l'étude de Kant, dont la *Critique du Jugement* ne le quittait pas, même quand la maladie le retenait au lit : elle était alors près de lui sur sa table, parmi les drogues et les fioles, et une fois il raconta plaisamment à Hoven qu'une nuit, son domestique, qui le gardait, avait dévoré consciencieusement tout le livre d'un trait, pour se tenir éveillé, et qu'ensuite il ne s'était plaint en aucune façon de l'effet de cet aliment abstrait, comme le faisait en ce temps-là son maître, qui commençait à craindre qu'une trop longue attention apportée aux problèmes de philosophie n'eût refroidi sa verve poétique. Son *Wallenstein* l'effrayait. Annonçant à Kœrner qu'il allait, tout en s'occupant de son traité *de la Poésie naïve*, se remettre à penser au plan de ce drame, il lui disait : « Ce travail m'inquiète vraiment et me fait peur.... Que faire? Je risque à cette entreprise sept ou huit mois de ma vie, dont j'ai de bonnes raisons de tenir grand compte, et je m'expose au danger d'enfanter quelque œuvre avortée. Ce que j'ai produit jusqu'ici dans le genre dramatique n'est pas très-propre à me donner du courage, et un ouvrage artificiel comme *don Carlos* me répugnerait aujourd'hui, quelque enclin que je sois à le pardonner à cette époque de ma vie intellectuelle. Je puis dire, dans le sens le plus propre du mot, que j'entre dans une carrière inconnue, ou du moins que je n'ai pas essayée; car, en fait de poésie, j'ai depuis trois, quatre ans, complétement dépouillé le vieil homme pour devenir un homme nouveau. » Puis il prie son ami de le juger, de le peser, de lui dire son fait : « Sois sévère envers moi comme tu le serais envers ton ennemi, comme tu le serais pour toi-même. »

« Mais, dans cette voie nouvelle, dit avec raison M*. J. W. Scheffer dans son élégante esquisse de la vie de Schiller, Kœrner ne pouvait plus être son vrai guide; Guillaume de Humboldt lui-même et Fichte, avec lesquels il entretenait alors à Iéna un profitable commerce d'amitié, étaient plus utiles au penseur qu'au poëte. Pour qu'il marchât dans cette carrière avec sûreté et succès, il fallait l'alliance avec Goethe : ce contact intellectuel donna la formule magique par laquelle le trésor de poésie caché dans l'âme de Schiller fut produit à la lumière du jour. »

Il y eut un temps où, comme le rappelle M*. B. Giseke dans le brillant discours qu'il a prononcé à Leipzig[1], à l'occasion du dernier anniversaire de la naissance de Schiller, l'éloge de l'auteur de *Wallenstein* impliquait la critique de celui d'*Hermann et Dorothée*, où l'on voyait dans les deux grands poëtes de l'Allemagne les chefs de deux écoles rivales, les représentants de deux tendances contraires, où l'on exaltait avec une faveur exclusive, soit l'un, soit l'autre, selon qu'on était soi-même (pour employer les termes consacrés) idéaliste ou réaliste. On dépeignait la lutte de leurs deux génies comme celle de ces deux âmes dont parle Faust, qui habitent en nous et veulent se séparer l'une de l'autre : « L'une, dans son amour indompté, tient au

---

1. Le 11 novembre 1858.

monde par les organes qui s'y cramponnent ; l'autre s'élève ardemment au-dessus de la première, vers les régions des augustes ancêtres. » Aujourd'hui on associe leurs noms et leur gloire, on les célèbre comme deux génies frères et amis malgré leurs contrastes, et qui se sont compris et secondés, tempérés et achevés l'un l'autre. Tels la sculpture les a représentés sur la petite place de Weimar où s'élèvent, glorieusement groupées, leurs deux statues de bronze, œuvre de Rietschel. « Se tenant par la main[1], dit M. Giseke, l'un regardant paisiblement devant lui, l'autre levant les yeux hardiment au ciel, celui-ci marchant résolûment en avant, celui-là le retenant, avec mesure, en place; partageant entre eux sans envie le laurier que le siècle leur a décerné, ils sont là unis dans notre mémoire à tous, dans la mémoire de la nation, comme les grands représentants de la double nature de l'homme : Schiller ne tendant qu'à ce qu'il y a de plus haut, Goethe sachant se contenir dans le possible et s'y plaire ; Schiller aspirant à l'idéal, Goethe dominant la réalité, et pourtant conciliés et d'accord, reconnaissant les droits réciproques de leurs génies divers, et se complétant harmonieusement. » Leur amitié, lentement nouée, mais ensuite aussi fidèle que sincère, sans réserve et sans nuages, est un des plus beaux exemples que nous offre l'histoire des lettres. Ils avaient senti d'abord, nous l'avons dit, peu d'attrait l'un pour l'autre, et, frappés surtout, choqués même de leurs différences de caractère, d'esprit, de position, ils avaient eu réciproquement ces premiers accès difficiles, *difficiles primos aditus*, dont parle le poëte. Mais, dès que la glace, c'est le mot, fut fondue, il s'engagea entre eux une correspondance aussi animée que confiante, qu'il nous faudrait insérer tout entière, en quelque sorte, dans notre récit, pour raconter fidèlement, à partir de ce moment, l'histoire des pensées et des travaux de Schiller, la vie de son esprit, si intéressante dans les dernières années. Comme ses lettres sont comprises dans notre traduction, nous pouvons y renvoyer le lecteur comme à un complément de cette biographie, à une sorte de Mémoires écrits par lui-même, et être plus sobre de citations que nous ne le serions sans cela.

---

1. Ceci n'est point tout à fait exact. Dans le beau groupe de Rietschel, les deux poëtes ne se tiennent pas par la main. La gauche de Goethe est placée sur l'épaule droite de Schiller; la main gauche de celui-ci porte un rouleau. Leurs droites ne se touchent pas, mais tiennent une même couronne de laurier, que Goethe toutefois garde devant lui, comme l'ayant le premier conquise et y donnant seulement part à son ami.

Ce fut la rédaction des *Heures* qui devint l'occasion du rapprochement, bientôt intime, des deux poëtes. Schiller, comme nous l'avons raconté, s'était chargé, sur la proposition de Cotta, de la direction d'un journal littéraire mensuel. Le plan de cette publication avait été conçu d'une manière assez large pour pouvoir, d'une part, appeler tous les auteurs distingués de l'Allemagne à y coopérer, et, de l'autre, compter sur l'intérêt de tous les esprits cultivés. « Le journal les *Heures*, était-il dit dans le programme, s'étendra sur tout ce qui peut être traité avec goût et dans un esprit philosophique, et par conséquent il sera ouvert aux recherches de philosophie, aussi bien qu'à la poésie et à l'histoire. Tout ce qui ne peut intéresser que le lecteur érudit et tout ce qui ne peut satisfaire que le lecteur ignorant, en sera exclu ; mais surtout et absolument il s'interdira tout ce qui a rapport à la religion de l'État ou à la constitution politique. On le dédie au beau monde, comme moyen d'instruction et de culture ; au monde savant, pour la libre recherche de la vérité et le fécond échange des idées ; et en même temps qu'on s'appliquera, par le fond, à enrichir la science même, on espère, par la forme, agrandir le cercle des lecteurs. » Vers le milieu de juin 1794, on envoya le programme « aux meilleurs écrivains humanistes, » comme Schiller les appelle, à Kant, Garve, Engel, Jakobi, Herder, Klopstock, Voss, Lichtenberg, Matthisson, Salis, etc., en leur demandant leur concours. A Iéna même, Fichte, G. de Humboldt, Woltmann, avaient promis le leur. Goethe, comme bien l'on pense, ne fut pas oublié. Le 13 juin, Schiller lui adressa une lettre respectueuse, ornée en tête des formules empesées et intraduisibles de l'étiquette : « Seigneur hautement bien né, Seigneur conseiller intime hautement respectable (*Hochwohlgeborner Herr, Hochzurerehrender Herr Geheimer Rath*), » et commençant ainsi : « La feuille ci-jointe (le programme, avec demande de concours) contient le vœu formé par une société qui a pour vous une estime sans limites, le vœu de vous voir honorer le journal dont il s'agit de votre coopération, sur l'excellence et le mérite de laquelle il ne peut y avoir qu'une voix parmi nous. La résolution de votre hautement Noble Seigneurie (*Euer Hochwohlgeboren*) d'appuyer cette entreprise par son accession, sera décisive pour son succès, et nous nous soumettons avec le plus grand empressement à toutes les conditions auxquelles vous voudrez nous l'accorder. »

Goethe répondit, le 24 juin, qu'il ferait partie avec joie et de tout cœur de la société, qu'il retirerait lui-même de grands avantages de ses relations avec des hommes aussi distingués, que ce serait déjà un soin fort intéressant de s'entendre sur les principes d'après lesquels on devrait juger les écrits envoyés au journal, et de veiller sur le fond comme sur la forme, afin que cette feuille se distinguât des autres et se maintînt avec ses avantages, au moins pendant une suite d'années. Dans une visite à Iéna, qui suivit de près cette lettre, il vit Schiller et s'entretint avec lui sur divers sujets, et particulièrement sur les questions qui, entre eux, devaient être, comme la théorie de l'art, par exemple, les plus délicates, les plus propres à faire ressortir l'opposition de leurs idées, à montrer, comme le dit Goethe, qu'entre deux esprits placés aux antipodes, comme Schiller et lui, il y avait une distance plus grande que le diamètre de la terre. Mais cette distance, sans la supprimer, l'étincelle électrique la franchit, et le monde des esprits a des secrets d'union et d'harmonie, des affinités de choix, bien autrement merveilleuses que le monde des corps. Se connaître, se comprendre, et se devenir nécessaires l'un à l'autre, ce fut pour eux même chose. Schiller avoua, à la suite de ces premiers entretiens, « qu'ils avaient mis en mouvement toute la masse de ses idées, » et Goethe reconnut avec non moins de joie qu'il n'avait pas éprouvé depuis longtemps une telle jouissance intellectuelle, et que ces conversations faisaient époque dans sa vie. « Les rapports de confiante amitié de deux si grands esprits devaient produire, dit Mme de Wolzogen, les plus nobles fruits. Aucune nation, aucune époque de la littérature ne nous offre une si belle union née du pur enthousiasme pour le vrai et le beau, une aspiration commune, si intime, si sincère, au but le plus élevé. » Ce n'est pas moi qui séparerai vrai et beau, mais, pour que l'éloge convienne sans réserve aux deux amis à la fois, ne faut-il pas ajouter : « Pour le vrai, oui, mais surtout en tant que beau ou spéculation, et au point de vue de la science et de l'art ? » C'était le hasard, en quelque sorte, qui avait lié cette amitié, et il avait pour cela bien pris son temps : plus tôt, le moment eût été moins opportun. « Ce fut un avantage pour nous deux, écrit Goethe, de nous être rencontrés plus tard, plus formés ; » et Schiller, dans la troisième lettre qu'il adresse à Goethe, à la fin d'août 1794, s'exprime ainsi : « Notre connaissance tardive, mais qui éveille en moi mainte belle espérance, me prouve une fois de plus combien il vaut souvent mieux laisser faire le hasard que de le devancer par trop d'empressement. Quelque vif qu'ait toujours été mon désir d'entrer avec vous dans des relations plus étroites que celles qui son possibles entre le génie de l'écrivain et son lecteur le plus attentif, je comprends toutefois parfaitement aujourd'hui que les voies s diverses que nous suivions vous et moi ne pouvaient utilement nous amener au point de rencontre plus tôt qu'à présent. Mais désormais je puis espérer que nous ferons de compagnie le reste du chemin, quelque long qu'il soit encore, et cela avec d'autant plus de profit que, dans un long voyage, ce sont toujours les derniers compagnons qui ont le plus à se dire. » Dans cette même lettre, et déjà dans la précédente, il juge Goethe et se juge lui-même, en se comparant à Goethe, avec sagacité, mais avec trop de modestie. « Ne vous attendez pas à trouver chez moi une grande richesse matérielle d'idées ; c'est là ce que je trouverai, moi, chez vous. Ma tendance et mon besoin est de faire de peu beaucoup, et vous trouverez peut-être que j'y ai réussi dans plus d'une production, si un jour vous devez apprendre à connaître de plus près ma pauvreté dans tout ce qu'on appelle connaissance acquise. Mon cercle d'idées étant plus petit, je le parcours d'autant plus vite et plus souvent, et je puis d'autant mieux mettre à profit mon peu d'argent comptant, et produire par la forme une variété qui manque au fond. Vous vous efforcez de simplifier votre grand monde d'idées, je cherche la variété pour mes petites possessions. Vous avez à gouverner un royaume ; moi, une famille d'idées, un peu nombreuse, que je voudrais de tout mon cœur étendre pour en faire un petit monde. » Plus loin il se plaint de flotter, comme une sorte d'hybride, entre le concept et l'intuition, entre la règle et le sentiment, entre la tête technique, dit-il, et le génie. « C'est là ce qui, surtout dans les années antérieures, m'a donné, dans le champ de la spéculation aussi bien que de la poésie, une apparence passablement gauche ; car habituellement le poëte s'emparait de moi quand je voulais philosopher, et l'esprit philosophique quand je voulais être poëte. Maintenant encore, il m'arrive assez souvent que l'imagination trouble mes abstractions et le froid entendement ma poésie. Si je puis devenir assez maître de ces deux facultés pour poser, avec mon libre arbitre, des bornes à chacune d'elles, un beau lot m'est encore réservé ; mais malheureusement, depuis que j'ai commencé à bien connaître et employer mes forces morales, une maladie menace de miner mes forces physiques. Achever en moi une grande et générale révolution intellectuelle, je n'en aurai probablement pas le temps ; mais je ferai ce que je pourrai, et lorsque enfin l'édifice croulera, peut-être aurai-je au moins sauvé de l'incendie ce qu'il vaut la peine de conserver. » Goethe avait provoqué ces aveux et demandé à Schiller de lui faire connaître la marche de son esprit, surtout celle des dernières années. « Quand nous nous serons réciproquement éclairci le point, lui écrivait-il, que nous avons actuellement atteint, nous pourrons d'autant mieux travailler sans interruption en commun. » Et il donnait l'exemple de la franchise : « Vous verrez bientôt vous-même combien sera grand pour moi l'avantage de votre intervention, lorsque, en me connaissant mieux, vous découvrirez en moi une sorte d'obscurité et d'hésitation, dont je ne puis triompher, bien que j'en aie nettement conscience. Mais il y a plus d'un phénomène de ce genre dans notre nature, par laquelle pourtant après tout nous nous laissons volontiers gouverner, pourvu qu'elle ne soit point par trop tyrannique. » J'insiste sur ces premiers rapports parce que c'est un noble et touchant spectacle que ce début si empressé d'amitié, tout aussitôt confiante, pleine d'un modeste abandon, se fondant bien vite sur un sentiment d'entière égalité qui les honore autant l'un que l'autre, et demeurant supérieure à toutes ces petitesses de vanité et de jalousie dont les grandes âmes sont exemptes, mais non pas toujours, hélas ! les grands esprits. Le principe de cette belle alliance, ce fut l'identité du but à poursuivre ; mais, les meilleurs hommes sont ainsi faits, ce qui seul pouvait rendre possible et durable cette fraternelle activité, ce fut, Goethe l'a dit avec raison, la diversité des moyens par lesquels chacun d'eux tendait à ce but : leur association fut une lutte, « la lutte, dit Goethe ailleurs, qui peut-être jamais ne se videra, entre l'objet et le sujet. » Un quatrain qui est intitulé l'*Accord*, et qui fait partie du recueil des distiques que Schiller a réunis sous le nom d'*Ex-voto*, explique cette parole de Goethe et peint parfaitement la fin commune et les voies diverses des deux amis : « Nous cherchons tous deux la vérité : toi, au dehors, dans la vie ; moi, au dedans, dans le cœur, et ainsi chacun de nous la trouvera certainement. Si l'œil est sain, il rencontre au dehors le Créateur ; si le cœur est sain, il réfléchit au dedans le monde [1]. »

Rien ne pouvait être, à l'un comme à l'autre, plus salutaire que le

---

1. M. le docteur Clemens, dans un petit opuscule qui a pour titre *Schiller dans ses rapports avec Goethe et avec le temps présent*, montre, par quelques citations intéressantes, que les deux grands écrivains étaient d'accord, malgré la différence de leurs natures, sur un bon nombre de questions importantes.

libre et confiant commerce qui s'établit entre eux ; cependant on peut dire que, s'il profita plus à l'un qu'à l'autre, ce fut à Schiller, moins avancé dans la carrière, et touchant à son second âge de poésie, à cette nouvelle et virile jeunesse où l'arbre porte à la fois des fleurs et des fruits. L'an 1794 fut dans la vie de Schiller, dit Guillaume de Humboldt, le moment décisif, « le moment de la crise la plus extraordinaire que jamais homme ait éprouvée dans sa vie intellectuelle. Son génie poétique, inné et créateur, rompit, pareil à un torrent gonflé, les obstacles que lui opposait la spéculation abstraite, trop puissamment accrue, et la conscience, devenue trop nette, qu'il avait de lui-même. » Grande était, au témoignage de Goethe, la force d'attraction de Schiller : « il s'attachait et retenait quiconque l'approchait ; » mais, à son tour, il subit l'aimable et puissante influence de Goethe, et non pas seulement dans les choses de l'esprit : il lui dut de reprendre plus de confiance en sa santé, suivit ses conseils pour sa manière de vivre, distribua mieux ses heures, et surtout partagea plus régulièrement son temps entre la veille et le sommeil.

Schiller rédigea à la fin de 1794 l'annonce publique des *Heures*. Il l'inséra d'abord dans la feuille d'avis de la *Gazette littéraire d'Iéna*, puis la plaça en tête du premier cahier du journal. Il y expose le plan de l'entreprise et dit quel en doit être l'esprit. « Dans un temps où le bruit de la guerre qui approche inquiète la patrie, où la lutte des opinions et des intérêts politiques reproduit cette guerre presque dans chaque cercle, et n'en bannit que trop souvent les Muses et les Grâces, où nulle part, ni dans les conversations, ni dans les écrits du jour, on n'est à l'abri de ce démon de la critique politique, il peut paraître aussi hasardé que méritoire d'inviter le lecteur, si fort distrait, à un entretien d'un genre tout opposé. Dans le fait, les circonstances semblent promettre peu de succès à une feuille qui s'impose un rigoureux silence sur le thème favori du jour.... Mais plus l'intérêt borné du présent tend les esprits, les comprime et les subjugue, plus le besoin devient pressant de les affranchir au moyen d'un intérêt universel, d'un intérêt plus haut, qui se prenne à ce qui est purement humain, s'élève au-dessus de toute influence du temps, et de réunir sous la bannière du vrai et du beau le monde divisé par la politique. » C'est une belle chose que cette quiétude désintéressée, cette sereine indifférence du sage, dont plus haut déjà j'ai parlé comme d'une tentation bien naturelle ; mais l'abstention des meilleurs ne fait-elle pas la partie trop facile aux puissances mauvaises, à la tyrannie, à la conquête (l'Allemagne le sait !), à toutes les funestes influences du présent ? L'impuissance seule excuserait cette retraite sous la tente, et l'impuissance peut-elle jamais être entière et durable ? Une grande âme espère même contre l'espérance, *contra spem in spem*, et toujours elle est active, ou prête à agir, contre les maux présents, *la malice du jour*, comme dit l'Évangile.

Pour assurer et hâter le succès, on imagina une ruse qui, bien qu'elle soit loin, je crois, d'être chose inouïe, ne serait légitime, ce me semble, que si utile était synonyme d'honnête. Il fut convenu avec le professeur Schütz, l'éditeur de la *Gazette littéraire* d'Iéna, qu'on publierait régulièrement dans ce journal, Cotta payant l'insertion, des appréciations des divers articles contenus dans les *Heures*, appréciations composées par les rédacteurs mêmes de la nouvelle Revue. L'éloge s'y devait naturellement revêtir de toutes les apparences d'impartialité qui donnent du prix à l'admiration. Schiller, il faut bien le dire, ne demeura point étranger à cet arrangement ni même à la rédaction de ces critiques complaisantes : il en riait avec Goethe et se pardonnait de fort bonne grâce ce charlatanisme, au moins peu idéal.

Le début de la feuille nouvelle fut brillant. Le nom des écrivains, les promesses du programme firent naître de belles espérances, et les premiers numéros s'enlevèrent rapidement. Pendant la première année, grâce aux travaux tout faits que les deux amis avaient en portefeuille, les *Heures* remplirent l'attente du public lettré. Pareilles aux déesses dont elles portaient le nom, « elles venaient désirables, apportant toujours quelque nouveau présent : »

Ὥρα;ι ϕίλαι... ποθειναί
Ἔρχονται, παντοῖοι ϕέρουσαι αἰεί τε ϕέρουσαι.[1]

Mais quand les provisions prêtes d'avance se furent épuisées, comme ni Schiller ni Goethe n'étaient hommes à se faire une habitude de travailler à la tâche et à l'heure, comme, du reste, il n'y eut qu'un petit nombre de collaborateurs qui tinrent leurs promesses, les cahiers mensuels perdirent peu à peu de leur intérêt, et le goût du public s'attiédit. Dès la troisième année, Cotta ne retira plus de la vente que ses frais, et Schiller, fatigué des continuels soucis et de la minutieuse besogne que lui imposait la direction, se décida à rompre cette chaîne. Pendant ces trois ans l'amour de la

---

1. Théocr., *Id.* XV, 104.

poésie et du libre travail s'était rallumé en lui plus vif que jamais, et ces préoccupations, ce joug quotidien n'avaient fait qu'accroître son ardeur impatiente. Le 26 janvier 1798, il écrit à Goethe qu'il a signé l'arrêt de mort des *Heures* : « Eunomie, Dicé, Irène, comme les nomme Hésiode, cesseront de paraître, après avoir présidé chacune à une année. » Il aurait eu, pour finir avec éclat, la bizarre tentation d'insérer dans le dernier cahier quelque morceau téméraire qui entraînât la suppression de la feuille ; mais où le trouver ? à qui le demander ? il n'était plus d'humeur à l'écrire lui-même. C'était là une de ces fantaisies que Goethe ne goûtait guère : il ne répondit même pas à Schiller sur ce point, et les *Heures* s'endormirent d'une mort paisible et lente ; le dernier numéro, qui était le douzième de 1797, ne parut qu'au mois de mars 1798.

Dans les premiers cahiers des *Heures* parurent, nous l'avons dit, plusieurs traités d'esthétique, et d'abord les *Lettres sur l'Éducation esthétique*, que l'auteur retoucha et compléta sous l'influence des idées de Goethe, de Fichte et de G. de Humboldt. Avant de les retravailler ainsi et de les publier, il les avait envoyées au prince d'Augustenbourg, à qui, comme nous l'avons rapporté, elles étaient dédiées : le manuscrit de ces lettres envoyées à Copenhague fut consumé dans un incendie du palais. Quelques autres opuscules philosophiques, particulièrement le traité *Sur la poésie naïve et la poésie de sentiment*, dont nous avons parlé plus haut, furent également insérés dans les *Heures* de 1795 et 1796. Cette dernière dissertation, dont les *Pensées sur l'emploi du commun et du bas dans l'art*, publiées en 1802, ne sont qu'un supplément, fut son adieu à la philosophie. Il était las des théories et des abstractions, et, une fois passé maître, et maître éminent, en ce genre de composition et de style, il y renonça pour n'y plus revenir. Hors de son vrai domaine, de la poésie, dont il ne s'était éloigné que pour reprendre son élan, il se sentait comme exilé, et le mal du pays devenait chaque jour plus impérieux. « Il est grand temps, dit-il à Goethe dans une de ses lettres, que je ferme, au moins pour un temps, l'échoppe philosophique. Mon cœur (que les abstractions, pouvait-il dire, ont fait jeûner si longtemps) a soif d'un sujet palpable. » La lecture de *Wilhelm Meister*, son admiration pour ce roman, dont Goethe lui communiqua d'abord les feuilles, au moment où elles sortaient de l'imprimerie, puis bientôt le manuscrit même, à mesure qu'il le composait, augmentèrent encore sa répugnance pour la métaphysique. « Je ne puis vous dire, lui écrit-il, quelle sensation pénible c'est souvent pour moi de porter les yeux, d'un ouvrage de ce genre, sur les choses philosophiques. Là, tout est si serein, si vivant, si harmonieusement dénoué et si humainement vrai ; ici tout est si sévère, si rigide et abstrait, et si peu naturel.... Je sens vivement la distance infinie qui est entre la vie et le raisonnement.... Ce qu'il y a de certain (qu'on me pardonne d'aller jusqu'au bout de la citation), c'est que le poëte seul est l'homme véritable, et que le meilleur philosophe n'est auprès de lui qu'une caricature. » Plus il avance dans la lecture de *Wilhelm Meister*, plus il s'enthousiasme pour cette peinture de la vie réelle, si peu conforme à sa propre manière. Il a lu le cinquième livre, écrit-il en juin 1795, avec une véritable ivresse, et quand il songe combien sont simples les moyens par lesquels l'auteur a su produire un intérêt si entraînant, son admiration s'accroît encore. Un an après, il annonce avec joie à Goethe qu'il va consacrer exclusivement les quatre mois prochains à étudier et apprécier dans son ensemble cette œuvre d'art. « C'est, lui dit-il, un des plus grands bonheurs de mon existence d'avoir assez vécu pour voir cet ouvrage achevé, et achevé dans un temps où mes forces sont encore actives, où je peux encore puiser à cette source pure.... Je ne puis vous décrire à quel point la vérité, la belle vie, la simple abondance de cette composition m'ont ému. L'émotion, en ce moment encore, est, il est vrai, plus inquiète qu'elle ne sera quand je me serai rendu entièrement maître de votre œuvre, et ce sera là pour mon esprit une crise décisive. »

G. de Humboldt était parti d'Iéna, vers le milieu de 1795, et retourné en Prusse, d'où il ne put revenir qu'à la fin de l'année suivante. Son absence contribua sans doute aussi à faire prendre en dégoût à Schiller les spéculations philosophiques : il s'était fait une douce habitude de lui communiquer ses idées, de les discuter, de les arrêter avec lui, et ne pouvait plus trouver le même plaisir à traîner seul sa charrue dans ce champ qu'ils labouraient à deux. Il avait près de lui, à Iéna, un autre penseur éminent, Fichte, mais jamais ses rapports avec lui ne furent intimes ; de même, auparavant, il avait fini par goûter fort peu Reinhold, le prédécesseur de ce philosophe. La méthode de Fichte n'agréait nullement à Schiller, non plus que tout son système, contre lequel il décocha plus d'une épigramme et qu'il définit plaisamment ainsi dans une lettre à Goethe : « Le monde est pour lui une balle que le moi a jetée, et qu'il rattrape ensuite, à la réflexion. » Une discussion qui survint au sujet de la rédaction des *Heures*, amena une rupture déclarée. Fichte avait composé pour ce recueil une dissertation « Sur l'esprit et la lettre en philosophie. » Schiller lui fit diverses critiques sur ce morceau et alla jusqu'à lui reprocher de la confusion d'idées dans cette question. La querelle se passionna et sortit des bornes de la courtoisie. A partir de ce moment, il paraît que toute relation cessa entre eux, jusqu'au mois d'août 1798, où Fichte chercha à se rapprocher du poëte. Peu de temps après, le philosophe, accusé d'athéisme par le gouvernement de la Saxe électorale, en appela au public, et fit hommage à Schiller d'un exemplaire de sa défense. Schiller lui écrivit une lettre de remercîment, à la fois très-libérale et très-mesurée, où, après avoir déclaré d'abord que l'accusation d'athéisme est, pour tout homme de sens, victorieusement réfutée dans cette apologie, il cherche à calmer Fichte, à lui faire comprendre que les sentiments généreux, bien connus, de Charles-Auguste (« je l'ai entretenu, dit-il, bien des fois de votre affaire »), et des conseillers de ce prince, le mettent à l'abri de toute persécution; puis, lui reprochant de ne s'être pas concerté avec le gouvernement de Weimar, à qui la Saxe électorale avait adressé sa plainte, il lui dit à la fin qu'à sa place, pour protester contre la confiscation de son journal dans l'Électorat, il aurait surtout soutenu cette thèse, « qu'un gouvernement éclairé et juste ne peut proscrire aucune opinion théorique qui est exposée, dans un ouvrage scientifique, pour les savants. » La passion est sourde aux conseils modérés, et Fichte ne se laissa point apaiser. Il fit si bien qu'il fut obligé de quitter Iéna : Schiller, dans la suite de sa correspondance avec Goethe, condamne assez durement son imprudente opiniâtreté, comme il l'appelle, et les travers d'esprit qu'il lui impute [1].

Mais revenons à l'époque où Schiller sortait de l'austère école de la philosophie, pour consacrer les forces nouvelles qu'il y avait acquises, à la poésie. Pour l'histoire, il y avait renoncé depuis longtemps déjà, et s'il y revint, en 1795, pour peindre, de main de maître, le siège d'Anvers, ce fut uniquement pour combler, en directeur consciencieux, une lacune dans les *Heures*, un jour qu'il manquait de manuscrit. Ce fut dans une circonstance semblable qu'il rédigea,

---

[1]. Le fils de Fichte a publié la correspondance de Schiller avec son père, et a placé en tête une introduction qui a pour objet d'expliquer, à l'honneur des deux écrivains, le désaccord qui s'était élevé entre eux à l'occasion de la dissertation « Sur l'esprit et la lettre. »

en 1797, les *Faits mémorables de la vie du maréchal de Vieilleville* qui ne sont point une œuvre originale, mais un simple résumé et un extrait des Mémoires français, écrits par Carloix. Ce n'étaient plus là que des distractions commandées, des pas faits à regret en dehors de sa voie. Sa santé lui défendait l'enseignement, mais, eût-il eu sa vigueur d'autrefois, il aurait encore refusé, je crois, pour rester libre, libre d'obéir à l'inspiration poétique qui commençait à se ranimer impérieusement, l'offre qui lui fut faite, par deux fois, au commencement de 1795, d'une chaire à l'Université de Tübingue. La seconde fois pourtant, on avait ajouté au pressant appel qui lui était adressé la clause gracieuse qu'il exercerait ses fonctions comme il pourrait et voudrait, comme sa santé le lui permettrait. Quelque flatteuse que fût cette invitation, il la refusa, parce qu'il sentait qu'il aurait mauvaise grâce à accepter une chaire où il ne monterait pas. A Iéna, on lui laissait la même liberté, mais c'était une habitude prise, et en ne professant pas, écrit-il à son ancien maître Abel, qui plus que personne eût voulu l'avoir pour collègue à Tübingue, il ne trompait personne. A ce besoin de rester libre, sans blesser aucune bienséance, se joignaient, pour le retenir, le charme et le fruit de l'amitié de Goethe, tous les liens qui attachaient sa femme à la Saxe, et plus encore peut-être la reconnaissance qu'il devait à Charles-Auguste. Ce prince lui avait fait promettre par le conseiller intime de Voigt, que Schiller, à la seconde invitation venue de Tübingue, avait prudemment questionné sur son avenir, que, si sa santé ne lui permettait plus de se créer des ressources par des travaux littéraires, son traitement serait doublé.

Un poëme didactique, *les Artistes*, avait été, sept ans auparavant, le prélude de ses spéculations philosophiques; un poëme, à la fois lyrique et didactique, *la Poésie de la vie*, les couronna et en marqua la fin prochaine. Puis, quand il eut ressaisi, après ce long silence, sa lyre mieux accordée et enrichie de cordes nouvelles, il ne la quitta plus. Si, après cela, il revint encore à l'esthétique, et écrivit sa belle étude sur la poésie, ce fut pour mieux tracer sa route, mieux assurer sa marche, et faire un viatique au poëte de tout ce qu'avait amassé le philosophe. Une quarantaine de poëmes d'étendue diverse virent le jour dans la seconde moitié de 1795. Quelques-uns furent insérés dans les derniers cahiers des *Heures* de cette année : ainsi, dans le neuvième, le *Royaume des ombres*, nommé depuis *l'Idéal et la Vie*, qui est encore une transition, à la fois brillante et abstraite, de la philosophie à la poésie. D'autres parurent dans l'*Almanach des Muses*, sorte d'annuaire poétique qu'il mena de front avec les *Heures*, et dont il avait conçu le projet dès l'année précédente, sans doute pour faire suite à celui que Bürger, mort en juin 1794, avait donné sous le même nom et que continuèrent de leur côté des amis de ce poëte. La première année de cet almanach, pour lequel il eut d'éminents collaborateurs, Goethe, Herder, Auguste-Guillaume Schlegel, etc., fut imprimée à Berlin, sous les yeux de G. de Humboldt, et mise en vente vers la fin de 1795, chez le libraire Michaelis, à Neu-Strélitz. En tête du volume sont les stances inspirées, intitulées *la Puissance du chant*; à la fin ces doux adieux *au Lecteur*, qui, dans l'édition des Œuvres, terminent tout le recueil des poésies détachées. Entre ces deux morceaux figurent, comme ornements principaux du volume, *les Vues idéales*, que Goethe goûtait particulièrement, pour la vérité intime et personnelle du sentiment; *l'Élégie*, depuis *la Promenade*, peinture animée et pleine d'art qui réunit les suffrages de tous ses amis et dont il fut lui-même très-content : le monde extérieur et la pensée s'y tempéraient harmonieusement, et il sentit, en la composant, que, pour le fond comme pour la forme, pour l'ensemble et pour les détails, son talent poétique s'étendait et s'élevait. Aux six derniers mois de 1795 appartiennent encore *l'Image voilée de Saïs*, *la Danse*, *les Chantres des anciens temps*, *le Soir d'après une peinture*, *la Foi allemande*, *l'Ulysse*, *Colomb*, *Archimède et l'Écolier*, *le Partage de la terre*, *Pégase sous le joug*, *la Dignité des femmes*, *le Génie*, *l'Antique au voyageur du Nord*, *l'Égoisme philosophique*, *le Savoir humain*, *le Métaphysicien*, *les Philosophes*, etc., etc., pièces de nature et de valeur diverses, dont on peut, par les titres seuls, apprécier la variété. Dix-huit épigrammes sont aussi de ce temps : c'est l'année suivante qui, surtout, comme nous le verrons bientôt, fut féconde en ce genre.

M. Hoffmeister partage avec raison en trois classes les poëmes que Schiller écrivit dans les dix dernières années de sa vie, c'est-à-dire dans cet âge viril de poésie où, joignant à l'inspiration la perfection de l'art, maître facile, et non plus jouet aveugle, de sa muse, il sut ne lâcher les rênes à l'imagination qu'après lui avoir tracé la voie et montré le but. Les uns, et ce sont surtout les premiers de cette période, ont pour théâtre la région des idées : le poëte y répand à profusion sur les abstractions subtiles de la métaphysique les formes, les couleurs, l'harmonie, mais sans réussir toujours, je le crains, malgré tout cet éclat, à les rendre visibles à d'autres qu'aux initiés. Viennent ensuite, non sans un grand charme d'originalité, ceux où le poëte flotte en quelque sorte entre le monde des sens et celui de l'entendement, tour à tour les opposant l'un à l'autre, les unissant sans les fondre, idéalisant le réel et réalisant l'idéal. Au sujet de ces deux sortes de compositions où Schiller est à la fois philosophe et poëte, je ne puis m'empêcher de regretter, avec G. de Humboldt, qu'il n'ait pas vécu jusqu'au temps où un monde tout nouveau, celui des lettres indiennes, fut révélé à l'Europe. « Là il aurait appris à connaître une alliance de la poésie avec la philosophie la plus abstraite, bien plus étroite que celle que nous offre la littérature grecque, et ce phénomène l'aurait vivement saisi, ainsi que le caractère solennel, pieux et religieux, qui distingue la poésie de l'Inde de celle de l'antiquité classique. »

La troisième classe nous révèle un grand progrès, et nous montre le poëte accompli et parvenu au sommet, au-dessus de tous les nuages : plus de lutte entre la philosophie et la poésie ; celle-ci s'est approprié toutes les forces et toutes les richesses acquises par la réflexion et l'étude, et en a fait son bien, sa substance même. L'esprit de l'auteur, qu'il prenne au dehors ou au dedans de lui-même le sujet de ses chants et de ses tableaux, demeure détaché et distinct de ce sujet, ne se confond plus avec lui, le voit de haut et à distance, et pourtant le marque de son empreinte personnelle. Pour lui seul l'objet contemplé est aussi beau, aussi frappant qu'il le voit ; ce n'est qu'en se réfléchissant dans ses yeux qu'il prend cette forme achevée, ces vraies et vives couleurs ; et pourtant, quand il le montre tel qu'il l'a vu, tous aussitôt le reconnaissent.

Ce dernier progrès, Schiller le dut en grande partie à l'influence de Goethe, qu'il ne subit toutefois qu'à bon escient. En l'admirant et l'écoutant, il sut rester lui-même. Grâce à lui, il comprit de plus en plus que l'idéal n'était pas le seul domaine du poëte, mais il ne cessa pas pour cela d'être le poëte de l'idéal ; les sons de sa lyre devinrent plus clairs, plus limpides, plus variés, mieux mesurés peut-être ; il y ajouta même, avons-nous dit, des cordes nouvelles, mais sans briser aucune de celles qui n'étaient qu'à elle et que seul il savait toucher. A l'influence de Goethe se joignit celle des anciens : il lut, non sans s'aider de traductions, Juvénal, Perse, Plaute, ne s'effrayant pas, comme l'on voit, de la réalité verte et crue, ni du gros rire populaire ; ensuite il put comprendre Térence dans l'original et traduire à la lecture les *Adelphes* à sa femme. Il aurait bien désiré lire aussi dans leur langue les grands auteurs grecs ; il demandait à ses amis de lui indiquer de bonnes grammaires, de bons dictionnaires ; il voulait se remettre aux éléments, apprendre le grec à tout prix. Encore en 1800, peu d'années avant sa mort, il revint à ce dessein, et n'y renonça qu'à regret, après en avoir parlé à Goethe, qui ne l'encouragea pas. De toutes les lacunes de ses premières études (et pourtant, on s'en souvient, il avait eu un prix de grec), c'était celle qui l'affligeait le plus.

Il ne faudrait pas conclure cependant de ce goût pour les anciens, et surtout pour les Grecs, qu'il regardât comme possible ou désirable le retour pur et simple à leur mode d'inspiration, à leur manière de saisir et de rendre la nature. Il sentait en quoi les modernes différaient et devaient différer d'eux, par quels avantages ils pouvaient racheter ce qui leur manquait en naturel et simplicité et fraîcheur primitive. « S'il en est, écrit-il, qui, comme Goethe par exemple, participent plus ou moins de l'esprit grec, qu'ils sont loin cependant d'être des Grecs ! En voyant cela, je me demande si le poëte moderne ne ferait pas bien de se fixer comme indigène dans le domaine qui n'est qu'à lui et d'y tendre à la perfection, plutôt que d'aller se faire vaincre par les Grecs, dans une sphère étrangère, où sa langue, sa culture, son monde, lui feront éternellement obstacle. » Fidèle à son penchant, à sa thèse favorite, il résume ainsi sa pensée : « En un mot, le poëte moderne ne doit-il pas plutôt prendre pour objet l'idéal que la réalité ? »

Sa rentrée, par un chemin nouveau, dans la terre promise des Muses, fut un pénible labeur, et, avant d'arriver aux sources de lait et de miel, il traversa le désert du doute, du découragement, des longs et stériles efforts. Sa santé, toujours chancelante, l'arrêtait, l'abattait souvent, et lui arrache, en ce temps-là, de fréquentes plaintes. Et pourtant il luttait contre les obstacles, il ne voulait pas s'avouer vaincu. « Je crains, dit-il, d'expier les vives agitations où m'a jeté le travail poétique. Pour philosopher, la moitié de l'homme suffit, et l'autre moitié peut se reposer ; mais les Muses vous épuisent tout entier. » Plus tard, dans une autre lettre, il explique sa pensée, très-juste, en effet, si on l'applique à sa manière d'être poëte. « Si le philosophe, dit-il, peut laisser reposer son imagination, et le poëte sa faculté d'abstraction, il faut, dans des compositions comme les miennes, que je maintienne sans cesse tendues ces deux forces à la fois, et ce n'est que par une perpétuelle agitation intérieure que je puis tenir, pour ainsi parler, en dissolution ces deux éléments hétérogènes. » Parfois il se prenait à douter de son talent, de son génie de poëte: « Pour une heure de courage et de confiance, écrit-il à Goethe au mois d'octobre 1795, il y en a dix où je suis découragé et où je ne sais ce que je dois penser de moi. » Heureusement les suffrages de ses amis venaient le soutenir, le relever. C'était, disait-il, sa consolation de se voir, dans leur jugement et en dehors de lui, tel qu'il désirait être et n'osait se voir lui-même ; de lire, par exemple, dans la lettre de Goethe à laquelle il répondait en faisant l'aveu que je viens de citer : « J'ai beaucoup pensé à vos poésies (il les lui avait envoyées en manuscrit) ; elles ont de rares mérites et sont telles, dirais-je volontiers, que je les attendais précédemment de vous. Ce mélange particulier de contemplation et d'abstraction, qui est dans votre nature, se montre maintenant dans un parfait équilibre, et toutes les autres vertus poétiques se produisent dans un bel ordre. C'est avec plaisir que je verrai ces pièces imprimées, que j'en jouirai de nouveau moi-même et en partagerai la jouissance avec d'autres. » En recevant de tels éloges, en sentant qu'il les méritait, il reprenait confiance, et en comparant ses premiers essais poétiques à ses œuvres présentes, il ne regrettait plus la longue interruption, le salutaire apprentissage auquel il s'était condamné, le temps qu'il avait employé à mûrir et ordonner sa pensée. « Ce que je sais maintenant, disait-il, par une sûre expérience, c'est que la sévère précision des idées mène seule à l'aisance. Je croyais autrefois le contraire et craignais la dureté et la roideur. Je me réjouis, dans le fait, aujourd'hui, de n'avoir pas hésité à m'engager dans cette pénible route, que j'ai souvent jugée nuisible à l'imagination poétique. »

Lorsqu'il eut retrouvé sa voie et qu'il se fut dit : « La poésie sera désormais la tâche de ma vie, et je n'y serai pas toujours timide, comme aujourd'hui que j'essaye mes forces nouvelles; je ne fais pas voile à tout jamais, je l'espère, tout près du rivage de la philosophie, mais je naviguerai plus avant dans la libre mer de l'invention » (ce sont les paroles mêmes qu'il écrit à A. G. Schlegel), il balança de nouveau entre l'épopée et le drame, et de nouveau consulta ses amis. « La poésie épique, lui répondit G. de Humboldt, quand je la compare à la dramatique, ne me paraît pas aussi propre à développer toute votre force. » Et il lui donne les raisons de ce jugement, qu'il fonde sur la nature même de son talent poétique. « Le drame! » lui avaient crié de même précédemment le coadjuteur Dalberg, Wieland, J. de Müller, qui avait prédit, comme nous l'avons vu, que si l'Allemagne devait avoir son Shakspeare, elle le trouverait dans Schiller. Il avait choisi un sujet, et même, avons-nous dit, commencé à le traiter, celui de *Wallenstein*; mais, à ce moment, un autre, *les Chevaliers de Malte*, paraissait lui sourire beaucoup aussi, plus peut-être. Il comptait y mêler des chœurs, dont il se promettait un heureux effet. A la fin, comme nous le verrons, *Wallenstein* l'emporta; mais, pendant toute l'année 1796, le poëte y fit peu de progrès. D'autres travaux l'en détournèrent; puis c'était une matière difficile à maîtriser, et, pour qu'il pût s'y appliquer tout entier, il fallait d'abord que l'abondance d'idées, de sentiments, d'images poétiques, amassés pendant ce long silence de la muse, se fût répandue en détail dans des chants lyriques et d'autres poëmes plus faciles à concevoir, à embrasser, à composer.

Des soucis et des deuils domestiques vinrent tristement aussi le troubler. Sa plus jeune sœur, Nanette, mourut au printemps de 1796, enlevée par une fièvre épidémique, dont son père et sa seconde sœur, Louise, furent attaqués également. Sa pauvre mère était seule au milieu de cette affliction; elle n'avait auprès d'elle aucun des siens qui la pût consoler, et soulager sa fatigue. Grande fut l'anxiété de Schiller à ces affreuses nouvelles. Si sa santé le lui eût permis, il aurait couru, sans hésiter, au sein de sa famille désolée; mais depuis plus d'un an il n'était pour ainsi dire pas sorti de sa maison, et il était si faible qu'il craignait ou de ne pouvoir supporter le voyage ou de n'arriver chez ses parents que pour tomber malade, lui aussi, et augmenter leurs peines. Désespéré de sa propre impuissance, il pressa sa sœur aînée, Mme Reinwald, de partir, sans retard, de Meiningen, pour la Solitude. Il s'offre à payer les frais du voyage, il la supplie en grâce, une fois arrivée auprès des chers malades, de n'épargner aucune dépense pour leur rétablissement, pour leur bien-être. Il pourvoira à tout, elle n'a qu'à s'adresser à Cotta, à l'éditeur des *Heures*, pour avoir de l'argent. Christophine Reinwald partit sans hésiter, assista et consola ses vieux parents avec la plus tendre sollicitude, et ne revint auprès de son mari qu'en automne, après avoir reçu le dernier soupir de son père. Schiller la bénit pour son dévouement, mais fut inconsolable de n'avoir pu s'y associer que de cœur, d'avoir perdu, sans les revoir, son vénérable père[1], une sœur charmante, passionnée à ce point pour la gloire de son frère que, dans ses derniers moments encore, son rêve et son espoir étaient de monter un jour sur le théâtre pour jouer ses drames. « Et notre bonne mère! Je n'y puis penser, s'écrie-t-il. Que n'a-t-elle pas fait pour nos grands parents, et combien elle a mérité de nous la même assistance! » Le génie, avec ses préoccupations idéales, sa glorieuse ambition, risque, dit-on, de dessécher le cœur, de le distraire au moins et de l'attiédir pour les communes affections de la vie. Schiller, jusqu'à la fin, devint chaque jour, à mesure que son talent s'élevait, meilleur et plus aimant. La mort épargna sa sœur Louise; elle épousa, en 1799, le pasteur Frankh. Sa mère alla demeurer à Leonberg, où l'affection attentive de son fils la suivit dans son veuvage. « Tout ce qui peut vous rendre la vie douce, lui écrit-il, il faut que vous l'ayez, mon excellente mère, et c'est désormais mon affaire de vous préserver de tout souci. Après tant de peines cruelles, il faut que le soir de votre vie soit serein ou du moins paisible, et j'espère que vous jouirez encore de maint jour heureux, au sein de vos enfants et petits-enfants. »

Aux chagrins qui marquèrent cette année, se mêlèrent quelques consolations et quelques joies. Kœrner vint le voir et resta huit jours avec lui, vers le temps de la mort de sa sœur Nanette. Goethe lui fit également une longue visite : il passa quatre semaines à Iéna, en février et mars. Plus tard, au commencement de novembre, G. de Humboldt revint de Berlin avec sa famille, et, pendant son séjour, qui se prolongea jusqu'au mois d'avril de l'année suivante, son frère, Alexandre de Humboldt, le seul et glorieux survivant de ces illustres amis[2], vint aussi jouir quelque temps avec lui de l'intimité de Schiller. C'est encore cette année que la belle-sœur de ce dernier, Caroline de Lengefeld, mariée d'abord, comme nous l'avons dit, à M. de Beulwitz, épousa G. de Wolzogen, cher à notre poëte et pour lui-même et par le souvenir de sa mère et de sa sœur. Les nouveaux époux (le duc de Weimar avait nommé le mari chambellan) s'établirent d'abord à Bauerbach, ensuite à Rudolstadt, et plus tard à Iéna. Mais, parmi les joies qui le consolèrent en ce temps-là, la plus vive sans doute pour Schiller, ce fut la naissance d'un second

---

1. J'ai vu un portrait du digne capitaine, publié à Leipzig. C'est une bonne et grave et honnête figure, bien allemande, et où la finesse s'unit à la vigueur.
2. J'écrivais ces mots, qui malheureusement ne sont plus vrais, peu de jours avant celui où nous apprîmes ici la mort de l'illustre auteur du *Kosmos*.

fils, qui vint au monde le 11 juillet 1796[1]. Il eut Goethe pour parrain et fut appelé Ernest-Frédéric-Guillaume. « Ma joie est double, écrit le père à Kœrner, parce que le nouveau venu est un garçon et qu'il regarde frais et allègre dans le monde. C'est une lourde pierre qui m'est ôtée de dessus le cœur. » L'accouchement avait été très-prompt et très-heureux. Et dans un billet à Goethe : « Je puis maintenant, dit-il, commencer à compter ma petite famille : c'est une sensation toute particulière, et le pas d'un à deux est beaucoup plus grand que je ne pensais. »

Un tout autre fruit de l'année 1796, ce fut (qui le croirait de l'aimable poëte?) toute une moisson d'épigrammes. Voici quelle en fut l'occasion. Les Heures lui avaient causé beaucoup d'ennuis. Le succès de l'entreprise avait été loin de répondre à son attente : on sait quelles brillantes espérances il avait conçues en la projetant. Le public, qui s'engouait si aisément des œuvres les plus médiocres, avait accueilli avec une blessante froideur les cahiers même les mieux remplis, ceux qui contenaient des œuvres que tous admirent aujourd'hui. Goethe se plaignait aussi et du public et des lettrés. Il était mécontent du peu d'intérêt qu'excitaient en maint endroit son *Wilhelm Meister* et ses excursions dans les sciences naturelles. Ce fut lui qui conçut la pensée de réveiller le monde lettré de sa torpeur et de châtier cette indifférence. Il la communiqua à Schiller dès l'automne de 1795, et deux mois après il lui proposa une alliance offensive, une attaque poétique, dirigée en commun contre les journaux littéraires, les sots lecteurs, les mauvais écrivains. Schiller adopta l'idée avec son ardeur accoutumée. Pendant une visite de Goethe à Iéna, en janvier 1796, on arrêta tous les détails du projet, puis les deux poëtes se mirent à l'œuvre sans retard, et aiguisèrent chacun de leur côté une nuée d'épigrammes, de flèches acérées, pour les lancer, dans le prochain *Almanach des Muses*, sous le nom de *Xénies*, emprunté à Martial, sur l'Allemagne, qui ne s'y attendait guère. Dans les premiers jours d'octobre, ces mordantes invectives firent invasion, « renards enflammés, comme dit le poëte, dans le

---

1. Ernest-Frédéric-Guillaume Schiller exerça diverses fonctions judiciaires dans les provinces rhénanes prussiennes. Après avoir été attaché successivement aux tribunaux de Cologne, de Bonn et de Trèves, il fut nommé conseiller de la Cour d'appel à Cologne. Il est mort à Vilich, près de Bonn, le 19 mai 1841. Il s'était marié en 1823, mais n'a pas laissé d'enfants. M. Dœring, dans un de ses nombreux suppléments aux Œuvres de Schiller, lui a consacré une courte notice biographique.

pays des Philistins. » Ce fut partout une clameur, un tumulte sans pareil. D'après le témoignage d'un contemporain, on eût dit que le cri au feu avait retenti, répété par tous les échos. Dès le premier mois, toute l'édition de l'Almanach fut enlevée, et il en fallut faire deux autres. Pendant un semestre, les blessures, les cris des blessés absorbèrent l'attention et furent l'unique intérêt littéraire de l'Allemagne. Une des conventions des auteurs avait été de mêler et confondre leurs épigrammes, de décocher leurs traits de telle sorte qu'on ne pût distinguer duquel des deux arcs ils partaient. Cependant depuis la distinction s'est faite, pour un bon nombre avec certitude, pour d'autres avec vraisemblance[1]. C'est en général, comme Goethe l'avoue dans les *Entretiens* d'Eckermann, la part de Schiller qui est la plus incisive : plus enthousiaste pour le beau, il était naturel qu'il fût aussi plus emporté contre le laid. Çà et là, on pourrait dire qu'il va au delà des bornes et pousse la sévérité jusqu'à l'injustice ; mais ces excès sont rares, et la plupart de ses sentences ont été confirmées par le public et par la postérité, autant du moins qu'elle se souvient de ses victimes. Nous sommes difficiles en France, en fait de pointes et d'épigrammes : notre langue s'y prête merveilleusement et il s'en improvise ici partout et toujours d'excellentes. Aussi ne m'étonnerais-je pas que beaucoup de *Xénies* de Schiller et de Goethe parussent aux lecteurs français bien moins méchants et ingénieux qu'à leurs compatriotes, et surtout que la traduction affadît le sel de plus d'un, en leur ôtant la symétrie concise des distiques, et en effaçant bien souvent le jeu piquant des sons et des mots, et ces nuances délicates où gît toute la malice. Puis, ces œuvres légères rarement survivent, avec leur fleur et leurs épines, au moment qui les produit. Que d'allusions, de finesses, saisies de tous le jour même, deviennent le lendemain d'insignifiantes énigmes ! Le scandale fut grand, je l'ai dit. « C'est l'Almanach des Furies, » criait l'un ; « un

---

[1] On a retrouvé, en 1852, des cahiers manuscrits contenant 113 épigrammes, parmi lesquelles il y en avait 41 d'entièrement inconnues. Ces cahiers, où Goethe et Schiller avaient écrit leurs *Xénies*, en grande partie de leur propre main, et qui donnent le moyen, pour un bon nombre de ces distiques, de faire la part certaine des deux auteurs, étaient en la possession du conseiller aulique Eckermann de Weimar, qui, à la date que je viens de dire, en 1852, les confia à M. Éd. Boas. Celui-ci étant mort avant de les avoir publiés, M. le baron Wendelin de Maltzahn, un des admirateurs les plus éclairés de Schiller et les plus dévoués à sa gloire, achèva le travail, et fit paraître, en 1856, un élégant volume contenant, sous le titre de *Schiller's und Goethe's Xenien-Manuscript*, l'édition des cahiers manuscrits préparée par M. Boas, avec d'intéressants et curieux suppléments qu'il y a ajoutés lui-même.

fléau, une nouvelle plaie d'Égypte, disait l'autre, qu'il faudra redouter tous les ans. » Nommés ou non, les raillés eurent bien soin de publier, comme l'on pense, qu'ils se reconnaissaient : ils répliquèrent de toutes parts, en prose, en vers, avec aigreur et colère, grossièrement presque tous et platement. Nos deux poëtes laissèrent gronder et passer sur leurs têtes l'orage qu'ils avaient amassé, bien résolus à ne plus tirer, auraient-ils pu répondre, leur poudre aux moineaux, et à ne justifier désormais que par des chefs-d'œuvre le droit de haute et basse justice qu'il leur avait pris fantaisie d'exercer.

Les épigrammes n'étaient pas toutes personnelles ; il y en avait de générales et d'innocentes, exprimant avec une brièveté didactique les leçons de l'expérience ou les principes de l'art. Celles-là formèrent un groupe à part dans l'Almanach, sous le titre d'*Ex-Voto* ou *Tabulæ votivæ*. Les satiriques, rejetées à la fin, eurent seules le nom de *Xénies*. Ce fut Schiller qui proposa cet arrangement. Le plan avait été d'abord beaucoup plus vaste. Le nombre total des épigrammes devait être de mille, tout au moins de six cents, et les genres n'auraient pas été séparés. Les épigrammes générales, et çà et là quelques distiques laudatifs, eussent été mêlés, pour varier, aux critiques et invectives, qui devaient dominer dans la collection et lui donner son vrai caractère. Mais force leur fut de se borner : pour exécuter ce projet et faire un ensemble bien complet, il eût fallu retarder la publication, ce qui eût émoussé bien des pointes, en leur ôtant tout le charme de l'à-propos.

Au temps où nous sommes parvenus dans notre récit, aux jours de cette bruyante explosion au dehors, rien de plus paisible, de plus retiré que la vie de Schiller à Iéna. Des rapports intimes avec la famille de G. de Humboldt, de temps en temps une partie d'hombre, quelques visites de Goethe, étaient ses seules distractions. La solitude à la ville, si elle n'est pas odieuse, est du moins sans charme : il fut pris d'un ardent désir d'aller vivre aux champs. Il demanda d'abord à Goethe de lui louer une maison avec jardin, que le poëte ministre possédait auprès de Weimar. « Elle est trop petite, lui fut-il répondu, et j'ai d'ailleurs fait démolir la buanderie et le bûcher. » Sur ce refus, il acheta, pour environ douze cents thalers, une petite campagne aux environs d'Iéna[1]. C'était au commencement de 1797.

---

1. A en juger par un dessin publié à Leipzig, ce devait être un lieu assez agréable, même avant cet attrait dont le séjour du grand poëte l'a embelli.

Une fois propriétaire, il eut grand'peine à attendre le printemps, pour changer d'air et fuir la ville. Il ne pouvait pas durer plus longtemps, disait-il, entre ses quatre murailles; son travail n'avançait plus. Une sérieuse maladie de son petit Ernest retarda le déménagement à son grand regret, et ce ne fut que le 2 mai qu'il s'établit dans son modeste Tibur. « Je vous salue de mon jardin, où je me suis installé aujourd'hui, écrit-il à Goethe. Un beau paysage m'environne, le soleil se couche de la façon la plus aimable, et les rossignols chantent. Tout ce qui m'entoure m'égaye, et ma première soirée sur mon propre sol et dans mon domaine est du meilleur et plus joyeux augure. Mais aussi c'est là tout ce que je puis vous écrire aujourd'hui : j'ai la tête toute troublée de tous les arrangements domestiques. Demain j'espère enfin me remettre au travail avec un vrai plaisir et pouvoir persévérer. » Le lieu était paisible et sain, le site agréable, la maison placée au milieu du jardin; de l'étage supérieur, la vue était belle et s'étendait au loin. Plus tard, il se fit construire en outre, à quelque distance de la maison, un pavillon, avec une chambre haute où il aimait à se retirer pour travailler, et où souvent, pendant l'été, il prolongeait sa veillée bien avant dans la nuit. « Je suis ravi, avait-il coutume de dire, que le ménage marche bien, mais je n'aime pas à entendre le bruit des rouages. » Les deux premières communications littéraires qu'il adresse à Goethe, de sa maison des champs, sont curieuses à noter : elles n'ont rien qui sente l'églogue. C'est d'abord le dessein, qu'il n'exécuta pas, de faire une ballade de don Juan; puis, c'est le plaisir qu'il prend à lire la *Poétique* d'Aristote, sur laquelle il expose longuement et très-pertinemment ses idées à Goethe, dans une lettre fort intéressante, mais non pas toujours juste, ni impartiale, je crois, en ce qui concerne les grands tragiques français.

Sa santé, sans se rétablir, n'empira pas du moins jusqu'au mois d'août. Il put continuer à travailler à son *Wallenstein* : c'était alors sa grande affaire, qu'il interrompait par bien des œuvres accessoires, que lui imposaient ses publications périodiques, ou par lesquelles se faisaient jour les inspirations quotidiennes qui venaient traverser sa tâche principale. Goethe achevait, en 1797, *Hermann et Dorothée*; il y venait travailler à Iéna; il prenait plaisir à initier Schiller à l'ensemble, aux détails, au progrès de son poëme, et Schiller était ravi de toutes les perfections de la charmante épopée. Quand elle fut terminée, il ne pouvait se lasser de la relire : c'était à ses yeux le chef-d'œuvre de Gœthe et de la nouvelle poésie. « Votre *Hermann* me conduit, lui écrivait-il, uniquement par sa forme si purement poétique, dans un monde divin de poésie, pendant que l'auteur ne me laisse jamais sortir entièrement du monde réel. » Cette admiration ne demeurait pas stérile : les exemples, les entretiens de Gœthe le frappaient de plus en plus, et chaque jour pénétraient plus avant : *Feraces plantæ immittuntur*; mais, en voyant l'arbre porter de plus beaux fruits, jamais, je le répète, on ne peut dire, tant il gardait sa sève propre, *non sua poma*. Schiller, nous l'avons dit, s'avouait sans nulle honte l'influence de Gœthe; nulle part, peut-être, il ne se l'explique mieux que dans le passage suivant d'une de ses lettres : « Vous me déshabituez de plus en plus de la tendance qui, en tout genre pratique, et particulièrement en poésie, est un défaut, d'aller du général à l'individuel, et vous me menez au contraire des cas particuliers aux grandes lois. Le point d'où vous avez coutume de partir est toujours petit et étroit, mais il me conduit dans l'immensité et par là m'est bienfaisant dans ma nature, tandis que par l'autre chemin que j'aime tant à suivre dès que je suis abandonné à moi-même, j'arrive de l'immense à l'étroit, et j'ai la sensation désagréable de me voir à la fin plus pauvre qu'au commencement. » G. de Humboldt, nature libérale et féconde, mais plus philosophe que poëte, encourageait plus que Gœthe les brillantes abstractions de Schiller, ses généralités idéales : à la fin d'avril 1797, il partit d'Iéna pour entreprendre un long voyage de deux ans. De ce moment, l'action de Gœthe dut être plus grande encore, et ne fut plus tempérée que par l'originalité personnelle de Schiller, aussi puissante, grâce à Dieu, que jamais.

On s'est demandé si ce n'est pas à *Hermann et Dorothée*, aux théories poétiques dont cette œuvre narrative amena la discussion entre les deux auteurs, aux tendances qu'elles développèrent, qu'il faut attribuer, dans une certaine mesure, l'étendue plus épique que dramatique de *Wallenstein*. Ce qu'on peut affirmer, c'est que nous devons, en grande partie, à cette influence les ballades, qui, après les drames, sont les plus beaux fleurons de la couronne de Schiller, ses poésies les plus connues, les plus comprises, les plus goûtées de tous, celles dont la traduction efface le moins la beauté, quelque prix que leur donne le style, et qu'on peut admirer et admirer partout, en effet, sans qu'il faille être, comme pour mainte autre composition de notre poëte, ni métaphysicien, ni même Allemand. L'année 1797 a été nommée avec raison l'année des ballades. C'est elle qui a produit le *Plongeur*, le *Gant*, l'*Anneau de Polycrate*, le *chevalier Toggenbourg*, les *Grues d'Ibycus*, sujet auquel Goethe avait aussi songé, le *Message à la forge*, et, dans un genre différent, le *Chant funèbre d'un Nadoessis*, auxquels s'ajoutèrent, l'année suivante, *la Caution* et, sous le titre de romance, le *Combat contre le Dragon*. Ce sont, dans de petits cadres, autant de touts parfaits, qui valent seuls, on peut le dire, de longs poëmes. Unité du tableau ou du récit, accord harmonieux des parties, conduite habile et mouvement de l'action, richesse à la fois et sobriété des détails, subordonnés tous à l'ensemble, juste tempérament de l'idéal et du réel, inimitable perfection du style et du rhythme, rien ne manque à ces œuvres charmantes. Des contrastes, bien ménagés, de grâce et de force, de calme et d'ardeur, de magnificence et de simplicité, en achèvent l'attrait. Elles réunissent, dans leur élégante brièveté, le mérite épique au mérite dramatique. Ce n'est point par l'étrange, par l'audace, qu'elles se distinguent, comme bien souvent les premières poésies; quoiqu'elles soient bien de leur temps, de leur pays, de leur auteur, elles sont belles au même titre que tous les chefs-d'œuvre durables, originales sans être singulières, belles de cette beauté vraie et universelle que l'homme ne cesserait d'admirer qu'en cessant d'être humain par l'esprit et par le cœur. Heureux le temps, heureux le pays où le poëte, pour aspirer et atteindre à cette perfection, n'aurait qu'à se régler sur le goût public, où le beau n'aurait qu'à se montrer pour être aussitôt apprécié! Les chefs-d'œuvre prennent leur rang et le gardent, mais rarement du premier coup et de plein saut. Schiller le savait et bornait, non sans tristesse, son ambition présente à contenter quelques esprits d'élite : « Je suis forcé d'avouer, écrivait-il à Kœrner, que vous (toi et les tiens), le ménage Humboldt, Goethe et ma femme, vous êtes les seuls à qui j'aime à penser quand je compose mes poemes, les seuls qui puissiez m'en récompenser; car le public, tel qu'il est, vous ôte toute votre joie! » Il y a toujours dans le présent quelques voix qui ont les pleins pouvoirs de la postérité : le tout est de les choisir et de les savoir gagner.

Goethe et Schiller s'exercèrent dans la ballade à la même époque, à l'envi l'un de l'autre. C'est Schiller qui paraît avoir eu le premier l'idée de s'essayer dans ce genre : on se souvient du sujet de don Juan qui l'avait tenté; mais il obéissait, avons-nous dit, à l'influence de Goethe, et de plus, le projet une fois formé, Goethe donna l'exemple. Dans un voyage qu'il fit à Iéna, il composa, tout en travaillant à *Hermann et Dorothée*, sa *Fiancée de Corinthe*.

On a peine à comprendre, remarque avec raison M. Scheffer, qu'habile, au point où il l'était devenu, dans la versification, et poëte de cœur et d'âme, Schiller ait encore pu songer, ainsi qu'il le fit, à écrire son *Wallenstein* en prose. C'est qu'il voulait travailler pour le théâtre, et au théâtre on avait tellement perdu l'habitude des vers qu'il avait fallu, comme nous l'avons raconté, mettre en prose *don Carlos* pour les représentations scéniques. Cependant, à l'automne de 1797, il se décida résolûment à employer de nouveau l'iambe et se mit à refondre sans retard et à récrire en vers ce qu'il y avait de fait de son drame. Goethe applaudit plus que personne à ce changement. « Toutes les œuvres dramatiques, lui écrit-il, devraient être en vers, et alors seulement on verrait qui est capable de faire quelque chose; mais maintenant il ne reste au poëte, qui veut être joué, qu'à s'accommoder aux exigences du théâtre, et en ce sens on ne pouvait vous en vouloir de votre intention d'écrire *Wallenstein* en prose; toutefois, si vous le considérez en lui-même et comme une œuvre indépendante, il faut nécessairement qu'il soit en vers. »

Il y avait sept ans, nous l'avons dit, que Schiller était occupé de ce drame, dont il avait conçu le plan dès 1790, pendant qu'il écrivait sa *Guerre de trente ans*. Nous l'avons vu distrait de ce travail par la maladie, par la rédaction de ses journaux et almanachs, par d'autres idées, d'autres plans dramatiques. Ce qui explique encore mieux cette longue gestation, qui, avec une volonté moins ferme, courait grand risque d'avorter, c'est que le sujet, sans parler des difficultés de toute sorte qu'il eût offertes à tout poëte, avait pour Schiller en particulier peu d'attrait. C'était un cadre non pas seulement trop vaste, mais surtout trop réel, trop rempli d'avance, où l'histoire, entassant les personnages et les faits, ne laissait point assez à créer au poëte. Ses idées sur le drame s'étaient grandement modifiées. L'ami de Goethe ne demandait plus que sa muse eût pour domaine, au théâtre, « un désert silencieux, comme dit Charles Moor dans *les Brigands*, qu'elle pût librement peupler des fantaisies de son imagination. » Il ne disait plus de son sujet : « Qu'il soit ce qu'il voudra, pourvu que j'y emporte ce moi, que j'y sois à moi-même mon ciel et mon enfer. » Mais, s'il reconnaissait avec l'auteur de *Gœtz de Berlichingen*, si du moins il s'efforçait de se persuader que le monde extérieur n'est pas là simplement comme un miroir pour que l'âme du poëte s'y réfléchisse, ses premier instincts, sa nature propre revenaient malgré lui, et c'était par raison, par respect pour les principes, qu'il acceptait l'action, toute faite en dehors de lui, de *Wallenstein*. « Le sujet, écrivait-il, ne m'intéresse pas du tout, et je n'ai jamais uni à une telle ardeur au travail tant de froideur pour l'objet à peindre. Je traite réellement jusqu'ici le caractère principal, comme la plupart des caractères accessoires, avec le pur amour de l'artiste. Il n'y a que le personnage qui vient le premier après le principal, celui du jeune Piccolomini, auquel je m'intéresse par mon penchant. »

Il avait longtemps espéré se renfermer en cinq actes, mais il voyait, à mesure qu'il avançait, s'allonger la carrière; les proportions épiques de sa matière ne se laissaient pas restreindre et dominer : il était mécontent d'elle, et pourtant ne voulait plus l'abandonner, mécontent de lui-même, tenté sans doute de se dire parfois : « Qui ne sait se borner ne sait écrire. » Son premier acte était à lui seul plus long que les trois premiers de l'*Iphigénie* de Goethe. Puis, mise en vers, la pièce s'étendait encore. Les iambes, tout en le forçant à plus de précision, ouvraient la veine poétique, qui jaillissait, impérieusement abondante. Il lisait les grands modèles, Sophocle, Shakspeare; le grand législateur, Aristote; mais ni les exemples, ni les préceptes n'appauvrissaient son sujet et sa verve, ne réduisaient son plan. Toutefois il persiste, et, malgré sa santé qui sans cesse l'arrête (« Un seul jour, écrit-il, d'heureuse disposition, il me le faut expier par cinq ou six jours de souffrance et d'accablement »), il ne se laisse pas vaincre par les obstacles. Il compte être joué dans l'été de 1798; déjà il demande, pour son titre, au peintre Meyer une vignette qui représente Némésis. Compatissant à son embarras, Goethe, à la fin de 1797, lui donna le conseil de rompre son cadre; de composer, au lieu d'un seul drame, une suite de pièces. C'était le seul moyen peut-être, au point où Schiller avait amené son travail, de sortir de cette complication; mais, pour faire plusieurs pièces, formant chacune un ensemble complet, il eût fallu plusieurs actions nettement séparées. Son sujet, son plan s'y prêtaient-ils?

Cependant, à la fin, il fut obligé de recourir à cet expédient. D'abord, sous le nom de *Camp de Wallenstein*, il détacha de sa fable démesurée un tableau de mœurs, une sorte d'introduction, propre à transporter le spectateur au temps de l'action, dans le milieu où elle se passe, et à mettre en scène l'armée, ce personnage multiple, ondoyant, cet océan d'hommes au sein duquel s'agitent les passions et les intrigues des chefs ambitieux. Cette exposition était écrite, en partie, depuis le mois de mai 1797. Voici à quelle occasion Schiller en fit un drame distinct. En septembre 1798, il était venu passer huit jours à Weimar. Il avait lu à Goethe les portions achevées de son *Wallenstein*. Goethe et Meyer combattirent de toutes leurs forces l'idée que lui avaient inspirée les proportions mêmes de son œuvre, de terminer sa pièce sans se préoccuper du théâtre, et le supplièrent de l'arranger pour la représentation, et de préparer et arrondir un premier ensemble dramatique qui pût servir à célébrer l'ouverture prochaine de la nouvelle salle de théâtre de Weimar. Il se rendit à leur désir et se mit à l'œuvre, sans retard, pour agrandir un peu le cadre de son tableau préliminaire, y introduire quelques figures nouvelles, quelques scènes caractéristiques, et en faire un ouvrage complet par lui-même, projetant son reflet sur les parties suivantes et les mettant dans leur vrai jour. L'addition principale qu'il fit à ce prélude, à la veille de la représentation, fut le personnage du capucin et son sermon aux Croates : pour l'inspirer et lui donner le ton, Goethe lui envoya quelques échantillons de l'éloquence populaire d'Abraham a Sancta-Clara, dont il calqua la manière, le copiant presque littéralement en maint endroit. La verve comique, la souple fécondité de son modèle le charmaient : il se promettait de retravailler plus tard à loisir la harangue qu'il lui empruntait; mais maintenant le temps pressait, il fallait improviser les additions qui devaient compléter le petit drame; il fallait le coordonner, le polir, l'achever au plus vite, pour donner aux acteurs le temps de l'étudier. Goethe, en cette circonstance, seconda son ami avec la plus cordiale obligeance; il n'eût pu faire plus s'il eût été lui-même l'auteur de la pièce. La représentation eut lieu le 12 octobre 1798. Le succès répondit à l'attente du public et aux vœux du poète, qui était venu, dès la veille, à Weimar, pour assister à la dernière répétition, dont il avait été très-satisfait. Le beau prologue qu'il avait composé pour l'inauguration de la salle restaurée, et où il prédisait « à l'art de Thalie une ère nouvelle, » fut très-bien dit par l'acteur Vohs, vêtu du costume qu'il porta plus tard dans le rôle de Max Piccolomini. Dans la pièce même, Genast et Leissring, dont l'un jouait le capucin et l'autre le premier chasseur, méritèrent, dit-on, d'unanimes applaudissements. Encouragé par l'approbation générale, dont Goethe le premier se fit l'interprète dans la *Gazette universelle* de Cotta, Schiller se mit avec ardeur à remanier la suite : et le corps même de sa grande œuvre, distribuée en dix actes, coupés artificiellement en deux pièces, dont *le Camp de Wallenstein* n'était, comme nous l'avons dit, que la brillante ouverture. « Je n'ai que neuf semaines devant moi, écrit-il à Kœrner à la fin d'octobre, pour mener à fin ce grand travail. » Et il s'applaudit de cette nécessité, à laquelle il se voit condamné, « de repasser ainsi rapidement tout le drame dans sa tête : » cette hâte « ne peut qu'exercer une heureuse influence sur l'ensemble. » Dans une lettre au même Kœrner, antérieure d'un mois, il expose le plan et la distribution auxquels il s'est définitivement arrêté, après mûre réflexion et après de nombreuses conférences, dit-il, avec Goethe. « J'ai divisé la pièce en deux parties, et en cela j'ai été favorisé par l'ordre même que j'avais adopté. Sans cette opération, *Wallenstein* serait devenu un monstre par son ampleur et son étendue, et eût été condamné, pour être propre au théâtre, à trop de grands sacrifices. Maintenant ce sont, avec le prologue (*le Camp*), trois pièces considérables, dont chacune forme, en quelque manière, un tout ; mais la troisième est la vraie tragédie. Les deux dernières ont chacune cinq actes, et, par une heureuse circonstance, du commencement à la fin d'un acte le lieu ne change pas (c'est un avantage auquel plus tard il renonça, en modifiant son plan). La seconde pièce tire son nom des Piccolomini, dont elle nous montre les dispositions, chez l'un favorables, chez l'autre contraires à Wallenstein. Wallenstein ne paraît qu'une fois dans cette pièce, au second acte, tandis que les Piccolomini occupent les quatre autres comme figures principales. Elle contient l'exposition de l'action dans toute son étendue, et se termine juste au point où le nœud est noué. La troisième pièce se nomme *Wallenstein*, et est une véritable et complète tragédie ; les *Piccolomini* ne peuvent prendre que le nom général de pièce de théâtre ; le prologue, celui de comédie. » Après s'être félicité de n'avoir plus besoin, avec cet arrangement, d'un si nombreux personnel dramatique, parce que chacune des deux grandes pièces a certains personnages qui ne figurent point dans l'autre, et que les mêmes acteurs pourront jouer, dans les deux, des rôles différents, il ajoute : « C'est aussi à mes yeux un gain notable pour le drame, que je puisse mieux tenir le public en ma puissance, en le menant ainsi par trois représentations diverses... » Enfin, pour remplir ces trois cadres distincts, il faudra ajouter quelques scènes, quelques motifs nouveaux, « et cela m'est infiniment plus agréable que de faire le contraire, c'est-à-dire de retrancher, et de resserrer la pièce dans un espace plus étroit. » Malheureusement ce travail de révision finale tombait aux plus mauvais jours de l'hiver. Dans l'état de santé où Schiller se trouvait, il lui fallut, pour triompher de ses souffrances, de sa faiblesse, de ses fréquentes insomnies, la plus rare énergie de volonté. Il montra lui aussi, dans cette lutte, qu'une âme courageuse est maîtresse, comme dit l'orateur, du corps qu'elle anime. Son esprit, pas plus que son vouloir, ne faiblit, et il fut prêt au jour marqué.

La veille de Noël, il put envoyer *les Piccolomini*, achevés et mis au net (il avait employé trois copistes à la fois), à Iffland, alors directeur de théâtre à Berlin, avec qui il avait traité, et qui le pressait avec la plus vive impatience, estimant à quatre mille thalers la perte qu'il aurait à subir s'il n'était en possession, dans le délai fixé, du manuscrit promis. Les honoraires de la représentation sur les grands théâtres de l'Allemagne étaient naturellement, dans la position toujours si modeste de Schiller, un des motifs qui l'avaient déterminé à approprier son ouvrage à la scène : il avait traité avec les directions de Hambourg et de Francfort, en même temps qu'avec Iffland à Berlin. A Weimar, où Goethe s'était chargé de présider à la mise en scène, on attendait l'achèvement de la pièce avec non moins d'impatience. La première représentation était fixée au 30 janvier 1799, jour anniversaire de la naissance de la duchesse régnante : on désespérait d'avoir encore le temps nécessaire pour l'étude des rôles et les répétitions. Le poëte cependant avait fini sa tâche : pourquoi tarder encore ? C'est qu'il s'était aperçu avec épouvante, en lisant pour la première fois *les Piccolomini* à haute voix, que les trois premiers actes avaient à eux seuls duré trois heures. Il lui fallut se remettre à l'ouvrage, élaguer, supprimer. Quatre cents vers environ furent sacrifiés, et ce n'était pas trop : ainsi diminué, le drame remplissait encore quatre longues heures. On communiqua à Iffland ces retranchements, mais il ne put ou ne voulut pas en tenir compte pour la première représentation, qui dura (raconte Schiller, avec une sorte d'effroi, qui, vu les habitudes d'aujourd'hui, peut nous paraître naïf) jusqu'à dix heures et demie ! si bien que, la seconde fois, il fut bien forcé, ajoute-t-il, de jouer la pièce abrégée et de l'annoncer telle sur l'affiche. Iffland représenta Octavio et

Mme Fleck Thécla. Mais j'anticipe sur les faits : Weimar précéda Berlin et eut les prémices du drame.

Le 4 janvier, Schiller se rendit à Weimar avec sa famille, pour prendre part aux derniers exercices et apprêts. Il trouva au château un logement commode que Goethe, en vertu d'une gracieuse autorisation, lui avait fait préparer. Il consacra une bonne partie de son temps à suivre les répétitions, et à former les acteurs à la déclamation des vers sans rimes, dont ils n'avaient nulle habitude : quand sa santé le condamnait à garder la chambre, Goethe, dont l'obligeance fut infatigable en cette occasion, le remplaçait dans ce soin, de même que ce fut lui qui s'occupa avec Meyer des décorations et des costumes.

Le jour marqué, qui était, comme nous l'avons dit, le 30 janvier, arriva enfin, et *les Piccolomini* furent joués devant une grande affluence de spectateurs, dont un grand nombre étaient accourus des villes voisines, particulièrement d'Iéna. Le célèbre Schröder de Hambourg s'était d'abord offert à venir jouer le rôle de Wallenstein, mais ensuite il se dédit, ce qui fut un très-vif regret pour Schiller. Graff le remplaça d'une manière satisfaisante : l'auteur, après la seconde représentation, lui écrivit une lettre de remercîment très-flatteuse; Vohs, que nous avons déjà nommé, joua Max, et Mlle Jagemann, Thécla, avec beaucoup de talent. Une actrice, fort jeune alors, mais qui dans la suite, sous le nom de Mme Wolf, fut l'ornement du théâtre de Weimar, et plus tard de celui de Berlin, fut chargée du personnage de la duchesse de Friedland. Un certain nombre d'acteurs, ce qui est un des vices nécessaires de ces drames où les rôles abondent, laissèrent plus ou moins à désirer; mais ce qu'on blâma surtout, ce fut la longueur de la pièce; puis la plupart des auditeurs, peu préparés, par le répertoire d'alors, à la grandeur imposante, à l'élévation soutenue de ce genre nouveau pour eux, se sentirent comme dépaysés et furent plutôt étonnés que charmés. « Le grand nombre, écrit Schiller non sans quelque dépit le 31 janvier, s'en est tenu aux événements et à l'action; mais l'âme que le poëte veut mettre dans son œuvre et qui gît à une plus grande profondeur que l'action même, n'est que pour ceux qui peuvent concevoir une âme. Et ainsi il faut qu'on ait soi-même un talent créateur pour découvrir, dans une représentation aussi défectueuse que celle qui était possible avec de tels instruments, le sens et l'esprit du poëte. » La seconde représentation, qui eut lieu le 2 février, eut plus de succès : la pièce fut mieux jouée et mieux appréciée. On fêta le poëte, il dîna à la table ducale, puis bientôt repartit pour Iéna, où Goethe l'accompagna. Dès le 10 février, il écrit de là à Kœrner, se félicitant du bien que lui ont fait les cinq semaines qu'il vient de passer dans la Résidence et pendant lesquelles « il a vécu, dit-il, comme un homme ordinaire, et s'est plus mêlé à la vie commune que dans les cinq dernières années réunies. » Rentré dans sa retraite, il se mit avec confiance à terminer son dernier drame et réussit heureusement, mais non sans quelque peine, comme on le peut conclure de ce qu'il écrit à Goethe, à lui donner aussi cinq actes. Ce qu'il étendit surtout, ce furent les scènes qui précèdent la mort de Wallenstein, les tragiques apprêts du meurtre. Le 7 mars, il envoya à Goethe les deux premiers actes, et le 12 les trois autres. Dès le premier envoi, Goethe exprima sans réserve son admiration : « Si *les Piccolomini* commandent l'attention et excitent l'intérêt, ici l'on est entraîné irrésistiblement. » Peu de jours après, il alla chercher Schiller à Iéna, et l'emmena de nouveau pour quelques semaines à Weimar. La *Mort de Wallenstein* y fut jouée pour la première fois le 20 avril, et répondit à l'attente de tous les amis de l'auteur et de tous les esprits faits pour goûter un tel ordre de beautés. Une lettre écrite par lui le surlendemain respire une douce et intime satisfaction, où se mêle modestement la conscience du progrès, la joie de justifier les espérances que les cœurs bienveillants avaient conçues de son avenir à la vue de ses premières œuvres, si imparfaites à ses yeux maintenant. Le succès alla croissant. Dans le cours de l'été, le roi et la reine de Prusse vinrent assister, à Weimar, à une nouvelle représentation de la pièce, qui produisit, dit Schiller lui-même, un grand effet. Il avait été flatté d'apprendre que la reine, dont la grâce aimable le toucha vivement quand il fut présenté au couple royal, n'avait pas voulu voir le drame à Berlin, pour jouir de la première impression, dans toute sa fraîcheur, à Weimar. Ce ne fut que l'année d'après que les trois drames réunis furent mis en vente chez Cotta. Trois mille cinq cents exemplaires furent enlevés rapidement, bien que le prix, deux thalers, fût très-élevé pour ce temps; une seconde édition parut en 1801, une troisième en 1802, malgré diverses contrefaçons. C'était la digne récompense, à la fois du talent et du plus infatigable et consciencieux travail; mais un autre prix, un prix durable de son génie, ce fut de voir poindre, à sa voix, dans les cœurs, de nobles et patriotiques sentiments.

éveillés par les souvenirs, ensemble tristes et grands, de l'histoire nationale.

Wallenstein est, au théâtre, une œuvre à part par ses proportions, l'économie, la distribution de la fable, telles qu'elles sont exposées dans la lettre de Schiller à Kœrner que nous avons citée plus haut. Goethe, à l'occasion du programme d'Hermann sur les tétralogies des Grecs, dit avec raison que le poète n'avait nullement songé à imiter les anciens. Ce fut la matière même du drame qui ne se laissa point enfermer dans les limites ordinaires, et qui, peu à peu, et malgré l'auteur en quelque sorte, brisa son moule et se divisa en plusieurs parties. On songe involontairement, en voyant ainsi le sujet dominer le poète, au banal proverbe : « Qui trop embrasse mal étreint, » et au sage conseil d'Horace :

Cui lecta potenter erit res,
Nec facundia deseret hunc nec lucidus ordo.

Que puis-je? et surtout que peut le genre dans lequel j'écris? que contiendra, par exemple, sans se rompre, le cadre dramatique? La question est de rigueur même pour le génie. Pas de milieu : pour élever, comme il l'eût voulu, une statue de grandeur naturelle, et non pas un colosse, il fallait ou faire un autre choix, ou traiter plus librement les données de l'histoire, trancher hardiment dans leurs complications, élaguer, simplifier assez pour faire tenir en cinq actes ce qui en remplit dix; car, il faut bien l'avouer, l'ouvrage entier, malgré ses trois titres, est moins une suite de trois pièces qu'un seul drame en dix actes ou même onze. Au respect des faits, au scrupule que l'auteur semble se faire de sacrifier à l'unité ou à la simplicité de son plan certains détails intéressants, on reconnaît dans le poète dramatique un reste des habitudes de l'historien : on sent qu'avant de manier ces événements en artiste, il en a été le narrateur exact et consciencieux. On est frappé, à première vue, de la division tout arbitraire, des deux dernières pièces surtout; mais ce qui la fait ressortir avec évidence, c'est que l'auteur a pu déplacer les limites. Les deux premiers actes de la *Mort de Wallenstein*, telle que nous la lisons aujourd'hui, appartenaient, dans le principe et au temps des premières représentations, aux *Piccolomini*, qui se terminaient à la scène où Isolani et Buttler rentrent dans le devoir. Si ces dix actes eussent renfermé deux actions nettement séparées, deux drames complets, un tel empiétement eût-il été possible?

Rien de plus fondé, je crois, que cette critique sur le choix et la composition de la fable. Et pourtant quel dommage si l'auteur eût renoncé à un tel sujet, faute de pouvoir le contenir dans les bornes usitées! La menace de l'art poétique ne s'est accomplie qu'en un point : l'ordre serait plus lumineux sans doute, *ordo lucidior*, si l'ensemble était moins vaste et pouvait plus aisément s'embrasser d'un seul coup d'œil; mais, ceci une fois accordé, quelle œuvre magnifique! quelle splendide création! Il faut changer le point de vue ordinaire, regarder de plus haut qu'on ne le fait du parterre ou des loges, pour tout saisir à la fois; mais, cela fait, et les dix actes, au lieu de cinq, acceptés, quelle belle gradation! quel habile développement de l'action et des caractères! quel progrès bien ménagé dans l'impression du spectateur! « Dans *les Piccolomini*, dit Goethe, à l'endroit cité plus haut, nous suivons avec intérêt le progrès de l'action : elle est encore gênée dans son essor par la pédanterie, l'erreur, la passion déréglée, pendant qu'un tendre et céleste amour s'efforce d'adoucir la rudesse, de calmer la fougue, de fléchir la rigueur. Dans la troisième pièce, toutes les tentatives de conciliation échouent : on est forcé de la nommer, dans le sens le plus profond du mot, hautement tragique, et de convenir que, pour la sensation et pour le sentiment, il ne peut y avoir rien au delà. » Chez les anciens, le drame satirique, libre et gai, venait le dernier, pour que le spectateur, comme le fait encore remarquer l'illustre critique, rentrât chez lui de bonne humeur. « Ici Schiller, conformément à la manière de sentir des temps modernes, a mis la pièce enjouée la première. » Nous emportons volontiers du théâtre, c'est, je suppose, la pensée de Goethe, de sérieuses impressions; ou du moins le gros rire après les larmes, sur un même sujet, nous répugnerait (est-ce bien vrai toujours et pour tous?), comme parodie et profanation. Une autre raison, déjà indiquée, explique mieux, ce me semble, l'ordre adopté par le poëte. Le *Camp de Wallenstein* précède, parce qu'il expose le sujet. Comme les décors montrent un site, ainsi il nous peint la situation. L'armée, ce sont les cent bras de Friedland, que Goethe compare à cet égard à Dumouriez, cent bras tout-puissants, comme ceux de Briarée, pour assister Jupiter, mais qui tombent énervés dès que le géant veut s'en servir contre le dieu. Il y avait un moyen de la mêler, par une intervention répétée, à toute la suite du drame : c'était de la personnifier dans un chœur, comme eût fait sans doute Sophocle ou Euripide. Quoique détachée et figurant en tête, elle participe, une fois connue et présente à la mémoire, à toute l'action, et même ainsi pointée avant et à part, c'est au chœur des anciens que Goethe la compare. S'il faut, malgré cela, convenir qu'au point de vue de l'unité ce prélude donne prise à la critique, considéré en lui-même, il est admirable. Que de vie et de mouvement! de vérité et de ressemblance! quelle parfaite mesure dans le ton familier, la verve populaire! quel charmant accord entre la langue, le vers coulant, aux rimes faciles, et les mœurs du sujet! Le familier et le comique ont leur idéal, leur manière d'élite, comme le noble et le tragique : sans parler des anciens, Corneille et Racine avaient montré avant Schiller qu'un même pinceau peut réussir dans les genres contraires et les traiter avec une égale élégance. Je ne nomme pas Shakspeare : les mots élégance et mesure ne vont pas à sa taille.

Au sortir des tentes des soldats, le poëte nous transporte auprès du général, au milieu des chefs qui l'environnent, des intrigues qui se croisent autour de lui. La soldatesque demeure présente non pas seulement par son intervention directe et par le souvenir qu'a laissé le premier tableau, mais encore dans la personne de quelques officiers de fortune qui, restés peuple, tempèrent les parties nobles, les scènes solennelles par leur rudesse, leur violence, leurs naïves passions. C'est surtout par l'opposition des caractères que Schiller, à mon sens, s'est montré, dans ces dix actes, grand poëte dramatique. Ce n'est point, comme la plupart de ses autres drames, une œuvre uniquement ou surtout idéale, soit en bien, soit en mal. Les divers rôles appartiennent à deux natures contraires. D'un côté sont les politiques, les intéressés, les prudents, les habiles de ce monde, dont l'âme n'est qu'une machine à calculs; de l'autre, les cœurs généreux, dévoués, enthousiastes, demeurés intacts au milieu de la fournaise des intrigues et des passions perverses, et chantant l'hymne de paix et d'amour. Ces derniers sont les bien-aimés du poëte, c'est en eux qu'il se complaît, qu'il se console de l'odieuse réalité empruntée à l'histoire. Le personnage principal, Wallenstein, participe de ces deux natures : l'astuce vulgaire et les nobles instincts, les froids calculs et une foi aveugle luttent au dedans de lui, et tour à tour règlent sa conduite. Jouet des circonstances, emporté par les événements, pris dans les fils qu'il a tendus lui-même, aussi faible contre son propre cœur que contre les assauts de son entourage, contre sa peur que contre son ambition, plus passif en un mot qu'actif, il est grand et tragique par sa fortune, par son haut rang, par l'effet immense de ses résolutions, par la fatalité qui l'entraîne à la façon des victimes fameuses du théâtre antique, bien plus que par son caractère. Il n'a rien en lui de cette force, de cette grandeur personnelle qui mêle à la pitié du spectateur le vif attrait et l'admiration, rien qui s'empare de notre âme tout entière et nous livre à cette émotion profonde qu'excitent les figures éminemment tragiques, qu'elles excitent par elles-mêmes, et non, comme est produite l'émotion qui naît des terribles apprêts du meurtre de Wallenstein, par le secours des circonstances extérieures. C'est ainsi que nous touchent Max et Thécla, les deux enfants de la fantaisie du poëte. Bien qu'il s'applaudisse, surtout dans cette œuvre, d'avoir su saisir et rendre le monde réel, ses créations, quoi qu'on puisse dire de leur beauté trop angélique, m'y paraissent supérieures à ses copies : son imagination l'a mieux servi que l'histoire.

Schiller ne se fait pas d'illusion sur son personnage principal. « Le Wallenstein de l'histoire, dit-il dans une lettre du mois de mai 1799, ne fut pas grand; le Wallenstein poétique n'a jamais dû l'être. Dans l'histoire, il avait les présomptions en sa faveur; on le pouvait croire un grand général, parce qu'il était heureux, puissant et hardi; mais il était plutôt l'idole de la soldatesque, envers qui il se montrait magnifique et royalement libéral, et qu'il maintenait, aux dépens de tout le monde, en grand honneur. Mais dans sa conduite il fut flottant et indécis; dans ses plans, fantastique et excentrique; et dans la dernière action de sa vie, dans la conjuration contre l'empereur, faible, incertain et même malhabile. Ce qui en lui paraissait grand, mais ne pouvait que le paraître, c'était sa nature brute et excessive, c'est-à-dire ce qui précisément le rendait peu propre à devenir un héros tragique. Il m'a fallu lui ôter cela, et j'espère l'avoir dédommagé par le mouvement d'idées que je lui ai donné à la place. » Dans cette même lettre, l'auteur avoue qu'en plusieurs points il a dû s'en remettre, pour sentir et démêler ses intentions, au tact du spectateur. C'est risquer, nous l'avons vu pour *don Carlos*, d'être mal compris. Aussi se plaint-il du jugement qu'on a porté d'Octavio Piccolomini et de la comtesse Terzky. « On les fait pires tous deux, dit-il, que je n'ai voulu. Je n'ai pas eu l'intention de faire d'Octavio un coquin, et il ne l'est nullement dans ma pièce. C'est même, d'après les idées du monde, un assez honnête homme.... Il emploie, il est vrai, un mauvais moyen, mais la fin est bonne. Il veut sauver l'État, il veut servir son empereur, qu'il regarde après Dieu comme l'objet suprême de tous les devoirs. Il trahit un ami qui se fie à lui, mais cet ami est traître envers l'empereur et en même temps, à ses yeux, un insensé. » Quant à la comtesse, « on lui fait tort, ajoute-t-il, en considérant la perfidie et le plaisir de nuire comme les traits principaux de son caractère. Elle tend avec intelligence, avec vigueur, et avec une volonté résolue, à un grand but; mais sans doute elle n'est pas scrupuleuse sur les moyens. Sur le théâtre politique, nulle femme (je ne fais point d'exception) n'agirait, si elle a du caractère et de l'ambition, plus moralement. » C'est bien dur et bien absolu, mais, quand ce serait vrai, la réprobation du public n'en serait pas moins juste pour cela. Elle prouve, à l'égard de ce rôle comme de l'autre, qu'au théâtre nous sommes moins tolérants que dans le monde; que nous y jugeons les hommes et leurs actions d'après un pur et noble idéal; qu'autre chose est l'art, autre chose la vie, et que le poëte ne doit pas attendre de nous pour ses créations et ses modèles la facile indulgence que nous accordons ici-bas à notre prochain.

Le théâtre ancien nous montre le genre lyrique s'associant au drame, et reposant le spectateur de l'action en élevant sa pensée et le ramenant au dedans de lui-même. Schiller de même, et plus que tous les modernes peut-être, unit les deux genres et parfois les confond. Dans la fable de *Wallenstein* particulièrement, où l'histoire lui présente de grands événements, mais tant d'âmes vulgaires ou du moins sans noblesse, il quitte terre le plus souvent qu'il peut, et échappe aux faits réels, aux intérêts palpables, pour se réfugier dans la région du cœur et de la pensée, dans le domaine de la pure poésie. Ses auditeurs aimaient à l'y suivre : les rôles tout lyriques de Max et de Thécla, ces jeunes cœurs si tendres à la fois et si forts, étaient les plus goûtés et les plus applaudis; les endroits préférés, c'étaient ceux où l'action languit au dehors, où de la scène le poëte la transporte dans les profondeurs de l'âme. « Ce qui, dans toutes les représentations que j'ai vues, m'a surtout étonné et réjoui, écrit-il à Kœrner, c'est que c'est la poésie proprement dite, là même où elle passe du genre dramatique au genre lyrique, qui a toujours produit généralement l'impression la plus sûre et la plus profonde. » Est-ce louer le drame que d'applaudir l'auteur là surtout où il cesse d'être dramatique ? Je ne sais, mais nul hommage n'était plus flatteur, plus personnel, pour Schiller qui, dans *Wallenstein*, n'est nulle part plus lui et lui tout entier qu'à ces endroits.

A peine eut-il achevé la *Mort de Wallenstein* qu'il se décida à traiter le sujet de *Marie Stuart*, auquel il songeait depuis longtemps déjà, et qu'il avait failli préférer, nous l'avons dit, à celui de *don Carlos*. Désormais plus de relâche : à le voir se hâter, se remettre au travail sans intervalle, on dirait qu'il sait que ses jours sont comptés. Dans ses plans de prochain avenir, il devine, ce semble, le terme que sa vie ne doit pas franchir. « Je m'en tiendrai exclusivement au genre dramatique dans les six années qui vont venir, » écrit-il à Kœrner le 9 août 1799. Pourquoi six ans? Et après ce temps quels sont ses desseins? Vaine demande ! Six ans, hélas! c'est encore trois mois de trop, jour pour jour. Grâce à Dieu, les grandes œuvres se pressent dans ce court espace. On se souvient qu'un autre sujet de drame l'avait tenté, *les Chevaliers de Malte*. Il n'y renonçait pas ; nous en avons la preuve dans un plan, plein de promesses, qu'il envoya à Charles-Auguste, au mois d'octobre suivant. Mais, pour le moment, il était las, nous dit-il, « des hommes de guerre, des héros, des commandants; » il lui fallait un thème « purement humain et passionné, » où il pût appliquer à un fond plus voisin de *don Carlos* que de *Wallenstein* les progrès et les fruits parfaits de la maturité. A la fin d'avril, dès le lendemain de son retour à Iéna après la première représentation de la dernière partie de la trilogie, il se mit à lire la vie de Marie Stuart, à étudier l'histoire de son temps. Il continua cette étude à la campagne, où il retourna s'établir le 10 mai. Puis, avant même d'avoir arrêté dans tous ses détails le plan des derniers actes, il commença le 4 juin, « avec ardeur et joie, » raconte-t-il à Goethe dans une lettre de ce jour, à écrire le premier acte. Il l'acheva le 25 juillet ; un mois après, le second ; et, après avoir fait la scène du troisième acte, consacrée à l'entrevue des deux reines, il s'interrompit pour un temps, alla au commencement de septembre passer une huitaine de jours chez sa belle-mère à Rudolstadt, et, après son retour, s'occupa de l'*Almanach des Muses* de 1800, qui fut le dernier qu'il publia.

Il y insèra, parmi des poésies de divers genres et de divers auteurs (Goethe ne lui envoya rien pour cette dernière année), son célèbre *Chant de la Cloche*, dont il avait conçu l'idée, s'il en faut croire Mme de Wolzogen, onze ans auparavant en voyant couler des cloches dans une fonderie voisine de Rudolstadt : c'est là qu'il avait étudié les procédés techniques du métier, dont la description élégante et précise interrompt dans son poème, par des repos symétriques et par des contrastes répétés d'exacte réalité, les peintures lyriques, sobrement idéales, brillantes, passionnées, des divers moments de la vie privée et publique que fête ou attriste le son des cloches. La vie humaine, les affections, les intérêts communs, les aspirations de l'humanité, les conditions de la société, l'histoire de la civilisation, les progrès accomplis dans le passé, espérés dans l'avenir, ont été de bonne heure et sont devenus de plus en plus les sujets favoris de Schiller : il les traite avec une chaleur, une vérité de sentiment, une poétique éloquence qu'excite dans bien peu de cœurs, dévoués et généreux, le genre humain tout entier et dans son ensemble. Le *Chant de la Cloche*, mûri à loisir pendant de longues années, est profondément pénétré de ce vif sentiment de l'humain ; sans sortir des généralités, si froides pourtant presque toujours, le poëte trouve les accents les plus tendres. Je sais peu de choses plus touchantes dans les poëtes modernes que le chant de deuil, par exemple, qu'il consacre, au milieu du poëme, à l'épouse chérie, à la mère dévouée, sans les personnifier dans un objet unique et déterminé, et en laissant à ce double titre toute son étendue d'application. L'émotion sincère qui respire dans toutes les parties de ce petit drame descriptif et lyrique fait plus que racheter ce que le cadre peut paraître avoir de trop artificiel. Pour la langue et le rhythme, jamais Schiller peut-être n'a porté plus loin la perfection, mais sans que le soin, le fini, fassent aucun tort au naturel.

Vers la fin de l'automne, ses travaux poétiques furent interrompus, d'abord par un heureux événement, la naissance d'un troisième enfant, d'une fille, qui reçut au baptême les noms de Caroline-Henriette-Louise[1], puis par de cruels soucis. Huit jours après les couches, sa femme fut atteinte d'une grave maladie, qui dura six semaines et donna les plus grandes inquiétudes. Schiller ne la quittait pas de toute la journée, et toutes les deux nuits il veillait auprès d'elle : elle ne voulait voir que sa mère et lui. Longtemps elle demeura sans connaissance et fut en proie à de fréquents accès de délire : quand on fut rassuré pour sa vie, on craignit pour sa raison. Ce fut pour lui un terrible assaut, auquel sa santé si frêle n'eût jamais résisté, si, dans de pareilles épreuves, l'amour dévoué ne donnait aux plus faibles une force surhumaine.

1. Elle épousa en 1836 le conseiller des mines Junot, et mourut sans enfants en 1850. Son mari était mort avant elle. — M. Palleske, dans un *erratum* annexé à son second volume, place la mort de Caroline Schiller au 4 janvier 1846. C'est évidemment une faute d'impression. J'ai eu l'honneur de voir Mme Junot plusieurs années après cette date.

Cette maladie de Charlotte hâta l'exécution d'un projet conçu depuis longtemps. Aussitôt après la guérison, il loua un logement à Weimar pour aller s'y fixer avec sa petite famille. Outre les bons effets qu'il attendait, pour la santé de sa femme, de ce changement d'air et des agréables distractions qu'elle trouverait dans la Résidence, où demeurait alors sa sœur Caroline avec son mari Guillaume de Wolzogen, il espérait pour lui-même de ce séjour de précieux avantages. Le premier de tous était la société de Goethe, dont il admirait de plus en plus le génie, et qui, de son côté, prenait chaque jour plus de plaisir à ses entretiens. L'affectueuse bienveillance sur laquelle il pouvait compter de la part de Charles-Auguste, de la duchesse Louise, de la duchesse mère Amalie, l'attirait aussi. Pour le reste de la société, à part un très-petit nombre d'amis et d'amies selon son cœur, il ne se faisait pas d'illusion et n'espérait point y trouver grand charme : seulement il importait, pensait-il, au poëte dramatique d'être plus mêlé à la vie, aux hommes. Dans sa solitude d'Iéna, où il n'avait guère de contact avec autrui qu'une partie de cartes de temps en temps avec Schelling et Niethammer, il demeurait trop constamment replié sur lui-même, et ne renouvelait ni ne remuait son propre fonds par l'excitation qui vient du dehors. Il se promettait surtout de suivre le théâtre, d'étudier, dans le jeu des acteurs, dans les impressions de l'auditoire, les convenances et les nécessités de la scène, les effets de la pensée et du style. Le duc, à qui il s'adressa avec confiance, l'autorisa à quitter l'Université, à laquelle il appartenait, avec le titre de professeur ordinaire honoraire, depuis le mois de mars 1798, et ajouta à sa modeste pension un supplément de deux cents thalers, lui promettant de doubler cette somme si sa santé venait à lui interdire le travail. Dans ce cas, en effet, sa gêne eût été grande : il n'avait pu jusqu'ici pourvoir au lendemain. Il lui fallait, écrit-il à cette époque à sa mère, gagner annuellement quatorze cents florins avec ses livres, pour parfaire son budget et suffire aux dépenses de la maison.

C'est le 4 décembre 1799 qu'il vint s'établir avec sa famille à Weimar. Ses espérances ne furent pas déçues. Les relations qu'il y forma, la fréquentation, désormais facile et suivie, de Goethe, un petit cercle de personnes distinguées, les marques d'estime et d'affection qu'il recevait de tous côtés et en particulier de la famille ducale, exercèrent sur son esprit et sur son cœur la plus heureuse influence et le dédommagèrent de ses longues années d'isolement. Il voulut seconder Goethe dans la direction du théâtre et s'attacha, de concert avec lui, à donner à l'art de la scène toute sa dignité et sa perfection. Il l'aida aussi à enrichir le répertoire, en traduisant et arrangeant, dans des heures qu'il dérobait à ses drames originaux, quelques chefs-d'œuvre des théâtres étrangers : tels que *Macbeth* de Shakspeare, et plus tard *Turandot* de Gozzi, *Phèdre* de Racine, sans parler de deux comédies de Picard, *Médiocre et rampant ou le Moyen de parvenir*, et *Encore des Ménechmes*. De ces diverses traductions et imitations, *Macbeth* appartient seul aux premiers temps du séjour de Schiller à Weimar; il interrompit, pour l'écrire, sa *Marie Stuart*, et on le représenta le 14 mai 1800. *Turandot* est de 1801 et 1802; les emprunts à Picard sont de 1803, et la *Phèdre*, de 1804 et 1805, c'est-à-dire des derniers temps de la vie du poëte. Parmi les versions contenues dans les œuvres de Schiller, cette dernière est naturellement celle qui nous intéresse le plus. Qu'on me permette, puisque je l'ai nommée avant le temps, de m'y arrêter ici quelques instants, pour n'avoir pas à y revenir ailleurs. De bons juges regardent la *Phèdre*, qu'on peut appeler le pendant du *Mahomet* et du *Tancrède* de Goethe, comme la meilleure traduction que Schiller ait faite. Il l'acheva en vingt-six jours, du 17 décembre 1804 au 14 janvier 1805. On la mit sans retard à l'étude et elle fut représentée, pour fêter l'anniversaire de la naissance de la duchesse régnante, le 30 janvier. Il me paraît assez probable qu'il entreprit cette tâche difficile, et qu'il l'accomplit si rapidement, pour satisfaire au désir de Charles-Auguste, excellent juge dans les choses de l'esprit et très-versé dans les lettres françaises. Au moins lui envoya-t-il son manuscrit avant la représentation, et le prince, après une comparaison attentive de l'original et de la copie, lui exprima avec effusion ses remercîments et son admiration. « Racine, lui dit-il, Racine lui-même, s'il pouvait vous comprendre, accorderait à votre ouvrage toute son approbation. Vous avez accompli une œuvre à mes yeux très-méritoire, en rendant intelligible à l'esprit allemand le modèle de la plus excellente poésie française. » Quand Schiller, peu après, revit sa traduction pour la faire imprimer sous forme d'album avec le texte français, il pria le duc de lui faire part de ses critiques, et celui-ci lui envoya un bon nombre de remarques, relatives à la métrique et à l'harmonie, que Schiller mit à profit en grande partie. « Donner une douce mélodie à la langue allemande, dit Charles-Auguste dans sa lettre d'envoi, est assurément très-difficile : elle résonne par trop souvent comme la grêle qui bat les fenêtres. Mais vos constants efforts.... rompront sans doute la rude écorce de notre idiome. Vous avez déjà rendu cette langue si ductile, que sous vos mains les aspérités qu'elle a encore finiront par disparaître entièrement. »

Schiller et Goethe avaient peu d'enthousiasme, on le sait, et même peu de goût pour nos tragiques. Dans une de ses lettres, Schiller juge trois des chefs-d'œuvre de notre grand Corneille, et *Polyeucte* est du nombre! avec une sévérité bien faite pour blesser notre admiration, si vieille déjà et toujours nouvelle, et que nous savons tout aussi légitime qu'elle est vive et fière. Racine lui paraît beaucoup plus près du beau et de l'excellent, mais que ne lui reproche-t-il pas aussi? Ce n'est pas ici le lieu de discuter ces critiques d'un esprit sincère, mais involontairement prévenu et insuffisamment informé, trop peu maître du moins de notre langue pour apprécier toutes ces beautés fortes ou délicates de *Polyeucte*, par exemple, où la pensée, le sentiment, le style sont choses si inséparables, si bien fondues ensemble. Si je rappelle ce jugement partial, que nous explique, sans le justifier, le souvenir du joug de l'imitation servile, que l'Allemagne venait à peine de secouer, c'est uniquement pour y opposer l'hommage que Schiller et Goethe rendirent à notre théâtre, en traduisant, l'un la *Phèdre* de Racine, l'autre le *Mahomet* et le *Tancrède* de Voltaire. Ils commençaient à s'effrayer tous deux de l'anarchie et du déréglement qui s'emparaient de la scène allemande, des tentatives téméraires d'une école de poètes qui s'appelaient, d'un nom plus tard fameux chez nous dans un sens quelque peu différent, les romantiques[1], et pour arrêter le torrent, pour y opposer les digues puissantes de l'art, de la règle, de la raison, c'est aux lettres françaises qu'ils viennent demander des modèles. Dans l'épître lyrique que Schiller adresse à Goethe au sujet de la version de *Mahomet*, il est encore bien loin, j'en conviens, de faire amende honorable à nos poètes; mais la vérité, le souvenir du fruit qu'il

---

1. On a pris l'habitude de considérer la tendance dite romantique en Allemagne comme très-différente de celle de Goethe et de Schiller, et je pense qu'on avait pour cela, à première vue du moins, d'assez bonnes raisons. M. Hermann Hettner, dans un écrit intitulé : *l'École romantique dans son intime connexion avec Goethe et Schiller*, s'est proposé de montrer que la diversité et surtout l'opposition n'est pas aussi grande qu'on le prétend, et, pour me servir de ses expressions, que « les germes et les conditions historiques de l'école romantique sont déjà très-clairement indiqués dans le mode d'intuition de ces deux poètes. »

avait retiré de leur étude, comme nous avons eu occasion de le dire plus haut, fruit plus grand, je crois, qu'il ne se l'avouait à lui-même, lui arrachent, à la suite de ses griefs, ce bel éloge : « Pour le Français, la scène est un domaine de l'harmonie et de la beauté; les membres de l'édifice se combinent entre eux, dans une noble ordonnance; l'ensemble se compose en forme de temple auguste, » et plus loin : « Qu'il vienne (le poëte français) purifier la scène souvent profanée, pour en faire le digne séjour de l'antique Melpomène. » Cet aveu nous suffit : bien d'autres s'en peuvent déduire sans effort. Les justes proportions, la dignité, la pureté, sans préjudice, quoi qu'on en dise, de la grandeur et de la force, du naturel et de la vérité, qui est tout autre chose (qui le sait mieux que Schiller?) que le *réalisme* : ne sont-ce pas là, dans les plus hautes régions de l'art, les conditions mêmes de la perfection?

J'ai parlé trop tôt de *Phèdre*; mais la lettre sur Corneille, l'épître à Goethe, servant de prologue à *Mahomet*, sont du temps même où Schiller travaillait à sa *Marie Stuart*. Il termina ce drame, un an environ après l'avoir commencé, dans le château ducal d'Ettersbourg, où il se retira pendant quelques semaines, n'ayant auprès de lui que son domestique, et jouissant avec délices de la beauté et de la solitude du lieu. C'était l'accomplissement d'un de ses rêves. Quand des visites importunes le troublaient à la ville, il disait en badinant : « Je voudrais encourir les soupçons de quelque potentat, être enfermé pour un temps, comme un homme dangereux, dans un château fort sur une montagne, à cette seule condition, que la vue serait belle et que j'aurais la faculté de me promener sur les remparts. » Pendant qu'il écrivait son dernier acte dans l'asile désiré, on étudiait déjà les premiers à Weimar. Il vint diriger lui-même les dernières répétitions, et la pièce fut jouée le 14 juin 1800, avec un succès dont il se montre très-satisfait, dans une lettre écrite à Kœrner le surlendemain de la première représentation. On assure cependant que les avis des spectateurs furent partagés : plus d'un regretta de ne trouver dans le drame aucune figure idéale sœur de Thécla et de Max; plus d'un fut choqué de la querelle des deux reines; un plus grand nombre encore, de la scène de la communion. La cour était sur le point de partir pour Lauchstædt, petite résidence des environs : c'est là qu'eut lieu la seconde représentation, où l'on accourut, s'il en faut croire un des acteurs qui y jouèrent, avec un incroyable empressement. Peu de temps après, à l'automne, on reprit la pièce à Weimar avec des changements divers et d'opportunes coupures[1].

Marie Stuart est peut-être, de toutes les pièces de Schiller, celle qu'on connaît le mieux en France. Une habile imitation, appropriée avec goût à notre théâtre, et dont l'auteur, M. Lebrun, a su joindre des mérites qui lui sont propres, aux principales beautés du drame original, nous a rendu familières les figures de Marie, d'Élisabeth et de leur entourage, telles que Schiller les a conçues, et tout récemment encore deux grandes actrices ont appelé sur la royale victime, purifiée au creuset de l'infortune, notre compassion et nos larmes. Le poëte, pour la peindre, a emprunté ses couleurs moins à l'histoire qu'à la tradition gracieuse et touchante qui met en relief tous les attraits et tous les malheurs de Marie, et efface les méfaits, ou du moins ne nous les fait qu'entrevoir à l'arrière-plan, lavés par le repentir, et comme un nouveau titre à la pitié. Ce qui est resté d'elle dans le commun souvenir, ce sont trois ou quatre moments poétiques, quelques tableaux douloureux, saisissants, où nous voyons sa figure, jeune et belle jusqu'à la fin pour l'imagination, prendre par degrés toutes les nuances de l'humaine tristesse, depuis la douce mélancolie des adieux *au plaisant pays de France*, jusqu'à l'affliction incomparable du martyre sur l'échafaud. Telle Schiller l'a mise sur la scène, et la légende s'embellit encore, s'attendrit à la fois et s'ennoblit en passant par son âme, où le dessin s'achève et les couleurs se fondent, où un cadre heureux, aux justes proportions, s'arrondit autour du tableau et assure l'unité d'impression. Parmi ses drames, celui-ci est peut-être le plus remarquable par ce genre d'unité, qui, à la scène, est le plus nécessaire de tous et la fin dernière de ceux-là même qui se font une loi des autres unités. Le personnage de Marie Stuart domine ici entre tous avec une majesté et une grâce souveraine. Qu'elle soit ou ne soit pas sur la scène, sa pensée toujours la remplit. Pas une action, pas une parole des autres qui ne la rappelle. L'attention n'est point partagée, comme dans *Wallenstein*, où le poëte nous intéresse tour à tour à l'exacte réalité et à la fiction idéale; comme dans *don Carlos*, où l'auteur lui-même nous avoue que sa faveur, sa sympathie a passé de l'Infant à Posa. Ici tous les éléments de pitié, de terreur, se réunissent et demeurent

---

[1]. Dans la *Minerva*, Revue publiée à Iéna, M. le docteur Sebade fait un relevé curieux et minutieusement exact des diverses représentations de la *Marie Stuart* et de la trilogie de *Wallenstein* (Voy. le t. II de 1858, p. 128 à 137.)

sur la même tête, dans le même cœur. Depuis le commencement jusqu'à la fin, c'est Marie, Marie seule qui nous captive, et ce n'est pas de la succession d'intérêts divers que naît la variété, mais de la gradation du même intérêt et des aspects nombreux sous lesquels s'offre à nous, toujours une dans sa riche diversité, la grande et dominante figure.

Le sujet était vaste, abondant, mais il s'en est rendu maître bien mieux que de celui de *Wallenstein*. Il a su se borner et choisir, et, au lieu de nous faire passer, comme dans sa trilogie, par un portique d'avant-scène, plus spacieux que l'édifice même dont il forme l'entrée, il a mêlé habilement à son drame unique, par des traits rapides, des souvenirs, des allusions, tout ce qui dans le passé peut expliquer ou faire valoir le présent.

Après ce double éloge, il va sans dire que la marche de la pièce est plus régulière, que l'action est mieux conduite. Pour toutes les qualités de composition, d'ensemble et d'unité, ce nouveau drame est un progrès frappant. Et pourtant bien long avait été l'enfantement. Dès son séjour à Bauerbach, ce projet de tragédie l'occupait, et depuis ce temps quels changements s'étaient faits dans sa vie, dans son âme, dans ses théories! Un des plus grands charmes de sa *Marie Stuart*, c'est qu'il semble qu'elle participe du caractère des divers âges qu'elle a traversés dans l'esprit de l'auteur, du jour de la conception première à celui de la naissance; que toutes les nuances par lesquelles cet esprit a passé s'y reflètent, sans discordance, harmonieusement combinées et fondues. La jeunesse et la maturité s'y tempèrent réciproquement, sans rien perdre, l'une de sa fraîcheur gracieuse, l'autre de sa gravité aimable et forte. Le soleil éclaire une tout autre nature au printemps qu'à l'automne, mais aux deux saisons les jours se ressemblent par leur douce tiédeur comme par leur durée, et ils se mêleraient sans faire disparate.

On a dit que ce drame était plus réel encore que *Wallenstein*. Si l'on entend par là que les personnages y sont plus vivants, et surtout plus distincts du poète que certaines figures de la trilogie, on a raison, je crois. Même dans les morceaux lyriques, ce sont eux et non l'auteur qui parle. Mais, d'un autre côté, il s'est bien mieux dégagé de ses scrupules d'historien, il manie bien plus librement les faits, les détails, et les subordonne, les sacrifie, quand il faut, à la conception idéale de ses rôles et surtout du premier de tous. Il sait que si le drame est une leçon, il n'est toujours pas une leçon d'histoire érudité ou anecdotique. Si le caractère, le règne, l'époque de Marie perdent quelque chose de leur vérité historique à cette manière de prendre le sujet et d'entendre le drame, si elle est moins la reine et la femme que nous trouvons dans les chroniques et dans les historiens, dans le beau livre de M. Mignet, par exemple, combien ne gagne-t-elle pas et l'art avec elle, et nous, par suite, qui la voyons et l'entendons, à la liberté créatrice du poète qui, sans lui ôter ses traits les plus caractéristiques, en a fait un type féminin des plus charmants, un type qui, pour réunir les plus sympathiques, les plus attrayantes des qualités communes de la femme, ne cesse pas d'être individuel.

Je ne passerai pas en revue les autres personnages de la pièce. L'historien peut trouver à redire à tous ceux qui sont empruntés à l'histoire, surtout à celui d'Élisabeth, dans la peinture duquel le poète se montre trop le vengeur de Marie; mais, du reste, ils sont bien conçus, bien dessinés, dramatiques, à l'exception de Leicester peut-être, qui inspire à certains moments un mépris voisin du dégoût. Ce n'est pas le moins vraisemblable de la pièce, celui qui trouverait le moins de modèles dans la réalité, mais l'impression qu'il laisse n'est pas de celles qu'on peut nommer tragiques, de celles que doit chercher le drame.

Je ne ferai qu'indiquer les autres critiques bien connues, qui portent, non sur l'ensemble et la composition même, mais sur certains endroits déterminés : ainsi sur l'humilité avec laquelle Marie écoute les duretés de sa nourrice, sur la scène de la confession et de la communion, belle au point de vue de l'art peut-être, mais téméraire à d'autres égards; sur l'explosion ardente, sensuelle, de la passion de Mortimer, où l'on croirait voir, a-t-on dit avec quelque raison, une réminiscence des *Brigands*. Ces fautes-là même sont de celles que ne commet pas ainsi qui veut, et on pourrait les dire rachetées, autant qu'elles peuvent l'être, par l'exécution, si le mérite même du style et de la poésie, qui devient, d'une part, une compensation, ne contribuait, de l'autre, à les mettre plus en relief et en lumière. La beauté du langage et des vers est heureusement et naturellement plus grande encore partout où la pensée, le sentiment, la situation inspirent et élèvent le poète, et l'on peut détacher du drame, sans qu'ils fassent, considérés dans l'ensemble, l'effet de lambeaux de pourpre, plusieurs morceaux devenus célèbres à juste titre pour le fond comme pour la forme.

Sa *Marie Stuart* achevée, Schiller se mit à étudier le sujet de *Jeanne d'Arc*. Dès le commencement de juillet 1800, nous le voyons à l'ouvrage et tout occupé des beautés de son nouveau cadre dramatique. « La matière est digne, écrit-il à Kœrner, de la pure tragédie, et si je réussis, par la manière de la traiter, à la faire valoir autant que j'ai fait *Marie Stuart*, je puis compter sur un beau succès. Il y a un personnage principal, auprès duquel, quant à l'intérêt, tous les autres, dont le nombre n'est pas petit, ne comptent pour ainsi dire pas. » Ce qui l'embarrassa d'abord, ce fut de choisir dans ses matériaux, de fixer quelques grands moments, de distribuer sa pièce, comme il dit, par grandes masses. Cependant il se promettait bien que le plan serait arrêté à la fin de juillet. Mais la lutte fut plus longue ; de nouvelles difficultés, dont on se rend aisément compte en lisant la pièce, naissaient à chaque pas. Il espère que la solitude l'inspirera, il quitte sa famille, loue une demeure à Oberweimar ; mais là, l'excessive chaleur le fatigue et l'énerve, puis une indisposition de sa femme le rappelle dans la ville. Ces obstacles, ces ennuis l'irritent, mais doublent son ardeur. Il avance à pas lents, mais ne s'arrête pas, ne se permet aucune distraction. Le 11 février 1801, les trois premiers actes sont achevés, et il les peut lire à Goethe. Au mois de mars il essaye de nouveau de la solitude, et, laissant femme et enfants à Weimar, il s'enfuit dans sa villa, voisine d'Iéna. « Là sa tâche, écrit-il, lui tend l'esprit tout autant, et les difficultés restent les mêmes. » Il finit son quatrième acte, et, à la fin du mois, le taon le pique de nouveau, le pousse ailleurs, χαίν τις αὖ οἶστρος, et il revient écrire le cinquième là d'où il est parti, auprès des siens. C'était à tort qu'il s'en prenait au temps, au lieu, au mouvement du ménage, au bruit des enfants : cette inquiétude qui le chassait de place en place, c'était l'aiguillon de la muse, les fantaisies de la fièvre poétique, auxquelles sa modeste aisance lui permettait maintenant de céder : il fallait bien y résister autrefois quand la pauvreté l'enchaînait au logis. Le 16 avril enfin le drame s'achève. Il l'envoie à Goethe, qui le 20 lui écrit : « Je vous rends la pièce avec mes remercîments. Elle est si belle et si bonne que je n'y puis rien comparer. » Il l'envoie aussi à Charles-Auguste, qui, bien que le sujet et le genre ne fussent guère à son goût, se montre également très-satisfait, mais ajoute qu'il ne pense pas qu'on la puisse jouer. « A cet égard, dit Schiller à Goethe, il pourrait bien avoir raison. Après en avoir longtemps délibéré avec moi-même, je me suis décidé à ne pas la mettre au théâtre, quoique j'y perde certains avantages. D'abord, le libraire Unger, à qui je l'ai vendue, compte la donner, comme une parfaite nouveauté, à la foire d'automne : il m'a bien payé et je ne puis pas, en cela, le contrarier. D'un autre côté, je suis effrayé de la terrible épreuve de mettre la pièce à l'étude, de dresser les acteurs, de la perte de temps qu'entraînent les répétitions, sans compter que j'y perdrais aussi la bonne disposition où je suis. Je couve en ce moment deux nouveaux sujets dramatiques, et quand je les aurai tous deux bien médités et éprouvés, je passerai à un nouveau travail. » Nous avons dit qu'il secondait Goethe dans la direction du théâtre. Il se montrait généralement plein de bienveillance envers les acteurs ; mais en ce moment, comme nous le voyons, sa patience était à bout ; il venait de les trouver, je ne sais à quel propos, indociles, exigeants : plutôt renoncer à un triomphe que d'avoir à manier ces capricieux interprètes. « Je ne veux plus avoir affaire, dit-il dans la même lettre, à la race des comédiens ; car on ne vient à bout de rien avec eux par la raison et la complaisance ; il n'y a qu'une manière de s'en faire entendre, le bref impératif, que je n'ai pas le droit d'employer. » C'était le privilége de Goethe. Mais ce dernier n'approuva pas la résolution de son ami, et le décida à prêter l'oreille aux propositions qui lui venaient de toutes parts. Pendant qu'on imprimait la pièce en forme d'album-calendrier pour l'an 1802 (nous avons la lettre où Schiller recommande à Unger de prendre un beau caractère, un format élégant), on la mit en même temps à l'étude, et elle fut jouée d'abord à Leipzig, en 1801 ; à Berlin, au premier jour de l'an 1802; puis la même année à Weimar. A Berlin, Iffland, qui dirigeait toujours le théâtre, n'épargna rien pour la mise en scène ; au quatrième acte surtout, il avait déployé une pompe vraiment royale : plus de huit cents personnes y figuraient, raconte un témoin oculaire, et la musique, la beauté des costumes et des décorations excitaient à chaque fois l'enthousiasme de toute la salle. C'était, au jugement du poète, passer les bornes. Il ne prenait pas pour lui ces applaudissements. « Tout cet éclat, disait-il, distrait le spectateur, le détourne de mon poëme et l'y rend insensible. »

Depuis longtemps nous ne trouvons dans la vie de Schiller d'autres événements que ses œuvres. Iéna, Weimar étaient ses Colonnes d'Hercule. Ce n'était pas qu'il ne fût très-curieux, mais il semble que son imagination, aidée des livres, des récits des voyageurs, qui étaient une de ses lectures favorites, suffisait à satisfaire le besoin qu'il éprouvait de voir et de connaître, sous ses aspects divers, le monde extérieur, d'admirer les grands spectacles de la nature. Qui peut lire son *Guillaume Tell* et croire qu'il n'a jamais visité la Suisse? Quels yeux, quelle mémoire de voyageur en ont rapporté une impression plus exacte, plus vraie, que celle qu'il nous en donne? A la vue de la chute du Rhin à Schaffhouse, Goethe est frappé, et le lui écrit, de la fidèle peinture que lui offrent du tableau qu'il a sous les yeux les belles strophes imitatives de la ballade du *Plongeur*. Cependant, tout habile qu'il était à voir de loin et sans y être, il forma cette année (1804), après le pénible labeur de sa *Jeanne d'Arc*, le projet de ce qu'on nommait alors un long voyage. Il voulait aller dans le Mecklembourg, aux bords de la Baltique, et prendre les bains de mer à Dobberan. J'ignore ce qui vint à la traverse, mais ce beau dessein ne s'exécuta pas. Pour se dédommager, il alla, avec sa famille, dans les premiers jours du mois d'août, faire une visite à Kœrner. Après quelques semaines passées à Loschwitz, dans cette jolie maison des vignes où il avait achevé son *don Carlos*, il vint demeurer une quinzaine à Dresde, où il partagea agréablement son temps entre les visites aux musées et aux ateliers des artistes, les entretiens de l'amitié, et les projets poétiques. Un de ceux qui l'occupaient alors était un drame dont Bernard de Saxe-Weimar devait être le héros. Il s'était déjà fait un plan, qu'il exposa pendant son séjour à Dresde, à un peintre chargé par Charles-Auguste d'orner une des salles du château de Weimar de deux tableaux tirés de la vie de cet illustre guerrier. Mais ce plan ne le contentait pas; il faisait trop violence à l'histoire. « J'attendrai, disait-il, une inspiration meilleure. » Elle ne vint pas, ou du moins il n'eut pas le temps de traiter ce sujet, non plus que bien d'autres qui l'avaient tenté. Le 15 septembre, il quitta Dresde. Le 17, il assista, à Leipzig, à une représentation de *Jeanne d'Arc*, qui fut pour lui un brillant triomphe. A la chute du rideau, après le premier et le second acte, un cri unanime de : « Vive Frédéric Schiller! » éclata dans toute la salle, et, à sa sortie du théâtre, la foule qui l'attendait, se rangeant sur deux haies pour lui ouvrir un passage, lui prodigua les marques les plus touchantes d'admiration et de respect. Le 20 septembre, il rentra à Weimar, où une autre joie l'attendait, celle de voir représenter par une actrice d'un grand talent, Mme Unzelmann, de Berlin, le personnage de Marie Stuart.

De 1792 à 1802, Schiller fit paraître en quatre volumes, à Leipzig, chez Crusius, les opuscules en prose qu'il avait publiés dans divers recueils, particulièrement dans les *Heures* et la *Thalie*, n'y ajoutant que deux morceaux inédits, intitulés, l'un *du Sublime*, et l'autre *Pensées sur l'usage du commun et du bas dans l'art*. Pour agrandir le cercle des lecteurs de ses ouvrages philosophiques, il y supprima les passages trop arides et trop rigoureusement scolastiques, les vestiges de ce temps d'abstraite gymnastique qu'il devait s'étonner, depuis son retour à la libre poésie, d'avoir traversé si patiemment.

Il avait promis, pour la Saint-Michel de 1799, un recueil de ses poésies détachées. Une édition passablement complète qui, sans son aveu, commença à paraître, en 1800, à Iéna et à Weimar, et qui, malgré ses apparences peu attrayantes et l'incorrection du texte, eut un grand débit, le força de s'occuper sans plus de retard de cette publication. Le premier volume fut mis en vente à Leipzig en 1800, le second en 1803. Déjà, plus haut, nous avons vu Schiller travailler à cette collection, choisir, corriger, élaguer, sans parvenir assurément à se contenter lui-même. Quelle besogne ingrate, pour ne pas dire impossible, de remanier les productions désordonnées, exubérantes, de sa jeunesse, avec son goût si pur, si sévère d'à présent, sans leur ôter leur caractère propre! Il eût poussé bien plus loin la rigueur, si la mémoire même des lecteurs n'y eût mis un frein, et si, pouvons-nous ajouter, ces premiers bégayements de sa muse, plus goûtés d'une partie du public que de lui-même, n'eussent montré aux vrais et bons juges la distance parcourue, la grandeur du progrès, et rehaussé sa gloire présente aux dépens de son passé. Cependant il ne voulut pas dans ce recueil suivre l'ordre chronologique. Les pièces qui lui paraissaient maintenant les plus faibles, les plus éloignées de son idéal présent, il les plaça timidement au milieu de son second volume, les faisant précéder et suivre, pour se rendre favorables la première et la dernière impression du lecteur, de ses chefs-d'œuvre les plus récents.

Schiller était toujours, comme on le voit, infatigable au travail, et son ardeur semblait s'accroître à mesure que la santé du corps s'affaiblissait. Cependant il trouvait à Weimar et s'y permettait plus de distractions qu'à Iéna, si l'on peut appeler distractions pour le poète la fréquentation d'une société choisie, les entretiens sur les choses de l'intelligence qui nourrissent l'esprit plus encore qu'ils ne le reposent. Un cercle d'admirateurs et d'amis s'était formé autour des deux grands écrivains. Toutes les semaines on se réunissait chez Goethe, on soupait ensemble, et l'on passait la soirée dans d'aimables et spirituelles causeries. Naturellement les Muses étaient souvent de la fête, et le souvenir de ces réunions est consacré par de charmantes poésies, par des chants vraiment lyriques, mis en musique par Kœrner et Zelter, et bien dignes de survivre à la circonstance qui les produisait. Telles sont par exemple les strophes touchantes et patriotiques que Schiller adressa, le 22 février 1802, au fils aîné de Charles-Auguste, au prince héréditaire de Weimar, au moment où il allait partir pour Paris; telles encore les belles odes intitulées : *la Faveur du moment*, *les Quatre âges du monde*, *aux Amis*, sans parler des deux petites chansons à boire le punch, auxquelles la traduction ne peut guère conserver leur agrément. Depuis que Schiller s'était donné tout entier au drame, il ne lui dérobait plus que de rares instants pour la poésie lyrique. On ne peut, tout en admirant ses pièces de théâtre, s'empêcher de le regretter, quand on voit à quelle perfection il s'est élevé dans ses derniers petits poëmes, dans ceux qui appartiennent au xixe siècle, quand on lit et admire, dans des tons et des genres divers, *le Commencement du nouveau siècle*, plainte d'une âme généreuse qui, découragée à la vue du spectacle de ce monde, s'écrie tristement : « La liberté n'existe que dans l'empire des rêves, et le beau ne fleurit que dans le chant; » *la Pucelle d'Orléans*, où le poëte oppose le sincère enthousiasme de son drame au cynisme révoltant d'une trop fameuse profanation; les ballades, très-différentes les unes des autres d'inspiration et de couleur, intitulées: *Héro et Léandre*, *Cassandre*, *la Fête de la victoire*, *le Comte de Habsbourg*, cette dernière, aussi simple et naïve, aussi chrétienne, que les trois premières sont brillantes et antiques, antiques par le sujet et la forme, il est vrai, plutôt que par la nature même de la pensée : *le Désir*, *le Pèlerin*, *le Jeune homme au bord du ruisseau*, composé pour l'une des comédies empruntées à Picard; *le Chasseur des Alpes*, écrit en 1804 et se rattachant, ainsi que *le Comte de Habsbourg*, que nous venons de nommer, et *le Chant de la montagne*, qui est probablement de la même année, aux études dont le drame de *Guillaume Tell* avait été l'occasion pour le poëte.

Mais je devance encore une fois le temps. Reprenons l'ordre des faits : il nous en reste peu à raconter. Au printemps de 1802, peu s'en fallut que la discorde ne vînt troubler la paisible société de Weimar. Le littérateur Kotzebue, l'auteur de *la Petite ville alle-*

mande, était depuis peu de temps revenu de la Livonie à Weimar, sa ville natale. Il témoigna le désir de faire partie du cercle dont nous venons de parler, et en sut mettre plusieurs membres dans ses intérêts. Mais Goethe, qui le goûtait fort peu, trouva moyen de l'écarter en faisant ajouter au règlement un nouvel article qui exigeait, pour toute admission, l'unanimité des suffrages. Kotzebue, dont la vanité, fort irritable, avait déjà contre Goethe d'autres griefs, essaya de se venger et de jeter la division dans cette réunion dont on l'excluait. Il imagina pour cela d'organiser une fête qui fût à la fois un solennel hommage rendu à Schiller et un affront fait à Goethe, qui exaltât l'un aux dépens de l'autre, qu'elle blesserait en le passant sous silence. Les admirateurs de Schiller, qu'ils fussent ou non jaloux de Goethe, s'empressèrent d'adopter le projet. On fixa le jour, le lieu; on arrêta le programme du triomphe; on se distribua les rôles. La fête devait avoir lieu le 5 mars, dans la grande salle du nouvel hôtel de ville, commencer par la représentation de quelques scènes favorites des drames du triomphateur, déclamées par des personnes de la haute société de Weimar, et se terminer par la récitation des plus beaux morceaux de *la Cloche*. A un moment donné, Kotzebue, dans le costume du maître fondeur, briserait à coups de marteau une grande cloche de carton, qui, volant en éclats, découvrirait le buste du poëte, et au même instant le poëte en personne serait couronné, aux applaudissements de toute l'assistance, des mains de la beauté. Schiller n'était pas moins embarrassé que flatté de l'ovation qui s'apprêtait, et dont l'intention et les conséquences ne lui échappaient pas. « Je serai malade ce jour-là, » avait-il dit à Goethe, qui n'avait rien répondu. Tout était prêt, mais l'homme propose et Dieu dispose : il suffit à l'auteur de *Faust* de froncer le sourcil pour conjurer l'orage qui menaçait sa gloire. Il n'y avait à Weimar qu'un seul buste de Schiller, un buste de plâtre, placé dans la bibliothèque publique : les conservateurs refusèrent de le prêter, il était trop fragile. « Nous aurons le modèle en personne, se dit-on, nous nous passerons de l'image. » La veille du jour fixé, on alla demander au bourgmestre les clefs de la salle de l'hôtel de ville; nouveau refus : elle était fraîchement décorée, on ne pouvait permettre d'y dresser un théâtre, l'inaugurer par une fête tumultueuse. On pria, on insista longtemps, ce fut peine perdue : on comprit ce que signifiaient ces refus, et la solennité n'eut pas lieu. Peu de temps après, l'inflexible magistrat fut récompensé, par le titre de conseiller, d'avoir si vaillamment préservé sa belle salle de tout dégât. Schiller, plus soulagé sans doute que contrarié par ces obstacles, se contenta de dire en badinant : « Le 5 mars s'est passé pour moi plus heureusement que jadis le 15 pour César. » Les relations des deux amis continuèrent sur le même pied qu'avant et comme s'il n'était rien arrivé. Seulement, à la suite de ce mécompte, Schiller parut être devenu encore plus cher à ses concitoyens et Goethe peut-être un peu moins.

Quelques mois plus tard, Schiller, à la demande de Charles-Auguste, à qui l'on peut supposer, non sans vraisemblance, après ce qui vient d'être raconté, une intention de dédommagement, fut anobli par l'empereur François II, depuis François Ier d'Autriche. Le diplôme est du 7 septembre 1802. Il porte que Schiller appartiendra désormais, lui et ses descendants, à la noblesse du saint empire romain, et cela en considération du haut rang qu'il tient dans les lettres, « de l'accueil unanimement favorable que ses ouvrages historiques et littéraires ont reçu dans le monde savant, et du nouvel élan que ses remarquables poésies surtout ont donné au génie de la langue allemande. » On peut bien dire, en relisant *les Brigands*, qu'il n'avait pas pris d'abord pour arriver à ce genre d'illustration, le chemin le plus droit et le plus court. Mais cela ne l'empêcha pas de faire mieux que de se résigner de bonne grâce : il s'associa galamment à la joie de sa noble moitié, Charlotte de Lengefeld, dont on avait eu soin de mentionner la naissance dans le diplôme. Dans le monde où il vivait maintenant, cet honneur écartait plus d'une petite difficulté, plus d'une misère, auxquelles, même par le droit du génie, la roture alors (comme peut-être bien aujourd'hui encore en maint endroit) ne pouvait échapper. « Vous aurez ri sans doute, écrit-il à G. de Humboldt, en apprenant notre anoblissement. C'est une idée qui est venue à notre duc, et, puisqu'elle lui est venue, je puis bien, pour l'amour de Lolo (de Charlotte) et des enfants, y acquiescer de bon cœur. » Dans une lettre à Kœrner, il s'applaudit de même de cette distinction, pour sa femme et ses enfants. « Pour moi-même, ajoute-t-il, je n'y gagne sans doute pas grand'chose. Dans une petite ville, cependant, comme Weimar, c'est toujours un avantage de n'être exclu de rien. »

La mère de Schiller vivait encore, mais elle ne jouit pas longtemps de la satisfaction d'avoir donné naissance à une noble lignée. Elle mourut, le 29 avril 1803, après une longue et cruelle maladie, à

Cleversulzbach, dans la maison du pasteur Frankh, son gendre. Sa fille Louise, Mme Frankh, l'avait fait transporter chez elle de Stuttgart, et l'avait entourée jusqu'au dernier moment des soins les plus pieux. Schiller s'était offert sur-le-champ à payer toutes les dépenses, et montra, pour tout ce qui la touchait, la plus tendre sollicitude. « Dieu te bénira, dit-elle dans la dernière lettre qu'elle lui écrivit. Il n'y a pas au monde un autre fils comme toi. » Elle parlait de lui avec la plus vive émotion et une profonde reconnaissance. Deux jours avant de mourir, elle se fit apporter un médaillon qui le représentait et qu'il lui avait donné, et le pressa sur son cœur. Son corps repose dans le cimetière du petit village solitaire, à l'ombre d'un prunier, sous une croix de pierre où sont gravés ces deux mots : « La mère de Schiller. »

Le jour même où elle rendait son âme à Dieu, Schiller s'établit, sans se douter de cette triste coïncidence, dans une maison qu'il venait d'acheter à Weimar, d'un Anglais de sa connaissance, nommé Mellish, qui a traduit *Marie Stuart*. Il se défit, vers le même temps, de sa campagne, désormais inutile, d'Iéna. Sa nouvelle demeure, qui fut la dernière, celle qu'il occupa, comme dit Bossuet, jusqu'au grand délogement, était située sur une avenue, nommée l'Esplanade, plantée de deux lignes d'arbres. Elle est aujourd'hui la propriété de la ville, qui la considère, toute petite et modeste qu'elle est, comme un de ses monuments les plus précieux. Qu'on me permette ici un souvenir personnel, qui m'est cher en lui-même, pour l'amour du grand poète qui en est l'objet, et que me rend plus cher encore et plus touchant la pensée de celui qui le partage avec moi. J'ai visité la maison de Schiller il y a quelques années, dans la société d'un jeune prince[1] qui est, par son auguste et regrettable mère, l'arrière-petit-fils de Charles-Auguste, et dont l'âme dès lors s'ouvrait avec ardeur à tous les sentiments généreux, et recueillait avidement tous les souvenirs de gloire. Le prince héréditaire de Saxe-Weimar, aujourd'hui duc régnant, avait voulu le guider lui-même dans ce pèlerinage. On ne peut se défendre d'une pieuse émotion en pénétrant dans le cabinet de travail de Schiller, qui est à l'étage supérieur de la maison, en voyant en esprit le poète devant cette table où il écrivit son chef-d'œuvre, son *Guillaume Tell*, et sur laquelle

---

1. S. A. R. Mgr le comte de Paris. Mme la duchesse d'Orléans était petite-fille de Charles-Auguste par sa mère, la princesse Caroline de Saxe-Weimar, grande-duchesse héréditaire de Mecklembourg-Schwérin.

est placé un encrier qui avait, nous disait-on, appartenu à Goethe. Dans ce lieu, où la poésie prodiguait ses trésors, tout est d'une simplicité que plus d'un, dans la plus médiocre bourgeoisie, nommerait pauvreté aujourd'hui. Mieux vaut ce contraste que l'autre, bien plus fréquent, hélas! de la misère d'esprit et de cœur au milieu de l'opulence. On voit, dans la même chambre, un lit de bois blanc, celui où le poëte est mort, et auprès est suspendu son portrait avec une boucle de ses cheveux, d'un blond rougeâtre. A côté du cabinet est le salon, dont le parquet est maintenant couvert d'un tapis, ouvrage et hommage posthume des dames de Weimar. De distance en distance sont placés des escabeaux offerts, depuis la mort de Schiller, par les principales villes du grand-duché et ornés de leurs armes, brodées en tapisserie.

Un mois environ avant son entrée dans sa nouvelle demeure, Schiller avait assisté, au théâtre de Weimar, à la première représentation de sa *Fiancée de Messine*. Après avoir été interrompu par maint dérangement dans la composition de ce drame, il l'avait lu une première fois dans un cercle intime, le dernier jour de l'an 1802, et à cette occasion il avait promis à son auditoire de célébrer chaque année le soir de saint Sylvestre (l'engagement, hélas! était plus court qu'il ne pensait) par une nouvelle tragédie. Ayant ensuite consacré plusieurs semaines à mettre la dernière main à son œuvre, il en fit une seconde lecture en présence du duc de Saxe-Meiningen, le 4 février 1803, jour anniversaire de la naissance de ce prince, « à qui il devait, dit-il dans une lettre à Goethe, quelques égards » : c'était de lui, comme nous l'avons rapporté, qu'il avait reçu son titre de conseiller aulique. La société réunie pour cette lecture était très-mêlée. Princes, acteurs, dames, maîtres d'école (c'est ainsi qu'il la décrit lui-même) furent émus et charmés, et le poëte espéra que l'effet ne serait pas moins grand à la scène. L'événement justifia sa confiance. On joua la *Fiancée* pour la première fois le 19 mars, puis on la reprit très-peu de jours après. « L'impression fut très-forte, écrit-il à Kœrner, et la pièce a tellement frappé la partie la plus jeune du public, qu'on m'a porté un vivat, après la représentation, à la sortie du théâtre, ce qu'on ne s'était jamais permis ici.... Pour ce qui me concerne, je puis bien dire qu'en voyant jouer *la Fiancée de Messine*, j'ai eu pour la première fois l'impression d'une vraie tragédie. Le chœur unissait admirablement le tout, et un suprême et terrible sérieux régnait dans toute l'action. Goethe a éprouvé le même effet ; il pense que le succès de ce drame a inauguré pour le théâtre une tendance plus élevée. » Goethe avait chargé Mme Wolf du rôle d'Isabelle, et en cette occasion cette actrice, depuis célèbre, dont nous avons déjà parlé au sujet de *Wallenstein*, révéla, dit-on, pour la première fois, avec éclat son talent pour la tragédie. En même temps qu'on jouait la pièce à Weimar, on l'étudiait à Berlin, à Hambourg, à Leipzig. A Berlin, elle fut représentée le 14 et le 16 juin. « L'effet général, écrit Iffland à l'auteur, a été le plus grand, le plus profond, le plus imposant qu'on puisse désirer. Les chœurs ont été déclamés magistralement et sont descendus comme une tempête sur la contrée. Que Dieu vous bénisse et qu'il vous conserve avec votre juvénile richesse, toujours florissante ! » C'était surtout l'effet des chœurs qui, dans ce drame, préoccupait le poëte. Avant la représentation, il n'était pas sans crainte au sujet de cette innovation. Dans une lettre où il autorise Kœrner à promettre la pièce à un directeur de théâtre, moyennant 10 carlins[1], il lui recommande de ne rien lui dire du chœur : « Je veux qu'ils me jouent la pièce sans même savoir qu'ils ont mis sur la scène le chœur de l'antique tragédie. » Cette ignorance était chose possible, parce qu'il avait distribué les divers couplets du chœur entre un certain nombre de personnages désignés par des noms propres.

La Fiancée à peine achevée, il voulut, sans perdre de temps, se remettre aux *Chevaliers de Malte*, et reprit, comme il le raconte à Goethe, tout ce qu'il avait déjà écrit en vue de ce drame. « Le fer est chaud maintenant, dit-il, et se laisse forger. » Mais ce ne fut qu'une envie passagère. Un autre sujet s'empara de lui bientôt, celui de *Guillaume Tell*. Il en devait l'idée à Goethe qui, dès 1797, en visitant pour la troisième fois les petits cantons de la Suisse, avait formé le plan d'une épopée dont ces lieux imposants, cette admirable nature seraient le théâtre, et Tell le héros. Mais ce dessein n'ayant pas été accompli, Schiller s'appropria l'idée, pour en faire, au lieu d'une épopée, un drame. Cette fois cependant, avant de mettre la main à l'œuvre, il voulut reprendre haleine. Pour se reposer, il traduisit librement, sans doute pour satisfaire un désir de Charles-Auguste, les deux comédies de Picard dont nous avons parlé. Puis il se donna quelques distractions moins littéraires. Il se rendit d'abord à une invitation que lui adressèrent, d'Erfurt, une centaine d'officiers

---

1. Le carlin ou carolin était une monnaie d'or qui valait environ 24 francs.

prussiens qui voulaient le fêter et au milieu desquels il passa, nous dit-il, d'agréables moments; ce furent surtout les plus anciens majors et colonels qui l'intéressèrent : ils lui rappelaient une société où il avait longtemps vécu en esprit, quand il écrivait son *Wallenstein*. Ensuite il s'aventura, seul et sans sa famille, jusqu'à Lauchstædt, petite ville de bains, où la troupe de Weimar allait donner des représentations pendant la saison des eaux. Ce séjour fut pour lui un temps de doux repos. Il restait dehors une grande partie de la journée, en société des étrangers qui affluaient de toutes parts et qui tous lui faisaient fête. Il s'étonnait de trouver du goût à cette vie tout oisive, si peu conforme à ses habitudes; déplorait par moments la perte d'un temps précieux, puis se consolait en songeant que ce n'était pas le perdre que d'épanouir son âme et d'accroître par ces jours de relâche l'ardeur au travail. Des amis le décidèrent à visiter Halle; il en revint peu charmé de la ville même et de la société qu'il y trouva : « On n'y sait, dit-il, que conter des anecdotes. » A Lauchstædt, il suivait assidûment le théâtre. Un soir, à une représentation de *la Fiancée de Messine*, en présence d'un nombreux auditoire, il eut la surprise d'une coïncidence merveilleuse qui vint achever la mise en scène de la manière la plus imposante. Voici comment il raconte lui-même à sa femme ce singulier et magnifique hasard : « Pendant la pièce, il éclata un violent orage : les coups de tonnerre et les torrents de pluie retentissaient avec un tel fracas (le toit était d'une structure très-légère) que, durant une heure, il fut presque impossible de comprendre un seul mot du rôle des acteurs et qu'il fallait deviner l'action par leur pantomime. Ce fut parmi les spectateurs une vive angoisse, et je croyais à chaque instant qu'on serait obligé de baisser la toile. Quand il venait de violents éclairs, beaucoup de femmes s'enfuyaient de la salle; c'était une perturbation étrange. Toutefois, on acheva la représentation, et le jeu de nos comédiens fut encore très-tolérable. L'effet fut à la fois plaisant et terrible lorsque, au dernier acte, les imprécations furieuses qu'Isabella adresse au ciel furent accompagnées du roulement de la tempête qui gronda de plus belle. Juste au moment où le chœur prononce ces paroles :

> Quand les nuages amoncelés noircissent le ciel,
> Quand le tonnerre retentit avec un sourd fracas,
> Alors, alors tous les cœurs se sentent
> En la puissance du terrible destin[1].

---

1. Voyez le tome IV de notre traduction, p. 330.

le vrai tonnerre d'en haut éclata avec une effrayante explosion, de façon que l'acteur Graff improvisa, à ce bruit, un geste qui saisit tout le public. »

A son retour de ce voyage, pendant lequel il s'était senti, nous dit-il, plus content, plus léger, et avait pris plus de confiance en sa santé, il se remit au travail avec une vive ardeur et se consacra tout entier à son *Guillaume Tell*, où respire en maint endroit la sérénité charmante qu'il avait rapportée de son excursion. C'était la Suisse, le pays même et son peuple, qu'il voulait mettre en scène ; il ne l'avait jamais visitée, il l'étudia dans les entretiens de Goethe et dans les livres, surtout dans l'excellent chroniqueur Tschudi, et en conçut une si fidèle et si vivante image que jamais historien ni voyageur ne l'a peinte avec plus de vérité. A l'occasion de ces recherches préliminaires, il s'adressa, par l'entremise de Goethe, à Jean de Müller, pour avoir son avis sur certains points de l'histoire de Tell. La réponse du savant historien respire une estime pleine d'enthousiasme pour Schiller. Le poète s'en montra reconnaissant et le paya de retour en rendant dans son drame un public hommage à son autorité en matière historique. En parlant d'un grand événement qui devient le salut de la Suisse : « Un homme digne de foi, Jean Müller, dit-il, en a apporté la nouvelle de Schaffhouse[1]. » Schaffhouse était la patrie de l'illustre écrivain. Müller passa par Weimar pour se rendre à Berlin, au printemps de 1804, et assista dans la loge ducale à une des premières représentations de *Guillaume Tell*. La salle entière saisit l'allusion, et tous les regards se tournèrent vers lui[2].

Au travail de son drame se mêlaient, sans l'en distraire, divers soins qu'il partageait avec Goethe : celui d'arranger pour la scène le *Jules César* et le *Marchand de Venise* de Shakspeare, dont l'étude lui était alors, comme il se plaît à le reconnaître, on ne peut plus profitable pour sa propre tâche ; puis l'intérêt qu'il prenait à la situation inquiétante de l'université d'Iéna, que ses meilleurs maîtres, Paulus, Hufeland, Schelling, etc., désertaient en ce temps-là, et à la fondation d'une nouvelle gazette littéraire destinée à faire con-

---

1. Voyez le tome IV de notre traduction, p. 457.
2. Le fait est rapporté par Böttiger, dans le numéro de 1815 (p. xxv) de la *Minerva*, album annuel, où ont été insérés successivement, à l'occasion de gravures relatives aux divers drames de Schiller et à quelques unes de ses poésies détachées, des appréciations, parfois intéressantes, et de curieux détails d'histoire littéraire, qui malheureusement ne paraissent pas tous être très-authentiques.

currence à l'ancienne, que Schütz s'apprêtait à porter avec lui à Halle : pour assurer le succès de cette entreprise, ils firent appel, Goethe et lui, aux hommes les plus distingués de l'Allemagne, et reçurent de divers endroits des réponses fort empressées et pour eux-mêmes très-flatteuses.

A la fin de novembre 1803, Schiller était dans tout le feu de la composition, et *Guillaume Tell*, qui était toujours sa grande affaire, l'absorbait de plus en plus, lorsqu'il apprit que Mme de Staël était à Francfort, et qu'elle s'apprêtait à venir à Weimar, pour y étudier l'Allemagne dans ses représentants les plus glorieux. Eût-elle eu dix fois plus d'esprit et de renommée, le moment aurait encore paru mal choisi au poëte, qui vivait alors en plein moyen âge, au pied des Alpes, au bord des lacs, et ne pouvait se résigner à quitter Hedwige et Gertrude, et leurs rustiques époux, pour aller poser, dans les salons, à la ville et à la cour, devant une contemporaine, quelque célèbre qu'elle fût. « Pourvu qu'elle sache l'allemand ! » écrit-il à Goethe en lui annonçant, avec plus d'inquiétude que de joie, cette nouvelle. « Lui faire en phrases françaises notre profession de foi et tenir tête à sa volubilité française est une trop rude tâche. » Il avait promis son drame au théâtre de Berlin pour la fin de février. « Il me remplit la tête, écrit-il, faisant part à Kœrner des impressions que lui avaient laissées ses premiers entretiens avec Mme de Staël, et voilà qu'un malin démon m'amène ici la Française, la femme philosophe (*die französische Philosophin*), qui, entre tous les êtres vivants, est bien le plus mobile, le plus prêt au combat, le plus disert que j'aie encore rencontré. » Mais, en la voyant, il apprécia tout d'abord sa haute et vive intelligence, et au commencement du séjour de Mme de Staël à Weimar, si parfois, quand elle l'interrompait aux heures de l'inspiration, il eut encore quelques accès d'humeur, que l'illustre visiteuse, si elle les avait connus, lui aurait sans doute pardonnés de bon cœur, il sentit d'autre part, pour les rares qualités de son esprit et l'originalité de ses entretiens, un attrait qu'il exprime sincèrement dans plusieurs endroits de ses lettres. Cette apparition soudaine, sortie d'un tout autre monde, cet esprit « placé au sommet, dit-il, de la culture française, » formait le plus frappant contraste avec la nature allemande, et particulièrement avec la sienne, mais c'était là évidemment un charme de plus. « C'est la femme la plus cultivée et la plus spirituelle, écrit-il encore à Kœrner.... Je la vois souvent, et comme d'ailleurs je ne m'exprime pas avec facilité en français, j'ai vraiment de rudes heures à passer. Mais on ne peut s'empêcher de l'estimer grandement et de l'honorer pour sa belle intelligence, et même pour sa libérale impartialité d'esprit et sa multiple facilité de conception. » Dans une lettre à Goethe, antérieure de quelques jours, il se félicite de se tirer d'affaire très-passablement avec elle, malgré le peu d'habitude qu'il a du français, et reconnaît que la « clarté, la décision, la spirituelle vivacité de sa nature ne peuvent qu'exercer une salutaire influence. La seule chose pénible est l'extraordinaire prestesse de sa langue : il faut, pour la pouvoir suivre, se transformer entièrement en organe auditif. Tout en elle est de la même pièce, dit-il un peu plus haut, de la même nature ; pas un trait étranger, faux et *pathologique* (qu'on me pardonne, je copie, ce mot qui veut être expressif, mais qui n'est pas gracieux). Cela fait que, malgré l'énorme différence des natures et des opinions, on se sent parfaitement bien auprès d'elle, qu'on peut tout entendre d'elle et tout lui dire. Elle présente une pure image de la culture d'esprit française, sous son jour le plus intéressant.... Sa belle intelligence s'élève à une brillante supériorité. Elle veut tout expliquer, tout pénétrer, tout mesurer. » Ce besoin-là, Schiller ne l'avait point au même degré qu'elle : le vague et l'indéfini avaient aussi pour lui leur charme : entrevoir, pressentir, rêver, étaient à ses yeux des éléments, des conditions de poésie. Aussi déclare-t-il qu'elle n'a pas le sens de la poésie, « de ce que nous, dit-il, nous nommons poésie ; elle n'en sent que le côté passionné, oratoire, général. » Pour la philosophie idéale, comme il la nomme, il ne s'entendait pas mieux avec elle. Cela venait sans doute, en grande partie, de la difficulté qu'éprouvait Schiller à traiter en français ces matières abstraites et délicates, à rendre les nuances, à les saisir dans le discours de son interlocutrice ; mais cela tenait aussi, pour la poésie comme pour la philosophie, à la diversité de nature, comme il le dit lui-même, et d'éducation et d'habitudes. Quelque impartiale et libérale qu'elle fût, pour répéter l'éloge que nous lisions tout à l'heure dans une des lettres citées, la précision, la netteté, la judicieuse rigueur à laquelle notre langue même oblige les bons esprits, la plaçaient, pour bien des choses, à un tout autre point de vue que l'auteur de *don Carlos* et du traité *de la Poésie naïve*, et empêchaient entre elle et lui l'entière harmonie sur les conditions mêmes du beau et du vrai. Et pourtant, qui plus qu'elle a franchi, puis rompu, autant qu'elle pouvait l'être, la barrière qui séparait alors les lettres françaises des lettres allemandes? Qui a plus fait pour nous initier à ce monde nouveau qu'elle était allée découvrir? Qui surtout, parmi nous, a compris et loué Schiller avec une sympathie plus vive et plus sincère? Il finit, lui, par se lasser de cette continuelle torture à laquelle il se voyait condamné, de bien dire en français, d'entendre d'une oreille de spirituels propos, tandis que sa muse lui parlait à l'autre, et çà et là, dans ses lettres, il en exprime peu galamment son dépit à Goethe. Pour elle, quand elle revint à Weimar, peu de temps après ce premier voyage, et qu'elle ne trouva plus l'auteur de *Guillaume Tell* au nombre des vivants, elle témoigna une profonde douleur, et alla pleurer sur sa tombe.

Malgré les distractions, diversement endurées, dont nous venons de parler (une indisposition, qui le força à garder la chambre, sans l'empêcher de travailler, était venue à propos les interrompre pendant quelque temps), il put écrire sur son journal, à la date du 18 février 1804 : « *Guillaume Tell* achevé. » Dès le lendemain, il envoya le drame à Goethe, qui s'en montra très-content, et s'occupa sans retard et fort activement de le mettre au théâtre. Schiller lui fut d'autant plus reconnaissant du zèle qu'il déploya en cette occasion, qu'il était lui-même souffrant au moment des dernières répétitions. Il ne put pas même assister, dit-on, à la première représentation, qui eut lieu le 17 mars, avec un grand succès. La seconde fut donnée le 19. Dans une lettre à Kœrner, Schiller se réjouit, avec une modeste simplicité, du bon accueil fait à son nouveau drame : « *Tell* produit, dit-il, au théâtre un plus grand effet que mes autres pièces, et la représentation m'a causé une grande joie. Je sens que peu à peu je deviens maître du genre théâtral. » Une seule scène, l'entrée des frères de la miséricorde, à la fin du quatrième acte, choqua, à ce qu'il paraît, une partie de l'auditoire. Il nous reste un fragment de lettre où l'auteur se défend, avec douceur à la fois et décision, contre une critique qui lui avait été adressée à ce sujet par une noble demoiselle dont le nom nous est demeuré inconnu : il s'en prend à la lourde gaucherie des figurants, et à la pitoyable musique que le maître des concerts avait adaptée au chant des frères, de l'hilarité inopportune que cette scène avait excitée ; mais il ne la sacrifiera point pour cela : « Il manquerait, dit-il, quelque chose à l'équilibre des parties, s'il la fallait supprimer. » La pièce fut jouée à Berlin au mois de juillet 1804, avec une telle approbation qu'il fallut (chose extraordinaire alors) la reprendre trois fois dans la première semaine. Schiller, pour satisfaire l'impatience d'Iffland, la lui avait envoyée par parties, un acte après l'autre, à mesure qu'ils étaient achevés et copiés. Personne ne pouvait mieux que le grand acteur qui autrefois s'était fait admirer, à Mannheim, dans les *Brigands*, mesurer l'incroyable distance franchie par le poëte de son début à son chef-d'œuvre. Aussi faut-il l'entendre, aussitôt après le premier envoi, exprimer son ravissement en style de dithyrambe : « J'ai lu, dévoré, plié le genou, et mon cœur, mes larmes, mon pouls précipité ont rendu hommage avec enthousiasme à votre esprit, à votre cœur !... Oh ! bientôt, bientôt la suite !... Des feuilles, des billets, ce que vous pourrez donner ! Je tends les mains et le cœur vers votre génie. Quelle œuvre ! que de richesse, de force, d'épanouissement, de toute-puissance ! Que Dieu vous conserve, amen ! » Cependant, quand il eut tout lu, son admiration ne put le défendre de certains scrupules que nous n'eussions pas compris il y a quelques années. Rien, dans ce drame, si propre à exercer une générale influence de patriotisme, à répandre, à ranimer le sentiment et le besoin de l'indépendance nationale, rien n'était plus loin de la pensée de l'auteur que les petites allusions politiques ; mais n'y trouvera-t-on point, se demandait le prudent directeur, ce qu'il n'y a pas mis ? N'y aurait-il point certains traits à effacer, à adoucir ? Iffland envoya tout exprès à Weimar le secrétaire de la direction pour s'entendre à ce sujet avec Schiller. Il serait curieux de savoir quels furent les changements demandés et adoptés. Sans doute ils passèrent dans le texte imprimé, car il serait difficile de découvrir dans la pièce, telle que nous la lisons maintenant, rien qui pût, à part le sujet tout entier peut-être, effaroucher les plus timides ou les plus défiants. Plus tard, après l'arrivée de la princesse russe, fille de l'empereur Paul et belle-fille de Charles-Auguste, il abrégea considérablement son drame pour la scène de Weimar, diminua le nombre des personnages, et supprima tout le cinquième acte pour ne pas réveiller, par le meurtre de l'empereur Albert, de récents et douloureux souvenirs[1].

Guillaume Tell est une œuvre d'un tout autre genre que les deux pièces précédentes, *Jeanne d'Arc* et la *Fiancée de Messine*, dont nous

---

1. M. Palleske pense que cette suppression fut faite dès les premières représentations données à Weimar, et il conclut de là que l'anecdote relative à Jean de Muller, que nous avons rapportée d'après Böttiger, est fausse. Il appuie cette

avons dit le succès sans en apprécier le mérite. Rien ne prouve mieux que la comparaison de ces trois drames si divers la souplesse du talent de Schiller. « Que de génie et surtout que de naturel ne faut-il pas, dit avec raison Mme de Staël, pour s'identifier ainsi avec tout ce qu'il y a de beau et de vrai dans tous les pays et dans tous les siècles ! »

Jeanne d'Arc justifie le titre que l'auteur lui a donné, de « tragédie romantique, » par l'espèce particulière de merveilleux qui y règne, le temps de l'action, les libres complications de la fable, la foi chrétienne qui en est le grand ressort. La *Fiancée de Messine* est, comme l'*Iphigénie en Tauride* de Goethe, une imitation de la manière antique, mais sur un sujet emprunté au moyen âge, par un génie moins grec et moins païen que Goethe, moins apte à se dépouiller de lui-même. Pour *Guillaume Tell*, je ne sais si je me trompe, mais, à mes yeux, que ce drame, quant à l'effet d'ensemble de la composition, est peut-être le plus heureux compromis que nous offre le théâtre romantique (dans le sens que nous donnons en France à ce mot) entre la manière des Grecs et celle de Shakspeare et de ses imitateurs. A la variété pleine de mouvement de ceux-ci, il joint quelque chose de l'immobile unité de ceux-là. Les acteurs se succèdent, les décorations changent à chaque scène, mille intérêts divers sont en jeu et compliquent l'action principale ; mais tout cela se combine et se personnifie, par une rare puissance d'harmonie, en deux grandes figures : la Suisse, d'une part, avec ses rochers, ses montagnes, ses lacs, ses mœurs paisibles et inoffensives, son besoin et son instinct de liberté et d'indépendance ; de l'autre, la tyrannie avec ses forteresses et ses prisons, ses folles violences, son aveugle despotisme et sa lâche servilité envers l'Autriche. Les caractères individuels s'effacent en quelque sorte, ou plutôt ce sont autant de coups de pinceau qui se réunissent, se fondent, se nuancent, pour ne former que les deux personnages très-complexes, mais parfaitement uns, que je viens de dire. Si un caractère cependant, celui de Tell, ressort dans l'une de ces deux figures dont les parties si diverses sont si habilement assemblées en un seul tout, cette prépondérance même contribue à l'unité : ce caractère qui prédomine et attire surtout l'attention résume en lui et met en relief les qualités les plus belles et les plus

---

opinion sur une lettre de Schiller à Kærner, qui est datée du 10 décembre 1804. Si c'était là sa seule preuve, elle serait insuffisante, vu la date de la lettre. Il en a sans doute d'autres, car il est très-affirmatif à ce sujet.

distinctives du peuple que ce drame personnifie et qu'on peut en regarder comme le vrai héros.

Jeanne d'Arc est de toutes les pièces de la maturité de Schiller, celle où il paraît s'être abandonné le plus librement à sa verve et à sa fantaisie, tant pour l'invention que pour le style. C'est la même richesse poétique, la même fécondité brillante qu'à son début dans le drame ; mais on sent qu'il maîtrise cette abondance et que le sol ne rend que ce qu'il lui demande. Plus d'herbes vaines et mauvaises, mêlées aux bonnes, à qui elles le disputent en vigueur et que souvent elles étouffent. La culture a fait son œuvre, mais si bien que fort souvent on n'aperçoit pas ses traces : on croit voir, tant la fertilité semble naturelle, des fleurs nées d'elles-mêmes : *natos sine semine flores*. Le sujet, malheureusement, n'était pas de ceux où peut s'exercer à son gré et sans entraves la fantaisie poétique. *Jeanne d'Arc* est une de ces figures consacrées par l'histoire, par la gloire, par la foi, par le patriotisme, qu'il est impossible d'embellir et qu'on ne peut tenter, sans une sorte de profanation, de rendre plus vraisemblables, plus humaines, surtout quand on les introduit dans le libre champ de la poésie, où le merveilleux et l'extraordinaire sont si bien à leur place. Il suffit de comparer le commencement et la fin du drame même de Schiller, le commencement fidèle à la légende, et la fin qui s'en écarte et mêle de tendres faiblesses à l'héroïsme surhumain de la Pucelle, pour sentir combien les données de la tradition, la poésie des faits, tels qu'ils se sont gravés, conservés, embellis dans la mémoire des peuples, l'emportent sur la fiction, timide et commune, on peut le dire, si on la rapproche du type consacré par le souvenir, et sur la conception individuelle par laquelle l'auteur croit augmenter notre sympathie en diminuant notre admiration. L'effet me paraît contraire à son attente : l'intérêt décroît plutôt, ce semble, du début au dénoûment, dans la même proportion que la grandeur et la céleste pureté de l'héroïne. Elles sont rares, dans les annales du monde, ces exceptions augustes, ces sublimes épopées composées par l'histoire même et par la naïve croyance de tous. Les arts, et la poésie surtout, n'y doivent toucher que pour entretenir et ranimer l'enthousiasme et la foi. Leur plus noble mission n'est-elle pas d'alimenter ces deux sources vives des grandes actions et des pensers généreux ? Ne semble-t-il pas que c'était surtout celle de Schiller, si ami de l'idéal, de tout ce qui élève l'homme au-dessus de la terre ?

Au reste, il faut le dire, pour lui et pour ses spectateurs, la vierge de Domrémy n'était pas, comme pour nous, une héroïne nationale : ni la religion ni le patriotisme ne pouvaient la lui rendre aussi sacrée qu'à nous. En se plaçant avec lui au delà du Rhin, au cœur de l'Allemagne protestante, on s'explique aisément, tout en la blâmant au point de vue de la beauté poétique, la liberté qu'il s'est donnée. Et cette liberté même, comme elle se renferme dans les bornes d'un pieux respect! En faisant Jeanne sensible à l'amour, il n'a voulu que nous la rendre plus aimable et plus chère, et mêler une tendre pitié à l'admiration qu'elle nous inspire, sans croire lui ôter par là son angélique auréole. Les belles strophes dont nous avons parlé plus haut, où il venge la céleste envoyée des insultes grossières d'une infâme parodie, nous font voir de quels sentiments il était animé en traitant ce sujet, et à quelle hauteur il plaçait Jeanne d'Arc et sa mission :

« .... L'esprit railleur fait une guerre éternelle au beau ; il ne croit ni aux anges ni à Dieu ; il veut ravir au cœur ses trésors ; il prétend combattre l'illusion et blesse la foi.

« De race naïve comme toi-même, pieuse bergère comme toi, la Poésie te tend sa droite divine, s'élance avec toi vers les astres éternels. Elle t'a entourée d'une auréole : c'est le cœur qui t'a créée, tu vivras immortelle. »

Honneur à lui, d'avoir ainsi compris, bien qu'il nous fût étranger par la langue, comme par la foi, d'avoir ainsi honoré une de nos gloires les plus pures, tandis que, par une impardonnable débauche d'esprit, un des nôtres, un des plus éminents par l'intelligence, et des plus renommés, l'a traînée dans la boue !

Ce juste hommage à la noble inspiration de Schiller ne m'a pas empêché de reconnaître ce qu'il peut y avoir à reprendre dans l'invention et le plan, dans la conception du caractère principal. Il est équitable d'ajouter que ce défaut est compensé, autant qu'il peut l'être, par les beautés de détail, qui abondent dans *Jeanne d'Arc* plus que dans aucun autre drame peut-être de notre auteur. Il s'y trouve un bon nombre de scènes et de parties de scènes, qui par la fraîcheur et l'éclat du style, et tantôt par la vigueur, tantôt par la douceur insinuante des sentiments et des pensées, doivent être rangées parmi les plus beaux morceaux du théâtre allemand ou même du théâtre en général.

La Fiancée de Messine, nous l'avons dit, est tout autre chose. Par la simplicité et l'unité de l'action, le peu de frais de l'invention quant à la fable même, la solennelle gravité du ton, la nature du style et surtout des images; par la fatalité impitoyable qui fait des personnages, de leurs sentiments comme de leurs actes, ses aveugles jouets; par le mélange de la poésie lyrique et de la poésie dramatique, non plus involontaire en quelque sorte et accidentel, comme dans les autres drames soit antérieurs, soit postérieurs, mais voulu et systématiquement ménagé au moyen de l'introduction d'un chœur: par ces caractères et d'autres encore, cette pièce rappelle le théâtre antique et la manière grecque[1]. C'est une consciencieuse étude, un industrieux exercice de composition. Nulle part peut-être Schiller ne s'est montré plus habile écrivain. A prendre une à une les pensées, les images, les périodes poétiques, il est difficile de rien imaginer de plus achevé. Au point de vue du drame, le nœud se forme et se dénoue selon toutes les règles de l'art; les caractères sont bien développés, bien nuancés; la peinture des passions a les gradations, les contrastes, l'ardeur et l'énergie les plus propres, ce semble, à remuer les cœurs, et elle évite, là même où elles sont poussées à l'extrême, la pente glissante de la déclamation; enfin les situations sont amenées avec une parfaite intelligence du cœur et de la scène, et, quoiqu'elles n'aient rien de neuf ni d'original, elles sont de celles qui, en tout temps et en tout lieu, excitent vivement, toutes connues qu'elles sont, l'intérêt du spectateur et du lecteur. Et pourtant, malgré tout cela, *la Fiancée de Messine* est une œuvre froide et inanimée, un marbre admirablement sculpté où la vie ne circule point. On sent que c'est une création artificielle, savamment calculée, soigneusement combinée, mais non le fruit de l'inspiration. Il est écrit: « L'esprit souffle où il veut, » c'est à l'artiste de se régler sur ce vouloir. Prométhée façonna avec l'argile un corps d'une parfaite beauté, mais il savait que par ordre de Jupiter les souffles de l'air le viendraient animer. Ici, les souffles, l'âme, ne sont point venus. Schiller a imité l'antique avec plus de conscience et de foi que d'amour, et c'est l'amour seul qui donne la vie. Jamais, dans aucune de ses œuvres, nous l'avons déjà donné à entendre, il n'a su sortir de lui-même pour se transporter tout entier dans son sujet; c'est plutôt son sujet qui toujours devient comme une partie de son être,

---

1. M. le docteur B. Gerlinger, dans un petit volume publié à Augsbourg en 1858 et dédié au *Schiller-Verein* de Leipzig, a indiqué et traduit « les éléments grecs, comme il les appelle, qui sont contenus dans la *Fiancée de Messine* »: *die griechischen Elemente in Schiller's Braut von Messina.*

il l'identifie avec son génie et se l'assimile pour ainsi dire. Ni la donnée de ce drame, ni le cadre, la méthode adoptés, ne paraissent avoir eu assez d'affinité avec sa nature pour que l'assimilation devînt possible, et que l'émotion du poëte fût assez sincère, sa propre illusion assez complète pour se communiquer au spectateur. L'effet le plus choquant peut-être de cette adoption du sujet par calcul plutôt que par inspiration, c'est que l'antique et le moderne se mêlent sans se fondre, se heurtent, on peut le dire, et font disparate. Pour le chœur en particulier, et l'auteur attachait surtout une grande importance à cette innovation, il ne l'a pas introduit dans sa pièce de manière à lui donner désormais droit de cité dans le théâtre moderne, et à tenter les imitateurs intelligents, les vrais poëtes. « C'est un chœur de chambellans, » a dit Mme de Staël. La critique a peut-être le tort de trop ressembler à une épigramme; mais il est certain que la distribution des couplets lyriques entre d'insignifiants personnages de la suite des deux princes, entre des gentilshommes désignés chacun par leur nom, dénature ce grand rôle collectif de la scène grecque, cette voix imposante qui est tour à tour conseil et oracle, tantôt voix du peuple et tantôt voix de Dieu, ou l'un et l'autre à la fois, *vox populi, vox Dei*, et qui en outre transporte dans la pièce, en les résumant et les ennoblissant, les impressions mêmes et les jugements des spectateurs. Je le répète toutefois : quelque fondées et quelque graves que puissent être ces critiques, relatives à l'effet théâtral, à la première condition de toute œuvre dramatique, l'intérêt et l'émotion, n'oublions pas que par les pensées et le style, le talent de peindre par la parole, l'harmonie du rhythme, la noblesse et la vigueur du ton, *la Fiancée de Messine* est une des œuvres les plus accomplies de la littérature allemande. Prises chacune à part, ces pensées, ces peintures ne sont pas seulement belles d'une beauté froide et correcte, mais animées, vivantes. C'est à l'ensemble que la vie manque : c'est un admirable écrit, un drame languissant.

Guillaume Tell, en revanche, est animé partout du souffle puissant de l'inspiration, qui vivifie l'ensemble aussi bien que les parties. L'auteur a embrassé, adopté son sujet, non-seulement de toutes les forces de son esprit, mais encore de tout son cœur; non plus avec cette passion fougueuse, convulsive, ce délire de la tête et des nerfs, qui, à son début, l'entraînaient comme malgré lui : rien ici qui sente le trépied, la sibylle écumante, grimaçante. Le feu qui l'échauffe est un feu qui éclaire et féconde, et non cette lave qui jaillit des volcans perdus au sein des nuages et qui se fraye son lit parmi les glaces, à des hauteurs où l'homme ne monte pas. Dans aucun de ses drames, Schiller n'est moins violent et plus fort, moins excessif et plus grand, plus sûr et plus maître de lui. S'il eût vécu au siècle de Sophocle, je suppose, et que de tous ses drames le temps n'eût épargné que l'un de ses premiers essais et son chant du cygne, *les Brigands* ou *Fiesque*, et *Guillaume Tell*, je doute qu'on lui laissât sans contestation la paternité de deux œuvres si différentes. Il faudrait à la critique des autorités irrécusables, des témoignages contemporains, pour qu'elle consentît à admettre que le même génie ait pu élever deux monuments d'un ordre si opposé. « Comment est-il possible, diraient les aristarques, que cette prose déclamatoire, ce style gigantesque et démesuré aient jailli de la même source que cette poésie si pure, si simple, si naturelle ? Quelle affinité peut-il y avoir entre cette confusion désordonnée et ce calme majestueux, entre cette violence qui rompt toutes les limites, renverse toutes les digues, et cette puissance, maîtresse d'elle-même, qui se pose les bornes qu'elle ne veut point franchir ? Deux conceptions si essentiellement diverses ne sauraient appartenir à la même intelligence. » Mais comblons l'abîme qui sépare ces deux productions, renouons la chaîne que nous avions brisée, rattachons *les Brigands* ou *Fiesque* à *Guillaume Tell* par *l'Intrigue et l'Amour*, *don Carlos*, *Wallenstein*, etc., les objections alors se réfutent d'elles-mêmes, l'affinité est démontrée, et nous reconnaissons que, pour retrouver la fleur dans le fruit, une seule chose nous manquait : c'était d'en suivre le développement progressif, et d'en étudier les diverses transformations.

J'ai parlé plus haut de l'admirable unité du drame et j'ai dit en quoi elle consistait. Pour faire valoir toutes les parties harmonieusement enchâssées dans ce beau cadre, il faudrait analyser la pièce scène par scène. Elles ont des caractères communs, mais chacune a sa beauté propre. La première est certainement, entre toutes, une des mieux conçues et rendues. Elle se passe sur les bords du lac des Quatre-Cantons. On entend l'air du ranz des vaches que chantent tour à tour un jeune pêcheur dans sa barque, un berger qui descend de la montagne, et un chasseur des Alpes qui paraît tout à coup au sommet d'un rocher. Nous sommes transportés, comme par magie, au cœur de la Suisse. La conversation s'engage : à entendre ces rustiques, mais dignes personnages, parler troupeaux et chamois, avec cette simplicité patriarcale que le poëte a su donner à son style, on dirait qu'il a voulu traduire en dialogue la ravissante mélodie par laquelle il s'est tout d'abord emparé de l'âme du spectateur. Un homme tout à coup se précipite sur la scène : c'est une victime de la tyrannie. Tell vient et le sauve avec un courage héroïque. Le reste du drame n'est pour ainsi dire que le développement de cette scène. La Suisse aux prises avec la tyrannie, qu'elle finit par vaincre, tel est le sujet : dès le début, nous savons les griefs des opprimés, nous entendons leurs plaintes, nous nous intéressons au pays qu'ils habitent, qui semble plus que tout autre prédestiné à la liberté, et le dénoûment se trouve déjà justifié.

Dès le début aussi, nous devinons quel sera le rôle du personnage principal, de Tell. Généreux et intrépide, plein de confiance en lui-même, mais sans ostentation, sans fanfaronnade, il ne vient point débiter de grandes maximes politiques et morales, et déclamer quelques phrases bien ronflantes, extraites de la déclaration des droits de l'homme. Il n'a point lu, comme le Tell de quelques autres drames ou romans, son Rousseau, son Mably. Son besoin d'indépendance est bien moins dans sa tête que dans son cœur, ou plutôt dans tout son être. J'ajouterai même qu'il a soif de liberté comme homme, comme père de famille, plus encore que comme citoyen. Il y a peut-être dans cette conception moins de *philosophie*, moins de *patriotisme*, mais elle est plus vraie, plus naturelle, et, par conséquent, plus dramatique. On dirait que le peintre de Charles de Moor, de Fiesque et de Posa, a voulu racheter par cette création, si vraisemblable au reste, et qui rend si bien ce que devait être cette époque, ses anachronismes de théories politiques et l'abus qu'il avait fait, hors de propos, des grands mots et des grandes maximes du xviiie siècle.

Les autres caractères principaux, et particulièrement ceux des trois auteurs de la conjuration, à laquelle Tell ne prend part que par la promesse d'agir quand le moment sera venu, sont bien tranchés et mis en relief par leur diversité. Le ton de leurs discours est approprié avec un art parfait à la nature, à la situation de chacun. Les rôles de femmes sont tous pleins d'intérêt et de charme. Ceux de Gertrude, femme de Stauffacher, et d'Hedwige, femme de Tell, quoiqu'elles ne tiennent pas une bien grande place dans la pièce, achèvent d'une manière charmante le tableau des mœurs et ajoutent un attrait de douce sympathie aux sentiments plus graves que nous inspirent les mâles vertus des hommes. Le rôle de Bertha, et l'on en peut dire autant de son amant Rudenz, est en apparence trop étranger à l'action ; mais placées, l'une par la contrainte et l'autre par l'amour, dans le camp de la tyrannie, ou du moins dans la suite du tyran, ces deux âmes nobles et pures adoucissent par un reflet de vertu les sombres couleurs du crime. En outre, leur présence dans le drame, leur patriotique défection complètent, avec le personnage du vénérable Attinghausen, la vérité historique : le poëte n'a voulu négliger aucun des éléments ni des auxiliaires du glorieux affranchissement.

Ce n'était point pour ennoblir la pièce que l'adjonction des seigneurs et des dames était nécessaire. Un des caractères les plus frappants de ce sujet, tel que Schiller l'a conçu et traité, c'est la dignité sans mélange qui règne partout dans les actions et dans les discours. La nature imposante du lieu de la scène, l'éloignement du temps, la différence si marquée de ces mœurs et des nôtres, la consécration de l'événement et sa transformation en légende poétique dans le souvenir des hommes : tout cela est pour beaucoup dans cette grandeur, je dirai presque, dans cette sorte de majesté simple qui élève au niveau des princes et des rois, des héros privilégiés de la tragédie, ces bergers, ces chasseurs, ces paysans des quatre cantons ; et leurs faits et gestes, au niveau des gestes épiques, *res gestæ regumque ducumque;* mais, pour retrouver au XIXe siècle cet accent de la poésie primitive, pour garder, malgré l'étude et même par son secours, malgré la longue pratique des artifices et des procédés littéraires, cette fraîcheur d'impression, cette vérité, ce naturel ; pour s'élever ainsi, sans paraître jamais quitter le sol, sans faire effort pour se hausser, quelles généreuses qualités d'esprit ne faut-il pas avoir ! La source où puisait Homère n'est point tarie, mais qu'ils sont rares ceux qui savent où elle coule, ceux à qui il est donné, je ne dis pas de s'y désaltérer à longs traits, mais d'en boire au moins quelques gorgées !

La forme, le style du drame est digne du fond, ai-je besoin de le dire après ce qui précède ? Il est approprié aux divers caractères, aux situations, aux sentiments, avec une convenance et une souplesse que jamais Schiller n'a portées aussi loin. Comparez l'ardente éloquence des plaintes de Melchthal, quand il apprend que le tyran a fait crever les yeux à son vieux père, avec la scène de la pomme, naïve comme une chronique, avec le dialogue de Stauffacher et de Gertrude, de Guillaume Tell et de son enfant.

A quelque point de vue que je me place pour apprécier ce drame, c'est à mes yeux le chef-d'œuvre du théâtre de notre auteur. Nul n'est plus propre à toucher l'âme, à relever le courage. On se sent devenir meilleur au contact de cet héroïsme rustique, de cette cordialité du vieux temps, de cette piété sincère. A. G. Schlegel, qui regarde aussi cette pièce comme la plus parfaite de toutes celles de Schiller, regrette que les Suisses ne l'aient pas fait servir à l'ornement de la fête par laquelle ils ont célébré, après cinq cents années d'indépendance, la glorieuse conquête de leur liberté. Je comprends ce regret, que rendent très-naturel, d'une part le sujet, et de l'autre la manière dont il est traité. C'est un ouvrage qui ne ressemble pas à la plupart des drames modernes, bons à lire dans le cabinet ou à jouer dans une salle close, en présence d'un auditoire lettré : il paraît fait plutôt pour être représenté en plein air, devant tout un peuple, dans une solennité nationale, au milieu de l'enthousiasme public [1].

Tell n'était pas encore représenté que Schiller avait déjà choisi un nouveau sujet. Le 10 mars 1804 il écrivit sur son journal : « Je me suis décidé pour *Démétrius*. » Mais l'exécution de ce dessein fut interrompue et retardée par un voyage à Berlin qu'il entreprit subitement vers la fin d'avril. Il partit de Weimar le 26, avec sa femme et ses deux fils, passa par Leipzig, où il s'arrêta quelques jours, et arriva le 1er mai dans la capitale de la Prusse. Il y passa seize jours. L'accueil qu'il reçut lui montra combien l'Allemagne était fière de lui, combien à la fois elle l'aimait et l'admirait, commençant dès lors à le reconnaître, entre tous ses poëtes, pour le représentant le plus fidèle et l'expression la plus noble et la plus pure des sentiments et des instincts de la nation. Iffland lui montra la plus chaleureuse amitié, et, pour le fêter dignement, il fit représenter devant lui plusieurs de ses drames : *Wallenstein, la Fiancée de Messine, la Pucelle d'Orléans.* Il joua lui-même le personnage de Wallenstein, de manière à mériter tous les suffrages : le poëte, bien qu'il le préférât, comme nous l'apprend une de ses lettres, dans la comédie, fut particulièrement charmé de la façon dont il rendait les parties touchantes du rôle, celles qu'attendrissent de douloureux pressentiments. Il retrouva, outre Iffland, plusieurs amis d'autrefois, s'en fit de nou-

1. Je me suis permis de reproduire dans cette appréciation quelques passages d'une étude sur *Guillaume Tell* que j'avais insérée autrefois dans le *Journal général de l'instruction publique.*

veaux, renoua avec Fichte, et reçut de toutes parts (il n'était un inconnu pour personne) des marques d'affectueuse estime. Le prince Louis-Ferdinand de Prusse, qui, deux ans après, mourut de la mort des braves à Saalfeld, le reçut à sa table. La reine Louise, qui l'avait déjà vu à Weimar, se le fit présenter de nouveau, lui témoigna la plus grande considération et le traita, lui et les siens, de la manière la plus aimable : « Mon petit Charles, écrit-il à Kœrner, a fait amitié avec le prince royal[1]. »

Ce n'était pas uniquement la curiosité, et le désir de recueillir des hommages et de jouir de sa gloire, qui avaient conduit Schiller à Berlin. « Tu croiras sans peine, dit-il dans la lettre que je citais à l'instant, que dans ce voyage je n'avais pas en vue mon seul plaisir. Mon objet était plus sérieux, et par le fait il dépend de moi maintenant d'introduire dans mon existence une amélioration essentielle. Si je n'étais obligé de penser à ma famille, c'est toujours à Weimar, il est vrai, que je me plairais le mieux. Mais ma pension est peu de chose, et je dépense à peu près tout ce que je gagne en outre annuellement, de façon que les épargnes se réduisent à peu. Pour laisser un petit patrimoine à mes enfants, il faut que je cherche le moyen de pouvoir mettre de côté le produit de mes travaux littéraires, et à cet égard on me fait des ouvertures à Berlin. Je n'ai rien demandé, on a fait les premiers pas, et on m'invite à faire moi-même mes conditions. » La reine Louise lui avait, en le recevant, témoigné le désir de le voir fixé à Berlin. Le ministre de Beyme prit la chose à cœur, et une proposition des plus honorables fut, dit-on, faite à Schiller, peu de temps après son retour à Weimar. On lui offrait, de la part du roi, s'il voulait demeurer dans la capitale de la Prusse, 3000 thalers de pension annuelle, avec la libre disposition d'un équipage de la cour[2]. On lui réservait aussi, s'il faut en croire sa belle-sœur, Mme de Wolzogen, une place à l'académie, « où il aurait pu, dit-elle, admirablement exécuter le plan qu'il avait formé autrefois d'écrire un Plutarque allemand. Il avait de

---

1. C'est le roi de Prusse actuel. Il était plus jeune d'environ deux ans que le fils aîné de Schiller.
2. C'est sur le témoignage de Mme de Wolzogen, de la belle-sœur de Schiller (on la devait croire bien informée), que la plupart des biographes ont mentionné cette brillante proposition. J'avoue qu'elle m'inspirait quelques doutes. M. Palleske la nie. Il résulte pour lui des recherches qu'il a faites dans les archives de Berlin que la cour de Prusse n'a pas poussé aussi loin la générosité. Le ministre de Beyme ayant appris, par une sorte de Mémoire, assez tiède,

tout temps prévu le jour où il cesserait de cultiver la poésie dramatique, dans laquelle, selon lui, il n'était possible de réussir qu'autant que l'esprit conserve sa juvénile vigueur. » Quelque brillantes que fussent ces offres et quelque attrait qu'eût pour lui un foyer de lumières tel que Berlin, il ne put se décider à dire oui. Sa santé, le pressentiment dont il ne pouvait se défendre de sa fin prochaine, les liens qui le retenaient à Weimar et surtout sa reconnaissance pour Charles-Auguste l'emportèrent sur toute autre considération. Renonçant au désir et aux espérances qui l'avaient conduit en Prusse, et dont nous le voyions tout à l'heure faire confidence à Kœrner, il résolut de finir ses jours dans sa paisible retraite. Le duc ne pouvait lutter de générosité avec le roi, mais il se montra fort touché de la conduite de Schiller, et fit ce qui était en lui pour le dédommager de son sacrifice. Dans les premiers jours de juillet, le poëte, achevant sa confidence commencée, écrit à Kœrner : « Quant à l'affaire de Berlin, ce qu'il y a de décidé, c'est que je ne romprai, dans aucun cas, les liens qui m'attachent à Weimar. Le duc s'est montré fort généreux envers moi et a élevé mes émoluments à huit cents thalers, en me promettant de parfaire le chiffre de mille, à la première occasion. » Le duc avait fait plus : tout en doublant sa pension, il lui avait permis, comme nous l'apprend la même lettre, de se partager entre la Prusse et la Saxe, si en Prusse on voulait se contenter de quelques mois de séjour tous les ans. « Mes affaires en ce cas, dit Schiller dans la même lettre, seraient sur un excellent pied. » Il s'y prenait un peu tard pour faire ce beau rêve. Un maître plus puissant que Frédéric-Guillaume et Charles-Auguste avait disposé de son avenir.

Il était dans l'âge où l'homme cherche les ressources de la vie et les utiles amitiés, *opes et amicitias*, mais ce qui surtout éveillait en lui la sollicitude du père de famille, et le faisait songer au lendemain plus qu'il n'avait fait encore, c'était la naissance prochaine d'un quatrième enfant. Le 19 juillet il partit avec sa famille pour Iéna, afin de confier sa femme aux soins du docteur Starke en qui

---

d'Iffland, que Schiller consentirait peut-être à se fixer à Berlin, aurait invité notre poëte, comme celui-ci le rapporte lui-même dans la lettre à Kœrner que nous avons citée, à faire ses conditions. Schiller dans une lettre du 14 juin aurait fait entendre qu'il ne pourrait s'établir à Berlin, y passer au moins plusieurs mois tous les ans, que si on lui assurait un revenu annuel de 2000 thalers. Cette lettre, qu'il avait dû lui coûter d'écrire, demeura, à ce qu'il paraît, sans réponse.

elle avait particulièrement confiance. Dans une promenade en voiture qu'il fit un soir, trop légèrement vêtu, dans la jolie vallée de Dornbourg, il se refroidit. Pendant plusieurs jours de cruelles douleurs d'entrailles le forcèrent à garder le lit. Il ne put même pas assister aux couches de sa femme, qui eurent lieu très-heureusement le 25 juillet. On lui apporta dans sa chambre l'enfant nouveau-né : c'était une seconde fille, il l'accueillit avec la plus vive joie. Le baptême fut célébré le 7 août; l'enfant reçut les noms d'Émilie-Henriette-Louise [1]; elle eut pour marraines la duchesse régnante de Schwarzbourg-Rudolstadt, et la princesse de Weimar, mère de Mme la duchesse d'Orléans. Les joies de la paternité rendirent à Schiller son humeur gaie et sereine, mais la nouvelle atteinte que sa santé venait de recevoir laissa des traces durables, et surtout une grande faiblesse, dont il ne se remit jamais entièrement. La couleur de son visage n'était plus la même, elle avait pris une teinte grise et blafarde, « qui souvent m'effrayait, » dit Mme de Wolzogen.

Cependant son esprit était toujours actif et ne perdait rien de sa vigueur. Quand il revint d'Iéna à Weimar, on attendait dans la résidence l'arrivée prochaine de la grande-duchesse de Russie Maria-Paulowna, alors princesse héréditaire, depuis grande-duchesse régnante, et aujourd'hui grande-duchesse douairière de Saxe-Weimar. Goethe aurait voulu lui souhaiter la bienvenue au théâtre, la fêter par quelque prélude dramatique; mais il paraît qu'il ne se sentait point en verve alors, au moins n'était-il pas d'humeur à rien composer lui-même. Il s'adressa à Schiller, qui d'abord hésita. Les pièces de circonstance, ces hommages qui d'ordinaire ne survivent pas au moment qui les produit, n'étaient point son fait. Cependant la réflexion lui fit peu à peu prendre goût au sujet; il sentit qu'il pourrait s'élever au-dessus des fades adulations et construire un monument durable qui l'honorerait autant lui-même que celle à qui il le dédiait. Il prit la plume, et, en cinq jours, du 4 au 8 novembre, il écrivit l'*Hommage des Arts*, l'une de ses œuvres les plus gracieuses. L'idée de la pièce est fort simple et le poëte ne s'est pas tourmenté à créer un cadre d'une piquante nouveauté. Le génie des arts d'abord, puis les divers arts, tour à tour, viennent promettre à la jeune princesse d'adoucir et tromper ses regrets et de lui rendre cher son

---

[1]. La seconde fille de Schiller a épousé, en 1828, le baron Henri-Adelbert de Gleichen-Russwurm. Elle a un fils né en 1836.

nouveau séjour. C'était pour Schiller une dernière occasion d'exprimer en beaux vers sa pensée sur les arts et la poésie, sa pensée dégagée de ces préoccupations didactiques qui obscurcissent plus d'un de ses anciens poëmes, sans que la vérité gagne à cette rigueur exacte qu'ils affectent ce que la poésie y perd. *L'Hommage des Arts* fut représenté au théâtre de Weimar le 12 novembre, « et il réussit, dit l'auteur, bien au delà de ce que j'espérais. J'aurais pu m'appliquer des mois entiers sans agréer autant au public tout entier, que j'y suis parvenu par ce rapide travail. » Celle à qui s'adressait cet hommage, non moins digne qu'aimable, en garda un touchant souvenir. Dans une circonstance qui l'honore, elle y fit allusion avec un charmant à-propos. Elle avait consenti avec empressement à certaines réductions de dépense que le grand-duc avait jugées nécessaires. Comme Mme de Wolzogen lui donnait délicatement à entendre combien ce facile acquiescement lui faisait d'honneur, à elle habituée dès l'enfance aux grandeurs d'une cour impériale : « Je songe souvent, lui dit-elle, à ces beaux vers que Schiller m'adressait dans *l'Hommage des Arts* :

> Sachez-le, un cœur élevé
> Met lui-même dans la vie la grandeur,
> Et ne l'y cherche point. »

Schiller prit grand intérêt aux fêtes qui célébrèrent l'entrée de la souveraine future de Weimar ; il les raconte à Kœrner dans une longue lettre, où il se plaît à dire l'excellente impression qu'a faite, à première vue, sur lui comme sur tout le monde, celle qui était l'objet de ces solennités. « La principale fête, en tout ceci, c'était la joie sincère, universelle, qu'excitait la nouvelle princesse. » Il trace d'elle un portrait où la reconnaîtront, à plus d'un trait caractéristique, tous ceux qui ont eu l'honneur de la voir. « Tout ce qu'elle dit, écrivait-il dès le 12 novembre, à son beau-frère Wolzogen, est âme et esprit. » On sent, au ton simple et cordial des éloges, que la venue de cette auguste enfant du Nord éclaira d'un rayon de douce joie les derniers jours du poëte, et ce doit être là pour la belle-fille de Charles-Auguste un cher souvenir[1].

Nous avons dit que, dès le mois de mars, Schiller était occupé

---

1. La cour de Saxe-Weimar porte en ce moment le deuil de cette princesse. Elle est morte au mois de juin, peu de temps après le jour où je lui consacrais ces lignes.

d'un nouveau drame. *Démétrius* était un sujet emprunté à l'histoire de Russie, et c'était sans doute la récente alliance contractée par la famille de Weimar qui lui avait donné la pensée de puiser à cette source. Nous avons vu les distractions diverses qui successivement vinrent le détourner et l'empêcher. Après avoir achevé l'*Hommage des Arts*, il aurait bien voulu se mettre à l'œuvre sérieusement; mais l'hiver était venu. Toujours languissant, attristé par les mauvais jours, il ne pouvait ni n'osait commencer un travail original qui demandait une grande application et eût tendu tous les ressorts de son esprit. Pour prendre patience, sans rester oisif, il entreprit la traduction de *Phèdre* dont nous avons parlé, et l'acheva, en moins d'un mois, avec une facilité et une perfection qui ne sentent guère l'abattement et la maladie. La nécessité lui avait appris, comme il l'écrit en ce temps-là à Goethe, à s'accommoder peu à peu du triste état de sa santé. « Je suis maintenant charmé, dit-il dans la même lettre, d'avoir formé et exécuté le dessein de m'occuper d'une traduction. De la sorte, ces jours de misère ont au moins produit quelque chose, et j'ai pendant ce temps vécu et agi. Je vais consacrer les prochains huit jours à voir si je pourrai me mettre dans la disposition nécessaire pour mon *Démétrius*, ce dont je doute, je l'avoue. Si je n'y réussis pas, il me faudra chercher quelque nouveau travail, à moitié machinal. » Peut-être eût-il en ce cas traduit *Britannicus* : il nous apprend qu'il avait d'abord hésité entre cette tragédie et *Phèdre*, et c'était en vue d'une actrice dont il attendait beaucoup dans le rôle de *Phèdre*, qu'il avait donné la préférence à la seconde pièce.

Les fragments assez considérables qui nous restent de *Démétrius* sont, comme l'on sait, le dernier travail de Schiller. On trouva sur sa table après sa mort le monologue de la czarine Marfa, qui commence par ces mots : « C'est mon fils, je n'en puis douter.... » On ne peut contempler sans tristesse ces pierres d'attente d'un magnifique édifice, ces riches matériaux, ces morceaux de sculpture, les uns ébauchés, les autres achevés, gisant çà et là comme les ruines du bel ensemble conçu par l'artiste et déjà construit dans sa pensée. A voir la majesté du plan, les beautés, les promesses qui abondent dans les parties exécutées ou esquissées, on a pu dire, je le comprends et je le redis volontiers, que cet ouvrage vraisemblablement n'eût pas été inférieur à *Guillaume Tell*, qu'il l'eût peut-être surpassé. Nous voyons par les plaintes dont sont remplies les lettres de

Schiller dans les premiers mois de 1805 que, malgré le vif désir qu'il avait de se consacrer tout entier à ce drame, qu'il appelait alors sa grande affaire, il ne put pendant longtemps y travailler avec vigueur et persévérance. Depuis le jour où il s'était décidé pour ce sujet, il y songeait constamment ; dès le milieu de 1804, il priait son beau-frère Wolzogen, qui se trouvait à Saint-Pétersbourg, de lui procurer tout ce qui pourrait avoir rapport à l'histoire du faux Démétrius. « Des costumes du temps, des monnaies, des vues de villes, etc., seront, dit-il, les bienvenus. » Cependant, vers la fin de janvier, un autre dessein lui traversa l'esprit. S'en prenant peut-être à son sujet même des obstacles qui ne venaient que de sa santé, il écrivit le 24 sur son calendrier : « Aujourd'hui je me suis mis aux *Enfants de la maison*. » C'était un autre cadre dramatique, qu'il paraît avoir conçu d'abord dans d'immenses proportions. Ce n'eût été rien moins, d'après sa première idée, qu'un tableau de la mystérieuse vigilance de la police de Paris, déjouant et châtiant les méfaits, étendant sa trame invisible sur la populeuse cité, vaste foyer de la civilisation européenne. Peu à peu ce plan s'était réduit à un ensemble plus facile à embrasser, à une action déterminée, dont il eût tiré sans doute, à la hauteur où son génie s'était élevé, un admirable parti. A en juger par la rapide esquisse qui nous reste, et que Kœrner a publiée, Schiller, en exécutant ce projet, aurait ramené la tragédie à ces régions moyennes de la société dont, à son début, il a fait le théâtre d'*Intrigue et Amour*, et en partie des *Brigands* et de *Fiesque* ; il y eût racheté sans doute par une saine et sobre vigueur l'enflure déclamatoire de sa première manière, et nous aurait laissé, en ce genre aussi, un noble et pur modèle. Mais la note que nous lisons sur le calendrier ne fut qu'une fantaisie d'infidélité : *Démétrius* resta, dans les derniers mois de sa vie, sa pensée dominante, et il y revenait ou tentait d'y revenir toutes les fois que la maladie lui donnait quelque relâche, ce qui alors était bien rare. L'hiver fut très-rigoureux : « C'est le plus mauvais, écrit-il, que j'aie eu jusqu'ici. » Vers le milieu de janvier 1805, il fut attaqué d'une fièvre nerveuse catarrhale : c'est ainsi du moins que ses médecins nommèrent son mal. En même temps ses enfants furent atteints de la petite vérole ; sa maison ressemblait, dit-il lui-même, à un véritable hôpital. Henri Voss, le fils du célèbre traducteur, était alors professeur au gymnase de Weimar. Il consacrait à Schiller, qu'il aimait d'une respectueuse tendresse, tous les instants que lui laissaient ses fonctions ; il veillait auprès de lui et lui rendait, à lui et aux siens, tous les services qui étaient en son pouvoir. Rien de plus touchant que les détails qu'il nous a donnés sur les derniers mois de la vie du poëte[1]. Il raconte que, durant cette fièvre du mois de janvier, Schiller éprouvait de cruelles douleurs d'entrailles, qu'il était épuisé par une diète rigoureuse, et que cependant il se montrait serein et même gai à la moindre occasion. Son plus grand bonheur était de voir entrer dans sa chambre un de ses enfants ; c'était surtout au plus jeune, à sa petite Émilie, qu'il faisait fête, quand on la lui apportait. Un soir il se leva pour faire quelques tours dans sa chambre, et comme Voss le soutenait sous les bras, il lui demanda : « Suis-je donc réellement si caduc? » et allant à la table il moucha la chandelle et s'écria en badinant : « Voss, je ne suis pas énervé, j'ai pu moucher la chandelle le bras tendu. » Vers minuit, il se sentit plus agité et pria sa femme de s'éloigner. Comme elle tardait, il répéta d'une manière plus pressante, puis avec vivacité, son désir. A peine était-elle au bas de l'escalier, qu'il tomba sans connaissance dans les bras de Voss. Revenu de son évanouissement, il demanda aussitôt : « Ma femme a-t-elle remarqué quelque chose? » Son jeune ami le rassura par une réponse négative, et à peine se fut-il un peu remis qu'il reprit sa douce et bienveillante humeur.

Goethe alors était malade aussi. Schiller se rétablit avant lui, ou du moins parut se rétablir et se crut assez fort pour aller lui rendre visite. Les deux amis s'embrassèrent en silence, puis, sans se dire un seul mot de leur santé, ils engagèrent un de ces entretiens qu'ils aimaient, sur les choses de l'esprit. La sortie de Schiller avait été prématurée sans doute. Il eut de nouveaux accès de fièvre, qui furent accompagnés, dit-on, de crachement de sang. Cette rechute l'attrista profondément. « J'ai de la peine, écrit-il à Goethe, à lutter contre un certain découragement qui est, dans mon état, le mal le plus grand. Puisse votre santé s'améliorer de jour en jour et d'heure en heure et la mienne aussi, pour que nous nous revoyions bientôt avec joie! » Pendant que le mal le clouait sur son lit ou sur sa chaise, son imagination était plus vagabonde que jamais : il ne ré-

---

1. Malheureusement on ne peut pas accorder une aveugle confiance au récit de Henri Voss. Certains faits qu'il rapporte dans ses *Communications sur Schiller et Goethe* sont contredits par lui-même dans ses lettres. Voyez à ce sujet les appendices du tome II de M. Palleske, p. 413.

vait que voyages. Il voulait rendre visite à ses sœurs, à Meiningen et en Souabe ; revoir Bauerbach, y retrouver les chers souvenirs de sa jeunesse ; il voulait aller en Suisse, s'orienter dans le pays de Tell à l'aide de son drame, et comparer ses descriptions à la nature. Le désir de voir la mer l'occupait souvent aussi : il étudiait son itinéraire, il cherchait, avec sa femme et sa belle-sœur, le chemin le plus court pour se rendre à Cuxhaven, à l'embouchure de l'Elbe. Puis, une fois lancé dans ces beaux projets, il s'écriait gaiement : « Je crois vraiment que j'irai encore en Chine. Sans doute ce ne sera pas chose facile, mais si l'on pouvait m'enlever, avec une inflexible rigueur, mon espérance, cela me rendrait malheureux. » Et pourtant, quand les siens, flattant ses souhaits, faisaient leurs plans devant lui, il les modérait en disant : « Les projets que vous formez pour moi, ne les étendez pas, de grâce, au delà de deux ans. » Il ne savait pas que désormais ce n'était plus par années, mais par mois et par jours, qu'il fallait compter.

Pendant que la prison terrestre peu à peu s'écroulait, son âme semblait chaque jour s'épurer et s'élever. « Notre vie intérieure fut très-riche dans ce dernier hiver, dit Mme de Wolzogen. Une ineffable douceur pénétrait tout son être et se révélait dans tous ses jugements et ses sentiments. Une véritable paix de Dieu était en lui. » On eût dit que toutes les facultés de son esprit étaient devenues plus vives, toutes ses sensations plus délicates ; que de nouveaux aspects s'ouvraient à lui ; que le beau, le bien, sous toutes leurs formes, l'attiraient déjà par ces attraits ineffables qu'ils doivent avoir pour l'âme dégagée des liens du corps.

Avant de le frapper, la mort lui voulut laisser un dernier répit. Il parut encore une fois se rétablir. Il put encore reprendre sa tâche, se remettre à *Démétrius*. « Je me suis enfin cramponné à mon travail, très-sérieusement, écrit-il à Goethe à la fin de mars, et je pense que désormais je n'en serai plus si aisément distrait. Il n'a pas été facile de reprendre position après une si longue pause et après ces malheureuses interruptions ; il a fallu que je me fisse violence. Mais maintenant je suis en train. » En train pour une bien courte traite, pour une voie de douleurs. Sous ces derniers fragments, sous ce labeur interrompu par la mort, il faut écrire l'épigraphe que Goethe, en ce temps-là (il était lui-même malade, nous l'avons dit), proposait pour un de ses propres ouvrages : « Je puis, comme je ne sais quel peintre ou quel dilettante, écrire sous mon œuvre : *In dolori-*

bus pinxit. Je souhaite seulement que le lecteur n'en éprouve rien, comme aux facéties de Scarron on ne sentait pas ses douleurs de goutte. » Ce souhait est accompli dans les pages éparses du drame commencé : sereines, animées, la mort n'a rien pu sur elles que de les interrompre : *pendent opera interrupta.* Le travail le ranimait, le consolait : « Pourvu, disait-il, que je puisse m'occuper, je me sens bien. » Si libre d'esprit, si maître de sa pensée, il se laissait aller à de passagères illusions. Dans une fort belle lettre, datée du commencement d'avril, qui est sa dernière à G. de Humboldt, il parle de sa reconnaissance pour Charles-Auguste, de l'aisance dont il va jouir désormais ; puis il ajoute : « Comme j'ai fait aussi de bonnes conventions avec Cotta et avec les théâtres, je me vois en état d'amasser quelque chose pour mes enfants, et je puis espérer, si je continue seulement ainsi jusqu'à ma cinquantième année, de leur assurer l'indépendance nécessaire. » Il comptait que chaque drame dorénavant, et il se proposait, nous l'avons vu, d'en faire un chaque année, lui rapporterait 670 thalers environ. « Vous voyez, continue-t-il, que je vous entretiens en vrai père de famille ; mais un petit troupeau d'enfants, comme celui que j'ai autour de moi, peut bien porter à réfléchir. » Dans cette même lettre, il dit que sa tragédie l'occupera vraisemblablement jusqu'à la fin de l'année, et il expose, se flattant assurément de les appliquer encore avec succès, les théories, fruit de l'expérience, qu'il s'est faites sur le drame, les concessions au goût public qu'il croit légitimes. « J'espère que jusqu'à présent, dans ma voie de poésie, je n'ai pas fait de pas en arrière ; peut-être en ai-je fait un de côté, vu qu'il peut m'être arrivé de faire quelques concessions aux exigences matérielles du monde et du temps. Les œuvres du poëte dramatique sont plus vite que toutes les autres entraînées par le torrent du temps ; il entre même, contre son gré, en un multiple contact avec la masse, lequel ne vous laisse pas toujours pur. D'abord il plaît de jouer le rôle de dominateur des âmes ; mais à quel dominateur n'arrive-t-il pas de devenir, en revanche, le serviteur de ses serviteurs, pour maintenir sa domination ? et de la sorte il peut s'être fait aisément qu'en remplissant les scènes allemandes du bruit de mes pièces, j'aie aussi pris quelque chose des scènes allemandes. » Dans une lettre du même jour à un peintre allemand établi à Rome, il semble également renaître à la vie : « Ma faible nature, lui dit-il, a failli succomber sous la rigueur de ce dernier hiver. Maintenant, avec le printemps, revient la sérénité et l'amour de vivre, et, comme la terre au soleil, l'âme se rouvre à l'amitié. »

Le 28 avril, douze jours avant sa mort, il alla encore à la cour. « Je l'aidai à se parer, nous raconte Voss, et je me réjouis de son air de santé et de sa noble mine dans son habit vert de gala. » Le 29, il alla pour la dernière fois au théâtre. Il s'apprêtait à sortir pour s'y rendre, quand Goethe, dont cette visite était la première sortie, entra dans sa chambre. Après quelques moments d'entretien, les deux amis descendirent ensemble, et ils se quittèrent, pour ne plus se revoir, à la porte de la maison de Schiller. A la fin de la représentation, Henri Voss vint dans sa loge, pour le reconduire, selon son habitude : il le trouva agité d'une fièvre ardente, les dents lui claquaient. Rentré chez lui, il se fit faire un punch, comptant ainsi ranimer ses forces. Le surlendemain, 1ᵉʳ mai 1805, Voss lui rendit visite. Il le trouva étendu, languissant, sur son sofa, dans un état qui tenait le milieu entre la veille et le sommeil : « Me voilà de nouveau couché, » dit-il d'une voix creuse. Les enfants vinrent et l'embrassèrent. Il ne leur témoigna nul intérêt et ne donna aucun signe de contentement. C'était le début de sa dernière maladie, qui s'annonça comme une de ces fièvres catarrhales auxquelles nous étions habituées, dit Mme de Wolzogen, à qui j'emprunterai en grande partie le triste récit qu'il me reste à faire. Il se remit jusqu'à un certain point de cette langueur que nous venons de décrire, et ne parut pas se sentir d'abord plus sérieusement malade que dans les autres accès de même nature. Il reçut quelques amis dans sa chambre et sembla prendre plaisir à leur entretien. La visite de Cotta, qui s'arrêta à Weimar en allant à Leipzig, le réjouit : il fut convenu qu'à son retour on terminerait les affaires. Comme la parole le fatiguait et redoublait sa toux, on cherchait à le maintenir dans un parfait repos : il n'était d'ailleurs jamais plus content que lorsqu'il n'avait auprès de lui que sa femme et sa belle-sœur. Voss s'offrit à venir le veiller, mais Schiller préféra que Rodolphe, son fidèle domestique, restât seul la nuit à ses côtés. Son *Démétrius* occupait toujours sa pensée, et il regrettait vivement d'être interrompu dans son travail.

Jusqu'au 6 mai il garda la tête parfaitement libre. Il ne paraissait pas croire au danger. « J'ai beaucoup réfléchi, dit-il, à ma maladie, pendant ces derniers jours, et je crois avoir trouvé une méthode qui certainement améliorera mon état. » Rien ne montrait qu'il pensât à l'avenir des siens, si ce n'est qu'il désirait ardemment le retour de son beau-frère Wolzogen, qui avait accompagné à Leipzig la duchesse héréditaire : peut-être eût-il voulu l'entretenir de ses dernières volontés. Le 6, vers le soir, il commença à parler avec moins de suite, mais sans délire. « Donnez-moi, dit-il, des contes et des romans de chevalerie; c'est là que se trouvent les matériaux du beau et du grand. » Dans la soirée du jour suivant, il voulut, selon sa coutume, engager une conversation avec sa belle-sœur sur des sujets de tragédie et sur la manière d'éveiller et de toucher les plus hautes facultés de l'âme humaine. Comme Mme de Wolzogen, qui ne voulait pas le tirer de son repos, lui répondait avec moins de vivacité qu'à l'ordinaire : « Eh bien, s'écria-t-il, si personne ne me comprend plus, et si je ne me comprends plus moi-même, mieux vaut me taire. » Peu de temps après, il s'assoupit, mais il parla beaucoup pendant son sommeil. « Est-ce là votre enfer? est-ce là votre ciel ? » s'écria-t-il avant de s'éveiller ; puis il leva les yeux avec un doux sourire, comme si une apparition consolante le visitait. Il mangea un peu de soupe et quand sa belle-sœur prit congé de lui : « Je compte, dit-il, bien dormir cette nuit, s'il plaît à Dieu. »

Il avait assez bien passé la matinée du 8, demeurant silencieux et souvent assoupi. On lui avait apporté sa petite fille, et il l'avait regardée d'un air ému et content. Quand Mme de Wolzogen vint le soir et lui demanda comment il se trouvait : « Toujours mieux, répondit-il, en lui serrant la main, toujours plus serein. » Ce furent les dernières paroles qu'il lui adressa. Il demanda qu'on ouvrît le rideau : il voulait, disait-il, voir le soleil. Vingt-sept ans plus tard, un vœu semblable fut l'adieu de Goethe à la vie : un volet était fermé, l'auteur de *Faust* expirant le fit ouvrir pour qu'il entrât plus de lumière dans la chambre. Dans la nuit du 8 au 9, comme le rapporta le lendemain son fidèle Rodolphe, qui le veillait, il parla beaucoup, surtout de *Démétrius*, dont il récitait des morceaux; quelquefois aussi il priait Dieu de le garder d'une lente agonie. Le 9, vers 10 heures du matin (c'était un jeudi), il perdit connaissance et commença à délirer, à prononcer des paroles sans suite, surtout des mots latins. Le médecin ordonna un bain, qu'il parut prendre avec répugnance; puis, pour ranimer ses forces qui s'épuisaient de plus en plus, lui fit donner un verre de vin de Champagne. Il souffrait d'oppressions dans la poitrine, mais qui ne paraissaient pas très-douloureuses. Quand elles le prenaient, il laissait tomber sa tête sur son coussin, et regardait autour de lui, l'œil fixe et égaré, sans reconnaitre ceux qui étaient là. Il voulut, raconte Voss, demander de l'éther (*naphtha*). N'ayant pu prononcer que la première syllabe, il essaya d'écrire, mais ne réussit à former que trois lettres.

Vers trois heures, il tomba dans une extrême faiblesse, et sa respiration commença à s'embarrasser. Sa femme était agenouillée auprès de son lit : elle dit plus tard qu'il lui avait encore serré la main. Mme de Wolzogen se tenait, avec le médecin, au pied du lit, et plaçait des coussins chauffés sur ses pieds glacés. Tout à coup il sembla qu'une commotion électrique passait sur tous ses traits. Sa tête tomba en arrière, et le plus parfait repos transfigura son visage : on eût dit qu'il dormait d'un paisible sommeil. Il était six heures du soir. Schiller était âgé de quarante-cinq ans, cinq mois et vingt-neuf jours.

Après l'autopsie, l'un des médecins dit à Mme de Wolzogen que s'il avait guéri de cette fièvre, il n'aurait guère pu vivre plus de six mois. Il ne respirait plus qu'avec le poumon droit, qui lui-même était en partie adhérent.

L'enterrement eut lieu dans la nuit du samedi au dimanche 12 mai. On ne put attendre, comme cela avait été convenu d'abord, jusqu'au lendemain matin, parce que la décomposition du corps était trop rapide. Douze jeunes gens de bonne maison voulurent remplacer les porteurs ordinaires et portèrent le cercueil au lieu du dernier repos. « C'était, dit Mme de Wolzogen, une douce nuit de mai. Jamais je n'ai entendu le chant des rossignols aussi soutenu, aussi plein, que cette fois. » Il faisait clair de lune, mais de sombres nuages couvraient le ciel. On raconte qu'au moment où l'on déposa le corps devant le caveau funèbre, la lune sortit tout à coup du sein des nuages et éclaira le cercueil, où était gravé le nom de Schiller; puis à peine fut-il descendu dans le caveau, qu'elle disparut de nouveau. Le dimanche, dans l'après-midi, on célébra les funérailles dans l'église de Saint-Jacques. Le *requiem* de Mozart fut exécuté par la chapelle ducale, et le surintendant Voigt prononça un discours. Les enfants de l'illustre défunt étaient présents : au milieu du sermon, la petite Émilie se mit à rire et par le contraste de son innocente ignorance émut vivement toute l'assemblée.

La dépouille mortelle de Schiller resta jusqu'en 1826 dans le lieu de sépulture où elle avait été d'abord déposée. A cette époque on l'exhuma pour la transporter au nouveau cimetière de Weimar, dans le caveau de la famille ducale, où elle repose maintenant auprès de Charles-Auguste et de Goethe. Le duc est placé entre les deux poëtes.

Dès que la nouvelle de la mort de Schiller s'était répandue dans Weimar, elle avait plongé la ville dans une consternation et un deuil unanimes, auxquels l'Allemagne entière s'associa bientôt, en y mêlant les hommages d'une admiration pleine d'enthousiasme. L'on s'était empressé de prodiguer de toutes parts à la veuve et aux orphelins les témoignages de la plus cordiale sympathie. La duchesse héréditaire assura Mme Schiller, dans les premiers jours de son veuvage, qu'elle prendrait soin de l'éducation des enfants, « et c'est ce qu'elle a fait, dit Mme de Wolzogen, de la manière la plus libérale. » Dalberg, alors prince primat, lui fit une pension d'un chiffre très-honorable. Le libraire Cotta se conduisit aussi très-généreusement, et dès lors et toujours depuis, envers les héritiers de Schiller, et il ne contribua pas peu, si nous en croyons encore le témoignage de Mme de Wolzogen, à leur procurer cette aisance que le poëte, à la veille de sa fin prématurée, regrettait douloureusement de n'avoir pu leur assurer lui-même[1].

Goethe, qui, bien qu'alors sa santé parût ébranlée, devait survivre de longues années à son ami, éprouva, en apprenant sa mort, un profond chagrin. L'année 1805 avait commencé pour lui par de douloureux pressentiments. Ayant écrit à Schiller, le matin du 1ᵉʳ janvier, un petit billet, il s'aperçut avec effroi, en le relisant, qu'il lui souhaitait, par une étrange distraction, au lieu de la *nouvelle*, la *dernière* bonne année. Le jour même, il avait raconté sa méprise à Mme de Stein et ajouté qu'il pressentait que lui ou Schiller ne verrait pas la fin de cette année. Après sa dernière visite à Schiller, que nous avons mentionnée, il fut obligé de nouveau, pendant quelque temps, de garder la maison. Voss le rencontra un jour dans son jardin, et remarqua que des larmes brillaient dans ses yeux. Après avoir écouté avec un vif intérêt les tristes nouvelles que Voss lui donna de la santé de leur ami commun, il se hâta de passer

---

1. Mme Schiller mourut à Bonn, le 9 juillet 1826, vingt et un ans après son mari, trois ans après sa mère. Sa sœur, Caroline de Wolzogen, plus âgée qu'elle de près de quatre ans, lui survécut longtemps. Elle mourut le 15 janvier 1847 à Iéna. Elle avait perdu son mari, Guillaume de Wolzogen, à la fin de 1809.

à un sujet moins affligeant, et se contenta de dire : « Le destin est inexorable, et l'homme peu de chose. » Le soir de la mort de Schiller, le peintre Meyer était auprès de Goethe. Quand on apporta le douloureux message, on fit prier Meyer de sortir, mais celui-ci, après l'avoir reçu, n'eut pas le courage de rentrer dans la chambre et se retira sans prendre congé. Personne dans la maison n'osa communiquer la nouvelle à Goethe. L'air embarrassé de ses gens, qui paraissaient l'éviter, lui inspira de l'inquiétude. « Je m'aperçois, dit-il à la fin, que Schiller doit être bien malade; » mais il ne fit point de question; on eût dit qu'il ne se sentait pas la force de supporter ce coup : pendant tout le reste de la soirée, il demeura renfermé en lui-même. La nuit, on l'entendit pleurer. Le lendemain matin, il demanda à une amie : « N'est-ce pas? Schiller était hier très-malade? » Elle ne lui répondit que par des sanglots. « Il est mort? » ajouta-t-il d'une voix ferme. « Vous l'avez dit vous-même, » lui répliqua-t-on. « Il est mort! » répéta-t-il en se couvrant les yeux de ses deux mains. Dans les jours suivants, personne encore n'osa lui parler de Schiller, et il évita lui-même avec soin ce sujet d'entretien : il n'avait ni le calme ni le courage nécessaires pour l'endurer. Quelques semaines après il écrivait à Zelter : « Je croyais que j'allais me perdre moi-même, » il faisait allusion à sa propre maladie, « et voilà que je perds un ami, et dans cet ami la moitié de mon être. A bien dire, je devrais commencer une nouvelle manière de vivre; mais à mon âge il n'y a plus moyen. Aussi je regarde tous les jours tout droit devant moi; je vis au jour le jour, sans penser à ce qui doit suivre. »

Schiller avait conféré avec Goethe du plan de son *Démétrius*. L'auteur de *Faust* résolut d'achever ce drame interrompu par la mort. Ce projet le pénétra, nous dit-il lui-même, d'un véritable enthousiasme. « J'étais libre de tout travail; quelques mois m'auraient suffi pour terminer la pièce. » Déjà il la voyait jouée sur tous les théâtres de l'Allemagne à la fois : « C'eût été là la plus magnifique de toutes les fêtes funèbres. » Malheureusement il renonça tout à coup à ce beau dessein. La tâche, a-t-on dit, eût été pour lui impossible[1]. Il me répugne, je l'avoue, d'employer ce mot en parlant de

---

1. M. François de Maltiz ne l'a pas jugée telle pour lui-même. Son *Démétrius*, composé sur le plan et l'esquisse de notre auteur, a été publié, comme supplément aux Œuvres de Schiller, dans un cahier qui contient en outre la correspondance de celui-ci avec le baron de Dalberg.

Goethe et de poésie ; mais je comprends qu'il lui eût été difficile, sans se dépouiller de lui-même, de continuer et de parfaire le drame, dans l'esprit où Schiller l'avait conçu et commencé. Malgré leur intimité littéraire, le monde réel et le monde idéal se réfléchissaient dans ces deux génies sous des couleurs trop différentes pour qu'ils pussent se mettre à la place l'un de l'autre et s'identifier au point de produire sans disparate une œuvre commune et indivise. Ce qui est certain, c'est que *Démétrius* resta inachevé, et que Goethe ne tint pas la parole qu'il s'était donnée. Il fallait cependant, et de toutes parts on demandait, que le théâtre de Weimar rendît au poëte qui l'avait illustré un solennel hommage. Pour cela Goethe, oubliant l'ancienne malice de Kotzebue, ou plutôt se souvenant peut-être de l'opposition que lui-même y avait faite, fit représenter, sous forme dramatique (vraisemblablement le 10 novembre 1805), le poëme de *la Cloche*, que depuis l'on s'accoutuma à reprendre tous les ans à l'anniversaire de la naissance de Schiller. Il composa pour cette représentation un touchant épilogue, qu'il modifia dix ans plus tard, lorsqu'on eut la pensée de réunir en une même solennité la fête théâtrale d'Iffland, né le 26 avril, et de Schiller, mort au commencement de mai. Cet épilogue, d'un ton grave et doux, et où respire une tendre admiration pour l'homme et pour le poëte, est certainement, entre tous les monuments élevés à la gloire de Schiller, un de ceux qui eussent été le plus selon son cœur. Nous ne pourrons mieux terminer cette biographie, ni mieux résumer l'impression que nous voudrions qu'elle laissât au lecteur, qu'en extrayant de ce lyrique hommage les éloges qui nous ont paru à la fois les plus justes, les plus expressifs et les plus sincères :

« Il fut nôtre! Puisse cette fière parole dominer la bruyante douleur! Il a voulu chez nous, dans un port assuré, s'accoutumer, après la tempête fougueuse, à la paix durable. Cependant son génie s'avançait puissamment vers l'éternel domaine du vrai, du bon, du beau, et derrière lui gisait, vaine apparence et néant, le commun, le vulgaire, qui tous nous assujettit....

« Sa joue s'enflammait, de plus en plus brillante, de cette jeunesse qui jamais ne s'envole ; de ce courage qui tôt ou tard triomphe de la résistance du monde obtus ; de cette foi qui, toujours plus haute, tantôt s'avance avec audace, tantôt s'insinue patiente, pour que le bien agisse, croisse et soit utile, pour qu'enfin vienne le jour de tout ce qui est noble....

« Vous l'avez connu, vous savez comme, à pas de géant, il parcourait la sphère du vouloir, de l'accomplissement; comme, à travers les temps et les lieux, il lisait d'un regard serein le livre des pensées et des mœurs des peuples. Mais aussi, comme au milieu de nous, haletant de sa course, il languissait dans la maladie et guérissait péniblement : c'est ce que nous avons éprouvé, dans ces années tristement belles, souffrant avec lui, car il fut nôtre....

« De bonne heure il avait lu l'austère sentence, il était familier avec la souffrance, avec la mort. Et voilà qu'à la fin, comme souvent nous l'avions vu guérir, nous le vîmes quitter ce monde; voilà qu'à notre effroi s'accomplit ce que depuis longtemps nous avions redouté. Mais déjà son être glorieux, lorsqu'il abaisse ses regards vers la terre, se voit ici transfiguré. Ce qu'autrefois regrettait, blâmait en lui le monde contemporain, la mort, le temps l'ont ennobli.

« Plus d'un esprit qui lutta avec lui, et ne reconnut qu'à regret son grand mérite, se sent aujourd'hui pénétré de sa force, volontairement enchaîné dans sa sphère. Il s'est élancé vers les hauteurs sublimes, étroitement apparenté à tout ce que nous prisons. Fêtez-le donc! car ce que la vie n'accorde à l'homme qu'à moitié, la postérité le lui doit donner entièrement.... »

Ce cri du cœur : « Il fut nôtre! » l'Allemagne aujourd'hui tout entière le répète. Jamais nation n'adopta un poëte et ne l'appela sien, je ne dis pas avec tant d'admiration, mais avec un si tendre amour. Et il a mérité cette adoption, il est digne de servir de modèle par son culte du beau, identifié avec le bien; par ses vives aspirations à tout ce qui est grand et généreux et utile aux hommes, ou du moins à tout ce qui lui paraissait tel; par la haute idée qu'il s'était faite de la mission du génie en ce monde, par son dévouement sans bornes à cette mission, et enfin, par le progrès simultané de l'esprit et du cœur qui marqua toutes ses années. Redisons-le avec Goethe : « Ce que d'abord on put regretter, blâmer en lui, la mort, le temps l'ont ennobli. » Et c'est justice, parce qu'il avait lui-même commencé cet ennoblissement, qu'il avait su lutter avec courage, que chaque jour son âme devenait plus pure, plus sincère et s'élevait davantage

Sur cette échelle d'or qui va se perdre en Dieu.

Il fut du bien petit nombre de ceux que la gloire rend meilleurs, qu'elle enivre, non d'eux-mêmes, mais d'un plus ardent amour du bien et du beau. Plus il s'avance dans la carrière et grandit en talent, plus il devient exigeant envers lui-même. Sa tâche l'absorbe; son génie, c'est lui tout entier : il se donne sans rien retenir. Dans cette nature aussi dévouée que puissante, aussi libérale que riche, pas de divorce entre l'homme et le poëte : il appartient à la poésie et aux nobles fins qu'il lui assigne de toute son âme, de tout son cœur, de toutes ses forces, et sans que le moi, la vanité, l'ambition, le bien-être fassent leurs réserves. Ce qui achève la sympathie qu'excitent et son génie et son caractère, c'est qu'il avait lu de bonne heure, comme dit encore l'*Épilogue*, l'austère sentence qui condamne l'homme à la peine, et qu'il fut malheureux et souffrant. Nul, dans les poëtes des derniers temps, n'a été plus que lui peut-être transfiguré par la gloire, mais, sous l'auréole même, une douce mélancolie tempère son visage, et ceux-là surtout qui pleurent s'écrient à sa vue : « Il fut nôtre ! »

« Il fut nôtre ! » peuvent dire aussi tous ceux qui ne se laissent pas emporter au tourbillon des choses visibles et des intérêts matériels, et cherchent leur refuge ailleurs qu'en ce bas monde; car à qui mieux qu'à lui peuvent s'appliquer ces belles paroles que j'entendais applaudir il y a quelques semaines : « L'extérieur de la création, si beau qu'il soit, » si beau qu'il le vît, ajouterai-je, « n'était pour lui qu'un reflet de sa beauté véritable? Sous l'apparence il voyait, il cherchait le réel, le vrai réel, c'est-à-dire l'idéal[1]. » C'est là un de ces mots qui tranchent les querelles, en définissant les termes et attribuant aux choses leur vraie nature. Non, les vains rêveurs, ce ne sont pas ceux qui s'attachent à ce qui est éternel, absolu, immuable, à ce qui *est* par excellence, plutôt qu'aux objets éphémères. Seulement n'oublions pas que l'art lui-même, tout pur, tout céleste

---

1. Réponse de M. Vitet, directeur de l'Académie française, au discours de réception de M. de Laprade. — Schiller, dans la dissertation *sur l'Usage du chœur dans la tragédie* qu'il a placée en tête de sa *Fiancée de Messine*, exprime une pensée semblable à celle-ci quand il dit que « l'art de l'idéal, comme il l'appelle, est plus vrai que toute réalité, plus réel que toute expérience. »

qu'il est, ne forme que les degrés qui mènent au sanctuaire, et ne l'adorons pas comme notre Dieu. C'est surtout au génie, quand il s'arrête en chemin et qu'il est tenté de confondre le moyen avec la fin, qu'il faut crier avec le poëte : « Montez, montez encore ! »

POÉSIES DÉTACHÉES

POÉSIES DÉTACHÉES[1].

LE GANT[2].

Devant son parc aux lions était assis le roi François, attendant le spectacle d'un combat ; autour de lui les grands de la couronne, et, en cercle, sur une haute galerie, la belle guirlande des dames.

Sur un geste de sa main, une porte de la vaste arène s'ouvre ; et, d'un pas circonspect, un lion entre, promène ses regards en silence autour de lui, bâille longuement, secoue sa crinière, étend ses membres, et se couche sur le sol.

Le roi fait un nouveau signe : aussitôt s'ouvre une seconde

---

1. Nous avons donné dans la préface les raisons pour lesquelles, au lieu de ranger les poésies dans l'ordre chronologique, actuellement adopté dans les éditions allemandes, nous avons préféré, comme Schiller l'a fait lui-même dans le premier recueil imprimé de son vivant, un autre classement plus libre.
2. Cette ballade est du mois de juin 1797. Schiller l'avait d'abord intitulée : « Le Gant, Récit, » et l'avait insérée dans l'*Almanach des Muses* de 1798.

porte, et, d'un bond fougueux, un tigre s'en élance. A la vue du lion, il rugit bruyamment, et, d'un jet, tord en cercle sa queue terrible, et allonge la langue, et tourne, défiant, autour du lion, et grogne avec colère ; puis il s'étend à terre auprès de lui, en murmurant.

Le roi fait encore un signe : une cage s'ouvre à deux battants et vomit deux léopards à la fois. Ils se précipitent, avec une belliqueuse ardeur, sur le tigre. Celui-ci jette sur eux ses griffes furieuses; mais le lion rugit, se lève, et tout devient tranquille, et, alentour, se couchent en cercle, altérés de carnage, les chats redoutables.

Soudain, du bord de la galerie, une belle main laisse tomber un gant, juste entre le tigre et le lion, et, se tournant d'un air railleur vers le chevalier de Lorges : « Sire chevalier, dit damoiselle Cunégonde, si votre amour est aussi ardent que vous me le jurez à toute heure, ramassez-moi donc ce gant. »

Le chevalier s'élance, descend dans la formidable arène d'un pas assuré, et sa main hardie ramasse le gant au milieu des monstres.

Les chevaliers, les nobles dames le regardent, stupéfaits, saisis d'horreur; et lui, calme, il rapporte le gant. Alors il entend son éloge sortir de toutes les bouches. Pour Cunégonde, elle l'accueille avec un tendre regard d'amour, qui lui promet son prochain bonheur; mais il lui jette le gant au visage[1] : « Je ne prétends pas, madame, à vos remercîments; » et sur l'heure il la quitte.

1. Au lieu de ces mots : « Il lui jette le gant au visage, » on lisait dans l'*Almanach des Muses* : « Le chevalier, s'inclinant profondément, dit. »

LES GRUES D'IBYCUS[1].

Ibycus se rendait à la lutte des chars et des chants, qui, sur l'isthme de Corinthe, rassemble joyeusement les peuples de la Grèce : Ibycus, l'ami des dieux, à qui Apollon accorda le don du chant, une voix aux accents mélodieux. S'appuyant sur son léger bâton, il s'éloigne de Rhégium, plein du dieu qui l'inspire.

Déjà, sur le dos élevé de la montagne, l'Acrocorinthe attire les yeux de notre voyageur, et il pénètre avec une horreur pieuse dans la forêt de pins de Neptune. Rien ne se meut autour de lui; il n'est accompagné que d'essaims de grues qui, formées en escadron grisâtre, vont chercher au loin les chaleurs du Midi.

« Salut, troupes amies, qui m'escortiez sur mer! Je vous prends pour un heureux présage. Mon sort ressemble au vôtre. Nous venons de loin, vous et moi, et nous cherchons un toit hospitalier.... Que le Dieu de l'hospitalité nous soit propice, lui qui écarte l'outrage de l'étranger! »

Il presse gaiement le pas, et bientôt se voit au milieu de la forêt. Tout à coup, dans l'étroit sentier, deux assassins lui barrent le passage. Il faut qu'il s'apprête au combat, mais bientôt sa main retombe épuisée. Elle a tendu les cordes légères de la lyre, mais jamais l'arc puissant.

Il invoque et les hommes et les dieux : nul sauveur n'entend sa prière; aussi loin qu'il lance sa voix, pas un être vivant ne

---

[1]. Cette ballade est aussi de 1797. Elle parut, comme la précédente, dans l'*Almanach des Muses* de 1798.

se montre : « Il me faut donc mourir ici, délaissé, sur la terre étrangère, où nul ne me pleurera ! périr de la main de ces misérables, sans même voir paraître un vengeur. »

Atteint d'un coup mortel, il tombe. A ce moment retentissent les ailes des grues. Il entend, car déjà il ne peut plus voir, il entend près de lui leurs voix rauques pousser un cri terrible : « O grues qui volez là-haut, si nulle autre voix ne parle, vous du moins, dénoncez le meurtre ! » Tel est son dernier cri, et son œil s'éteint.

On trouve le cadavre dépouillé, et bientôt, malgré les plaies qui le défigurent, son hôte, à Corinthe, reconnaît les traits qui lui sont chers : « Est-ce ainsi que je devais te retrouver ? Et pourtant j'espérais ceindre de la couronne de pin les tempes du chanteur, brillant moi-même d'un rayon de sa gloire. »

Tous les étrangers réunis pour la fête de Neptune gémissent en apprenant cette nouvelle ; la Grèce entière est saisie de douleur : tous les cœurs ont ressenti sa perte, et le peuple afflue en tumulte chez le Prytane ; sa fureur exige qu'on venge les mânes de la victime, qu'on les apaise avec le sang du meurtrier.

Mais où est la trace qui, dans ces flots pressés, dans la foule des peuples attirés par l'éclat des jeux, fera reconnaître l'auteur d'un si noir forfait ? Sont-ce des brigands qui lâchement l'ont assassiné ? Est-ce un ennemi secret poussé par l'envie ? Hélios seul peut le dire, lui qui éclaire toute chose terrestre.

Peut-être, en ce moment même, marche-t-il effrontément au milieu des Grecs, et, tandis que la Vengeance le cherche, jouit-il du fruit de son crime. Peut-être, sur le seuil même de leur temple, brave-t-il les dieux, ou se mêle-t-il hardiment à ces vagues humaines, là-bas, qui se pressent vers le théâtre.

Car déjà, serrés banc contre banc (les étais de l'amphithéâtre rompent presque sous le poids), les peuples de la Grèce, accourus de près et de loin, sont assis et attendent. Résonnant sourdement comme les flots de la mer, les gradins, en arcs de plus en plus ouverts, montent, fourmillant d'hommes, jusqu'à l'azur des cieux.

Qui peut compter, qui peut nommer les peuples que l'hospitalité rassemble en ce lieu ? Ils sont venus de la ville de Cécrops[1], du rivage d'Aulis, de la Phocide, du pays des Spartiates, des côtes lointaines de l'Asie, de toutes les îles ; et, de l'estrade où ils siégent, ils écoutent l'affreuse mélodie du chœur.

Qui, grave et austère, selon l'antique usage, sort du fond de la scène, d'un pas lent et mesuré, et fait le tour du théâtre. Ce n'est point ainsi que marchent des femmes terrestres ; elles ne sont pas filles d'une race mortelle ! Leur taille gigantesque s'élève bien au-dessus des proportions humaines.

Un manteau noir bat leurs flancs ; elles agitent dans leurs mains décharnées la lueur rouge-sombre des torches ; dans leurs joues il ne coule point de sang, et là où les cheveux ondoient gracieusement et voltigent avec charme autour des fronts mortels, on voit ici des serpents et des vipères gonfler leurs ventres gros de venin.

Et tournées en cercle, elles entonnent le mode effrayant de l'hymne qui pénètre et déchire le cœur, et serre autour du coupable[2] les liens du remords. Aliénant le sens, égarant le cœur, le chant des Furies éclate : il éclate, consumant l'auditeur jusqu'à la moelle de ses os, et ne souffre pas les accords de la lyre :

« Heureux qui, exempt de faute et d'erreur, conserve son âme naïve et pure ! Nous ne pouvons approcher de lui nos mains vengeresses ; il suit librement le chemin de la vie. Mais malheur, malheur à qui commit dans l'ombre l'œuvre impie de l'homicide ! Nous nous attachons à ses pas, nous les filles terribles de la Nuit.

---

1. Variante de la première édition : « De la ville de Thésée. »
2. Variante de la première édition : « Du pécheur. »

« Et croit-il, par la fuite, nous échapper, nous avons des ailes et nous sommes là, lançant nos lacs autour de son pied fugitif : il faut qu'il tombe à terre. Nous le poursuivons sans relâche (point de repentir qui nous désarme!), en avant, toujours en avant, jusqu'au séjour des ombres, et là même nous ne le laissons pas libre. »

Chantant ainsi, elles dansent leur ronde, et le silence, un silence de mort, pèse lourdement sur l'assemblée, comme si la divinité était proche. Et solennellement, selon l'antique usage, faisant le tour du théâtre, d'un pas lent et mesuré, elles disparaissent au fond de la scène.

Et tous les cœurs tremblent et flottent, incertains encore, entre l'illusion et la réalité, et ils rendent hommage à la puissance terrible qui veille et juge dans le secret des âmes ; qui, impénétrable, inscrutable, tresse le sombre nœud du destin, et se révèle au fond du cœur, mais fuit la lumière du soleil.

Tout à coup, sur les plus hauts gradins, on entend une voix qui crie : « Vois donc, vois donc, Timothée ! les grues d'Ibycus!... » et en même temps le ciel s'obscurcit, et, au-dessus du théâtre, on voit passer en noir tourbillon une armée de grues.

« D'Ibycus!... » Ce nom chéri rallume la douleur dans toutes les âmes, et, comme dans la mer le flot succède au flot, ces mots volent de bouche en bouche : « D'Ibycus ? que nous pleurons, qu'une main meurtrière a frappé ? Que dit-il de lui ? quelle peut être sa pensée ? Qu'a-t-il à dire de cette volée de grues ?... »

La question se répète de plus en plus bruyante ; et, prompt comme l'éclair, un pressentiment traverse tous les cœurs : « Prenez garde ! C'est la puissance des Euménides ! Le pieux poète est vengé ! le meurtrier s'offre lui-même ! Saisissez l'homme qui a dit cette parole, et celui à qui elle s'adressait. »

Cependant, à peine ce mot lui a-t-il échappé, qu'il voudrait le retenir dans son sein ; mais c'est en vain : l'effrayante pâleur de leurs lèvres trahit aussitôt les deux complices. On les arrache de leur place, on les traîne devant le juge ; la scène est transformée en tribunal, et les scélérats font l'aveu de leur crime, atteints des foudres de la Vengeance.

L'ANNEAU DE POLYCRATE[1].

Debout sur la terrasse de son palais, il promenait avec satisfaction ses regards sur Samos soumise à ses lois : « Tout cela m'appartient, dit-il au roi d'Égypte, avoue que je suis heureux !

— Tu as éprouvé la faveur des dieux ! Ceux qui jadis furent tes égaux, maintenant plient sous la puissance de ton sceptre. L'un d'eux cependant vit encore pour les venger ; ma bouche ne peut te proclamer heureux, tant que l'œil de l'ennemi veille. »

Avant même que le roi eût fini, un messager envoyé de Milet se présente devant le tyran : « Seigneur, fais monter au ciel la fumée du sacrifice, et que le riant feuillage du laurier couronne tes cheveux en signe d'allégresse !

« Ton ennemi est tombé, percé d'un javelot. C'est Polydore, ton fidèle général, qui m'envoie vers toi avec cette joyeuse nouvelle. » Il dit et, à l'effroi des deux princes, il tire, encore sanglante, d'un noir bassin une tête bien connue.

Le roi recule avec horreur : « Crois-moi pourtant, ne te fie

1. Composé en 1797, comme nous l'apprenons par une lettre de Schiller à Goethe du 23 juin de cette année, et inséré dans l'*Almanach des Muses* de 1798.

pas à ton bonheur, reprend-il avec un regard inquiet. Songes-y, c'est sur les flots perfides (ah! qu'aisément l'orage la pourrait briser!) que vogue la fortune incertaine de ta flotte. »

Avant qu'il ait achevé ces mots, il est interrompu par les joyeuses acclamations qui s'élèvent de la rade. Richement chargés des trésors de l'étranger, ses navires, épaisse forêt de mâts, reviennent aux rivages de la patrie.

L'hôte royal est stupéfait : « Ta Fortune aujourd'hui est de bonne humeur, mais crains son inconstance. Les bandes aguerries des Crétois te menacent des dangers de la guerre : déjà elles approchent de ces bords. »

Cette parole n'était pas échappée de ses lèvres, qu'on voit des flots d'hommes affluer des vaisseaux, et mille voix crient : « Victoire! nous sommes délivrés de la crainte de l'ennemi : la tempête a dispersé les Crétois; la guerre est loin, la guerre est finie! »

L'hôte entend ces cris avec terreur : « En vérité, il faut que je t'estime heureux! Et pourtant, dit-il, je tremble pour ton salut. La jalousie des dieux m'épouvante. Jamais les joies de la vie n'échurent sans mélange à aucun mortel.

« A moi aussi tout a réussi: dans tous les actes de mon règne, la faveur du ciel m'accompagne. Cependant, j'avais un héritier chéri; Dieu me l'a pris : je l'ai vu mourir; j'ai payé ma dette à la Fortune.

« Ainsi, veux-tu te garantir de l'adversité, supplie les maîtres invisibles de mêler la souffrance au bonheur. Jamais encore je n'ai vu finir dans la joie l'homme sur qui les dieux répandent leurs dons toujours à pleines mains.

« Et si les dieux refusent de t'exaucer, ne méprise pas le conseil d'un ami : appelle toi-même le malheur; prends dans tes riches trésors ce qui charme le plus ton âme, et jette-le dans cette mer ! »

Ému de crainte, Polycrate lui répond : « Dans tout ce que mon île enserre, cet anneau est mon bien le plus précieux, je veux le consacrer aux Furies. Peut-être alors me pardonneront-elles mon bonheur. » Et il lance le joyau dans les flots.

Aux premières lueurs de la prochaine aurore, un pêcheur, le visage radieux, se présente devant le prince : « Seigneur, dit-il, j'ai pris un poisson, comme jamais encore il n'en est entré dans mes filets; je te l'apporte en présent. »

Et quand le cuisinier eut dépecé le poisson, il accourt tout hors de lui, et s'écrie, le regard stupéfait : « Vois, seigneur, l'anneau que tu portais, je l'ai trouvé dans le ventre du poisson. Oh! ton bonheur est sans bornes ! »

L'hôte alors se détourne avec horreur : « Je ne puis donc séjourner ici plus longtemps; tu ne peux être désormais mon ami. Les dieux veulent ta perte; je fuis, pour ne pas périr avec toi. » Il dit et s'embarque au plus vite.

CHANT FUNÈBRE D'UN NADOESSIS[1].

Voyez, il est là assis sur sa natte, assis droit, dans l'attitude qu'il avait lorsqu'il voyait encore la lumière.

---

1. Ce chant est de 1797. Schiller en avait pris l'idée et la plupart des détails dans le *Voyage* de l'Anglo-Américain Th. Carver, qui, vers le milieu du XVIIIe siècle, avait passé sept mois chez les Nadoessis, tribu sauvage de l'Amérique du Nord.

Cependant, où est la force de ses poings, le souffle de son haleine, qui naguère encore faisait monter vers le Grand Esprit la fumée du calumet [1] ?

Où sont ces yeux, perçants comme les yeux du faucon, qui comptaient les traces du renne sur les vagues de l'herbe, sur la rosée des champs?

Et ces jambes qui volaient sur la neige, plus vite que le cerf de vingt cors et le chevreuil de la montagne?

Ces bras qui bandaient l'arc roide et fort? Voyez la vie s'est envolée; voyez, ils pendent inertes.

Il est heureux, il est allé où il n'y a plus de neige; où le maïs, poussant de lui-même, dore les champs;

Où tout buisson est gaiement peuplé d'oiseaux, la forêt de gibier, tout étang de poissons.

Il se repaît là-haut avec les esprits; il nous a laissés seuls ici pour louer ses hauts faits, et déposer son corps dans la terre.

Apportez les derniers dons; entonnez la plainte funèbre. Qu'on enterre avec lui tout ce qui peut le réjouir.

Mettez-lui sous la tête les haches qu'il brandissait vaillamment, et de plus ce gros jambon d'ours, car le chemin est long;

Et encore ce couteau bien affilé qui, en trois coups habiles, enlevait de la tête d'un ennemi la peau et les cheveux en touffe.

Mettez-lui aussi dans la main ces couleurs pour peindre le corps, afin qu'il brille d'un beau rouge dans le pays des âmes.

---

1. Chez diverses nations de l'Amérique, l'action de fumer était une cérémonie religieuse et le tabac une sorte d'encens.

LE PLONGEUR[1].

« Qui de vous osera, chevalier ou varlet, plonger dans ce gouffre? J'y jette une coupe d'or; déjà la noire gueule l'a engloutie. Si quelqu'un me peut rapporter la coupe, qu'il la garde : elle est à lui. »

Le roi dit, et du haut de la roche qui, roide et escarpée, s'avance suspendue sur la mer immense, il jette la coupe dans les hurlements de Charybde : « Qui aura le cœur, je le demande encore, de plonger dans ces profondeurs? »

Les chevaliers, les varlets, autour de lui, l'entendent et gardent le silence. Leurs regards plongent dans la mer en furie; pas un ne veut gagner la coupe, et, pour la troisième fois, le roi demande encore : « N'est-il personne qui se risque à descendre? »

Mais, comme avant, tout demeure muet, quand un page, d'un air doux et hardi, sort de la foule timide des varlets, et jette loin de lui sa ceinture, son manteau. Toute l'assemblée, hommes et femmes, contemple, étonnée, le noble jeune homme.

Et comme il s'avance au bord du roc qui surplombe, et plonge ses regards dans l'abîme, Charybde, à cet instant même, revomit en rugissant les eaux qu'elle avait englouties, et, avec le fracas du tonnerre lointain, elles s'élancent, écumantes, de son sein ténébreux.

---

1. De 1797. — *Almanach des Muses* de 1798.

Et le gouffre ondoie, bouillonne, et gronde, et siffle, comme quand l'eau se mêle au feu. L'écume jaillit en vapeur jusqu'au ciel; les flots, sans fin, se pressent, succédant aux flots, et leur source ne veut s'épuiser ni se vider, comme si la mer allait enfanter une mer nouvelle.

A la fin cependant cette violence fougueuse se calme; et, noire à travers la blanche écume, s'ouvre une fente béante et sans fond : on dirait qu'elle va au séjour infernal, et l'on voit s'engouffrer les lames impétueuses, attirées dans cet entonnoir tournoyant.

Alors, promptement, avant que le flot remonte, le jeune homme se recommande à Dieu, puis.... un cri d'effroi se fait entendre à la ronde, et déjà le tourbillon l'a entraîné, et mystérieusement, sur le hardi nageur, la gueule se referme : il ne paraît plus.

Et le silence règne au-dessus de l'abîme; au fond seulement bruit un creux murmure, et de bouche en bouche on entend balbutier ces mots : « Magnanime jeune homme, adieu ! » Et le hurlement devient de plus en plus creux, et l'attente se prolonge encore, pleine d'angoisse et d'épouvante.

Quand tu y jetterais ta couronne même, et quand tu dirais : « Qui me rapportera la couronne, la posera sur sa tête et sera roi, » une si précieuse récompense ne me tenterait pas; ce que l'abîme mugissant recèle dans son sein, jamais âme vivante et heureuse ne le racontera.

Maint navire, saisi par le tourbillon, s'est abîmé comme un trait dans ces profondeurs; mais quille et mâts ne se sont dégagés que broyés, de cette tombe qui dévore tout.... Et de plus en plus clair, comme le grondement de la tempête, on entend d'instant en instant le bruit se rapprocher.

Et le gouffre ondoie, bouillonne, et gronde, et siffle, comme quand l'eau se mêle au feu. L'écume jaillit en vapeur jusqu'au ciel; les flots, sans fin, se pressent, succédant aux flots, et, avec le fracas du tonnerre lointain, l'eau s'élance en rugissant du fond ténébreux.

Mais, voyez! du sein des sombres vagues, s'élève un objet blanc comme un cygne, un bras se découvre, puis un cou éblouissant.... Il nage avec force, avec une ardeur constante. C'est lui.... et en l'air, de la main gauche, il agite la coupe, avec des gestes joyeux.

Il respira longtemps, respira à longs traits, et salua la lumière céleste. Avec transport, l'un criait à l'autre : « Il vit! le voilà! le gouffre ne l'a point gardé! De ce tombeau, de cet antre aux flots tournoyants, l'intrépide a sauvé son âme vivante. »

Il s'avance, entouré de la foule triomphante, tombe aux pieds du roi, et lui présente à genoux la coupe. Le roi fait un signe à sa fille charmante, qui la remplit jusqu'au bord d'un vin brillant, et alors, le jeune homme s'adressant au roi :

« Vive longtemps le roi! dit-il. Heureux qui respire ici à cette lumière rose et douce! Mais là, sous les eaux, tout est affreux! Ah! que l'homme ne tente pas les dieux. Que jamais, jamais il ne désire de contempler ce que, dans leur clémence, ils enveloppent de ténèbres et d'horreur!

« Comme je descendais, entraîné avec la promptitude de l'éclair, soudain, du creux d'un rocher, une source impétueuse jaillit sur moi à bouillons fougueux. La violence furieuse du double courant me saisit, et me tordant, en proie au vertige, me fait pirouetter comme une toupie : je ne pouvais résister.

« Là, Dieu, que j'invoquai dans l'horreur de ce péril extrême, me montra une pointe de rocher, qui s'élevait du fond. Je la saisis rapidement, et j'échappai à la mort. Là aussi était suspendue la coupe à des branches aiguës de corail; sans quoi elle serait tombée dans l'abîme sans fond.

« Car sous moi, dans une obscurité pourprée, le vide s'enfonçait encore, profond comme du haut d'une montagne; et, quoique tout dormît pour l'oreille dans un éternel silence, l'œil voyait en bas avec effroi comme l'eau grouillait de visqueux reptiles, de salamandres, de dragons, dans cette gueule terrible des enfers.

« Là, tout noirs, fourmillaient, dans un horrible pêle-mêle, entassés en pelotes hideuses, la raie armée de pointes, le poisson des écueils, le marteau, monstre affreux; et, avec furie, le requin effroyable, cette hyène des mers, me montrait ses dents menaçantes.

« Et j'étais là suspendu.... j'en avais conscience avec horreur.... si loin de tout secours humain, le seul cœur doué de sentiment, le seul parmi ces fantômes, dans cette épouvantable solitude, bien bas au-dessous de tout son de la voix humaine, près des monstres du lugubre désert des eaux.

« Je frissonnais à ces pensées, quand je vis cent jointures se mouvoir, ramper vers moi.... une gueule veut me happer : égaré par l'effroi, je lâche la branche de corail où je m'étais cramponné. Aussitôt le tourbillon me saisit avec une impétueuse violence; mais ce fut mon salut, il m'entraîna en haut. »

Le roi s'étonne fort et dit : « La coupe t'appartient, et, de plus, je te destine cette bague, ornée de la plus riche pierre, si tu te risques encore et viens m'instruire de ce que tu auras vu au plus profond des mers. »

Sa fille l'entendit avec une tendre pitié, et d'une voix caressante elle l'implore : « Assez, mon père, je vous en prie, assez de ce jeu cruel! Il a osé à votre voix ce que personne n'ose. Si vous ne pouvez dompter les désirs de votre âme, que maintenant les chevaliers fassent rougir le page. »

Là-dessus, le roi étend vivement la main vers la coupe; il la lance au milieu du tourbillon : « Si tu me la rapportes encore ici, dit-il, je te tiens pour le meilleur des chevaliers, et je veux qu'aujourd'hui même tu embrasses comme époux celle qui maintenant prie pour toi avec une tendre compassion. »

Alors, une céleste force saisit son âme; de ses yeux jaillit un éclair plein d'audace, et il voit rougir la jeune beauté, il la voit pâlir et tomber. Alors, il se sent entraîné à conquérir la précieuse récompense, et il se précipite au risque de vie et de mort.

On entend bien mugir les ondes englouties; on les voit bien revenir : un bruit de tonnerre les annonce. Alors elle se penche sur le gouffre, avec un regard plein d'amour; les vagues viennent, viennent toutes; elles montent à grand bruit, à grand bruit redescendent : nulle ne rapporte le jeune homme.

LE CHEVALIER TOGGENBOURG[1].

« Chevalier, ce cœur vous promet le fidèle amour d'une sœur. N'exigez pas un autre amour, car cela me peine. Volontiers je vous vois venir ici sans trouble, et sans trouble partir; les larmes silencieuses de vos yeux, je ne les puis comprendre. »

Il l'entend avec une muette douleur, s'arrache d'elle le cœur saignant, la presse ardemment dans ses bras, s'élance sur son coursier. Il mande tout ce qu'il a de vassaux dans la terre de Suisse; ils partent pour le saint Sépulcre, la croix sur la poitrine.

---

1. Une lettre de Goethe nous apprend que cette ballade était terminée avant la fin d'août 1797. Elle fut insérée dans l'*Almanach des Muses* de 1798.

Là des hauts faits s'accomplissent par le bras des héros, les panaches de leurs casques flottent parmi les essaims d'ennemis, et le nom de Toggenbourg est la terreur du Musulman; mais son cœur ne peut guérir de son chagrin;

Et il l'a enduré une année entière; il ne l'endure pas plus longtemps : le repos qu'il poursuit lui échappe, et il quitte l'armée, voit au rivage de Joppé un navire qui gonfle ses voiles, et s'embarque pour la patrie, pour la terre chérie où elle respire.

Le pèlerin heurte à la porte du château qu'elle habitait. Hélas! elle s'ouvre, et ces paroles le foudroient : « Celle que vous cherchez porte le voile; elle est la fiancée du ciel; hier fut célébré le jour qui l'unit à Dieu. »

Alors il abandonne pour toujours le château de ses pères; il ne revoit plus ses armes ni son fidèle coursier. Il descend de Toggenbourg, inconnu, car un vêtement de crin couvre ses nobles membres.

Et il se bâtit une hutte près du lieu où le couvent s'élevait du milieu des sombres tilleuls. Attendant dès l'aube matinale jusqu'aux heures du soir, le visage animé d'une muette espérance, il demeurait assis là, solitaire.

Il regardait de loin le couvent, regardait des heures entières la fenêtre de son amie, jusqu'à ce que la fenêtre résonnât, que l'aimable vierge parût, que la chère image se penchât sur la vallée, calme, douce comme un ange.

Et alors il se couchait content, s'endormait consolé, songeant avec joie, en silence, au retour du matin. Il demeura de la sorte assis bien des jours, assis bien des années, attendant, sans douleur et sans plainte, que la fenêtre résonnât,

Que l'aimable vierge parût, que la chère image se penchât sur la vallée, calme, douce comme un ange. Et de la sorte, un matin, on le vit assis là, corps inanimé ; son visage pâle et tranquille regardait encore la fenêtre.

LE MESSAGE A LA FORGE[1].

C'était un pieux serviteur que Fridolin, et dévoué, dans la crainte du Seigneur, à sa maîtresse, la comtesse de Saverne. Elle était si douce, elle était si bonne ! Mais aux caprices mêmes de l'orgueil, il eût obéi avec zèle, avec joie, pour l'amour de Dieu.

Dès la première lueur du jour jusqu'au son des vêpres, le soir, il ne vivait que pour son service, et jamais ne croyait faire assez. Et si la dame lui disait : « Ne te donne pas de peine, » aussitôt son œil devenait humide ; il aurait cru manquer à son devoir s'il n'eût pu se tourmenter à la servir.

Aussi la comtesse l'élevait-elle au-dessus de toute la troupe de ses serviteurs ; de ses belles lèvres coulait son éloge inépuisable. Elle ne le tenait pas pour son valet : par le cœur, il avait les droits d'un fils ; elle arrêtait avec joie sur ses beaux traits son œil limpide.

Mais, pour cela, dans le sein de Robert, le chasseur, s'enflamme la haine envenimée, de Robert dont l'âme noire dès longtemps était gonflée de la maligne envie de nuire. Il va au comte, au comte prompt à agir et ouvert aux conseils du sé-

1. Du mois de septembre 1797. — *Almanach des Muses* de 1798.

ducteur : un jour qu'ils revenaient de la chasse, il répand dans son cœur le germe du soupçon.

« Que vous êtes heureux, noble comte! commença-t-il, plein de perfidie; la morsure empoisonnée du doute ne vous ravit pas le sommeil d'or; car vous possédez une noble épouse : la pudeur ceint son chaste corps; jamais le tentateur ne réussira à surprendre sa pieuse fidélité. »

Le comte, à ces mots, fronce ses sombres sourcils : « Que me dis-tu là, compagnon? Je compterai, moi, sur la vertu des femmes, mobile comme la vague? La voix du flatteur les entraîne aisément. Ma foi repose sur un fond plus solide : le séducteur n'ose approcher, j'espère, de la femme du comte de Sayerne. »

L'autre reprend : « Vous avez raison : il ne mérite que votre raillerie, l'insensé qui, né serviteur, est osé à ce point, et élève sa convoitise jusqu'à la dame qui lui commande! — Quoi? interrompt le comte frémissant, parles-tu de quelqu'un qui a vie?

— Ah! oui, sans doute, ce qui est dans toutes les bouches serait caché à mon seigneur! Mais puisqu'à dessein vous en faites mystère, je m'en tais volontiers.... — Tu es mort, misérable, parle! s'écrie le comte sévère et terrible. Qui lève les yeux sur Cunégonde? — Eh! mais je parle du blondin.

« Il n'est pas laid de sa personne, » poursuit-il avec perfidie, tandis qu'à ces mots le comte se sent tour à tour transir et brûler. « Est-il possible, Seigneur? Vous n'avez jamais remarqué qu'il n'a des yeux que pour elle? que vous-même, à table, il ne vous voit pas; qu'il languit et soupire enchaîné au siége de sa dame?

« Voyez ces vers qu'il a écrits et où il avoue sa flamme....
— Avoue! — Et ose, le drôle insolent, demander du retour
La gracieuse comtesse, douce et tendre, vous l'a caché, par pitié

sans doute. J'ai regret maintenant que cela me soit échappé; car, Seigneur, qu'avez-vous à redouter ? »

Le comte alors, dans son ardent courroux, poussa son cheval jusqu'à la forêt prochaine, où, dans la flamme des hauts fourneaux, fondait le fer de ses mines. Là, soir et matin, de leurs mains actives, les serviteurs nourrissaient la fournaise : l'étincelle jaillit, les soufflets soufflent, comme s'il s'agissait de vitrifier des rocs.

Là on voit s'unir la force de l'eau et du feu; la roue poussée par la vague tourne et tourne sans cesse. Les engins claquent nuit et jour, le coup des marteaux résonne en cadence; et, façonné par ces chocs puissants, il faut que le fer même s'amollisse.

Le comte fait signe à deux serviteurs, commande et dit : « Le premier que j'enverrai ici et qui vous demandera : Avez-vous exécuté l'ordre de monseigneur ? jetez-le-moi dans l'enfer que voilà; qu'aussitôt il soit réduit en cendres, et que mon œil jamais ne le revoie. »

Le couple inhumain s'en réjouit, d'une joie féroce de bourreau; car dans leur poitrine le cœur est insensible comme le fer : et de l'haleine des soufflets ils excitent le feu plus ardemment dans le ventre du fourneau, et s'apprêtent, avides de meurtre, à recevoir la victime vouée à la mort.

Cependant Robert dit à son camarade, d'un air faux et hypocrite : « Vite, camarade, ne tarde pas; monseigneur te demande. » Et le seigneur dit à Fridolin : « Il te faut aller sur-le-champ à la forge, et là demande aux serviteurs s'ils ont fait selon ma parole. »

Et il dit : « Ce sera fait, » et s'apprête aussitôt. Tout à coup cependant il s'arrête pensif : « N'a-t-elle rien à m'ordonner ? » et il se présente devant la comtesse : « On m'envoie au dehors, à la forge; dites ! que puis-je faire pour vous ? car c'est à vous qu'appartient mon service. »

Là-dessus la dame de Saverne reprend d'une voix douce : « J'entendrais volontiers la sainte messe ; mais mon fils est au lit, malade. Va donc, mon enfant, et dis pieusement une prière pour moi, et songeant avec repentir à tes péchés, fais que moi aussi j'obtienne grâce. »

Heureux de ce devoir cher à son cœur, il part à la hâte. Il n'a pas encore atteint, dans sa course rapide, le bout du village, à son oreille retentit le clair battement de la cloche que la corde met en branle et qui invite solennellement tous les pécheurs, insigne bienfait de la grâce, au sacrement de l'autel.

« N'évite pas le bon Dieu, si tu le trouves sur ton chemin, » se dit-il, et il entre dans la maison de Dieu. Aucun bruit ne s'y fait encore entendre ; car c'était le temps de la récolte, et par les champs le zèle des moissonneurs était dans tout son feu ; nul acolyte n'avait paru pour servir la messe selon les règles.

Il est aussitôt résolu et fait le sacristain. « Ce qui vous avance dans la route du ciel n'est point, dit-il, un retard. » Pieux ministre, il revêt le prêtre de l'étole et de la ceinture ; il apprête rapidement les vases consacrés au service de la messe.

Et quand il a tout disposé avec diligence, il précède comme clerc le prêtre à l'autel, le missel dans la main, et il s'agenouille à droite, puis à gauche ; il est attentif à chaque signe ; et quand viennent les paroles du *Sanctus*, il sonne trois fois à ce mot la clochette.

Puis quand le prêtre s'incline pieusement, et que, tourné vers l'autel, il montre, dans ses mains qu'il élève, le Dieu présent dans l'hostie, le sacristain l'annonce en agitant la clochette aux sons clairs, et tous, agenouillés, se frappent la poitrine et se signent dévotement devant le Christ.

Il accomplit ainsi ponctuellement tout son ministère avec adresse et promptitude : les usages de la maison de Dieu, il les possède tous, et il ne se lasse pas jusqu'à la fin, jusqu'à ce qu'au *Dominus vobiscum*, le prêtre se tourne vers la communauté et termine par la bénédiction la cérémonie sainte.

Alors le page remet tout proprement en ordre; il nettoie d'abord le sanctuaire, puis s'éloigne, et dans la paix de sa conscience, il se dirige, l'âme sereine, vers la fonderie; et en chemin, pour parfaire le nombre, il dit encore tout bas douze *Pater noster*.

Et quand il voit fumer le fourneau, qu'il voit debout les serviteurs, il leur crie : « L'ordre du comte, forgerons, est-il exécuté? » Et ricanant ils tordent la bouche, et montrent la gueule de la fournaise : « Il a son affaire, il est en lieu sûr; le comte louera ses serviteurs. »

Il revient, d'une course rapide, apporter la réponse au comte. Quand son maître le voit venir de loin, il en croit à peine ses yeux : « Malheureux! d'où viens-tu? — De la forge. — C'est impossible! tu t'es donc attardé en route? — Seigneur, seulement le temps de prier.

« Car tantôt, quand je sortis de votre présence, pardonnez!... je demandai d'abord, selon mon devoir, les ordres de celle à qui j'appartiens. Elle m'ordonna, Seigneur, d'entendre la messe; je lui obéis avec joie, et je dis quatre chapelets pour votre salut et pour le sien. »

Le comte, à ces mots, tombe dans un profond étonnement, il est hors de lui : « Et quelle réponse t'a-t-on donnée à la fonderie? Parle! — Seigneur, le sens du discours était obscur; on a montré en riant la fournaise : Il a son affaire, il est en lieu sûr; le comte louera ses serviteurs.

— Et Robert? reprend vivement le comte, et un frisson parcourt ses membres. Ne t'a-t-il pas rencontré? Je l'ai pourtant envoyé à la forêt. — Seigneur, ni dans la forêt, ni dans la campagne, je n'ai trouvé nulle trace de Robert. — Eh bien!

s'écrie le comte, et il demeure anéanti, Dieu lui-même au ciel a jugé. »

Et, avec une bonté que jamais il n'a témoignée, il prend la main du serviteur; profondément ému, il le mène à son épouse, qui n'y comprenait rien : « Cet enfant, nul ange n'est si pur, qu'il soit recommandé à vos bonnes grâces! En vain l'on m'a donné de perfides conseils; Dieu et ses légions sont avec lui. »

LA CAUTION[1].

DAMON ET PHINTIAS.

Damon[2], un poignard sous sa robe, s'est glissé près du tyran Denys; les satellites le jettent dans les fers : « Que voulais-tu, armé de ce poignard? parle! s'écrie le furieux, d'un air sombre. — Délivrer la ville du tyran. — Tu expieras ton crime sur la croix.

— Je suis prêt à mourir, dit Damon, et ne demande pas la vie; mais si tu veux m'accorder une grâce, donne-moi, je t'en prie, trois jours, le temps d'unir ma sœur à son fiancé. Je te laisse mon ami pour caution; tu peux, si je t'échappe, le faire mourir. »

Le roi sourit avec une perfide malice, réfléchit un instant et

---

1. Composée en 1798, et publiée d'abord dans l'*Almanach des Muses* de 1799.
2. Au lieu de « Damon, » la première édition a « Mœros. »

dit : « Trois jours, je te les veux donner ; mais, sache-le bien, si ce délai s'écoule sans que tu me sois rendu, il faudra qu'il expire à ta place ; mais toi, la peine te sera remise. »

Et Damon va trouver son ami : « Le roi, dit-il, ordonne que je paye de ma vie sur la croix ma criminelle tentative. Cependant il veut bien m'accorder trois jours, le temps d'unir ma sœur à son fiancé. Demeure comme gage entre les mains du roi, jusqu'à ce que je vienne faire tomber tes liens. »

Son ami fidèle l'embrasse en silence, et se livre au tyran. L'autre s'éloigne aussitôt, et avant que la troisième aurore ait lui, il s'est empressé d'unir sa sœur à son époux, et, l'âme inquiète, il se hâte de revenir, pour ne pas manquer le terme fixé.

Mais voilà que la pluie tombe à flots, sans relâche ; les sources se précipitent du haut des monts ; les ruisseaux, les torrents se gonflent, et il arrive au bord du fleuve, son bâton de voyage à la main...., mais soudain le pont croule, rompu par le tourbillon, et les vagues, avec le craquement du tonnerre, font sauter la voûte de l'arche.

Désespéré, il erre au bord de la rive : aussi loin que ses yeux s'étendent et cherchent, aussi loin qu'il lance l'appel de sa voix, pas une nacelle ne se détache du sûr rivage, pour le porter aux lieux désirés, pas un batelier ne manœuvre sa barque, et le torrent fougueux devient une mer.

Alors il tombe au bord du fleuve, il pleure, il prie, levant les mains vers Jupiter : « Oh ! arrête la violence du torrent ! les heures fuient ; le soleil est au milieu de sa course, et s'il se couche sans que je puisse atteindre la ville, il faut que mon ami expire. »

Mais la fureur du torrent s'accroît et se renouvelle, les vagues poussent les vagues, et une heure après l'autre s'écoule. Soudain l'inquiétude l'entraîne, il prend courage et se jette dans les flots mugissants; il fend le courant d'un bras vigoureux et un dieu a pitié de lui.

Il atteint le rivage et s'éloigne à la hâte, en rendant grâce au Dieu qui le sauve, quand, du lieu le plus sombre de la forêt, une bande de brigands s'élance, et lui barre le chemin : respirant le meurtre, ils arrêtent la course rapide du voyageur, en brandissant avec menace leurs massues.

« Que voulez-vous? s'écrie-t-il pâle de frayeur ; je n'ai rien que ma vie, et il faut que je la donne au roi! » Il dit et arrache sa massue au plus proche : « Au nom de mon ami, ayez pitié de moi! » Et sous ses coups terribles trois d'entre eux mordent la poussière; les autres prennent la fuite.

Cependant, le soleil darde ses flammes brûlantes; épuisé par la fatigue infinie, il sent plier ses genoux : « Oh! ta bonté propice m'a-t-elle sauvé de la main des brigands, arraché aux flots, rendu au sol sacré de la patrie, pour qu'ici je périsse dévoré par la soif, et que mon ami meure, mon ami dévoué? »

Mais écoutez! tout près de lui résonne un bruit clair, argentin, comme le murmure d'une eau qui ruisselle; il s'arrête, il prête l'oreille; et, voyez! du rocher jaillit une source vive et rapide, qui doucement gazouille. Ivre de joie, il se baisse et rafraîchit ses membres brûlants.

Déjà le soleil perce le vert feuillage des branches, et dessine, sur les brillantes prairies, les ombres gigantesques des arbres. Il aperçoit deux voyageurs qui suivent la route; il les veut devancer d'une course rapide, quand il les entend prononcer ces mots : « C'est à présent qu'on l'attache à la croix.

Son angoisse donne des ailes à ses pieds agiles, les tourments de la crainte le poussent. Déjà, dans les rayons de la pourpre du soir, les créneaux de Syracuse brillent de loin, et au-devant de lui vient Philostrate, le fidèle gardien de sa maison, qui, hors de lui, reconnaît son maître :

« Fuis! tu ne sauverais plus ton ami, sauve du moins tes propres jours! En ce moment il subit la mort. D'heure en heure, il attendait ton retour, le cœur plein d'espoir, et les railleries du tyran ne pouvaient lui ravir sa foi courageuse. »

— Et s'il est trop tard, si je ne puis lui apparaître comme le sauveur attendu, du moins que la mort me réunisse à lui! Je ne veux pas qu'il se vante, le tyran sanguinaire, d'avoir vu l'ami trahir son ami. Qu'il immole deux victimes, et qu'il croie à l'amour, à la foi! »

Le soleil se couche, quand il arrive à la porte de la ville, et voit la croix déjà dressée, que la foule entoure bouche béante. Déjà on soulève son ami, attaché à la corde fatale : à cette vue, il fend violemment la troupe épaisse : « A moi, bourreaux, s'écrie-t-il, à moi de périr de votre main; me voici, moi, pour qui il a répondu! »

Le peuple, alentour, est saisi de stupeur; les deux amis sont dans les bras l'un de l'autre, et ils pleurent de douleur et de joie; on ne voit nul œil vide de larmes. Et l'on porte au roi la nouvelle merveilleuse; il est ému d'un sentiment humain et les fait amener aussitôt devant son trône.

Longtemps il les regarde avec surprise, puis il dit : « Vous avez réussi, vous avez subjugué mon cœur! La fidélité n'est donc pas une vaine illusion! Eh bien! adoptez-moi aussi comme un des vôtres; que j'entre, accordez-moi ma demande, en tiers dans votre union. »

LE COMBAT CONTRE LE DRAGON[1].

ROMANCE[2].

Où court le peuple, cette foule bruyante qui roule là-bas par les longues rues? La ville de Rhodes s'écroule-t-elle dans les flammes d'un incendie? On s'attroupe en tumulte, et, au milieu de ces flots d'hommes, j'aperçois un chevalier qui, sur son coursier, les domine; et derrière lui, quel spectacle étrange! on amène, on traîne un monstre.... par sa forme il ressemble à un dragon, avec une large gueule de crocodile.... et tous regardent, étonnés, tantôt le chevalier, et tantôt le dragon.

Et mille voix s'écrient : « C'est le dragon, venez et voyez! le dragon qui nous dévorait et pâtres et troupeaux! et voilà le héros qui l'a dompté! Bien d'autres avant lui sont sortis pour tenter ce violent combat; mais on n'en a vu revenir aucun. Il faut rendre honneur au hardi chevalier! » Et la troupe s'avance vers le cloître où l'ordre de Saint-Jean-Baptiste, les chevaliers de l'Hôpital, ont été réunis à la hâte en conseil.

Et le jeune homme, d'un pas modeste, s'avance vers l'illustre grand maître. Derrière lui, le peuple se presse avec des acclamations fougueuses, et envahit toutes les marches de la rampe. Pour lui, il prend la parole et dit : « J'ai accompli le devoir d'un chevalier. Le dragon, qui dévastait la contrée, le voilà,

---

1. Du mois d'août 1798. — *Almanach des Muses* de 1799.
2. Le mot allemand *Romanze*, de même que l'espagnol *romance*, désigne une sorte de poëme, particulièrement une ballade, dont le sujet est emprunté au moyen âge.

tué de ma main. La route est ouverte au voyageur. Que le berger mène son troupeau dans la campagne ; que le pèlerin monte gaiement par le sentier du rocher vers l'image miraculeuse. »

Mais le chef le regarde sévèrement et dit : « Tu t'es conduit en héros ; c'est le courage qui honore le chevalier, tu as montré une âme intrépide. Cependant, parle, quel est le premier devoir du chevalier qui combat pour le Christ et se pare du signe de la croix? » A ces mots, tout alentour, tous pâlissent. Mais lui, avec un noble maintien, s'incline en rougissant et dit : « L'obéissance est le premier devoir qui le rend digne de cette parure.

— Et ce devoir, mon fils, reprend le grand maître, tu l'as violé audacieusement. Ce combat que la loi t'interdisait, tu l'as risqué dans ta coupable ardeur. — Seigneur, jugez quand vous saurez tout, répondit-il avec calme ; car j'ai cru accomplir fidèlement le sens et le vœu de la loi. Ce n'est pas à la légère que je suis parti pour combattre le monstre ; c'est par la ruse, à l'aide d'un habile et prudent stratagème, que j'ai tenté de vaincre dans la lutte.

« Cinq membres de l'ordre, l'honneur de la religion, avaient péri victimes de leur hardi courage. Alors vous interdites à l'ordre ce combat. Pourtant mon cœur était rongé par un impatient dépit et par le désir du combat. Oui, même en songe, dans le silence des nuits, je me trouvais haletant au milieu de la lutte ; et quand venait le point du jour, annonçant de nouveaux désastres, un fougueux chagrin s'emparait de mon âme, et enfin je résolus de tenter bravement l'aventure.

« Et alors je me disais à moi-même : Qu'est-ce qui pare le jeune homme et honore l'homme fait? Que firent ces vaillants héros dont nous parlent les chants des poëtes, et que l'aveugle paganisme éleva au rang et à la gloire des dieux? Dans de hardies aventures, ils purgèrent la terre de ses monstres ; ils affrontèrent le lion dans la lutte, ils combattirent le Minotaure, pour délivrer de pauvres victimes, et ils n'étaient pas avares de leur sang.

« Le Sarrasin mérite-t-il seul que l'épée du chrétien le combatte ? Le chrétien ne fait-il la guerre qu'aux faux dieux ? Il est envoyé au monde comme un libérateur; son bras fort doit sauver de tout péril, de toute peine.... Mais il faut que la sagesse dirige son courage, et que la ruse le dispute à la force.... Ainsi me disais-je souvent, et je m'en allais seul reconnaître les traces de la bête féroce, lorsqu'un jour l'esprit m'inspira, et, plein de joie, je m'écriai : Je l'ai trouvé !

« Et je vins vers vous, et dis ces mots : Un puissant désir m'entraîne vers ma patrie. Vous, Seigneur, vous accueillîtes mes vœux, et je traversai heureusement la mer. A peine débarqué sur le rivage de mon pays, je fais construire, par la main d'un artiste, l'image d'un dragon qui fidèlement reproduit les formes que j'avais observées avec soin. Sur des pieds courts s'entasse le poids de son long corps. Une cuirasse d'écailles enveloppe son dos et lui fait une armure redoutable.

« Le cou s'étend en avant, et, horrible comme une porte d'enfer, la large gueule s'ouvre comme si elle happait avidement sa proie : de ce noir gouffre sortent menaçantes les rangées de dents aiguës. Sa langue ressemble à la pointe d'un glaive ; ses petits yeux lancent des éclairs; la longueur prodigieuse de son dos se termine en serpent, et se roule affreusement sur elle-même, propre à enlacer cheval et cavalier.

« J'imite le tout exactement, et revêts le monstre d'une teinte grise hideuse. Il paraissait moitié reptile, moitié salamandre et dragon, engendré dans un bourbier pestilentiel. Quand l'image est terminée, je me choisis un couple de dogues, puissants, rapides, aux jambes agiles, habitués à attaquer l'ure sauvage ; je les anime contre le dragon, j'excite leur fureur effrénée à le mordre de leurs dents aiguës, et je les dirige de la voix.

« Là où la molle toison du ventre donne prise aux morsures acérées, je les pousse à saisir le reptile, à enfoncer les pointes de leurs dents. Moi-même, armé de traits, je monte mon coursier arabe, bête de noble origine, et, quand j'ai enflammé sa colère, je le lance rapidement sur le dragon, je l'aiguillonne de mes éperons tranchants, et je jette mes traits en visant comme si je voulais percer l'image.

« En vain le coursier, frissonnant, se cabre, grince les dents, et blanchit son frein d'écume; en vain mes dogues gémissent inquiets : je n'ai pas de repos qu'ils ne soient dressés. Je les exerce ainsi diligemment, jusqu'à ce que la lune trois fois se soit renouvelée, et, lorsqu'ils ont tout bien compris, je les amène ici sur de rapides navires. Il y a ce matin trois jours que j'ai eu le bonheur d'aborder ici; à peine accordai-je quelque repos à mes membres, avant de soutenir la grande épreuve.

« Car l'affliction nouvelle de la contrée émut violemment mon cœur; on venait de trouver déchirés des pâtres qui s'étaient égarés vers le marais. Je résolus d'agir sans délai, et ne pris conseil que de mon cœur. J'instruis à la hâte mes écuyers, je monte sur mon destrier éprouvé, et, suivi de mon noble couple de dogues, je m'élance par des chemins secrets, où mon action n'a pas de témoins, à la rencontre de l'ennemi.

« Vous connaissez, Seigneur, la petite église que le génie hardi de l'architecte éleva sur la haute cime d'un roc qui domine au loin l'île. Elle paraît méprisable, pauvre et humble, mais elle renferme une image miraculeuse : la Vierge Mère avec l'Enfant Jésus, à qui les trois rois offrent leurs dons. Par trois fois trente degrés le pèlerin monte à ce sommet escarpé; mais, saisi de vertige, à peine l'a-t-il atteint, le voisinage de son Sauveur aussitôt le récrée.

« En bas, dans le roc sur lequel l'église est suspendue, est creusée une grotte, humide des vapeurs du marais voisin, et que n'éclairent jamais les rayons célestes. Là séjournait le reptile; là, nuit et jour étendu, il guettait sa proie. Ainsi, semblable au dragon infernal, il faisait sentinelle au pied de la maison de Dieu. Et le pèlerin, au terme de sa course, s'engageait-il dans cette voie de malheur, l'ennemi s'élançait de son embuscade, et l'emportait pour le dévorer.

« Avant de commencer la lutte périlleuse, je gravis le rocher, je m'agenouille devant l'Enfant Jésus et purifie mon cœur du péché. Puis, dans le sanctuaire, je revêts la brillante parure de mes armes ; la lance défend ma droite, et je descends au combat. La troupe des écuyers demeure en arrière ; je leur donne mes ordres en les quittant, m'élance vivement sur mon coursier, et recommande mon âme à Dieu.

« A peine me vois-je sur un sol uni, que soudain mes dogues donnent de la voix, et mon cheval inquiet se met à souffler, et se cabre, et ne veut bouger ; car, près de là, gît, ramassé en boule, le corps hideux de l'ennemi, qui s'expose au soleil sur la terre chaude. Les chiens alertes le font lever, mais ils se tournent, rapides comme la flèche, quand il fend sa gueule béante, lance son haleine empoisonnée, et hurle d'une voix lugubre comme le chacal.

« Cependant, je ranime promptement leur courage : ils saisissent leur ennemi avec fureur, tandis que moi, d'un poing robuste, je lance ma javeline sur les flancs de la bête ; mais, impuissante comme un mince roseau, elle rebondit sur l'armure d'écailles, et, avant que je redouble, mon cheval se cabre, effrayé par son regard de basilic, et par le souffle empesté de son haleine : il bondit en arrière avec horreur, et déjà c'en était fait de moi....

« A ce moment, je saute vivement de cheval, ma tranchante épée est soudain hors du fourreau ; mais tous mes coups sont perdus et ne peuvent percer cette cuirasse dure comme le roc. Transporté de rage, le monstre, de sa queue formidable, m'a terrassé ; déjà je vois sa gueule béante, ses dents furieuses me menacent, quand mes chiens, enflammés de courroux, se jettent à son ventre et lui font d'horribles morsures : il s'arrête, hurlant, déchiré par d'atroces douleurs.

« Et avant qu'il se soit dégagé de leurs morsures, je me relève rapidement, j'observe les parties vulnérables de l'ennemi, et lui plonge mon épée profondément dans les entrailles, enfonçant l'acier jusqu'à la garde. Un jet de sang noir jaillit comme d'une source; il tombe, et, dans sa chute, m'ensevelit sous la masse gigantesque de son corps, de sorte qu'aussitôt je perds connaissance. Et lorsque, ranimé, je m'éveille, je vois mes écuyers debout autour de moi, et le dragon gît mort dans son sang. »

A peine le chevalier a-t-il ainsi parlé, l'enthousiasme, longtemps contenu dans le sein des auditeurs, éclate soudain, et décuplé par la voûte où il se brise, le son des voix confuses roule, propagé au loin par l'écho. Les fils de l'ordre eux-mêmes demandent à haute voix qu'on couronne le front du héros, et le peuple reconnaissant veut le montrer au peuple dans l'éclat du triomphe. Mais le grand maître plisse son front sévère, et commande le silence.

Et dit : « Ce dragon qui désolait la contrée, tu l'as frappé d'une main vaillante ; tu es devenu un dieu pour le peuple, mais tu rentres en ennemi dans notre ordre, et ton cœur a enfanté une hydre pire que n'était ce dragon. Le serpent qui empoisonne l'âme, qui enfante la discorde et la ruine, c'est l'esprit de résistance qui se révolte insolemment contre la discipline, rompt le lien sacré de la hiérarchie : c'est lui qui bouleverse le monde.

« Du courage, le mamelouk en montre aussi ; l'obéissance est la parure du chrétien ; car aux lieux où le Seigneur tout-puissant vécut dans le dénûment d'un esclave, nos pères ont jeté, sur une terre sainte, les fondements de cet ordre, pour remplir le plus difficile des devoirs, pour dompter la volonté propre. Toi, la vaine gloire t'a poussé. Pour cette raison, éloigne-toi de mes yeux ; car qui ne porte pas le joug du Seigneur n'est pas digne de se parer de sa croix. »

A ces mots, la foule éclate en tumulte ; un violent orage agite la maison ; tous les frères implorent sa grâce. Mais le jeune homme baisse les yeux ; il dépose en silence son habit, baise la main sévère du grand maître, et s'en va. Celui-ci le suit du regard, puis le rappelle avec affection, et dit : « Embrasse-moi, mon fils ! Tu es sorti heureusement d'un plus rude combat. Prends cette croix : c'est la récompense de l'humilité qui s'est vaincue elle-même. »

LA FOI ALLEMANDE[1].

Pour le sceptre de la Germanie luttait avec Louis de Bavière Frédéric de la race de Habsbourg, tous deux appelés au trône[2]; mais l'envieuse fortune de la guerre jette le jeune Autrichien dans les fers de son ennemi, qui l'a dompté dans le combat. Au prix de son trône, il se rachète : il lui faut donner sa parole qu'il tirera l'épée pour le vainqueur contre ses propres amis. Mais ce qu'il a promis dans les fers, libre il ne peut l'accomplir : alors, voyez ! il revient volontairement à ses chaînes.

Profondément ému, son ennemi l'embrasse, et dès lors, comme un ami avec son ami, ils échangent, pleins de confiance, leurs coupes dans le festin. Dans les bras l'un de l'autre, les deux princes sommeillent sur la même couche, tandis qu'une haine sanglante déchire encore leurs peuples, en proie à la fureur. Il faut que Louis marche contre l'armée de Frédéric.

---

1. Publié d'abord dans les *Heures*, en 1795.
2. Il y a ici, dans la première édition, deux vers de plus :

« Le premier avait pour appui la puissance de Luxembourg et la majorité des électeurs ; le second, le pouvoir de l'Église et les mérites de sa race. »

Pour gardien de la Bavière, il laisse l'ennemi qu'il va combattre.

« Vraiment! oui, cela est ainsi! réellement ainsi! on me l'a écrit, » s'écria le pontife romain, lorsqu'il reçut cette nouvelle.

LA PLAINTE DE LA JEUNE FILLE[1].

La forêt de chênes mugit, les nuages avancent; la jeune fille est assise sur le vert rivage; le flot se brise, se brise avec force, et elle jette ses soupirs dans la sombre nuit, l'œil obscurci par les larmes[2].

« Le cœur est mort, le monde est vide, et n'offre plus rien désormais au désir. O sainte, rappelle ton enfant! J'ai joui du bonheur terrestre : j'ai vécu, j'ai aimé.

« — En vain coulent et ruissellent les larmes : la plainte, hélas! ne réveille pas les morts; mais nomme-moi ce qui console et guérit le cœur, quand s'est évanouie la joie du doux amour. Je ne veux pas, du haut des cieux, te le refuser.

« — Laisse couler, ruisseler les vaines larmes! Que ma plainte n'éveille pas celui qui n'est plus! Le bonheur le plus doux pour le cœur affligé, quand s'est évanouie la joie du bel amour, ce sont les douleurs de l'amour et ses plaintes. »

---

1. Ce petit poëme est, selon toute apparence, de 1798. Il parut d'abord dans l'*Almanach des Muses* de 1799. Thécla chante les deux premières stances, dans le IIIᵉ acte des *Piccolomini*, scène VII.
2. Dans les *Piccolomini*, il y a *wandelt*, « se promène, erre, » pour *sitzet*, « est assise, » et *singt hinaus*, « jette son chant, » pour *seufzt hinaus*, « jette ses soupirs. »

LE CHANT DE LA CLOCHE[1].

« Vivos voco. Mortuos plango. Fulgura frango[2]. »

Solidement maçonné dans la terre, le moule attend, formé d'argile, durci par le feu. C'est aujourd'hui que doit naître la cloche! Alerte, compagnons, à vos postes! Il faut que du front ruisselle la sueur brûlante, si l'on veut que l'œuvre loue le maître; mais la bénédiction vient d'en haut.

A l'œuvre sérieuse que nous préparons, conviennent bien quelques mots sérieux : quand de bons discours l'accompagnent, la besogne avance gaiement. Observons donc avec attention ce que va produire notre faible pouvoir; il faut mépriser le pauvre homme qui jamais ne médita sur ce qu'il exécute. Car enfin c'est là ce qui honore l'homme, et la raison lui a été donnée pour sentir au dedans de son cœur ce qu'il crée de sa main.

Prenez le bois des troncs de sapin, mais faites qu'il soit bien sec, pour que la flamme comprimée s'élance par la gueule dans le fourneau. Faites fondre le bain de cuivre! vite ici l'étain, pour que l'alliage épais coule de la bonne façon!

L'œuvre que dans cette fosse profonde nos mains construisent

---

1. Ce poëme occupa Schiller pendant plusieurs années. C'est en 1799, pendant un séjour à Rudolstadt, qu'il y mit la dernière main. Il le publia d'abord dans l'*Almanach des Muses* de 1800.
2. Les mots de l'épigraphe se lisent sur la grosse cloche du *Münster* de Schaffhouse.

à l'aide du feu, bientôt, dans la cage de la haute tour, rendra de nous un témoignage éclatant. Elle durera encore aux jours lointains, et frappera l'oreille de bien des hommes. Elle pleurera avec l'affligé, et mêlera ses accents au chœur pieux des fidèles. Tout ce qu'ici-bas le sort inconstant apporte aux fils de la terre, va frapper la couronne de métal, dont la voix édifiante le publie au loin.

Je vois jaillir des bulles blanches. Bien! les lingots sont en fusion. Qu'ils se pénètrent du sel que donne la cendre, il favorise et hâte la fonte. Il faut aussi que le mélange soit purgé de son écume, afin que le métal purifié rende un son pur et plein.

Car il salue des accents solennels de la joie l'enfant bien-aimé, à ses premiers pas dans la vie, qu'il commence aux bras du sommeil. Pour lui reposent encore dans le sein du temps les destins sombres ou sereins : les tendres soins de l'amour maternel veillent sur son matin doré.... Les années fuient aussi rapides que la flèche. L'adolescent se sépare fièrement de la jeune fille; il s'élance, fougueux, au dehors, dans la vie; parcourt le monde, le bâton de voyage à la main; puis rentre étranger au foyer paternel. Et charmante, dans l'éclat de la jeunesse, comme une figure descendue des hauteurs célestes, la vierge est là devant ses yeux, les joues couvertes d'une chaste rougeur. Alors un ineffable désir saisit le cœur du jeune homme : il erre solitaire; des larmes jaillissent de ses yeux; il fuit les danses tumultueuses de ses frères; il suit en rougissant les traces de ses pas, et un salut d'elle le rend heureux. Il cherche dans les champs les plus belles fleurs pour parer ce qu'il aime. O tendre désir, douce espérance, âge d'or du premier amour! l'œil voit le ciel ouvert, le cœur s'enivre au sein de la félicité. Oh! que ne fleurit-il à jamais, le beau temps du jeune amour!

Comme déjà brunissent les évents! Je plonge cette baguette dans le fourneau : si nous la voyons reparaître vitrifiée, il est temps de couler. Maintenant, compagnons, alerte! essayezmoi le mélange; voyez si le métal cassant s'unit au plus ductile, de manière à présager le succès.

Car où s'allie le fort et le tendre, la fermeté et la douceur, là naît la bonne harmonie. Que celui-là donc qui s'enchaîne pour toujours s'assure que les cœurs sont d'accord! L'illusion est courte, et long le repentir. La couronne virginale se joue avec grâce dans les boucles des fiancées, quand les cloches sonores de l'église appellent à la fête brillante. Ah! la plus belle solennité de la vie met fin aussi au printemps de la vie. Avec la ceinture, avec le voile, se déchire la belle illusion. La passion fuit, l'amour doit rester; la fleur se fane, mais le fruit doit mûrir. Il faut que l'homme s'élance au dehors dans les luttes de la vie, qu'il travaille et s'efforce, qu'il plante et crée; qu'il gagne par la ruse, par la force; qu'il tente le sort et hasarde pour conquérir la fortune. Alors affluent les dons infinis : son grenier s'emplit de biens précieux, les espaces s'étendent, la maison s'élargit. Et au dedans règne la chaste ménagère, la mère des enfants : elle gouverne sagement dans le cercle domestique, elle instruit les filles, modère les garçons, occupe sans cesse ses mains diligentes, et multiplie le gain par l'esprit d'ordre. Elle emplit de trésors ses coffres odorants, tourne le fil autour du fuseau qui bourdonne, amasse dans son armoire propre et polie la laine éblouissante, le lin blanc comme la neige, joint à l'utile l'élégance et l'éclat, et jamais ne se repose.

Et le père, du sommet de sa maison, d'où la vue s'étend au loin, embrasse d'un regard joyeux sa fortune florissante. Il voit se dresser la charpente de ses vastes bâtiments; il voit ses granges qui regorgent, ses greniers qui ploient sous l'abondante moisson, les vagues ondoyantes de ses blés; et il se vante avec orgueil : « Solide comme les fondements de la terre, la splendeur de ma maison défie le pouvoir du malheur! » Mais avec les puissances du destin on ne peut conclure nul pacte éternel, et l'adversité s'avance d'un pas rapide.

Bien! L'on peut à présent commencer à couler; la cassure est dentelée à souhait. Mais, avant de livrer passage au métal, adressez au ciel quelque formule pieuse.... Faites sauter la bonde! Dieu garde la maison!... Et fumantes, de brunes vagues de feu se précipitent dans la courbure de l'anse.

Bienfaisante est la puissance du feu, quand l'homme la dompte, la surveille, et ce qu'il forme, ce qu'il crée, il le doit à cette force céleste; mais la céleste force devient terrible, quand elle se dégage de sa chaîne, et s'élance, libre fille de la nature, par sa propre voie. Malheur quand, déchaînée, grandissant sans obstacle, elle roule à travers les rues populeuses l'immense incendie! C'est que les éléments haïssent ce qu'a formé la main de l'homme. La nue est une source de bénédiction, c'est de son sein que ruisselle la pluie; mais de la nue aussi jaillit au hasard le trait de la foudre. Entendez-vous ces sons lamentables du haut de la tour? C'est le tocsin! Le ciel est rouge comme du sang : ce ne sont pas là les feux de l'aurore! Quel tumulte le long des rues! La fumée s'élève en tourbillons, la colonne de feu monte pétillante. Par la longue avenue, l'incendie croît aussi prompt que le vent : l'air brûle et bout comme s'il sortait de la gueule d'une fournaise; les poutres craquent, les poteaux s'écroulent, les fenêtres éclatent; les enfants pleurent, les mères vont éperdues, le bétail gémit sous les ruines; tout court, sauve son bien, fuit. La nuit brille aussi claire que le jour. A l'envi, par la longue chaîne des mains, le seau vole; les pompes, en jets recourbés, lancent dans les airs leurs flots d'eau. Voilà l'ouragan qui vient et vole en hurlant; il mugit, cherchant la flamme. Elle tombe, pétillante, sur les récoltes sèches, dans les vastes greniers, sur les poutres arides des chevrons, et, comme si elle voulait, de son souffle, entraîner avec elle la masse de la terre dans son impétueux essor, elle monte vers les hauteurs des cieux, grande comme un géant! Désespéré, l'homme cède à la puissance divine et voit, inerte et stupéfait, périr ses travaux.

La place est vide, ravagée, et désormais l'affreux repaire des fougueux orages. Par les fenêtres, antres vides où l'horreur habite, les nuages du ciel regardent d'en haut.

L'homme jette encore en arrière un regard sur le tombeau de son avoir.... puis saisit résolûment son bâton de voyage. Quoi que lui ai ravi la fureur du feu, une douce consolation lui reste : il compte les têtes qui lui sont chères ; ô bonheur! pas une ne manque à son amour.

Voilà le métal au sein de la terre, et la forme heureusement remplie! Reviendra-t-il brillant au jour, pour payer nos efforts et notre art?... Mais quoi? Si la fonte n'avait pas réussi? Si le moule avait éclaté? Ah ! tandis que nous espérons, peut-être le malheur nous a-t-il déjà frappés.

Au sein ténébreux de la terre sacrée nous confions l'œuvre de nos mains. Le laboureur lui confie sa semence, et il espère qu'elle germera, qu'elle viendra à bien, au gré du ciel. Plus précieuse encore est la semence que nous cachons, éplorés, dans le sein de la terre, espérant que du fond des cercueils elle fleurira pour renaître à une vie plus belle.

Du haut de la cathédrale, en sons lourds et inquiets, la cloche fait retentir son chant sépulcral : ses coups graves et tristes accompagnent un pèlerin dans son dernier voyage.

Ah! c'est l'épouse, l'épouse chérie; ah! c'est la mère dévouée, que le noir prince des ombres arrache aux bras de son époux, à la troupe des tendres enfants qu'elle lui donna à la fleur de l'âge, et qu'avec une maternelle joie elle voyait croître sur son sein fidèle.... Ah! les doux liens de la famille sont rompus à jamais; car elle demeure dans le pays des ombres, celle qui fut la mère de la famille; car sa direction dévouée a cessé, sa sollicitude ne veille plus; au foyer orphelin désormais régnera l'étrangère sans amour!

Tandis que la cloche refroidit, reposez-vous du rude travail. Comme l'oiseau se joue dans le feuillage, que chacun prenne du bon temps. Au signal que donne la lueur des étoiles, le compagnon, libre de tout soin, entend sonner la cloche du soir; mais il faut que le maître toujours se tourmente.

Au loin, dans la forêt sauvage, le voyageur hâte gaiement le pas, pour regagner sa chaumière chérie. Les brebis retournent, bêlantes, au bercail, et les troupeaux luisants des bœufs au large front reviennent en mugissant remplir l'étable accoutumée. Le chariot, chargé de grain, entre lourdement, en vacillant. La guirlande diaprée repose sur les gerbes, et le jeune peuple des moissonneurs vole à la danse. Sur la place, dans la rue, le silence s'étend : les habitants de la maison s'assoient autour de la lampe qui les réunit, et la porte de la ville se ferme en grinçant sur ses gonds. La terre se couvre de ténèbres, mais le citoyen en sûreté n'est pas effrayé par la nuit qui réveille le méchant, en proie à l'horreur : car l'œil de la loi veille.

Ordre saint, fils bienfaisant du ciel, qui, par une libre union, facile et heureuse, lies entre eux les égaux, c'est toi qui jetas les fondements des villes et qui, des champs, y appelas le sauvage insociable, toi qui entras dans les huttes des hommes, les habituas à de douces mœurs, et tressas le plus cher de tous les liens, l'amour de la patrie!

Mille mains diligentes se remuent et s'entr'aident dans un joyeux accord, et, dans cette ardente agitation, toutes les forces se manifestent. Maître et compagnons, tous s'évertuent sous la protection sainte de la liberté. Chacun est content de la place qu'il occupe, et se rit de qui le méprise. Le travail est l'ornement du citoyen, l'abondance est le prix de sa peine. Si le roi s'honore de sa dignité, notre honneur à nous, c'est le travail de nos mains.

Charmante paix, douce concorde, planez, planez, bienveillantes, sur cette cité! Puisse-t-il ne paraître jamais, le jour où les hordes barbares de la guerre inonderaient cette vallée paisible, où le ciel, que colore gracieusement la douce pourpre du soir, renverrait les lueurs terribles des hameaux et des villes en proie à l'incendie!

Maintenant brisez-moi le moule! il a rempli son office. Que le cœur et l'œil se repaissent du succès de notre œuvre. Brandissez, brandissez le marteau, jusqu'à ce que la chape éclate! Pour que la cloche ressuscite, il faut que le moule soit mis en pièces.

Le maître peut briser le moule d'une main prudente, au moment opportun; mais malheur si le métal brûlant s'échappe lui-même en ruisseaux de flammes! Dans son aveugle rage, avec le bruit du tonnerre, il fait éclater et sauter la maison, et, comme d'une gueule béante de l'enfer, vomit la ruine et l'incendie. Partout où règnent, inintelligentes, les forces brutes, nulle œuvre régulière ne se peut former. Lorsque les peuples s'affranchissent eux-mêmes, la prospérité ne peut fleurir.

Malheur lorsqu'au sein des villes le foyer d'incendie s'est sourdement amassé, et que le peuple, brisant sa chaîne, cherche, terrible, son secours en lui-même! L'émeute alors tire convulsivement les cordes de la cloche, si bien qu'elle éclate en hurlements, et, consacrée aux seuls accents de paix, donne le signal de la violence.

Liberté, égalité! voilà les cris qu'on entend retentir. Le paisible bourgeois saisit les armes; les rues, les portiques se remplissent, et des bandes d'égorgeurs circulent. Alors les femmes deviennent des hyènes et se font un jeu de l'horreur; de leurs dents de panthères, elles déchirent le cœur palpitant d'un ennemi. Plus rien de sacré; tous les liens de la sainte pudeur se rompent. Le bon cède la place au méchant, et tous les vices règnent en liberté. Il est dangereux d'éveiller le lion, la dent du tigre est meurtrière; mais la plus terrible des terreurs, c'est l'homme dans son délire. Malheur à ceux qui prêtent à cet éternel aveugle le céleste flambeau de la lumière! Elle ne brille pas pour l'éclairer; elle ne peut que brûler et réduire en cendres les villes et les contrées.

Dieu m'a comblé de joie! Voyez! tel qu'une étoile d'or, le noyau de métal se dégage, resplendissant et uni, de son enveloppe. Du sommet au bord, il reluit comme l'éclat du soleil. Jusqu'aux écussons si nets des armoiries, tout proclame l'habileté de l'artiste.

Entrez, entrez tous, compagnons! formez le cercle; consacrons la cloche en la baptisant. Que son nom soit « Concorde! » Qu'elle rassemble dans un parfait accord, une intime alliance, la commune unie de cœur.

Et qu'à l'avenir ce soit là sa mission, pour laquelle le maître l'a créée. Planant dans les airs, bien au-dessus de l'humble vie terrestre, qu'elle se balance, voisine du tonnerre, sous la tente azurée des cieux, et confine au monde des étoiles. Qu'elle soit une voix d'en haut, comme le chœur éclatant des astres, qui, dans leur marche, louent leur créateur, et conduisent l'année parée de sa couronne. Que sa bouche d'airain ne soit consacrée qu'aux pensées graves et éternelles, et que d'heure en heure, de ses ailes rapides, le temps l'effleure dans son vol. Qu'elle prête sa voix au destin; que, sans cœur elle-même et sans sympathie, elle accompagne de ses vibrations le jeu inconstant de la vie. Comme le son puissant qu'elle laisse échapper frappe l'oreille, puis expire, qu'ainsi elle enseigne que rien ne demeure, que toute chose terrestre s'évanouit.

Maintenant, avec le secours du câble, tirez-moi de la fosse la cloche vacillante : qu'elle monte dans l'empire du son, dans l'air céleste! Tirez, tirez, levez! Elle se meut et flotte; que ses premiers sons annoncent la joie à cette ville et soient le signal de la paix!

LA PROMENADE[1].

Salut, ô ma montagne, avec ton sommet rayonnant de pourpre! Salut, ô soleil, toi qui le colores d'une si aimable lumière! Toi aussi, je te salue, campagne animée, et vous, tilleuls

---

[1]. Ce poëme, qui paraît avoir été inspiré en partie par les souvenirs du paysage qui s'étend de Stuttgart à Hohenheim, fut d'abord inséré, sous le titre d'*Élégie*, dans les *Heures* de 1795. Ce titre d'*Élégie* convenait au mètre de la pièce, qui est en distiques, et en outre Schiller avait voulu faire de ce tableau un modèle du genre de descriptions et de la nature d'idées et de sentiments qu'il croyait propres à la poésie élégiaque.

frémissants, avec le chœur joyeux qui se balance sur les branches, et toi encore, paisible azur, qui à l'infini te répands autour de la montagne brune et sur la verte forêt, autour de moi aussi, de moi qui, échappé enfin à la prison de ma chambre et aux étroits entretiens, me réfugie joyeux vers toi ! Le courant balsamique de ton atmosphère me pénètre et me ranime, et la lumière vivifiante rafraîchit mon regard altéré. Sur les prés fleuris, les changeantes couleurs brillent d'un puissant éclat; mais leur lutte attrayante se résout en gracieuse harmonie : la prairie m'accueille, content et libre, sur son tapis au loin étendu ; à travers son aimable verdure, serpente le sentier champêtre. Autour de moi bourdonne la diligente abeille ; sur son aile incertaine, le papillon se berce au dessus du trèfle rougeâtre. Le trait brûlant du soleil me frappe ; les zéphyrs doucement reposent ; seul, le chant de l'alouette tourbillonne dans l'air serein.

Mais j'entends bruire le bois voisin ; les couronnes des aunes s'inclinent profondément, et l'herbe argentée ondoie au vent. Une nuit divine m'enveloppe ; un magnifique toit de hêtres ombreux me reçoit dans une fraîcheur embaumée. Dans le mystère de la forêt, le paysage tout à coup m'échappe, et je gravis un sentier sinueux, qui me mène sur la hauteur. Une avare lumière ne perce qu'à la dérobée le treillis de feuillage des rameaux, et çà et là se montre l'azur riant du ciel.

Mais soudain le voile se déchire : la forêt s'ouvre, et me rend, ô surprise ! à l'éclat éblouissant du jour. A perte de vue, le lointain s'étend devant mes regards, et une chaîne bleuâtre et vaporeuse termine pour moi le monde. Bien bas au pied de la montagne, qui sous moi descend à pic, passe le miroir ondoyant du fleuve aux eaux vertes. Je vois l'éther, sans bornes, au-dessous de moi ; sans bornes, au-dessus : je regarde en haut saisi de vertige ; en bas, saisi d'horreur. Mais entre la hauteur éternelle et l'éternelle profondeur, un sentier bordé d'une rampe conduit sûrement le voyageur. A mes côtés fuient les riantes et fertiles rives du fleuve, et la vallée, dans sa magnificence, glorifie l'ardeur diligente de l'homme. Ces lignes, vois, qui divisent le domaine du laboureur, Cérès les a tissues dans le tapis de la campagne, la Loi les a tracées de sa main bienveillante, la Loi, ce Dieu qui conserve les hommes, depuis que, fuyant le monde d'airain, l'Amour a disparu !

Mais, plus libre dans ses détours, une bande brillante croise les champs réguliers, tantôt engloutie par la forêt, tantôt gravissant la montagne : c'est la route, le lien des contrées. Cependant, les trains de bois glissent sur la surface unie du fleuve. En notes variées retentit le carillon des troupeaux, dans la campagne animée, et le chant du pâtre solitaire éveille l'écho. De gais villages bordent le fleuve; d'autres disparaissent dans les bosquets, ou se précipitent du dos escarpé de la montagne. Là, l'homme demeure encore, en voisin fidèle, près de la terre qu'il cultive; ses champs entourent de leur paisible repos son toit rustique; la vigne grimpe et monte avec confiance à l'humble fenêtre; l'arbre jette autour de la cabane une branche qui l'embrasse.

Peuple heureux des campagnes! Non encore éveillé à la liberté, tu partages gaiement avec tes champs la loi étroite. Tes vœux se bornent au paisible retour des moissons; ta vie se déroule égale, comme le travail de ta journée!

Mais qui me dérobe tout à coup cet aimable aspect? Un esprit étranger soudain s'étend sur la campagne, qu'il dénature. Brusquement se sépare ce qui tout à l'heure encore se mêlait avec amour, et il n'y a plus d'alliance que d'égal à égal. Je vois des castes se former : les peupliers, race orgueilleuse, s'avancent avec majesté, alignés dans un ordre pompeux[1]. Tout est règle, et tout est choix, et tout a son sens. Ce peuple de serviteurs dociles m'annonce le souverain. De loin, avec éclat, les coupoles brillantes le proclament : de la dure masse des rochers sort la ville et ses hautes tours. Les faunes de la forêt sont relégués dans le désert sauvage. La piété prête à la pierre une vie plus élevée. L'homme est rapproché de l'homme; autour de lui, le cercle se resserre et tout s'éveille plus vivement; au dedans de lui le monde s'agite et tourne plus rapide.

Voyez! là s'enflamment dans un ardent combat les forces rivales; leur lutte produit de grands effets; de plus grands en-

---

1. Ici se trouvait un distique, que Schiller a plus tard supprimé :

« L'arbrisseau isolé se dérobe aux regards; il ne prête plus de charme qu'à l'ensemble, n'en reçoit que de l'ensemble. »

core, leur alliance. Un seul esprit anime mille bras, et, brûlant d'un seul sentiment, dans mille poitrines bat puissamment un cœur unique : il bat pour la patrie et brûle pour les lois des ancêtres; ici, sur le sol chéri, reposent leurs ossements vénérés. Du haut du ciel les dieux immortels descendent, et ils occupent, dans l'enceinte consacrée, d'augustes demeures. Ils apparaissent, distribuant des dons magnifiques. Cérès, avant tous, apporte le présent de la charrue, Mercure l'ancre, Bacchus le raisin, Minerve les vertes branches de l'olivier; Neptune amène aussi le coursier belliqueux; Cybèle, la mère des dieux, attelle les lions au timon de son char, et entre, comme citoyenne, par la porte hospitalière. Pierres sacrées! de votre enceinte sortirent les propagateurs de l'humanité; aux îles lointaines de la mer vous avez envoyé les mœurs et les arts. Des sages rendirent la justice près de ces portes, centre de réunion; par elles les héros s'élançaient pour défendre les pénates. Sur les remparts paraissaient les mères, leur nourrisson dans les bras; elles suivaient des yeux l'armée en marche, jusqu'à ce qu'elle se perdît dans le lointain. Alors elles se prosternaient, suppliantes, devant les autels des dieux; elles demandaient la gloire et la victoire; elles priaient pour votre retour. L'honneur et la victoire furent votre partage, mais la gloire seule revint; la pierre, dans un touchant langage, publie le mérite de vos actions : « Voyageur, si tu vas à Sparte, annonce là que tu nous a vus ici couchés par terre, comme la loi l'ordonnait. » Reposez doucement, guerriers chers à nos cœurs! arrosé de votre sang, l'olivier verdit et la riche moisson germe gaiement.

Heureuse du droit de propriété, la libre industrie prend son essor. Du milieu des roseaux du fleuve, le dieu azuré l'appelle. La hache, en sifflant, vole dans l'arbre, la dryade gémit : du haut sommet du mont se précipite la masse tonnante. La pierre se balance montant de la carrière, le levier lui donne des ailes. Le mineur plonge dans les abîmes de la montagne. L'enclume de Vulcain retentit sous les coups cadencés des marteaux; sous le poignet nerveux, jaillissent les étincelles de l'acier. Le lin doré s'enroule brillant sur le fuseau qui danse, et la navette du tisserand siffle et passe entre les fils de la chaîne. Au loin, sur la rade, le pilote crie; les flottes attendent, elles vont porter au séjour de l'étranger le travail indigène, tandis que d'autres, poussant des cris de joie, rentrent avec les dons des lointaines contrées : au sommet du mât élancé flotte la guirlande, signe de fête. Voyez! ici fourmillent les marchés, le quai, pleins d'une vie active et joyeuse; une confusion de langues étranges bourdonne à l'oreille étonnée. Le marchand verse sur le port les moissons de la terre, ce que le sol d'Afrique enfante sous les rayons brûlants, ce que cuit le soleil d'Arabie, ce que fournit l'extrême Thulé : Amalthée remplit de dons réjouissants sa corne qui déborde. Là le bonheur uni au talent donnent le jour à des enfants divins; allaités par la Liberté, croissent les Arts qui charment l'existence. Le sculpteur réjouit les yeux en imitant la vie, et, animée par le ciseau, la pierre devient sensible et parle. Un ciel créé par l'art repose sur de sveltes colonnes d'Ionie, et l'enceinte d'un Panthéon renferme tout l'Olympe. Léger comme le bond d'Iris par les airs, ou comme le trait qui part de la corde de l'arc, le pont lance son joug sur le fleuve mugissant.

Cependant, dans son tranquille réduit, le sage médite, traçant des cercles pleins de sens; il épie et scrute l'esprit créateur, éprouve la force des éléments divers, l'amour et la haine des aimants, suit le son dans les airs, suit le rayon dans l'éther; cherche, dans les prodiges effrayants du hasard, la loi qui rassure; cherche le pôle immuable, dans la fuite rapide des phénomènes. L'écriture prête un corps et une voix aux muettes pensées; la feuille éloquente qui les porte traverse le torrent des siècles. Alors s'évanouit devant l'œil étonné la brume de l'illusion, et les fantômes de la nuit cèdent à la lumière du jour. L'homme rompt ses chaînes. Heureux, si, avec les chaînes de la crainte, il ne brisait pas aussi le frein de la pudeur!

Liberté! crie la raison; liberté! la passion fougueuse, et, dans leur avide impatience, elles se dégagent de la sainte nature. Hélas! alors, dans la tourmente, se brisent les ancres qui retenaient l'homme au rivage, le prévenant du danger : le courant agité le saisit puissamment, il l'entraîne dans l'immensité, la côte disparaît; la barque se balance, démâtée, sur les montagnes humides; derrière les nuages s'éteignent les constantes étoiles du chariot; plus rien de stable; Dieu même s'égare au fond du cœur. Des entretiens disparaît la vérité; de la vie, la foi et la loyauté; le serment lui-même ment sur les lèvres perfides. Dans l'union la plus intime des cœurs, dans le mystère de l'amour, se glisse le sycophante; il arrache l'ami à son ami. La trahison guette l'innocence d'un regard dévorant; la dent du calomniateur tue, par une morsure envenimée. Dans le cœur flétri la pensée est vénale; l'amour rejette loin de lui la divine noblesse du libre sentiment. La fraude s'est arrogé tes signes sacrés, ô Vérité; elle a profané les plus précieux accents de la nature, que le cœur invente, dans l'élan de la joie, dans le besoin d'effusion qui le presse; à peine le sentiment vrai se manifeste-t-il encore par le silence. A la tribune parade le droit; dans la chaumière, la concorde; le fantôme de la loi est debout près du trône des rois.

Pendant des années, pendant des siècles, peut durer la momie, et subsister cette image trompeuse de la vie dans sa plénitude, jusqu'à ce qu'enfin la nature s'éveille, que de leur pesante main de bronze la Nécessité et le Temps viennent toucher cette structure creuse, et que, semblable[1] à une tigresse qui a brisé ses barreaux de fer et que saisit le souvenir soudain, terrible, de sa forêt de Numidie, l'humanité se dresse avec la rage du crime et de la misère, et cherche dans les cendres de la cité la nature perdue. O murs, ouvrez-vous et laissez le captif libre! Qu'il retourne, affranchi, aux champs qu'il a quittés[2]!

Mais où suis-je? le sentier se dérobe. Derrière moi, devant moi, des pentes escarpées, de béantes crevasses arrêtent mes pas. Derrière moi est resté le familier cortége des jardins et des haies; derrière moi, tout vestige des mains de l'homme!

Je ne vois amoncelée ici que la matière d'où germe la vie : le basalte brut attend la main qui le doit façonner; le torrent se

---

1. Il y avait ici d'abord deux vers de plus, que Schiller a supprimés :

« Jusqu'à ce que, abandonnée à la fois du guide du dedans et du dehors, de la direction instinctive des sensations, des lumières de l'entendement, et semblable.... »

2. Ici Schiller a retranché les deux distiques suivants:

« Que l'homme fuie loin de l'homme! Le fils de l'inconstance ne doit jamais, non jamais s'associer au fils de l'inconstance; jamais l'être libre chercher dans l'être libre un guide qui le façonne, mais seulement dans ce qui demeure, sûr et éternel, sous une forme immuable. »

précipite en mugissant par le sillon creusé dans le roc, et, courroucé, il se fraye un chemin sous les racines de l'arbre. Ici règne une solitude sauvage, effrayante. Seul, l'aigle est suspendu dans les régions désertes de l'air, et rattache la terre aux nuages. A ces hauteurs, l'aile d'aucun vent n'apporte jusqu'à moi le bruit perdu des efforts de l'homme et de ses joies.

Suis-je vraiment seul?... Ah! me voilà de nouveau dans tes bras, sur ton cœur, ô Nature! Et ce n'était qu'un songe, un songe affreux qui m'avait saisi, à la vue de l'image terrible de la vie : quand la vallée, descendant à pic, a arrêté mes pas, il s'est enfui, plongeant dans l'abîme[1]. Je reprends ma vie plus pure sur ton pur autel ; je reprends l'humeur joyeuse de ma confiante jeunesse. Éternellement la volonté change le but et la règle, les actions tournent dans leur cercle sous une forme éternellement répétée. Mais toi, toujours jeune, dans ta beauté toujours renouvelée, tu respectes chastement, ô pieuse Nature, la loi antique. Toujours la même, tes mains fidèles gardent à l'homme fait ce que l'enfant folâtre, ce que l'adolescent te confia ; sur le même sein tu nourris tous les âges, qui sans cesse et diversement changent. Sous le même dôme bleu, sur la même verdure, marchent réunies les générations du temps présent, des temps lointains, et voyez! à nous aussi, le soleil d'Homère nous sourit encore.

LA FÊTE D'ÉLEUSIS[2].

Tressez en guirlande les épis dorés et mêlez-y des bluets d'azur! Que la joie transfigure tous les yeux, car voici la reine

---

1. La ponctuation adoptée pour cette phrase, dans les éditions allemandes de la maison Cotta, présente un autre sens, qui dénature la pensée de Schiller.
2. Ce poème parut d'abord, sous le titre de *Bürgerlied*, « Chant des citoyens, » dans l'*Almanach des Muses* de 1799.

qui s'avance, elle qui dompta les mœurs sauvages, associa l'homme à l'homme et changea en cabanes stables et paisibles la tente mobile.

Le troglodyte se cachait, timide, dans les fentes des montagnes ; le nomade laissait convertis en déserts les pâturages où il passait. Le javelot, l'arc à la main, le chasseur parcourait le pays ; malheur à l'étranger que les vagues jetaient sur la rive funeste !

Et Cérès, errant à la recherche de sa fille, salua, sur son chemin, la plage abandonnée. Ah ! nul champ n'y verdissait ; nul abri ne lui assure un paisible séjour ; nul temple aux riantes colonnes n'atteste qu'on honore les dieux.

Nulle part, le fruit des doux épis ne l'invite à un pur et frugal repas : elle ne voit que d'affreux autels où se dessèchent des ossements humains. Oui, aussi loin qu'elle promène ses pas errants, elle ne trouve que misère, et son divin génie déplore la chute de l'homme :

« Est-ce ainsi que je retrouve l'homme à qui nous avons prêté notre image, et dont la belle et noble figure brille dans l'Olympe ? Ne lui avons-nous pas donné pour domaine le sein divin de la terre ? et, dans son royal séjour, il erre, misérable et sans foyers.

« Aucun dieu n'a-t-il pitié de lui, et, dans le chœur des bienheureux, n'est-il personne dont le bras tout-puissant le tire de sa profonde ignominie ? Sur les sommets fortunés des cieux, la douleur étrangère ne les touche pas ; pour moi, l'angoisse et les maux de l'humanité se font sentir à mon cœur affligé.

« Pour que l'homme devienne homme, qu'il fonde, plein de foi, une éternelle alliance avec la terre, sa mère bienveillante ; qu'il respecte la loi des saisons et la marche sainte des astres, qui s'avancent, d'un cours tranquille et mesuré, dans un concert harmonieux. »

Et elle fend doucement la nue qui la voile aux regards. Soudain, dans le cercle des barbares, elle apparaît, vision divine. Elle trouve la horde sauvage se livrant aux excès du festin de victoire, et, comme offrande, on lui apporte la coupe pleine de sang.

Mais, tressaillant, elle se détourne avec horreur, et dit : « Les mets sanglants des tigres ne souillent pas les lèvres d'un dieu. Il veut des offrandes pures, des fruits, présents de l'automne ; c'est avec les pieux dons des champs qu'on honore la divinité. »

Et elle prend le lourd javelot de la rude main du chasseur ; avec la hampe de l'arme meurtrière, elle sillonne le sable léger, détache au haut de sa couronne un grain plein de vigueur, le dépose dans le sol à peine ouvert, et le germe pousse et gonfle.

Et bientôt le sol se pare d'épis verdoyants, et, aussi loin que s'étend le regard, on voit onduler comme une forêt dorée. La déesse souriant, bénit la terre, tresse le lien de la première gerbe, se choisit pour autel la pierre des champs, et de sa bouche sort cette prière :

« Puissant Jupiter, toi qui règnes sur tous les dieux dans les hauteurs de l'Éther, si cette offrande te plaît, fais le voir par un signe. Ce peuple infortuné ne te nomme pas encore, roi suprême ; écarte de ses yeux le nuage, afin qu'il reconnaisse son dieu. »

Et Jupiter, sur son trône élevé, entend la prière de sa sœur : il tonne et des hauteurs sereines lance la foudre au triple dard. Une flamme pétillante s'allume, monte de l'autel en tourbillons, et au-dessus l'aigle rapide du dieu plane, décrivant de hauts cercles.

La foule émue se précipite, en joyeuse affluence, aux pieds de la souveraine. Le premier sentiment de l'humanité pénètre ces âmes grossières. Ils jettent loin d'eux les armes sanglantes, ouvrent leur esprit fermé à la lumière, et reçoivent les divins préceptes de la bouche de leur reine.

Et se levant de leur trône, tous les immortels descendent sur la terre. Thémis conduit elle-même la céleste troupe : avec son sceptre équitable, elle mesure à chacun ses droits, pose de sa main la limite des champs, et prend à témoin les puissances invisibles du Styx.

Puis vient le dieu de la fournaise, le fils industrieux de Jupiter, habile à façonner les vases avec art, travaillant en maître l'airain et l'argile. Il enseigne aux hommes l'art de manier les tenailles et d'animer le feu à l'aide du soufflet. Sous la contrainte de son marteau se forme la première charrue.

Minerve qui, avec sa lourde lance, domine tous les autres, fait retentir sa voix puissante et commande à la cohorte des dieux. Elle veut fonder de fortes murailles, pour offrir à chacun une défense, un rempart, pour réunir par une intime alliance les hommes encore dispersés.

Et elle dirige ses pas majestueux à travers la vaste étendue des champs; sur ses traces marche le dieu des limites. Elle arpente le sol, et conduit la chaîne autour de la verte lisière de la colline; elle enferme jusqu'au lit du courant fougueux, dans l'enceinte sacrée.

Toutes les Nymphes, les Oréades qui suivent la légère Diane sur les sentiers de la montagne, en agitant leur épieu, toutes accourent, toutes mettent la main à l'œuvre. L'air retentit de leurs joyeux accents, et sous les coups de leurs cognées la forêt de pins tombe avec fracas.

Du sein de ses vertes ondes monte aussi le dieu couronné de roseaux, et, docile à l'ordre souverain de la déesse, il pousse le lourd radeau vers le lieu désigné. Les Heures, la robe retroussée, volent agiles au travail, et sous leurs mains les troncs grossiers s'arrondissent avec élégance.

On voit aussi s'empresser le dieu des mers : d'un prompt coup de son trident, il détache des flancs de la terre les colonnes de granit, les enlève, comme une balle légère, dans ses robustes mains, et, avec le rapide Mercure, les entasse en tours, en remparts.

Cependant de ses cordes d'or Apollon fait sortir l'harmonie, et l'aimable mesure des temps, et la puissance de la mélodie. A ses accords les Muses joignent le chant de leurs neuf voix, et, au son de leur chœur, la pierre doucement s'unit à la pierre.

Cybèle, d'une main habile, pose les larges battants des portes, elle y fixe les verrous et le fort lien des serrures. Bientôt, par les promptes mains des dieux, est achevée la merveilleuse construction, et déjà les murs riants des temples resplendissent de l'éclat des fêtes.

La reine des dieux s'approche avec une couronne de myrte ; elle conduit le plus beau berger vers la bergère la plus belle. Vénus, accompagnée de son aimable fils, pare elle-même le premier couple ; tous les dieux apportent des présents aux époux, qu'ils bénissent.

Et, guidés par le chœur fortuné des dieux, les nouveaux citoyens, au bruit des mélodieux accords, franchissent la porte hospitalière. Cérès remplit l'office de prêtresse à l'autel de Jupiter ; elle bénit la foule qui l'entoure, et, les mains jointes, elle dit :

« La bête du désert aime la liberté ; les dieux règnent, libres, dans les cieux : la loi de la nature dompte elle-même les violents désirs de leur sein ; mais, placé au milieu, entre le Dieu et la bête, l'homme doit s'associer à l'homme, et ce n'est que par ses mœurs qu'il peut être libre et puissant. »

Tressez en guirlandes les épis dorés et mêlez-y des bluets d'azur ! Que la joie transfigure tous les yeux, car voici la reine qui s'avance, elle qui nous donna le doux foyer, elle qui associa l'homme à l'homme. Que nos chants l'exaltent solennellement, cette mère qui fait le bonheur du monde !

LES QUATRE ÂGES DU MONDE[1].

Le vin vermeil pétille dans les verres; les yeux des convives brillent; le chantre paraît, il entre; il vient à tous les biens ajouter le meilleur; car, sans la lyre, dans le banquet céleste, même avec le nectar, la joie est vulgaire.

Les dieux lui donnèrent l'âme pure, où se reflète le monde éternel; il a vu tout ce qui arrive sur la terre, et tout ce que l'avenir nous cèle; il a siégé, dès l'antique origine, dans le conseil des dieux; il a entendu germer la mystérieuse semence des choses.

Il développe avec joie, avec éclat, les replis de la vie; il pare et change en temple la terrestre demeure : la Muse lui donna ce pouvoir. Il n'est pas d'humble toit, de chaumière si petite, qu'il n'y fasse tenir tout un ciel plein de dieux.

Et comme le fils industrieux de Jupiter représenta, avec un art divin, sur le simple disque du bouclier, la terre, la mer, et la voûte étoilée, ainsi le poète imprime une image du tout infini dans le son, qu'éteint et emporte le moment fugitif.

Il vient de l'enfance du monde, de cet âge où les peuples goûtaient une joie juvénile; gai voyageur, il s'est associé à toutes

1. On croit que cette pièce est de 1802.

LES QUATRE ÂGES DU MONDE.

les races, à tous les temps. Il a vu quatre âges de l'humanité, et les fait passer devant les yeux du cinquième.

D'abord ce fut le règne simple et juste de Saturne : alors aujourd'hui était comme demain; alors vivaient les bergers, race innocente; ils n'avaient besoin de prendre nul souci; ils aimaient et ne faisaient rien de plus; volontairement, la terre donnait tout.

Puis vint le travail; le combat commença contre les dragons et les monstres, et les héros, les souverains parurent, et les faibles cherchèrent le fort, et la lutte s'engagea aux rives du Scamandre; mais toujours la beauté était le Dieu du monde.

Enfin du combat sortit la victoire, et de la force, comme une fleur, la douceur. Alors les Muses chantèrent en chœur céleste; alors s'élevèrent les images des dieux.... L'âge de la divine fantaisie, il s'est évanoui, il ne reviendra plus!

Les dieux tombèrent du trône céleste, les superbes colonnes croulèrent, et le Fils de la Vierge fut enfanté, pour guérir les vices de la terre : le plaisir éphémère des sens fut banni, et l'homme rentra pensif au dedans de lui-même.

Alors s'évanouit le charme vain et voluptueux qui parait la joyeuse jeunesse du monde; le moine et la nonne se flagellèrent, et le chevalier bardé de fer entra en lice dans les tournois. Mais, si la vie fut triste et sauvage, l'amour du moins resta aimable et doux.

Les Muses se réservèrent paisiblement un autel saint et chaste; ce qui est noble et pur trouva un asile dans le sein pudique des femmes; la poésie ralluma son flambeau aux beaux feux de l'amour et de la constance.

Aussi faut-il qu'un lien tendre, éternel, unisse les femmes et les poëtes. Ensemble, se tenant par la main, ils tissent et trament la ceinture du beau et du bien. L'amour et le chant, dans leur belle alliance, conservent à la vie l'apparence de la jeunesse.

AUX AMIS[1].

Chers amis, il y eut des temps plus beaux que les nôtres.... cela n'est point à contester.... et un plus noble peuple a vécu autrefois. Quand l'histoire pourrait s'en taire, mille pierres, que l'on tire des entrailles du sol, en rendraient témoignage.

Mais elle est éteinte, elle a disparu, cette race hautement favorisée. Nous, nous vivons; à nous sont les heures, et c'est le vivant qui a raison.

Amis, il y a, comme nous le dit le voyageur qui vient de loin, des zones plus heureuses que le pays où, de notre mieux, nous avons établi nos demeures. Mais, si la nature nous a beaucoup refusé, l'art en revanche nous fut propice, et notre cœur s'échauffe à sa lumière.

Si le laurier ne veut pas s'accoutumer à notre ciel, si le myrte est la proie de nos hivers, ici du moins verdit, pour couronner nos tempes, le gai feuillage de la vigne.

Il peut bien y avoir plus de vie, plus de bruit, là où quatre mondes échangent leurs trésors, aux bords de la Tamise, sur le marché de l'univers. Là mille vaisseaux abordent ou partent; là s'offre aux yeux tout ce qui a du prix, et le dieu de la terre, l'argent règne en maître.

Mais ce n'est pas dans la fange impure des ruisseaux, gon-

1. De 1802.

flés par les pluies orageuses; c'est dans le miroir uni d'une source paisible que le soleil reflète son image.

Le mendiant, à la porte Angélique[1], est logé plus magnifiquement que nous dans notre Nord : car il voit la ville éternellement unique, il voit Rome! Autour de lui fourmillent les splendeurs du beau, et à ses yeux monte, comme un autre ciel dans le ciel, le dôme merveilleux de Saint-Pierre.

Mais Rome, avec tout son éclat, n'est qu'un tombeau du passé; la vie ne s'exhale que de la plante fraîche que sème et verdit l'heure présente.

Ailleurs il peut se faire de plus grandes choses, que chez nous dans notre vie modeste. Du nouveau.... le soleil n'en a jamais vu. Mais nous, sur les planches qui figurent le monde, nous voyons ce qui fut grand dans tous les temps passer paisiblement devant nous, dans des tableaux pleins de sens.

Tout, dans la vie, ne fait que se répéter; seule, l'imagination est éternellement jeune. Ce qui jamais n'arriva nulle part, cela seul ne vieillit jamais.

LA FAVEUR DU MOMENT[2].

Ainsi, nous nous retrouvons encore réunis, par couples, en cercles joyeux, et il faut tresser encore la couronne des chansons, la couronne verte et fraîche.

Mais à qui des dieux payerons-nous le premier tribut de nos

---

1. Une des portes de Rome, celle qui mène au *Monte Mario*, se nomme la *Porta Angelica*.
2. De 1802.

chants? Avant tous les autres, chantons celui qui nous doit donner la joie.

Car que sert-il que Cérès ait paré l'autel de ses dons de vie? que Bacchus exprime dans la coupe le jus vermeil de la vigne?

Si du ciel ne jaillit l'étincelle qui enflamme le foyer, l'esprit est sans feu, sans ivresse, et le cœur reste sans joie.

C'est des nuages, c'est du sein des dieux que doit tomber le bonheur; et de tous les souverains le plus puissant, c'est le Moment.

Depuis la naissance première de la nature infinie, il n'y eut rien de divin sur la terre qui ne fût une pensée lumineuse et soudaine.

Lentement, dans le cours des heures, la pierre s'unit à la pierre; mais l'œuvre de l'esprit veut être sentie aussi rapidement que l'esprit l'a conçue.

Comme, à un brillant coup d'œil du soleil, se tisse un tapis de riches couleurs; comme, sur son pont diapré, Iris flotte à travers le ciel:

Ainsi chacun des plus beaux dons fuit comme la lueur de l'éclair; la nuit soudain le replonge dans son obscur tombeau.

NÉNIE[1].

Le beau même meurt, il le faut! Ce qui subjugue et les dieux et les hommes n'émeut pas le cœur de fer du Jupiter stygien. Une seule fois l'amour fléchit le dominateur des ombres, et encore, sur le seuil, révoqua-t-il, d'une voix sévère, son présent. Vénus ne guérit pas la blessure du bel adolescent, la blessure que le sanglier cruel a ouverte dans son corps délicat. Le héros divin, sa mère immortelle ne le peut sauver, quand, tombant à la porte de Scée, il accomplit son destin. Mais elle sort de la mer avec toutes les filles de Nérée, et élève la plainte funèbre autour de son fils glorifié. Vois! les dieux pleurent, toutes les déesses pleurent que le beau périsse, que la perfection meure.

Être un chant de deuil dans la bouche d'une amante, c'est aussi un beau destin, car le vulgaire descend aux sombres bords, sans nul son qui l'accompagne.

LA FÊTE DE LA VICTOIRE[2].

La citadelle de Priam était tombée, Troie gisait en poussière et en décombres, et les Grecs, ivres de leur triomphe, chargés

---

1. De 1799. *Nænia*, en latin, signifie « chant funèbre, élégie. »
2. Ce poème, composé en 1803, à Weimar, était destiné, ainsi que plusieurs

d'un riche butin, étaient assis sur les hauts navires, le long de la rive de l'Hellespont, s'apprêtant à partir joyeusement pour le beau pays de Grèce.

Entonnez les chants de joie! car les vaisseaux sont tournés vers le foyer paternel, c'est le retour à la patrie.

Et en longues files, était assise, plaintive, la troupe des Troyennes, se frappant la poitrine avec douleur, pâles, les cheveux épars. Au bruit effréné de la fête joyeuse elles mêlaient leurs chants de deuil, pleurant sur leurs propres souffrances, dans la ruine de l'empire :

« Adieu, sol chéri! Loin de la douce patrie nous suivons un maître étranger. Ah! que les morts sont heureux! »

Et, en l'honneur des dieux suprêmes, Calchas allume l'offrande : il invoque Pallas qui fonde et détruit les cités, et Neptune qui tord autour des terres sa ceinture de vagues, et Jupiter qui envoie l'épouvante et agite l'affreuse égide.

Elle est achevée, elle est vidée, la longue et pénible querelle. Le cercle des temps est accompli, et la grande ville est domptée.

Le fils d'Atrée, le chef des bataillons, parcourt du regard la foule des peuples qui autrefois l'avaient suivi dans la vallée du Scamandre, et le sombre nuage de la douleur s'étend sur les yeux du roi. De tant d'hommes qu'il amena, il n'en ramène que bien peu.

Qu'ils élèvent donc des chants de joie, ceux qui revoient le sol natal, ceux pour qui la vie fleurit, fraîche encore! car tous ne reviennent pas.

« Et ceux qui reviennent n'ont pas tous à se réjouir du retour : auprès des autels domestiques, le meurtre peut les attendre. Plus d'un qu'épargna le combat sanglant est tombé sous les coups perfides d'un ami. » Ainsi parla Ulysse, avertissant du regard, Ulysse animé de l'esprit de Minerve.

de ceux qui précèdent et qui suivent, à être chanté dans un cercle d'amis. Schiller, comme nous l'apprenons par ses lettres, en avait conçu l'idée dès 1801.

Heureux celui dont une épouse fidèle garde la maison, pure et chaste! Car la femme est de nature fausse, et la perfide aime le changement.

Atride est ravi d'avoir reconquis son épouse; autour des charmes de son beau corps, il enlace ses bras avec ivresse. La ruine attend l'action coupable, la vengeance suit le crime; car au haut des cieux le fils de Saturne règne juste et sage.

Le mal doit finir par le mal : pesant les mérites d'une main équitable, Jupiter venge sur la race criminelle les droits de l'hospitalité.

« Certes, il sied à l'heureux, s'écrie le vaillant fils d'Oïlée, de louer ceux qui règnent là-haut sur leur trône céleste! La Fortune répartit les dons, sans choix, sans équité : car Patrocle gît dans la tombe, et Thersite revient vivant!

« Puisque la Fortune, puisant dans sa tonne, dispense les sorts en aveugle, qu'il se livre aujourd'hui aux transports de la joie, quiconque a gagné le lot de la vie!

« Oui, la guerre engloutit les meilleurs! Qu'à jamais on songe à toi, frère, dans les fêtes des Grecs, à toi qui étais une tour au milieu des batailles. Quand brûlèrent les vaisseaux des Grecs, le salut fut dans ton bras; et pourtant à la ruse, féconde en ressources, échut le noble prix.

« Paix à tes restes sacrés! Ce n'est pas l'ennemi qui t'a dompté. Ajax est tombé par la force d'Ajax. Ah! la colère perd les meilleurs! »

Néoptolème alors offre le vin de la libation sainte à son père, au grand héros : « Entre tous les destins terrestres, auguste père, c'est le tien que je loue. De tous les biens de la vie la gloire n'est-il pas le plus noble? Quand le corps est tombé en poussière, le grand nom vit encore.

« Vaillant guerrier, la splendeur de ta gloire sera immortelle dans le chant; car la vie terrestre s'enfuit, et les morts vivent toujours. »

« Si les voix du chant sont muettes sur l'homme qui fut vaincu, je veux, moi, témoigner pour Hector, s'écrie le fils de Tydée, pour celui qui tomba en combattant, protecteur des autels domestiques. Une gloire plus grande couronne le vainqueur ; mais lui, un but plus beau le glorifie.

« Celui qui tomba en combattant, défenseur et rempart des autels domestiques, l'honneur de son nom vit à jamais, même dans la bouche de l'ennemi. »

Nestor cependant, le vieux convive, qui vit trois âges d'hommes, offre à Hécube en pleurs la coupe couronnée de feuillage :
« Vide la coupe qui refait et conforte, et oublie ta grande douleur ! Merveilleux est le don de Bacchus, baume salutaire pour le cœur déchiré.

« Vide la coupe qui refait et conforte, et oublie ta grande douleur ! Baume salutaire pour le cœur déchiré, ah ! merveilleux est le don de Bacchus.

« Elle-même, Niobé, en butte au terrible courroux des Immortels, goûta le fruit des épis, et dompta le sentiment de sa douleur. Tant qu'au bord des lèvres écume la source de vie, la douleur est plongée, retenue par un charme, dans les flots du Léthé.

« Oui, tant que la source de vie écume au bord des lèvres, nos songes écartent le chagrin, et les flots du Léthé l'entraînent. »

Alors, saisie du dieu qui la possède, la prophétesse se leva ; du haut des navires elle jeta un regard sur la fumée de sa patrie. « Toute vie terrestre est fumée ; comme s'agite la colonne de vapeur, ainsi s'évanouit toute grandeur ici-bas : les dieux seuls restent immuables. »

Les soucis voltigent autour du cheval du cavalier, autour du vaisseau. Vivons donc, demain nous ne le pourrons plus, vivons aujourd'hui !

AU PRINCE HÉRÉDITAIRE DE WEIMAR[1],

COMME IL PARTAIT POUR PARIS.

(Chanté dans un cercle intime.)

Eh bien! qu'une derniere fois la coupe se remplisse pour le cher voyageur, qui prend congé de ce vallon tranquille, berceau de son enfance.

Il s'arrache au palais de son père, aux bras de ceux qu'il aime, pour aller visiter cette ville orgueilleuse, cette ville de citoyens, agrandie par les dépouilles des nations.

La discorde fuit, les tempêtes se taisent, la guerre est enchaînée, et l'on peut maintenant descendre dans le cratère d'où montait la lave[2].

Qu'un destin propice te conduise à travers cette vie agitée et sans frein. Le ciel t'a donné un cœur pur; oh! rapporte-le pur.

Tu verras les pays qu'a foulés le fougueux attelage de la guerre; mais déjà, en souriant, la paix bénit les campagnes et sème l'or des moissons.

Tu salueras le Rhin vénéré, qui jamais n'oubliera ton il-

---

1. Charles-Frédéric, qui régna de 1828 à 1853. C'était le fils aîné de Charles-Auguste. — Cette chanson est de 1802.
2. La paix de Lunéville avait été conclue le 9 février 1801.

lustre aïeul¹, tant que ses eaux iront se jeter dans le lit de l'Océan.

Sacrifie, en ces lieux, aux mânes illustres du héros, et offre au Rhin, vieux défenseur des frontières des Germains, le vin qu'il nous donne.

Que l'esprit national t'accompagne, quand la planche flexible te portera sur cette autre rive où s'éteint la foi allemande.

LE COMMENCEMENT DU NOUVEAU SIÈCLE².

A ***

Noble ami, où s'ouvre un asile à la paix, un asile à la liberté? Le siècle nous a quittés dans l'orage; le nouveau s'ouvre par le meurtre³.

Le lien des nations est brisé, les vieilles formes s'écroulent. Ni l'Océan n'arrête les fureurs de la guerre, ni le dieu du Nil, ni le vieux Rhin.

Deux puissantes nations luttent pour régner sans partage sur le monde. Pour dévorer la liberté de tous les peuples, elles brandissent le trident et la foudre.

---

1. Le duc Bernard de Saxe-Weimar, qui s'illustra dans la guerre de trente ans. Il remporta divers avantages sur les bords du Rhin, en 1637 et 1638. L'année suivante, comme il s'apprêtait à passer le Rhin près de Neubourg, il tomba malade et mourut, le 18 juillet 1639, âgé seulement de trente-cinq ans.
2. Les strophes paraissent être de l'année 1801.
3. Peut-être le poète veut-il faire allusion au meurtre de l'empereur Paul (23 mars 1801).

Il faut que tout pays leur pèse son tribut d'or, et, comme Brennus dans les temps barbares, le Franc jette son glaive d'airain dans la balance de la justice.

Le Breton avide étend ses flottes de commerce, comme des bras de polypes; il veut fermer, comme son propre domaine, l'empire de la libre Amphitrite.

Sa course infatigable, que rien n'arrête, pousse jusqu'aux astres inconnus du pôle austral; il découvre toutes les îles, toutes les côtes lointaines.... tout, hormis le seul paradis.

Ah! c'est en vain que, sur toutes les cartes du monde, tu te mettras en quête de la région bienheureuse où fleurit le jardin toujours vert de la liberté, la belle jeunesse de l'humanité.

Devant tes regards, le monde s'étend à l'infini, la navigation même le mesure à peine; mais sur son dos immense il n'y a point place pour dix heureux.

C'est dans le domaine saintement paisible du cœur qu'il faut fuir, loin du tumulte de la vie. La liberté n'existe que dans l'empire des songes, et le beau ne fleurit que dans les chants du poète.

A GOETHE,

QUAND IL MIT SUR LA SCÈNE LE *MAHOMET* DE VOLTAIRE[1].

Toi-même, toi qui, de la fausse contrainte des règles, nous as ramenés à la vérité et à la nature; qui, dès le berceau, nou-

---

1. Ces stances sont vraisemblablement du mois de janvier 1800, époque où

vel Hercule, étouffas le serpent qui enlaçait notre génie; toi que l'art, l'art divin, ceint depuis longtemps du pur bandeau qui distingue son prêtre : tu sacrifies, sur des autels en ruines, à la fausse Muse que nous n'honorons plus?

Cette scène est consacrée à l'art national : ici l'on ne sert plus d'idoles étrangères. Nous pouvons hardiment montrer un laurier qui a verdi sur le Pinde allemand. Le génie allemand s'est enhardi à pénétrer lui-même dans le sanctuaire des arts, et, sur les traces du Grec et du Breton, il a poursuivi une gloire meilleure.

Car, aux lieux où des esclaves sont à genoux, où commandent les despotes, où s'enfle la vaine et fausse grandeur, l'art ne peut produire la noble beauté. Il n'est pas de roi Louis qui la puisse semer; il faut qu'elle s'épanouisse par sa propre sève. Elle n'emprunte rien à une majesté terrestre; elle n'embrase de son amour, de sa flamme, que des âmes libres, et jamais elle ne s'unira qu'à la vérité.

Aussi n'est-ce pas pour nous charger encore de nos vieilles chaînes que tu renouvelles ce jeu de l'ancien temps; ce n'est pas pour nous ramener aux jours d'une tutelle, d'une minorité sans caractère. Ce serait une vaine et inutile audace de vouloir arrêter, dans sa révolution, la roue du temps. Les Heures ailées l'entraînent; le nouveau vient, l'ancien a disparu.

L'étroit espace du théâtre est maintenant agrandi, un monde entier se presse dans son enceinte. Ce qui plaît, ce n'est plus la pompe d'une éloquence de rhéteur, mais seulement l'image fidèle de la nature. La fausse sévérité des mœurs est bannie, et le héros sent en homme, agit en homme. La passion élève ses libres accents, et c'est dans la vérité qu'on trouve le beau.

Goethe fit représenter sur le théâtre de Weimar sa traduction du *Mahomet* de Voltaire. Il paraîtrait, d'après certains passages de la correspondance des deux poètes, qu'elles étaient d'abord destinées à être lues, comme prologue, avant la représentation.

Mais le char de Thespis est construit légèrement, et il ressemble à la barque de l'Achéron : elle ne peut porter que des ombres et des fantômes, et, si la vie brutale s'y rue et s'y presse, le léger esquif, qui n'est fait pour contenir que de fugitifs esprits, menace de chavirer. L'apparence ne doit jamais atteindre à la réalité, et, si la nature triomphe et domine, il faut que l'art s'enfuie.

Car, à nos yeux, sur les planches de la scène, s'ouvre un monde idéal. Que rien n'y soit vrai et réel que les larmes : l'émotion n'est pas fondée sur une illusion des sens. La vraie Melpomène est sincère, elle n'annonce qu'une simple fable, et sait charmer par une vérité profonde. La fausse se donne pour vraie, afin de tromper.

L'art menace de disparaître du théâtre : l'imagination veut établir son empire sauvage; elle veut embraser la scène comme le monde; elle mêle le trivial et le sublime. Chez le Français seul, l'art pouvait encore se trouver, bien que jamais il n'en ait atteint le prototype auguste. Il le tient sévèrement confiné dans d'immuables limites, et ne lui permet nul écart.

Pour lui, la scène est une enceinte sacrée; les accents négligés et rudes de la nature sont bannis de son domaine solennel; là, chez lui, la parole même s'élève jusqu'au chant, c'est l'empire de l'harmonie et de la beauté. Les membres de l'édifice se combinent entre eux dans une noble ordonnance; l'ensemble se compose en forme de temple imposant, où le mouvement même emprunte son charme de la danse.

Le Français ne doit pas, il est vrai, nous servir de modèle; on n'entend point parler dans son art un esprit vivant : ce sens droit, qui n'apprécie que le vrai, dédaigne les gestes pompeux de la fausse dignité. Il doit seulement nous être un guide vers le mieux : qu'il vienne, comme un esprit qui a quitté ce monde, purifier la scène souvent profanée, pour en faire le digne séjour de l'antique Melpomène.

GUILLAUME TELL[1].

Quand des forces brutales se divisent pour se combattre, et qu'une aveugle fureur attise les flammes de la guerre ; quand la voix de la justice se perd dans la lutte des partis déchaînés ; quand tous les vices s'affranchissent sans pudeur ; quand la licence impudente s'attaque aux choses saintes, et détache l'ancre qui retient les États..... alors il n'y a pas de place pour les chants joyeux.

Mais quand un peuple pieux, qui garde paisiblement ses troupeaux, se suffisant à lui-même et n'enviant pas le bien d'autrui, rejette le joug qu'il porte sans le mériter, et qu'alors, même dans sa colère, il respecte l'humanité, et se modère dans le bonheur, au sein de la victoire.... c'est là une gloire immortelle, digne des chants du poete, et telle est l'image que je puis aujourd'hui te montrer avec joie : tu la connais, car toute grandeur t'appartient.

---

[1]. Ces deux stances accompagnaient l'exemplaire du drame de *Guillaume Tell* que l'auteur envoya à l'Électeur archichancelier, Charles-Théodore de Dalberg. (*Note de l'édition allemande.*) — Cette petite pièce, écrite en 1804, est, selon toute apparence, la dernière poésie lyrique de Schiller. Le *Chasseur des Alpes* pourrait seul être d'une date plus récente.

THÉCLA.

VOIX D'UN ESPRIT[1].

Où je suis, où je me retirai, quand mon ombre fugitive t'échappa? Tu le demandes! N'ai-je pas consommé et fini mon destin? n'ai-je pas aimé et vécu?

T'informes-tu des rossignols qui, de leur touchante mélodie, te ravissaient aux jours du printemps? Ils ne furent que le temps qu'ils aimèrent.

Tu demandes si j'ai retrouvé l'ami perdu? Crois-moi, je suis unie à lui, là où ne se sépare plus ce qui s'est réuni, là où nulle larme ne se pleure.

C'est là que, toi aussi, tu nous retrouveras, si ton amour ressemble à notre amour. Là aussi mon père est pur de tout péché; le meurtre sanglant ne l'atteindra plus.

Et il sent qu'il n'était pas le jouet d'une illusion, lorsqu'il levait ses regards vers les astres; car à chacun revient sa part, selon qu'il a pesé lui-même; croire que Dieu est proche, c'est l'avoir près de soi.

Dans ces espaces, il est tenu parole à tout beau sentiment de foi sincère. Ose errer et rever : souvent un sens sublime se cache dans un jeu d'enfant.

---

1. Ces strophes sont de 1802. Thécla est l'amante de Max Piccolomini, la fille de Wallenstein, sur le sort de laquelle Schiller, à la fin de sa trilogie, a laissé planer une certaine obscurité.

LA PUCELLE D'ORLÉANS[1].

Pour ravaler la noble image de l'humanité, la raillerie t'a traînée dans la plus épaisse poussière : l'esprit moqueur est en lutte éternelle avec le beau ; il ne croit ni à l'ange, ni au dieu ; il veut ravir au cœur ses trésors, il combat l'illusion et blesse la foi.

Mais, issue, comme toi-même, d'une race candide, pieuse bergère comme toi, la Poésie te tend sa main divine ; elle s'élance avec toi vers les astres éternels. Elle t'a entourée d'une auréole ; le cœur t'a créée, tu vivras immortelle.

Le monde aime à noircir ce qui rayonne et à traîner le sublime dans la poudre. Mais sois sans crainte ! Il est encore de belles âmes qui s'enflamment pour ce qui est élevé et grand. Que Momus divertisse la halle bruyante ; un noble esprit aime de plus nobles figures.

1. Ces trois stances sont de 1801. Elles parurent d'abord dans l'*Album des Dames* (*Taschenbuch für Damen*) de 1802, sous le titre suivant : « La Pucelle de Voltaire et la Vierge d'Orléans. » — La tragédie romantique de *Jungfrau von Orleans* fut représentée pour la première fois en 1801.

LA JEUNE ÉTRANGÈRE[1].

Dans un vallon, chez de pauvres bergers, apparaissait, à chaque année nouvelle, dès que les premières alouettes gazouillaient, une jeune fille, belle et merveilleuse.

Elle n'était pas née dans le vallon, on ne savait d'où elle venait, et sa trace se perdait soudain, dès qu'elle avait pris congé.

Son approche rendait heureux, et tous les cœurs se dilataient; mais sa dignité, sa noblesse éloignaient la familiarité.

Elle apportait des fleurs et des fruits, mûris dans d'autres champs, aux rayons d'un autre soleil, au sein d'une nature plus heureuse ;

Et elle distribuait à chacun un présent; à celui-ci des fruits, des fleurs à celui-là : le jeune homme, le vieillard courbé sur son bâton, tous emportaient chez eux un don.

Tous les hôtes étaient les bienvenus; mais s'il se présentait un couple d'amants, elle lui offrait le meilleur des présents, la plus belle de toutes ses fleurs.

1. Cette allégorie a paru d'abord dans l'*Almanach des Muses* de 1797.

LE PÈLERIN[1].

J'étais encore au printemps de ma vie, et je partis, et je laissai les danses joyeuses de la jeunesse dans la maison de mon père.

Je renonçai gaiement, plein de foi, à mon avoir, à tout mon héritage, et, appuyé sur le léger bâton du pèlerin, je m'en allai avec un cœur d'enfant.

C'est qu'un puissant espoir me poussait, et une mystérieuse parole de foi. « Marche, criait la voix, le chemin est ouvert; marche toujours vers l'Orient,

« Jusqu'à ce que tu arrives à une porte d'or : là tu entreras; car ce qui est terrestre devient là céleste, impérissable. »

Le soir vint, puis vint l'aurore; jamais, jamais je ne m'arrêtai; mais toujours me demeurait caché ce que je cherche, ce que je veux.

Des monts se dressaient sur ma route, des torrents arrêtaient mes pas; je jetais des chemins au-dessus des abîmes, des ponts sur le torrent fougueux.

Et je vins au bord d'un fleuve qui coulait vers l'Orient : me fiant gaiement à ce guide, je me jetai dans son sein.

Le caprice de ses ondes m'a emporté à une vaste mer : de-

[1]. De 1803.

vant moi s'étend un vide immense, je ne suis pas plus près du but.

Ah! nul chemin ne conduit là-haut! Hélas! le ciel, au-dessus de moi, nulle part ne touche à la terre : *là* et *ici* jamais ne sont même chose.

ASPIRATION[1].

Ah! si, des profondeurs de cette vallée que presse un froid brouillard, je pouvais trouver une issue! Ah! que je me sentirais heureux! Là-haut j'aperçois de belles collines, toujours jeunes et toujours vertes. Ah! si j'avais des ailes, un rapide essor, vers ces collines je volerais.

J'entends résonner des harmonies, les doux concerts d'une céleste paix, et les vents légers m'apportent le baume des plus suaves parfums. Je vois briller des fruits d'or, qui, du milieu du sombre feuillage, me rient et m'invitent; et les fleurs qui là-haut fleurissent ne sont la proie de nul hiver.

Ah! quel délice ce doit être d'errer là-haut, à la lumière d'un soleil éternel! et l'air sur ces hauteurs.... oh! comme il doit vous ranimer! Mais le torrent fougueux, qui mugit avec rage, m'oppose sa barrière : si hautes sont ses vagues que mon âme frissonne de terreur.

Je vois flotter une nacelle, mais, hélas! point de nautonier! N'importe, entrons sans hésiter! Ses voiles sont animées. Il

[1]. Vraisemblablement du mois de juin 1801.

faut croire, il faut oser, car les dieux ne donnent pas de gage; seul un miracle te peut porter dans le beau pays des miracles.

HÉRO ET LÉANDRE[1].

Voyez-vous là-bas ces châteaux, gris de vieillesse, qui se regardent d'une rive à l'autre? Ils brillent aux rayons dorés du soleil, aux lieux où l'Hellespont roule ses flots mugissants entre les roches élevées, porte des Dardanelles! Entendez-vous le bruit de ces lames qui se brisent furieuses sur les écueils? Elles ont pu arracher l'Asie de l'Europe; mais l'amour, elles ne l'effrayent pas.

La sainte et divine puissance d'amour toucha de sa flèche de douleur les cœurs d'Héro et de Léandre. Héro, belle et florissante comme Hébé; lui, parcourant, vigoureux, les montagnes, dans le tumulte de la chasse. Mais la colère ennemie de deux pères séparait ce couple uni, et le doux fruit de l'amour était suspendu sur l'abîme du danger.

Là-bas, dans la tour, sur les rocs de Sestos, que bat éternellement, de ses vagues fougueuses, l'Hellespont écumant, la jeune fille était assise, solitaire et frémissante, regardant vers la côte d'Abydos où demeure son bien-aimé. Hélas! vers cette plage lointaine nul pont ne fraye un chemin; nulle barque ne quitte le rivage : l'amour cependant sut trouver la route.

L'amour guide, avec un fil sûr, hors des détours du labyrinthe; il rend avisé le plus simple; il plie au joug les bêtes

[1]. Cette ballade est du milieu de 1801.

sauvages; il attelle à la charrue de diamant les taureaux qui vomissent la flamme. Le Styx lui-même, le fleuve aux neuf contours, n'arrête pas l'audacieux; sa puissance ravit l'objet aimé au sombre séjour de Pluton.

A travers les flots agités l'amour aussi pousse le courage de Léandre, de l'ardent aiguillon des feux du désir. Quand pâlit le clair rayon du jour, le hardi nageur s'élance dans les sombres vagues de la mer : d'un bras robuste, il fend les ondes, luttant pour atteindre le bord chéri, où, sur la haute plate-forme, luit et l'appelle la flamme brillante d'une torche.

Et il est donné à l'heureux amant, après son périlleux trajet, de se réchauffer dans les tendres bras de l'amour, de recevoir, dans un embrassement céleste, la récompense, digne des dieux, que l'amour lui a réservée: jusqu'à ce que l'aurore, accusant sa lenteur, l'éveille de ses songes de volupté, et, du sein de l'amour, le précipite effrayé dans le lit glacé de la mer.

Ainsi, pour le couple fortuné, passèrent, trop rapides, trente soleils, dans l'ivresse furtive des délices, comme les douces joies de la nuit d'hyménée, qu'envient les dieux eux-mêmes, toujours jeunes, toujours nouvelles. Il n'a jamais goûté le bonheur, celui qui n'a pas dérobé ce fruit céleste, le cueillant sur le bord affreux du fleuve des enfers.

Hespérus et l'Aurore montaient tour à tour à la voûte des cieux; mais les amants, dans leur bonheur, ne voyaient pas tomber la parure des forêts; ni, des antres glacés du Nord, s'avancer l'hiver et ses fureurs. Ils voyaient avec joie le cercle du jour se resserrer, se resserrer sans cesse; du bonheur prolongé des nuits les insensés remerciaient Jupiter !

Et déjà la Balance égalait dans le ciel les jours et les nuits, et l'aimable jeune fille était là, dans l'attente, au haut de la tour élevée sur le roc : ses regards abaissés voyaient fuir les coursiers du soleil au bord de l'horizon. Et la mer s'étendait, unie et calme, pareille à un miroir pur; pas le plus léger souffle n'agitait le cristal de l'empire des eaux.

Des troupes folâtres de dauphins s'ébattaient çà et là, dans l'onde argentée et transparente, et, par bandes d'un gris noirâtre, venait, montant du fond de la mer, le cortége varié de Téthys. Seuls, les habitants de l'onde étaient témoins du mystérieux amour; mais Hécate a fermé à jamais leur bouche muette.

Héro se réjouissait de la beauté de la mer, et, d'une voix caressante, elle disait à l'élément liquide : « Dieu, toi si beau, tu pourrais tromper? Non, je déclare menteur l'impie qui te nomme faux et perfide. Perfide est la race des hommes; cruel est le cœur de mon père; mais toi, tu es doux et bon, et la douleur d'amour te touche.

« Dans les murs déserts de ce rocher, il me faudrait gémir solitaire et sans joie, et me flétrir dans un éternel chagrin; mais sur ton dos tu m'apportes, sans nacelle, sans pont, mon bien-aimé dans mes bras. Affreuse est ta profondeur, et terrible le flux de tes vagues; mais l'amour te fléchit, et l'héroïsme te subjugue.

« Car toi aussi, Dieu des ondes, l'arc puissant d'Amour t'a touché, lorsqu'en son vol le bélier d'or portait au-dessus de tes abîmes Hellé, fuyant avec son frère, belle et dans toute la fleur de la jeunesse. Soudain, vaincu par ses attraits, tu levas la main du sein du sombre gouffre, et l'entraînas, du dos du bélier, au fond des mers.

« Déesse maintenant, unie à un dieu, elle vit immortelle, dans la grotte profonde des eaux. Secourable à l'amour persécuté, elle réprime tes transports fougueux, et conduit le nautonier au port. Belle déesse, charmante et bienheureuse Hellé, c'est toi que j'invoque! aujourd'hui encore amène-moi le bien-aimé par la route accoutumée. »

Déjà les flots s'obscurcissaient, et elle fit rayonner du haut de la plate-forme les feux vacillants de la torche. Pour se guider sur l'élément désert, le voyageur aimé devait voir ce signal bien connu. Et un bruit sourd gronde et siffle au loin; la mer bouillonne, de plus en plus sombre; la lueur des étoiles s'éteint; la tempête approche menaçante.

Sur la vaste surface de la mer la nuit s'étend; du sein des nuées fondent des torrents d'orage; les éclairs, de leurs traits rapides, sillonnent les airs, et du fond de leurs antres toutes les tempêtes se déchaînent; d'épouvantables abîmes se creusent dans l'immense abîme des eaux; béant, comme une gueule du Tartare, s'ouvre le fond de la mer.

« Malheur, malheur à moi! s'écrie l'infortunée en pleurs. Grand Jupiter, pitié! Ah! quel vœu ai-je osé faire? Si les dieux m'exauçaient, s'il s'était livré aux flots perfides, au souffle de la tempête! Tous les oiseaux habitués à la mer regagnent leurs demeures d'un vol rapide; tous les navires à l'épreuve de l'orage se cachent dans une baie sûre.

« Ah! sans doute l'intrépide a tenté ce qu'il osa souvent; car un Dieu puissant le poussait. Il me l'a promis en me quittant, avec les serments sacrés de l'amour; la mort seule dégagera sa foi. Hélas! en cet instant, il lutte contre la rage de la tempête, et les flots soulevés l'entraînent au fond de leurs abîmes!

« Perfide mer, ton calme n'était que le voile de la trahison: tu ressemblais à un miroir; tes vagues sont restées malignement paisibles, jusqu'à ce que ta ruse l'eût attiré hors de chez lui, dans ton domaine faux et menteur. Maintenant, au milieu de ton courant, quand le retour est impossible, tu déchaînes toutes tes épouvantes sur celui que tu as trahi! »

Et la fureur de la tempête croît, et la mer s'enfle, s'élevant en montagnes; la lame se brise, écumante, au pied des écueils; le vaisseau même, aux flancs de chêne, n'approcherait pas sans se briser. Et le vent éteint le flambeau, qui était le phare de la route ; les ondes n'offrent que terreurs, et terreurs l'abord de la côte !

Et elle supplie Vénus de commander à l'ouragan, d'apaiser le courroux des vagues ; elle fait vœu d'immoler aux vents cruels de riches offrandes, un taureau aux cornes d'or. Toutes les déesses de l'abîme, tous les dieux d'en haut, elle les conjure de verser l'huile calmante dans la mer remuée par l'orage.

« Entends ma plainte retentir ; monte, sors de tes vertes grottes, bienheureuse Leucothée ! Toi que souvent le matelot, dans l'empire désert des vagues, dans les périls de la tempête, vit apparaître en libératrice. Tends-lui ton saint voile, dont le tissu mystérieux dérobe, sains et saufs, ceux qui le portent, au sépulcre des flots ! »

Cependant les vents fougueux se taisent ; les coursiers de l'Aurore montent brillants dans les cieux, au bord de l'horizon. Paisible dans son lit antique, la mer coule unie comme un miroir. L'air et l'onde sont sereins et riants. Les vagues se brisent plus doucement au mur de rochers du rivage, et elles apportent, le berçant mollement, un cadavre à la côte.

Oui, c'est lui qui, même inanimé, ne manque pas à son serment sacré ! D'un rapide coup d'œil, elle le reconnaît : elle ne fait retentir nulle plainte, on ne voit tomber nulle larme ; froide, désespérée, le regard fixe, elle contemple, inconsolable, la profondeur solitaire, puis la lumière du ciel, et un noble feu rougit son pâle visage :

« Je vous reconnais, austères puissances ! vous réclamez vos droits avec une rigueur terrible, inexorable ! Déjà, bien jeune encore, j'ai achevé ma course ; mais j'ai goûté le bonheur, et le plus beau sort fut mon partage. Vivante, je me suis consacrée comme prêtresse à ton temple : je meurs avec joie, victime à toi immolée, Vénus, grande reine ! »

Et, avec sa robe flottante, elle se précipite, du bord de la haute tour, dans le sein de la mer. Le dieu, à la cime de ses flots, roule les deux corps sacrés, et lui-même est leur tombeau. Content de sa proie, il poursuit joyeusement son cours, et, de son urne inépuisable, il épanche ses ondes qui coulent éternellement.

CASSANDRE[1].

La joie régnait sous les portiques de Troie, avant la chute de la haute citadelle. On entend résonner des chants joyeux, mêlés au jeu des cordes d'or. Tous les bras se reposent, fatigués de la lutte lamentable; car le glorieux fils de Pélée épouse la fille charmante de Priam.

Parée de branches de laurier, la foule, en troupes joyeuses, afflue vers les saints temples, vers l'autel du dieu de Thymbra. A travers les rues, avec un sourd mugissement, roulent les transports de l'allégresse. Abandonnée dans sa douleur, une seule âme était triste.

Sans joie dans la plénitude de la joie, farouche et solitaire, Cassandre errait, silencieuse, dans le bocage de lauriers d'Apollon. La prophétesse se réfugia dans les plus profondes retraites du bois, et jeta sur le sol avec colère son bandeau de prêtresse :

« Tout est ouvert à la joie, tous les cœurs sont heureux, et mes vieux parents espèrent, et ma sœur est parée. Moi seule, il me faut gémir dans la solitude, car la douce illusion me fuit, et je vois, d'une aile rapide, la destruction s'approcher de ces murs.

---

1. De 1802, probablement du mois de février.

« Je vois brûler une torche, mais non dans la main de l'Hymen; je vois la flamme monter vers les nues, mais ce n'est pas celle des sacrifices. Je vois apprêter gaîment les fêtes; mais déjà, dans mon âme pleine de pressentiments, j'entends les pas du dieu qui lamentablement les interrompt soudain.

« Et ils insultent à mes plaintes, et ils raillent ma douleur; il faut qu'isolée je porte dans le désert les tourments de mon cœur, évitée des heureux, risée des joyeux! Tu m'as départi un lot pesant, dieu de Pytho, ô dieu cruel!

« Pour annoncer tes oracles, pourquoi m'as-tu jetée, m'ouvrant les yeux, dans la cité des éternels aveugles? Pourquoi m'as-tu donné de voir ce que pourtant je ne puis détourner? Il faut que le destin s'accomplisse, que le mal redouté approche.

« Que sert de lever le voile quand menace une terreur prochaine? L'erreur seule est la vie, et le savoir la mort. Reprends, oh! reprends ta funeste clarté; loin de mes yeux cette vision sanglante! Il est terrible d'être le vase mortel de ta vérité!

« Rends-moi mon aveuglement et les heureuses ténèbres de l'ignorance! Jamais je n'ai chanté de chants joyeux depuis que je suis devenue ta voix. Tu m'as donné l'avenir; mais tu m'as ravi le présent, ravi la joie de l'instant qui s'écoule.... Reprends ton perfide bienfait!

« Jamais de la parure des fiancées je ne couronnai mes cheveux embaumés, depuis que je me suis consacrée à ton service, près de ton triste autel. Ma jeunesse n'a été que larmes; je n'ai connu que la douleur; chaque peine cruelle des miens est venue heurter à mon âme sensible.

« Je vois mes compagnes joyeuses; autour de moi tout vit, tout aime et s'abandonne aux gais transports de la jeunesse: moi seule, j'ai le cœur troublé. En vain m'apparaît le printemps qui donne à la terre une parure de fête : comment se réjouir de la vie, quand l'œil en sonde les profondeurs?

« J'estime heureuse Polyxène dans l'enivrante illusion de son cœur ; car elle espère embrasser comme épouse le plus vaillant des Grecs. Son sein se gonfle avec orgueil ; à peine contient-il sa joie. Non, vous-mêmes, dieux célestes, elle ne vous envie rien là-haut, dans ses rêves.

« Et moi aussi, je l'ai vu celui que mon cœur choisit et désire ; ses beaux yeux m'implorent, animés par le feu de l'amour. Ah ! j'irais volontiers, avec mon époux, habiter la maison de son père ! mais une ombre du Styx se place toute sombre entre lui et moi.

« Proserpine m'envoie tous ses pâles fantômes : partout où j'erre, où je porte mes pas, je vois les âmes se dresser devant moi. Horribles, elles se pressent, elles se mêlent, affreuse cohue, aux gais ébats de la jeunesse : jamais je ne puis être joyeuse.

« Et je vois briller l'acier mortel, étinceler l'œil homicide : à droite, à gauche, nulle part, je ne puis fuir cette épouvante. En vain je veux détourner mes yeux ; sachant, voyant mon sort, le regard immobile, il me faut l'accomplir, et tomber sur la terre étrangère.... »

Ses paroles retentissent encore.... Écoutez ! au loin, soudain, un bruit confus se répand, sorti de la porte du temple. Le noble fils de Thétis gisait sans vie ! Éris agite ses serpents ; tous les dieux s'enfuient, et les nuées qui portent la foudre, planent et pèsent sur Ilion.

LE JEUNE HOMME

AU BORD DU RUISSEAU[1].

« Près de la source était assis le jeune adolescent : il se tressait une guirlande de fleurs, et ses fleurs, il les vit flotter emportées par les eaux. « Ainsi mes jours s'écoulent sans délai, comme la source! Ma jeunesse tôt se décolore, comme se fanent les guirlandes.

« Ne demandez pas pourquoi je m'afflige au temps fleuri de la vie! Tout se réjouit et espère, quand le printemps se renouvelle; mais ces mille voix de la nature renaissante n'éveillent au fond de mon cœur que l'amer chagrin.

« Que m'importe la joie que m'offre le beau printemps? Il en est une, une seule que je cherche; elle est proche et éternellement loin. Avec ardeur j'étends les bras vers ce fantôme chéri. Hélas! je ne puis l'atteindre, et la soif de mon cœur n'est pas étanchée.

« Descends à moi, beauté charmante, quitte ton orgueilleux palais! Les fleurs que le printemps fit naître, je les répandrai sur tes genoux. Écoute, le bocage retentit de doux chants la source coule avec un clair murmure! Dans la plus petite chaumière, il y a assez de place pour un heureux couple qui s'aime! »

---

1. Cette romance est de 1803. Schiller l'a insérée dans le IVe acte (scène IV) de sa traduction libre de « Médiocre et rampant ou le Moyen de parvenir, » comédie de Picard, qu'il a intitulée en allemand : *Der Parasit oder die Kunst sein Glück zu machen.*

LE COMTE DE HABSBOURG[1].

A Aix-la-Chapelle, au milieu de la pompe impériale, dans la salle antique, était assise la majesté sacrée du roi Rodolphe, au banquet solennel du couronnement. Le palatin du Rhin apportait les mets, le Bohême versait le vin pétillant, et tous les Électeurs, les sept, comme le chœur des étoiles se range autour du soleil, entouraient, empressés, le maître du monde, pour exercer la dignité de leur charge.

Et tout autour les flots joyeux du peuple remplissaient le haut balcon, et bruyamment les cris d'allégresse de la foule se mêlaient au son des trompettes : c'est qu'après une longue et fatale lutte, l'interrègne, temps terrible, était fini enfin, et il y avait de nouveau un juge sur la terre; la lance de fer ne règne plus aveuglément; le faible, le pacifique, ne craignent plus de devenir la proie du fort.

L'empereur prend en main la coupe d'or et dit avec un regard satisfait : « La fête, il est vrai, est brillante, et splendide le festin, pour charmer mon cœur royal; mais en vain mes yeux cherchent celui qui apporte la joie, le chanteur qui remuerait mon âme par de doux accents, par des leçons divinement sublimes. Ce fut, dès ma jeunesse, ma coutume; et ce que j'ai fait et pratiqué comme chevalier, je n'en veux pas être privé comme empereur. »

Et voilà que dans le cercle des princes qui l'entourent, s'a-

---

[1]. Cette ballade est de 1803, vraisemblablement de la fin de l'année : c'est la dernière des ballades proprement dites de Schiller.

vance le chanteur à la robe traînante; ses cheveux, blanchis par les ans accumulés, tombaient en boucles d'argent : « Une douce harmonie sommeille dans l'or des cordes : le chanteur chante le salaire de l'amour, il célèbre les choses les plus hautes, les meilleures, ce que le cœur veut avoir, ce que les sens désirent; mais, dis, quel chant est digne de l'empereur dans sa fête la plus magnifique? »

« — Je ne commanderai point au chanteur, dit le monarque le sourire sur les lèvres; il dépend d'un plus grand maître, il obéit à l'heure impérieuse. Comme le vent d'orage bruit dans les airs, sans qu'on sache d'où il vient et gronde; comme la source jaillit des profondeurs cachées : ainsi la chanson du chanteur éclate du dedans, elle éveille la puissance des sentiments obscurs qui merveilleusement dormaient dans le cœur. »

Et le chanteur attaque vivement les cordes et se met à les frapper puissamment : « Un noble chevalier sortit à cheval pour la chasse, la chasse du chamois rapide. Son écuyer le suivait, portant ses armes de chasse, et lorsqu'il arriva, monté sur son coursier superbe, dans un pâturage, il entendit une clochette retentir de loin : c'était un prêtre, portant le corps du Seigneur; devant lui marchait le sacristain.

Et le comte se courbe vers la terre, la tête humblement découverte, pour honorer, avec le sentiment de foi d'un chrétien, celui qui sauva tous les hommes. Mais dans la prairie grondait un ruisseau, gonflé par les flots impétueux d'un torrent : il arrête les pas des pieux voyageurs, et le prêtre dépose près de lui le saint sacrement et tire à la hâte de ses pieds ses chaussures pour traverser le ruisseau.

« Que fais-tu? lui dit le comte, qui le regarde avec surprise. — Seigneur, je cours chez un mourant qui soupire après l'aliment céleste; et, comme j'approchais du petit pont du ruisseau, le rapide torrent l'a emporté dans le tourbillon de ses vagues. Pour que cette âme altérée obtienne son salut, je veux maintenant, à la hâte, passer cette eau à gué, les pieds nus. »

Le comte alors le place sur sa monture de chevalier et lui présente les rênes superbes, afin qu'il soulage le malade qui le réclame, et ne manque pas l'heure de son saint devoir. Pour lui, sur le cheval de son écuyer, il continue de se livrer au plaisir de la chasse. Le prêtre achève son voyage, et, dès la matinée prochaine, il vient, avec un regard reconnaissant, ramener au comte son coursier, qu'il conduit modestement par la bride.

« A Dieu ne plaise, s'écria le comte avec humilité, que je monte désormais, au combat ou à la chasse, ce coursier qui porta mon Créateur! Et si tu ne veux le garder pour ton propre avantage, qu'il demeure consacré au service de Dieu : car ne l'ai-je pas donné à celui de qui je tiens, en vassal, l'honneur, les biens terrestres, le corps, le sang, et l'âme, et le souffle, et la vie?

« — Que Dieu donc aussi, le refuge tout-puissant, Dieu qui entend la prière des faibles, vous élève aux honneurs ici et là-haut, comme vous l'avez honoré maintenant. Vous êtes un puissant comte, connu dans la terre de Suisse par votre conduite chevaleresque; six filles aimables fleurissent autour de vous; puissent-elles donc, s'écria-t-il inspiré, vous apporter six couronnes dans votre maison, et que vos neveux les plus reculés brillent glorieusement! »

Et l'empereur était assis, le front rêveur, comme s'il songeait à des temps passés. Tout à coup il regarde dans les yeux le chanteur, et le sens de ses paroles le saisit. Il reconnaît soudain les traits du prêtre, et cache dans les plis de pourpre de son manteau la source de larmes qui jaillit de ses yeux. Et tous regardèrent l'empereur, reconnurent le comte qui avait fait cette sainte action, et adorèrent les voies divines[1].

1. Ischudi (chroniqueur suisse), qui nous a transmis cette anecdote, raconte aussi que le prêtre à qui ceci était arrivé avec le comte de Habsbourg, devint dans la suite chapelain près de l'Électeur de Mayence, et que, dans la prochaine élection à l'empire, qui mit fin au long interrègne, il ne contribua pas peu à diriger sur le comte de Habsbourg les pensées de l'Électeur. — Pour ceux qui connaissent l'histoire de ce temps, je ferai encore remarquer que je sais fort bien que le roi de Bohême n'exerça pas son office de grand dignitaire au couronnement de l'empereur Rodolphe. (*Note de Schiller.*)

CHANSON DE LA MONTAGNE[1].

Au bord du précipice règne un sentier qui donne le vertige; on y marche entre la vie et la mort. Les Géants[2] ferment la route solitaire et éternellement te menacent de ta perte. Veux-tu ne pas éveiller la lionne[3] endormie? parcours sans bruit le chemin des épouvantes[4].

Un pont s'arrondit et flotte au-dessus, bien haut, de l'effrayant abîme[5]. Ce n'est pas la main des hommes qui l'a bâti, aucun mortel ne l'eût osé. Au-dessous, soir et matin, le torrent gronde et sans cesse lui lance son humide poussière et ne le détruit jamais.

Devant toi s'ouvre une voûte noire et affreuse[6], et tu te croirais dans le royaume des ombres; puis soudain se présente une riante contrée[7] où le printemps se marie à l'automne. Ah! je voudrais, échappant aux peines de la vie, à son éternel tourment, me réfugier dans cette heureuse vallée!

Quatre fleuves[8] descendent, en grondant, dans la campagne;

---

1. Ce petit poëme, où est décrite la route qui monte, le long de la Reuss, au Saint-Gothard, est, ainsi que le suivant (*le Chasseur des Alpes*), du commencement de 1804, c'est-à-dire du temps où Schiller écrivait son *Guillaume Tell*.
2. Deux rochers qui s'élèvent à l'entrée de la route.
3. *Lewin* (« lionne ») est, en quelques endroits de la Suisse, une corruption de *Lawine* (« avalanche »).   (*Note de Schiller*).
4. *Die Strasse der Schrecken*; dans *Guillaume Tell* (acte V, scène III) die *Schreckenstrasse*.
5. Le Pont du diable.
6. Le trou d'Uri (*das Urner Loch*).
7. La vallée d'Urseren.
8. Le Rhône, la Reuss, le Tessin et le Rhin.

leur source est à jamais cachée. Ils coulent vers les quatre régions du monde, vers le couchant, le nord, le midi et le levant, et à peine leur mère les a-t-elle enfantés à grand bruit, qu'ils s'enfuient aussitôt et demeurent perdus, sans retour, les uns pour les autres [1].

Deux cimes [2] se dressent dans l'azur de l'air, au-dessus, bien haut, des races humaines; là dansent, voilées de vapeurs d'or, les nuées filles du ciel; là elles exécutent leur ronde solitaire; là jamais ne paraît nul témoin, nul témoin terrestre.

Haute et brillante, la Reine [3] est assise sur un trône impérissable, et merveilleusement elle ceint son front d'une couronne de diamant; le soleil y darde ses traits de lumière : ils la dorent seulement, et ne l'échauffent pas.

LE CHASSEUR DES ALPES [4].

« Ne veux-tu pas garder nos agneaux? Les agneaux sont si bons, si doux! Ils se nourrissent des fleurs de la prairie, en jouant au bord du ruisseau. — Mère, mère, laisse-moi partir, chasser sur les cimes de la montagne. »

« — Ne veux-tu pas, aux gais sons de la corne, appeler à toi le troupeau? Le tintement des clochettes se mêle d'une façon si

---

1. Cela n'est pas tout à fait exact pour la Reuss, qui, après avoir réuni ses eaux à celles de l'Aar, va se jeter avec lui dans le Rhin.
2. Vraisemblablement les deux pics *Fieudo* et *Prosa*, qui s'élèvent 2000 pieds plus haut que l'hospice du Saint-Gothard.
3. Le plus haut sommet de la montagne.
4. Voyez la première note du précédent poëme.

charmante au joyeux chant de la forêt! — Mère, mère, laisse-moi partir, errer sur les cimes sauvages! »

« — Ne veux-tu pas soigner les fleurettes qui émaillent gracieusement le parterre? Là, dehors, nul jardin ne t'attire. Tout est sauvage sur ces sauvages cimes! — Laisse les fleurs, laisse-les s'épanouir. Mère, mère, laisse-moi partir! »

Et l'enfant s'en alla chasser. Son ardeur le pousse et l'entraîne, sans repos, dans son aveugle audace, aux sombres lieux de la montagne; et, devant lui, rapide comme le vent, fuit la tremblante gazelle.

Sur les flancs nus des rochers, elle grimpe d'un rapide élan; par les fentes des rocs déchirés, ses bonds hardis l'emportent; mais, derrière elle, il suit, audacieux, avec l'arc meurtrier.

La voilà suspendue aux pointes escarpées, à la plus haute crête, où les rochers descendent à pic, et le sentier a disparu : sous ses pieds le précipice; derrière elle, tout près, l'ennemi.

Avec les regards muets de la douleur, elle supplie le dur mortel; elle supplie en vain; car, prêt à tirer, déjà il tend son arc : mais, soudain, de la fente du rocher, sort le Génie, le Vieux de la montagne.

Et de ses mains divines, il protége l'animal aux abois : « Faut-il donc, crie-t-il, que jusqu'à moi, à ces hauteurs, tu envoies la mort et la douleur? La terre a place pour tous les êtres; pourquoi poursuis-tu mon troupeau? »

L'IDÉAL ET LA VIE[1].

Légère à l'égal du zéphyr, la vie des Immortels s'écoule dans l'Olympe, toujours sereine, pure et unie comme un miroir. La lune accomplit ses phases; les races disparaissent; mais les roses de leur jeunesse divine fleurissent, toujours les mêmes, au milieu de la ruine éternelle. Entre la joie des sens et la paix de l'âme flotte le choix inquiet des hommes : sur le front de l'auguste habitant des cieux brille la double auréole de ces deux félicités[2].

Voulez-vous dès cette terre ressembler aux dieux, être libres dans le royaume de la mort? ne cueillez pas les fruits de son jardin. Que le regard se repaisse de leur éclat; mais les joies passagères de la jouissance sont punies aussitôt par la fuite du désir. Le Styx même, qui neuf fois enveloppe la fille de Cérès, n'empêche pas son retour; mais elle porte la main sur la pomme, et dès lors la loi des enfers la lie éternellement.

1. Ce poëme parut d'abord, dans les *Heures* de l'année 1795, sous ce titre : *l'Empire des ombres*; dans la première édition du Recueil des poésies détachées, Schiller y avait substitué celui de *l'Empire des formes*. Pour bien comprendre ce poëme métaphysique, il faut lire les *Lettres* de notre auteur sur *l'Éducation esthétique de l'homme*, et surtout, vers la fin de ces Lettres, la peinture du monde des formes pures.
2. Dans la première édition, on lisait ici la strophe suivante :

Aucun chemin ne conduit-il en haut à ces sommets? Faut-il, pour que les dons de l'automne se gonflent, que la parure des fleurs se fane? Faut-il, quand s'arrondissent les cornes argentées de la lune, que l'autre moitié soit plongée dans la nuit? Ne verrons-nous jamais plein le disque rayonnant?... Non, il y a aussi des sentiers qui mènent là-haut, loin de la barrière des sens, vers le monde de l'infini. Ceux qui ne touchent point aux biens du temps, nulle loi du temps ne les enchaîne.

Le corps seul est soumis à ces puissances qui traînent le sombre destin ; mais, libre de toute contrainte du temps, compagne des natures bienheureuses, là-haut, dans les champs de lumière, séjourne, divine parmi les dieux, la Forme idéale[1]. Voulez-vous planer, élevés sur ses ailes? jetez loin de vous le souci des choses terrestres! fuyez hors de cette vie étroite, étouffée, dans l'empire de l'idéal[2]!

Là, juvénile, pure de toute tache terrestre, plane, dans les rayons de la perfection, la divine image de l'humanité, comme les fantômes silencieux de la vie errent brillants aux bords du Styx, et comme elle habitait dans la région céleste avant qu'elle descendît, l'humanité immortelle, dans son triste sarcophage. Si, dans la vie, la balance de la lutte flotte encore incertaine, là apparait la victoire.

Ici-bas, ce n'est point pour dégager à jamais les membres des liens du combat, pour refaire le guerrier épuisé, que la couronne de la victoire exhale ses parfums. Même quand vos muscles reposeraient, la vie vous entraîne violemment dans ses flots; le temps, dans sa danse tourbillonnante. Mais l'aile hardie du courage s'affaisse-t-elle au sentiment pénible des limites étroites : alors, des hauteurs du beau, contemplez avec joie le but que votre vol a atteint.

1. Ce mot « Forme » (*Gestalt*) est pris dans un sens très-étendu. « C'est une idée, dit Schiller dans la quinzième des lettres citées plus haut, qui comprend toutes les qualités *formelles* des choses et tous leurs rapports aux facultés pensantes. »

2. Ici se trouvent, dans la première édition, les deux strophes que voici :

Et pour vous préserver à jamais de ces cohortes redoutables de terrestres soucis, rompez résolûment tous les ponts. Ne tremblez pas de perdre la patrie : tous les sentiers qui mènent à la vie, mènent aussi à une tombe assurée. Sacrifiez avec joie ce que vous avez possédé, ce que vous fûtes autrefois, ce que vous êtes : que le passé s'évanouisse dans un bienheureux oubli.

Que nul souvenir de douleur ne profane ce libre asile, nul regret, nul souci, nulle trace de larmes! Ils sont dégagés de toute obligation, ceux qui se réfugient dans ce sanctuaire, dégagés de toute dette des natures mortelles. Que l'esclave y marche, la tête haute, heureusement oublieux de ses fers; qu'elle-même, la Furie vengeresse, sommeille paisible dans le sein du pécheur.

Lorsqu'il s'agit de dominer et de protéger, quand les combattants s'élancent contre les combattants dans la carrière de la fortune et de la gloire : que l'audace, je le veux, heurte alors la force, et que les chars se mêlent, avec un bruyant fracas, sur l'arène poudreuse! Le courage peut seul ici conquérir le prix qui lui rit et l'appelle au but de l'hippodrome; seul, le fort contraindra le destin, tandis que l'efféminé succombe.

Mais le fleuve de la vie, qui, resserré entre des écueils, s'est répandu ici-bas écumant et fougueux, coule, paisible et uni, à travers les tranquilles régions des formes et du beau, et l'Aurore et Vesper se reflètent dans le bord argenté de ses vagues. Se fondant en un tendre et mutuel amour, unis dans la libre alliance de la grâce, là, les instincts contraires reposent réconciliés, et l'ennemi a disparu.

Quand le génie s'enflamme d'une efficace ardeur pour animer, en la façonnant, la nature morte, et s'unir avec la matière : qu'alors l'active diligence tende tous les nerfs, et que la pensée, par une lutte persévérante, se soumette l'élément rebelle! Seul, l'esprit résolu que nulle fatigue ne rebute, entend bruire la source du vrai, profondément cachée; ce n'est que sous le coup pesant du ciseau que s'amollit le dur grain du marbre.

Mais pénétrez dans la sphère du beau, et la pesanteur, avec la matière qu'elle domine, reste en arrière dans la poudre. Aux regards charmés apparaît la forme, non plus dégagée, par une lutte pénible, de la masse inerte, mais svelte et légère, et comme jaillissant du néant. Tous les doutes, tous les combats s'apaisent dans la haute sécurité de la victoire; l'idéale beauté a exclu tout vestige de l'humaine indigence.

Lorsque, dans la triste nudité de l'humaine nature, vous comparaissez devant la loi auguste; lorsque votre vie coupable est en présence du saint devoir : qu'alors votre vertu pâlisse aux rayons de la vertu; que devant l'idéal l'acte humain s'enfuie confus et découragé! Nul être créé n'a pu voler jusqu'à ce but.

Par-dessus ce terrible abîme ne nous porte nul canot, ni l'arche d'aucun pont; nulle ancre n'en trouve le fond.

Mais sortez de la barrière des sens, réfugiez-vous dans la liberté des pensées, et la terrible vision s'évanouit, et l'éternel abîme se comble. Accueillez dans votre volonté la divinité et sa loi, et elle y descend, du trône d'où elle régit le monde. Le lien rigoureux de la loi n'enchaîne que l'âme des esclaves qui la repousse. Avec la résistance de l'homme disparaît aussi la redoutable majesté du Dieu.

Lorsque les souffrances de l'humanité vous assiégent, quand Laocoon se défend avec une douleur indicible contre les serpents : que l'homme alors se révolte! que sa plainte frappe la voûte du ciel et déchire votre cœur sensible! que la voix terrible de la nature triomphe, que les joues colorées par la joie pâlissent, et que la force immortelle de notre âme succombe à la sainte sympathie!

Mais dans les régions sereines où habitent les formes pures, on n'entend plus gronder la sombre tempête des lamentations. Là, la douleur n'a plus le pouvoir de fendre l'âme : là, il ne coule plus de larmes pour la souffrance, mais seulement à la vue de la vaillante résistance de l'esprit. Là, doux à voir comme les brillantes couleurs d'Iris sur la rosée vaporeuse du nuage qui porte la foudre, l'azur serein du calme luit à travers le sombre voile de la mélancolie.

Abaissé jusqu'au rôle de valet d'un lâche, Alcide, autrefois, dans une lutte constante, parcourut la rude carrière de la vie, lutta avec les hydres, étreignit le lion, se jeta vivant, pour délivrer ses amis, dans la barque du nautonier des morts. Tous les fléaux, tous les fardeaux de la terre, la ruse de l'implacable déesse les accumule sur les épaules dociles de l'objet de sa haine, jusqu'à ce que sa course s'achève....

Jusqu'à ce que le dieu, dépouillé de tout ce qui est terrestre, se dégage, tout en flammes, de l'homme, et boit les purs courants de l'éther. Heureux de son vol nouveau, inaccoutumé, il s'élève, glissant dans l'espace, et la triste vision de la vie terrestre baisse, baisse et de plus en plus fuit sous ses pieds. Les harmonies de l'Olympe accueillent, dans le palais de Jupiter, le héros transfiguré, et la déesse aux joues de rose lui tend la coupe en souriant.

DIGNITÉ DES FEMMES[1].

Honorez les femmes ! Elles tressent et entrelacent les roses du ciel dans la vie terrestre ; elles tressent le lien fortuné de l'amour, et, sous le voile pudique de la grâce, elles nourrissent, d'une main vigilante et sainte, le feu éternel des nobles sentiments.

Toujours, hors des bornes de la vérité, erre la fougueuse énergie de l'homme ; ses pensées flottent incertaines sur l'océan des passions ; il étend au loin ses mains avides, jamais son cœur n'est assouvi ; sans relâche, à travers les sphères lointaines, il poursuit l'image de ses rêves.

Mais, d'un regard qui fascine et enchaîne, les femmes rappellent le fugitif, le rappellent, sages conseillères, dans la voie du présent. Dans la chaumière modeste de leur mère, elles sont restées avec des mœurs pudiques, filles fidèles de la nature pieuse.

Les efforts de l'homme sont hostiles ; avec sa force écrasante, il va, fougueux, à travers la vie, sans trêve et sans repos. Ce qu'il créa, il le détruit ; jamais ne repose la lutte de ses désirs,

---

[1]. Cette pièce est de 1795. Elle parut d'abord dans l'Almanach des Muses de 1796.

jamais! comme éternellement la tête de l'hydre tombe et se renouvelle.

Mais, contentes d'une gloire plus paisible, les femmes cueillent la fleur du moment, la nourrissent, attentives, avec un zèle plein d'amour, plus libres dans les liens de leur travail, plus riches, que lui dans les domaines du savoir et le cercle infini de la poésie [1].

Rigide et fier, se suffisant à lui-même, le sein glacé de l'homme ne connaît pas, se pressant cordialement sur un autre cœur, la divine joie de l'amour [2]; il ne connaît pas l'échange des âmes ; il ne fond pas en larmes ; même les luttes de la vie durcissent encore la dure trempe de son âme.

Mais, comme la harpe éolienne, doucement ébranlée par le zéphyr, frémit soudain, ainsi frémit l'âme sensible de la femme. Tendrement alarmée à la vue des souffrances, son sein aimant palpite, et dans ses yeux rayonnent les perles de la rosée céleste.

Dans le domaine de l'homme, c'est le droit altier de la force qui l'emporte; le Scythe argumente avec le glaive, et le Perse devient esclave. Les passions, dans leur fureur, se combattent, sauvages et féroces, et la rude voix de la Discorde commande aux lieux d'où la Grâce s'est enfuie.

---

1. Dans l'*Almanach des Muses*, on lit de plus ici la strophe suivante :

« L'homme imprime sur la nature le sceau de son pouvoir dominateur ; dans le miroir faussé du monde, il ne voit que son ombre. Les trésors de la raison, de l'imagination, lui sont ouverts : la seule chose que jamais il ne connaisse, c'est l'image qui se peint dans ses yeux et ce qui le touche de plus près.

« Mais ces images que l'œil obscurci de l'homme voit flotter incertaines sur les vagues des pensées agitées, l'âme de la femme, plus douce, les montre et les reflète, claires et fidèles, comme fait le disque de cristal du miroir immobile. »

2. Dans l'*Almanach des Muses*, la première moitié de cette strophe est ainsi conçue :

« Toujours résistant, toujours créant, le cœur de l'homme ne connaît pas la volupté de la conception, ni la douleur doucement partagée. »

Mais, puissantes par la prière doucement persuasive, les femmes tiennent le sceptre des mœurs. Elles éteignent la discorde qui s'enflamme et fait rage; elles apprennent aux forces ennemies qui se haïssent à s'embrasser dans l'aimable accord de la Forme[1]; elles unissent ce qui toujours se fuit[2].

[1]. Le mot « Forme » a ici le même sens philosophique que dans le poëme précédent.

[2]. A la suite de cette strophe, l'*Almanach des Muses* contenait encore les trois suivantes :

« Oubliant son humanité, la vaine présomption de l'homme ose se mesurer avec les êtres surhumains chez qui le désir n'a nul accès. Il dédaigne fièrement la direction de la nature qui doucement le conseille; il s'élance dans les espaces célestes et perd la trace de la terre.

« Mais, par la voie plus vraie des sentiments, la femme marche au but divin, qu'elle atteint sans bruit, mais plus sûrement. L'humanité, que l'homme ne dompte qu'en égorgeant, elle s'efforce de la porter aux astres sur le char ailé de la beauté.

« Sur le front de l'homme siége, roi sublime, le devoir; mais ce dominateur cruel n'épargne pas ce qu'il domine. La révolte des sentiments déshonore la victoire de la pensée, et la lutte éternelle garantit seule l'éternité de la victoire.

« Mais, dans la femme, la paix de la passion est conclue pour des temps infinis; le saint pouvoir de la nécessité veille sur la fleur précieuse de la pudeur; il veille, dans le cœur de la femme, sur la vertu, pour qui la volonté n'est qu'un gardien sans foi.

« Arraché du sein de l'innocence, l'homme gravit vers l'idéal par une science éternellement discordante, où son cœur ne peut trouver le repos; il vacille, d'un pas incertain, partagé entre la fortune et le droit, et perd ce juste et beau milieu où l'humanité est heureuse de s'arrêter.

« Mais dans la figure glorieuse de la femme, sous un voile d'innocence enfantine, se cache la haute et pure volonté. Dans la simplicité charmante des traits brille ensemble la perfection de l'humanité et son berceau : le pouvoir de l'enfant et le pouvoir de l'ange y règnent à la fois. »

LE BON GÉNIE[1].

« Croirai-je, dis-tu, à la parole que m'enseignent les maîtres de la sagesse, et que la troupe des disciples jure, empressée, assurée? La science peut-elle, seule, conduire à la paix véritable? l'échafaudage d'un système étayer, seul, le bonheur et le droit? Dois-je me défier de l'instinct qui tout bas m'avertit? de cette loi que toi-même, ô Nature, tu as gravée dans mon sein? m'en défier jusqu'à ce que l'école ait imprimé son sceau sur l'éternel décret, et que le vase de la formule enserre l'esprit fugitif? Dis-le-moi! Tu es descendu dans ces profondeurs, et sorti sain et sauf de la poussière de ce tombeau. Tu sais ce que recèle la crypte des paroles obscures, et si la consolation des vivants est au séjour des momies. Dois-je suivre cette route nocturne? Je frissonne, j'en conviens. Mais pourtant je la veux suivre, si elle conduit à la vérité, au droit. »

— Ami, tu connais, n'est-ce pas, l'âge d'or?... les poëtes en ont raconté mainte légende, et touchante et naïve.... cet âge où saint, le sacré était encore de ce monde, où le sentiment se conservait encore chaste et vierge, où la grande loi qui là-haut règne dans le cours des soleils, et qui, cachée dans l'œuf, éveille le germe qui tressaille, où la loi calme, constante, égale, de la nécessité agitait aussi les vagues plus libres du sein de l'homme: cet âge où le sens intime, infaillible et fidèle, comme l'aiguille du cadran, ne montrait aux mortels que le vrai, que l'éternel?... Alors on ne voyait ni profane, ni initié; ce qu'on sentait vivant dans l'âme, on ne le cherchait pas chez les morts. La règle éternelle était intelligible également pour tout cœur, également cachée la source d'où cette règle découlait vivifiante.

1. Publié d'abord dans les *Heures* de 1795, sous le titre de « Nature et École »

Mais cet heureux temps n'est plus! L'arbitraire fantaisie a troublé témérairement la divine paix de la fidèle nature[1]. Le sentiment profané n'est plus la voix des dieux, et les oracles se taisent dans le cœur dégradé. Ce n'est que dans le moi, dans la conscience, plus paisible, que l'esprit attentif les perçoit encore, et la parole mystique garde le sens sacré. Là le penseur les évoque, lorsqu'il descend avec un cœur pur dans ce sanctuaire, et la sagesse lui rend la nature perdue.

N'as-tu jamais, heureux mortel, perdu l'ange gardien, jamais étouffé l'inspiration bienveillante de l'instinct pieux? la vérité se peint-elle encore, fidèle et pure, dans tes chastes yeux? son appel résonne-t-il, clair encore, dans ton sein candide? la révolte du doute est-elle muette encore dans ton âme satisfaite, sera-t-elle (le sais-tu sûrement?) muette à jamais, comme aujourd'hui? la lutte de tes sentiments n'aura-t-elle jamais besoin d'un juge, jamais le cœur perfide ne troublera-t-il la clarté de la raison[2]?... Oh! alors, poursuis ta route dans ta précieuse innocence: la science ne peut rien t'apprendre. Qu'elle apprenne de toi! Ce n'est pas pour toi qu'elle est faite, cette loi qui conduit, avec une verge de fer, le mortel qui regimbe. Ce que tu fais, ce qui te plaît, est loi, et passera à toutes les générations, comme un ordre divin. Ce que façonne ta main sainte[3], ce que prononce ta bouche sainte, sera un mobile tout-puissant pour

---

1. La première édition a ici quelques variantes et quelques distiques de plus :

« Le fleuve divin coule trouble et nuageux dans les cœurs coupables; on ne le puise encore pur et limpide qu'à la source. Cette source, c'est bien bas, dans les profondeurs de la raison pure, loin des traces de la passion, qu'elle ruisselle, argentine et fraîche. L'oracle a disparu du tumulte fougueux des sens, ce n'est que dans le moi plus paisible que l'esprit attentif l'entend; mais, seule, la science peut ouvrir l'accès, et la parole mystique garde le sens sacré. »

2. Dans les *Heures*, il y a ici un distique de plus :

« Jamais l'esprit subtil ne prendra-t-il dans son piège la simplicité de la conscience? jamais (le sais-tu sûrement?) l'éternel gouvernail ne vacillera-t-il? »

3. Variante de la première édition :

« Et dans les âges infinis régnera, comme le canon de Polyclète, ce que façonne, etc. »

les esprits étonnés. Toi seul, tu ne remarques pas le dieu qui commande dans ton sein, ni la puissance du sceau qui t'assujettit tous les esprits. Tu marches, simple et calme, à travers le monde subjugué[1].

LES SEXES[2].

Vois dans le tendre enfant deux aimables fleurs réunies, la jeune fille et le jeune homme : le bouton, toutes deux, les couvre encore. Le lien qui les confond, doucement se relâche ; les deux natures se divisent délicatement ; et de la pudeur aimable, la force, avec feu, se sépare. Laisse le garçon jouer, se livrer avec bruit à ses désirs fougueux : la force ne revient qu'assouvie à la grâce. La double fleur commmence à poindre du bouton ; chacune est précieuse, ni l'une ni l'autre pourtant ne satisfait le vœu de ton cœur. Un progrès charmant épanouit le corps florissant de la jeune fille ; mais la fierté garde sévèrement, comme une pudique ceinture, ses attraits. Farouche comme le chevreuil tremblant qu'elle poursuit, au son du cor, à travers les forêts, elle fuit l'homme et ne voit en lui qu'un ennemi ; elle hait encore, parce qu'elle n'aime pas. De ses paupières sombres, le jeune homme lance des regards de défi et d'audace, et, endurci pour le combat, il tend la corde de son arc. Au loin, dans la mêlée des lances et dans l'arène poudreuse, l'appelle la gloire séduisante, l'entraîne la bouillante ardeur. Maintenant, protége ton œuvre, ô nature ! Éternellement, si tu ne les unis, vont se

---

1. Dans les *Heures*, la pièce a un distique de plus :

« Mais tu conquiers, aveugle, ce que nous manquons les yeux ouverts, et l'enfant, en jouant, réussit où le sage échoue. »

2. Inséré d'abord dans l'*Almanach des Muses* de 1797.

fuir ceux qui éternellement se cherchent. Mais déjà, toute-puissante, tu es là : de la lutte la plus fougueuse tu fais sortir la divine paix de l'harmonie. Un profond silence succède au tumulte de la chasse; la rumeur du jour bruyant expire, et les étoiles doucement descendent à l'horizon. Le roseau chuchote en soupirant; les ruisseaux glissent avec un doux murmure, et de sa chanson mélodieuse Philomèle remplit le bocage. D'où viennent ces soupirs qui soulèvent le sein de la jeune fille? Jeune homme, pourquoi ces larmes qui remplissent tes yeux? Ah! elle cherche en vain un soutien à enlacer d'une étreinte caressante, et la grappe gonflée est courbée par son poids vers la terre. Aspirant toujours et sans repos, le jeune homme est consumé dans ses propres flammes; ah! nul souffle ne vient rafraîchir sa brûlante ardeur. Mais, vois! ils se trouvent; Amour les rassemble, et le dieu ailé est suivi de la Victoire, ailée comme lui. Divin Amour, c'est toi qui réunis les fleurs de l'humanité! Éternellement séparées, elles sont pourtant, par toi, éternellement unies!

LES CHANTRES DU MONDE ANCIEN[1].

Dites, où sont-ils, ces hommes excellents, où trouverai-je ces chantres dont la parole vivante ravissait les peuples attentifs, dont les chants faisaient du ciel descendre le dieu, monter l'homme au ciel, et enlevaient les esprits sur les ailes de la mélodie? Ah! les chantres vivent encore; seules, les actions manquent, pour éveiller gaiement la lyre; il manque, hélas! une oreille qui entende.

Heureux poëtes d'un monde heureux! de bouche en bouche, de génération en génération, volait votre parole sentie de tous.

1. Inséré d'abord dans les *Heures* de 1795, sous un autre titre : « Les poëtes du monde ancien et du nouveau. »

Comme on accueille les dieux, ainsi chacun saluait avec ferveur ce que lui créait le génie par la parole ou par la main de l'art. Au feu du chant s'enflammaient les sentiments de l'auditeur; aux sentiments de l'auditeur le chantre nourrissait son propre feu, le nourrissait et le purifiait! Heureux le poëte à qui la voix du peuple renvoyait encore clairement l'âme de la poésie; à qui, au dehors dans la vie, apparaissait encore la divinité céleste que le poëte de nos jours entrevoit à peine, à peine encore dans son cœur¹!

PUISSANCE DU CHANT².

Des fentes du rocher un torrent sort, avec l'impétuosité du tonnerre; les débris de la montagne le suivent dans sa course, et sous lui les chênes croulent. Étonné, saisi d'une voluptueuse horreur, le voyageur l'entend et prête l'oreille; il entend mugir les flots tombant des rochers; mais il ne sait d'où vient ce flux bruyant : ainsi jaillissent les vagues du chant et leurs sources jamais n'ont été découvertes.

Le chantre est allié aux êtres redoutables qui tordent en silence le fil de la vie. Qui peut conjurer ses charmes? qui résister à ses accents? Comme avec la verge du messager des dieux, il gouverne le cœur ému; il le plonge dans le royaume des morts; il l'élève, émerveillé, jusqu'aux cieux; il le berce, et

---

1. *Les Heures* ont ici deux distiques de plus :

« Malheur à lui, s'il croit encore aujourd'hui la percevoir du dehors et prête une oreille abusée à l'appel du séducteur ! Du milieu du monde qui l'entourait, la Muse parlait à l'ancien poëte; à peine apparaît-elle encore au moderne, quand il oublie le monde où il vit. »

2. Cette ode est de 1795; c'est la première pièce de *l'Almanach des Muses* de 1796.

le mène du plaisant au sévère, sur la flexible échelle des sentiments.

Lorsque tout à coup, dans les cercles où règne la joie, s'avance à pas de géant, avec mystère, tel qu'un fantôme, un affreux destin : alors se courbe toute grandeur terrestre, devant cet hôte de l'autre monde; le vain bruit de l'allégresse se tait, tout masque tombe, et, devant la puissance victorieuse de la vérité, s'évanouit toute œuvre de mensonge.

Ainsi, quand l'appel du chant résonne, l'homme soudain s'élève, rejetant tout vain fardeau, à la dignité des purs esprits, et subit un saint pouvoir. Il appartient aux dieux suprêmes; rien de terrestre ne peut l'approcher, et toute autre puissance doit se taire. Nulle fatalité ne l'atteint; toutes les rides du souci s'effacent, tant que règne la magie du chant.

Et comme, après un regret sans espoir, après la douleur amère d'une longue séparation, un enfant se précipite, inondé des larmes brûlantes du repentir, sur le cœur de sa mère : ainsi le chant ramène à la chaumière de sa jeunesse, au bonheur pur de son innocence, le fugitif exilé sur une terre lointaine, parmi des mœurs étrangères; il le remet aux bras de la nature fidèle, pour réchauffer son cœur glacé par les théories

LES DIGNITÉS[1].

Comme la colonne de lumière se reflète dans la vague du ruisseau, et que la frange dorée de l'onde s'enflamme d'un éclat qui lui semble propre; mais le courant entraîne la vague,

---

1. *Almanach des Muses* de 1796.

et par la route lumineuse une autre déjà se presse pour fuir rapidement comme la première : ainsi l'éclat des dignités illumine l'homme mortel; ce n'est pas lui qui brille, mais la place qu'il a traversée.

LE BONHEUR[1].

Heureux celui que les dieux propices ont aimé, même avant sa naissance; que Vénus berça, comme enfant, dans ses bras; dont Phœbus ouvrit les yeux, Mercure les lèvres, et à qui Jupiter imprima sur le front le sceau de la puissance! Un lot sublime, un lot divin lui est échu; même avant que le combat commence, ses tempes sont couronnées. La vie complète lui est comptée avant qu'il l'ait vécue; avant d'endurer la peine, il a obtenu la faveur.

Je nomme grand, il est vrai, l'homme qui, se formant et se créant lui-même, triomphe de la Parque par la force de la vertu; mais il ne peut contraindre la Fortune, et ce que la faveur envieuse lui refuse, son courage, par ses efforts, ne l'atteindra jamais. La volonté, la sérieuse volonté, peut te garantir de toute indignité; mais les dons sublimes émanent librement des dieux. Comme la bien-aimée t'aime, ainsi te viennent les présents du ciel. Là-haut, dans l'empire de Jupiter, la faveur règne, comme dans celui de l'Amour.

Les dieux ont leurs penchants; ils aiment les têtes bouclées de la verte jeunesse; joyeux eux-mêmes, la joie les attire. Ce n'est pas le voyant qu'ils favorisent de leur apparition; l'aveugle seul a contemplé la splendeur de leur gloire. Volontiers choisissent-ils des âmes enfantines et simples; dans un vase modeste, ils

---

1. Composé en 1798, et publié d'abord dans l'*Almanach des Muses* de 1799.

enferment un divin trésor. Ils viennent à qui ne les espère pas, et trompent l'attente orgueilleuse : ils sont libres ; point de conjuration assez puissante pour les forcer à descendre. A celui vers qui il incline, le père des dieux et des hommes envoie son aigle, qui l'élève aux célestes hauteurs. Il prend dans la foule selon sa fantaisie, et autour de la tête qui lui plaît, il tresse, d'une main amie, tantôt le laurier, tantôt le bandeau qui donne la souveraineté : le dieu lui-même, n'est-ce pas la Fortune propice qui l'a couronné?

Devant l'homme heureux marchent Phœbus, le vainqueur pythien, et celui qui dompte les cœurs, Amour, le dieu riant. Devant lui, Neptune aplanit la mer : doucement glisse la quille de la nef qui porte César et sa fortune toute-puissante. A ses pieds se couche le lion ; le dauphin, à grand bruit, monte du fond des abîmes, et pieusement lui présente son dos [1].

Ne t'irrite pas contre l'homme heureux, si les dieux lui donnent une victoire facile, si Vénus soustrait au combat son favori. C'est à celui que la riante déesse sauve, au mortel aimé des dieux, que je porte envie, et non au guerrier dont elle couvre le regard obscurci du voile de la nuit [2]. Achille était-il moins grand, parce que Vulcain lui-même lui forgea son bouclier et son épée meurtrière? parce que le puissant Olympe s'agite autour du simple mortel? Ce qui fait sa grandeur, c'est que les dieux l'ont aimé, qu'ils ont honoré sa colère ; c'est que, pour donner de la gloire à leur favori, ils précipitèrent aux enfers l'élite de la Grèce [3].

Ne t'irrite pas contre la beauté, de ce qu'elle est belle, de ce que, sans mérite, elle brille comme le calice du lis par le don

---

1. Il y a ici un distique de plus dans la première édition :

« Le beau en tout genre est né roi et triomphe par sa paisible approche, comme un Dieu immortel. »

En outre, au lieu des mots : « A ses pieds se couche le lion, » on lit dans l'*Almanach des Muses* : « Les natures sauvages lui obéissent. »

2. Allusion au combat singulier de Pâris et de Ménélas, qui est raconté dans le troisième livre de l'*Iliade* (v. 379 et suiv.).

3. La première édition ajoute ici un distique :

« Hector combattit pour son foyer sacré, mais le guerrier pieux tomba victime du mortel heureux, car les dieux ne lui étaient pas propices. »

de Vénus ! Souffre qu'elle soit heureuse par nature ; tu la vois, tu es heureux par elle. Comme elle brille sans mérite, de même elle te ravit.

Réjouis-toi que le don de la mélodie descende du ciel ; que le poëte te chante ce que la Muse lui a enseigné ! Parce que le dieu l'anime, il devient dieu pour qui l'écoute. C'est parce qu'il est heureux que tu peux l'être par lui.

Sur le marché diligent, que Thémis tienne la balance, et que le salaire se mesure sévèrement à la peine ; mais seul un dieu appelle la joie sur les joues des mortels ; où il ne se fait point de miracle, vous ne verrez pas d'heureux.

Toute chose humaine doit d'abord naître, et croître, et mûrir, et le temps, qui développe et façonne, la conduit d'une forme à une autre. Mais le bonheur, la beauté, tu ne les vois point se faire. Toute Vénus terrestre naît comme la première Vénus, la Vénus du ciel, création mystérieuse sortie de la mer infinie ; comme la première Minerve, ainsi, de la tête du Dieu du tonnerre, s'élance, armée de l'égide, toute pensée de lumière [1].

COLOMB [2].

En avant, hardi navigateur ! Que l'esprit moqueur te raille ; que le pilote au gouvernail laisse tomber sa main fatiguée. Vogue toujours, toujours vers l'Occident ! Là se montrera, il le faut, la côte ; car enfin elle s'étend, distincte et brillante, aux yeux de ton génie. Confie-toi au dieu qui te guide, et suis

1. L'*Almanach des Muses* a un distique de plus :

« Mais tu nommes cela bonheur, et tu reproches témérairement ta propre cécité au Dieu que ton esprit ne comprend pas. »

2. *Almanach des Muses* de 1796.

l'Océan silencieux. Quand elle n'existerait pas encore, elle sortirait maintenant du sein des flots. La nature est alliée au génie par un pacte éternel; ce que l'un promet, l'autre le tient à coup sûr.

ULYSSE[1].

Pour retrouver sa patrie, Ulysse sillonne toutes les ondes; il affronte et les aboiements de Scylla et les dangers de Charybde, et les horreurs d'une mer ennemie et les horreurs de la terre. Sa navigation errante l'entraîne jusqu'au royaume de Pluton. Enfin, le destin le porte, endormi, sur la côte d'Ithaque : il s'éveille, et, gémissant, ne reconnaît pas sa patrie.

ARCHIMÈDE ET LE DISCIPLE[2].

Un jeune homme désireux de savoir se présenta à Archimède. « Initie-moi, lui dit-il, à cet art divin qui a produit à la patrie de si nobles fruits, et protégé les murs de Syracuse contre la sambuque[3]. — Tu appelles cet art divin? Il l'est, répondit le sage; mais il l'était, mon fils, même avant d'être utile à l'État.

---

1. *Almanach des Muses* de 1796.
2. *Heures* de 1795.
3. « Nom d'une machine de siége que Marcellus employa contre Syracuse. »
 (*Note de l'auteur dans la première édition.*)

Ne lui demandes-tu que des fruits, l'art mortel peut aussi les produire : qui prétend à la déesse, ne doit pas chercher en elle la femme. »

LA DANSE[1].

Vois tourner d'un pas flottant les couples, balancés comme les vagues! Le pied ailé effleure à peine le sol. Vois-je des ombres fugitives délivrées du poids du corps? des sylphes qui, au clair de lune, entrelacent leur ronde aérienne? Comme, bercée par le zéphyr, la fumée légère coule dans l'air, comme la barque doucement se balance sur les flots argentés, ainsi le pied docile bondit sur la vague mélodieuse de la cadence; le son des cordes murmurantes soulève les corps éthérés.

Soudain, comme s'il voulait rompre de force la chaîne de la danse, un couple hardi, là-bas, s'élance au plus épais de la ronde. Devant lui se fraye subitement le passage, qui, derrière lui, disparaît; il semble qu'une main magique lui ouvre et lui ferme le chemin. Vois! à l'instant il s'est évanoui aux regards : dans un fougueux pêle-mêle croule et se confond l'élégante structure de cette mobile création.... Non! le voilà qui flotte encore et ressort triomphant; le nœud se débrouille; l'ordre n'a fait que se rétablir avec un nouvel attrait. Toujours détruit, ce monde tourbillonnant se reproduit toujours, et une loi muette dirige le jeu de ces métamorphoses. Parle! d'où vient que les figures vacillent, sans cesse renouvelées, et que le repos subsiste dans ce mouvant tableau? que chacun, maître et libre, n'obéit qu'à son propre cœur, et, dans cette course rapide, trouve l'unique chemin? Veux-tu le savoir? C'est la puissante déesse de l'harmonie

1. *Almanach des Muses* de 1706.

qui ordonne en bel ensemble de danse les bonds désordonnés ; qui, pareille à Némésis[1], dirige avec le frein d'or du rhythme la bruyante allégresse, et apprivoise sa fougue.

Et c'est en vain que pour toi retentissent les harmonies de l'univers ? Le torrent de ce sublime concert ne te saisit-il pas ? ni la cadence ravissante que tous les êtres te marquent ? ni le tourbillon de la danse qui, à travers l'éternel espace, lance de brillants soleils dans des routes hardiment entrelacées ? Ce que tu respectes pourtant dans le jeu, tu le fuis dans l'action : la mesure !

PLAINTE DE CÉRÈS[2].

L'aimable printemps a-t-il paru ? La terre s'est-elle rajeunie ? Les collines verdissent au soleil, et l'écorce de glace se brise. Dans le bleu miroir des fleuves Jupiter[3] sourit sans nuages ; les ailes du zéphyr s'agitent plus doucement ; les jeunes branches poussent des bourgeons. Les chants s'éveillent dans le bocage, et l'Oréade me dit : « Tes fleurs reviennent ; ta fille ne revient pas. »

Ah ! qu'il y a longtemps que j'erre, la cherchant ici-bas, à travers les campagnes ! Titan, j'ai envoyé tous tes rayons à la découverte de cette trace chérie : nul encore ne m'a donné des nouvelles de ses traits bien-aimés ; et le Jour, qui trouve tout, n'a point trouvé celle que j'ai perdue. O Jupiter, me l'as-tu ravie ? Touché de ses charmes, Pluton l'a-t-il entraînée aux sombres fleuves des enfers ?

---

1. Déesse de la juste mesure et de la répression, ennemie de tout excès et de tout désordre.
2. Ce poëme, qui fut d'abord inséré dans l'*Almanach des Muses* de 1797, paraît être du mois de juin 1796.
3. Personnification de l'air et du ciel.

Qui sera aux rives ténébreuses le messager de ma douleur? Éternellement la barque s'éloigne du bord; mais elle ne reçoit que des ombres. A tout œil bienheureux le nocturne empire reste fermé : jamais, depuis que coule le Styx, il n'a porté nulle forme vivante. Mille sentiers mènent en bas; aucun ne ramène au jour. Les pleurs qu'elle verse, nul témoin ne les rapporte aux regards inquiets de sa mère.

Les mères qui sont nées mortelles, de la race de Pyrrha, peuvent suivre l'enfant aimé à travers la flamme du sépulcre : seul, ce qui habite le palais de Jupiter n'approche pas du sombre bord. Parques, votre main sévère n'épargne que les Immortels. Précipitez-moi de la salle d'or du ciel dans la nuit des nuits! Ne respectez pas les droits de la déesse : ils sont, hélas! le supplice de la mère!

Là où, sans joie sur le trône, elle siége avec son noir époux, je descendrais : je paraîtrais sans bruit, parmi les ombres silencieuses, devant la souveraine. Son œil, hélas! humide de larmes, cherche en vain la lumière dorée; errant vers les sphères lointaines, il ne tombe pas sur sa mère, jusqu'à ce qu'enfin sa joie la découvre, que son cœur presse mon cœur, et que, partageant notre émotion, le dur Pluton, lui-même, verse des pleurs.

Vain souhait! Plaintes perdues! Le char du jour roule, sûr et paisible, dans son égale ornière : le décret de Jupiter demeure immuable. Il a détourné de ces ténèbres sa tête fortunée; une fois entraînée dans la nuit, ma fille m'est à jamais ravie, jusqu'à ce que les flots du sombre fleuve se rougissent des feux de l'Aurore, et qu'Iris déploie son bel arc au milieu des enfers.

Ne m'est-il rien resté d'elle, pas un doux gage qui rappelle qu'éloignées, nous nous aimons encore? pas une trace de sa main chérie? Aucun nœud d'amour ne se peut-il nouer entre la fille et la mère? Entre les vivants et les morts, nulle alliance n'est-elle possible?... Non, elle n'a pas entièrement disparu! Non, nous ne sommes pas entièrement séparées! Il est encore un langage que les maîtres suprêmes ne nous interdisent pas.

Quand meurent les enfants du printemps; quand, au souffle glacé du Nord, feuilles et fleurs se flétrissent, et que l'arbuste est là dépouillé, alors je puise dans la riche corne de Vertumne les précieux germes de vie : pour la donner en offrande au Styx, je prends la semence d'or du blé. Triste, je l'enfouis dans la terre, je la dépose sur le cœur de mon enfant, pour qu'elle devienne le langage de mon amour, de ma douleur.

La danse égale des Heures ramène-t-elle le joyeux printemps, ce qui avait péri renaît sous les regards vivifiants du soleil. Les germes qui, aux yeux, étaient morts dans le sein glacé de la terre, se dégagent gaiement pour entrer dans le riant empire des couleurs. Tandis que la tige s'élance vers le ciel, la racine timidement cherche la nuit; la puissance du Styx et celle de l'Éther se partagent le soin de les nourrir.

Ils touchent d'un côté à l'empire des morts; de l'autre, à celui des vivants. Ah! ce sont pour moi de chers messagers, de douces voix venues du Cocyte! Bien qu'il la tienne elle-même enfermée dans son horrible gouffre, par les jeunes rejetons du printemps sa bouche aimable me parle, et me dit que, loin du jour doré, dans le triste séjour des ombres, le sein palpite encore d'amour, les cœurs brûlent encore de tendresse.

Oh! je vous salue avec joie, enfants de la plaine rajeunie! Que votre calice déborde de la plus pure rosée du nectar. Je veux vous baigner dans les rayons; de la plus belle lumière d'Iris je veux peindre vos fleurs, pareilles à l'aspect de l'Aurore. Que, dans l'éclat serein du printemps, dans la guirlande fanée de l'automne, chaque tendre cœur lise ma joie et ma douleur.

SENTENCES DE CONFUCIUS[1].

I

La marche du temps est triple : l'avenir arrive à pas lents ; rapide comme la flèche, le présent s'est envolé ; le passé demeure éternellement immobile.

Jamais l'impatience n'accélère son pas, lorsqu'il tarde ; ni crainte, ni doute ne suspend sa course, quand il fuit ; nul regret, nulle formule magique ne le peut mouvoir, une fois arrêté.

Voudrais-tu achever, heureux et sage, le voyage de la vie? prends pour conseil, non pour instrument de tes actions, le temps dans sa lenteur ; ne choisis pas pour ami le temps qui fuit, ni pour ennemi le temps immobile.

II

La mesure de l'espace est triple : en avant, sans cesse et sans repos, la *longueur* aspire à s'étendre ; la *largeur* se répand à l'infini ; la *profondeur* descend sans trouver de fond.

Elles te sont données comme symbole : tu dois toujours tendre en avant, jamais ne t'arrêter lassé, si tu veux voir la perfection ; tu dois te déployer et te dilater, si tu veux que le monde

---

1. La première a paru dans l'*Almanach des Muses* de 1796 ; la seconde, dans celui de 1800.

prenne une forme à tes yeux; tu dois descendre dans la profondeur, si tu veux que l'être se montre à toi. Seule, la constance mène au but; seule, la plénitude mène à la clarté, et dans l'abîme profond habite la vérité.

LUMIÈRE ET CHALEUR[1].

L'homme bon entre dans le monde avec une joyeuse confiance. Ce qui fait palpiter son cœur, il le croit voir aussi hors de lui; et, brûlant d'une noble ardeur, il consacre à la vérité son bras fidèle.

Mais tout est si mesquin, si étroit! A peine l'a-t-il éprouvé, qu'il ne cherche plus, dans le tumulte du monde, qu'à se garder lui-même; son cœur, calme, orgueilleux et froid, à la fin se ferme à l'amour.

Ah! ils ne donnent pas toujours une ardente chaleur, les clairs rayons de la vérité! Heureux ceux qui ne payent pas de leur cœur le bien de la science! Unissez donc, pour votre plus grande félicité, au zèle sincère de l'enthousiaste, le coup d'œil de l'homme du monde.

---

1. Inséré d'abord, ainsi que la pièce suivante, dans l'*Almanach des Muses* de 1798.

LARGEUR ET PROFONDEUR[1].

Bien des gens brillent dans le monde ; ils savent parler de tout, et pour apprendre ce qui peut, ici ou là, charmer et plaire, on n'a qu'à les interroger. On croirait, à les entendre parler haut, qu'ils ont vraiment conquis la mariée[2].

Et cependant ils sortent du monde sans nul bruit ; leur vie a été perdue. Qui veut produire quelque chose d'excellent, enfanter quelque grande œuvre, qu'il rassemble doucement, sans se lasser, la plus haute force sur le plus petit point.

Le tronc s'élève dans les airs, avec ses branches richement éclatantes : les feuilles brillent et exhalent leur arome ; cependant, elles ne peuvent produire de fruits. Le noyau seul, dans un étroit espace, recèle l'orgueil de la forêt, l'arbre.

ESPÉRANCE[3].

Les hommes parlent et rêvent sans cesse de jours futurs meilleurs. On les voit courir et s'élancer vers un but fortuné, un

---

1. Voyez la note précédente.
2. Locution proverbiale, signifiant qu'ils ont atteint le but et sont au comble de leurs vœux, qu'il ne leur manque rien, qu'ils n'ont plus rien à apprendre, à obtenir.
3. Ces strophes parurent d'abord dans les *Heures* de 1797.

but tout d'or. Le monde vieillit, puis rajeunit, mais toujours l'homme espère une amélioration.

L'espérance l'introduit dans la vie; elle voltige autour de l'enfant joyeux; son charme brillant séduit le jeune homme; elle n'est pas ensevelie avec le vieillard : car, s'il termine, épuisé, sa course dans la tombe, au bord même de cette tombe, il plante encore.... l'espérance.

Ce n'est pas une vaine et flatteuse illusion, engendrée dans le cerveau des fous. Au fond du cœur ce cri s'élève et le proclame : « Nous sommes nés pour un état meilleur; » et ce que dit la voix intérieure n'abuse pas l'âme qui espère.

CHANSON A BOIRE LE PUNCH[1].

Quatre éléments, intimement unis, forment la vie, composent le monde.

Pressez la juteuse étoile du citron! Amer est au fond le noyau de la vie.

Maintenant, avec le jus du sucre adoucissant, tempérez la force amère et brûlante.

Versez l'eau à jets ondoyants. L'eau paisiblement environne l'univers.

1. Cette chanson et la suivante ont été faites à Weimar, en 1803, pour un cercle d'amis.

Puis versez-y les gouttes de l'esprit généreux. L'esprit seul donne la vie à la vie.

Avant qu'elle s'évapore, puisez tôt la liqueur! Cette source ne désaltère que lorsqu'elle est brûlante.

CHANSON A BOIRE LE PUNCH,

A CHANTER DANS LE NORD[1].

Sur les libres hauteurs des monts, sous l'éclat du soleil du Midi, sous l'influence des chauds rayons, la nature produit le vin doré.

Et personne encore n'a découvert comment crée la grande mère : mystérieux est son travail, impénétrable sa puissance.

Étincelant comme un fils du soleil, comme la source de feu de la lumière, il jaillit pétillant du tonneau, et vermeil, et clair comme le cristal.

Et il réjouit tous les sens, et dans tout cœur inquiet il verse le baume de l'espérance, et un nouvel amour de la vie.

Mais sur nos climats la lumière du soleil tombe oblique et terne : elle ne peut que colorer les feuilles, mais elle ne mûrit pas les fruits.

Pourtant le Nord aussi veut vivre, et ce qui vit se veut réjouir : aussi nous créons-nous, inventifs, sans vigne, du vin.

1. Voyez la note précédente.

Ce que nous apprêtons sur l'autel domestique, n'est qu'un pâle breuvage; ce que forme et anime la nature brille d'un éternel éclat.

Mais nous puisons avec joie dans la coupe la liqueur terne : l'art aussi est un don du ciel, bien qu'il emprunte sa flamme à un foyer terrestre.

L'immense empire des forces est ouvert à son action : formant avec le vieux du neuf, il s'égale au Créateur.

Le faisceau même des éléments se rompt à sa voix souveraine; avec des flammes terrestres[1], il imite le céleste dieu du soleil.

Au loin, vers les îles Fortunées, il dirige la course des navires; et les fruits d'or du Midi, il les débarque à monceaux dans le Nord.

Que cette liqueur de feu nous soit donc un signe et un emblème de ce que l'homme peut conquérir par la volonté et la force.

POÉSIE DE LA VIE[2].

A ***.

« Qui voudrait se repaître de fantômes, qui revêtent la vie d'un éclat emprunté et abusent l'espérance par une possession

---

1. Variante : « Avec les flammes du foyer. »
2. Cette épître, composée en 1795, parut d'abord dans l'*Almanach des Muses* de 1799.

trompeuse? Il faut que je voie la vérité nue ; oui, quand tout mon ciel devrait s'évanouir avec mon illusion, quand mon esprit libre, qu'un vol sublime emportait dans les champs infinis du possible, devrait tomber dans les chaînes sévères du présent. Il apprendra à se vaincre lui-même; l'ordre sacré du devoir, l'arrêt terrible de la nécessité ne le trouveront que plus soumis. Celui qui craint même le doux empire de la vérité, comment supportera-t-il la nécessité ? »

Ainsi tu t'écries, mon austère ami ; et, du port assuré de l'expérience, tu jettes un regard réprobateur sur tout ce qui n'est qu'apparence. Effrayée par ta sérieuse parole, la troupe des dieux d'amour s'enfuit, les chants des Muses se taisent, les danses des Heures s'arrêtent; les déesses sœurs, les Grâces, dans un deuil muet, retirent leurs couronnes de leurs beaux cheveux bouclés; Apollon brise sa lyre d'or, et Hermès sa baguette merveilleuse; le voile rose du songe tombe du pâle visage de la vie; le monde paraît ce qu'il est, un tombeau; le fils de Cythérée ôte de ses yeux le bandeau magique; l'amour voit, il voit dans le divin enfant de Vénus un simple mortel, s'épouvante et fuit; la jeune image de la beauté vieillit; sur tes lèvres même, le baiser d'amour se glace, et, dans l'élan de la joie, tu t'arrêtes soudain, pétrifié.

L'IMAGE VOILÉE DE SAÏS[1].

Un jeune homme, que la soif ardente de savoir poussa en Égypte, à Saïs, pour apprendre la sagesse secrète des prêtres, avait déjà, grâce à la promptitude de son esprit, franchi maint degré. Toujours son désir de connaître l'entraînait plus loin, et

---

1. Cette parabole a été publiée dans les *Heures* de 1795.

l'hiérophante avait peine à calmer l'impatience de ses aspirations. « Qu'ai-je, si je n'ai tout? disait le jeune homme; y a-t-il ici du plus et du moins? Ta vérité n'est-elle, comme le bonheur des sens, qu'une somme que l'on peut posséder plus grande ou plus petite, mais qu'enfin toujours l'on possède? N'est-elle pas une, indivisible? Enlève un son à un accord, une couleur à l'arc-en-ciel, et tout ce qui te reste n'est rien, tant que le bel ensemble des couleurs ou des sons est incomplet. »

Comme un jour ils parlaient ainsi, ils s'arrêtèrent dans une rotonde solitaire, où une image voilée, d'une grandeur colossale, frappa les yeux du jeune homme. Surpris, il regarde son guide et dit : « Qui se cache derrière ce voile? — La Vérité, fut la réponse. — Comment? s'écrie-t-il, c'est à elle, à elle seule que j'aspire, et c'est elle justement que l'on me cache?

— Il faut t'en prendre à la déesse, repartit l'hiérophante. Nul mortel n'écartera ce voile, dit-elle, jusqu'à ce que je le lève moi-même; et qui, d'une main profane et coupable, le lèvera plus tôt, ce voile saint, ce voile interdit, celui-là.... dit la déesse.... — Eh bien? — Celui-là verra la Vérité! — Étrange oracle! Toi-même, tu ne l'as donc jamais levé? — Moi? vraiment non! et jamais je n'en fus tenté. — Voilà ce que je ne puis comprendre. Si ce mince obstacle me séparait seul de la Vérité.... — Et en outre une loi, interrompit le guide : ce crêpe délié est plus lourd, mon fils, que tu ne le crois.... léger pour ta main, il est vrai, il pèse un quintal pour ta conscience. »

Le jeune homme revint tout pensif à sa demeure; l'ardente passion de savoir lui ravit le sommeil; il se roule, brûlant, sur sa couche, et vers minuit se lève d'un bond. Involontairement ses pas craintifs le conduisent au temple. Il lui fut facile d'escalader le mur ; un courageux élan porte le téméraire dans l'intérieur de la rotonde.

Le voilà maintenant debout dans l'enceinte, et, seul avec lui-même, il est saisi d'horreur au silence de mort qui l'enveloppe, et qu'interrompt seulement l'écho sourd de ses pas dans les caveaux mystérieux. D'en haut, par l'ouverture de la coupole, la lune jette sa lueur pâle, d'un bleu d'argent; et, terrible, comme un dieu présent, brille, à travers l'obscurité de la voûte, la statue sous son long voile.

Il approche d'un pas incertain; déjà sa main téméraire veut toucher le tissu sacré; mais un frisson glace et brûle ses os, et il se sent repousser par un bras invisible. « Malheureux, que veux-tu faire? lui crie au dedans de lui-même une voix fidèle. Tu veux tenter le saint des saints? Nul mortel, a dit la bouche de l'Oracle, n'écartera ce voile, jusqu'à ce que je le lève moi-même.... — Mais la même bouche n'a-t-elle pas ajouté : Qui lèvera ce voile, verra la Vérité? Qu'il y ait derrière ce qui voudra, je le lève, crie-t-il à haute voix, je veux la voir. — Voir! » lui répond un long écho railleur.

Il dit et a levé le voile. « Eh bien? demandez-vous; et là, que vit-il? » Je l'ignore. Pâle et sans connaissance, ainsi au jour suivant le trouvèrent les prêtres, étendu devant le piédestal d'Isis. Ce qu'il avait vu et appris en ce lieu, sa langue jamais ne l'a confessé. La sérénité de sa vie s'évanouit pour toujours; un chagrin profond l'entraîna promptement au tombeau. « Malheur! tel était son avis menaçant, quand d'avides questionneurs le pressaient; malheur à qui va à la vérité par une voie coupable! Jamais pour lui elle n'aura nul charme! »

LE PARTAGE DE LA TERRE[1].

« Prenez le monde! cria Jupiter aux hommes du haut de son Olympe, prenez, qu'il soit à vous! J'en fais votre héritage, votre fief éternel; mais partagez-le en frères. »

---

1. Cette pièce est de 1795. Elle fut insérée dans les *Heures* de cette année, sans nom d'auteur, et diverses personnes l'attribuèrent d'abord à Goethe.

Alors tout ce qui a des mains s'empresse de s'y établir. Jeunes et vieux, tout se remue activement. Le laboureur saisit les fruits de la terre, le gentilhomme chasse dans la forêt.

Le marchand prend de quoi remplir ses greniers ; l'abbé choisit les nobles vins de l'an passé ; le roi met des barrières aux ponts et aux routes et dit : « La dîme est à moi. »

Bien tard, quand le partage était fini depuis longtemps, arrive le poëte : il venait de fort loin. Hélas! nulle part on ne voyait plus rien, et tout avait son maître.

« Malheur à moi! Seul entre tous, serai-je donc oublié, moi, ton fils le plus fidèle? » Il exhala ainsi sa plainte à haute voix, et se prosterna devant le trône de Jupiter.

« Si tu t'es arrêté dans le pays des rêves, réplique le dieu, ne t'en prends pas à moi. Où étais-tu donc, lorsqu'on s'est partagé le monde? — J'étais, dit le poëte, auprès de toi.

« Mes yeux étaient suspendus à ta face, mon oreille à l'harmonie de ton ciel. Pardonne au génie qui, enivré de ton éclat, a perdu sa part de la terre!

— Que faire? dit Jupiter.... Le monde est donné : l'automne, la chasse, le marché, ne sont plus à moi. Veux-tu vivre avec moi dans mon ciel ? Toutes les fois que tu viendras, il te sera ouvert. »

PÉGASE SOUS LE JOUG[1].

Sur un marché aux chevaux.... peut-être à Haymarket, où bien d'autres choses se transforment en marchandise.... un

---

1. Dans l'*Almanach des Muses* de 1796, sous le titre de « Pégase en service. »

poëte affamé amena un jour le coursier des Muses pour le vendre.

L'hippogriffe hennissait d'une voix retentissante et se cabrait en superbe parade. Chacun s'arrêtait étonné, et s'écriait : « Le noble et royal animal! C'est dommage qu'une vilaine paire d'ailes dépare sa taille élancée! Il ornerait le plus bel attelage de poste. La race, dit-on, est rare, mais qui jamais roulera carrosse en l'air? » Et nul ne veut perdre son argent. Enfin, un fermier prit courage : « Les ailes ne procurent, il est vrai, dit-il, nul avantage ; mais on peut les lier ou les écourter ; alors le cheval sera toujours bon pour le trait. Une vingtaine de livres, je veux bien les risquer. » Le vendeur, charmé de se défaire de sa marchandise, lui frappe vivement dans la main : « Un homme n'a que sa parole! » Et Jean s'éloigne gaiement au trot avec son emplette.

Le noble animal est attelé ; mais à peine sent-il la charge inaccoutumée qu'il s'élance d'un fougueux essor, et jette, enflammé d'un noble courroux, la charrette au bord d'un précipice. « Bon! pense Jean, je ne puis plus confier de voiture à la folle bête seule. L'expérience rend sage. Mais demain, je conduis des voyageurs, je l'attelle en tête de mon équipage. Ce poulain gaillard m'épargnera deux chevaux ; sa rage se calmera avec les années. »

Le commencement alla très-bien. Le cheval, aux ailes légères, anime le pas des bidets, et la voiture vole rapide comme une flèche. Mais qu'arrive-t-il? Les yeux tournés vers les nuages, et peu accoutumé à frapper le sol d'un pied ferme, il quitte bientôt la sûre trace des roues, et, fidèle à la nature plus forte, il s'emporte à travers bourbiers, marais, champs labourés et haies. Le même vertige saisit tout l'attelage ; les cris sont vains, nul frein ne le modère, jusqu'à ce qu'enfin, au grand effroi des voyageurs, la voiture, bien secouée et brisée, s'arrête sur la cime escarpée d'une montagne.

« Il y a quelque chose là-dessous, » dit Jean d'un air fort inquiet. « Ça ne réussira jamais ainsi. Voyons si nous ne dompterions pas cette furie par le travail et la maigre chère. » L'essai se fait. Bientôt le bel animal, avant que trois jours soient écoulés, est exténué à n'être plus qu'une ombre. « Je l'ai, je l'ai trouvé! s'écrie Jean. Maintenant, alerte! et attelez-le-moi vite à la charrue avec mon plus fort taureau! »

Ainsi dit, ainsi fait. On voit à la charrue, ridicule attelage, un bœuf et un cheval ailé. Le griffon se cabre, indigné, et tend les dernières forces de ses muscles pour prendre son ancien essor. C'est en vain; son voisin marche à pas comptés, et il faut que le fier coursier de Phœbus s'accommode à l'allure du taureau, jusqu'à ce qu'épuisée par la longue résistance, la force s'éteint dans tous ses membres: courbé par le chagrin, le noble coursier des dieux tombe sur le sol et se roule dans la poussière.

« Maudit animal! s'écrie enfin la fureur de Jean, éclatant tout haut en injures, pendant que les coups pleuvent; tu ne vaux donc rien, même pour labourer. Un fripon m'a trompé, en te vendant à moi. »

Pendant que, dans la rage de sa colère, il brandit encore son fouet, un gai compagnon, agile et de bonne humeur, vient à passer par le chemin. La guitare résonne sous sa main légère et un bandeau d'or s'entrelace élégamment dans les blondes boucles de ses cheveux. « Que veux-tu faire, ami, avec ce couple étrange? crie-t-il de loin au paysan. Cet oiseau et ce bœuf attachés à la même corde? Je t'en prie, quel attelage! Veux-tu me confier un instant ton cheval pour l'essayer? Attention, tu vas voir un miracle! »

L'hippogriffe est dételé, et le jeune homme s'élance en souriant sur son dos. A peine l'animal sent-il la main sûre du maître, qu'il mord, en grinçant, son frein, se cabre, et des éclairs jaillissent de ses yeux animés. Ce n'est plus le même être, c'est un génie, un dieu: il s'élève royalement, déploie tout à coup, au souffle de la tempête, la magnificence de ses ailes, se lance bruyamment vers les cieux, et, avant que l'œil puisse le suivre, il disparaît dans les hauteurs azurées.

LES GUIDES DE LA VIE [1].

Il est deux génies qui te guident dans le chemin de la vie ; heureux si, réunis, ils se tiennent, secourables, à tes côtés. L'un, par ses jeux qui égayent, t'abrége le voyage : appuyé sur son bras, le sort et le devoir te deviennent plus légers. Avec de riants ébats, d'aimables entretiens, il t'accompagne jusqu'au bord du gouffre, où le mortel s'arrête en frémissant devant l'océan de l'éternité. Là, l'autre te reçoit, résolu, grave et silencieux ; de son bras de géant, il te porte par delà cet abîme. Ne te consacre jamais à un seul des deux : ne confie pas au premier ta dignité ; à l'autre, ton bonheur !

PARABOLES ET ÉNIGMES [2].

I

Un pont bâti de perles s'élève au-dessus d'une mer grisâtre ; il se bâtit en un clin d'œil et monte à une hauteur qui donne le vertige.

---

1. Publié d'abord dans les *Heures* de 1795, sous le titre de « Beau et sublime. » Voyez, dans les Œuvres philosophiques, la dissertation *sur le Sublime*.
2. Ces treize petites pièces sont de 1802. Elles furent composées pour la tragi-comédie intitulée *Turandot*, que Schiller emprunta à Gozzi et qui, traduite par

Des plus hauts navires les plus hauts mâts passent sous son arche ; lui-même n'a encore porté nulle charge, et, dès que tu approches, il semble fuir.

Il ne naît qu'avec le torrent, et disparaît sitôt que les ondes tarissent. Dis-nous où se trouve ce pont, et qui l'a construit avec tant d'art [1].

II

Il te mène à des milles de distance, et pourtant demeure toujours à sa place ; il n'a point d'ailes à déployer, et t'emporte à travers les airs. C'est le plus rapide esquif qui jamais ait conduit voyageur, et à travers la plus vaste des mers, il te porte avec la vitesse de la pensée ; un clin d'œil lui suffit [2].

lui en vers allemands, fut représentée pour la première fois à Weimar le 30 janvier 1802. Dans cette pièce, le sort du héros dépend de la solution de trois énigmes, et à chaque représentation Schiller en imaginait de nouvelles. Des trois qui sont imprimées dans la pièce même, la deuxième et la troisième sont ici la sixième et la dixième ; quant à la première, que le poëte n'a pas insérée dans son Recueil de poésies détachées, en voici la traduction :

« L'arbre sur lequel les enfants des mortels se fanent et périssent, arbre vieux comme les pierres, mais néanmoins toujours jeune et vert, tourne d'un côté ses feuilles à la lumière ; mais le revers est noir comme le charbon et ne voit pas le soleil.

« Il forme, toutes les fois qu'il fleurit, de nouveaux anneaux ; il indique aux hommes l'âge de toutes choses. Dans son écorce verte, un nom s'imprime aisément, mais ne se trouve plus quand elle se sèche et pâlit.

« Dis, peux-tu deviner ce qui ressemble à cet arbre ? »

Voici quelle est dans *Turandot* la solution de cette énigme :

« Ce vieil arbre qui toujours se renouvelle, sur lequel les hommes croissent et se fanent, et dont les feuilles, d'un côté, cherchent le soleil, et, de l'autre, le fuient, dans l'écorce duquel s'écrit maint nom, qui n'y demeure que tant qu'elle est verte : c'est l'année, avec ses jours et ses nuits. »

Si réellement Schiller a changé chaque fois les énigmes, la pièce a été représentée cinq fois de son vivant. Avec celle que nous venons de traduire dans cette note, nous en avons quatorze, et Goethe en composa une quinzième pour l'une des représentations.

1. Le mot de l'énigme est l'*arc-en-ciel*.
2. On a généralement mal interprété cette seconde énigme. Les uns l'appliquaient à la *pensée* ou à l'*imagination*, les autres à l'*œil*. Le vrai mot est celui que propose le *Musée de Francfort* (1858, p. 416), à savoir : le *télescope*.

III

Dans un immense pâturage, vont des milliers de brebis blanches comme l'argent. Telles nous les voyons errer aujourd'hui, telles les vit des vieillards le plus vieux.

Elles ne vieillissent jamais et boivent la vie à une source intarissable. Un berger leur a été donné, avec une corne d'argent gracieusement courbée.

Il les mène vers des portes d'or; il les recompte chaque nuit, et n'a jamais perdu d'agneau, bien qu'il ait tant de fois accompli le voyage.

Un chien fidèle l'aide à les conduire; un alerte bélier marche en avant. Ce troupeau, peux-tu me l'expliquer? et indique-moi aussi le berger [1].

IV

Il s'élève un grand et spacieux édifice sur d'invisibles colonnes; nul voyageur ne le mesure ou le parcourt tout entier, nul n'y peut rester à demeure. Il est construit avec art, d'après un plan incompris; il allume lui-même la lampe qui l'éclaire avec splendeur; il a un toit pur comme le cristal, d'une seule pierre précieuse; mais nul œil n'a encore vu le maître qui l'a bâti [2].

V

On voit monter et descendre deux seaux dans un puits, et quand l'un, en vacillant, s'élève plein, il faut que l'autre s'abaisse. Ils vont sans relâche du haut en bas, alternativement pleins et vides, et, si tu approches l'un de tes lèvres, l'autre est suspendu tout au fond. Jamais ils ne peuvent au même instant te rafraîchir tous deux de leurs dons [3].

---

1. *Les étoiles du firmament.* Le berger à la corne d'argent désigne la lune; le chien et le bélier, les constellations du grand chien ou de la canicule et du bélier.
2. *L'édifice du monde,* le ciel et la terre.
3. Vraisemblablement *le jour et la nuit;* mais il faut convenir que l'allégorie

VI

Connais-tu ce tableau, sur un fond tendre? Il se donne à lui-même la lumière et l'éclat. A toute heure il est autre, et toujours frais et entier. Il est exécuté dans le plus étroit espace; le plus petit cadre l'entoure : cependant toute grandeur qui te frappe, tu ne la connais que par ce tableau.

Et peux-tu me nommer ce cristal? Nulle pierre précieuse ne l'égale en valeur; il brille, sans jamais brûler, il attire à lui tout l'univers. Le ciel même se peint dans son cercle merveilleux. Et pourtant ses reflets sont encore plus beaux que ce qu'il reçoit du dehors [1].

VII

Une construction s'élève depuis les temps les plus reculés : ce n'est ni un temple, ni une maison ; un cavalier peut chevaucher cent jours, sans en faire le tour, sans arriver au bout.

Des siècles ont passé dessus ; elle a bravé l'assaut du temps et des orages ; elle s'élève libre sous la voûte céleste ; elle atteint aux nues et se baigne dans la mer.

Ce n'est pas une vaine ostentation qui l'a dressée ; elle sert au salut des hommes, elle défend et protége ; on ne connaît rien de pareil sur la terre, et pourtant c'est une œuvre de la main des hommes [2].

---

est un peu vague et l'on s'explique que d'autres, bien que ces solutions soient encore moins satisfaisantes, aient appliqué l'énigme au *passé* et au *présent*; d'autres encore à la *jeunesse* et à la *vieillesse*.

1. L'œil. Voyez la note 2 de la page 328. — Voici quelle est, dans *Turandot*, la solution de l'énigme :

« Ce tableau délicat, qui, enfermé dans le plus petit cadre, nous montre l'immensité, et le cristal où ce tableau se peint et qui a un reflet encore plus beau : c'est l'œil où le monde s'imprime, c'est ton œil quand il jette sur moi un regard d'amour. »

Le second vers (« Il se donne à lui-même la lumière et l'éclat ») s'explique par la théorie de Goethe, qui attribue à l'œil une lumière propre, une nature solaire.

2. *La grande muraille de Chine.*

VIII

Entre tous les serpents, il en est un que la terre n'a pas engendré, que nul n'égale en rapidité, nul en fureur.

Il s'élance sur sa proie avec une voix formidable ; extermine, dans un accès de rage, le cavalier et sa monture.

Il aime les plus hautes cimes ; ni serrure, ni verrou ne peut préserver de son attaque ; une armure.... l'attire.

Il brise en deux, comme de minces épis, l'arbre le plus fort ; il peut broyer l'airain, quelque épais et dur qu'il soit.

Et ce monstre jamais n'a menacé deux fois.... il expire dans son propre feu ; dès qu'il tue, il est mort[1] !

IX

Nous sommes six sœurs, issues d'un couple étrange, d'une mère éternellement sérieuse et sombre, d'un père toujours joyeux.

Nous avons hérité de tous deux notre vertu : d'elle, la douceur ; de lui, l'éclat. Ainsi, dans une jeunesse éternelle, nous dansons notre ronde autour de toi.

Il nous plaît d'éviter les noires cavernes et nous aimons le jour serein. Notre vie, comme le coup de la baguette magique, anime l'univers.

Nous sommes les joyeuses messagères du printemps, et nous menons ses danses joyeuses : c'est pourquoi nous fuyons la maison des morts, car autour de nous doit régner la vie.

Nul heureux ne saurait se passer de nous ; nous sommes partout où l'on se réjouit ; et si l'empereur se fait rendre hommage, c'est nous qui lui prêtons la magnificence[2].

---

1. L'éclair.
2. Les *six couleurs*, d'après la théorie de Goethe. On ignora longtemps le mot de cette énigme, jusqu'à ce qu'enfin, sur une question insérée dans l'*Indicateur général des Allemands*, un ami de Schiller tira des papiers de l'auteur et publia, en 1808, la solution suivante, qui, sans doute, ainsi que l'énigme, avait été composée pour une des représentations de *Turandot* :

« Les six sœurs, ces êtres aimables qui unissent à l'amicale puissance

X

Comment s'appelle l'objet que peu d'hommes estiment? Et pourtant il honore la main du plus grand empereur. Il est fait pour blesser et tient de fort près au glaive.

Il ne verse pas de sang et fait pourtant mille blessures; il ne dépouille personne, et pourtant enrichit; il a conquis le globe terrestre, il fait la vie douce et égale.

Il a fondé les plus grands empires; il a bâti les plus anciennes cités; jamais pourtant il n'alluma la guerre, et heureux le peuple qui met en lui sa confiance[1]!

XI

J'habite dans une maison de pierre; j'y reste caché et je dors; mais je parais, je m'élance, provoqué avec une arme de fer. D'abord je suis presque invisible et faible et petit : ton haleine peut me dompter; une goutte de pluie suffit à m'absorber; mais, dans la victoire, il me pousse des ailes. Si ma puissante sœur

---

de leur père la douce humeur de leur mère, qui animent de joie tout l'univers, qui volontiers servent l'allégresse et la magnificence et ne se montrent pas dans la maison des plaintes : ce sont les *couleurs*, enfants de la lumière et de la nuit. »

Goethe a inséré cette énigme de Schiller dans sa *Théorie des couleurs*.

1. *La charrue*. Voyez la note 2 de la page 328. — Voici quelle est, dans *Turandot*, la solution de l'énigme :

« Cet objet de fer que peu d'hommes estiment, que l'empereur de Chine, au premier jour de l'an, honore de son auguste main, cet instrument qui, plus innocent que le glaive, a soumis le globe terrestre à la diligence pieuse.... Qui, sortant des steppes déserts et sauvages de la Tartarie, où l'on ne voit qu'errer le chasseur et paître le berger, pourrait entrer dans ce pays florissant et voir verdir autour de lui les champs de blé, et s'élever mille cités que le peuple anime et à qui de douces lois procurent un paisible bonheur, qui le pourrait, sans honorer le précieux instrument qui a créé toute cette félicité.... la *charrue*? »

Dans *Turandot*, le lieu de la scène est la Chine.

s'allie à moi, je crois, je deviens le dominateur redoutable du monde[1].

XII

Je tourne sur un disque, je voyage sans repos ni relâche. Petite est l'étendue que je circonscris ; tu la peux couvrir avec les deux mains.... Mais il me faut faire plusieurs milliers de milles pour traverser cette petite étendue, bien que je vole avec la promptitude de la tempête, et plus vite que la flèche ne part de l'arc[2].

XIII

C'est un oiseau, et, pour la rapidité, il rivalise avec le vol de l'aigle.

C'est un poisson, il fend la vague, qui jamais encore ne porta de monstre plus grand.

C'est un éléphant qui porte des tours sur son énorme dos.

Il ressemble à l'engeance rampante des araignées, lorsqu'il remue ses pieds.

Et solidement cramponné avec sa dent aiguë de fer, il se tient comme sur des pieds inébranlables, et brave l'ouragan furieux[3].

---

1. *L'étincelle.* Un des critiques qui ont expliqué ces petits poëmes propose une solution qui s'approprie moins bien aux divers détails de l'énigme : « la flamme, et sa sœur, l'air. » Le mot allemand *die Luft* « l'air » est du féminin.

2. L'énigme a peu d'unité ; la première moitié se rapporte à l'ombre du cadran solaire, la seconde plutôt au soleil lui-même. Voici la solution, attribuée à Schiller, qu'on a trouvée dans les archives du théâtre de Weimar :

« Ce qui court plus vite que la flèche ne part de l'arc ; ce qui, bien que tournant sur un petit disque, a parcouru plusieurs milliers de milles avant d'avoir traversé ce petit espace : c'est *l'ombre du cadran solaire.* »

3. *Le navire.* Parmi ces treize petits poëmes qui tirent de la diction même et des détails du style un charme que la traduction ne peut reproduire que bien imparfaitement, il en est qui sont de véritables énigmes, tandis que d'autres sont plutôt des allégories fort transparentes. De là sans doute le double titre que Schiller a mis en tête : « *Paraboles ou allégories et énigmes.* »

LES PAROLES DE LA FOI[1].

Je vous dis trois paroles pleines de sens; elles passent de bouche en bouche; mais elles ne viennent pas du dehors; le cœur seul les révèle. L'homme perd toute sa valeur, dès qu'il ne croit plus à ces trois paroles.

L'homme est créé libre; il est libre, fût-il né dans les fers. Ne vous laissez pas égarer par la clameur de la populace, ni par les excès des fous furieux. Tremblez devant l'esclave, quand il rompt sa chaîne; ne tremblez pas devant l'homme libre.

Et la vertu, elle n'est pas un vain mot. L'homme peut la pratiquer dans la vie; et, dût-il trébucher à chaque pas, il peut tendre à cette fille du ciel. Ce que l'intelligence des sages ne voit pas, une âme candide le pratique dans la simplicité.

Et il est un Dieu; il vit une volonté sainte, quelle que soit l'inconstance du vouloir humain. Bien au-dessus du temps et de l'espace, s'exerce vivante la pensée suprême; et quand tout circule dans un éternel changement, dans ce changement persiste un esprit immuable.

Gardez en vous ces trois paroles pleines de sens, propagez-les de bouche en bouche; bien qu'elles ne vous viennent pas du dehors, votre intérieur vous les révèle. Jamais l'homme ne perd sa valeur, tant qu'il croit à ces trois paroles.

1. Publié d'abord dans l'*Almanach des Muses* de 1798.

LES PAROLES DE L'ILLUSION[1].

On entend trois paroles d'une grave apparence dans la bouche des bons et des meilleurs. Elles retentissent en vain, leur son est vide, elles ne peuvent aider ni consoler. Le fruit de la vie est perdu pour l'homme, tant qu'il cherche à saisir ces ombres;

Tant qu'il croit à un âge d'or où le droit et le bien triompheront.... Le droit, le bien soutiennent une lutte éternelle, jamais leur ennemi ne succombera sous leurs efforts, et si tu ne l'étouffes, l'enlevant dans les airs, toujours sur terre sa force s'accroît de nouveau....

Tant qu'il croit que la coquette Fortune s'unira à l'homme d'un noble cœur.... C'est le vaurien qu'elle suit d'un regard amoureux. La terre n'appartient pas à l'homme de bien; il y est étranger, il émigre, pour chercher une demeure impérissable....

Tant qu'il croit que la vérité pourra jamais apparaître à l'intelligence terrestre.... Nulle main mortelle ne soulèvera le voile qui la couvre; nous ne pouvons que deviner et conjecturer. Tu emprisonnes l'esprit dans un mot retentissant; mais, libre, il poursuit sa route, comme le vent de la tempête.

Ainsi donc, noble âme, arrache-toi à l'illusion, et conserve la foi céleste. Ce que nulle oreille n'a perçu, ce que les yeux n'ont pas vu, le beau, le vrai existent cependant. Il n'est pas au dehors, où l'insensé le cherche; il est en toi, sans cesse tu le produis.

[1]. De 1799.

L'ŒUVRE D'ART ANTIQUE

AU VOYAGEUR DU NORD[1].

Tu as passé les fleuves et vogué à travers les mers, le sentier suspendu sur l'abîme t'a porté au delà des Alpes, pour me contempler de près et rendre hommage à ma beauté, que la renommée enthousiaste célèbre dans le monde étonné. Et maintenant te voilà devant moi, tu peux toucher le saint objet; mais es-tu pour cela plus près de moi, le suis-je plus de toi[2]?

LES ANTIQUES A PARIS[3].

Que le Franc conduise, par la force des armes, aux rives de la Seine les chefs-d'œuvre que créa l'art des Grecs, et qu'il

1. *Heures* de 1795.
2. Dans les *Heures* il y a quatre distiques de plus, dont voici la traduction.

« Tu as laissé derrière toi, il est vrai, ton pôle nébuleux et ton ciel de fer; ta nuit septentrionale a fui devant le jour d'Ausonie; mais as-tu rompu ces autres Alpes, ce mur du siècle qui se dresse, sombre et triste, entre toi et moi? As-tu roulé de dessus ton cœur le nuage de la brume, comme l'a écarté de tes yeux étonnés le jour riant? C'est en vain qu'en moi le soleil d'Ionie rayonne autour de toi; la malédiction attachée au Nord enchaîne ton esprit assombri. »

3. Cette épigramme est de 1800. La date explique l'humeur du poëte.

montre, dans de superbes musées, ses trophées de victoire à sa patrie étonnée!

Ils seront pour lui éternellement muets; jamais, de leur piédestal, ils ne descendront dans la ronde animée de la vie. Celui-là seul possède les Muses, qui les porte dans son cœur que leur amour échauffe : pour le Vandale, elles ne sont que pierre.

A UN JEUNE AMI

QUI ÉTAIT SUR LE POINT DE SE CONSACRER A LA PHILOSOPHIE[1].

Le jeune Grec avait à soutenir de rudes épreuves avant que le temple d'Éleusis reçût l'initié reconnu digne. Es-tu prêt et mûr pour pénétrer dans le sanctuaire, où Pallas Athéné garde le dangereux trésor? Sais-tu ce qui t'y attend? à quel prix tu achètes? Sais-tu que tu payes un bien incertain d'un bien assuré? Te sens-tu assez de force pour combattre le plus rude des combats, celui qui s'engage quand l'esprit et le cœur, le sentiment et la pensée se divisent? Te sens-tu assez de courage pour lutter contre l'hydre immortelle du doute, et pour marcher virilement à l'ennemi, au dedans de toi-même? pour démasquer, d'un œil sain et d'un cœur saintement innocent, l'erreur qui te tente comme vérité? Fuis, si tu n'es pas sûr du guide que tu portes dans ton sein, fuis ces bords séduisants, avant que l'abîme t'engloutisse. Bien d'autres ont marché vers la lumière, et n'ont fait que tomber dans une nuit plus profonde! L'enfance chemine sûrement à la lueur du crépuscule.

1. *Heures* de 1795.

L'ÉGOÏSME PHILOSOPHIQUE[1].

As-tu vu le nourrisson qui, sans avoir encore conscience de la tendresse qui le réchauffe et le berce, passe endormi d'un bras sur l'autre, jusqu'à ce que l'appel de la passion éveille le jeune homme, et que l'éclair de la conscience, brillante aurore, illumine à ses yeux le monde?

As-tu vu la mère, quand elle achète, au prix de son propre sommeil, le doux sommeil de son bien-aimé, s'inquiète de lui pendant qu'il rêve, nourrit de sa propre vie cette flamme tremblante, et ne se paye de ses soins que par ses soins mêmes?

Et toi, tu blasphèmes la grande nature qui, tantôt enfant et tantôt mère, reçoit et donne tour à tour, et ne subsiste que par le besoin?

Te suffisant à toi-même, tu veux te dérober à cette belle chaîne qui, dans une alliance intime, lie la créature à la créature? Veux-tu, pauvre que tu es, subsister seul, et seul par toi-même, quand la nature infinie ne subsiste elle-même que par l'échange des forces?

1. De 1795.

LE SAVOIR DE L'HOMME[1].

Parce que tu lis en elle ce que toi-même y as écrit; parce que tu ranges en groupes, pour l'œil, ses phénomènes; parce que tu as promené ton cordeau sur son champ immense, tu t'imagines que ton esprit embrasse et devine la grande nature. Ainsi l'astronome représente le ciel au moyen de figures, afin que l'œil se retrouve plus aisément dans l'espace éternel; il rassemble dans le Cygne, dans les cornes du Taureau, des soleils lointains, séparés par des distances qui égalent celle de Sirius à la terre. Mais comprend-il mieux les danses mystiques des globes, parce que son planisphère lui montre la voûte étoilée?

LE MÉTAPHYSICIEN[2].

« Que le monde est loin au-dessous de moi! A peine vois-je encore ces petits hommes s'agiter tout en bas! Comme mon art, entre tous le plus haut, me rapproche du pavillon des cieux! »
C'est ainsi que s'écrie, du toit de sa tour, le couvreur; et, du fond de son cabinet, le petit grand homme Jean Métaphysicus.
Dis-moi donc, petit grand homme, la tour d'où ton regard

---

1. *Heures* de 1795.
2. *Almanach des Muses* de 1796.

tombe si dédaigneux, de quoi et sur quoi est-elle bâtie? Comment toi-même y es-tu monté? Et son aride sommet à quoi te sert-il, sinon à regarder dans la vallée?

LES GRANDS PHILOSOPHES[1].

Le principe par lequel toute chose a reçu la consistance et la forme, le clou auquel Jupiter a prudemment suspendu l'anneau de ce monde, qui autrement s'en irait en éclats : je proclame un grand esprit, celui qui me découvrira, sans que je l'y aide, comment il se nomme.... Il se nomme : « Dix n'est pas douze. »

La neige refroidit, le feu brûle, l'homme marche sur deux pieds, le soleil brille au firmament : c'est ce que chacun, même sans connaître la logique, peut savoir par ses sens. Mais celui qui étudie la métaphysique, celui-là sait que qui brûle ne gèle pas; il sait que l'humide mouille, et que le lumineux éclaire[2].

Homère chante son épopée, le héros affronte des dangers, l'honnête homme fait son devoir, et l'a fait, je ne le cache pas, avant qu'il y eût des philosophes; mais si le génie et le cœur ont accompli ce que jamais Locke ni Descartes n'eussent pensé, ils viennent eux, tout aussitôt, en démontrer la possibilité.

1. Inséré d'abord dans les *Heures* de 1795, sous ce titre : « Les actes des philosophes. »
2. Dans une lettre du 16 octobre 1795, Schiller dit à Goethe au sujet de cette satire, que M. Hoffmeister croit dirigée, ainsi que la précédente, contre Fichte surtout : « J'ai voulu dans cette pièce m'égayer sur la thèse de la contradiction : la philosophie me paraît toujours risible quand, de son autorité privée, sans reconnaître la dépendance où elle est de l'expérience, elle veut étendre le savoir et donner des lois au monde. »

Dans la vie, le droit du plus fort prévaut; l'homme hardi brave le faible; qui ne peut commander est esclave : ainsi tout va passablement mal, sur cette scène terrestre. Mais comme tout irait bien mieux, si l'on refaisait d'un bout à l'autre le plan du monde! c'est ce qu'on peut apprendre en détail dans les systèmes de morale.

« L'homme a besoin de l'homme pour atteindre à son grand but; il n'agit avec effet que dans l'ensemble; beaucoup de gouttes forment la mer, beaucoup d'eau pousse le moulin. Fuyez donc la condition des loups sauvages, et nouez le lien durable de l'État. » C'est ce qu'enseignent du haut de leurs chaires MM. Puffendorf et Feder.

Mais, comme ce que dit un professeur ne pénètre pas sur-le-champ dans les oreilles de tous, la nature accomplit son devoir de mère, et prend soin que la chaîne jamais ne rompe et que jamais le cerceau n'éclate. En attendant que la philosophie suffise à maintenir l'édifice du monde, elle conserve, elle, la machine, par la faim et par l'amour.

LES

EX-VOTO OU TABLETTES VOTIVES[1].

Ce que le Dieu m'a enseigné, ce qui m'a aidé à traverser la vie, je le suspends ici, reconnaissant et pieux, dans le sanctuaire.

1. Schiller et Goethe publièrent, dans l'*Almanach des Muses* de 1797, un grand nombre d'épigrammes, dont les unes avaient un sens général, tandisque les autres étaient des critiques et railleries personnelles. Ils réunirent les pro-

LES VOCATIONS DIFFÉRENTES.

Des millions d'hommes s'occupent à conserver l'espèce, mais l'humanité ne se propage que par un petit nombre. L'automne répand mille germes, dont un seul à peine porte des fruits; la plupart retournent aux éléments. Mais qu'un seul se développe, à lui seul il produit un monde vivant d'éternelles créations.

LE PRINCIPE DE VIE.

Ce n'est qu'au point culminant de la vie, à la fleur, qu'une vie nouvelle s'allume, et dans le monde organique, et dans le monde sentant.

DEUX MODES D'ACTION.

Fais le bien, tu nourris la plante divine de l'humanité; produis le beau, tu répands les germes qui propagent cette divine plante.

DIFFÉRENCE DES CONDITIONS.

Dans le monde moral, il est aussi une noblesse. Les natures communes payent avec ce qu'elles font, les natures nobles avec ce qu'elles sont.

PRIX ET DIGNITÉ.

As-tu quelque chose, partage avec moi, et j'en payerai le prix, es-tu quelque chose, oh! alors échangeons nos âmes.

LA FORCE MORALE.

Si tu ne peux, comme être sentant, atteindre au beau, il te reste du moins de vouloir raisonnablement, et de faire, en tant qu'esprit, ce que tu ne peux en tant qu'homme.

mières, en tête de l'Almanach, sous le titre de : *Tabulæ votivæ*; les autres, à la fin, sous celui de *Xénies* (ou « Présents d'un hôte à son hôte »), à l'imitation de Martial qui a intitulé *Xenia* son treizième livre, composé tout entier d'épigrammes d'un seul distique. Schiller n'admit plus tard dans le Recueil de ses poésies qu'un choix des épigrammes d'un sens général, accru de quelques pièces qui ne figuraient pas d'abord parmi les *Ex-voto*.

COMMUNICATION.

Même sortant de la pire des mains, la vérité peut encore agir puissamment; pour le beau seul, le vase donne au contenu son prix.

A*.

Communique-moi ce que tu sais : je l'accepterai avec reconnaissance; mais tu te donnes toi-même à moi ; ami, fais-moi grâce de ce don.

A**.

Tu veux m'enseigner des vérités? Ne te donne pas cette peine! Je ne veux pas voir la chose par toi, mais te voir toi-même par la chose enseignée.

A***.

Je te choisis pour maître, pour ami. Tes vivantes créations m'instruisent, et ta parole instructive touche mon cœur pour le vivifier.

LA GÉNÉRATION PRÉSENTE[1].

Le monde fut-il toujours comme aujourd'hui? Je ne puis comprendre cette race. La vieillesse seule est jeune, hélas! et la jeunesse est vieille.

A LA MUSE.

Que serais-je sans toi? Je l'ignore. Mais je frissonne en voyant ce que sont sans toi des centaines et des milliers d'hommes.

LE TRAVAILLEUR ÉRUDIT[2].

Jamais il n'est rafraîchi par le fruit de l'arbre qu'il élève avec peine : le goût seul jouit de ce que plante l'érudition.

---

1. Dans l'*Almanach des Muses* de 1797, ce distique n'est pas rangé parmi les *Ex-voto*.
2. Ce distique avait d'abord pour titre « Le Philistin. »

LE DEVOIR DE CHACUN.

Tends toujours à l'ensemble, et si tu ne peux devenir un ensemble, un tout, toi-même, rattache-toi, comme membre utile, à un tout.

PROBLÈME.

Que nul ne ressemble à un autre, mais que chacun pourtant ressemble au modèle suprême. — Comment concilier cela ? — Que chacun soit parfait en soi.

L'IDÉAL PROPRE.

A tous appartient ce que tu penses, ce que tu sens est seul à toi. Sens, si tu veux qu'il soit ta propriété, le Dieu que tu penses.

AUX MYSTIQUES.

Le vrai mystère, précisément, c'est ce qui est sous les yeux de tous et vous entoure éternellement, sans être vu de personne.

LA CLEF.

Veux-tu te connaître toi-même, vois comment font les autres; veux-tu comprendre les autres, regarde dans ton propre cœur.

LE GUETTEUR[1].

Sévère comme ma conscience, tu remarques où j'ai péché : aussi t'ai-je toujours aimé, comme.... ma conscience.

SAGESSE ET PRUDENCE[2].

Veux-tu, ami, t'élever dans ton vol aux plus hauts sommets de la sagesse ? Tente-le, au risque d'être raillé par la prudence.

---

1. Dans l'*Almanach des Muses* de 1797, mais non parmi les *Ex-voto*.
2. Publié d'abord dans les *Heures* de 1795.

Avec sa courte vue elle ne voit que le rivage qui fuit derrière toi, et non celui où abordera un jour ton vol puissant.

ACCORD.

Nous cherchons tous deux la vérité : toi, au dehors, dans la vie ; moi, au dedans, dans le cœur ; et ainsi chacun de nous la trouvera certainement. Si l'œil est sain, il rencontre au dehors le Créateur ; si le cœur est sain, il réfléchit au dedans le monde.

ENSEIGNEMENT POLITIQUE[1].

Que tout ce que tu fais soit bien ; mais contente-toi de cela, mon ami, et abstiens-toi de faire tout ce qui est bien. Il suffit au zèle véritable que ce qui est soit parfait ; le faux zèle veut toujours que le parfait soit.

MAJESTAS POPULI[2].

Majesté de la nature humaine ! on veut que je te cherche dans la multitude ? Tu n'as habité de tout temps que chez un petit nombre. Quelques rares individus comptent, tous les autres sont des billets blancs ; leur vain amas ne fait qu'envelopper les billets gagnants.

A UN RÉFORMATEUR DU MONDE[3].

« J'ai tout sacrifié, dis-tu, pour venir en aide à l'humanité. Vain a été le résultat ; haine et persécution, le salaire. » —Veux-tu que je te dise, ami, comment je me conduis avec les hommes ! Fie-toi à ma maxime ! C'est un guide qui jamais ne m'a trompé. De l'humanité.... tu ne peux jamais avoir de trop hautes pensées : telle tu la portes dans ton sein, telle tu l'exprimes dans tes actions. A l'homme aussi, que tu rencontres dans ton étroite vie, tends amicalement, s'il la veut, ta main secourable. Mais

---

1. Cette pièce et la suivante sont dans l'*Almanach des Muses* de 1797, mais distinctes des *Ex-voto*.
2. Voyez la note précédente.
3. Dans les *Heures* de 1795.

la pluie et la rosée et le bien des générations humaines, laisse, ami, le ciel y pourvoir aujourd'hui, comme il a fait hier.

MON ANTIPATHIE.

Je hais cordialement le vice, je le hais doublement, parce qu'il a tant fait bavarder de la vertu. — « Comment? tu hais la vertu? » — Je voudrais qu'elle fût pratiquée de nous tous; et alors, s'il plaît à Dieu, personne n'en parlerait plus.

AUX ASTRONOMES [1].

Ne me parlez pas tant de nébuleuses et de soleils; la nature n'est-elle grande, que parce qu'elle vous donne à compter? Votre objet est sans doute le plus sublime qui soit dans l'espace; mais, amis, ce n'est pas dans l'espace qu'habite le sublime.

ÉCRITS ASTRONOMIQUES [2].

Le ciel est si incommensurable, si infiniment élevé! mais l'esprit de minutie a fait descendre le ciel même de sa hauteur.

LE MEILLEUR ÉTAT [3].

« A quoi reconnaîtrai-je le meilleur État? » — Au même signe que la meilleure femme : à cela, mon ami, qu'on ne parle ni de l'un ni de l'autre [4].

MA CROYANCE.

Quelle religion je professe? Aucune de toutes celles que tu me nommes. — « Et pourquoi aucune? » — Par religion.

L'INTÉRIEUR ET L'EXTÉRIEUR.

« Dieu seul voit le cœur. » — Eh bien! précisément parce que

---

1. Dans l'*Almanach des Muses* de 1797, mais non parmi les *Ex-voto*.
2. Publié d'abord parmi les *Xénies*, avec un texte un peu différent.
3. *Almanach des Muses* de 1796.
4. « Tout en ayant le droit, ajoute M. Hoffmeister, de parler librement de l'un et de l'autre. »

Dieu seul voit le cœur, aie soin que nous aussi nous voyions quelque chose de tolérable.

AMI ET ENNEMI.

Mon ami m'est cher, mais mon ennemi peut m'être utile aussi : si l'ami me montre ce que je peux, l'ennemi m'apprend ce que je dois faire.

LUMIÈRE ET COULEUR.

O toi, éternellement une, demeure là-haut, chez l'Être éternellement un. Toi, changeante couleur, descends amicalement vers l'homme.

BELLE INDIVIDUALITÉ.

Tu dois être d'accord avec le tout, mais non ne faire qu'un avec lui. Tu es un par la raison, d'accord avec lui par le cœur. Ta raison est la voix du tout; ton cœur, c'est toi-même : heureux, si en toi la raison habite toujours dans le cœur!

LA DIVERSITÉ.

Bien des hommes sont bons et sensés, mais, tous ensemble, ils ne comptent que pour un; car ce qui les guide, c'est l'idée, non, hélas! le cœur aimant. L'idée règne tristement; de mille formes charmantes, elle n'en tire jamais qu'une, pauvre et vide; mais où règne la beauté qui façonne, tout retentit du bruit de la vie et de la joie : elle diversifie par mille formes nouvelles l'éternelle unité.

LES TROIS AGES DE LA NATURE.

La fable lui donna la vie; l'école la lui enleva; la raison lui rend une vie créatrice.

LA POÉSIE.

L'intelligence, il est vrai, peut reproduire ce qui a déjà été; ce que la nature a construit, elle le construit avec choix, d'après elle. La raison bâtit par delà la nature, mais seulement dans le vide ; toi seul, génie, tu accrois la nature, sans sortir d'elle.

L'IMITATEUR [1].

De ce qui est bon faire quelque chose de bon, c'est ce que peut chaque homme intelligent ; mais du mauvais le génie tire le bon. Tu ne peux t'essayer, imitateur, que sur ce qui est déjà formé ; à l'esprit créateur, cela même qui est déjà formé ne sert que de matière.

CARACTÈRE DU GÉNIE.

Comment et par quoi se révèle le génie ? Comme se révèle le Créateur dans la nature, dans le tout infini. L'éther est clair et pourtant d'une profondeur immense ; ouvert aux yeux, il demeure un éternel mystère pour l'intelligence.

LES SCRUTATEURS [2].

Tout veut maintenant approfondir l'homme, au dedans, au dehors. Vérité, où te réfugieras-tu, pour échapper à cette poursuite fougueuse ?

Pour te prendre, ils se mettent en campagne, avec des filets, des perches ; mais, comme un esprit sans corps, tu passes à travers, insaisissable.

L'UNION DIFFICILE [3].

Pourquoi le goût et le génie veulent-ils si rarement s'unir ? Celui-ci craint la force, celui-là méprise le frein.

---

1. Ce quatrain, dans l'*Almanach des Muses* de 1797, est intitulé « L'imitateur et le génie. »
2. C'étaient primitivement deux distiques détachés, dont le premier avait pour titre : « Métaphysiciens et physiciens ; » le second : « Les tentatives. »
3. Cette épigramme se trouve à la fois dans Schiller et dans Goethe. Les deux poëtes, dans les *Ex-voto*, avaient mis en commun leurs inspirations et leurs vers, si bien que plus tard il leur devint çà et là difficile de retrouver chacun leur bien.

CORRECTION.

Être exempt de blâme, c'est le degré le plus bas et le plus haut; car, seules, l'impuissance ou la grandeur y conduisent.

LA LOI DE LA NATURE.

Il en fut ainsi toujours, mon ami, et il en sera toujours ainsi : l'impuissance a pour elle la règle ; mais la force, le succès.

CHOIX.

Si tu ne peux plaire à tous par une action ou par une œuvre d'art, contente le petit nombre : plaire à beaucoup est mauvais signe.

LA MUSIQUE.

Que l'art plastique respire la vie ; du poëte, je veux un souffle inspiré ; mais, seule, Polymnie exprime l'âme.

LA PAROLE.

Ah ! pourquoi l'esprit ne peut-il apparaître vivant à l'esprit ? — Quand l'âme parle, ce n'est déjà plus, hélas ! l'âme qui parle.

AU POËTE.

Que la langue soit pour toi ce qu'est le corps pour les amants. C'est lui seul qui sépare les êtres et les unit.

LE MAÎTRE.

On reconnaît tout autre maître à ce qu'il exprime ; ce qu'il passe sagement sous silence, me révèle le maître en fait de style.

LA CEINTURE.

Dans sa ceinture, Vénus garde le secret de ses grâces. Ce qui lui donne son charme est ce qui la lie : la pudeur.

L'AMATEUR.

Parce qu'un vers te réussit dans une langue cultivée, qui pense et compose pour toi, tu te crois déjà poëte?

LES BAVARDS EN MATIÈRE D'ART.

Vous voulez du bon dans les arts; mais, je vous le demande, ce bon, en êtes-vous dignes, quand il n'est que le fruit de la guerre éternelle soutenue contre vous?

LES PHILOSOPHES.

De toutes les philosophies, quelle pourra bien être celle qui restera? Je ne sais. Mais la philosophie, je l'espère, subsistera éternellement.

LA FAVEUR DES MUSES[1].

Avec le Philistin[2] meurt son nom. Toi, céleste Muse, tu portes ceux qui t'aiment, ceux que tu aimes, dans le sein de Mnémosyne.

LA TÊTE D'HOMÈRE COMME CACHET[3].

Vieil et fidèle Homère! à toi je confie mon tendre secret: que, seul, le poëte soit instruit du bonheur des amants.

---

1. Dans l'*Almanach des Muses*, cette épigramme est intitulée : « Le destin inégal. »

2. Le poëte nomme *Philistins* non pas seulement, d'après l'usage des étudiants, ceux qui sont étrangers à la science et aux arts, mais encore les travailleurs purement érudits. Voyez page 344, note 2.

3. Dans l'*Almanach des Muses* de 1797, mais non parmi les Ex-voto.

AUX
FAISEURS DE PROSÉLYTES[1].

« Je ne demande qu'un coin de terre hors de cette terre, disait l'homme divin[2], et je la remuerai facilement. »
Accordez-moi de sortir un seul instant de moi-même, et bien vite je serai des vôtres.

LES RESSORTS[3].

Que toujours la crainte pousse l'esclave avec sa verge de fer !
Joie, conduis-moi toujours avec ton ruban rose.

---

1. Dans l'*Almanach des Muses* de 1796, sous ce titre : « Un mot aux faiseurs de prosélytes. » Cette épigramme formait d'abord six iambes, que Schiller changea plus tard en deux distiques.
2. Archimède.
3. Dans l'*Almanach des Muses* de 1797, parmi les *Ex-voto*.

LA FAUSSE ARDEUR POUR L'ÉTUDE[1].

Oh! que de nouveaux ennemis de la vérité! Le cœur me saigne, quand je vois cette race de hibous qui se presse vers la lumière.

IMMORTALITÉ[2].

Tu as peur de la mort? Tu désires de vivre immortel? Vis dans l'ensemble des êtres. Quand depuis longtemps tu ne seras plus, il subsistera.

LA SOURCE DE JOUVENCE[3].

Croyez-moi, ce n'est pas un conte, la source de Jouvence coule réellement et sans cesse. —Vous demandez où? — Dans la poésie.

1. *Almanach des Muses* de 1797. — 2. *Heures* de 1795. — 3. *Almanach des Muses* de 1797.

LA MUSE ALLEMANDE[1].

Jamais siècle d'Auguste n'a fleuri pour l'art allemand, jamais ne lui a souri la bonté d'un Médicis. Il n'a pas été cultivé par la gloire, il n'a pas épanoui sa fleur aux rayons de la faveur des princes.

Le plus grand des fils de l'Allemagne, le grand Frédéric, le laissa s'éloigner de son trône sans protection, sans honneur. L'Allemand peut le dire avec orgueil, et son cœur en peut battre plus fièrement : il a lui-même créé son mérite.

Aussi se dresse-t-il en dôme plus sublime, aussi jaillit-il à flots plus abondants, le noble chant des bardes de l'Allemagne, et, se dilatant dans sa propre plénitude, s'élançant des sources profondes du cœur, se joue-t-il de la contrainte des règles.

LE GÉNIE ALLEMAND[2].

Tends, Allemand, à la force romaine, à la beauté grecque!... tu as visé à toutes deux avec succès.... mais la saillie gauloise jamais ne t'a réussi.

1. Cette pièce est de 1800. — 2. *Almanach des Muses* de 1797.

L'ILIADE[1].

Déchirez, tant qu'il vous plaira, la couronne d'Homère, et comptez les pères de cette œuvre accomplie, éternelle ! elle n'a toujours pourtant qu'une mère, et de cette mère elle a les traits : tes traits immortels, ô Nature !

BAGATELLES[2].

L'HEXAMÈTRE ÉPIQUE.

Il t'emporte, à te donner le vertige, sur des flots qui sans cesse avancent : derrière toi, devant toi, tu ne vois que le ciel et la mer.

LE DISTIQUE.

Dans l'hexamètre, monte la colonne liquide de la source jaillissante ; puis, dans le pentamètre, elle retombe mélodieusement.

---

1. Inséré d'abord dans les *Heures* de 1795, c'est-à-dire de l'année même où Wolf publia la première partie de ses *Prolégomènes* sur Homère.
2. Les trois premiers de ces huit distiques ont été publiés d'abord dans l'*Almanach des Muses* de 1797 ; les cinq derniers, dans celui de 1798.

LA STANCE DE HUIT VERS.

Stance, l'amour t'a créée, l'amour tendrement langoureux : trois fois tu fuis avec pudeur, et trois fois reviens avec désir.

L'OBÉLISQUE.

Le maître m'a élevé sur un haut piédestal : « Debout ! » m'a-t-il dit, et, à son ordre, je suis là debout avec force et avec joie.

L'ARC DE TRIOMPHE.

« Ne crains pas, dit le maître, l'arc céleste : je te place, infini comme lui, dans l'infini. »

LE BEAU PONT.

Sous moi, sur moi, roulent les flots, les voitures, et, dans sa bonté, le maître m'accorda à moi-même de passer aussi le fleuve.

LA PORTE.

Que la porte attire doucement le sauvage dans l'enceinte où règne la loi ; qu'elle conduise gaiement le citoyen dehors, dans la libre nature.

L'ÉGLISE DE SAINT-PIERRE.

Si tu cherches ici l'incommensurable, tu t'es égaré : ma grandeur est de te faire plus grand toi-même.

THÉOPHANIE[1].

Que l'homme heureux se montre à moi, j'oublie les dieux du ciel; mais ils sont devant mes yeux, quand je vois l'homme souffrant.

L'ENFANT AU BERCEAU[2].

Heureux nourrisson! pour toi le berceau est encore un espace infini. Deviens homme, et le monde infini te sera trop étroit.

LE PETIT GARÇON QUI JOUE[3].

Joue, enfant, sur le sein de ta mère! Dans cette île sacrée, ni le sombre chagrin ni le souci ne te trouveront. Avec amour,

---

1. Mot grec, qui signifie « Apparition des dieux. » — *Heures* de 1795.
2. *Almanach des Muses* de 1796.
3. *Ibid.*

les bras de ta mère te tiennent au-dessus de l'abîme, et ton regard plonge, avec le sourire de l'innocence, dans cette tombe où les flots s'agitent. Joue, aimable innocence ! L'Arcadie t'environne encore, et la nature libre n'obéit qu'au joyeux instinct; ta force exubérante se crée encore des limites imaginaires, et le devoir et le but manquent encore à ton ardeur spontanée. Joue ! bientôt viendra le travail austère, décharné, et au devoir impérieux manqueront le joyeux penchant et l'ardeur.

ATTENTE ET ACCOMPLISSEMENT[1].

Le jeune homme s'embarque sur l'Océan avec mille mâts; paisiblement, sur sa barque sauvée du naufrage, le vieillard revient au port.

LE SORT COMMUN.

Vois ! nous haïssons, nous luttons; les penchants, les opinions nous séparent ; mais, pendant ce temps, sur ta tête les cheveux blanchissent comme sur la mienne.

1. Ce distique et les sept suivants ont été publiés d'abord dans l'*Almanach des Muses* de 1797.

L'ACTIVITÉ HUMAINE.

A l'entrée de la carrière, on a l'infini ouvert devant soi; à la fin, pourtant, le plus sage se borne au cercle le plus étroit.

LE PÈRE.

Agis tant que tu voudras, tu resteras pourtant toujours isolé, jusqu'à ce que la nature, la nature puissante, te rattache au tout.

LE CERCLE DE LA NATURE.

Tout, tranquille Nature, se tient et forme le cercle dans ton empire : ainsi le vieillard revient, enfantin ensemble et puéril, à l'enfant.

LE GÉNIE AVEC LA TORCHE RETOURNÉE.

Sans doute, il a l'air charmant avec sa torche éteinte; mais pourtant la mort, Messieurs, n'est déjà pas si esthétique.

TRIBUNAL DE LA FEMME.

Femmes, ne jugez jamais, je vous prie, les actions de l'homme une à une; mais prononcez sur tout l'homme la sentence du jugement.

LE JUGEMENT FÉMININ.

Les hommes jugent d'après des motifs; le jugement de la femme, c'est son amour. Où la femme n'aime pas, elle a déjà jugé.

LA VERTU DE LA FEMME[1].

L'homme a besoin de vertus : il se précipite avec audace dans la vie ; il engage avec la fortune plus forte que lui un périlleux combat. Une vertu suffit à la femme : elle est là, elle apparaît aimable au cœur ; puisse-t-elle aussi toujours apparaître aimable aux yeux !

PUISSANCE DE LA FEMME.

Vous êtes puissantes ; vous l'êtes par le charme paisible de votre présence. L'influence que la femme ne peut exercer sans bruit, jamais elle ne l'exercera en faisant grand fracas. La force, je l'attends de l'homme : qu'il maintienne la dignité de la loi ; mais c'est par la grâce seule que règne et doit régner la femme. Plus d'une, il est vrai, a régné par la puissance de l'esprit et des grandes actions ; mais alors elle a été privée de toi, ô la plus belle des couronnes ! La seule vraie reine est la beauté vraiment féminine de la femme : partout où elle se montre, elle règne, et règne par cela seul qu'elle se montre.

[1]. Cette pièce et les trois suivantes sont aussi extraites de l'*Almanach des Muses* de 1797.

L'IDÉAL DE LA FEMME.

A AMANDA.

Partout la femme le cède à l'homme; dans ce qu'il y a de plus haut seulement, l'homme le plus viril le cède à la femme la plus féminine. Mais qu'y a-t-il à mes yeux de plus haut? C'est la tranquille sérénité de la victoire, telle que je la vois rayonner de ton front, charmante Amanda. Si même la nuée du chagrin nage autour du disque pur et brillant, son image ne s'en peint que plus belle sur la vapeur dorée. Que l'homme se flatte d'être libre! Toi, tu l'es en effet; car c'est ton privilége, nécessaire et constant, de ne connaître ni option ni nécessité. Quoi que tu donnes, tu te donnes toujours tout entière; tu n'es jamais qu'un seul tout; ta parole même la plus délicate est tout ton être harmonieux. En toi, la jeunesse éternelle s'unit à une plénitude qui jamais ne tarit; et avec la fleur, tu cueilles à la fois le fruit d'or.

LA PLUS BELLE APPARITION.

Si tu n'as jamais vu la beauté dans le moment de la souffrance, jamais tu n'as vu la beauté. Si tu n'as jamais vu la joie sur un beau visage, jamais tu n'as vu la joie.

LES DEUX CHEMINS DE LA VERTU[1].

Il est deux chemins par où l'homme s'élève à la vertu : l'un t'est-il fermé, l'autre s'ouvre à toi. L'homme heureux la conquiert en agissant ; celui qui souffre, en endurant. Heureux celui que son destin a conduit avec amour par ces deux voies !

SORTIE DE LA VIE[2].

Deux voies te sont ouvertes pour sortir de la vie : l'une mène à l'idéal, l'autre à la mort. Vois à t'échapper à temps, libre encore, par l'une, avant que la Parque t'emmène de force par l'autre.

1. *Almanach des Muses* de 1796.
2. *Heures* de 1795. — Dans l'édition in-8° en un seul volume, ces deux distiques ont pour titre : « La liberté idéale, » et ils y sont rangés avec les *Ex-voto*.

CE QU'IL Y A DE PLUS ÉLEVÉ[1].

Cherches-tu ce qu'il y a de plus élevé, de plus grand? La plante peut te l'apprendre. Ce qu'elle est sans le vouloir, sois-le en le voulant[2].... C'est là tout.

AMOUR ET DÉSIR[3].

Bien dit, Schlosser! On aime ce qu'on a, on désire ce qu'on n'a pas; car, seule, l'âme riche aime; seule, la pauvre désire.

---

1. *Heures* de 1795.
2. C'est-à-dire obéis, le voulant et le sachant, au vœu de ta nature, comme la plante obéit, sans le vouloir ni le savoir, à la sienne. Voyez, dans les Œuvres philosophiques, le *Traité de la poésie naïve et de la poésie de sentiment*.
3. *Almanach des Muses* de 1797.

BONTÉ ET GRANDEUR[1].

Il n'y a que deux vertus. Ah! plût au ciel que toujours elles fussent réunies, que la bonté fût toujours grande, et la grandeur toujours bonne!

JUPITER A HERCULE[2].

Ce n'est pas dans mon nectar que tu as bu ta divinité; c'est ta force divine qui t'a conquis le nectar.

L'IMMUABLE[3].

« Le temps, dis-tu, s'enfuit, sans jamais s'arrêter. » Il cherche la stabilité. Sois fidèle et constant, et tu le lieras d'une chaîne éternelle.

1. *Almanach des Muses* de 1797. — 2. *Almanach des Muses* de 1796. — 3. *Ibid.*

ZÉNITH ET NADIR[1].

Quelque point de l'espace que tu parcoures, ton zénith et ton nadir te rattachent au ciel et à l'axe du monde. De quelque manière que tu agisses en toi-même, que toujours ta volonté touche au ciel, mais que la direction de l'acte passe par l'axe du monde.

LE SEMEUR[2].

Vois, tu confies, plein d'espoir, à la terre la semence dorée; puis tu attends, joyeux, au printemps, que la moisson germe. Et dans le sillon du temps seulement, tu hésites à répandre les œuvres qui, semées par la sagesse, fleurissent sans bruit pour l'éternité.

1. *Almanach des Muses* de 1797. — 2. *Almanach des Muses* de 1796.

LES CHEVALIERS DE SAINT-JEAN[1].

Elle vous sied bien la redoutable armure de la croix, quand, lions des combats, vous protégez Saint-Jean-d'Acre et Rhodes, que vous escortez, à travers le désert de Syrie, le pèlerin tremblant, et qu'avec le glaive du Chérubin vous êtes debout devant le Saint-Sépulcre.

Mais une parure qui, pourtant, vous sied mieux encore, c'est le tablier de l'infirmier, quand vous, les lions des combats, les fils des plus nobles races, vous servez près du lit du malade, préparez pour ses lèvres altérées la coupe rafraîchissante, et accomplissez l'humble devoir[2] de la charité chrétienne. Religion de la croix, toi seule as réuni en une même couronne la double palme de l'humilité et de la force.

LE MARCHAND[3].

Où cingle ce navire aux voiles déployées? Il porte des hommes de Sidon qui, du Nord glacé, ramènent l'ambre et l'étain.

Porte-le avec bonté, Neptune, et vous, ô vents, bercez-le

---

1. Publié dans l'*Almanach des Muses* de 1796, sous ce titre : « Les chevaliers de l'Hôpital à Jérusalem. »
2. Dans la première édition : « Le devoir sans gloire. »
3. *Almanach des Muses* de 1796.

doucement. Que, dans une baie hospitalière, une source lui verse son eau rafraîchissante !

A vous, dieux, appartient le marchand. Il va pour chercher des biens, mais le bien s'attache à son navire.

CARTHAGE[1].

Enfant dégénéré d'une mère humaine, meilleure que toi, à la violence du Romain tu associes la ruse du Tyrien! mais l'un gouvernait avec vigueur la terre conquise, l'autre instruisait le monde, qu'il volait avec art. Toi, parle! que dit l'histoire à ta louange? A l'exemple du Romain, tu soumets avec le fer, ce que tu gouvernes, en Tyrien, avec l'or.

LE JEU DE LA VIE[2].

Voulez-vous regarder dans mon optique? Le jeu de la vie, le monde en miniature, vont à l'instant apparaître à vos yeux; seulement, ne voyez pas de trop près; il ne le faut regarder qu'au flambeau de l'amour, à la lumière de la torche de Cupidon.

Voyez! jamais la scène n'est vide : là ils apportent un nou-

1. *Heures* de 1795.
2. *Almanach des Muses* de 1797.

veau-né ; l'enfant sautille ; le jeune homme s'élance avec fougue ; l'homme combat et veut tout risquer.

Chacun essaye sa fortune, mais la carrière est étroite pour la course. Le char roule, l'essieu brûle, le héros avance hardiment, l'efféminé reste en arrière, l'orgueilleux tombe d'une chute ridicule, l'homme habile les dépasse tous.

Vous voyez les femmes aux barrières, pour décerner, de leurs doux regards, de leurs belles mains, le prix au vainqueur.

CE QU'IL FAUT HONORER[1].

Honorez l'ensemble, je le veux bien ; moi, je ne puis estimer que des individus : ce n'est jamais que dans des individus que j'ai considéré l'ensemble.

AUX LÉGISLATEURS[2].

Supposez toujours que l'homme en général veut le bien ; mais dans l'individu ne comptez jamais sur ce bon vouloir.

1. *Almanach des Muses* de 1797.
2. *Ibid.*

LA MEILLEURE CONSTITUTION POLITIQUE[1].

Je ne puis reconnaître pour telle que celle qui facilite à chacun le bon vouloir, mais n'a jamais besoin de ce bon vouloir.

L'ALLEMAGNE ET SES PRINCES[2].

Tu as produit de grands monarques, et tu es digne d'eux : ce n'est que le sujet qui rend le maître grand. Mais tente-le, ô Allemagne! rends plus difficile à ceux qui te gouvernent la tâche d'être grands comme rois ; plus facile, celle de n'être qu'hommes.

1. *Almanach des Muses* de 1797.
2. *Almanach des Muses* de 1796. — Ces deux distiques ont été omis dans l'édition in-8° en un seul volume.

LE GÉNIE GREC,

A MEYER EN ITALIE[1],

Muet pour mille autres qui l'interrogent, mais avec un cœur sourd : à toi, son parent et son ami, le génie parle familièrement.

LE MOYEN D'UNION[2].

Comment fait la nature pour unir dans l'homme le noble et l'ignoble ? Elle place la vanité entre deux.

1. *Almanach des Muses* de 1797.
2. Ce distique, inséré d'abord dans l'*Almanach des Muses* de 1797, parmi les *Xénies*, se trouve à la fois dans les œuvres de Schiller et dans celles de Goethe. (Voy. plus haut, page 349, note 3.)

LE POETE MORALISTE[1].

Oui, l'homme est un pauvre être, je le sais.... mais c'est précisément ce que je voulais oublier, et pour cela j'étais venu (ah! que je m'en repens!) vers toi.

L'HABILE ARTIFICE[2].

Voulez-vous plaire à la fois aux enfants du monde et aux dévots? peignez la volupté.... seulement peignez le diable auprès!

LE SUJET SUBLIME[3].

Ta muse chante comment Dieu eut pitié des hommes; mais qu'il les ait trouvés pitoyables, est-ce donc là de la poésie?

1. Dans l'*Almanach des Muses* de 1797, cette épigramme a pour titre : « A un certain poëte moraliste. » — 2. *Almanach des Muses* de 1797. — 3. *Ibidem.*

L'ÉPOQUE[1].

Le siècle a engendré une grande époque, mais ce grand moment trouve sur terre une petite race.

LES DANAÏDES[2].

Depuis des années, nous puisons pour verser dans ce crible, et nous couvons cette pierre ; mais la pierre ne s'échauffe pas, mais le crible ne s'emplit pas.

KANT ET SES INTERPRÈTES.

Que de mendiants nourrit un seul riche ! Quand les rois bâtissent, les charretiers ont à faire.

1. *Almanach des Muses* de 1797, parmi les *Xénies*.
2. Dans l'*Almanach des Muses* de 1797, ce distique est intitulé : « Bibliothèque des belles-lettres. » C'était le nom d'une publication périodique, entreprise à Leipzig.
3. *Almanach des Muses* de 1797.

LA SCIENCE[1].

Pour l'un c'est la grande, la céleste déesse; pour l'autre, une bonne vache, qui lui fournit son beurre.

LES FLEUVES[2].

RHIN.

Fidèle, comme il convient au Suisse, je garde la frontière de Germanie; mais le Gaulois saute par-dessus mes flots patients[3].

RHIN ET MOSELLE.

Depuis si longtemps déjà je t'embrasse, vierge lorraine; mais nul fils encore n'a fait la joie de notre union.

DANUBE EN ****[4].

Autour de moi habite le peuple des Phéaciens, à l'œil brillant;

---

1. *Almanach des Muses* de 1797.
2. Dans l'*Almanach des Muses* de 1797, ces distiques n'étaient pas réunis sous un titre commun.
3. Il faut se souvenir que ce distique est de 1796.
4. Dans la première édition, il y a deux distiques sur le Danube, intitulés l'un : *Donau in B**** (« Danube en Bavière »); l'autre : *Donau in O**** (« Danube en Autriche »).

pour lui, c'est toujours dimanche, toujours la broche tourne au foyer.

MAIN.

Mes châteaux, il est vrai, tombent en ruines; mais, depuis des siècles, je vois toujours, et cela me console, la même race antique.

SAALE.

Mon cours n'est pas long, et pourtant il salue tant de princes, tant de peuples! mais ces princes sont bons, mais ces peuples sont libres.

ILM[1].

Mes rives sont pauvres; mais, en passant, le flot tranquille que le courant entraîne, entend plus d'un chant immortel.

PLEISSE[2].

Ma rive est plate et mes eaux peu profondes : mes poëtes, mes prosateurs étaient trop altérés; ils m'ont épuisée.

ELBE.

Vous ne parlez tous, vous autres, qu'un baragouin.... Parmi les fleuves de l'Allemagne, il n'y a que moi, et encore seulement en Misnie, qui parle allemand[3].

SPRÉE.

Ramler un jour m'a donné une langue, et mon César des sujets de chant[4]; j'eus peut-être alors la bouche un peu pleine, mais depuis ce temps je me tais.

WÉSER.

Il n'y a, hélas! rien à dire de moi : je ne fournis pas même, songez donc! à la Muse le moindre sujet d'épigramme.

1. L'Ilm passe à Weimar.
2. Leipzig est situé sur la Pleisse.
3. Adelung ne reconnaissait pour bon allemand que le dialecte de Misnie.
4. Allusion aux odes un peu emphatiques de Ramler sur Frédéric II.

SOURCES D'EAUX MINÉRALES DE ***[1].

Étrange pays ! Ici les cours d'eau et les sources ont du goût ; chez les habitants seuls, je n'en ai encore trouvé nulle trace.

PEGNITZ[2].

Je suis devenu tout hypocondre par ennui, et je ne continue de couler que parce qu'ainsi le veut la vieille coutume.

LES FLEUVES **IQUES[3].

Nous nous trouvons bien, nous autres, dans les pays des seigneurs **iques : leur joug est doux, leurs fardeaux sont légers.

SALZACH[4].

Je coule des monts de Juvavie pour saler l'archevêché ; puis je me dirige vers la Bavière, où l'on manque de sel.

LE FLEUVE ANONYME[5].

C'est pour fournir des mets de carême à la table du pieux évêque, que le Créateur m'a fait passer par ce pays affamé.

LES FLEUVES INDISCRETS[6].

Maintenant plus un seul mot, vous autres fleuves ! Vous savez, on le voit, aussi peu vous modérer que le firent naguère les bijoux de Diderot.

---

1. Vraisemblablement les eaux minérales de Bohême.
2. A Nuremberg.
3. Les fleuves des principautés ecclésiastiques. Dans le premier vers il y a la même abréviation que dans le titre : *in **cher Herren Ländern*, pour *in geistlicher Herren Ländern*.
4. La Salzach ou Salzbach coule à Salzbourg, autrefois *Juvaria*, qui était, au temps où Schiller écrivait, la capitale du cercle et de l'archevêché du même nom.
5. Sans doute la Fulda, qui arrose l'évêché de ce nom.
6. Ce titre, qui est en français dans Schiller, fait allusion au roman de Diderot intitulé : « Les bijoux indiscrets. »

LA COMÉDIE ALLEMANDE[1].

Des sots, des caricatures, nous en aurions en masse; malheureusement, à eux seuls, ils ne servent nullement à produire la comédie.

LES NATURALISTES ET LES PHILOSOPHES TRANSCENDANTS.

Qu'il y ait lutte entre vous! Votre alliance vient encore trop tôt : séparez-vous dans vos recherches, c'est le seul moyen de connaître la vérité.

---

1. Ce distique et le suivant ont été publiés dans l'*Almanach des Muses* de 1797, parmi les *Xénies*.

S. S.[1]

Chacun, si on le voit à part, est tolérablement sage et intelligent ; dès qu'ils sont *in corpore*, ils se trouvent aussitôt changés en imbéciles.

ANNONCE DE LIBRAIRIE[2].

Rien n'est si important pour l'humanité que de connaître sa destination ; elle se vend actuellement chez moi, douze gros, monnaie courante.

1. *Almanach des Muses* de 1797. En allemand, l'épigramme a pour titre les deux initiales G. G., qui signifient *Gelehrte Gesellschaften*, « Sociétés savantes. »
2. *Almanach des Muses* de 1797, parmi les *Xénies*. L'épigramme est relative au livre de J. J. Spalding « sur la Destination de l'homme. » (Leipzig, 1794.)

JÉRÉMIADE[1].

Tout a empiré en Allemagne, prose et vers, hélas! et l'âge d'or est déjà bien loin derrière nous.

Les philosophes gâtent la langue, les poëtes la logique, et le bon sens ne suffit plus pour se tirer d'affaire dans la vie.

On chasse la vertu de l'esthétique, son domaine; on la jette, hôte incommode, dans la politique.

Où se tourner? Est-on naturel, on est plat, et si l'on se gêne, on vous trouve fade et sans goût.

Reviens, belle naïveté des chambrières de Leipzig! reviens donc, oh! reviens, piquante simplicité!

Reviens, comédie, honnête soirée hebdomadaire; Sigismond, doux amant; Mascarille plaisant valet[2]!

Tragédies pleines de sel, pleines d'épingles épigrammatiques, et toi, pas de menuet de notre cothurne d'emprunt!

Roman philosophique, mannequin, si patiemment tranquille, tandis que la nature se débat contre le tailleur!

Reviens, vieille prose, qui dis si honnêtement ce que tu penses, ce que tu as pensé, et même ce que supplée le lecteur.

Tout a empiré en Allemagne, prose et vers, hélas! et l'âge d'or est déjà bien loin derrière nous.

---

1. Schiller a réuni sous ce titre unique dix distiques qui, dans l'*Almanach des Muses* de 1797, étaient détachés les uns des autres, et portaient les titres suivants : « Jérémiades tirées de la feuille d'annonces de l'empire; Mauvais temps; Scandale; Le public dans l'embarras; L'âge d'or; Comédie; Ancienne tragédie allemande; Roman; Prose claire; Chœur. »

2. *Siegmund*, « Sigismond, » personnage des *Tendres sœurs* de Gellert; *Mascarille*, du *Trésor* de Lessing.

LE GÉNIE GREC[1].

A peine la fièvre froide de la gallomanie nous a-t-elle quittés, qu'il en éclate une chaude, sous forme de grécomanie. Qu'était-ce que le génie grec? du bon sens, de la mesure, de la clarté. Mon avis serait donc, messieurs, que vous patientiez encore un peu avant de nous parler du génie grec. Vous défendez une noble cause, mais que ce soit avec bon sens, je vous prie, afin qu'elle ne devienne pas un objet de moquerie et de risée.

DANGEREUSE SEQUELLE[2].

Amis, prenez bien garde de dire tout haut une vérité profonde et hardie; on vous la prend tout aussitôt à rebours.

---

1. Cette épigramme formait primitivement, dans l'*Almanach des Muses* de 1797, trois *Xénies*, intitulés, le premier : « Les deux fièvres; » le second, « Grécité; » le troisième, « Avertissement. »
2. *Almanach des Muses* de 1797, parmi les *Xénies*.

LES ENFANTS DU DIMANCHE[1].

Pendant des années, le maître façonne son œuvre, et ne peut jamais se satisfaire ; mais à cette race de génie, le bien et le beau viennent en dormant. Ce qu'ils ont appris hier, ils veulent aujourd'hui déjà l'enseigner : ah! que ces messieurs ont les intestins courts !

LES HOMÉRIDES[2].

Qui de vous est le chantre de l'Iliade ? Voici pour lui, de la part de Heyne, qui lui-même les trouve si bonnes, un paquet de saucisses de Gœttingue.

« A moi ! j'ai chanté la querelle des rois! — Moi le combat près des vaisseaux ! — A moi les saucisses, j'ai chanté l'aventure du mont Ida ! »

Paix ! ne me mettez pas du moins en pièces ! Les saucisses ne

---

1. Cette épigramme, insérée également dans l'*Almanach des Muses* de 1797, en formait primitivement deux. La première avait le titre conservé : « Les enfants du dimanche ; » la seconde était intitulée : « Les prompts écrivains. »—La locution « les enfants du dimanche » signifie, en allemand, « les gens nés heureux, » ou, comme nous disons familièrement, « nés coiffés. »
2. Dans l'*Almanach des Muses* de 1797, ce sont trois épigrammes séparées, intitulées : « Les Rhapsodes ; Beaucoup de voix ; Erreur de compte. »

suffiront pas! Celui, qui les a envoyées, ne comptait que sur un [1].

LES PHILOSOPHES [2].

LE DISCIPLE.

Il est heureux, messieurs, que je vous trouve ici réunis *in pleno*, car c'est la question unique et seule nécessaire qui me fait descendre auprès de vous.

ARISTOTE.

Vite au fait, mon ami! Nous recevons ici aux enfers la gazette d'Iéna, et depuis longtemps déjà nous sommes instruits de tout.

LE DISCIPLE.

Tant mieux! Alors donnez-moi, je ne vous lâche pas avant, une proposition généralement admissible, et admise de tous.

UN PREMIER PHILOSOPHE.

Cogito, ergo sum. « Je pense, donc je suis. » Pourvu que l'un soit vrai, l'autre l'est assurément.

---

1. Ici se plaçaient deux autres distiques, que Schiller a supprimés. Le premier est la parodie des paroles d'Ulysse à Alcinoüs.
(Quelqu'un du chœur se met à réciter.)
Vraiment, je ne sais rien de plus agréable que de voir les tables bien pleines de pain et de viandes, et l'échanson qui ne perd pas son temps.
(Invitation à la paix.)
Partagez en frères! Il y a juste deux douzaines de saucisses, et que celui qui a chanté Astyanax reçoive encore celle-ci de moi.

2. Les dix-neuf distiques réunis sous ce titre formaient, dans l'*Almanach des Muses* de 1797, autant de *Xénies* détachés.

LE DISCIPLE.

« Je pense, donc je suis! » Bien! mais qui peut penser toujours? Bien souvent déjà j'ai été, sans penser vraiment à rien.

UN SECOND PHILOSOPHE.

Puisqu'il y a des êtres, il y a un être de tous les êtres. Nous nageons dans l'être des êtres, tous, tels que nous sommes.

UN TROISIÈME PHILOSOPHE.

Je dis juste le contraire. Il n'y a pas d'autre être que moi-même; tout le reste ne s'élève en moi que comme une bulle de savon.

UN QUATRIÈME PHILOSOPHE.

J'admets deux choses, le monde et l'âme; elles ne savent rien l'une de l'autre, et pourtant indiquent toutes deux une seule et même chose.

UN CINQUIÈME PHILOSOPHE.

Je ne sais rien de la chose, et ne sais non plus rien de l'âme; toutes deux ne font que m'apparaître, et ne sont pourtant pas une apparence.

UN SIXIÈME PHILOSOPHE.

Je suis moi, et je me pose moi-même; et si je me pose moi-même comme non posé, alors, bon! j'ai posé un non-moi.

UN SEPTIÈME PHILOSOPHE.

Il existe au moins une représentation (ou acte de se représenter quelque chose). Il y a donc un objet représenté, et aussi un sujet qui se le représente, ce qui, avec la représentation, fait trois.

LE DISCIPLE.

Il n'y a pas encore là, messieurs, de quoi tirer un chien du poêle¹ ; je veux une proposition satisfaisante et qui pose un principe.

UN HUITIÈME PHILOSOPHE.

Il n'y a plus rien à trouver dans le champ de la théorie ; mais cette proposition pratique est au moins valable : « Tu peux, car tu dois. »

LE DISCIPLE.

Je m'y attendais. Quand ils ne savent plus rien vous répondre de raisonnable, alors, vite, ils vous fourrent leur théorie dans la conscience.

DAVID HUME.

Ne parle pas à ces gens-là ! Kant les a tous embrouillés. Interroge-moi ; même aux enfers, je suis resté semblable à moi-même.

QUESTION DE DROIT.

Depuis des années, je me sers de mon nez pour sentir. Ai-je donc réellement sur lui un droit démontrable de propriété ?

PUFFENDORF.

Le cas est embarrassant ; mais la première possession semble parler pour toi : continue donc à t'en servir.

SCRUPULE DE CONSCIENCE.

Je sers volontiers mes amis ; mais, hélas ! je le fais avec inclination, et ainsi j'ai souvent un remords de n'être pas vertueux.

DÉCISION.

Tu n'as qu'une chose à faire : il faut tâcher de mépriser cette inclination, et faire alors avec répugnance ce que t'ordonne le devoir².

---

1. Locution proverbiale signifiant que tout cela est sans valeur, sans effet.
2. Pour ces deux derniers distiques, voyez plus haut, *Vie de Schiller*, p. 101.

L'OMBRE DE SHAKSPEARE.

PARODIE[1].

Enfin j'aperçus le grand, le fort Hercule; je veux dire son ombre[2]. Lui-même, hélas! il n'était plus donné de le voir.

Tout autour criait, comme une clameur d'oiseaux, la clameur des tragédiens; tout autour de lui, les aboiements des dramaturges.

Il était là, l'horrible fantôme. L'arc était tendu et la flèche sur la corde frappait encore au cœur.

« Quelle témérité, malheureux, me dit-il, oses-tu tenter maintenant? descendre même chez les morts, dans la tombe?

— C'est à cause de Tirésias qu'il m'a fallu descendre, pour demander au voyant où je trouverais cet antique cothurne, qu'on ne voit plus.

— S'ils ne croient plus à la nature, ni aux vieux Grecs, c'est en vain que tu leur vas chercher une dramaturgie.

— Oh! la nature, elle se remontre sur nos théâtres, et si parfaitement nue qu'on lui compte chaque côte.

— Comment? En vérité, on voit chez vous le vieux cothurne, que je suis allé chercher moi-même dans la nuit du Tartare?

— Il n'est plus question de ces évocations tragiques. A peine une fois par an ton fantôme armé[3] passe-t-il sur les planches.

---

1. C'est la réunion, sous un même titre, de vingt-trois distiques qui, dans l'Almanach des Muses de 1797, étaient séparés les uns des autres. Le premier était intitulé : « Hercule; » le deuxième, « Héraclides; » le troisième, « Pure manière; » les vingt suivants, alternativement « Lui » et « Moi, » et le dernier, « La Muse aux Ménies. »

2. Dans la première édition, on lit, au lieu de « son ombre, » « sa traduction. »

3. Celui qui paraît dans Hamlet.

— C'est bien, soit ! La philosophie a épuré vos sentiments et la sombre émotion fuit devant l'humeur sereine.

— Oui, une rude et sèche plaisanterie, pour nous rien de mieux ; mais l'affliction nous plaît aussi, pourvu qu'elle soit mouillée de larmes.

— Ainsi, l'on voit chez vous la danse légère de Thalie auprès de la marche sérieuse de Melpomène ?

— Ni l'une ni l'autre ! Il n'y a pour nous toucher que ce qui est chrétiennement moral, et ce qui est vraiment populaire, familier et bourgeois.

— Eh quoi ! un César n'oserait plus se montrer sur vos scènes, ni un Achille, un Oreste, une Andromaque ?

— Rien de tout cela ! On ne voit chez nous que des pasteurs, des conseillers de commerce, des enseignes, des secrétaires ou des majors de hussards.

— Mais, je t'en prie, mon ami, que peut-il donc arriver de grand à une telle clique ? que peut-il par elle se faire de grand ?

— Quoi ? ils font des cabales, ils prêtent sur gages, ils empochent des cuillers d'argent, s'exposent au pilori et à mieux.

— Mais où prenez-vous le grand et colossal Destin, qui élève l'homme quand il broie l'homme ?

— Rêveries que cela ! Nous et nos bons amis, nos chagrins, à nous, et nos peines, voilà ce que nous cherchons et trouvons au théâtre.

— Mais vous trouvez tout cela bien mieux et plus commodément à la maison ; pourquoi vous fuir vous-mêmes, si vous ne cherchez que vous ?

— Pardon, mon héros, c'est tout différent : le sort est aveugle, et le poëte est juste.

— Ainsi c'est votre nature misérable qu'on trouve sur vos scènes ? jamais la grande nature, jamais l'infinie ?

— Le poëte est l'amphitryon ; le dernier acte, le festin : quand le vice rend gorge, la vertu se met à table. »

LE SOIR[1].

(D'après une peinture.)

Descends, dieu rayonnant.... les campagnes aspirent après la rosée rafraîchissante, l'homme épuisé languit, tes coursiers fatigués se ralentissent.... laisse ton char descendre!

Vois qui, du sein de la mer aux flots de cristal, t'appelle par un sourire aimable! Ton cœur la reconnaît-il? Les coursiers volent plus rapides : c'est Téthys, c'est ta divine épouse qui t'appelle.

Soudain, du char qu'il conduit, le dieu s'élance dans ses bras; Cupidon saisit les rênes; les coursiers s'arrêtent et boivent l'onde rafraîchissante.

Au ciel, d'un pas léger, monte la nuit embaumée : le doux amour la suit. Reposez et aimez! Phébus aime et repose.

POMPÉIES ET HERCULANUM[2].

Quel prodige s'accomplit? O terre, nous te demandions des sources d'eau limpide, et qu'est-ce que ton sein nous envoie?

---

[1]. Cette pièce est du mois de septembre 1795. Elle fut publiée d'abord dans l'*Almanach des Muses* de 1796. — [2]. *Almanach des Muses* de 1797.

La vie est-elle aussi dans l'abîme? Une nouvelle race séjourne-t-elle, cachée, sous la lave? Ce qui a disparu revient-il?

Grecs, Romains, oh! venez et voyez! l'antique Pompéies se retrouve, la ville d'Hercule se rebâtit. Toit contre toit, les maisons s'élèvent; le spacieux portique ouvre ses galeries: oh! accourez pour l'animer! Le vaste théâtre est ouvert : par ses sept embouchures, que la foule à flots s'y précipite! Mimes, où restez-vous? Paraissez! Que le fils d'Atrée accomplisse le sacrifice préparé; que l'horrible chœur suive Oreste!

Où conduit cet arc de triomphe? Reconnaissez-vous le Forum? Quelles sont ces figures sur la chaise curule? Précédez, licteurs, avec vos haches! Que le préteur monte, pour juger, sur son tribunal; que le témoin, que l'accusateur se présentent devant lui!

Des rues propres s'étendent; une voie plus étroite, avec un pavé rehaussé, se prolonge auprès des maisons. Les toits dépassent, offrant un abri; d'élégantes chambres, retraites intimes, se rangent autour de la cour solitaire. Hâtez-vous d'ouvrir les volets et les portes si longtemps fermés par les décombres. Que dans l'horrible nuit tombe le jour joyeux!

Vois comme ces jolis bancs garnissent bien le pourtour; comme sur le sol s'élève la mosaïque toute brillante de pierres aux couleurs variées. Le mur[1] resplendit, tout frais encore, de peintures d'un éclat serein. Où est l'artiste? Il vient à peine de jeter son pinceau. Formé de fruits gonflés et de fleurs gracieusement disposées, un riant feston encadre d'attrayantes images. Ici passe et glisse un Amour avec sa corbeille chargée; là des génies diligents pressent le vin de pourpre. La Bacchante bondit en cadence; plus loin, elle repose assoupie, et le Faune, l'épiant, ne peut se rassasier de la voir. Ici, en équilibre sur un genou, elle exerce à la course le rapide Centaure et le presse vivement de son thyrse.

Jeunes garçons, que tardez-vous? Accourez! les beaux vases sont encore là. Alerte, jeunes filles! et versez le vin dans le

---

1. « Le mur.... d'attrayantes images. » Au lieu de ce développement, qui forme quatre vers, la première édition n'avait que les deux suivants :

« De sereines couleurs animent encore le mur; le riant feston, de ses chaînes de fleurs, encadre d'attrayantes images. »

cratère d'Étrurie. Ne vois-je pas le trépied sur les beaux sphinx ailés? Attisez le feu! Vite, esclaves, garnissez le foyer.

Achetez, voici de l'argent à l'effigie du puissant Titus; la balance aussi est encore là; voyez, pas un poids ne manque.

Mettez la lumière sur le candélabre élégamment façonné, et que la lampe s'emplisse d'une huile brillante!

Que renferme cette cassette? Oh! regardez ce qu'envoie le fiancé, jeunes filles! Des agrafes d'or, des brillantes pierres pour la parure. Conduisez la fiancée au bain odorant; voici encore les parfums onctueux, je retrouve encore le fard dans le cristal creusé.

Mais où restent les hommes, les anciens? Dans le sérieux muséum est encore entassé un précieux trésor des rouleaux les plus rares. Ici vous trouvez des poinçons pour écrire, des tablettes de cire : rien n'est perdu; la terre a fidèlement gardé son dépôt, et les Pénates aussi sont à leur place; tous les dieux se retrouvent : pourquoi les prêtres seuls sont-ils absents? Mercure, à la taille élégante, agite son caducée, et la Victoire s'envole légèrement de la main qui la tient. Les autels sont encore là, debout : oh! venez, allumez.... depuis longtemps le dieu en est privé.... allumez en son honneur les sacrifices!

LES

VUES ET ESPÉRANCES IDÉALES[1].

Ainsi, tu veux me quitter, infidèle, avec tes aimables fantaisies, avec tes douleurs, avec tes joies, avec tous tes dons? me fuir, inexorable? Rien ne peut-il arrêter ta fuite, ô âge d'or de

---

[1]. Ces strophes ont paru d'abord dans l'*Almanach des Muses* de 1796. — Je n'ai pas voulu traduire le pluriel *die Ideale* par le singulier « l'Idéal. » Ce

ma vie?... Vaine plainte! tes flots descendent d'un cours rapide dans l'océan de l'éternité.

Ils sont éteints, ces beaux soleils qui éclairaient le sentier de ma jeunesse; il s'est évanoui, ce monde idéal qui gonflait autrefois mon cœur enivré; elle s'est enfuie, ma douce croyance aux êtres qu'enfantaient mes rêves; ils sont la proie de la dure réalité, ces rêves naguère si divins et si beaux.

Comme autrefois Pigmalyon étreignit la pierre, avec une ardeur suppliante, jusqu'à ce que le feu du sentiment se répandît dans les joues glacées du marbre: ainsi de mes bras amoureux j'enlaçais la Nature, avec la passion de la jeunesse, jusqu'à ce qu'elle eût commencé à respirer, à s'échauffer sur mon sein de poëte[1];

Et que, partageant l'ardeur de ma flamme, elle trouvât, muette, un langage; me rendît le baiser de l'amour, et comprît la voix de mon cœur. Alors, pour moi, l'arbre, la rose s'animèrent; la chute argentée des sources chanta à mon oreille; les êtres inanimés furent eux-mêmes sensibles, comme par un écho de ma vie.

Par un tout-puissant effort, tout un monde éblouissant dilatait mon étroite poitrine, prêt à s'élancer dans la vie, en action et en parole, en images et en sons. Qu'elle était magni-

---

singulier, dans Schiller, n'est nullement synonyme du pluriel, comme on peut s'en assurer en comparant à cette pièce celle qui a pour titre: *Das Ideal und das Leben*, « l'Idéal et la Vie. »

1. Dans l'*Almanach des Muses* se trouve, après ces mots, le passage suivant:

« Le beau fruit qui commençait à peine à germer, le voilà déjà flétri. Le présent, de sa rude main, me réveille de mes songes riants.

« La réalité enferme dans ses barrières l'esprit enchaîné; elle s'écroule, la création de mes pensées; le beau voile de la poésie se déchire. »

2. Voici quelle était, sous sa première forme, la seconde moitié de cette strophe:

« Ainsi les nœuds de mon amour s'enlaçaient autour de la statue de la Nature, jusqu'à ce que le rayon de la vie, d'un jet, traversât le cœur glacé de l'insensible. »

fique, la forme de ce monde, tant qu'il resta caché comme la fleur en son bouton! Que de tout cela peu de chose est éclos, et ce peu, qu'il est chétif et petit[1]!

Son hardi courage lui donnant des ailes, heureux de l'illusion de son rêve, ignorant encore le frein des soucis, avec quelle ardeur le jeune homme s'élançait dans la carrière de la vie! Jusqu'aux astres les plus pâles de la voûte éthérée s'élevait l'essor de ses desseins; rien de si haut, de si lointain où leur vol ne le portât.

Comme aisément il y atteignait! Dans son bonheur, que jugeait-il impossible? Comme, devant le char de sa vie, dansait ce cortége de riants fantômes! l'Amour avec son doux prix; la Fortune avec sa couronne d'or; la Gloire avec son auréole étoilée; la Vérité brillante, dans tout l'éclat du soleil!

Mais, hélas! dès le milieu de la route, ses compagnons avaient disparu. Infidèles, ils tournaient leurs pas ailleurs, et s'enfuyaient l'un après l'autre. La Fortune s'était échappée d'un pied léger; la soif de savoir n'était pas étanchée; les sombres nuages du doute s'amassèrent autour du brillant soleil de la Vérité.

Je vis les saintes couronnes de la Gloire profanées sur les fronts vulgaires. Par trop rapide, hélas! après un court printemps, la belle saison de l'Amour s'envola! Et toujours, sur le rude sentier, croissait le silence et croissait l'abandon; à peine l'Espérance jetait encore une pâle lueur sur le sombre chemin.

De tout ce cortége bruyant, qui donc est resté avec amour près de moi? Qui se tient encore à mes côtés pour me consoler

---

1. Ici venait, dans la première édition, la strophe suivante :

« Tel qu'aux sources paisibles de la montagne, un fleuve emplit lentement son urne, et plus loin gonfle ses vagues majestueuses par delà ses hautes rives; des pierres, de lourds rochers, des forêts se jettent dans sa route; mais lui, portant des mâts orgueilleux, s'élance avec fracas dans le sein des mers :

« Tel s'élança le jeune homme, etc.... »

et me suivre jusqu'à la sombre demeure? C'est toi, Amitié, toi dont la tendre main doucement guérit toute blessure; toi qui, dévouée, partages les fardeaux de la vie; toi que, de bonne heure, j'ai cherchée et trouvée.

Et toi, qui volontiers t'associes à elle, qui, comme elle, conjures les orages de l'âme; toi, étude; toi qui jamais ne te lasses, qui crées lentement, mais ne détruis jamais; toi qui n'apportes, il est vrai, à l'édifice des éternités que grain de sable sur grain de sable; mais qui pourtant effaces de la grande dette du temps des minutes, des jours et des années.

DITHYRAMBE[1].

Jamais, non jamais, croyez-moi, un dieu n'apparaît seul. A peine ai-je chez moi Bacchus, le dieu joyeux, aussitôt vient l'Amour, l'enfant souriant; aussitôt se présente Phébus, le dieu éblouissant.

Ils approchent, ils viennent, les êtres célestes : la terrestre demeure se remplit de dieux.

Dites, comment traiterai-je, enfant de la terre, le chœur céleste? Donnez-moi votre vie immortelle, ô dieux. Que peut vous offrir le simple mortel? Élevez-moi jusqu'à votre Olympe!

La joie! la joie n'habite que dans la salle de Jupiter! Oh! remplissez de nectar! oh! tendez-moi la coupe!

Tends-lui la coupe, Hébé! soit! Verse au poëte! Mouille ses

---

[1] Le premier titre de cette poésie dans l'Almanach des Muses de 1797, était « La Visite. » (Note de l'édition allemande.)

yeux de céleste rosée, afin qu'il ne voie pas le Styx, le fleuve détesté, et qu'il lui semble être un des nôtres.

Elle murmure, elle petille, la céleste source! Le cœur s'apaise, l'œil s'éclaircit.

A EMMA[1].

Dans le lointain gris et brumeux gît mon bonheur passé; il n'y a plus qu'une belle étoile où mon regard encore s'arrête avec amour. Mais, comme l'éclat d'une étoile au ciel, ce n'est qu'une lueur dans la nuit.

Si le long sommeil, si la mort fermait tes yeux, ma douleur du moins te posséderait : tu vivrais pour mon cœur. Mais, hélas! tu vis, à la lumière du jour : pour mon amour tu ne vis plus.

Le charmant désir de l'amour, Emma, peut-il être éphémère? Ce qui a fui, ce qui passe, Emma, peut-il être l'amour? L'ardeur céleste de sa flamme meurt-elle comme un bien terrestre?

1. Publié d'abord dans l'*Almanach des Muses* de 1798, sous le titre d'*Élégie à Emma*.

LE MYSTÈRE[1].

Elle n'a pu me dire un seul petit mot; trop d'oreilles nous épiaient. Je n'osai interroger timidement que son regard, et j'ai bien compris ce qu'il disait. Je viens mystérieusement sous ton ombre paisible, tente de hêtres au beau feuillage; sous ton voile de verdure, dérobe les amants à l'œil du monde!

De loin j'entends la rumeur confuse des travaux du jour, et, à travers le sourd murmure des voix, je reconnais les coups des lourds marteaux. Ainsi l'homme arrache amèrement à la rigueur du ciel son chétif partage, et pourtant le bonheur tombe, facile, acquis sans peine, du sein des dieux sur la terre.

Ah! que les hommes jamais n'apprennent comme ici, sans bruit, le fidèle amour nous rend heureux! Ils ne peuvent que troubler la joie, parce que eux-mêmes, la joie ne les ravit jamais. Jamais le monde ne permettra le bonheur : on ne le saisit que comme une proie. Il faut le dérober ou le ravir, avant que l'envie te surprenne.

Il vient se glissant doucement sur la pointe du pied ; il aime le silence et la nuit; il fuit d'un pas rapide des lieux où veille l'œil d'un traître. Entoure-nous, charmante source, des replis de tes ondes changées en large fleuve, et, menaçante, de tes flots soulevés, défends ce sanctuaire.

1. *Almanach des Muses* de 1798.

L'ATTENTE[1].

N'ai-je pas entendu la petite porte s'ouvrir? Le verrou n'a-t-il pas gémi?... Non, c'était le souffle du vent qui siffle à travers ces peupliers.

Oh! pare-toi, abri vert et touffu, tu dois recevoir celle qui rayonne de grâce! Vous, branches, formez un réduit ombragé, pour l'entourer mystérieusement d'une nuit charmante! Et vous tous, zéphyrs caressants, éveillez-vous, et jouez, et folâtrez autour de ses joues de roses, quand, d'un pas léger, ses pieds délicats porteront leur aimable fardeau vers ce trône de l'amour.

Silence! Qui glisse à travers la haie, la froissant dans son rapide élan?... Non, ce n'est que l'oiseau, que la frayeur chasse du buisson.

O jour, éteins ton flambeau! Et toi, nuit, temps où voient les yeux de l'esprit, viens avec ton aimable silence! Enveloppe-nous de ton crêpe de pourpre; tresse autour de nous, avec ces branches, un réseau plein de mystère! La douce volupté de l'amour fuit l'oreille curieuse qui épie; elle fuit la lumière, indiscret témoin. Elle ne souffre d'autre confident qu'Hespérus, le discret Hespérus, qui regarde en silence.

De loin, tout bas n'a-t-on pas appelé? On dirait des voix qui chuchotent.... Non, c'est le cygne qui décrit ses cercles sur l'étang argenté.

---

1. Cette pièce paraît être de 1796, mais elle ne fut publiée qu'en 1800 dans l'Almanach des Muses.

Autour de moi résonne un fleuve d'harmonies. La source jaillissante tombe avec un doux murmure; la fleur s'incline au baiser du zéphyr, et je vois entre tous les êtres un échange de volupté. La grappe, la pêche, qui, richement gonflées, épient, ce semble, derrière le feuillage, invitent à les savourer. L'air, baigné dans une mer de parfums, aspire la chaleur de mes joues brûlantes.

N'ai-je pas entendu des pas retentir? un murmure qui approche le long de l'allée touffue?... Non, c'est un fruit qui est tombé là-bas, par le poids de sa riche séve.

L'œil ardent du jour s'éteint et meurt doucement, et ses couleurs pâlissent; déjà les fleurs qui redoutent ses feux ouvrent hardiment leurs calices à la lueur du charmant crépuscule. La lune élève sans bruit son disque rayonnant; le monde se fond en grandes masses paisibles; la ceinture tombe et dégage tous les attraits de la Nature, et toute beauté s'offre nue à mes regards.

Ne vois-je pas là-bas une blanche lueur? comme l'éclat d'un vêtement de soie?... Non, c'est la statue[1] qui brille près du sombre rideau des ifs.

O cœur impatient, ne t'amuse plus ainsi à te jouer avec de douces apparences sans réalité! Mon bras qui les veut saisir reste vide : une ombre de bonheur ne peut rafraîchir mon sein. Oh! amène-la-moi vivante, ici; que sa main, sa tendre main me touche! Que je voie seulement l'ombre du bord de son manteau, et mon vain rêve vit et s'anime.

Et doucement, comme apparaît des hauteurs célestes l'instant du bonheur, elle s'était approchée sans être vue, et ses baisers éveillaient son ami.

---

1. Le mot *Säule*, qu'on a traduit par « statue » dans cette strophe, signifie plus ordinairement « colonne, » et on pourrait, à la rigueur, lui laisser ici ce sens. Celui de « statue » (proprement *Bildsäule*) est cependant plus naturel en cet endroit, et Schiller a employé de même le simple pour le composé dans le poème intitulé : *Die Ideale* (strophe quatre, sous sa première forme) : *die Säule der Natur*.

LA RENCONTRE[1].

Je la vois encore.... Entourée de ses femmes, belle entre toutes, elle était là devant moi, elle brillait aux yeux comme un soleil. Je me tenais loin et n'osais approcher. J'étais saisi d'un frisson plein de charmes, à la vue de l'éclat répandu devant moi : tout à coup cependant, comme si des ailes m'eussent porté, je ne sais quoi m'entraîna à toucher les cordes de ma lyre.

Qu'éprouvai-je en ce moment et que chantai-je? Vainement mon esprit s'y reporte. J'avais trouvé en moi un nouvel organe qui exprimait le saint transport de mon cœur. C'était mon âme qui, captive de longues années, soudain éclatait, rompant toutes ses chaînes, et trouvait dans ses profondeurs les plus intimes des accents inconnus et divins qui sommeillaient en elle.

Et quand déjà les cordes depuis longtemps s'étaient tues, que mon âme revenait enfin de son extase, alors je vis, dans ses traits angéliques, l'amour aux prises avec la gracieuse pudeur, et je me crus transporté au plus haut des cieux, lorsque j'entendis murmurer cette douce parole.... « Oh! là-haut seulement, dans les chœurs des esprits bienheureux, j'entendrai de nouveau ces accents mélodieux!

« Le cœur fidèle qui se consume sans espoir, qui, modeste et discret, jamais n'osa parler, je connais son prix, qu'il ignore lui même : je veux venger la vraie noblesse de la rigueur de la

---

[1]. Publié d'abord dans les *Heures* de 1797.

fortune. Qu'au pauvre échoie le plus beau lot! l'amour seul doit cueillir la fleur de l'amour. Le trésor le plus beau appartient au cœur qui le sait apprécier, au cœur capable de retour. »

A MADEMOISELLE SLÉVOIGT,

LORS DE SON MARIAGE AVEC LE DOCTEUR STURM,

DE LA PART D'UNE TENDRE MÈRE ET DE CINQ SŒURS[1].

Va, aimable fiancée, avec notre bénédiction, va sur les chemins fleuris d'Hymen. Nous avons vu d'un œil ravi la grâce de ton âme s'épanouir, tes jeunes attraits se former et fleurir pour le bonheur de l'amour. Ta belle destinée, tu l'as trouvée; l'amitié cède sans regrets à l'aimable dieu qui t'a enchaînée : il veut, il a tout ton cœur.

C'est à de chers devoirs, à de tendres soins, encore inconnus de ton jeune cœur, que t'appelle ta couronne, sérieuse parure. Les sentiments frivoles de l'enfance, les jeux éphémères de la libre jeunesse fuient et demeurent derrière toi. Le lien sérieux d'Hymen enchaîne à jamais, tandis que l'amour voltige léger et folâtre; mais, pour un cœur qui sent noblement, ce lien n'est formé que de fleurs.

Et veux-tu savoir le secret qui conserve toujours verte et non rompue la couronne nuptiale? C'est la bonté pure du cœur, la fleur toujours fraîche de la grâce, de la grâce qui s'unit à l'aimable pudeur, et, semblable à la sereine image du soleil,

---

1. De 1797.

porte, souriante, la joie dans toutes les âmes; c'est le bienveillant regard de la douceur, et la dignité, qui se garde elle-même.

A UNE JEUNE AMIE[1],

SUR SON ALBUM[2].

Le monde, amie, folâtre autour de toi comme un enfant dans sa fleur, autour de qui bondissent les Grâces et les Ris; mais le monde n'est pas tel qu'il se peint dans ton cœur, et qu'il se reflète dans le beau miroir de ton âme. Les paisibles hommages que t'a conquis la noblesse de ton cœur, les miracles que tu as accomplis toi-même, les charmes que ta présence communique à la vie, tu les lui attribues comme ses charmes à elle; à nous, comme les vertus de notre humanité. L'aimable enchantement d'une pure jeunesse, le talisman de l'innocence et de la vertu.... je voudrais voir qui les pourrait braver!

Tu vas t'enivrant, toute joyeuse, à faire et refaire le doux compte des fleurs qui émaillent tes voies, des heureux que tu as faits, des âmes que tu as gagnées. Sois heureuse dans ton aimable illusion! Que jamais un triste réveil ne te précipite des hauteurs où s'envolent tes rêves présomptueux. Qu'il en soit de ces fleurs dont tu pares la vie comme de celles qui ornent ton parterre: ne les plante.... que pour les voir de loin! contemple-les, mais ne les cueille pas! Crées seulement pour le plaisir

---

[1]. On a supposé que cette pièce, qui est de 1788, s'adressait à Charlotte de Lengefeld, que Schiller épousa deux ans après, et qu'il la lui avait remise au moment où elle revenait d'une visite à la cour de Weimar. — *Voyez plus haut, Vie de Schiller*, p. 76.

[2]. Voyez la seconde note de la pièce suivante.

des yeux.... à tes pieds, si tu t'en approches, elles se flétriront, d'autant plus près de leur tombe, qu'elles seront plus près de toi !

DANS

L'ALBUM IN-FOLIO D'UN AMI DES ARTS[1].

La sagesse habitait jusqu'ici les grandes pages des in-folio ; on réservait à l'amitié un petit livre de poche[2]. Maintenant que la science s'est rapetissée et flotte dans les almanachs, légère comme le liége ; tu as, homme d'un grand cœur, ouvert à tes amis cette immense maison. Mais quoi! je te le demande très-sérieusement, ne crains-tu donc pas, toi qui as tant d'amis, d'avoir à porter trop lourde charge ?

DANS L'ALBUM D'UN AMI[3].

A M. DE MÉCHELN, DE BÂLE[4].

La nature est inépuisable en charmes, en beautés toujours nouvelles ! L'art est inépuisable comme elle. Tu es heureux,

---

1. Date incertaine.
2. En allemand *Taschenbuch*, album où l'on réunit des souvenirs d'amitié, et où chaque page est consacrée à une pensée, une parole affectueuse, un vœu, etc. écrits de la main d'un ami. — 3. De 1805.

digne vieillard! Pour l'une et pour l'autre, tu gardes dans ton cœur un sentiment toujours vif, et ainsi une jeunesse éternelle est ton partage.

LE PRÉSENT[1].

Anneau et crosse, oh! soyez les bienvenus sur ces bouteilles de vin du Rhin! Oui, celui qui abreuve ainsi les brebis, est pour moi un vrai pasteur. Breuvage trois fois béni! C'est la Muse qui t'a gagné, c'est la Muse qui t'envoie, et l'Église elle-même t'a marqué de son sceau.

A LA JOIE[2].

Joie, divine étincelle, fille aimable de l'Élysée, nous entrons, enivrés de tes feux, céleste Génie, dans ton sanctuaire. Tes charmes réunissent ce qu'a séparé le rigoureux usage; tous les hommes deviennent frères[3], là où s'arrête ton doux vol.

---

1. *Almanach des Muses* de 1797. Il s'agit, selon toute apparence, d'un présent du baron Charles-Théodore de Dalberg, alors coadjuteur de l'Électeur de Mayence, et plus tard (1802) Électeur lui-même.
2. Ce chant est de 1785. Il a paru d'abord dans la *Thalie*.
3. Variantes de la première édition : « .... Ce qu'a séparé le glaive de la Mode, » et « les mendiants deviennent frères des princes, là où.... »

LE CHŒUR.

Millions d'êtres, soyez tous embrassés d'une commune étreinte! Au monde entier ce baiser! Frères.... au-dessus de la tente étoilée doit habiter un bon père.

Vous à qui échut l'heureux destin d'être l'ami d'un ami, vous qui avez conquis une aimable compagne, mêlez vos transports aux nôtres! oui.... quiconque sur ce globe peut nommer sienne ne fût-ce qu'une âme! Mais celui qui jamais ne l'a pu, qu'il s'esquive en pleurant de notre réunion [1].

LE CHŒUR.

Que tout ce qui habite le grand cercle terrestre, rende hommage à la sympathie! Elle nous guide vers les astres, où s'élève le trône de l'Inconnu.

Tous les êtres boivent la joie aux mamelles de la Nature. Tous les bons, tous les méchants suivent sa trace semée de roses. Elle nous donna les baisers, la vigne; un ami éprouvé jusqu'à la mort. Le plaisir est le partage du vermisseau, et le chérubin est debout devant Dieu.

LE CHŒUR.

Vous vous prosternez, millions d'êtres? Monde, pressens-tu

---

1. Combien la strophe serait plus poétique et plus humaine, dit Jean Paul Richter, si l'on y changeait simplement trois lettres, et si au lieu des mots :

A LA JOIE.

le créateur? Cherche-le au-dessus de la tente étoilée, c'est par delà les étoiles qu'il doit habiter.

●

La Joie, c'est le nom du puissant ressort de la nature éternelle. C'est la Joie, la Joie qui meut les rouages dans la grande horloge du monde. Son attrait fait éclore les fleurs de leurs germes; du firmament, les soleils; elle roule des sphères dans les espaces que ne connaît pas la lunette de l'astronome.

●

LE CHŒUR.

Joyeux, comme volent les soleils du Très-Haut par la voûte splendide des cieux, suivez, frères, votre route; joyeux, comme un héros qui marche à la victoire[1].

●

De l'éclatant miroir de la vérité la Joie sourit au génie scrutateur. Elle guide le martyr vers la cime escarpée de la vertu. Sur le mont radieux de la foi on voit flotter ses bannières par la fente des cercueils qui éclatent, on la voit debout dans le chœur des anges.

●

LE CHŒUR.

Souffrez avec courage, millions d'êtres; souffrez pour un monde meilleur! Là-haut, par-dessus la tente étoilée, un Dieu puissant récompensera.

Der stehle weinend sich aus unserm Bund, on disait : *Der stehle weinend sich in unsern Bund*, « qu'il se glisse en pleurant dans notre réunion ! »

1. La première forme de cette strophe était toute différente :

« Qui enfanta la merveille des mondes? Où est le Fort qui la maintient? Frères du haut de la tente étoilée, un grand Dieu nous fait signe. »

Il n'est point de salaire pour les dieux : il est beau de leur être
semblable. Que le chagrin, la pauvreté viennent à nous et se
réjouissent avec les joyeux. Oublions la haine, la vengeance!
pardonnons à notre ennemi mortel : que nulle larme ne pèse sur
son cœur; que nul remords ne le ronge!

LE CHŒUR.

Détruisons notre livre de dettes! Que le monde entier soit
quitte envers nous! Frères.... au-dessus de la tente étoilée,
comme nous aurons jugé, Dieu jugera.

La joie petille dans les verres : dans le sang doré de la grappe
les cannibales boivent la douceur, et le désespoir un courage de
héros. Frères.... debout! quittez vos siéges, lorsque le verre
plein circule ; faites jaillir au ciel la mousse : buvons ce verre au
bon Génie!

LE CHŒUR.

A celui que louent les tourbillons des astres, à celui que
célèbre l'hymne du séraphin! ce verre au bon Génie, là-haut,
par delà la tente étoilée !

Courage et force dans les dures souffrances! secours où pleure
l'innocence! aux serments jurés, foi éternelle! la vérité à tous,
amis et ennemis! mâle fierté devant le trône des rois.... Frères,

dût-il en coûter les biens et la vie¹.... au mérite ses couronnes, et ruine à la couvée du mensonge!

LE CHŒUR.

Resserrez le cercle saint! jurez, par ce vin doré, d'être fidèles à ce serment; par le juge des astres, jurez-le² !

LA FLOTTE INVINCIBLE³.

(D'après un ancien poëte.)

Elle vient.... elle vient, l'orgueilleuse flotte du Midi : la vaste mer gémit sous elle. Elle s'approche avec un bruit de chaînes,

---

1. Au lieu de ce vœu : « Mâle fierté, etc., » le poëte en avait d'abord exprimé deux autres, tout différents : « Humanité sur le trône des rois! un cœur sensible (littéralement un sang chaud) aux juges durs! »
2. Dans la *Thalie*, la pièce se termine par la strophe suivante :

« Délivrance des chaînes des tyrans; magnanimité même envers le scélérat; espérance au lit des mourants; grâce sur l'échafaud! Que les morts mêmes vivent! Frères, buvez et chantez ensemble : « Qu'il soit « pardonné à tous les pécheurs, et que l'enfer ne soit plus! »

LE CHŒUR.

« Une heure d'adieu sereine! dans le linceul un doux sommeil! Frères.... une sentence bénigne de la bouche du juge des morts! »

3. L'Armada de Philippe II, roi d'Espagne. Schiller publia d'abord cette ode, comme il l'appelle lui-même, dans une note se rapportant à un *Précis histo-*

un nouveau dieu, et mille foudres tonnants...., Elle vogue, armée flottante de redoutables citadelles.... jamais l'Océan n'en vit de semblables.... elle avance, sur les flots effrayés; l'Invincible est son nom : la terreur qu'elle vomit autour d'elle consacre ce titre orgueilleux. Neptune, tremblant, porte ce fardeau d'un pas calme et majestueux. Recélant dans son sein la ruine d'un monde, elle approche, et les tempêtes se taisent.

La voilà arrêtée en face de toi, île fortunée!... Souveraine des mers! c'est toi que menacent ces armées de galions, magnanime Angleterre! Malheur à ton peuple né libre! La voilà sur tes bords, telle qu'un nuage gros de tempêtes! Qui t'a gagné ce joyau précieux par qui tu devins la reine des nations? N'as-tu pas conçu toi-même, contrainte par des rois orgueilleux, la plus sage des constitutions? la *grande charte*, qui fait de tes rois des citoyens et de tes citoyens des rois? La fière suprématie de tes voiles, ne l'as-tu pas conquise dans les luttes navales sur des millions d'égorgeurs?

A qui la dois-tu?... Rougissez, peuples de cette terre!... A qui, si ce n'est à ton génie et à ton épée? Infortunée!... regarde ces colosses qui jettent la flamme; regarde et pressens la chute de ta gloire! Le monde entier fixe sur toi des regards inquiets! Tous les hommes libres sentent battre leur cœur, toutes les âmes droites et belles pleurent, avec sympathie, la chute de ta gloire!

Du haut du ciel, le Dieu tout-puissant vit flotter la bannière au lion de ton superbe ennemi; il vit s'ouvrir menaçante ta tombe assurée. « Verrai-je, dit-il, mon Albion périr, et s'éteindre ma race de héros? Verrai-je crouler la digue suprême, opposée comme un roc à l'oppression, et disparaître de cet hémisphère toute résistance à la tyrannie? Non, non, s'écria-t-il, jamais il ne doit périr le paradis de la liberté, le solide rempart

---

rique sur Philippe II, qu'il avait traduit de Mercier et inséré dans la *Thalie* en 1786. « Un poète du temps a chanté, dit-il, cet événement remarquable (la destruction de l'Armada, en 1588) dans l'ode suivante. »

de la dignité humaine ! » Et le Dieu tout-puissant souffla, et l'Armada flotta, dispersée, au gré de tous les vents¹.

LE COMBAT².

Non ! je ne combattrai pas plus longtemps ce combat, le combat des géants, la lutte du devoir. Si tu ne peux modérer l'ardeur enflammée de mon cœur, Vertu, n'exige pas ce sacrifice.

Je l'ai juré, oui, j'ai juré de me dompter moi-même. Voici ta couronne ; qu'elle soit à jamais perdue pour moi ! Reprends-la et laisse-moi pécher.

Qu'il soit déchiré, notre contrat ! Elle m'aime.... Je me ris de ta couronne ! Heureux qui, enseveli dans l'ivresse de la volupté, se console, sans plus de peine que moi, de la chute profonde !

---

1. Les deux derniers vers sont une allusion à la médaille qu'Élisabeth fit frapper en souvenir de sa victoire. On y voit représentée une flotte qui périt dans la tempête, avec cette inscription modeste : *Afflavit Deus, et dissipati sunt*. (*Note de l'auteur.*)

2. Schiller publia d'abord cette pièce dans la *Thalie*, en 1786, sous ce titre : *Libertinage* (dans l'ancien sens du mot) *de la passion*, et avec cette addition au titre : *Quand Laure fut mariée*, en 1782, date trompeuse, selon toute apparence. Dans une note signée S., il adressait au lecteur l'explication suivante : « Je me suis fait d'autant moins de scrupule d'admettre ici ce poëme et le suivant (*Résignation*), que je puis attendre de tout lecteur assez d'équité pour ne pas considérer un transport de la passion comme un système philosophique, et le désespoir d'un amant imaginaire comme la profession de foi du poëte. Autrement il faudrait plaindre le poëte dramatique qui peut rarement développer son intrigue sans y mêler un scélérat, et Milton et Klopstock seraient donc des hommes d'autant plus pervers qu'ils ont mieux réussi à peindre des démons. » L'auteur, en insérant plus tard ce morceau dans le Recueil de ses poésies, l'a considérablement abrégé. Il avait, sous sa première forme, vingt-deux strophes.

Elle voit le ver qui ronge la fleur de ma jeunesse, et mon printemps évanoui; elle admire en silence ma renonciation héroïque; et, pleine de générosité, elle veut que j'aie ma récompense.

Belle âme, défie-toi de cette bonté d'ange. Ta pitié m'arme pour le crime. Est-il, dans le domaine immense de la vie, est-il une autre récompense, une récompense plus belle que toi....

Que ce crime que je voulais fuir éternellement?... Sort tyrannique! Le seul prix qui devrait couronner ma vertu, est le dernier moment de ma vertu!

RÉSIGNATION[1].

Moi aussi, j'étais né en Arcadie; à moi aussi la nature, à mon berceau, a promis le bonheur; moi aussi, j'étais né en Arcadie : des larmes cependant, c'est tout ce que m'a donné le rapide printemps.

Le mois de mai de la vie fleurit une fois et ne revient plus; il est défleuri pour moi. Le dieu silencieux.... Ô mes frères, pleurez!... le dieu silencieux renverse le flambeau de ma vie, et l'apparition s'évanouit.

Me voici déjà sur ton pont ténébreux, redoutable Éternité! Reçois ma lettre de crédit, mon titre au bonheur : je te la rends intacte, je ne sais rien de la félicité.

1. Publié d'abord dans la *Thalie*, en 1786. Voyez la note de la pièce précédente. Dans la *Thalie*, le titre était suivi des mots : *Eine Phantasie*, « une imagination (sans réalité). »

Devant ton trône j'élève ma plainte, ô Éternité, juge à la face voilée! Sur l'astre d'où je viens, courait l'heureux bruit que tu siégeais ici avec la balance de la justice, et que tu t'appelais Rémunératrice.

Ici, dit-on, les terreurs attendent le méchant, et les joies le juste. Tu dois mettre à nu les replis du cœur; tu dois me résoudre les énigmes de la Providence et régler le compte de celui qui souffre.

Ici la patrie s'ouvre, dit-on, à l'exilé, ici finit le sentier de ronces de l'affligé. Une fille des dieux, qu'on me nommait la Vérité, que fuyait le grand nombre, que bien peu connaissaient, retint les rênes, le rapide essor de ma vie:

« Je te payerai dans une autre vie, donne-moi ta jeunesse! Je ne te puis donner que ce mandat. » Je pris son mandat sur l'autre vie, et lui donnai les joies de ma jeunesse.

« Donne-moi la femme si chère à ton cœur, donne-moi ta Laure! Par delà le tombeau, tes douleurs te seront payées avec usure. » Je l'arrachai, saignant, de mon cœur déchiré; je pleurai amèrement, et je la lui donnai.

« C'est un mandat sur l'empire des morts, disait le monde avec un sourire moqueur. La menteuse, gagée par des despotes, t'a offert l'ombre pour la réalité. Tu ne seras plus quand viendra le jour de l'échéance. »

La troupe des railleurs, à la langue de vipère, lançait ses traits impudents: « Quoi! tu t'épouvantes d'une illusion qui n'est consacrée que par sa décrépitude? Que signifient tes dieux, habile invention que l'esprit humain prête à l'humaine indigence? tes dieux, remède aux vices du système du monde?

« Qu'est-ce que cet avenir que les tombeaux nous cachent? cette éternité dont ton orgueil se flatte, respectable seulement par les voiles qui la couvrent, ombre gigantesque de nos propres terreurs dans le miroir grossissant de la conscience inquiète ?

« Une image mensongère des formes de la vie, la momie du temps conservée dans les demeures glacées du sépulcre par le baume de l'espérance.... voilà ce que ton fiévreux délire appelle l'immortalité ?

« Pour des espérances.... la poussière de la tombe prouve qu'elles mentent.... tu as sacrifié des biens assurés. Pendant six mille ans, la mort s'est tue. Jamais un cadavre s'est-il levé de son caveau funèbre, qui ait fait mention de la Rémunératrice ? »

J'ai vu le temps s'enfuir vers tes rives ; la nature florissante restait là, derrière lui, comme un cadavre flétri ; aucun mort ne s'est levé de son caveau funèbre, et toujours je crus fermement au serment des dieux.

Toutes mes joies, je te les ai sacrifiées. Aujourd'hui, je me prosterne devant ton trône, devant ton tribunal. J'ai courageusement méprisé les railleries de la foule ; je n'ai estimé que tes biens. Rémunératrice, je réclame mon salaire !

« J'aime mes enfants d'un égal amour, cria un génie invisible. Deux fleurs, cria-t-il.... écoutez, enfants des hommes !... deux fleurs s'épanouissent pour qui les sait trouver. Elles se nomment espoir et jouissance.

« Qui, de ces fleurs, a cueilli l'une, qu'il ne demande pas l'autre sœur ! Jouisse qui ne peut croire ! Cette doctrine est éternelle comme le monde. Qui peut croire s'abstienne ! L'histoire du monde est le jugement du monde.

« Tu as espéré : ton salaire est payé ; ta foi était ta part de bonheur ! Tu n'avais qu'à interroger tes sages : ce qu'on a refusé quand le moment l'offrait, jamais éternité ne le rend. »

LA FEMME CÉLÈBRE.

ÉPITRE D'UN MARI A UN AUTRE MARI[1].

Tu veux que je te plaigne? Tu maudis, avec les larmes d'un repentir amer, le nœud d'hymen? Pourquoi? parce que ton infidèle cherche dans les bras d'un autre ce que les tiens lui refusent?... Écoute, ami, les souffrances d'autrui, et apprends à supporter plus facilement les tiennes.

Tu t'affliges qu'un tiers participe à tes droits?... Époux digne d'envie! Ma femme, à moi, appartient à toute la race humaine. Depuis la Baltique jusqu'aux rives de la Moselle, jusqu'à la muraille de l'Apennin, jusqu'à la métropole des modes, elle est exposée en vente dans toutes les boutiques; dans les diligences, sur les paquebots, il faut qu'elle subisse la revue critique de tout cuistre, de tout fat; il faut qu'elle pose devant la lunette du philistin[2], et, selon que l'a décidé un crasseux aristarque, qu'elle aille, par un chemin de fleurs ou de charbons ardents, au temple de la gloire ou bien au pilori. Un éditeur de Leipzig.... que Dieu l'en châtie!... lève le plan de ma moitié, comme d'une forteresse, et offre en vente au public des régions dont il serait pourtant raisonnable que je fusse seul à parler.

Ta femme.... grâce aux lois canoniques.... apprécie du moins son titre d'épouse; elle sait pourquoi, et fait bien. Moi, l'on ne me connaît que comme le mari de Ninon. Tu te plains qu'au parterre, aux tables de pharaon, toutes les langues chuchotent,

---

[1] De 1788.
[2] Terme d'étudiant pour désigner le profane, le bourgeois. Voyez la note 2 de la page 351.

dès que tu parais? O homme fortuné! Que ne puis-je me vanter d'un tel sort!... Moi, cher confrère, moi, une ordonnance qui la met au régime du petit-lait me procure-t-elle enfin le rare bonheur.... d'une place à sa gauche, nul œil ne me remarque : tous les regards se dirigent uniquement sur ma fière moitié.

A peine le matin commence-t-il à poindre, déjà les gens à livrée jaune et bleue[1] font craquer l'escalier : ce sont des lettres, des ballots, des paquets non affranchis, adressés : *à la célèbre dame.* Son sommeil est doux!... N'importe! je ne dois pas l'épargner. « Les gazettes, madame, d'Iéna et de Berlin! » Soudain s'ouvrent les yeux de la belle dormeuse, son premier regard tombe.... sur les comptes rendus et critiques. Son bel œil bleu.... pour moi pas un regard!..... parcourt un méchant papier.... On entend pleurer, crier, dans la chambre des enfants.... elle le pose enfin, et s'informe des petits.

Déjà la toilette l'attend : mais elle n'honore son miroir que de demi-coups d'œil. Une menace impatiente et grondeuse donne des ailes à la soubrette effrayée. De sa table de parure les Grâces ont fui, et à la place d'aimables Amours, on voit des Furies construire l'édifice de sa chevelure.

Bientôt retentissent et approchent les carrosses, et des laquais de louage, sautant du marchepied, viennent implorer une audience de la *célébrité*, pour l'abbé musqué, pour le baron d'empire, pour l'Anglais.... qui comprend tout, hors un mot d'allemand.... pour Grossing et compagnie, pour le merveilleux Z***. Un objet qui se serre humblement dans un coin, et qui s'appelle le mari, est regardé en passant d'un air d'importance. Et alors le fat le plus niais, le plus pauvre sire, ose lui dire, à elle.... (l'ami de la maison a-t-il chez toi tant d'audace?) combien il l'admire, et il l'ose à ma face! Je suis là présent, et, si je veux qu'on me trouve aimable, il faut que je l'invite à dîner avec nous!

A table, ami, commence vraiment ma misère. Là mes bouteilles vont bon train! Avec des vins de Bourgogne, qu'à moi le médecin défend, il faut que j'arrose le gosier de ses admirateurs. Mon morceau de pain, péniblement gagné, devient la

---

1. C'est l'uniforme des facteurs et gens de la poste.

proie d'affamés parasites. Oh! la funeste, la maudite immortalité! elle est la mort de mon nierenstein[1]! La peste brûle tous les doigts qui impriment! Quelle est, crois-tu, ma récompense? Un haussement d'épaules, des mines significatives, des hélas peu civils..... Ne devines-tu pas? Oh! je comprends parfaitement, on déplore qu'un tel babouin possède cette perle de femme.

Le printemps vient. Sur les prés et sur les champs la nature étend son tapis émaillé; les fleurs revêtent une aimable verdure; l'alouette chante : la vie s'éveille dans tous les bois.... Pour elle le printemps est sans délices. Le chantre des plus doux sentiments, et le charmant bocage, témoin de nos jeux, ne disent plus rien maintenant à son cœur. Les rossignols n'ont pas lu, les lis n'admirent pas. Le commun cri d'allégresse des créatures lui inspire.... quoi?.., une épigramme. Non pourtant! la saison est si belle.... pour voyager. Quelle foule à cette heure il doit y avoir à Pyrmont! Partout aussi l'on entend vanter les eaux de Carlsbad. Zest! elle y est... dans cette honorable cohue où des *Grecs*, mêlés à des sages, des célébrités de tout genre, familièrement accouplées, comme dans la barque de Charon, dînent ensemble à la même table; où, envoyées de distances lointaines, des vertus endommagées se guérissent de leurs blessures, où d'autres, pour soutenir avec dignité la tentation, s'y viennent offrir avidement.... ami, c'est là.... oh! apprends à bénir ton destin!... c'est là que ma femme va et vient, et elle me laisse sept orphelins.

O première année de miel de mon amour! que tu t'es vite.... ah! trop vite envolée! Une femme, comme il n'y en a pas, comme il n'en fut jamais, élevée pour moi par les déesses de la grâce, d'un esprit lucide, d'un sens ouvert, d'un cœur tendre et facilement ému, ainsi je la vis cette reine des âmes, telle qu'un beau jour de mai, jouer à mon côté. Ce mot si doux : « je t'aime! » rayonnait de ses deux beaux yeux. Ainsi je la conduisis à l'autel de l'hymen : oh! qui était plus heureux que moi? Dans ce riant miroir se reflétait pour moi une florissante perspective d'années dignes d'envie. Mon ciel m'était ouvert. Déjà je voyais

---

[1]. Espèce de vin du Rhin. Nierenstein est dans le grand-duché de Hesse-Darmstadt, sur la rive gauche du fleuve.

de beaux enfants folâtrer autour de moi, et, dans leur cercle, elle, de tous la plus belle, de tous la plus heureuse, et mienne, par l'harmonie des âmes, par l'éternelle union des cœurs!... Mais voilà qu'apparaît.... oh! que Dieu le damne!... un grand homme, un bel esprit! Le grand homme se met à l'œuvre.... et d'un seul coup renverse le château de cartes, mon paradis.

Qu'est-ce que je possède aujourd'hui?... Déplorable métamorphose! Éveillé de cette délicieuse ivresse, que m'est-il resté de cet ange? Un esprit fort dans un corps délicat; un être équivoque entre l'homme et la femme, également incapable de domination et d'amour, un enfant avec des armes de géant, un composé de sage et de singe! un être qui, pour ramper péniblement sur les traces du sexe fort, a déserté le beau sexe, et s'est laissé choir d'un trône, a fui les saints mystères de la grâce, qui enfin s'est fait rayer du livre d'or[1] de Cythérée, pour.... avoir en récompense les faveurs mendiées d'une gazette.

LES DIEUX DE LA GRÈCE[2].

Quand vous gouverniez encore le bel univers, que vous meniez encore les races fortunées avec les rênes légères du plaisir, êtres charmants du pays des fables!... ah! quand brillait encore votre culte délicieux, comme tout alors était tout autre!... quand on couronnait encore tes temples de guirlandes, Vénus d'Amathonte!

1. *Livre d'or*, c'est ainsi qu'on appelle, dans quelques républiques italiennes, le registre où sont inscrites les familles nobles. (*Note de l'auteur.*)
2. Ce poème parut d'abord dans le *Mercure allemand*, en 1788, et provoqua mainte réponse et réfutation, soit en vers, soit en prose. Schiller, en republiant dans la suite cette fantaisie poétique, ces regrets tout païens de sa muse, plus chrétienne cependant qu'il ne paraissait le croire lui-même, en adoucit l'expression par un certain nombre de retranchements et de modifications.

Quand le voile magique de la poésie entourait encore gracieusement la vérité...., alors par toute la création coulait la plénitude de la vie, et ce qui jamais ne sera sensible sentait. Pour la presser sur le sein de l'Amour, on donnait à la nature une plus haute noblesse; tout, aux regards initiés, tout montrait la trace d'un Dieu.

Où maintenant, comme le disent nos sages, ne se meut plus qu'un globe de feu sans vie, Hélios, dans sa paisible majesté, conduisait son char d'or. Ces cimes, les Oréades les peuplaient; dans cet arbre vivait une Dryade; et des urnes des aimables Naïades jaillissait l'écume argentée des torrents.

Ce laurier autrefois s'est tordu implorant du secours; la fille de Tantale est muette dans ce rocher; la plainte de Syrinx s'échappe de ce roseau, la douleur de Philomèle de ce bocage. Ce ruisseau reçut les larmes que Cérès pleura sur Proserpine, et de cette colline Cythérée appelait.... en vain, hélas! son ami charmant.

Alors les habitants des cieux descendaient encore parmi la race de Deucalion. Pour triompher des belles filles de Pyrrha, le fils de Latone prenait la houlette du berger. Entre les hommes, les dieux et les héros, l'Amour nouait de beaux nœuds; les mortels, les héros et les dieux ensemble portaient leurs hommages à Amathonte.

La gravité sombre et le triste renoncement étaient bannis de votre culte serein; tous les cœurs devaient battre heureux et contents, car les heureux vous étaient alliés. Rien alors n'était saint que le beau; le dieu n'avait honte d'aucune joie, là où la Muse, rougissant avec pudeur, où la Grâce commandait[1].

---

1. A la place de cette sixième strophe, on lit dans la première édition les quatre suivantes :

« A genoux devant les autels des Grâces, l'aimable prêtresse priait; elle adressait ses muets désirs à Cythérée, et son vœu de vierge à la Grâce. Le noble orgueil de commander dans le ciel même lui apprenait

Vos temples étaient riants comme des palais; les jeux des héros vous célébraient aux fêtes de l'Isthme, riches en couronnes; et les chars tonnaient roulant au but. S'entrelaçant avec grâce, des danses pleines de vie entouraient l'autel splendide. Des guirlandes triomphales ornaient vos tempes; des couronnes, votre chevelure parfumée.

Le joyeux Évohé de la troupe armée du thyrse, et le superbe attelage des panthères annonçaient l'approche du grand dieu qui apporte la joie; le Faune et le Satyre marchent en chancelant devant lui; autour de lui bondissent les Ménades en délire; leurs danses louent son vin, et les joues brunies du divin hôte invitent gaiement à vider la coupe.

En ce temps-là, un hideux squelette ne se dressait pas devant le lit du mourant. Un baiser recueillait le dernier souffle sur les lèvres; un Génie retournait son flambeau. Aux Enfers même, la sévère balance de la Justice était aux mains du petit-fils d'une mortelle, et la plainte touchante du poëte de Thrace attendrissait les Euménides.

L'ombre heureuse retrouvait ses joies dans les bosquets de l'Élysée; l'amour fidèle, son fidèle époux, et le conducteur de

à garder son rang divin, et la ceinture sainte des attraits qui domptait jusqu'au Dieu du tonnerre.

« Céleste et immortel était le feu qui coulait dans les fiers hymnes de Pindare, roulait impétueux sur la lyre d'Arion, se répandait dans la pierre de Phidias. Des êtres meilleurs, de plus nobles figures rappelaient la première et suprême origine. Les dieux qui descendaient du ciel le revoyaient s'ouvrir ici-bas.

« Chaque don de la nature devenait, par la bonté d'un dieu, plus précieux et plus cher. Sous le bel arc d'Iris, la campagne, pleine de perles, fleurissait plus riante. Plus splendides brillaient les couleurs du matin sous le voile rose d'Hémera; plus tendre résonnait la flûte dans la main du dieu des bergers.

« La jeunesse se peignait plus aimable, plus florissante, dans l'image de Ganymède; la vertu plus héroïque, plus divine, avec l'égide de Minerve. L'éternel lien des cœurs était plus doux, plus sacré, lorsque Hymen le nouait encore. Même le fil fragile de la vie glissait plus mollement par la main des Parques. »

char, sa carrière; la lyre de Linus fait entendre ses chants accoutumés; Admète tombe dans les bras d'Alceste; Oreste reconnaît de nouveau son ami; Philoctète, ses flèches.

De plus nobles prix fortifiaient alors le lutteur dans le rude sentier de la vertu. D'héroïques auteurs de grandes actions gravissaient au rang des Immortels. La troupe muette des dieux des Enfers s'inclinait devant celui qui venait réclamer les morts. Du haut de l'Olympe, le couple des Gémeaux éclairait le pilote parmi les vagues.

Monde charmant, où es-tu? Reviens, aimable printemps de la nature! Hélas! ce n'est que dans le pays de fées de la poésie que vit encore ta trace fabuleuse. La campagne est triste et dépeuplée: nulle divinité ne s'offre à mon regard. Hélas! de cette image, toute chaude de vie, l'ombre seule est restée.

Toutes ces fleurs sont tombées au souffle glacé du nord. Pour enrichir un seul entre tous, ce monde de dieux a dû périr. Je cherche tristement sur la voûte étoilée.... ô Séléné, je ne t'y trouve plus. Je crie dans les bois, dans les flots.... hélas! le vide seul me répond!

Ignorant les joies qu'elle donne, n'étant jamais ravie de sa propre grandeur, ne connaissant pas l'esprit qui la gouverne, ne jouissant pas de ma félicité, insensible même à la gloire de son auteur, la nature, dépouillée de sa divinité, obéit servilement, comme le battement mort de l'horloge, à la loi de la pesanteur.

Pour renaître demain, elle se creuse aujourd'hui son propre tombeau, et les lunes, d'elles-mêmes, s'enroulent et se déroulent sur un fuseau éternellement pareil. Les dieux oisifs s'en sont allés chez eux, dans le pays des poëtes, inutiles désormais à un monde qui, trop grand maintenant pour qu'ils le mènent à la lisière, se soutient par son propre balancement.

Oui, ils s'en sont allés chez eux, et ils ont emporté toute

beauté, toute grandeur, toutes les couleurs, tous les tons de la vie, et il ne nous est resté que la parole inanimée. Arrachés au déluge du temps, ils flottent, sauvés du naufrage, sur les hauteurs du Pinde : ce qui doit vivre immortel dans les chants des poëtes, est condamné à périr dans la vie réelle.

LES ARTISTES[1].

O homme ! que tu es beau, ta palme de victoire à la main, debout sur la pente du siècle, dans ta noble et fière virilité, le sens ouvert, l'esprit fécond, plein d'une douce gravité, dans un calme actif, homme, fils du temps et son fruit le plus mûr, libre par la raison, fort par les lois, grand par la mansuétude, et riche des trésors que ton sein longtemps te cacha, roi de la nature, qui aime tes chaînes, qui exerce ta force en cent combats, et qui, sous ton empire, s'éleva radieuse du sein de la barbarie !

Enivré du triomphe que tu as conquis, ne désapprends pas à

---

1. Ce poëme didactique, commencé à Rudolstadt, dans l'automne de 1788, et fini à Weimar en 1789, fut d'abord publié dans le *Mercure allemand*. C'est, pour le fond comme pour la forme, une pièce très-remarquable, et les critiques d'outre-Rhin ont raison de la vanter pour la manière dont le sujet y est conçu, développé et rendu. Elle a cependant, si je ne me trompe, un défaut : c'est de demander pour être comprise trop d'attention et d'étude, trop de connaissance de certaines idées particulières de philosophie dont l'auteur était alors occupé. La traduction pourra paraître obscure en maint endroit; mais pour lui donner cette clarté transparente qui manque également à l'original, comme le prouvent les interprétations qu'on a cru devoir en publier même en Allemagne, il eût fallu paraphraser au lieu de traduire et ôter au poëme, avec sa concision et la hardiesse des images dont les abstractions y sont revêtues, le caractère qui le distingue et en fait surtout le mérite. Traduire, ce n'est pas commenter, et une traduction ne doit pas prétendre à plus de clarté que l'original.

bénir la main qui, sur la rive inculte de la vie, trouva l'orphelin pleurant, délaissé, jouet des fougueux caprices du sort; la main qui de bonne heure commença à diriger en silence ton jeune cœur vers la grandeur morale où il devait atteindre, et écarta de ton tendre sein la convoitise qui souille : ce guide bienfaisant qui forma, en jouant, ta jeunesse aux nobles devoirs, te fit deviner, dans de faciles énigmes, le secret de l'auguste vertu, et qui ne confia son favori à des bras étrangers, que pour l'y reprendre plus mûri.... Ah! ne descends pas, par d'indignes désirs, jusqu'à ses servantes aviliés! L'abeille peut, pour la diligence, te faire la leçon; un ver te servira de maître pour l'habileté; ta science, tu la partages avec des esprits supérieurs; mais l'art, ô homme, toi seul tu le possèdes.

Ce n'est que par les portes du beau, portes de l'orient, que tu pénétras dans le champ de la connaissance. Pour s'habituer à un plus haut éclat, l'intelligence s'exerce sur ce qui charme et plaît. Ce qui, aux accords de la lyre des Muses, te pénétra d'un doux frémissement, développa dans ton sein cette force qui finit par s'élever jusqu'à l'Esprit de l'univers.

Ce que la raison vieillissante n'a découvert qu'après des milliers d'ans écoulés, était enfermé dans le symbole du beau et du grand, qui le révélait d'avance à l'entendement encore enfant. L'aimable image de la vertu nous fit aimer la vertu même; un sens délicat se révolta contre le vice, avant qu'un Solon eût écrit la loi qui produit lentement ses pâles fleurs. Bien avant qu'à l'esprit du penseur se présentât l'idée hardie de l'éternel espace.... qui, dites-moi, leva les yeux vers la scène étoilée, sans deviner et sentir l'immensité?

Celle qui, la face ceinte d'une auréole d'Orions, n'est contemplée, dans sa majesté sublime, que par de plus purs esprits que ceux d'ici-bas, qui s'avance éblouissante par delà les astres, emportée sur son trône radieux, la redoutable et souveraine Uranie.... la voilà qui, déposant sa couronne de feu, se présente à nous.... sous l'apparence de la beauté! Enlacée de la ceinture de la Grâce, elle se fait enfant, pour que les enfants la comprennent. Ce que nous avons senti ici-bas, comme beauté, un jour nous apparaîtra comme vérité.

Quand le Créateur reléguâ l'homme, loin de sa face, dans la mortalité, et lui prescrivit de trouver, par le rude sentier du monde des sens, un tardif retour à la lumière; quand tous les êtres célestes détournèrent de lui leurs regards : elle seule, humaine, s'enferma généreusement, avec le banni délaissé, dans la mortalité. Elle plane ici-bas, abaissant son vol, autour de son favori, près du monde sensible, et, par une illusion charmante, lui peint l'Élysée sur les murs de sa prison.

Quand l'humanité, dans son enfance, reposait encore dans les tendres bras de cette nourrice, alors la sainte fureur du meurtre n'attisait point de flamme; nulle part alors ne fumait un sang innocent. Le cœur qu'elle mène à sa douce lisière dédaigne la servile direction des devoirs; son sentier lumineux, serpentant seulement par de plus beaux détours, descend dans la radieuse carrière de la moralité. Ceux qui vivent sous sa chaste loi, nul penchant vil ne les tente, nul arrêt du sort ne les fait pâlir : comme soumis à une sainte puissance, ils recouvrent la vie pure des esprits, le droit précieux de la liberté.

Heureux ceux qu'elle a voués à son culte.... les plus purs entre des millions!... dans le sein desquels elle a daigné placer son trône, par la bouche de qui elle commande souverainement, qu'elle a choisis pour nourrir le feu sacré sur ses autels éternellement enflammés, ceux à qui seuls elle apparaît sans voile, qu'elle réunit autour d'elle dans une douce alliance! Réjouissez-vous de ce degré d'honneur où vous a placés l'ordre suprême! vous fûtes, pour monter au monde des esprits, le premier degré de l'humanité!

Avant que vous eussiez apporté dans le monde l'harmonieuse symétrie, à laquelle tous les êtres obéissent avec joie.... la création apparaissait à l'homme encore sauvage, comme un édifice immense enveloppé du crêpe sombre de la nuit : il voyait tout près autour de lui, à la lueur de pâles rayons, comme une troupe de spectres hostiles, qui tenaient ses sens dans les liens de l'esclavage, et qui, rudes comme lui, comme lui insociables, dirigeaient contre lui mille forces diverses.... Attaché aux phénomènes par les seules chaînes de l'aveugle convoitise, la belle âme de la nature lui échappait, sans qu'il en jouît, ni la sentît !

Et comme elle passait dans sa fuite rapide, votre main saisit sans bruit, avec un sentiment délicat, les ombres voisines : vous apprîtes à les marier ensemble, par les liens d'un harmonieux accord. Le regard se sentait attiré en haut par le port élancé du cèdre, et d'un vol léger s'élevait à sa cime ; le cristal de l'onde en reflétait agréablement la flottante image. Comment pouviez-vous négliger ces signes charmants que vous faisait la nature, secourable et prévenante ? L'art, pour lui dérober son ombre par l'imitation, vous montra l'image qui nageait sur la vague. Séparée de sa substance, devenant l'aimable fantôme d'elle-même, la nature se jetait dans les flots argentés, pour s'offrir à son ravisseur. A cette vue, la belle puissance de rendre les formes s'éveilla au dedans de vous. Trop nobles déjà, ne voulant pas sentir oisivement, vous reproduisîtes sur le sable, dans l'argile, l'ombre gracieuse, et saisîtes son être en traçant ses contours. Alors naquit le doux plaisir de produire, et la première création sortit de votre sein.

Retenues et fixées par l'observation, enlacées en tous sens par vos regards attentifs, les formes vous devenant familières, trahirent le talisman par lequel elles vous avaient charmés. Les lois du beau, aux magiques effets, les trésors découverts de la grâce et du charme, l'esprit inventif les réunit en un léger faisceau dans les œuvres de votre main. Alors s'éleva l'obélisque, la pyramide ; alors se dressèrent les hermès, et s'élancèrent les colonnes ; la mélodie de la forêt coula du chalumeau, et les hauts faits vécurent dans les chants.

L'élite des fleurs d'un champ émaillé, liées en un bouquet par un choix habile : tel le premier art sortit de la nature. Bientôt, des bouquets furent tressés en guirlandes, et un second art, un art plus élevé, naquit à son tour des créations de la main de l'homme. L'enfant de la beauté, se suffisant à lui-même, et sorti parfait de votre main, perd, dès qu'il a reçu l'existence, la couronne qu'il portait. Il faut que la colonne, soumise à la symétrie, se range, voisine bienvenue, auprès de ses sœurs. Il faut que le héros se confonde dans une armée de héros : la harpe du chantre de Méonie ouvre la marche et donne le ton.

Bientôt les barbares étonnés se pressèrent, attirés par ces nouvelles créations. « Voyez, criaient leurs troupes joyeuses, regardez, c'est l'homme qui a fait cela! » Puis la lyre du poëte les entraîne après elle, en couples heureux et plus sociables : du poëte qui chantait les Titans, les combats de géants, les dompteurs de lions, et ces récits, tant que le chantre parlait, faisaient de ses auditeurs des héros. Pour la première fois, l'esprit jouit, récréé par des joies plus paisibles, qui ne le repaissent que de loin, que son ardeur avide ne s'approprie pas avec violence, qui ne meurent point dans la jouissance même.

Alors l'âme libre et belle se dégagea du sommeil de la sensualité. Délivré par vous, l'esclave du souci s'élança dans le sein de la joie. Alors tomba la sombre barrière de la vie animale : l'humanité apparut sur le front serein de l'homme, et de son cerveau émerveillé jaillit la sublime étrangère, la pensée. Alors l'homme se dressa, et montra aux astres son royal visage. Déjà son œil éloquent remerciait, à de sublimes hauteurs, la lumière du soleil. Le sourire s'épanouit sur ses joues; l'organe expressif de la voix se développa, s'éleva au chant; dans ses yeux humides nagea le sentiment, et, par une aimable alliance, le plaisant uni à la grâce découla de ses lèvres animées.

Il était enseveli dans l'instinct du ver de terre, étouffé sous les désirs des sens; mais vous reconnûtes dans son sein le noble germe de l'amour des esprits. Si des instincts grossiers des sens se dégagea le germe plus pur de l'amour, c'est au premier chant pastoral que l'homme le doit. Élevée à la dignité de la pensée, la passion plus pudique découla mélodieusement des lèvres du chanteur. Les joues, mouillées de la rosée des larmes, s'enflammèrent doucement; le désir survivant à la jouissance annonça l'union des âmes.

La plus parfaite sagesse des sages, la douceur des bons, la puissance des forts, la grâce des plus nobles, vous les confondites dans une même image, que vous entourâtes d'une auréole. L'homme tressaillit devant l'inconnu; il s'éprit pour ce reflet de lui-même, et d'illustres héros brûlèrent de ressembler au grand Être. Le premier son du type primitif de toute beauté, vous le fîtes retentir dans la nature.

L'impulsion fougueuse des passions, les jeux déréglés du hasard, la contrainte des devoirs et des instincts, vous les disposez avec un sentiment judicieux, les dirigeant, d'après une règle rigoureuse, vers le but. Ce que la nature, sur sa grande scène, sépare, et place à de lointaines distances, devient sur le théâtre, dans un poëme, une partie, facile à saisir, de l'ensemble régulier. Effrayé par le chœur des Euménides, le meurtre, bien qu'ignoré de tous, déduit pour lui-même de ce chant la sentence de mort. Longtemps avant que les sages risquent leur jugement, une Iliade résout les énigmes de la destinée à nos devanciers jeunes encore. Du chariot de Thespis, la Providence descendait sans bruit dans le cours des événements du monde.

Pourtant dans le grand train du monde votre symétrie fut trop tôt portée. Comme la sombre main de la destinée ne dénouait pas à vos yeux ce qu'à vos yeux elle nouait, et que la vie se perdait dans l'abîme, avant d'avoir achevé le beau cercle commencé, votre audace arbitraire prolongea la courbe dans la nuit de l'avenir; vous précipitant sans frissonner dans le sombre océan de l'Averne, vous retrouvâtes, par delà l'urne fatale, l'existence évanouie. Là se montra, appuyée sur Castor, une torche renversée à la main, la florissante image de Pollux: l'ombre parut sur la face de la lune et l'arrondit, avant que se fût rempli son beau disque d'argent.

Cependant le génie créateur s'éleva, plus haut toujours, à des sommets de plus en plus sublimes. Déjà l'on voit les créations naître des créations, des harmonies une harmonie nouvelle. Ce qui ravit isolément ici l'œil enivré, est humblement soumis ailleurs à une beauté plus haute ; le charme qui pare cette nymphe se fond doucement dans une divine Minerve ; la force qui se gonfle dans les muscles de l'athlète, cesse de parler aux yeux, tempérée avec grâce, dans la beauté du dieu ; la merveille de son temps, la fière image de Jupiter, s'incline, abaissant sa grandeur, dans l'ensemble majestueux du temple d'Olympie.

Le monde transformé par le travail diligent, le cœur de l'homme agité par de nouveaux instincts, qui s'exercent dans des luttes ardentes, étendent le cercle de vos créations. Montant de progrès en progrès, l'homme reconnaissant emporte avec lui l'art sur ses ailes qui s'élèvent, et de nouveaux mondes de beautés s'élancent à ses yeux de la nature enrichie. Les barrières de la science s'ouvrent ; l'esprit exercé, dans vos faciles triomphes, à embrasser, avec un goût promptement mûri, un ensemble de beautés créé par l'art, recule les bornes de la nature et l'atteint dans sa course mystérieuse. Alors il la pèse avec des poids humains, il la mesure avec les mesures qu'elle lui a prêtées ; il la force à passer devant ses yeux, devenue plus intelligible par sa soumission aux lois de la beauté telle qu'il la conçoit. Dans sa joie complaisante et juvénile, il prête aux sphères son harmonie, et loue-t-il l'architecture du monde, c'est par la symétrie qu'elle brille à ses yeux.

Désormais, dans tout ce qui vit autour de lui, le charme des proportions parle à ses yeux. La ceinture d'or de la beauté doucement s'insinue dans le tissu même de sa vie ; la perfection bienheureuse plane devant lui, triomphante, éclatant dans vos chefs-d'œuvre. Là où court la joie bruyante, où se réfugie le chagrin muet, où la pensée s'arrête et contemple, où il voit les larmes de la misère, où mille terreurs l'assiègent, partout le suit un courant d'harmonie, partout il voit se jouer les gracieuses déesses, et par ses sentiments, qui peu à peu deviennent plus délicats, il s'efforce de se mettre d'accord avec son aimable entourage. Aussi doucement que s'enlacent les lignes des plus gracieuses images, et qu'autour de lui se fondent en un seul ensemble les contours délicats des objets, aussi doucement s'exhale et fuit le souffle léger de sa vie. Son esprit se perd dans l'océan d'harmonie dont les flots enveloppent délicieusement ses sens, et la pensée, par une insensible fusion, s'unit à la déesse de beauté partout présente. Dans un sublime accord avec la destinée, s'appuyant, calme et doux, sur les Grâces et les Muses, il offre sa poitrine au trait qui le menace, et reçoit, résigné, le coup qui part de l'arc bienveillant de la nécessité.

Intimes favoris de l'heureuse harmonie, compagnons qui nous réjouissez à travers l'existence, vous le plus cher, le plus noble présent que nous ait donné, pour embellir notre vie, celle qui nous donna la vie même! si maintenant l'homme, délivré du joug, à la pensée de ses devoirs, s'il aime la chaîne qui le guide, si le hasard ne lui commande plus avec son sceptre d'airain, vous en êtes récompensés par votre immortalité et par le sublime salaire que vous trouvez dans votre cœur. Si, autour de la coupe où coule pour nous la liberté, folâtrent gaiement les dieux de la joie, et se file gracieusement le plus aimable rêve, recevez, pour ce bienfait, nos plus tendres embrassements.

Le génie brillant et serein qui entoura de charme la nécessité, qui ordonne à son éther, à sa voûte étoilée de nous servir avec grâce, ce génie qui, lors même qu'il épouvante, ravit encore par le sublime, et se pare même pour détruire: le suprême artiste : voilà le modèle que vous imitez. Comme sur le miroir argenté du ruisseau flottent et dansent les rives variées, la pourpre du couchant, la campagne fleurie, ainsi sur l'indigente existence brille le monde riant des ombres que crée la poésie. Vous nous amenez, vêtue en fiancée, la redoutable inconnue, la Parque inflexible. Comme vos urnes cachent les ossements, de même vous couvrez d'un voile aimable le chœur horrible des soucis. J'ai parcouru d'un prompt regard des milliers d'années, l'immense empire du monde ancien : comme l'humanité est riante où vous séjournez! comme derrière vous elle gît tristement!

Elle qui autrefois, d'une aile rapide, s'était élancée, pleine de force, de vos mains créatrices, c'est dans vos bras qu'elle se retrouva, quand, par le triomphe insensible du temps, la fleur de la vie eut disparu de ses joues, la force de ses membres, quand elle se traînait d'un pas énervé, comme le vieillard appuyé sur son bâton. Alors, d'une source fraîche, vous offrîtes à ses lèvres altérées l'onde de la vie ; deux fois le temps se rajeunit, deux fois, par les semences que vous avez répandues.

Chassés par des hordes barbares, vous ravîtes le dernier tison de la sainte offrande aux autels profanés du levant, et vous le portâtes aux contrées du couchant. Alors le beau fugitif venu de l'orient, le jour, se leva, brillant d'une jeunesse nouvelle, dans l'occident, et dans les champs de l'Hespérie on vit germer et, rajeunies, s'épanouir les fleurs de l'Ionie. La nature embellie jeta, comme d'un doux miroir, un beau reflet dans les esprits, et la grande déesse de la lumière pénétra, splendide, dans les âmes dignement parées. Alors on vit tomber des millions de chaînes, et le droit de l'humanité prononça son arrêt sur les esclaves ; comme des frères marchent ensemble dans la paix, ainsi grandit doucement l'humanité rajeunie. Dans la plénitude d'une noble et intime joie, vous jouissez du bonheur qui est votre ouvrage, et, vous cachant sous le voile de la modestie, vous restez à l'écart et taisez vos mérites.

Si, sur les routes désormais ouvertes de la pensée, l'investigateur, dans son heureuse audace, erre librement aujourd'hui, et, enivré des hymnes de triomphe, saisit déjà la couronne d'une main avide ; s'il croit, avec l'humble solde d'un mercenaire, payer son noble guide, et près du trône qu'il rêve daigne accorder à l'art le premier rang parmi ses esclaves.... pardonnez-lui.... la couronne de la perfection suprême plane brillante sur votre tête. C'est par vous, première fleur du printemps, que la Nature commença à façonner les âmes ; par vous, joyeuse couronne de la moisson, que la Nature clôt et parfait son œuvre.

L'art qui modestement s'éleva de l'argile, de la pierre, l'art créateur embrasse, sans bruit, dans ses triomphes l'immense empire du génie. Les découvertes, les conquêtes du savant dans le champ de la science, artistes, c'est pour vous qu'il les fait. Les trésors que le penseur entasse, il n'en jouira que dans vos bras, lorsque sa science, mûre pour la beauté, se sera transformée en noble chef-d'œuvre de l'art.... lorsqu'il montera avec vous sur la colline, et qu'à ses yeux, au doux éclat du crépuscule, la vallée pittoresque.... tout d'un coup apparaîtra. Plus vous satisfaites richement le prompt regard, plus l'esprit parcourt dans son vol et embrasse dans une délicieuse jouissance de belles et sublimes créations, unies par vous en un magique ensemble, plus la pensée et le sentiment se sont ouverts au jeu splendide de l'harmonie, au riche torrent de la beauté.... plus aussi lui apparaissent, comme le beau complément des formes sublimes du grand tout, ces éléments divers du plan du monde qui tout à l'heure, épars et mutilés, lui défiguraient la création ; plus belles sont les énigmes qui sortent des ténèbres ; plus riche devient le monde qu'il embrasse ; plus vaste s'étend la mer sur laquelle il vogue ; plus s'affaiblit la puissance aveugle de la destinée ; plus s'élèvent ses instincts et ses aspirations ; plus il devient petit lui-même, et plus grand son amour. Conduisez-le doucement ainsi, dans sa course insensible, par des formes toujours plus pures, des tons plus purs, par des hauteurs toujours plus hautes et des beautés toujours plus belles, jusqu'au sommet de l'échelle de fleurs de la poésie.... Enfin, au but suprême des temps, à l'heure de la maturité, encore une heureuse inspiration, poétique essor du dernier âge de l'humanité, et.... l'homme glissera dans les bras de la Vérité.

Elle-même, la douce Cypris, couronnée de son auréole éclatante, apparaîtra alors, sans voiles, sous la forme d'Uranie, à son fils sorti de tutelle, d'autant plus vite saisie par lui, qu'il a fui d'abord plus noblement loin d'elle. Telle fut la douce, la bienheureuse surprise du généreux fils d'Ulysse, lorsque la céleste compagne de sa jeunesse se transfigura en fille de Jupiter.

La dignité de l'homme est remise en vos mains : gardez-la !

Elle tombe avec vous! avec vous elle s'élèvera! La sainte magie de la poésie a son rôle bienfaisant dans un sage plan du monde: que doucement elle nous guide à l'océan de la grande harmonie.

Repoussée par son siècle, que l'austère Vérité se réfugie dans la poésie, et trouve protection dans le chœur des Muses. Dans toute la plénitude de son éclat, plus redoutable sous le voile de la grâce, qu'elle ressuscite dans le chant, et punisse par ses accents victorieux l'oreille timide et lâche de son persécuteur.

Libres enfants de la mère la plus libre, élevez-vous, le regard ferme, au trône radieux de la plus haute beauté. Ne briguez pas d'autres couronnes! La sœur qui a disparu ici à vos yeux, vous la retrouverez dans le sein de sa mère; ce que de belles âmes ont noblement senti ne peut être qu'excellent et parfait. Élevez-vous, d'une aile hardie, au-dessus du cours de votre temps! Que déjà, dans votre miroir, commence à poindre le siècle futur. Par les mille sentiers entrelacés de la riche diversité, venez, les bras ouverts, à la rencontre les uns des autres, devant le trône de l'unité suprême. Comme la blanche lumière se divise gracieusement en sept doux rayons, comme les sept rayons de l'arc-en-ciel se fondent dans la blanche lumière, ainsi jouez-vous en mille clartés magiques, aux regards enivrés; ainsi refluez, confondus, dans un seul faisceau de vérité, dans un seul torrent de lumière.

ADIEUX D'HECTOR[1].

ANDROMAQUE.

Hector veut-il s'éloigner de moi pour toujours et courir où Achille, aux mains inaccessibles, offre à Patrocle un terrible sacrifice? Qui désormais instruira ton enfant à lancer les javelots et à honorer les dieux, si le sombre Orcus t'engloutit?

HECTOR.

Chère épouse, commande à tes larmes : ma brûlante ardeur m'entraîne dans la lice, au combat! Ce bras protége Pergame. C'est en défendant le saint foyer des dieux que je tomberai; c'est comme sauveur de la patrie que je descendrai aux rives du Styx.

ANDROMAQUE.

Jamais plus je n'entendrai le bruit de tes armes; ton fer reposera, oisif, sous ce portique. C'en est fait de la race héroïque de Priam! Tu iras où nul jour ne luit plus, où le Cocyte gémit à travers les solitudes, où ton amour s'éteindra dans le Léthé.

HECTOR.

Tous mes désirs, toutes mes pensées, je les veux abîmer dans le cours silencieux du Léthé; mais non pas mon amour. Écoute, le furieux se déchaîne déjà près de nos murs.... Ceins-moi mon épée, laisse là le deuil! L'amour d'Hector ne mourra pas dans le Léthé.

---

1. Ces strophes sont de 1780. Elles sont tirées du drame des *Brigands* (acte II, scène II). Le poëte, en les republiant plus tard, y a introduit de nombreux changements.

AMALIE[1].

Il était beau comme un ange, plein des voluptés du Walhalla, beau par-dessus tous les jeunes hommes. Son regard avait une douceur céleste, comme le soleil de mai, réfléchi par le miroir azuré des mers.

Ses baisers.... Sensation céleste! Comme deux flammes se saisissent, comme les sons de la harpe se confondent en une divine harmonie;

Ainsi son esprit et le mien s'élançaient, volaient, se fondaient l'un dans l'autre.... Les lèvres, les joues brûlaient, tremblaient.... L'âme pénétrait l'âme.... La terre et le ciel flottaient comme évanouis autour des deux amants.

Il n'est plus.... En vain, hélas! en vain, mes tristes plaintes soupirent après lui. Il n'est plus.... et toutes les joies de la vie vont se perdre en un cri d'inutile douleur!

[1]. Extrait également des *Brigands* (acte III, scène 1). Le poète a supprimé une strophe, la seconde, et changé, dans la quatrième, *ras'ten en schmolzen*

ROUSSEAU[1].

Monument de la honte de nos temps, éternel opprobre de ta patrie, tombe de Rousseau, je te salue! Paix et repos aux débris de ta vie! Paix et repos, tu les cherchas en vain; paix et repos, tu les trouvas ici!

---

[1]. Cette pièce a quatorze strophes dans l'*Anthologie* (1782). Schiller n'a inséré dans le Recueil de ses poésies que la première et la septième. Voici la traduction des douze autres. Elles sont déclamatoires et de très-mauvais goût. Schiller a eu raison de les supprimer, et nous ne les donnons ici que parce qu'elles montrent bien, sans que les sophismes et les exagérations qu'elles contiennent offrent aucun danger, dans quelle disposition d'esprit se trouvait alors l'auteur des *Brigands*. Comme poésie, c'est une vraie débauche d'imagination, pleine de hardiesses étranges, parfois triviales, et naturellement plus choquantes encore dans la traduction que dans l'original.

« A peine lui est-il resté une tombe ici-bas, à lui que l'envie chassa de royaume en royaume, que le zèle pieux ballotta! Ah! des torrents de sang couleront un jour à son sujet, quand les villes se disputeront l'honneur de le saluer du nom de fils: et, durant sa vie, il n'en trouva pas une qui voulût être sa mère.

« Et qui sont ceux qui jugent le sage? De lourds esprits, scories impures, qui fuient et vont au fond sous le regard d'argent du génie; de vils rebuts de l'œuvre du Créateur; en face du géant Rousseau, des nains puérils, pour qui jamais Prométhée n'alluma son feu;

« Des ponts jetés entre l'instinct et la pensée, des lambeaux mal cousus aux limites extrêmes de l'humanité, là où déjà pèse un air plus grossier; des natures implantées après coup dans les intervalles qui séparent les genres, à ce point où grimace le singe, exubérance de la classe des brutes, et où l'humanité commence à se dénaturer.

« Phénomène unique et nouveau.... tu apparus, comme un soleil errant, aux rives de la Garonne, vrai météore pour les cervelles de France. La débauche et la famine enfantent des contagions; la démence déchaîne la guerre dans les empires.... A qui la faute? A la pauvre étoile errante.

Ta Parque rêvait-elle donc? Est-ce dans le délire de la fièvre qu'elle

Quand donc l'antique plaie se cicatrisera-t-elle? Autrefois il faisait sombre dans ce monde, et les sages mouraient; aujourd'hui il y fait plus clair, et le sage meurt! Socrate a péri par des sophistes; Rousseau souffre, Rousseau meurt par des chrétiens, Rousseau.... qui des chrétiens veut faire des hommes.

imagina de t'allaiter sur les bords de la Seine? Ah! déjà je vois la stupeur de nos neveux, lorsqu'au son des trompettes de la résurrection, ils verront d'une tombe française.... Rousseau se lever.

« Quand donc l'antique plaie, etc. . . . . «
. . . .

« Ah! fille du ciel, Religion, sois bénie! Je t'embrasse avec une ardeur qui s'épand en cris de joie! Par toi, des mondes deviennent frères, et j'entends murmurer le doux souffle de l'amour autour des campagnes que tu salues dans ton vol.

« Mais malheur!... Tes regards deviennent des traits de basilic.... les douces mélodies de ta voix, des hurlements de crocodile; les hommes saignent sous ta dent, quand des imans qui bavent la perdition te dénaturent en Érinnys.

« Oui, au dix-huitième jubilé séculaire, à compter du jour où la femme enfanta le fils du ciel (historiens, ne l'oubliez jamais!), ici de plus habiles Périllus ont inventé un beuglement plus musical encore que celui qui jadis sortit du taureau d'airain.

« Que le monstre qui a nom Préjugé se dresse, ô Rousseau! comme un mur infranchissable, devant les hardis réformateurs; que la Nuit et la Sottise s'associent méchamment pour barrer toute voie à ta lumière; qu'elles marchent contre toi et livrent l'assaut à ton ciel!

« Que, dans sa faim brûlante, l'Intérêt, hyène aux cent gueules, enfonce ses crocs jaunes dans ta pauvreté; défendu par une cuirasse d'airain contre les larmes des orphelins, par un rempart de tours contre les plaintes lamentables, qu'il bâtisse, sur des ruines, des châteaux d'or!

« Va, noble victime de ce triple dragon; saute avec joie dans la nacelle de la mort, grand patient, franc et libre. Va! raconte là-haut, dans le cercle des esprits, ce rêve de la guerre des grenouilles et des rats, ce vacarme de foire de la vie.

« Tu n'étais pas fait pour cette terre.... tu fus trop honnête pour elle, trop grand.... trop humble peut-être.... Rousseau, et pourtant tu fus un chrétien. Que la Folie mène à la lisière ce monde! Retourne chez toi, chez les anges tes frères, d'entre lesquels tu t'es échappé. »

A UN MORALISTE[1].

Pourquoi t'irrites-tu contre notre jeunesse, notre vie joyeuse, et nous viens-tu prêcher que l'amour est frivolité? Engourdi dans les glaces de l'hiver, tu gourmandes le brillant mois de mai.

Jadis, quand tu donnais encore la chasse au peuple des nymphes, que tu volais, héros du carnaval, dans le tourbillon de la danse allemande, que tu berçais dans tes deux bras un paradis de délices, et que tu aspirais l'arome du nectar aux lèvres d'une amante,

Ah! Céladon, si alors le globe pesant de la terre avait glissé de dessus ses gonds.... enlacé des nœuds de l'amour dans les bras de Julie, tu n'aurais pas entendu le fracas de sa chute!

Oh! rappelle-toi les jours de ton printemps, et retiens bien ceci : notre philosophie change avec les battements de nos artères; jamais des hommes tu ne feras des dieux.

Heureux si, parmi les glaces de la raison trop sage, le sang parfois s'échauffe et bondit un peu plus vif! Laisse aux habitants d'un monde meilleur ce qui jamais ne réussit aux mortels.

Car enfin son compagnon terrestre retient l'esprit, né de Dieu, dans les murs d'une prison. Il m'empêche de devenir un ange : je veux le suivre, pour être homme.

---

1. Dans l'*Anthologie*, ce poëme a douze strophes. Le titre y est suivi du mot *Fragment*.

LE TRIOMPHE DE L'AMOUR.

HYMNE[1].

Les dieux sont bienheureux par l'amour!... par l'amour, les hommes sont égaux aux dieux! L'amour rend le ciel plus céleste.... il fait de la terre l'empire des cieux.

Jadis, derrière le dos de Pyrrha, ainsi chantent les poëtes, le monde jaillit de fragments de rochers; les hommes, de la pierre.

Leurs cœurs étaient pierre et rocher, et leurs âmes ténèbres; jamais la flamme des torches célestes ne les embrasait.

Jamais encore les jeunes Amours n'enchaînaient leurs âmes de doux liens de roses.... Jamais encore les tendres Muses ne faisaient palpiter leur sein par leurs chants et l'harmonie des lyres.

Hélas! pas d'amants encore s'enlaçant de guirlandes! Les printemps s'enfuyaient tristes vers l'Élysée!

Nul ne saluait l'Aurore montant du sein des mers; nul ne saluait le soleil plongeant au sein des mers.

---

1. Cet hymne, qui parut aussi d'abord dans l'*Anthologie*, où il est plus long de plusieurs strophes, appartient, comme le montre un passage supprimé plus tard, à la période où furent composés les divers poëmes adressés à Laura.

LE TRIOMPHE DE L'AMOUR.

Ils erraient, sauvages, dans les bois, à la brumeuse clarté de la lune; ils portaient un joug de fer. Dans la scène splendide des astres, la larme mystérieuse, larme du vague désir, ne cherchait pas encore les dieux.

○

Mais voyez! des flots d'azur sort, douce et sereine, la fille du ciel, portée par les Naïades vers les rivages enivrés.

A cet ordre tout-puissant : « Qu'elle soit! » un juvénile essor, une ardeur printanière remplit et pénètre, comme une aube matinale, l'air, le ciel, la mer et la terre.

L'œil du jour aimable sourit dans la nuit profonde des forêts sombres; des narcisses balsamiques fleurissent sous les pas de la déesse.

Déjà le rossignol chantait le premier chant de l'amour; déjà le murmure des sources, des cascades, inspirait l'amour aux tendres cœurs.

Bienheureux Pygmalion! déjà ton marbre s'attendrit; il s'anime, il brûle! Dieu d'amour, vainqueur! embrasse tes enfants!

○

Les dieux sont bienheureux par l'amour!... par l'amour, les hommes sont égaux aux dieux! L'amour rend le ciel plus céleste.... il fait de la terre l'empire des cieux.

○

L'écume dorée du nectar pétille, et les jours des dieux, éternel banquet, s'écoulent aussi délicieux qu'un rêve du matin.

Assis sur un trône élevé, le fils de Saturne brandit sa foudre;

l'Olympe s'ébranle effrayé quand le courroux agite sa chevelure....

Laissant aux dieux ses trônes, il s'abaisse à devenir un fils de la terre, et soupire dans les bocages comme un berger d'Arcadie; éteignant sous ses pieds son tonnerre, le vainqueur des Géants s'endort, bercé par les baisers de Léda.

A travers le vaste espace de la lumière, Phébus conduit, avec ses rênes d'or, les nobles coursiers du soleil. Ses traits retentissants renversent des peuples entiers. Mais les blancs coursiers du soleil et ses traits retentissants, qu'avec plaisir il les oubliait au sein de l'amour et de l'harmonie!

Devant l'épouse du fils de Saturne, les Uranides s'inclinent. Ses paons, couple superbe, se dressent fièrement devant son char royal. Elle orne de la couronne d'or, attribut souverain, ses cheveux parfumés d'ambroisie.

Belle reine, ah! l'amour tremble, avec ses doux instincts, d'approcher de ta majesté; et il faut que la souveraine des dieux, quittant ses orgueilleux sommets, emprunte, suppliante, la ceinture des Grâces à la déesse qui enchaîne les cœurs.

●

Les dieux sont bienheureux par l'amour!... par l'amour, les hommes sont égaux aux dieux! L'amour rend le ciel plus céleste.... il fait de la terre l'empire des cieux.

●

L'amour éclaire l'empire de la nuit! Pluton est soumis à la douce et magique puissance du dieu d'amour. Le sombre roi prend un regard aimable, quand la fille de Cérès lui sourit. L'amour éclaire l'empire de la nuit.

Tes chants firent retentir les enfers d'une harmonie céleste, et domptèrent le farouche gardien, ô chantre de Thrace.... Minos, les yeux mouillés de larmes, adoucit ses arrêts de torture; autour des joues de l'horrible Mégère, les serpents cruels se baisèrent tendrement; les fouets ne résonnaient plus. Entraîné par la lyre d'Orphée, le vautour s'envola loin de Tityus. Le Léthé et le Cocyte frappèrent plus doucement leurs rives : ils écoutaient tes accords, chantre de Thrace! Tu chantais l'amour, chantre de Thrace!

Les dieux sont bienheureux par l'amour!... par l'amour, les hommes sont égaux aux dieux! L'amour rend le ciel plus céleste.... il fait de la terre l'empire des cieux.

Partout dans l'éternelle nature on respire sa trace semée de fleurs, on sent s'agiter ses ailes d'or. Si dans la clarté de la lune, si sur la colline que dore le soleil, je ne voyais l'œil d'Aphrodite qui m'appelle; si du milieu de l'océan des astres la déesse ne me souriait : les astres, le soleil, la clarté de la lune ne toucheraient pas mon âme. L'amour, l'amour seul, nous sourit dans l'œil de la nature, comme dans un miroir.

Le ruisseau argenté murmure l'amour; l'amour lui enseigne à rouler plus doucement ses ondes; le souffle de l'amour donne une âme aux soupirs des rossignols plaintifs.... L'amour, l'amour seul, résonne mystérieusement sur le luth de la nature.

Sagesse au regard de soleil, grande déesse, recule; cède à l'amour! Ni devant les conquérants, ni devant les princes, tu ne fléchis jamais un genou d'esclave: devant l'amour, fléchis-le, à cette heure!

Qui te fraya, avec une audace de héros, la voie escarpée des astres, pour monter au séjour de la divinité? Qui déchira le voile du sanctuaire, et te montra l'Élysée par la fente du tombeau? Si lui ne nous y appelait, voudrions-nous être immortels? Sans lui, les esprits chercheraient-ils le maître suprême? L'amour, l'amour seul, conduit au père de la nature; l'amour mène à lui les esprits.

●

Les dieux sont bienheureux par l'amour.... par l'amour, les hommes sont égaux aux dieux! L'amour rend le ciel plus céleste.... il fait de la terre l'empire des cieux.

L'AMITIÉ[1].

(Tiré des *Lettres de Jules à Raphaël*, roman encore inédit.)

Ami! celui qui gouverne les êtres se contente de peu!... Qu'ils rougissent ces penseurs, étroits pédants, qui cherchent, d'un esprit inquiet, des lois nombreuses et diverses!... L'empire des esprits et la masse agitée du monde des corps, le mouvement d'une seule roue les emporte vers leur but. Ici-bas, mon grand Newton l'a vue marcher.

Elle enseigne aux sphères, esclaves d'un même frein, à tracer autour du centre et du cœur de ce vaste univers les labyrinthes de leurs orbites; aux esprits, dans leurs systèmes qui s'embrassent, à tendre et affluer vers le grand soleil des esprits, comme vers l'Océan s'écoulent les ruisseaux.

[1] L'Amitié a paru d'abord dans l'*Anthologie*. Schiller a publié dans la suite, non pas tout le roman que semble promettre ce titre, mais les premières lettres de Jules et de Raphaël (voyez les *Œuvres philosophiques*). La plupart des strophes de ce poëme y sont citées. Le texte de ces citations ne diffère que par deux variantes (aux strophes six et neuf) de celui de l'*Anthologie* et du *Recueil des poésies*.

N'est-ce pas cette impulsion toute-puissante qui poussa nos cœurs l'un vers l'autre, à l'éternelle alliance, à la fête de l'amour? Raphaël.... ô délice! appuyé sur ton bras.... je m'élance, moi aussi, vers le grand soleil des esprits; je m'engage, ardent et joyeux, dans la route de la perfection.

Heureux! heureux! je t'ai trouvé! à toi, parmi des millions d'êtres, je me suis attaché; à moi, parmi des millions d'êtres, tu appartiens.... Que le chaos bouleverse ce monde, qu'il confonde les atomes: nos cœurs éternellement voleront l'un vers l'autre.

Ne faut-il pas que dans tes yeux de flamme j'aspire le reflet radieux de mes joies? Ce n'est qu'en toi que je m'admire.... Dans les traits de l'ami cette terre, si belle, se peint plus belle encore; le ciel s'y reflète plus pur, plus enchanteur.

La tristesse, pour se reposer plus doucement de l'orage de la douleur, dépose le fardeau de ses larmes inquiètes dans le sein de l'amitié.... L'extase même du bonheur, ravissante torture, ne cherche-t-elle pas impatiemment dans les regards éloquents d'un ami une tombe délicieuse?

Si j'étais seul dans l'immensité de la création, mes rêves donneraient des âmes aux rochers, et je les baiserais, les serrant dans mes bras.... J'exhalerais mes plaintes dans les airs, et, si les grottes me répondaient, je me réjouirais.... insensé vraiment!... de leur douce sympathie.

Nous sommes des groupes inanimés.... lorsque nous haïssons; des dieux.... quand nous nous étreignons avec amour, quand nous soupirons après la douce contrainte des liens du cœur.... Elle monte par les degrés infinis des esprits innombrables qui n'ont point créé, elle règne divinement, cette attraction puissante.

Les bras enlacés, montant, montant toujours, depuis le Mongol jusqu'au Grec inspiré, qui touche au dernier Séraphin, nous avançons, formant une ronde unanime, jusqu'à ce que, bien loin, dans l'océan de l'éternelle lumière, meurent et s'abîment la mesure et le temps....

Il était sans amis, le grand maître des mondes, il sentit un vide.... C'est pour cela qu'il créa des esprits, miroirs bienheureux de sa béatitude! Sans doute l'Être suprême n'a rien trouvé qui lui fût égal ; mais du calice immense de tout l'empire des âmes, pour lui monte et déborde l'Infini!

FANTAISIE[1].

A LAURE.

O ma Laure! nomme-moi ce tourbillon puissant qui attire un corps vers un autre corps; nomme-moi, ô ma Laure! ce charme invincible qui entraîne une âme vers une autre âme.

Vois! c'est lui qui apprend aux planètes, suspendues dans l'espace, à courir, d'une éternelle course, autour du soleil, et, semblables aux enfants qui bondissent autour de leur mère[2], à ceindre le roi des astres de leurs cercles divers.

Chaque astre errant boit à longs traits la pluie d'or de ses rayons, et puise une vigueur nouvelle à sa coupe de feu, comme les membres la vie au cerveau.

1. *Anthologie.*
2. Le nom du soleil (*die Sonne*) est en allemand du genre féminin; aussi l'image de la mère est-elle plus juste dans le texte qu'elle ne peut l'être dans la traduction.

Les atomes de lumière s'unissent aux atomes de lumière, dans une intime harmonie. L'amour conduit les sphères les unes dans les autres, les systèmes de mondes ne durent que par lui.

Supprime ce mobile dans les rouages de ces systèmes, et l'univers vole en éclats et en ruine ; vos mondes retombent avec fracas dans le chaos : pleurez, Newtons, leur chute gigantesque !

Supprime cette divinité dans l'ordre des esprits, ils se glacent, morts et inertes comme les corps : sans l'amour, le printemps ne revient plus ; sans l'amour, nul être ne glorifie Dieu.

Et qu'est-ce, dès que Laure me touche de ses lèvres, qui répand sur mes joues des flammes ardentes ? qui commande à mon cœur des battements plus vifs, et entraîne mon sang avec l'élan de la fièvre ?

La vie surabonde dans tous les muscles ; le sang bouillonne à déborder ; le corps s'élance vers le corps ; les âmes s'embrasent et confondent leurs flammes.

Ici, comme dans les éternels ressorts de la nature morte, c'est encore l'amour qui règne, toujours tout-puissant, dans le tissu délicat de la nature sensible.

Vois, Laure, la joie étreint les douleurs dans leurs accès les plus fougueux ; le doute glacé se réchauffe sur le tendre sein de l'espérance.

La mélancolie a pour sœur une douce volupté qui en tempère la sombre nuit, et, donnant le jour aux pleurs, ses enfants radieux, l'œil réfléchit l'éclat du soleil.

Dans l'empire même du mal, ne règne-t-il pas une redoutable sympathie ? Nos vices courtisent l'enfer et boudent le ciel.

La honte et le remords, couple d'Euménides, enlacent le péché de leurs replis de serpents; autour des ailes d'aigle de la grandeur s'enroule traîtreusement le danger.

La ruine d'ordinaire se joue avec l'orgueil, l'envie se cramponne au bonheur; sœur du trépas, la luxure, à bras ouverts, s'élance vers son frère.

Avec les ailes de l'amour l'avenir se précipite dans les bras du passé; Saturne, dans sa fuite rapide, poursuit et poursuivra longtemps sa fiancée.... l'Éternité.

Un jour.... ainsi le disent les oracles.... un jour Saturne atteindra sa fiancée. L'embrasement des mondes sera la torche d'hymen, quand le Temps s'unira avec l'Éternité.

O ma Laure! une plus belle aurore se lèvera alors aussi pour notre amour, et elle durera aussi longtemps que la nuit des noces de ces deux époux. Laure, Laure, réjouis-toi!

LAURE AU CLAVECIN[1].

Quand tes doigts, Laure, parcourent magistralement les touches, je demeure tantôt comme une statue sans âme, tantôt comme une âme sans corps. Tu commandes à la vie et à la mort, avec la même puissance que Philadelphia[2] éveille des âmes dans mille réseaux de nerfs.

1. *Anthologie.*
2. Célèbre physicien prestidigitateur, qui parcourait alors l'Allemagne. Je ne sais quel est au juste le tour ou l'expérience, d'électricité sans doute ou de magnétisme, auquel Schiller fait ici allusion. La traduction littérale est : « Comme Philadelphia exige des âmes de mille tissus de nerfs. »

Alors, par respect, pour t'entendre, les souffles de l'air bruissent plus doucement. Rivées à ton chant, les sphères attentives s'arrêtent, dans leur éternelle révolution, pour s'abreuver, à longs traits, de plaisir. Enchanteresse! tu les subjugues par les sons, comme tu m'enchaînes par les regards.

D'émouvantes harmonies, des torrents de volupté ruissellent des cordes, comme s'envolent de leurs cieux des séraphins nouveau-nés. Comme autrefois, s'élançant des bras gigantesques du chaos, les soleils éveillés par la tempête de la création, jaillirent, étincelants, du sein de la nuit : ainsi se précipite la magique puissance des sons;

Tantôt aimables et doux, comme le bruissement des ondes argentées sur les cailloux polis; tantôt majestueux et magnifiques, comme le ton d'orgue du tonnerre; puis bondissant impétueux, comme roulent, à grand bruit, du haut des rochers, les torrents écumeux; bientôt gracieux murmure, caressant et léger, comme les vents qui soufflent amoureusement dans la forêt de trembles;

Enfin plus graves et mélancoliques et sombres : on dirait le frémissement des ténèbres, au vide empire des morts, où des hurlements perdus se prolongent, où le Cocyte traîne ses flots de larmes.... Parle, jeune fille! je t'interroge, instruis-moi : As-tu fait un pacte avec des esprits d'un ordre supérieur? Est-ce la langue, ne me trompe pas, qu'on parle dans l'Élysée[1]?

---

1. Dans l'*Anthologie*, il y a deux strophes de plus, que Schiller a ensuite supprimées, et dont voici la traduction :

« Loin de mes yeux le voile qui les couvre! de mes oreilles les verrous qui les ferment! Jeune fille, ah! déjà je respire plus librement; le feu éthéré me purifie-t-il? Des tourbillons m'emportent-ils là-haut?...

« Des soleils où résident des esprits inconnus m'apparaissent et m'appellent par la voûte entr'ouverte des cieux.... Je vois sur la tombe la pourpre de l'aurore. Arrière, moqueurs, avec votre esprit de cirons! Arrière! il est un Dieu!... »

L'EXTASE[1].

A LAURE.

Laure, il me semble que je fuis au-dessus de ce monde.... que je rayonne de l'éclat printanier du ciel, quand ton regard se reflète dans mon regard ; je rêve que j'aspire le pur éther, quand mon image flotte dans le doux miroir de tes yeux d'azur.

Dans mon transport, des sons de lyres d'un paradis lointain, des vibrations de harpes, qui partent d'autres globes, plus riants que le nôtre, pénètrent mon oreille enivrée ; ma muse goûte les délices de l'heure du berger, quand de tes lèvres brûlantes de volupté s'échappent à regret des notes argentines.

Je vois les amours agiter leurs ailes, et bondir derrière toi les pins enivrés, comme animés par l'appel de la lyre d'Orphée ; je sens les pôles rouler, plus rapides, autour de moi, lorsque, dans le tourbillon de la danse, tes pieds flottent et fuient, comme la vague.

Tes regards.... quand ils sourient d'amour, pourraient allumer dans le marbre le feu de la vie, faire palpiter les veines des rochers ; les rêves, autour de moi, se changent en réalité, pourvu que je puisse lire dans tes yeux : « Ma Laure, ma Laure, à moi ! »

[1]. Dans l'*Anthologie*, cette pièce était intitulée « Les heureux moments. »

LE MYSTÈRE DE LA RÉMINISCENCE[1].

A LAURE.

Me suspendre éternellement, immobile, à tes lèvres!... qui m'expliquera ce brûlant désir? Qui, la volupté de boire ton haleine, de m'abîmer, mourant, dans ton être, quand nos regards se parlent?

Pareille à l'esclave qui, sans résister, se livre au vainqueur, mon âme, à l'instant, ne fuit-elle pas vers toi, s'élançant, par delà le pont de ma vie, vers la rive où j'aspire, dès que je t'aperçois?

Dis-moi! pourquoi échappe-t-elle à son maître? Cherche-t-elle là sa patrie? Ou bien, s'arrachant aux liens du corps, mon esprit retrouve-t-il dans le tien un frère dont il fut séparé?

Ne faisions-nous déjà autrefois qu'un seul être? Était-ce pour cela que nos cœurs battaient? Nous étions-nous déjà, dans un rayon de soleils éteints, dans les jours d'une ivresse dès longtemps évanouie, fondus en un seul tout?

Oui, nous n'étions qu'un!... Oui, tu m'as été intimement unie, dans des éternités qui ont disparu; ma muse l'a vu écrit sur les tables obscures du passé : tu ne fus qu'un avec ton bien-aimé!

Et dans cette union étroite, intime, nous étions (je l'ai lu stu-

---

[1]. *Anthologie*. La pièce avait primitivement vingt-neuf strophes.

péfait!) un dieu, une vie créatrice, et, pour y étendre en tout sens notre activité souveraine, le monde nous était livré.

Au-devant de nous jaillissaient des sources de nectar, versant éternellement leurs flots de volupté; notre puissance rompait le sceau mystérieux des choses; nos ailes nous portaient au lumineux sommet de la vérité.

Pleure, Laure, ce dieu n'est plus; nous sommes, toi et moi, les beaux débris du dieu, et en nous s'allume une insatiable ardeur de reformer cet être perdu, de ressaisir notre divinité.

De là, ma Laure, ce brûlant désir de me suspendre éternellement, immobile, à tes lèvres; de là cette volupté de boire ton haleine, de m'abîmer, mourant, dans ton être, quand nos regards se parlent.

De là vient que, pareille à l'esclave qui, sans résister, se livre au vainqueur, mon âme, à l'instant, fuit vers toi, s'élançant, par delà le pont de ma vie, vers la rive où j'aspire, dès que je t'aperçois.

De là vient qu'échappant à son maître, mon âme cherche sa patrie, et que, s'arrachant aux chaînes des membres, n' s esprits, comme deux frères, longtemps séparés, s'embrassent en se reconnaissant.

Et toi aussi.... quand ton œil m'épiait, que trahissait l'incarnat de tes joues?... N'avons-nous pas couru, brûlants, l'un vers l'autre, plus que parents, joyeux comme l'exilé qui vole vers la patrie?

MÉLANCOLIE[1].

A LAURE.

Laure.... le feu du soleil levant brûle dans l'or de tes regards ; à tes joues monte un sang vermeil ; tes larmes, perles ruisselantes, ne connaissent encore d'autre mère que l'ivresse du bonheur.... Celui pour qui pleuvent ces belles gouttes, qui y contemple son apothéose, ah ! le jeune homme qui soupire heureux par toi, il a vu poindre dans sa vie d'éclatantes aurores !

Ton âme, semblable au miroir des ondes, claires comme l'argent, brillantes comme le soleil, fait encore, autour de toi, du sombre automne un mois de mai ; tu illumines, source de lumière, les déserts vides et affreux ; les nuages lointains du sombre avenir, tu les dores, astre rayonnant.... Souris-tu à l'harmonie de ces charmes que tu prêtes à la vie et au monde ? Moi, je pleure en les contemplant....

L'empire de la nuit n'a-t-il donc pas miné, dès longtemps déjà, les fondements de la terre ? Le faîte orgueilleux de nos palais, la splendeur majestueuse de nos villes, tout repose sur des ossements qui s'en vont en poudre ; tes œillets tirent leur doux parfum de la corruption ; tes sources jaillissent du réservoir d'un.... ossuaire humain.

Regarde là-haut.... les planètes qui nagent dans l'espace ;

---

1. *Anthologie.* En republiant cette pièce dans le Recueil de ses poésies, Schiller n'y a fait aucun changement.

Laure, interroge ses mondes[1]. Déjà, sous leur orbite, mille printemps fleuris se sont écoulés; mille trônes se sont élevés; mille batailles ont hurlé effroyablement. Dans les champs de fer[2], cherches-en les traces. Tôt ou tard, mûrs pour la tombe, les rouages s'arrêtent, hélas! à l'horloge des planètes.

Cligne les yeux trois fois.... trois secondes suffisent pour que l'éclat du soleil s'éteigne dans l'océan ténébreux de la mort. Puis, demande-moi où tes rayons, à toi, s'allument! Es-tu fière du feu de tes yeux? du frais incarnat de tes joues, emprunté à la poudre des sépulcres? Pour cet éclat qu'il te prête, le trépas, jeune fille, le trépas, avare usurier, te réclamera de gros intérêts!

Ne brave pas, jeune fille, ce maître puissant! Des joues teintes d'un plus beau rose ne sont pour le trépas qu'un plus beau trône. Derrière cette tenture fleurie, déjà le destructeur bande son arc.... Crois-moi, Laure.... crois-en ton adorateur : c'est la mort, la mort seule que ton œil languissant invite à venir; chaque rayon de tes regards appauvrit, épuise la lampe chétive de ta vie. « Mes veines encore, dis-tu avec orgueil, ont des battements, des bonds si juvéniles!... » Hélas! ces perfides créatures du tyran précipitent l'instant de périr.

Le trépas, d'un souffle rapide, dissipera ce sourire, comme le vent fait les bulles d'écume aux couleurs de l'arc-en-ciel. En vain tu chercherais éternellement sa trace : c'est du printemps de la nature, c'est de la vie même, comme de son germe, que naît, que naît seul, l'éternel égorgeur.

Hélas, je vois à terre tes roses effeuillées; je vois pâles et mortes tes douces lèvres; la rude haleine des hivers sillonnera tes joues arrondies, animées; la brumeuse lueur des sombres

---

1. Le poëte a dans l'esprit l'idée du Créateur et y fait rapporter ce possessif si hardiment indéfini : « ses mondes. »
2. L'auteur désigne par cette expression les champs de bataille. Ailleurs il les nomme des *Ruhmes Eisenfluren*, « les champs de fer de la gloire. »

MÉLANCOLIE.

ans troublera la source limpide de ta jeunesse. Laure, en ce temps-là.... Laure n'aimera plus, Laure ne sera plus aimable.

Jeune fille.... ton poète est encore debout, fort comme le chêne. Au pied du roc invincible de ma jeunesse tombe, émoussé, le dard du trépas. Mes regards sont brûlants comme les flambeaux de son ciel; et plus ardent que les flambeaux mêmes de son ciel éternel[1], est mon génie, lui qui, dans la mer, toujours agitée, du monde qu'il se crée, dresse et précipite à son gré les écueils : mes pensées voguent audacieuses à travers le grand tout, et ne redoutent rien.... que ses bornes.

Es-tu ravie, brûlante, ma Laure? Ton sein se gonfle-t-il avec orgueil? Apprends-le, jeune fille : ce breuvage de volupté, ce calice d'où s'exhale pour moi la divinité.... ma Laure.... il est empoisonné! Malheur, malheur à qui tente de faire jaillir de la poussière de divines étincelles! Ah! l'harmonie la plus audacieuse fait voler la lyre en éclats, et le rayon du génie, rayon flamboyant, éthéré, se nourrit de la seule lueur que jette la lampe de la vie.... Déjà toutes les forces qui veillent autour du trône de la vie, le génie les en a détournées pour en faire ses ministres à lui. Ah! déjà, car j'en ai abusé à nourrir des flammes téméraires, déjà mes esprits conjurés se liguent contre moi! Laisse.... je le sens.... laisse, ma Laure, s'envoler encore deux courts printemps, et cette maison de poussière s'ébranlera chancelante pour crouler sur moi, et je m'éteindrai dans mes propres rayons....

Tu pleures, Laure?... Tarissez, larmes, larmes pleurées pour m'obtenir le funeste lot de la vieillesse! Séchez, larmes coupables! Laure veut-elle que ma force s'évanouisse? que je rampe tremblant sous ce soleil qui a vu le vol d'aigle du jeune homme? que, d'un cœur glacé, je condamne la flamme brillante, céleste, de mon sein? que les yeux de mon génie s'aveuglent? que je maudisse mes plus belles erreurs? Non! tarissez-vous, larmes

---

1. « Son ciel, son ciel éternel. » C'est la même hardiesse que plus haut, à la strophe quatre.

coupables! Cueille la fleur dans tout l'éclat de sa beauté, jeune dieu au visage mélancolique¹; éteins en pleurant mon flambeau.... Ainsi la toile tragique tombe avec bruit à la plus belle scène : les ombres évoquées fuient.... et, silencieuse, la salle écoute encore....

LE FUGITIF².

La vivante haleine du matin répand sa fraîcheur; par les fentes du sombre feuillage des pins, la lumière naissante darde empourprée; elle jette, du milieu des buissons, de furtifs regards. Les pics majestueux des monts étincellent de flammes d'or. De leur chanson joyeuse, mélodieux tourbillon, les alouettes, s'éveillant, saluent le soleil, qui déjà, au sein d'une riante volupté, s'enflamme, jeune et beau, dans les bras de l'Aurore.

Lumière, sois bénie! Ta chaude pluie de rayons ruisselle du haut des cieux sur les pelouses et les plaines. Comme les prairies scintillent d'un éclat argenté! Comme des milliers de soleils tremblent dans les perles de la rosée!

Au doux murmure de la fraîche brise commencent les jeux de la jeune nature. Les zéphyrs voltigent autour des roses qu'ils caressent, et des parfums inondent la riante campagne.

Comme ils montent haut, du sein des villes, les nuages de fumée! On entend hennir, souffler, frémir, trépigner les che-

---

1. Il s'adresse au Génie de la mort, tel que les anciens le représentaient.
2. Dans l'Antho'ogie, cette pièce était intitulée : *Morgenphantasie*, « Fantaisie, rêverie fantastique du matin. » On a eu tort d'appliquer ce chant à la fuite de Schiller même, qui n'a eu lieu qu'en septembre 1782; mais il est possible toutefois qu'en le composant il prévît déjà qu'il pourrait être bientôt réduit à quitter sa patrie

vaux, les bœufs; les voitures craquent et roulent dans la vallée gémissante. Les bois s'animent, et les aigles, les faucons, les vautours planent et balancent leurs ailes dans les rayons éblouissants.

Pour trouver la paix, où me tournerai-je, appuyé sur mon pauvre bâton? La terre riante, avec son air de jeunesse, n'est pour moi qu'un tombeau!

Monte, pourpre du matin, et rougis de tes baisers enflammés les bois et les champs! Descends, pourpre du soir, et assoupis avec un doux murmure le monde où la vie s'éteint!

Aurore.... hélas! tu rougis un champ de morts; hélas! et toi, pourpre du soir, tu ne fais que bercer de ton doux murmure mon long sommeil.

LES FLEURS[1].

Enfants du soleil rajeuni, fleurs qui parez la campagne, la nature vous fit naître pour le plaisir et la joie; oui, la nature vous aima. Flore vous a faites belles, en brodant de lumière vos robes; belles, en vous ornant du divin éclat des couleurs. Aimables enfants du printemps, gémissez! elle vous a refusé l'âme, et vous habitez, vous-mêmes, dans la nuit.

Le rossignol et l'alouette vous chantent le sort bienheureux de

---

1. Cette pièce avait pour titre, dans l'*Anthologie* : *Meine Blumen*, « Mes fleurs. » Le poete, en la republiant plus tard, y a fait de nombreux changements.

l'amour; les sylphides badines se balancent coquettement sur votre sein. La fille de Dioné n'a-t-elle pas arrondi la couronne de votre calice, le gonflant pour servir de chevet aux Amours? Tendres enfants du printemps, pleurez! elle vous a refusé l'amour, refusé ce sentiment bienheureux.

Mais suis-je banni, par l'arrêt d'une mère, loin des regards de Nanny, oh! alors, si mes mains vous cueillent pour lui être un tendre gage d'amour, alors, muets messagers des douces peines, ce contact vous donne soudain la vie, la parole, des âmes, des cœurs; et le plus puissant des dieux enferme dans vos feuilles silencieuses son auguste divinité.

LES FUNÉRAILLES[1],

RÊVERIE.

La lune, avec sa lueur mourante, plane sur les bois muets comme la tombe; l'esprit de la nuit glisse en soupirant à travers les airs.... des nuages de brouillard flottent et frissonnent; une lumière pâle et lugubre tombe des étoiles comme de lampes suspendues dans un sépulcre.... Tel qu'une troupe de fantômes muets, hâves et décharnés, un noir et funèbre convoi s'agite là-bas et s'avance vers le dernier asile, sous le crêpe sinistre de la nuit des tombeaux.

Tremblant sur sa béquille, l'œil morne et la tête baissée, quel est cet homme qui exhale des cris plaintifs et s'en va chancelant, triste jouet du sort inflexible, derrière le cercueil que l'on

---

1. *Anthologie.*

porte en silence? Le nom de père s'est-il échappé de la lèvre du jeune mort? Des frissons humides secouent le vieillard, squelette creusé par la douleur; ses cheveux blancs se dressent sur sa tête....

Sa plaie brûlante se déchire! Une douleur d'enfer perce son âme! « Mon père! » oui, ce mot s'est échappé des lèvres du jeune homme. « Mon fils! » a murmuré le cœur du père.... Il est là, glacé, glacé dans le linceul; et ton rêve, naguère si brillant et si doux, ton rêve doux et brillant, ô père, s'est changé pour toi en malédiction. Il est là, glacé, glacé dans le linceul, ton bonheur, ton paradis!

Doux et léger comme le fils de Flore, que caressent les brises de l'Élysée, et tel qu'échappé des bras de l'Aurore, il effleure, entouré de célestes parfums, les champs émaillés : tel il pressait son vol par les prés riants, où son image se reflétait dans le miroir des ondes. De ses baisers jaillissaient des flammes de volupté qui embrasaient les jeunes filles des feux de l'amour.

Ardent, il s'élançait dans le tumulte de la vie comme un jeune faon sur les montagnes. Ses souhaits vagabonds l'emportaient çà et là dans les cieux, aussi loin que les aigles qui planent au haut des nues. Semblable au coursier qui se dresse et écume, secoue dans la tempête sa crinière flottante, et se cabre avec un royal orgueil en résistant au frein, il marchait fièrement devant les esclaves comme devant les princes.

La vie s'écoula pour lui sereine comme un jour de printemps; elle s'évanouit dans les feux de l'étoile du soir. Ses plaintes, il les noyait dans l'or de la grappe; ses douleurs, il les étourdissait dans le tourbillon de la danse. Des mondes sommeillaient dans ce noble jeune homme. Ah! si un jour il eût atteint la virile maturité!... Père, quelle joie pour toi si.... dans ce noble jeune homme.... les germes qui sommeillaient avaient un jour mûri!

Mais non, malheureux père!... Écoute! la porte du cimetière s'ouvre en criant sur ses gonds d'airain!... Comme il est affreux au regard qui y plonge, le vide du caveau funèbre!... Non, non, laisse couler tes larmes! Et toi, aimable jeune homme, monte avec joie, par la route que suit le soleil, à la perfection de ton être; étanche ta noble soif de bonheur, affranchi des liens de la souffrance, dans la paix de Walhalla!

Se revoir.... pensée céleste!... se revoir là-haut, au seuil de l'Éden!... Mais écoute! le cercueil se balance et descend avec un bruit sourd. La corde remonte, elle crie et gémit.... « Ah! quand naguère, ivres de tendresse, nous nous élancions dans les bras l'un de l'autre, nos lèvres se taisaient, et nos yeux parlaient.... » Arrêtez! arrêtez!... « Ou quand nous rompions avec humeur.... mais bientôt des torrents de larmes succédaient à la colère. »

La lune, avec sa lueur mourante, plane sur les bois muets comme la tombe; l'esprit de la nuit glisse en soupirant à travers les airs.... des nuages de brouillard flottent et frissonnent; une lumière pâle et lugubre tombe des étoiles comme de lampes suspendues dans un sépulcre. Une lourde pluie de terre retentit sourdement et s'amoncelle sur le cercueil... Oh! pour tous les trésors de la terre, encore un seul regard! Mais le verrou du tombeau se ferme à jamais et sans pitié. Plus sourdement, plus sourdement encore, la terre retentit et s'amoncelle sur le cercueil. Jamais le tombeau ne rend ce qu'il reçoit.

ÉLÉGIE

SUR LA MORT D'UN JEUNE HOMME[1].

Un gémissement inquiet, comme avant un prochain orage, sort de la vide et funèbre maison; des sons de mort tombent du clocher de la cathédrale. C'est un jeune homme qu'on porte en terre; un jeune homme.... non mûr encore pour le cercueil, moissonné au printemps de la vie, tout fier de la séve de la jeunesse, de la flamme qui dans ses yeux étincelle; un fils, les délices de sa mère (ah! ses plaintes amères nous l'apprennent); mon ami de cœur, mon frère, hélas!... Debout! Que tout ce qui s'appelle homme, suive sa dépouille!

Vous vanterez-vous, pins antiques qui faites tête aux orages et défiez le tonnerre? et vous montagnes qui soutenez les cieux, et vous cieux qui contenez les soleils? Se vantera-t-il encore le vieillard qui, s'élevant sur ses œuvres orgueilleuses, comme sur des flots gonflés[2], monte à la perfection? Se vantera-t-il encore le héros, qui, entassant ses monts d'exploits, de là s'envole au temple radieux de la gloire future? Si, dans la fleur même, déjà ronge le ver, qui donc est assez fou pour se flatter

---

1. Le nom du jeune homme était Jean-Christian Weckerlin. (*Note de l'édition allemande*.) — Weckerlin avait été camarade de Schiller à l'école de Charles. — Ce poëme est de 1781. Il a paru d'abord dans l'*Anthologie* et a été réimprimé sans autres changements que des modifications d'orthographe.

2. M. Viehoff suppose qu'il y a là une faute d'impression qui aurait passé de l'*Anthologie* dans les Œuvres complètes, et il pense que la substitution de *Wolken* « nuages » à *Wogen* « flots » produirait une image un peu plus satisfaisante. Je ne sais s'il a raison; Schiller, dans ses premières poésies, ne prend pas toujours grand souci de la netteté et de l'exactitude des figures.

de ne jamais périr? Qui donc, là-haut ou ici-bas, espère de durer.... si le jeune homme meurt?

Pleins de la joie de la jeunesse, ils passaient, aimables, folâtres, ses jours parés de roses, et le monde pour lui, le monde était si doux.... et l'avenir lui souriait, si amical, si enchanteur, et le paradis de la vie brillait tout d'or à ses yeux. Quand déjà les yeux de sa mère pleuraient, que sous lui l'empire des morts s'entr'ouvrait béant, qu'au-dessus de sa tête rompait le fil de la parque, que la terre et le ciel échappaient à ses regards, alors encore il fuyait avec angoisse la pensée de la tombe.... Hélas! pour les mourants le monde est si doux!

Tout est muet et sourd dans l'étroite demeure; profond est le sommeil des ensevelis. Frère! hélas! toutes tes espérances chôment dans un repos à jamais profond. Souvent le soleil réchauffera ton tertre, tu ne sentiras plus son ardeur; l'aile du zéphyr y bercera les fleurs, tu n'entendras plus son léger murmure. L'amour jamais ne dorera tes yeux; jamais tu ne presseras ta fiancée dans tes bras; jamais, quand nos larmes couleraient à torrents.... Pour toujours, toujours, ton œil se ferme!

Mais je te félicite!... Précieux est ton sommeil : on dort paisiblement dans l'étroite demeure; là, avec la joie, meurt aussi la douleur; là, expirent aussi les tourments des hommes. Au-dessus de toi, désormais, la calomnie peut jeter sa bave; la séduction vomir ses poisons; le pharisien, contre toi, s'emporter d'un faux zèle; la pieuse soif du meurtre te vouer à l'enfer, et les fourbes loucher sous leurs masques d'apôtres, et la fille bâtarde de la Justice, ainsi qu'avec des dés, jouer avec des hommes.... et tout cela jusqu'à l'éternité.

Au-dessus de toi la Fortune aussi peut essayer ses jongleries, chercher des yeux à l'aventure ses amants; tantôt bercer les hommes sur des trônes chancelants, tantôt les rouler dans les mares fangeuses : tu es heureux, heureux dans ton étroite cellule! A cette cohue tragi-comique, à ces flots orageux de la fortune, à cette loterie bouffonne, à cette fourmilière si activement oisive, à ce repos affairé, à ce ciel plein de démons.... à tout cela, frère, ton œil s'est à jamais fermé.

Adieu donc, ô toi l'intime de notre âme, que nos bénédictions doucement t'assoupissent! Dors en paix dans la fosse sépulcrale, dors en paix jusqu'au revoir! jusqu'à ce que retentisse la trompette toute-puissante, sur ces tertres pleins de cadavres, et qu'arrachant les verrous de la mort, l'ouragan de Dieu remette en mouvement ces cadavres; jusqu'à ce que, fécondés par le souffle de Jéhovah, les tombeaux enfantent.... et qu'à sa puissante menace, dans la fumée des planètes qui se fondent, les sépulcres vomissent leur proie.

Ce ne sera point dans des mondes comme en rêvent les sages, ni dans le paradis de la plèbe, ni dans des cieux comme en chantent les poëtes.... mais assurément nous te rejoindrons.... Qu'il soit fondé l'espoir qui charmait le pèlerin? Que la pensée survive à cette existence? Que la vertu nous accompagne par delà le tombeau? Que ce soit là plus qu'un vain songe?... Déjà toutes ces énigmes te sont dévoilées! Ton âme ravie boit à longs traits la vérité; la vérité qui, par mille jets, jaillit de la coupe du Père suprême....

Allez donc, noirs et muets porteurs, servez-le, lui encore, au grand exterminateur! Cessez, pleureurs, de vous répandre en hurlements! Entassez au-dessus de lui poussière sur poussière! Où est l'homme qui sonderait les décrets de Dieu? Où est l'œil pour pénétrer à travers l'abîme? Saint, saint, saint es-tu, Dieu des sépulcres; nous t'adorons avec terreur! Que la terre retourne en poussière à la terre; l'esprit, pourtant, s'envole de la frêle demeure! Que l'ouragan, à son gré, emporte sa cendre, son amour dure éternellement.

LA FILLE INFANTICIDE[1].

Écoute!... les cloches résonnent sourdement ensemble, et l'aiguille a fini sa course. Qu'il en soit donc ainsi!... Au nom de Dieu! compagnons de la tombe, en route pour le lieu du supplice! Reçois, ô monde, les baisers de l'adieu suprême. O monde, reçois encore ces larmes! Tes poisons.... ah! ils étaient doux!... Nous sommes quittes, empoisonneur des cœurs!

Adieu, joies de ce soleil, échangées contre la noire poussière du sépulcre! Adieu, saison des roses, pleine de délices, qui si souvent enivras de plaisir la jeune fille! Adieu, vous rêves tissus d'or, illusions, enfants du paradis! Hélas! elles sont mortes dans leur germe, dès l'aurore, pour ne plus refleurir jamais au jour.

Élégamment parée de rubans roses, j'étais couverte de la robe d'innocence blanche comme le cygne; dans les boucles flottantes de mes blonds cheveux, étaient semées de jeunes roses. Malheur!... la victime de l'enfer est parée, maintenant encore, de la robe blanche; mais hélas!... aux rubans roses a succédé le noir ruban des morts.

Pleurez sur moi, vous qui jamais n'avez failli, vous pour qui fleurissent encore les lis de l'innocence; vous à qui la nature a prêté une force héroïque contre les tendres mouvements du cœur! Hélas!... ce cœur a éprouvé un sentiment humain; et ce sentiment doit être pour moi le glaive du bourreau! Hélas! en-

[1] *Anthologie.*

lacée dans les bras d'un homme perfide, la vertu de Louise s'est endormie.

Ah! peut-être, m'oubliant, folâtre-t-il autour d'une autre, ce cœur de serpent, et, tandis que je marche au tombeau, il s'épanche près d'une table de toilette en badinages amoureux? peut-être il joue avec les boucles des cheveux de sa maîtresse, et dévore le baiser qu'elle lui offre.... au moment même où, versé sur ce billot funèbre, le sang jaillit en l'air de mon corps mutilé.

Joseph! Joseph! que le cortége de mort de Louise te suive par les routes lointaines, et que le sourd hurlement du beffroi frappe ton oreille comme un terrible avis! Quand des tendres lèvres d'une amante sort pour toi le doux murmure d'amour, que soudain ce bruit sinistre ouvre une plaie infernale dans ce tableau couleur de rose, dans ce tableau de volupté!

Ah! traître! ni les douleurs de Louise, ni la honte de la femme, homme dur! ni ce tendre enfant qui tressaillait sous mon cœur, ni rien de ce qui émeut les lions et les tigres?... Sa voile fièrement s'envole loin de ces bords; mes yeux obscurcis le suivent, tremblants, et maintenant, auprès des jeunes filles des bords de la Seine, il gémit ses soupirs menteurs!

Et le tendre enfant.... sur le sein de sa mère, il reposait: doux repos, repos d'or! Charmant comme la jeune rose du matin, l'aimable petit me souriait. Dans tous ses traits, mortelle séduction! une image chèrement aimée parlait à mes regards. Le cœur oppressé de la mère est bercé par l'amour et.... le délire du désespoir.

« Femme, où est mon père! » ainsi bégayait le silence foudroyant de son innocence. « Femme, où est ton époux! » répétaient, comme un écho, tous les replis de mon cœur.... Hélas! en vain tu le chercheras, pauvre orphelin, lui qui déjà peut-être caresse d'autres enfants; tu maudiras l'instant de notre ivresse, lorsqu'un jour le nom de bâtard te flétrira!

Ta mère.... oh! l'enfer dans mon sein !... elle est là solitaire, dans l'immensité du monde. Elle aspire d'une soif éternelle à la source de joie, que ton aspect rend amère affreusement. Hélas! à chaque son de ta voix, retentissent dans mon âme les sensations douloureuses du bonheur passé, et les traits amers de la mort jaillissent du sourire de ton regard d'enfant.

Enfer, enfer, où je te cherche en vain! enfer, où mon œil t'aperçoit! Ils sont pour moi les verges des Euménides, tes baisers, qui, sur ses lèvres à lui, jadis m'enivrèrent. Ses serments tonnent de nouveau du sein de la tombe; toujours, toujours, éternellement son parjure égorge.... L'hydre du désespoir alors m'enlaça.... le meurtre était consommé.

Joseph! Joseph! que l'ombre courroucée te poursuive par les routes lointaines! Puisse-t-elle t'atteindre de ses bras glacés, t'éveiller de sa voix tonnante, dans tes rêves de volupté! Dans le rayonnement des douces étoiles, qu'à tes yeux scintille le regard affreux, le regard de mort de l'enfant! qu'il vienne à toi dans sa parure sanglante; le fouet à la main, qu'il te repousse du paradis!

Voyez! il était là, couché sans vie à mes pieds.... froide, l'œil fixe, l'âme égarée, je regardais couler les flots de son sang, et ma vie s'écoulait avec ce sang!... Bruit affreux! déjà frappe à la porte le messager de la justice: plus affreusement bat mon cœur! Ah! je cours avec joie éteindre dans la froide mort la flamme de ma douleur!

Joseph! Dieu, dans le ciel, peut pardonner: la pécheresse te pardonne. Je veux laisser en offrande à la terre mon ressentiment. Flamme, élance-toi à travers le bûcher.... O bonheur! bonheur! ses lettres brûlent; ses serments, le feu vainqueur les dévore; ses baisers! comme la flamme les emporte! Qu'avais-je autrefois dans ce monde qui me fût aussi cher?

Ne vous fiez pas aux roses de votre jeunesse! ne vous fiez jamais, ô mes sœurs, aux serments des hommes! La beauté fût le piège de ma vertu. Sur l'échafaud, ici, je la maudis! Des pleurs, des pleurs dans les yeux du bourreau? Vite le bandeau sur mes yeux! Bourreau, ta main ne peut-elle rompre un lis? Pâle bourreau, ne tremble pas!

A MINNA[1].

Est-ce que je rêve? ma vue est-elle troublée? un brouillard obscurcit-il mes yeux? Ma Minna passe devant moi? Ma Minna ne me connaît pas? Celle qui, au bras de fous sans cervelle, gesticule, toute gonflée, avec son éventail, absorbée dans sa vanité.... non! ce n'est point ma Minna.

Sur son chapeau d'été flottent de superbes plumes, présent de ma main; les rubans qui ornent sa poitrine lui crient : « Minna, souviens-toi! » Des fleurs que j'ai cultivées moi-même, parent encore son sein et ses cheveux : son sein, hélas! qui m'a menti! et les fleurs sont fraîches encore!

Va, courtisée par de vains flatteurs qui voltigent autour de toi! Va! oublie-moi à jamais. Livrée à de vils hypocrites, femme coquette, je te méprise. Va! pour toi, oui! pour toi, un noble cœur a battu, mais un cœur assez grand pour porter la douleur d'avoir battu pour une folle.

C'est ta beauté qui a gâté ton cœur, c'est ton joli minois!... Rougis de honte! demain son éclat s'éteindra, ses roses s'ef-

---

1. En republiant ce poëme, extrait aussi de l'*Anthologie*, Schiller a substitué à un mot plus qu'énergique qui terminait la troisième strophe, l'expression adoucie de « folle, » sans parler de trois ou quatre autres petits changements sans importance.

feuilleront. Les hirondelles, qui aiment au printemps, s'envolent quand souffle le vent du nord. Ton automne chassera tes amants; tu as dédaigné un ami.

Déjà, dans les ruines de ta beauté, je te vois marcher solitaire, et jeter en arrière un regard mouillé de larmes sur la scène fleurie de ton beau mois de mai. Ceux qui d'une ardeur avide, amoureuse, volaient au-devant de tes baisers, n'ont plus que des huées pour tes charmes flétris, qu'un rire de dédain pour ton hiver.

C'est ta beauté qui a gâté ton cœur, c'est ton joli minois! Rougis de honte! demain son éclat s'éteindra, ses roses s'effeuilleront. Ah! comme alors je te raillerai! Te railler? Dieu m'en garde! Je pleurerai des larmes amères, Minna! je pleurerai sur toi!

LA FORTUNE ET LA SAGESSE[1].

Brouillée avec un de ses favoris, la Fortune, un jour, vola vers la Sagesse : « Je t'offre mes trésors, lui dit-elle, sois mon amie!

« Je l'avais comblé, en tendre mère, de mes dons les plus riches, les plus beaux. Et vois! il en veut toujours davantage, et me traite encore d'avare.

« Viens, ma sœur, soyons amies! Tu t'épuises à ta charrue. Je veux verser dans ton sein mes trésors. Tiens, il y en a assez pour toi et pour moi. »

1. Publié d'abord dans l'*Anthologie*, et modifié plus tard, presque à chaque vers, dans les trois dernières strophes.

La Sagesse sourit à ces mots, et, essuyant la sueur de son front : « Vois là-bas ton ami qui court se donner la mort. Réconciliez-vous ! je n'ai pas besoin de toi. »

LA GRANDEUR DU MONDE[1].

A travers ce monde flottant que l'Esprit créateur fit autrefois jaillir du chaos, je vole, rapide comme le vent, jusqu'à ce que j'aborde au rivage où expirent ses vagues, et que je jette l'ancre là où ne souffle plus aucune haleine, où se dresse la borne de la création.

Déjà j'ai vu des astres naître, pleins de jeunesse, pour accomplir leur course, des milliers d'années, à travers le firmament ; je les ai vus courir, se jouant, au but qui les attire ; puis, mon œil errant chercha autour de moi, et vit les espaces déjà.... vides d'étoiles.

Pour hâter et poursuivre mon vol vers l'empire du néant, je vogue en avant avec plus d'ardeur ; je prends la vitesse de la lumière ; un ciel trouble et nébuleux passe devant moi ; des systèmes de mondes, comme les flots dans un torrent, tourbillonnent derrière le voyageur des globes.

Voyez ! sur le sentier solitaire, un pèlerin vient au-devant de moi d'une course rapide. « Arrête, voyageur, que cherches-tu ici ? — Je cherche une route qui me mène à la rive de son vaste univers[2] ! Je vogue vers le lieu où ne souffle plus aucune haleine, où se dresse la borne de la création.

1. Extrait de l'*Anthologie*, sans aucun changement.
2. Voyez la note de la page 449.

— Arrête ! en vain tu vogues !... Devant toi est l'infini. — Arrête ! en vain tu vogues !... Pèlerin, derrière moi est aussi l'infini.... Replie tes ailes, pensée d'aigle ! Navigatrice hardie, imagination, jette ici l'ancre, et perds courage ! »

GROUPE DU TARTARE[1].

Écoutez !... Comme murmure la mer soulevée, comme gémit le ruisseau, traversant un bassin de roches creuses, ainsi résonne là-bas sourdement, profondément, une plainte accablante et vaine, arrachée par les tourments.

La douleur tord leur visage ; le désespoir ouvre leurs bouches à l'imprécation. Leurs yeux sont creux, leurs regards cherchent, inquiets, le pont du Cocyte, et suivent en pleurant son cours lugubre.

Ils se demandent les uns aux autres, tout bas, avec angoisse, s'ils ne sont pas encore au terme.... L'éternité trace au-dessus d'eux ses cercles infinis, et brise en deux la faux de Saturne.

1. *Anthologie.*

L'ÉLYSÉE[1].

Loin d'ici la plainte gémissante! Le joyeux banquet de l'Élysée noie tous les soupirs.... La vie de l'Élysée, délice éternel, voler, planer toujours! vie douce comme le cours du ruisseau qui murmure à travers de riantes campagnes!

Toujours jeune et serein, un printemps éternel plane sur ces champs fortunés : les heures s'écoulent dans des rêves dorés; l'âme se dilate dans des espaces infinis : la vérité déchire ici son voile.

Une joie infinie inonde ici le cœur. Ici la triste souffrance n'a point de nom; ici ce qu'on nomme douleur n'est qu'un transport moins vif.

Ici le pèlerin voyageur étend ses membres fatigués et brûlants, sous un ombrage qui doucement murmure; il dépose pour toujours son fardeau.... Ici la faucille tombe des mains du moissonneur: assoupi par le frémissement des harpes, il rêve qu'il voit les épis fauchés.

Celui dont le drapeau ondoyait, excitant les tempêtes, dont l'oreille résonnait de rugissements de meurtre, dont la marche faisait, comme le tonnerre, trembler les montagnes : celui-là dort ici, paisible, au gazouillement du ruisseau, dont les ondes argentées se jouent sur les cailloux; le bruit des lances cruelles expire ici pour lui.

---

[1]. Dans l'*Anthologie*, ce poëme n'est point rapproché, comme ici, du *Groupe du Tartare*. Il y porte le nom de *Cantate*. La première strophe est intitulée : *Chœur*; les cinq autres sont distribuées entre cinq voix diverses.

Ici s'embrassent de fidèles époux; caressés par le souffle embaumé du zéphyr, ils échangent de tendres baisers sur les vertes prairies au gazon velouté. L'amour trouve ici sa couronne; à l'abri de la cruelle atteinte de la mort, il célèbre une fête d'hymen éternelle.

LA BATAILLE[1].

Pesante et sombre, vrai nuage de tempête, l'armée en marche ondule à travers la verte plaine. A perte de vue, la campagne ouvre un théâtre au jeu fougueux des dés de fer. Les regards rampent sur la terre; dans les mâles poitrines, le cœur bat les côtes. Devant les faces creuses, faces de morts, le major, au galop, passe sur le front : « Halte! » Ce cri glace et enchaîne les régiments.

Le front de bataille s'arrête muet.

Splendide aspect! dans la pourpre ardente de l'aurore, que voit-on étinceler là-haut, sur la montagne? « Voyez-vous de l'ennemi flotter les drapeaux? — Oui, nous voyons flotter les drapeaux de l'ennemi. — Dieu soit avec vous, femmes et enfants! — Allons, gai! entendez-vous les fanfares! Le roulement des tambours, le son des fifres vous résonnent par tous les membres. Comme cela retentit, tout d'un trait, dans une belle et fougueuse mesure, et vous pénètre jusqu'à la moelle des os!

« Dieu vous protége, frères! au revoir, dans un autre monde! »

---

1. Dans l'*Anthologie*, cette description lyrique porte le titre suivant : « Dans une bataille, par un officier » (*In einer Bataille von einem Offizier*).

Déjà des éclairs jaillissent et volent, déjà le tonnerre mugit là-bas sourdement; ici.... la paupière tressaille.... il éclate avec fracas. Le bruyant signal du canon vole d'une armée à l'autre....
« Eh bien! au nom de Dieu, qu'il tonne et tonne encore! déjà ma poitrine respire plus librement. »

La mort est déchaînée.... déjà le combat roule ses vagues : à travers la fumée, les nuages de poudre, les dés du sort, les dés de fer tombent de toutes parts.

Voilà les armées qui de près s'étreignent : « Apprêtez vos armes! » hurle-t-on de peloton en peloton; le genou en terre, la première ligne fait feu; beaucoup ne se relèvent plus. Les volées de mitraille ouvrent de larges brèches; ceux du second rang sautent sur les corps mutilés du premier; à droite, à gauche, partout la destruction. La mort couche par terre des bataillons entiers.

Le soleil s'éteint, la bataille est brûlante, la nuit couvre l'armée de ses noires ailes.... « Dieu vous protège, frères! au revoir, dans un autre monde! »

Le sang jaillit jusqu'à la nuque; les vivants prennent la place des morts; le pied trébuche sur les cadavres.... « Et toi aussi, Franz? — Fais mes adieux à ma Charlotte, ami! » La lutte de plus en plus s'anime, furieuse.... « Franz, je m'en charge.... Dieu! camarades, voyez! comme derrière nous saute la mitraille!... Ami, je porterai ton salut à ta Charlotte! dors en paix! moi que tu laisses, je me précipite où les balles pleuvent, semées dru[1]. »

Le combat flotte de çà, de là; la nuit étend, plus sombre, ses ailes sur l'armée.... « Dieu vous protège, frères! au revoir, dans un autre monde! »

---

1. Dans l'*Anthologie*, à la place de cette figure, il y en a une autre d'une triviale énergie : *Wo die Kanone sich heiser speit*, « où le canon s'enroue à cracher. »

Écoute! quel bruit de chevaux passant à toute bride! Les aides de camp volent; les dragons, avec un cliquetis d'armes, fondent sur l'ennemi, et ses tonnerres se taisent. « Victoire, frères! l'épouvante disperse ses lâches rangs et son drapeau tombe.... »

Elle est décidée, la rude bataille; le jour victorieux perce les ténèbres. Écoute! déjà les roulements des tambours, le son des fifres entonnent le chant du triomphe.... « Adieu, frères que nous laissons ici! au revoir, dans un autre monde! »

AU PRINTEMPS[1].

Sois le bienvenu, bel enfant! toi, les délices de la nature! Avec ta corbeille de fleurs, sois le bienvenu dans la campagne!

Ah! te voilà donc de retour, et tu es si aimable et si beau, et nous nous réjouissons si cordialement de voler à ta rencontre!

Mais penses-tu encore à ma mie? Ah! cher printemps, songe donc! ma mie, là-bas, m'a aimé, et ma mie m'aime encore!

Pour ma mie mes prières obtinrent de toi mainte fleur.... Je viens et je te prie encore, et toi?... tu m'en donnes toujours.

Sois le bienvenu, bel enfant! toi, les délices de la nature! Avec ta corbeille de fleurs, sois le bienvenu dans la campagne!

---

1. *Anthologie.* En republiant ce petit poëme, l'auteur n'y a fait qu'un seul changement. Il a remplacé, dans l'avant-dernière strophe, *erbetteln,* « obtenir en mendiant » et *betteln,* « mendier, » par *erbitten,* « obtenir en priant, » et *bitten* « prier. »

LE COMTE ÉBERHARD LE LARMOYEUR,

DE WURTEMBERG.

(Chanson de guerre[1].)

Holà! vous autres, de par le monde, ne levez pas le nez si haut! Le pays de Souabe a produit, lui aussi, plus d'un homme, plus d'un héros, bon dans la paix, fort dans la guerre!

Vantez-nous votre Charles, votre Édouard, et Frédéric, et Louis! Pour nous, Charles, Frédéric, Louis, Édouard, il les vaut tous, le comte Éberhard, vraie tempête dans les combats.

Son fils aussi, son fils Ulrich, se plaisait où résonnait le fer. Le fils du comte, son Ulrich, ne reculait pas d'une semelle, quand de çà, de là, volaient les horions.

Les gens de Reutlingen, jaloux de notre éclat, amassaient bile et venin. Convoitant la palme de la victoire, ils risquèrent mainte fois la danse des glaives, et se ceignirent les reins....

Ulrich les attaqua.... mais il ne vainquit pas, et revint étrillé au logis. Le père fait la grimace : le jeune guerrier fuit la lumière, et des larmes jaillissent de ses yeux.

---

1. Schiller a inséré cette pièce, dans le Recueil de ses poésies, telle qu'elle avait paru d'abord dans l'*Anthologie*, et sans y faire aucun changement. — J'ai traduit *Eberhard der Greiner* par « Éberhard le Larmoyeur, » pour me conformer à l'usage qui s'est introduit de désigner par ce nom l'un des deux beaux tableaux que cette ballade a inspirés à Ary Scheffer; mais il serait peut-être plus exact de rendre l'épithète *der Greiner* par « le Querelleur » ou « le Grondeur, » ou encore, avec l'*Art de vérifier les dates*, par « le Hutin. »

Ce chagrin le ronge.... « Ah! coquins, attendez! » et il mûrit son projet dans sa tête. Par la barbe de son père, il jure de réparer cette brèche avec les toupets de maint citadin.

Bientôt la guerre éclata : hommes, chevaux, en grande foule, volent à Dœffingen. Un jour nouveau se lève pour notre jeune gars; hourra! l'affaire fut chaude.

Le mot d'ordre de notre armée, ce fut la bataille perdue : cela nous entraîna comme un ouragan, et nous précipita à fond dans le sang, le carnage et la nuit des lances.

Le jeune comte, avec la rage d'un lion, brandit en héros son bâton de commandant : devant lui la fureur vole impétueuse; derrière lui, les pleurs, les hurlements; autour de lui est la tombe.

Mais, malheur! oh! malheur! un coup de sabre tomba lourdement sur sa nuque. Autour de lui se pressent les héros. Vainement! vainement! son regard demeure glacé, s'éteint et meurt.

La consternation arrête l'élan de la victoire : ennemis et amis, tous pleurent et sanglotent.... Le comte, à haute voix, commande à ses cavaliers : « Mon fils est un homme comme un autre! Marche! enfants, à l'ennemi! »

Et les lances volent et sifflent avec plus de fureur : la vengeance les aiguillonne tous; par-dessus les cadavres on s'élance. Les citadins courent en tous sens, à travers bois, monts et vallées.

Joyeux, nous regagnons notre camp, au son des cors : femmes et enfants, dans les rondes, les valses, au choc des verres, fêtent notre succès.

Mais notre comte, que fait-il maintenant! Devant lui gît son fils mort. Le comte est assis seul dans sa tente : une larme brille dans son œil fixé sur son fils.

Voilà pourquoi nous sommes dévoués, avec tant d'ardeur, tant de foi, à notre comte, à notre seigneur. A lui seul il vaut un essaim de héros. Le tonnerre gronde dans ses mains; il est l'étoile du pays.

Aussi, vous autres, de par le monde, ne levez pas le nez si haut! Le pays de Souabe a produit, lui aussi, plus d'un homme, plus d'un héros, bon dans la paix, fort dans la guerre.

SÉMÉLÉ

EN DEUX SCÈNES

PERSONNAGES.

JUNON.
SÉMÉLÉ, princesse de Thèbes.
JUPITER.
MERCURE.

Le lieu de la scène est le palais de Cadmus, à Thèbes.

SÉMÉLÉ[1].

SCÈNE I.

JUNON *descend de son char, entourée d'un nuage.*

Éloignez le char ailé, paons de Junon; attendez-moi sur le sommet nuageux du Cithéron. (*Le char et le nuage disparaissent.*) Ah! je te salue, maison de ma sombre colère, je te salue de ma haine, toit ennemi, sol odieux que je foule!... Voici donc la place où Jupiter, en présence de la chaste lumière, outrage ma couche nuptiale! C'est ici qu'une femme, une mortelle, ose, créature formée de poussière, ravir à mes bras, séduit par ses caresses, le dieu du tonnerre; ici, qu'elle le tient captif sur ses lèvres! Junon! Junon! tu demeures solitaire, tu demeures abandonnée sur le trône du ciel! Chargés d'offrandes, les autels fument en ton honneur; tout genou plie devant toi. Qu'est-ce que l'honneur sans l'amour? Sans lui, qu'est-ce que le ciel?

O douleur! il a fallu, pour courber ton orgueil, que Vénus s'élevât de l'écume des mers! Son regard enchanteur séduisit les dieux, les hommes et les dieux! Malheur! pour accroître tes ennemis, il a fallu qu'Hermione fût mère, et ton bonheur est anéanti!

Ne suis-je pas la reine des dieux? la sœur du dieu du ton-

---

[1]. Ce petit opéra, publié dans l'*Anthologie*, est vraisemblablement du temps où l'auteur était encore dans la *Karlsacademie*. Il l'a plus tard fort abrégé et amélioré à tous égards. Le sujet est tiré entièrement du IIIe livre des *Métamorphoses* d'Ovide.

nerre, l'épouse du tout-puissant Jupiter? Les pôles des cieux ne gémissent-ils pas à mon ordre? le diadème de l'Olympe n'étincelle-t-il pas autour de mon front? Ah! je me sens! Dans mes veines immortelles coule le sang de Saturne; mon cœur divin se gonfle royalement. Vengeance! vengeance! Doit-elle impunément m'outrager? Impunément jeter le trouble parmi les dieux éternels et appeler la Discorde dans les joyeux parvis des cieux? Femme vaine, qui t'oublies! meurs, et apprends sur la rive du Styx à distinguer de la terrestre poussière la divine essence! Que ton armure de géant t'étouffe! que ton ambition qui aspire aux dieux te terrasse et t'écrase!

Cuirassée de vengeance, je descends des hauteurs de l'Olympe. J'ai imaginé de douces paroles, insidieuses, caressantes; la mort et la perdition s'y cachent et guettent leur proie.

Écoute! ce sont ses pas! elle approche, elle approche de sa ruine, de sa perte assurée. Cache-toi, divinité, sous un vêtement mortel! (*Elle sort.*)

SÉMÉLÉ *crie, tournée vers le fond de la scène.*

Déjà le soleil baisse! Jeunes filles, hâtez-vous, parfumez la salle des doux parfums de l'ambre, répandez tout autour les roses et les narcisses, n'oubliez pas non plus les coussins brodés d'or.... Il ne vient pas encore.... déjà le soleil baisse....

JUNON, *entrant précipitamment, sous la forme d'une vieille*

Loués soient les dieux! ma fille!

SÉMÉLÉ.

Ah! suis-je éveillée? est-ce un songe? Dieux! Béroé!

JUNON.

Sémélé aurait-elle oublié sa vieille nourrice?

SÉMÉLÉ.

Béroé! par Jupiter! Laisse-moi te presser sur mon cœur.... moi ta fille! Tu vis? Qu'est-ce qui t'amène ici, vers moi, d'Épidaure? Comment vis-tu? Tu es bien toujours encore ma mère!

JUNON.

Ta mère! Autrefois tu me nommais ainsi.

SÉMÉLÉ.

Tu l'es encore, tu le seras toujours, jusqu'à ce que je sois enivrée du breuvage du Léthé.

SÉMÉLÉ.

JUNON.

Bientôt sans doute Béroé boira l'oubli dans les flots du Léthé : la fille de Cadmus ne boira pas l'eau du Léthé.

SÉMÉLÉ.

Comment, mon amie? Jamais autrefois ton langage ne fut énigmatique, jamais mystérieux. L'esprit des cheveux blancs parle par ta bouche : je ne dois pas goûter, dis-tu, au breuvage du Léthé.

JUNON.

Je l'ai dit, oui ! Mais pourquoi railles-tu les cheveux blancs ?... Sans doute ils n'ont encore, comme la blonde chevelure, enchaîné aucun dieu !

SÉMÉLÉ.

Pardonne à ma légèreté ! Comment voudrais-je railler les cheveux blancs ? Les miens couleront-ils toujours de mon cou en flots dorés ? Mais qu'était-ce que tu murmurais entre tes dents.... Un dieu ?

JUNON.

Ai-je dit, un dieu ? Eh ! oui, les dieux habitent partout. Il sied aux faibles humains de les invoquer. Les dieux sont où tu es, toi..... Sémélé ! Pourquoi m'interroges-tu ?

SÉMÉLÉ.

Cœur malin ! Dis-moi pourtant ce qui t'a amenée d'Épidaure ici ? Ton motif n'est sans doute pas que les dieux se plaisent à demeurer auprès de Sémélé ?

JUNON.

Par Jupiter, rien que cela ! Quel feu a monté soudain dans tes joues, quand j'ai prononcé ce nom de Jupiter ?... Rien autre chose que cela, ma fille.... La peste exerce à Épidaure de terribles ravages, chaque souffle est un mortel poison, et chaque haleine tue ; la mère brûle le corps de son fils, et l'époux celui de son épouse ; les bûchers enflammés changent en jour la nuit profonde, et des lamentations sans fin hurlent dans les airs : le mal ne peut pas croître au delà !... Jupiter regarde notre pauvre peuple d'un regard irrité : en vain le sang des victimes coule à flots, en vain le prêtre meurtrit ses genoux au pied de son autel, son oreille est sourde à nos prières.... C'est pourquoi ma patrie, accablée de douleur, m'a envoyée vers la fille royale de Cadmus,

pour obtenir d'elle qu'elle détourne de nous la colère du dieu....
Béroé, la nourrice, a un grand pouvoir, pensent-ils, sur Sémélé.... et Sémélé en a tant sur Jupiter!... Je n'en sais pas
davantage, et je comprends encore moins ce qu'ils entendent
par ces mots : Sémélé a tant de pouvoir sur Jupiter!

SÉMÉLÉ, *vivement et s'oubliant.*

La peste cessera demain.... dis-le au peuple! Jupiter m'aime!
dis-le! il faut qu'aujourd'hui même la peste cesse.

JUNON, *éclatant, avec surprise.*

Ah! c'est donc vrai, ce que babille la renommée aux mille
langues, de l'Ida à l'Hémus? Jupiter t'aime? Jupiter te salue,
dans tout cet éclat où l'admirent les citoyens des cieux, lorsqu'il
tombe dans les bras de la fille de Saturne? Dieux, maintenant,
laissez, laissez mes cheveux blancs descendre aux Enfers....
j'ai assez vécu.... Le grand fils de Saturne, dans son divin
éclat, descend vers elle, vers elle que ce sein autrefois allaita....
vers elle....

SÉMÉLÉ.

O Béroé! Il vint à moi sous la figure d'un beau jeune homme,
nul jamais n'échappa plus charmant du sein de l'aurore; il vint
plus célestement pur qu'Hespérus, lorsqu'il exhale un souffle
embaumé, les membres baignés dans les flots de l'éther; sa démarche était pleine de gravité, de majesté, comme celle d'Hypérion, quand le carquois, les flèches et l'arc résonnent sur
ses épaules; comme les vagues argentées s'élèvent du sein de
l'Océan, tel volait derrière lui, sur l'aile des zéphyrs, son vêtement lumineux; sa voix était toute mélodie, comme le son argentin du cristal ruisselant.... plus ravissante que les accords
de la lyre d'Orphée....

JUNON.

Ah! ma fille!.... L'inspiration élève ton cœur aux poétiques
élans de l'Hélicon! Quelle joie ce doit être de l'entendre! quelle
joie céleste de le voir! si rien que le souvenir, qui languit et
meurt, emporte l'âme dans le délire de la Pythie?... Mais quoi?
Me caches-tu ce qui a le plus de prix? La parure suprême du fils de
Saturne, sa majesté lorsqu'il repose sur les carreaux ardents du
tonnerre, qui se précipitent à travers les nuages déchirés, tu me la
veux taire envieusement?... Deucalion et Prométhée ont pu, eux

aussi, prêter à leurs créations des charmes aimables.... Jupiter seul lance le tonnerre! Ce sont les foudres qu'il a jetées à tes pieds, ces foudres seules, qui ont fait de toi la plus auguste des femmes de la terre....

SÉMÉLÉ.

Comment! que dis-tu? Il n'est pas ici question de tonnerre....

JUNON, *souriant.*

Sémélé! La raillerie te sied aussi à ravir.

SÉMÉLÉ.

Jamais fils de Deucalion ne fut divinement beau comme mon Jupiter.... Je ne sais rien du tonnerre.

JUNON.

Hé! la jalousie!

SÉMÉLÉ.

Non, Béroé, par Jupiter!

JUNON.

Tu jures?

SÉMÉLÉ.

Par Jupiter! par mon Jupiter!

JUNON, *criant.*

Tu jures? malheureuse!

SÉMÉLÉ, *inquiète.*

Qu'as-tu, Béroé?

JUNON.

Répète-la, cette parole, qui fait de toi la femme la plus misérable de tout ce vaste globe de la terre!... Fille perdue! Ce n'était pas Jupiter!

SÉMÉLÉ.

Pas Jupiter? Femme affreuse!

JUNON.

C'est quelque imposteur rusé, venu d'Attique, qui, sous le masque d'un dieu, t'a ravi par sa fraude l'honneur, la pudeur, l'innocence!... (*Sémélé s'affaisse et tombe.*) Oui, tombe et ne te relève jamais! Qu'une nuit éternelle engloutisse ta lumière, qu'un éternel silence s'étende autour de tes oreilles! Demeure éternellement fixée à cette place, comme une pointe de rocher!... O honte! honte qui fait reculer le jour chaste et pur et le jette dans les bras d'Hécate! C'est donc ainsi, dieux! ô dieux!

que Béroé, après seize ans de séparation si tristes à passer, devait revoir la fille de Cadmus!... J'étais venue d'Épidaure, triomphante ; il faut que je retourne, humiliée, à Épidaure..... j'y porte avec moi le désespoir ! O douleur ! ô mon peuple ! La peste peut exercer paisiblement ses ravages jusqu'à un second déluge, elle peut entasser les cadavres plus haut que le sommet de l'Œta, changer toute la Grèce en un vaste ossuaire, avant que Sémélé fléchisse la colère des dieux. Nous sommes abusés, moi, toi, la Grèce, tout l'univers !

SÉMÉLÉ *se relève tremblante et étend le bras vers elle.*

O ma Béroé !

JUNON.

Prends courage, mon cœur ! Peut-être est-ce Jupiter ! Ce n'est sans doute pas vraisemblable ; pourtant, c'est Jupiter peut-être ! Il faut maintenant nous en assurer. Il faut maintenant qu'il se dévoile, ou tu le fuiras éternellement, tu livreras l'infâme à la vengeance meurtrière de Thèbes.... Lève les yeux, chère fille.... regarde ta Béroé en face, dans ses yeux qui s'ouvrent à toi avec sympathie.... Ne veux-tu pas que nous l'éprouvions, Sémélé ?

SÉMÉLÉ.

Non, par les dieux ! Ce ne serait pas lui que je découvrirais....

JUNON.

Serais-tu moins à plaindre en continuant à languir dans un doute inquiet ?... Et si pourtant c'était lui....

SÉMÉLÉ *cache son visage dans le sein de Junon.*

Ah ! ce n'est pas lui !

JUNON.

Et si, dans l'éclat le plus imposant où jamais l'Olympe l'ait contemplé, il apparaissait visible devant toi ?... Sémélé ! que t'en semble ? Te repentirais-tu alors de l'avoir éprouvé ?

SÉMÉLÉ, *éclatant.*

Ah ! il faut qu'il se dévoile.

JUNON, *rapidement.*

Il ne faut pas avant le recevoir dans tes bras.... Il faut qu'il se dévoile.... Écoute donc, ma chère enfant, ce que te conseille ta sincère et fidèle nourrice, ce que l'amour a murmuré tout pas à mon oreille, ce que l'amour accomplira.... Dis-moi, doit-il bientôt paraître?

SÉMÉLÉ.

Il m'a promis de paraître avant qu'Hypérion entre dans la couche de Téthys....

JUNON, *s'oubliant, vivement.*

En vérité? Ah! Il a promis? Aujourd'hui même, encore? (*Elle se contient.*) Laisse-le venir, et au moment même où, ivre d'amour, il voudra te presser dans ses bras, alors.... écoute-moi bien.... tu reculeras comme frappée de la foudre. Ah! comme il sera stupéfait! Tu ne le laisseras pas longtemps, ma fille, dans sa stupeur : tu continueras de le repousser d'un regard froid et glacé.... Il te pressera, plus fougueux, plus ardent.... la résistance des belles n'est qu'une digue qui refoule un torrent d'orage, et les flots rebondissent et l'attaquent, plus impétueux.... Alors tu te mettras à pleurer.... Il a pu résister aux géants; il a pu abaisser sur la terre un paisible regard quand la colère de Typhée, armée de cent bras, lançait vers son trône héréditaire l'Ossa et l'Olympe.... Mais les larmes d'une belle subjuguent Jupiter.... Tu souris?... N'est-ce pas? l'écolière en sait plus là-dessus que sa maîtresse?... Alors tu prieras le dieu de t'accorder une petite, petite et innocente faveur, qui doit te confirmer son amour et sa divinité.... Il jurera par le Styx!... Le Styx le lie, il ne pourra plus t'échapper. Tu lui diras : « Tu ne me toucheras plus avant que tu descendes vers la fille de Cadmus dans toute ta puissance, tel que t'embrasse la fille de Saturne! » Ne te laisse pas effrayer, Sémélé, si, pour te faire renoncer à ton désir, il dresse devant toi, comme épouvantail, les terreurs de sa présence, les feux qui éclatent, les tonnerres qui, dans sa marche, roulent autour de lui : ce ne sont là que de vaines frayeurs, Sémélé.... Les dieux sont avares pour les hommes de cette splendeur suprême.... mais tu n'as qu'à persister opiniâtrement dans ta prière, et Junon elle-même te regardera du regard louche de l'envie.

SÉMÉLÉ.

L'odieuse déesse, avec ses yeux de génisse! Il s'est souvent plaint à moi, aux heures de l'amour, des tortures que lui faisait souffrir sa noire bile....

JUNON, *à part, irritée et embarrassée.*

Ah! ver de terre! la mort pour cet outrage.

SÉMÉLÉ.

Comment? ma Béroé!... Qu'as-tu murmuré là?

JUNON, *avec embarras.*

Rien.... ma Sémélé! La noire bile me tourmente, moi aussi.... un regard sévère et de reproche est souvent aux yeux des amants un indice de sombre humeur.... et des yeux de génisse ne sont pas des yeux si laids.

SÉMÉLÉ.

O fi donc, Béroé! les plus laids qui puissent être fixés dans une tête humaine! Et avec cela des joues jaunes et vertes, châtiment visible de l'envie envenimée.... Je plains Jupiter à qui la grondeuse ne fait pas grâce une seule nuit de son amour rebutant et de ses caprices jaloux : ce doit être la roue d'Ixion dans le ciel.

JUNON, *dans un trouble et une fureur extrêmes, va et vient comme égarée.*

Plus un mot de cela!

SÉMÉLÉ.

Quoi, Béroé, si amère? En ai-je dit plus qu'il n'est vrai, plus qu'il n'est sage?...

JUNON.

Tu en as dit plus qu'il n'est vrai, plus qu'il n'est sage, jeune femme! Estime-toi heureuse si le sourire de tes yeux bleus ne te mène pas prématurément dans la barque de Caron! La fille de Saturne a aussi des autels et des temples, et elle vient errer parmi les mortels.... La déesse ne punit rien tant qu'un froncement de nez dédaigneux.

SÉMÉLÉ.

Qu'elle erre ici et soit témoin de mon dédain, que m'importe? Mon Jupiter protège chacun des cheveux de ma tête, quel mal peut me faire Junon? Mais n'en parlons plus, Béroé! Il faut qu'aujourd'hui même Jupiter m'apparaisse dans sa splendeur, dût la fille de Saturne en mourir et trouver le sentier qui mène aux Enfers....

JUNON, *à part.*

Ce sentier, une autre sans doute le trouvera avant elle, si jamais la foudre de Jupiter a atteint son but!... (*A Sémélé.*) Oui, Sémélé, qu'elle crève d'envie quand la fille de Cadmus, en spectacle à la Grèce, montera en triomphe à l'Olympe!...

SÉMÉLÉ, *souriant et d'un ton léger.*

Penses-tu qu'on parlera en Grèce de la fille de Cadmus?

JUNON.

Ah! parle-t-on d'autre chose, de Sidon à Athènes? Sémélé! Des dieux, oui, des dieux descendront du ciel, des dieux plieront le genou devant toi; les mortels, dans un humble silence, se courberont devant la fiancée du vainqueur des géants, et tremblant, à distance....

SÉMÉLÉ, *s'élançant vivement, et se jetant à son cou.*

Béroé!

JUNON.

Un marbre éclatant l'annoncera aux siècles futurs, et dira au monde en ses vieux jours: « Ici l'on adora Sémélé! Sémélé, la plus belle des femmes, qui attira du haut de l'Olympe dans la poussière d'ici-bas le maître du tonnerre et l'enchaîna à ses baisers. » Et, sur les ailes mille fois bruyantes de la Renommée, ta gloire retentira d'une mer à l'autre, résonnera du haut des collines....

SÉMÉLÉ, *hors d'elle.*

Pythie! Apollon!... Si seulement il paraissait!

JUNON.

Et ils t'honoreront comme une déesse sur les autels fumants.

SÉMÉLÉ, *transportée.*

Et je les exaucerai! J'apaiserai son courroux par mes prières, j'éteindrai sa foudre dans mes pleurs! Je veux les rendre heureux, tous heureux!

JUNON, *à part.*

Pauvre créature! c'est ce que tu ne feras jamais.... (*Réfléchissant.*) Peu s'en faut qu'attendrie.... mais.... me dire laide!... Non! loin de moi, au Tartare, la pitié! (*A Sémélé.*) Seulement, chère fille, fuis, hâte-toi, que Jupiter ne t'aperçoive pas! Laisse-le t'attendre longtemps, pour qu'il languisse plus ardemment après toi....

SÉMÉLÉ.

Béroé, le ciel t'a choisie pour être sa voix ! Bienheureuse que je suis ! Les dieux descendront de l'Olympe, les mortels plieront le genou devant moi dans un humble silence.... Laisse-moi.... laisse-moi.... il faut que je m'enfuie d'ici ! (*Elle sort à la hâte.*)

JUNON, *d'un ton de triomphe, la suivant du regard.*

Faible et orgueilleuse femme, facile à tromper! Que ses regards d'amour te soient un feu dévorant, ses baisers des caresses qui broient, son embrassement l'assaut de la tempête !... Les corps humains ne peuvent soutenir la présence de celui qui lance le tonnerre !... Ah! (*dans un transport furieux*) quand ce corps mortel, ce corps de cire, fondra dans les bras du dieu tout ruisselant de flammes, comme les flocons de neige à l'ardeur du soleil.... quand le parjure, au lieu de sa douce fiancée, dont les bras mollement étreignent, n'embrassera que ses propres terreurs.... avec quels transports je veux alors du Cithéron repaître mes yeux de cette vue, lui crier, d'un cri qui arrache de sa main la foudre tremblante : « Fi donc! n'embrasse pas si rudement, fils de Saturne! » (*Elle sort précipitamment. — Symphonie.*)

SCÈNE II.

La même salle. — Clarté soudaine.

JUPITER, *sous la forme d'un jeune homme*; MERCURE, *dans l'éloignement.*

JUPITER.

Fils de Maïa!

MERCURE, *à genoux, la tête inclinée.*

Jupiter!

JUPITER.

Debout! hâte-toi! Que tes ailes t'emportent aux rives du Scamandre! Là pleure un berger sur le tombeau de sa bergère.... Nul ne doit pleurer quand le fils de Saturne aime.... Rappelle à la vie la bergère.

SÉMÉLÉ.

MERCURE, *se levant*.

Un signe tout-puissant de ton front m'y transporte en un clin d'œil, et en un clin d'œil me ramène....

JUPITER.

Attends! Comme je volais au-dessus d'Argos, la fumée ondoyante des sacrifices s'est élevée de mes temples au-devant de moi.... Je me suis réjoui de voir le peuple m'honorer ainsi. Élève ton vol vers Cérès, ma sœur.... Voici ce que lui dit Jupiter : « Que, durant cinquante ans, elle rende aux Argiens dix mille fois les épis qu'ils sèment. »

MERCURE.

Empressé, mais tremblant, j'accomplis ta colère.... avec jubilation, ô père de tous, ta bonté; car c'est la volupté des dieux de rendre les hommes heureux; perdre les hommes est la douleur des dieux.... Ordonne! Où dois-je apporter à tes oreilles leurs actions de grâces? Ici-bas dans la poussière, ou là-haut dans le séjour des dieux?

JUPITER.

Ici-bas, dans le séjour des dieux!... dans le palais de ma Sémélé! Vole!... (*Mercure s'éloigne.*) Elle ne vient pas, comme toujours, au-devant de moi, recevoir sur son sein gonflé de volupté le roi de l'Olympe. Pourquoi ma Sémélé ne vient-elle pas à ma rencontre? Un silence de solitude.... de mort.... plein d'horreur, règne tout autour de moi dans le palais désert, qui toujours retentissait du tumulte effréné de la joie.... Nul souffle ne s'agite.... Au sommet du Cithéron se tenait Junon triomphante.... Sémélé ne veut plus courir au-devant de son Jupiter.... (*Un moment de silence. — Il éclate soudain.*) Ah! l'impie aurait-elle osé pénétrer dans le sanctuaire de mon amour? La fille de Saturne.... le Cithéron.... son air de triomphe.... Horreur, pressentiment!... Sémélé.... Rassure-toi!.... rassure-toi! je suis ton Jupiter! Je l'apprendrai au ciel, en l'enlevant d'un souffle : Sémélé, je suis ton Jupiter! Quelle brise oserait effleurer d'une rude haleine celle que Jupiter nomme sienne?... Je me ris des artifices.... Sémélé, où es-tu? Longtemps j'ai langui, avide de cacher dans ton sein ma tête chargée du poids du monde, les sens bercés de loin par l'orageux fracas du gouvernement de l'univers, oubliant, dans mes rêves, les rênes, le timon, le char, et perdu dans la jouissance de la félicité! O voluptueuse ivresse! transport doux aux dieux mêmes! bienheureux délire!... Qu'est-ce que le sang d'Uranus? qu'est-ce que le nectar et l'ambroisie, le trône de l'Olympe, le sceptre d'or du ciel? qu'est-ce que la toute-puissance, l'éternité, l'immortalité? qu'est-ce qu'un dieu, sans amour? Le berger qui, au murmure de son paisible ruisseau, oublie ses agneaux sur le sein de sa bergère, n'envierait pas les carreaux de ma foudre.... Elle approche.... elle vient.... O perle de mes œuvres, femme!... Il est adorable l'artiste qui t'a créée.... Et ton créateur, c'est moi.... T'adorer, c'est m'adorer moi-même; Jupiter adore Jupiter qui t'a formée! Ah! qui, dans tout l'empire des êtres, qui me condamne?... Comme ils disparaissent, inaperçus, méprisables, tous mes mondes, tous mes astres, sources de rayons, et la vaste danse de mes sphères, et tout mon grand système d'harmonie, comme l'appellent les sages, comme tout cela est mort en comparaison d'une âme!

SÉMÉLÉ *approche sans lever les yeux.*

JUPITER.

Mon orgueil, mon trône.... un grain de poussière! O Sémélé! (*Il vole au-devant d'elle; elle veut fuir.*) Tu fuis?... tu gardes le silence?... Ah! Sémélé, tu fuis?

SÉMÉLÉ, *le repoussant.*

Loin de moi!

JUPITER, *après un moment de stupeur et de silence.*

Jupiter rêve-t-il? La nature menace-t-elle ruine?... Ainsi parle Sémélé?... Comment? pas de réponse?... Mon bras s'étend vers toi avidement.... Jamais mon cœur ne battit de la sorte, s'élançant au-devant de la fille d'Agénor; jamais il ne palpita ainsi sur le sein de Léda; mes lèvres jamais n'aspirèrent aux baisers captifs de Danaé avec ce feu qui maintenant les brûle....

SÉMÉLÉ.

Tais-toi, traître!

JUPITER, *avec un tendre dépit.*

Sémélé!

SÉMÉLÉ.

Fuis!

JUPITER, *la regardant avec majesté.*

Je suis Jupiter!

SÉMÉLÉ.

Toi Jupiter ? Tremble, Salmonée ! Celui que tu outrageas te redemandera, terrible en sa colère, sa parure dérobée.... Tu n'es pas Jupiter !

JUPITER, *avec une souveraine grandeur.*

L'édifice du monde, dans son vaste tourbillon, roule autour de moi, et me nomme de ce nom....

SÉMÉLÉ.

Ah ! blasphème !

JUPITER, *avec plus de douceur.*

Comment, ma divine ? D'où vient ce ton ? Quel est le reptile qui détourne de moi ton cœur ?

SÉMÉLÉ.

Mon cœur était voué à celui dont tu n'es que le singe.... Souvent des hommes viennent sous le masque d'un dieu pour séduire une femme.... Loin de moi ! tu n'es pas Jupiter !

JUPITER.

Tu doutes ? Sémélé peut-elle douter encore de ma divinité ?

SÉMÉLÉ, *avec douleur.*

Que n'es-tu Jupiter ! Nul fils de qui demain retourne au néant ne doit toucher mes lèvres. Ce cœur est consacré à Jupiter.... Oh ! que n'es-tu Jupiter !

JUPITER.

Tu pleures ? Jupiter est là, et Sémélé pleurerait ? (*Se jetant à ses genoux.*) Parle, demande, et je veux que la nature esclave se prosterne en tremblant devant la fille de Cadmus ! Ordonne, et les torrents suspendront soudain leur cours ! et l'Hélicon, et le Caucase, et le Cynthe, et l'Athos, Mycale et Rhodope, et le Pinde, déracinés par la toute-puissance d'un signe de ma tête, iront baiser les vallons, le fond des pâturages, et danseront, comme des flocons de neige, dans les airs obscurcis. Ordonne, et les vents du nord et de l'est, et tous les tourbillons assiégeront le trident tout-puissant, secoueront le trône de Neptune : la mer montera, révoltée, en dépit des rivages et des digues ; l'éclair bravera la nuit ; le tonnerre mugira par mille gueules affreuses ; l'Océan donnera l'assaut à l'Olympe ; l'ouragan te chantera un chant de victoire. Ordonne....

SÉMÉLÉ.

Je suis une femme, une femme mortelle : comment le potier peut-il se prosterner devant le vase que sa main façonna ? l'artiste, s'agenouiller devant sa statue ?

JUPITER.

Pygmalion se courbe devant son chef-d'œuvre.... Jupiter adore sa Sémélé.

SÉMÉLÉ, *pleurant plus fort.*

Lève-toi.... lève-toi.... Oh ! malheur à moi, pauvre fille ! Jupiter a mon cœur, je ne puis aimer que des dieux. Et les dieux se rient de moi, et Jupiter me méprise !

JUPITER.

Jupiter, qui est à tes pieds....

SÉMÉLÉ.

Lève-toi ! Jupiter réside dans les hauteurs suprêmes, sur les carreaux du tonnerre, et il se rit, dans les bras de Junon, d'un vermisseau tel que moi.

JUPITER, *vivement.*

Ah ! Sémélé et Junon !... Laquelle des deux est le vermisseau ?

SÉMÉLÉ.

Oh ! elle serait heureuse d'un bonheur ineffable, la fille de Cadmus.... si tu étais Jupiter.... Malheur à moi !... Tu n'es pas Jupiter !

JUPITER *se lève.*

Je le suis ! (*Il étend la main, un arc-en-ciel apparaît dans la salle. La musique accompagne ce phénomène.*) Me connais-tu maintenant ?

SÉMÉLÉ.

Puissant est le bras de l'homme, quand les dieux l'assistent : le fils de Saturne t'aime.... Je ne puis aimer que des dieux....

JUPITER.

Encore ! tu doutes encore si ma force est empruntée aux dieux ou née divine ?... Les dieux, Sémélé, prêtent souvent aux hommes des forces bienfaisantes, mais jamais ils ne prêtent leurs terreurs.... La mort et la destruction sont le sceau de la divinité : Jupiter se révèle à toi par la destruction ! (*Il étend la main : explosion, feu, fumée et tremblement de terre. A ce moment et désormais, la musique accompagne chaque enchantement.*)

SÉMÉLÉ.

Retire ta main!... Oh! grâce, grâce pour ce pauvre peuple!... C'est le fils de Saturne qui t'a enfanté....

JUPITER.

Ah! étourdie! Jupiter doit-il, au gré d'une femme opiniâtre, retourner les planètes et ordonner aux soleils de s'arrêter? Jupiter le fera!... Souvent un fils des dieux a ouvert le flanc des rochers où couvent les flammes, mais son pouvoir s'éteint aux limites de la terre.... Cette puissance suprême n'est qu'à Jupiter! (*Il étend la main : le soleil disparaît, une nuit obscure se répand.*)

SÉMÉLÉ *se prosterne devant lui.*

Tout-puissant!... Oh! si tu pouvais aimer! (*Le jour reparaît.*)

JUPITER.

Ah! la fille de Cadmus demande à Jupiter si Jupiter pourrait aimer? Un mot.... et il rejette sa divinité, il devient chair et sang, et il meurt, et il est aimé.

SÉMÉLÉ.

Jupiter ferait cela?

JUPITER.

Parle, Sémélé, que faut-il de plus? Apollon lui-même avouait que c'était un ravissement de vivre homme parmi les hommes.... Un signe de toi.... et je le suis.

SÉMÉLÉ *se jette à son cou.*

O Jupiter, les femmes d'Épidaure flétrissent du nom de fille insensée ta Sémélé qui, aimée du dieu du tonnerre, ne peut rien obtenir de lui.

JUPITER, *vivement.*

Je veux qu'elles rougissent, les femmes d'Épidaure!... Prie! prie seulement! et, par le Styx, dont le pouvoir sans bornes courbe en esclaves les dieux eux-mêmes.... si Jupiter hésite à t'obéir, je veux que ce dieu inexorable, en un clin d'œil, me précipite, foudroyé, dans le néant!

SÉMÉLÉ, *sautant de joie.*

Je reconnais là mon Jupiter! Tu me l'as juré.... le Styx l'a entendu! Eh bien! donne-moi de ne jamais t'embrasser autrement que....

JUPITER, *poussant un cri d'effroi.*

Malheureuse! arrête!

POÉSIES DÉTACHÉES.

SÉMÉLÉ.

Comme la fille de Saturne....

JUPITER *veut lui fermer la bouche.*

Tais-toi!

SÉMÉLÉ.

T'embrasse!

JUPITER *pâlit et détourne les yeux.*

Trop tard! la parole a échappé de mes lèvres!... Le Styx!... Tu as demandé, obtenu la mort, Sémélé!

SÉMÉLÉ.

Ah! c'est ainsi que Jupiter aime?

JUPITER.

Je donnerais le ciel pour t'avoir moins aimée. (*La regardant avec une froide horreur.*) Tu es perdue....

SÉMÉLÉ.

Jupiter!

JUPITER, *se parlant, avec colère, à lui-même.*

Ah! Junon, ai-je enfin compris ta joie triomphante? Maudite jalousie!... Oh! cette rose va mourir! Trop belle.... hélas!... trop précieuse pour l'Achéron!

SÉMÉLÉ.

Tu es simplement avare de ta majesté.

JUPITER.

Maudite cette majesté qui t'a éblouie! Maudite ma grandeur qui te réduit en poudre! Malédiction, malédiction sur moi, qui ai fondé mon bonheur sur une poussière si vite dispersée!

SÉMÉLÉ.

Ce ne sont là que de vaines terreurs, Jupiter; je ne suis pas effrayée de tes menaces!

JUPITER.

Enfant insensé! Va.... va dire un dernier, un éternel adieu à tes amies.... Rien.... rien ne peut plus te sauver.... Sémélé, je suis ton Jupiter! Non, cela aussi n'est plus.... Va....

SÉMÉLÉ.

Envieux! Le Styx!... Tu ne m'échapperas pas! (*Elle sort.*)

JUPITER.

Non! elle ne triomphera pas.... Qu'elle tremble.... Grâce à ce pouvoir de vie et de mort qui me fait un marchepied de la terre et du ciel, je veux, avec des chaînes de diamant, attacher la perfide au rocher le plus escarpé de la Thrace.... Ce serment aussi.... (*Mercure paraît dans l'éloignement.*) Que signifie ce vol si rapide?

MERCURE.

Grâces ardentes, empressées, pleurs reconnaissants des heureux....

JUPITER.

Replonge-les dans la ruine!

MERCURE, *stupéfait.*

Jupiter!

JUPITER.

Je veux que personne ne soit heureux! Elle meurt.... (*Le rideau tombe.*)

ADIEU DU POETE AU LECTEUR [1].

La Muse se tait. Avec ses joues virginales et le visage couvert d'une rougeur pudique, elle se présente à toi, pour recevoir son arrêt : elle le respecte sans le craindre. C'est à l'homme de bien qu'elle désire agréer, à celui que la vérité touche, que le faux éclat ne séduit point. Qui sent battre dans sa poitrine un cœur ouvert au bien et au beau, est seul digne de la couronner.

Ces chants ne demandent point à vivre au delà du moment où leur mélodie aura su charmer un cœur sensible, l'entourer d'images plus belles, l'initier à de plus nobles sentiments; ils ne demandent pas à s'envoler d'un vol éternel vers la postérité lointaine; ils ont retenti dans le temps borné et ils expireront dans le temps. La verve du moment les a enfantés; ils s'enfuient, emportés par la danse légère des Heures.

Le printemps se réveille; sur les prairies que le soleil réchauffe, éclôt joyeusement une vie juvénile. L'arbuste embaume l'air de divins parfums; un chœur de gais chantres remplit le ciel, et la foule, jeunes et vieux, se récrée au grand air : tous se réjouissent et enivrent de volupté leurs oreilles et leurs yeux.... Le printemps fuit! la fleur monte en graine, et, de toutes celles qui ont paru, nulle ne demeure.

1. Cet adieu est de 1795. Il parut d'abord dans l'*Almanach des Muses* de 1796.

AVERTISSEMENT

DE SCHILLER POUR SA TRADUCTION EN STANCES RIMÉES DU SECOND LIVRE DE L'*ÉNÉIDE* [1].

Quelques amis de l'auteur, qui ne connaissent pas la langue latine, mais sont capables de sentir toutes les beautés des classiques anciens, lui ont témoigné le désir d'être un peu familiarisés par lui avec l'*Énéide* du grand poëte romain, dont jusqu'ici il n'existe, qu'il sache, aucune traduction tant soit peu lisible. La principale difficulté qu'il rencontra dans l'exécution de son dessein, ce fut de choisir un mètre qui altérât le moins possible les mérites essentiels de l'original, et pût compenser d'ailleurs, jusqu'à un certain point, ceux qui devaient inévitablement être perdus, ne fût-ce que par la différence des langues. L'hexamètre allemand ne lui parut pas offrir cet avantage, et il se tint pour assuré que ce genre de vers, même entre les mains d'un Klopstock ou d'un Voss, ne pouvait atteindre à cette flexibilité, cette harmonie, cette variété, que Vir-

---

1. Le Recueil des poésies détachées renferme, outre les pièces originales, la traduction libre, en vers, des livres II et IV de l'*Énéide* de Virgile, que Schiller a partagés, l'un en cent trente-cinq octaves, sous le titre de « Destruction de Troie, » l'autre en cent vingt-huit, sous le titre de « Didon. » Ces deux versions sont précédées de l'*Avertissement* dont nous donnons ici la traduction, et qui avait été composé, comme on le voit à la fin, à l'occasion de la publication du livre II. Elles parurent d'abord dans la *Nouvelle Thalie* en 1792. Douze ans plus tôt, il avait inséré dans le *Magasin de Souabe* (1780), sous le titre de « Tempête dans la mer Tyrrhénienne, » une traduction en vers hexamètres des vers 35-156 du livre Ier de l'*Énéide*, dans laquelle on remarque, comme le disait une note de l'éditeur de ce recueil, « de la hardiesse, et beaucoup, beaucoup de feu poétique. »

gile impose comme premier devoir à son traducteur. Il crut donc devoir renoncer absolument à lutter au moyen de ce mètre avec la beauté des vers de Virgile. Il lui parut que cette puissance magique, toute particulière, par laquelle le vers de Virgile nous entraîne, consistait dans un rare mélange de légèreté et de force, d'élégance et de grandeur, de majesté et de grâce; mélange pour lequel le poëte romain trouvait incontestablement plus de ressources dans sa langue, que le poëte allemand n'en peut attendre de la sienne. Si, dans la traduction, l'un de ces deux ordres si divers de beautés devait être subordonné à l'autre, il pensa que le mode de versification où le risque serait le moindre était celui qui, à la vérité, fait quelque tort à la force, à la majesté et à la dignité, mais n'en est que plus favorable à la grâce, à la souplesse, à l'harmonie. La vigueur, l'élévation, la dignité sont beaucoup moins dépendantes de la forme et ont beaucoup moins besoin d'être soutenues par l'expression que ces autres qualités; la vraie force, la vraie élévation, le vrai pathétique doivent être à l'épreuve de tout genre de diction, ce qui n'est pas le cas pour l'autre ordre de qualités, qu'il faut seconder par conséquent par un heureux choix de la forme. Peut-être même pourrait-on soutenir, par des raisons assez plausibles, que, pour un sujet sérieux, important, pathétique, le charme de la forme légère est préférable, comme l'est, pour un fond insignifiant, la forme solennelle, dans un certain genre connu de comique. Les rudes coups dont l'auteur de l'*Énéide* frappe si souvent le cœur de son lecteur, le sujet en grande partie belliqueux de son poëme, toute la gravité de sa marche, sont adoucis par l'agrément de la versification, et peut-être, en maint endroit, c'est l'harmonie, la grâce du style qui nous réconcilient avec ce qu'il y a de trop sérieux, souvent même de révoltant, dans le tableau. C'est surtout cette considération qui a décidé le traducteur à donner la préférence à la stance de huit vers, qui est, entre tous les genres de vers allemands, le seul où notre langue oublie encore parfois la dureté qui lui est innée, et toutefois est empêchée suffisamment, par son mâle caractère, de tomber dans la mollesse ou la légèreté frivole. Le traducteur pouvait d'autant mieux justifier ce choix à ses propres yeux que, depuis la publication d'Idris et d'Obéron[1], c'est une vérité admise que les stances de huit vers, surtout maniées avec quelque liberté, ont des moyens d'expression pour le grand, le noble, le pathétique, le terrible même.... sans doute entre les mains d'un maître seulement ; mais qui donc, dans le premier feu d'une résolution et l'entraînement de l'enthousiasme, qui tient un compte assez rigoureux de ses forces pour distinguer avec soin les avantages de la forme adoptée, des qualités qu'elle exige de qui l'adopte? Le lecteur décidera si l'auteur s'est entendu à manier l'instrument qu'il a choisi ; tout ce qu'il désire, c'est qu'on ne puisse pas lui prouver que le choix même du mètre était une faute.

Quiconque au reste connaît les difficultés que rencontre sur sa route un traducteur de l'*Énéide*, surtout s'il traduit en stances rimées, sera plutôt disposé à attendre trop peu que trop. Ce n'était pas la moindre de trouver d'heureuses divisions, si l'on considère que le poëte latin non-seulement n'a pas préparé pour cela les voies à son traducteur, mais les a souvent semées d'obstacles. L'original latin avance d'un cours continu, et Virgile a usé pleinement de la liberté que cette forme lui assurait. Or cette marche non interrompue du poëme, il la fallait briser, dans la version, par beaucoup de courtes pauses, et diviser un seul tout suivi en un grand nombre de petits touts partiels, se rattachant aisément les uns aux autres, si l'on voulait ôter à la forme des stances toute apparence forcée et effacer l'empreinte servile d'une traduction. Il était naturellement inévitable qu'assez souvent quatre ou cinq hexamètres latins fussent développés en une stance entière, ou qu'au contraire huit ou neuf vers de l'original fussent resserrés dans l'étroit espace des huit lignes de la stance. Chez un poëte qui permet aussi peu les retranchements que Virgile, la seconde opération était incontestablement la plus périlleuse; toutefois le traducteur pense avoir en cela violé rarement, pour ne pas dire jamais, le respect dû à son original. Il a pu profiter de ce que Virgile lui-même, si serré, si sobre de paroles, s'est permis assez fréquemment, en faveur de l'harmonie et de l'inexorable mesure

---

[1]. Deux poëmes de Wieland, publiés, le premier en 1768, le second en 1780.

de ses vers, des répétitions superflues et même çà et là des mots de remplissage, qui méritaient moins d'être ménagés par le traducteur.

Il se soumet très-volontiers, pour tout ce qui concerne la fidélité consciencieuse de sa traduction, à tout examen critique impartial; mais il demande ici en grâce qu'on lui épargne toute comparaison de son travail avec le style inimitable du poëte romain, comparaison qui, inévitablement et sans sa faute, tournerait à son désavantage; car il défie tous les poëtes allemands, passés, présents et futurs, de lutter sans désavantage, dans une langue aussi flottante, roide, lâche, gothique, et rude dans ses sons, que l'est notre chère langue maternelle, avec l'organisme délicat et le mouvement musical de la langue latine.

Quoique bien éloigné de la pensée d'entreprendre une traduction de toute l'*Énéide*, il promet, pour la suite, quelques fragments encore du quatrième et du sixième livre, ne fût-ce que pour gagner au poëte romain, chez notre public non latiniste, l'estime à laquelle il a droit et qu'il paraît avoir perdue sans sa faute, depuis qu'il a plu à la muse de Blumauer[1] de le sacrifier à l'esprit envahissant de frivolité.

---

1. Auteur de l'*Énéide travestie*, publiée à Vienne en 1784. Blumauer est mort en 1798.

APPENDICE.

POÉSIES

NON CONTENUES DANS LES ÉDITIONS ALLEMANDES DES ŒUVRES.

LE SOIR[1].

Le soleil, achevant sa course, pareil à un héros, montre à la vallée profonde sa face du soir.... pour d'autres mondes, oh! plus heureux, c'est sa face matinale.... Il tombe du ciel azuré, invite l'activité au repos; son adieu apaise le tumulte du monde et marque au jour sa fin.

Maintenant le génie du poëte s'élève à des chants divins. Donne-leur de couler, Seigneur, de la source des nobles sentiments; que l'inspiration agite ses ailes hardies pour tendre vers toi, vers toi le but de son vol sublime! Donne-moi de monter

---

1. Cette pièce fut publiée dans le *Magasin de Souabe* de 1776. Schiller avait alors seize ans. C'est la première poésie que nous connaissions de lui, car on ne peut guère appeler du nom de poésie un compliment rimé qu'il offrit à ses parents pour la nouvelle année de 1769, c'est-à-dire à l'âge de neuf ans, et que MM. Hoffmeister, Viehoff, etc., ont inséré dans leurs Suppléments, avec une traduction en latin d'écolier dont il l'avait accompagné; et quant à la *Peinture de la vie humaine*, qu'on trouvera plus bas, je partage l'opinion de M. Viehoff, et suis bien tenté de la considérer comme postérieure de quatre ou cinq ans à la date de 1775 qu'on lui assigne. Plus tard Schiller exclut de ses œuvres ce poëme du « Soir, » ainsi que tous ceux que contient notre Appendice.

Si nous publions ici la traduction d'un certain nombre de morceaux que l'auteur avait lui-même rejetés, ce n'est pas que, pour la plupart d'entre eux, nous trouvions trop sévère le jugement qu'il en a porté; mais il nous a paru que la comparaison de ces premiers essais avec les chefs-d'œuvre qui l'ont illustré, pourrait offrir quelque intérêt : Schiller est du petit nombre de ceux dont chaque pas, pour ainsi dire, fut un progrès, et on aime à le suivre depuis l'entrée de la carrière jusqu'au but de la course.

vers les cieux, par delà les sphères, emporté par les grandes pensées! de louer, inondé d'une sensation céleste, le soir et le créateur du soir! Pour les rois, pour les grands, elle est peu de chose; elle ne visite que les humbles.... O Dieu! tu m'as donné le sentiment de la nature, partage entre eux les mondes.... ne me réserve, ô père, que les chants!

Ah! comme les rayons fatigués de l'astre qui nous dit adieu peignent les nues voyageuses! Comme là-bas les nuages du couchant se baignent au sein des flots argentés! Grand spectacle, comme tu me ravis! L'or du soir, tel que les blondes vagues des blés mûrs, l'or se répand autour de toutes les collines : dorés sont les sommets des chênes; dorées les cimes des montagnes; une mer de feu flotte dans la vallée; la haute étoile du soir rayonne du milieu des nuées qui flamboient autour d'elle, comme le rubis dans les cheveux d'or qui flottent autour du visage de la reine.

Vois comme l'éclat du soleil illumine la ville royale, et comme au loin rit la verte bruyère; comme ici tout le ciel, dans une juvénile splendeur, descend en brillant crépuscule; comme à présent le torrent de pourpre du soir, pareil à un parterre de roses du printemps, cueillies dans l'Élysée, l'inonde en tous sens, répandu sur les nues d'or.

La source argentée la plus pure ruisselle, claire comme un miroir, du rocher dans l'herbe, et abreuve le troupeau, abreuve le pasteur. Près du bouquet de saules repose le berger, dont la chanson résonne par tout le vallon et se répète dans le vallon[1]. L'insecte bourdonne à travers l'air paisible. Perché sur une branche, le rossignol chante, et son chant de maître rend toutes les oreilles attentives. Charmées par ces sons divins, les feuilles des arbres n'osent plus bruire, et la cascade tombe plus doucement. Le frais zéphyr caresse de son souffle la rose qui vient de fermer son sein; il aspire son divin parfum et en remplit l'air du soir.

Ah! comme tout ici fourmille et vit de mille vies, qui toutes, Être infini, t'exaltent, fondues en un chant mélodieux! Comme

---

1. Peut-être cette répétition, im Thale, « dans le vallon, » est-elle une faute d'impression, et faut-il lire, comme l'a conjecturé un commentateur, im Walde, « dans la forêt. »

Il résonne, ce chant céleste de jubilation! Comme il résonne, l'auguste son de la joie! Et moi seul, je suis muet…. Non, résonne aussi, ô ma harpe! Retentis, louange du Seigneur, sur la harpe de sa créature, humble poussière!

Fais silence alentour, ô Nature, et écoute la harpe sublime, car c'est Dieu même qui jaillit de ses cordes vibrantes. Cesse, vent, de murmurer dans le feuillage; cesse, fleuve, de mugir dans la campagne, et écoutez, adorez avec moi : C'est Dieu qui fait que, dans les cieux lointains, les planètes fourmillent et les comètes, et que les soleils tournent autour de leurs axes et effleurent la terre dans leur course; Dieu encore…. qui fait que l'aigle fend les nues, s'élance fièrement des sommets dans les vallées profondes, puis remonte vers le soleil; Dieu toujours…. qui fait que le zéphyr agite une feuille, que sur la feuille un ver remue, qu'une vie anime le ver, et qu'en lui coulent des courants féconds où nagent d'autres jeunes vers, dans chacun desquels vit une âme.

Et quand tu le veux, Seigneur, le cours du sang s'arrête, les ailes de l'aigle tombent, le zéphyr ne détache plus les feuilles, la course rapide du fleuve s'arrête, le bruit des mers soulevées se tait, nul ver ne se tord, nulle sphère ne tourne…. O poëte, tais-toi! Auprès de l'hymne des myriades invisibles qui se baignent dans ces mers et dont nul œil encore n'a pénétré l'existence, ton chant le plus ardent n'est qu'un néant inanimé.

Bientôt pourtant tu t'élèveras vers le trône sur tes ailes de pourpre; ton hardi regard pénétrera des profondeurs encore plus profondes, et ta harpe d'ange rendra des sons encore plus éclatants. Là il n'est plus de soir, plus de ténèbres, là est le Seigneur et l'éternité.

LE CONQUÉRANT[1].

Contre toi, conquérant, mon sein se gonfle, pour te maudire de la malédiction d'une ardente vengeance, aux yeux de la création, devant la face de l'Éternel!

---

[1]. Cette imprécation déclamatoire est de 1777. Elle a paru, comme la pièce

Quand la lune poursuit, attentive, sa course au-dessus de moi, quand les astres de la nuit regardent d'en haut, comme s'ils m'épiaient, que les songes voltigent, qu'autour de moi voltigent tes visions, ô conquérant;

Et autour d'elles l'horreur.... alors, d'un bond, je me lève furieux; je frappe du pied la terre, et avec le hurlement de la tempête, je crie ton nom, maudit! aux oreilles de la Nuit affreuse.

Et de son gouffre béant, qui engloutit des montagnes, l'Océan le redit après moi.... après moi, le séjour de Pluton, à travers les portiques du trépas, répète ton nom, conquérant!

Ah! le voilà qui s'avance.... là-bas, l'horrible, à travers les glaives, et il crie (et tu l'entends, grand Dieu!), il crie, il crie : « Tuez, n'épargnez pas! » Et ils tuent et n'épargnent pas.

Les hurlements s'élèvent, les mourants râlent dans la marche sanglante de la victoire.... Pères, du haut des nues, regardez la boucherie de vos enfants, pères, pères! et maudissez-le!

Et il se dresse fièrement; le sang fumant des héros dégoutte de son glaive et brille suspendu comme un météore qui annonce le dernier jugement.... Terre, maudis! le conquérant vient.

Ah! conquérant, parle! Quel est ton vœu le plus ardent, le plus désiré?... D'élever à la hauteur du ciel un rocher dont l'aigle même redoute le sommet;

Puis, de sa cime, de tomber, enivré de la passion de vaincre, en proie au vertige, sur les ruines du monde, sur tes conquêtes [1]....

Oh! vous ne savez pas encore quelle jouissance il y a, quel

---

précédente, dans le *Magasin de Souabe*, avec la signature *Sch.*, et accompagnée de la remarque suivante : « Œuvre d'un jeune homme qui, selon toute apparence, lit et sent Klopstock et le comprend presque. Nous ne voulons pas, Dieu nous en garde! réprimer son feu, mais seulement les non-sens, les obscurités, les métathèses exagérées. Si un jour la lime aussi fait son office, il pourra, avec le temps, faire honneur à sa patrie. »

[1]. Il y a ici quelques mots que les commentateurs allemands avouent eux-mêmes ne pas comprendre : « *Im Taumel dieses Anblicks hinweggeschaut.* » Le texte est sans doute corrompu; car, pour en tirer un sens, il faudrait faire une étrange violence à la langue. Un des éditeurs sépare le dernier mot, *hinweggeschaut*, des mots précédents, par une virgule, et paraît donner à ce participe un sens impératif : « Détournons les yeux! »

APPENDICE.

Élysée fleurit dans la seule pensée d'être l'horreur des ennemis pâlissants, la terreur des mondes tremblants ;

Puis, d'un choc tout-puissant, de faire sortir le globe de ses pôles, de diriger sur lui, comme des navires volants, les astres de l'immensité, d'être le monarque des astres mêmes,

Et, du trône suprême où se tenait Jéhova, de s'élancer ivre sur un des cieux, sur les sphères en débris.... Oh! le conquérant seul sent cela!

Quand la campagne la plus florissante, printanière, pareille à l'Éden, est livrée au deuil, surchargée des ruines des roches croulantes; quand les étoiles pâlissent au ciel, que les flammes de la ville royale,

Fouettées par l'ouragan, vont toucher les nues de leur souffle ardent, ton regard enivré s'élève avec transport au-dessus des flammes. Tu n'as eu soif que de gloire (monde, paye-la!).... et d'immortalité....

Oui, conquérant! oui.... tu seras immortel. Le vieillard qui râle espère que tu seras immortel, et l'orphelin et la veuve espèrent que tu seras immortel.

Lève les yeux au ciel, tyran.... De là-bas, du champ sanglant où tu fus le semeur, une vapeur de mort monte vers les cieux, pour hurler, transformée en mille tempêtes, au-dessus de ta tête qui contemple.

Comme tout tremble au dedans de toi! comme ton sein frissonne!... Ah! si mon imprécation était un ouragan, si elle pouvait mugir à travers la nuit, fouetter, pour les réunir, les mille nuées d'orage,

Faire voler, descendre et se ruer sur toi la tempête affreusement rugissante, et tantôt te montrer à l'Olympe, te montrer ballotté par les nuages déchaînés, tantôt t'ensevelir dans l'Érèbe!

Recule, recule frémissant, égorgeur! à chaque tourbillon de poussière que ta marche rapide soulève vers le ciel : c'est la poussière de ton frère, poussière qui crie vengeance contre toi.

Si maintenant, du pied du trône, la trompette tonnante de Dieu ordonnait la résurrection.... si, dans l'aurore brillante du jour solennel, le mort se levait soudain, et t'entraînait au-devant du juge!

Ah! lorsqu'il descendra dans la nuit des nuées, quand retentira à travers les airs la balance du dernier jugement, pour te peser, toi, infâme! entre le ciel et l'Érèbe;

Quand toutes les âmes immolées passeront devant la balance terrible, la chargeant de vengeance, d'un signe de leur tête; quand le soleil, voyant d'en haut, et la lune, et les sphères attentives,

Et l'Olympe, les Séraphins, les Chérubins, la terre et le ciel s'y précipiteront, l'entraîneront en bas dans ce fond des fonds où ton trône s'élève, conquérant;

Et que tu seras là debout devant Dieu, devant l'Olympe, que tu ne pourras ni pleurer, ni implorer merci, ni te repentir, ni jamais trouver grâce, conquérant :

Oh! qu'alors la malédiction qui bout dans ma poitrine brûlante se précipite dans la balance, tonnant comme des cieux qui croulent.... et qu'elle entraîne la balance, plus bas, plus bas, jusqu'à l'enfer!

Alors, alors aussi, mon vœu, ma malédiction, la plus maudite, la plus ardente, la plus furieuse, sera entièrement assouvie; oh! alors, je veux, avec volupté, avec transport,

Me rouler dans la poussière, devant toi, ô juge, au pied de l'autel, exalter le jour où il fut jugé, le célébrer durant l'éternité, et le nommer le plus beau des jours!

HYMNE A L'INFINI[1].

Entre la terre et le ciel, dans l'océan des airs, dans le berceau de la tempête, je m'élève, debout sur la pointe d'un rocher; sous moi les nuages s'amoncellent en orages; mon regard erre fasciné alentour, et je te pense, ô Éternel!

Prête à l'infini, Nature colossale, ta pompe horrible. Toi, la fille de l'infinité, sois-moi le miroir de Jéhova! Orgue de la tempête, annonce magnifiquement son dieu au ver raisonnable!

Écoute! l'orgue retentit.... Comme le son éclate et descend le long du rocher! L'ouragan prononce en mugissant le nom de Sabaoth. Le stylet de l'éclair écrit : « Créatures, me reconnaissez-vous? » Grâce, Seigneur! nous te reconnaissons!

1. Inséré d'abord dans l'*Anthologie* (1782).

PEINTURE DE LA VIE HUMAINE[1].

Vraiment, vraiment, nous sommes, nous les maîtres si vantés du monde, de pauvres enfants de douleur, depuis notre naissance, jusqu'à ce que la dernière larme tombe de nos yeux, pauvres sires.

A peine nous glissons-nous de notre tonneau dans cette grande et vaste maison de fous, que déjà nous saluons le soleil de nos sanglots : toutes nos misères, nous les sentons d'avance.

Quand l'enfant porte ses premières culottes, déjà un pédant est là en embuscade, qui le vexe, hélas ! et lui peint sur le dos la sagesse des grands Romains.

Si la Jeunesse nous tend ses mains de rose, quels biens nous apporte la magicienne ? Des fillettes, des dettes, la jalousie, à la fin des cornes ou même les pistolets.

A l'âge d'homme, vient un autre démon : c'est ambition qu'il se nomme ; souvent aussi, il se nomme femme ; et le souci des aliments tourmente notre estomac, comme les doutes le crâne d'un fou.

Lorsqu'enfin la vieillesse furtivement arrive, dites, quel est le lot du pauvre vieillard ? La toux et le mépris, la raillerie et la langueur, la phthisie, l'ennui, la goutte.

Pour combler la mesure de l'affliction, il nous faut voir le sourire d'un héritier.... Vaut-il bien la peine, pour des misères pareilles, de sortir du sein maternel ?

AUX PARQUES[2].

Ce n'est point dans la cohue des redoutes[3] bruyantes, où l'esprit des petits-maîtres s'étale merveilleusement, et où il se fait plus d'accrocs à la vertu des jeunes belles qu'à la dentelle de leurs mantes ;

1. Voyez la note de la page 497.
2. *Anthologie.*
3. On appelle de ce nom, dans certains pays, des endroits publics où l'on se réunit pour jouer, pour danser.

Ce n'est point vers la table de toilette, vers le miroir flatteur, devant lequel la vanité s'agenouille, comme devant son idole, et souvent se répand en prières plus ardentes que les vœux adressés au ciel même;

Ce n'est point derrière le voile artificieux des alcôves, où une nuit hypocrite trompe les yeux du monde et berce dans de brûlants désirs des cœurs qui semblent de glace au feu du soleil;

Là où nous surprenons, rouge de honte, la sagesse qui, en public, hardiment s'abreuve des rayons de Phébus, et où Platon choit du haut des sphères :

Non, ce n'est point là, c'est vers vous, solitaire triade de sœurs, vers vous, les filles du Destin, que vole, au léger murmure de mon luth, mon chant d'amour, triste et doux.

Pour vous seules jamais encore sonnet n'a roucoulé, nul usurier n'a prétendu à votre argent, jamais petit-maître n'a fredonné d'ariette plaintive, nul berger n'est mort en amant d'Arcadie :

Pour vous qui glissez, attentives, entre vos sages doigts le fil sensible de notre vie, jusqu'au jour où en vain, sous les ciseaux retentissants, le tissu délicat résiste.

Pour m'avoir filé, à moi aussi, le fil de la vie, je baise, ô Clotho, ta main.... pour n'avoir pas encore coupé ce jeune fil, reçois, Lachésis, cette guirlande de fleurs.

Souvent dans le fil tu enfilas des épines, plus souvent encore des roses : pour les épines et les roses enfilées, que ce chant, Clotho, te soit consacré.

Souvent des passions orageuses ont tordu la molle cordelette; souvent des projets gigantesques en ont gêné la libre évolution;

Souvent, dans une heure de douce volupté, j'ai craint que le fil ne fût trop fin; plus souvent encore, dans l'affreux abîme de la tristesse, j'ai dû me plaindre qu'il fût filé trop fort :

Ces plaintes, Clotho, et mes autres mensonges, je te prie maintenant, avec larmes, de me les pardonner; désormais aussi je me veux contenter de ce que me donne la sage Clotho.

Seulement, ne ferme pas les ciseaux sur des roses, mais sur des épines.... Et pourtant, qu'il en soit comme tu voudras. Quand tu le voudras, que les ciseaux se ferment, pourvu que tu exauces ce seul vœu :

Si par un charme, ô déesse, mon esprit s'élance de sa prison sur les lèvres de Laure ; si, trahie, livrée au vertige, ma jeune vie flotte aux portes du trépas.

Laisse courir le fil à l'infini, il court à travers un paradis ; laisse alors tomber, ô déesse, les ciseaux cruels, laisse-les tomber, Lachésis !

LES MAUVAIS MONARQUES [1].

Que ma lyre s'élève jusqu'à votre éloge.... Dieux de la terre !... ma lyre qui n'a encore retenti que de doux sons dans les aimables fêtes d'Anadyomène. Amorti par votre pompe tumultueuse, intimidé par les flammes de pourpre de votre grandeur, le chant tremble.

Parlez ! dois-je frapper les cordes d'or, quand, soulevé par les cris de triomphe, votre char roule sur le champ de bataille ? Ou quand, fatigués de l'étreinte du fer, vous échangez les lourdes cuirasses contre les bras de rose de vos Phrynés ?

Mon hymne hardi doit-il peut-être, ô Dieux, vous saisir sous l'éclat de vos couronnes d'or, aux lieux où, voilés de ténèbres mystérieuses, votre spleen joue avec des foudres, où vous déguisez sous des crimes votre humaine fragilité, jusqu'à ce que.... la tombe garde vos secrets ?

Chanterai-je le repos des têtes couronnées ? Dois-je, princes, célébrer vos songes ?... Pendant que le ver ronge le cœur royal, le sommeil d'or voltige autour du More qui garde le trésor aux portes du palais, et.... ne le convoite pas.

Montre, ô Muse, comment, dans la mort, les rois dorment sur un même oreiller avec les esclaves de la chiourme, comment leurs foudres éteintes sont désormais toutes bonnes, là où jamais plus leurs caprices ne torturent, où ces minotaures de théâtre ne font plus nul fracas, où.... ces lions reposent enfin.

Allons ! touche, Hécate, de ton sceau magique l'anneau du caveau funèbre ! Écoute ! les portes tonnent et soudain cèdent. C'est là, là où souffle l'impure haleine de la Mort, où l'air sépulcral hérisse et roidit les cheveux, là que je chanterai.... le bonheur des souverains....

1. Anthologie.

Est-ce ici la rive ?... ici, dans ces caveaux, qu'échouent les flottes orgueilleuses de vos vœux? ici que se heurte le flux de votre grandeur ? Insensibles, à tout jamais, à la gloire, ici la Nuit enchaîne et fixe, avec ses bras noirs et affreux, les potentats.

Sur la bière brille tristement l'ingrate splendeur de vos sceptres, de vos couronnes, fardeaux entourés de perles. Comme l'on dore bien la surface de la pourriture! mais ce corps pourtant, pour qui veillait le monde, n'est plus que le tribut des vers.

Les orgueilleuses plantes pour un si vil jardin! Voyez donc! comme la mort impudente vilainement badine avec ces majestés fanées! Elles commandaient au Nord, au Levant, au Couchant, et les voilà qui endurent les jeux cyniques de l'odieux démon, et.... pas un sultan qui menace!

Debout donc, et d'un bond, opiniâtres muets! Secouez ce sommeil plus lourd que dix quintaux. Du milieu du combat résonnent les timbales victorieuses. Écoutez donc comme les clairons retentissent! comme les fougueux vivat du peuple vous divinisent! Rois, éveillez-vous !

Nouveaux sept dormeurs! entendez donc les cors retentir avec fracas et les meutes aboyer! par mille tubes éclate le feu meurtrier de la chasse; les coursiers ardents hennissent emportés vers la forêt; le sanglier roule dans le sang les aiguillons de ses soies et.... la victoire est à vous!

Quoi ?... Les princes aussi se taisent? Un écho railleur me suit, neuf fois répété, sous les voûtes qui hurlent.... Mais écoutez donc le chambellan qui murmure : « Madame par le don de ces clefs secrètes vous appelle.... dans son alcôve. »

Pas de réponse ?... un sérieux silence!... Tombe-t-il donc aussi sur les rois, le voile qui couvre les yeux du satellite? Et vous demandez qu'on adore vos cendres, parce que l'aveugle courtisane Fortune vous fourra jadis dans la poche un monde à gouverner?

Et vous avancez avec fracas, marionnettes géantes de Dieu, vous pavanant en groupes puérilement fiers, pareils au jongleur à l'Opéra?... Les démons de la plèbe claquent des mains à ce vain bruit; mais les anges de Dieu sifflent en pleurant l'auguste cabotin.

Jusque dans le domaine des muettes pensées, vos agents.... s'ils pouvaient franchir ces limites.... insinueraient leurs replis tortueux de serpents : apprenez donc que, pour découvrir vos pensées, à vous, il y a des yeux qui voient du haut du ciel, des yeux qui percent même les masques des pharisiens.

Vous imprimez, il est vrai, votre image sur des métaux menteurs (fi de leur faux son!), vous changez un vil cuivre en or pur, et vos juifs brocantent avec votre monnaie.... mais comme elle sonne tout autrement, au delà des limites du monde, là où oscille la balance de la justice!

Les sérails, les châteaux vous couvriront-ils alors, quand le terrible exacteur céleste réclamera les intérêts du grand talent? Vous payez la banqueroute de votre jeunesse avec des vœux, avec des actes de risible vertu, que.... Paillasse imagina!

Couvrez toujours votre auguste honte du nocturne manteau du droit de majesté! exercez vos infamies à l'abri du trône! mais tremblez à la voix du poète : le trait de la vengeance perce hardiment à travers la pourpre et glace le cœur des monarques.

REPROCHE[1].

A LAURE.

Ma mie, arrête.... Que fais-tu de moi, méchante? Suis-je encore l'homme fier que j'étais? le grand homme? Est-ce bien agir, ma mie? Vois! Le géant, par toi, se rapetisse jusqu'à n'être qu'un nain; ils sont dissipés ces monts entassés pour escalader les hauteurs rayonnantes de la gloire.

Tu as cueilli ma fleur, tu as détruit d'un souffle mes brillants fantômes, tu fais ton jouet de la dépouille du héros; les pyramides orgueilleuses de mes projets, tu les renverses en badinant et les réduis en poudre sous tes légers pas de zéphyr.

Je volais par les voies de l'aigle vers la divinité; je me riais de la roue de Fortune, la jongleuse, me souciant peu de quel côté tombait son globe. Je voulais m'élancer, affranchi du tré-

[1]. Anthologie.

pas, par delà le Cocyte, et, à ton gré, je reçois servilement d'une œillade la mort et la vie, la vie et la mort.

Semblable aux vainqueurs, qui, éveillés par le bruit tonnant des javelots, dansent dans les champs de fer de la gloire[1], après s'être arrachés des bras de leurs Phrynés, le soleil de Dieu, sortant du lit de roses de l'Aurore, s'avance au-dessus des villes royales, et son sourire rappelle à la joie active le monde rajeuni.

Mon cœur s'élance-t-il encore au-devant du céleste héros[2] ? mes yeux encore, comme ceux de l'aigle, boivent-ils la pluie de flammes de son regard qui brûle et dévore ?... Dans ce regard, qui brille dévorant, je vois l'amour de ma Laure qui me fait signe : je le vois et pleure comme un enfant.

Mon repos, pareil à l'image du soleil dans la vague, doux et sans nuages, tu l'as détruit, amie. En proie au vertige, je chancelle sur la cime escarpée du doute : « Si Laure un jour.... ah! si Laure me fuyait ? » Et ce mot me précipite dans l'abîme.

L'évohé des convives retentit à grand bruit, la joie déborde du cratère couronné, les ris s'élancent du vin d'or.... Depuis que ma mie a charmé mon âme, les jeunes gens en vain me cherchent : j'erre seul et sans amis.

Écouté-je encore les cloches tonnantes de la gloire ? Le laurier dans les boucles de la chevelure, ta lyre, Apollon, dieu du Cynthe, ont-ils encore de l'attrait pour moi ? Non, non, mon sein désormais est sans écho; les Muses s'enfuient tristes et honteuses; Apollon, dieu du Cynthe, s'enfuit.

A la fin, m'amollirai-je jusqu'à n'être qu'une femme ? Au nom de patrie, mes artères bondissent-elles encore, se ranimant au sein du tombeau ? Suis-je encore avide de combattre contre les aigles de Varus ? de me baigner dans le sang romain, quand mon Hermann appelle ?...

C'est un délice à donner le vertige aux yeux les plus fermes, d'aspirer l'encens des temples de la patrie : le cœur palpite plus fier, plus hardi.... Mais maintenant à grand'peine obtient-elle

---

1. Dans les champs de bataille. Voy. page 448, note 2.
2. En allemand, « de l'héroïne. » Sonne, « le Soleil, » est du féminin.

de moi un demi-sourire pour ce qui naguère embrasait tous mes sens, soulevait toutes les forces de mon être....

Et ce rêve.... que ma gloire s'élèverait jusqu'à Orion, que mon nom flotterait bien haut sur les vagues pressées du fleuve des siècles, qu'un jour, brisée sur mon monument, fièrement dressé vers la voûte céleste, la faux de Saturne tomberait impuissante....

Tu souris!... Non, je n'ai rien perdu, je n'envie pas aux fous les étoiles, les lauriers, ni aux morts leurs marbres. L'amour m'a tout conquis. Je me serais élancé au-dessus des hommes, mais maintenant je les aime.

LE MONUMENT DE MOOR LE BRIGAND[1].

C'est enfin consommé, ô bonheur! consommé, pécheur majestueux! Ton rôle formidable est accompli, grande âme tombée, auteur et fin de ta race, fils étrange du plus terrible caprice de la nature, sublime répudié de cette mère commune!

Splendide éclair par la nuit orageuse, soudain derrière lui les portes se referment! La gueule de la nuit avare le dévore! Les peuples tressaillent sous son éclat dévastateur! Mais, ô bonheur! c'est consommé, pécheur majestueux! Ton rôle formidable est accompli.

Pourris, tombe en poussière, bercé dans le berceau du vaste et libre ciel.... spectacle terrible pour tout pécheur!... là, en face du trône du Très-Haut, se dresse l'effrayante barrière de l'amour effréné de la gloire! Vois! l'infamie te livre à l'éternité. C'est sur les épaules de l'infamie que tu montes aux astres de la gloire. Un jour, sous toi, l'infamie tombera aussi en poussière, et l'admiration t'atteindra.

Devant ton affreux sépulcre, les hommes passent, l'œil hu-

---

1. Publié dans l'*Anthologie*. C'est le même ton, la même déclamation que dans le drame des *Brigands*. L'original, aussi bien que la traduction, aurait besoin çà et là d'un commentaire. « Le berceau du vaste ciel, » « la barrière de l'amour de la gloire, » désignent le gibet dressé en plein air; « le héraut de pierre, » c'est la pierre placée auprès de la potence et sur laquelle est gravée la cause du supplice.

mide..... Réjouis-toi des larmes des hommes, esprit du condamné. Naguère, l'œil humide, devant ton affreux sépulcre, il passa une jeune fille; elle apprit du hérant de pierre l'effrayante nouvelle de tes faits, et la jeune fille.... réjouis-toi! réjouis-toi!... n'essuya point sa larme. Je regardais de loin.... je vis tomber la perle, et je lui criai : « Amalie! »

Jeunes gens! jeunes gens! apprenez à jouer plus prudemment avec le trait céleste, mais dangereux, du génie! Le coursier du soleil mord opiniâtrément son frein : contenu par la bride du maître, il berce la terre et le ciel, doucement balancés; mais il embrase d'un ardent incendie et le ciel et la terre, quand la main d'un enfant le guide, et dans les ruines périt l'étourdi Phaéton.

Enfant du génie céleste, cœur brûlant, avide de hauts faits, le monument de mon brigand te séduit-il? Il eut, comme toi, le cœur brûlant, avide de hauts faits; il fut, comme toi, l'enfant du génie céleste.... Mais tu souris et passes.... Ton regard vole à travers le vaste espace de l'histoire du monde, tu n'y trouves pas Moor le brigand.... Arrête-toi et ne souris pas, jeune homme! Son péché vit.... sa honte vit : seul, le brigand Moor, qui les personnifie, ne vit pas.

LA PESTE[1].

FANTAISIE POÉTIQUE.

Elles célèbrent horriblement la puissance de Dieu, les pestes, les contagions dévastatrices, qui, avec l'affreuse confrérie des fléaux, se glissent par le val solitaire de la nuit sépulcrale.

Le cœur bat saisi d'effroi; les muscles roidis s'agitent convulsivement; la démence rit parmi les gémissements de l'angoisse; la douleur s'épanche en cadences hurlantes.

La rage se roule furieuse dans sa couche.... Une brume empoisonnée erre autour des villes dépeuplées. Les hommes, maigres, creux et pâles, fourmillent aux portes du sombre empire. La mort couve et pèse sur l'air étouffant; elle s'amasse des tré-

---

[1] Anthologie.

sors dans les caveaux qui regorgent : la peste est sa fête triomphale. Le silence des cadavres, la paix morne des cimetières alterne avec les hurlements de folle joie : la peste célèbre Dieu horriblement.

HISTOIRE MERVEILLEUSEMENT ÉTRANGE

DE LA FAMEUSE EXPÉDITION QUE HUGO SÉNACHÉRIB, ROI D'ASSYRIE, VOULUT ENTREPRENDRE CONTRE LE PAYS DE JUDA, MAIS A LAQUELLE IL DUT RENONCER, SANS AVOIR RIEN FAIT.

(Tiré d'une vieille chronique et mis en rimes plaisantes, par Siméon Krebsaug, bachelier.)

Dans Juda, raconte la chronique, il y avait jadis un roi à qui, de Dan à Berséba, presque tout était soumis; et c'était en outre un brave prince : rarement tu trouveras son pareil.

Or naguère, comme l'on sait, il était allé faire sa cour, et avait ramené une jolie petite femme du pays de Chaldée, une femme qui a le ciel dans son cœur.... dans son regard : je l'embrasserais sans hésiter.

Le jour du mariage était déjà fixé, les habits de noce tout prêts. Le fiancé, vif comme un héros, attendait le jour fortuné, quand tout à coup.... ma plume l'écrit en tremblant.... une fièvre attaqua ce noble seigneur.

Un grand seigneur, chacun le sait, n'est pas comme un de nous.... Quand notre âme s'en va plus loin, il n'est guère personne qui s'en inquiète; mais qu'un grand se plaigne d'un rhume de cerveau, le bruit en circule aussitôt dans le monde.

Aussi dame Renommée, qui jamais ne chôme, détache son cor de sa nuque (vous connaissez tous sa grande bouche et ses joues rebondies) : « Le prince Josaphat est cloué sur sa couche par un mal mortel, » va-t-elle trompetant par toute l'Asie.

1. Ce poëme parut sans nom d'auteur dans une feuille de Meiningen, les Nouvelles hebdomadaires, au mois de février 1783. M. Hoffmeister l'a publié d'après un manuscrit de Schiller, à la marge duquel Reinwald, beau-frère du poëte, avait écrit ce qui suit : « Poëme satirique de Schiller, relatif aux préparatifs militaires dirigés par la cour de Saxe-Cobourg contre le pays de Meiningen, à l'occasion de la maladie du duc George, en 1783. »

La triste nouvelle frappe aussitôt le prince Sanhérib, son cousin.... Il a son trône à Assur et adore des dieux étrangers.... Ce ballot de mensonge vient bien à souhait à notre idolâtre.

« Il y a là quelque chose à pêcher,.... que le diable m'emporte! » Et soudain il dresse les oreilles. « Si Josaphat meurt, j'entre tout droit par les portes d'Hébron. Il prend médecine.... il n'ira pas loin, et Juda est une grasse proie. »

Aussitôt part du château, circulant par la ville, dans la garde montante, l'ordre d'éveiller sans pitié la troupe paresseuse des célibataires. Déjà, jetées en fonte, les bombes jaillissent des moules et se réjouissent d'entrer bientôt en danse.

La garde de la porte a des ordres précis, que pas une âme ne s'échappe sans visite, sans grognante apostrophe. « Montrez vos portefeuilles et vos patentes,.... sinon, messieurs, marche!... à la maison des fous! »

« Ami, d'où venez-vous? » hurle sur tous les tons la sentinelle, apostrophant les étrangers. « Votre destination? Où descendez-vous? Que cachez-vous sous votre chemise?... Holà! hé! le commis de la porte! — Monsieur reste ici! On lui dira quand il sera temps de poursuivre sa route. »

Or, maint voyageur devient suspect au caporal. L'enquête va, peu s'en faut, jusqu'à la torture; mais Dieu est tout-puissant. On visite un à un les paquets, et l'on n'y trouve rien.... que du tabac à priser.

Cependant le zèle des racoleurs envoie des recrues, nombreuses comme le sable du rivage. Les voilà, bleu, rouge et blanc, qui se rangent en armée. Les machines de guerre.... croyez-moi hardiment.... dévorèrent dix sachets d'argent[1].

Le prince Sanhérib déjà racontait aux dames ses victoires. Pour boire à la prospérité du nouvel État, les cruches volaient d'une table à l'autre. Déjà l'on meuble le nouveau château.... Et le bourgogne coule de plus belle.

Qu'il sera superbe, le roi Sanhérib, dans son riche habit de gala, faisant caracoler son fier cheval blanc, et chevauchant à

---

1. « D'après notre monnaie, 2000 thalers. » (*Note de l'auteur.*) — Il joue sur le mot. *Seckel* signifie à la fois « petit sac (*Säckel*), » et « sicle, » poids et monnaie en usage chez les Hébreux.

travers la Judée! les dames à sa suite en carrosse, d'un train à rompre, peu s'en faut, et roues et timon!

Comme déjà fièrement, du haut de son trône, il admet au baisemain les scribes de Juda! Eux lui jurent fidélité.... et tout le peuple, le front dans la poussière, crie « Hosanna! » au roi.

Mais pendant que déjà ton cousin lorgnait ta couronne, que déjà sur ton trône, encore occupé, il pinçait la harpe de David, toi, dans ta couche.... ô prince.... pleuré du pays, tu étais.... encore sain et sauf dans la main de Dieu.

Dieu se tenait en haut du Sinaï, et tournait les yeux vers la terre. Déjà il voyait un paradis créé par ton sceptre, et regardait aussi avec un calme auguste tout le tumulte de ton cousin.

Promptement il dépêche un chérubin et dit avec un doux sourire : « Va, Raphaël.... et récrée de ton souffle le prince que voilà. Il est mon fils.... mon serviteur fidèle. Qu'il vive!... car je suis juste. »

Soumis à la volonté de Dieu, Raphaël descend ici-bas, prend la forme d'un médecin et guérit le mal par un miracle. Ton prince ressuscite.... triomphe, patrie!... sauvé par la main du ciel.

La nouvelle s'achemine vers l'Assyrie, où règne Sanhérib. Il vient tout juste de ramener sa dame d'une course en traîneau.... « Votre Altesse! un courrier! — Qu'il entre! Ce seront sans doute des lettres de deuil. »

Vivement il ouvre la lettre et lit; il lit.... ah! des nouvelles la plus triste!... que Josaphat est en vie; et, maugréant, il dit à sa bien-aimée : « La guerre est finie!... la peste soit de toi! Les deux mille thalers m'affligent. »

ÉPITHALAME POUR LE MARIAGE DE HENRIETTE *** AVEC ***

PAR UN AMI DE LA FIANCÉE [1].

Pour la première fois, après un long repos, je reprends, aimable enfant, pour saluer ton hymen, la plume du poëte.

---

1. Cette ode est de 1783, du temps où Schiller demeurait à Bauerbach, auprès de Meiningen, chez Mme de Wolzogen, qui lui avait offert un asile lors-

L'heure du berger sonne de nouveau pour moi,... mes chants coulent du cœur sur ma lyre qui longtemps chôma.

Dans tes jours d'allégresse, osera-t-elle, la sagesse austère, venir aussi à toi? Elle vient du sein de ton ami. La sagesse est sœur de la joie, elle ne la trouble point, mais la fait plus durable et sourit au plaisir permis.

Quand les vertus gagnent la couronne, de mes yeux jaillit une larme de joie et je pense au monde meilleur.... Si rarement la fortune récompense le plus digne! Souvent la vertu pleure dans les fêtes que célèbre le vice couronné.

Toi, fille au noble cœur, tu as de la pitié pour la douleur étrangère, de la sympathie pour la joie d'autrui.... Ne rougis pas... J'en vois des preuves.... Et ma lyre, demande-le aux grands du monde.... ma lyre est fière, elle ne flatte jamais.

Avec quelle peine la nature sensible se fraye sa voie à travers la splendeur du rang et des ancêtres! L'affectation étouffe le sentiment. Souvent des dignités, payées du repos de l'âme, accablent et broient, tels que de lourds rochers, le petit cœur des grands.

Ton cœur, que l'envie même jamais encore n'a blâmé, ton cœur pur t'a anoblie, et ta vertu force le respect.... Je passe à la hâte devant la cour et sa magnificence, j'aime mieux m'arrêter auprès d'une âme à qui ses généreux sentiments tiennent lieu d'ancêtres.

Qui fut l'ange de ta jeunesse? qui préserva ta jeune vertu? As-tu déjà pensé à Elle? à l'amie que Dieu t'a donnée? Son vrai titre de noblesse, c'est sa belle vie.... je hais l'autre, qui n'est qu'un héritage.

Elle t'arracha du milieu des âmes vulgaires.... Ta prière nuptiale le racontera à Dieu!... Tu la suivis et devins bonne. Elle t'a créée pour faire le bonheur d'un époux; semblable au soleil du printemps, elle échauffa ton jeune cœur et le forma à la vertu.

Comme elle s'élança, avec sa bonté de mère, au secours de chaque fleur fraîche éclose, jusqu'à ce que la vie eût pénétré

qu'il s'enfuit de Stuttgart. Elle est adressée à une jeune fille élevée dans la maison de cette dame, et c'est Mme Caroline de Wolzogen, belle-fille de la noble amie du poète, qui l'a publiée dans les *Souvenirs de la vie de Schiller*.

APPENDICE. 515

dans la racine ! Comme elle soignait, avec un zèle ardent, le tendre bourgeon, jusqu'à ce qu'il montât dans les airs, mûr et fier rejeton !

Marche donc à l'autel de l'hymen ! L'amour te montre des ans filés d'or.... Ma bénédiction cordiale t'y précède. Tu connais les devoirs de l'épouse, tu as un cœur pour en goûter les joies, et je nomme heureux ton époux.

Qu'il est beau le lien de l'amour ! il nous attache, vrai ressort du monde, éternellement au Créateur. Quand les yeux s'insinuent dans les yeux, que les larmes se marient aux larmes ! déjà la belle alliance est conclue.

Quel plaisir doux et divin, d'être pressé sur le cœur d'un époux ! qu'il est doux de jouir du bonheur qu'on lui donne, plus doux encore d'éprouver pour lui des tourments ! La douleur enchaîne aussi les belles âmes, et cette souffrance est pleine de volupté.

Tu partageras avec une aimable ardeur le destin de ton mari, et bientôt tu verras dans son âme. Avec quelle tendresse, quel tendre empressement tu iras au-devant des moindres vœux, de tous les rêves, dès qu'ils poindront dans son sein !

Quand sous les fardeaux accablants du souci et des devoirs du citoyen ton époux lassé succombera, ton aimable sourire, comme un souffle bienfaisant, le rafraîchira.... et il les portera, en se jouant, au but.

Quand la douleur sévira dans son sein, quand sur lui pèsera la noire mélancolie, quand les orages gronderont dans son cœur, alors, avec ton visage serein, tu viendras, pareille à la lumière du soleil, jeter un regard consolateur dans la brume de son chagrin.

Si le doux fardeau de la volupté même devenait trop pesant pour son âme solitaire... le plaisir veut aussi partage et assistance.... tu en porteras la plus belle moitié, et ton œil seulement lui dira combien est grande la plénitude du bonheur.

Oui.... m'est-il permis de voler par delà les années, de lever le voile de l'avenir ?... oui, une joie nouvelle t'attend ! la plus grande que l'homme éprouve, qui ne trouve de modèle que dans les cieux.... la joie d'être mère d'un enfant !

D'être mère d'un enfant !.. ce qu'il y a de plus doux là-haut et

sur la terre. Ce mot délicieux comprend tout.... Ce petit être....
quel ravissement !... le bercer dans le sein maternel ! Que peut-
il y avoir de plus beau dans le ciel ?

Quelle béatitude.... tu la connaîtras.... quand tes enfants te
nommeront en bégayant, et cordialement courront au-devant de
toi !.... La joie inquiète.... les doux tourments.... Vains efforts !
un jeune homme ne peut les peindre.... ici je jette mon pinceau.

Ce que les chants n'osent chanter, demande-le à la meilleure
des mères : « Est-il rien qui ressemble au bonheur maternel ? »
Tu as entendu résonner ses soupirs, tu as vu tomber ses larmes,
tu l'aimes, et c'est pour cela que je t'aime.

Que la meilleure des mères te dise comme toutes les artères
divinement palpitent, dès que le nom de l'enfant retentit,
comme le paysage même prend des couleurs plus belles, comme
le ciel même rayonne avec plus d'éclat, le ciel suspendu au-
dessus de ses enfants !

Combien est doux le chagrin pour des riens, combien douce
cette crainte : « Il pourrait souffrir ! » et la larme répandue en
silence, et l'impatience de voler à lui ! combien intolérable le
plaisir dont l'enfant n'a point aussi sa part !

La volupté d'être reine du monde, celle de pleurer pour son
enfant.... laisse-lui le choix.... que fera-t-elle ? Elle jette à terre
la couronne, et vole avec un geste de triomphe, vole vers son
cher enfant.

Réjouis-toi donc.... ce paisible bonheur dont tant d'autres
sont privés, tu en jouiras.... Que te souhaiterai-je ?... ne le profane jamais ! Et l'amie qui a adouci ton cœur, qui a fait de toi
une bonne mère.... que te souhaiterai-je ?... ne l'oublie jamais !

Ne l'oublie jamais !... Quand tes bien-aimés autour de toi
s'exerceront à leurs jeux d'enfants, conduis-les à celle qui est
bonne entre toutes. Qu'ils tombent à ses pieds, que leur bouche
innocente lui bégaye : « Tu nous as donné notre bonne mère ! »

APPENDICE.

CHANT FUNÈBRE

SUR LA TOMBE DE PHILIPPE-FRÉDÉRIC DE RIEGER[1].

L'épouvante broie encore nos membres.... Rieger mort! Ce tonnerre hurle encore dans nos oreilles.... Rieger, Rieger mort! Comme un éclair allumé au couchant disparaît déjà au levant, le héros a volé vers Dieu! Faut-il que des plaintes retentissent autour de sa dépouille, des plaintes pour le grand homme? ou de chaudes larmes doivent-elles tomber de nos yeux, des larmes pour l'homme bon et chéri? Pouvons-nous pleurer avec les fils de Rieger? nous unir aux patriotes? Oh! célèbre donc, chant de deuil et de larmes, le coucher d'un soleil!

Haut fut ton rang, ô Rieger! et grand ton esprit pour ta grande mission; mais plus grand fut.... ton cœur. Une angélique bienveillance, une divine pitié ouvraient tes bras à tes amis. Dans le sage aux cheveux argentés riait encore la gaieté badine, toujours innocente. Le feu de la jeunesse brûlait encore dans le vieillard. Dans le guerrier priait le chrétien. Bien au-dessus du sourire de ton prince, dont tant d'autres, hélas! sont altérés avidement, bien au-dessus pour toi était l'Eternel.

Non, ramper humblement autour des dieux de la terre, acheter la faveur des princes par les malédictions des sujets, ne fut jamais ton ambition. Défendre les malheureux auprès du prince, prier auprès du trône pour l'innocence, tel fut ici-bas ton orgueil. Le rang et le pouvoir, clinquants risibles, se détachent et tombent au jour du jugement; ils tombent comme les feuilles pendant l'orage, et la pompe.... n'est rien!... Guerriers de Charles[2], permettez-moi de m'arrêter ici; avancez, vétérans couverts de lauriers.... que l'ardent remords enflamme la conscience!... Du cercueil de votre Rieger, la Mort, d'une voix

---

1. Le général wurtembergeois Rieger mourut en 1783. Il était alors commandant de la prison d'État Hohenasberg. Il avait été précédemment captif, pendant plusieurs années, dans la forteresse de Hohentwiel. — Ce chant funèbre parut d'abord dans un *Album des Dames*, publié à Tübingue, chez Cotta, par Huber, Lafontaine, Pfeffel, etc.

2. Charles-Eugène, duc régnant de Wurtemberg.

sourde et creuse, ô fils de nombreuses années, la Mort vous parle :

« Dieux de la terre, croyez-vous donc, avec le puéril orgueil de la grandeur (ce bois renferme tout dans cet étroit espace), me braver impunément? Que sert la faveur du monarque, qui souvent ne brille que dans la plaque de chevalerie? que sert l'art tortueux du courtisan quand votre œil s'obscurcit et s'éteint? Dieux de la terre, parlez donc! cette fumée divine une fois dissipée, dites, que seriez-vous encore si vous.... restiez des hommes pervers?

» Me bravez-vous avec le nom de vos orgueilleux ancêtres, parce que deux des gouttes de votre sang coulèrent jadis dans les veines d'anciens héros? Êtes-vous fiers d'un bien transmis par héritage? S'inquiétera-t-on là-bas du rang de Rieger? La faveur de Charles le suit-elle jusque-là? Sa croix de chevalier l'élèvera-t-elle plus haut que les jubilations de ceux qui le bénissent? Quand le juge feuillettera le livre des dettes, demandera-t-il si ce grand mort a ici-bas gravi le temple de la victoire? S'informe-t-on là comment ici on l'a divinisé? Dieu juge-t-il.... comme nous? »

Mais bonheur à toi, âme transfigurée, prends avec joie ton vol vers le soleil! Pour ton cœur l'humanité eut plus de prix que la brillante tromperie de la grandeur. Les belles actions étaient tes trésors, entassés pour un monde plus beau. Tu passas heureusement à travers les filets dorés où l'ambition fait tomber ses esclaves. Tandis que l'armure de géant d'une grandeur orgueilleuse écrase maint grand cœur de héros; toi, tu as fui, libre, échappé au tumulte de ce monde.... et le bonheur est ton partage. Là où, dans d'éternelles aurores, tu cueilles un laurier qui jamais ne se fane, et abaisses tes regards, avec une douce pitié, sur cette planète, séjour de deuil; là où tu enlaces de purs séraphins par d'éternels embrassements, où tu balances, au son des harpes triomphantes, tes ailes hardies à travers les cieux; là où Rieger, dans les délices et les rêves d'Éden, oublie les tortures de cette vie, où, brillante comme le soleil, la vérité l'inonde, débordant par mille canaux....

Là nous verrons.... triomphez, frères!.... là nous reverrons notre Rieger.

TRÈS-HUMBLE ADRESSE

D'UN POÈTE TRAGIQUE DÉCOURAGÉ, PRÉSENTÉE AU DÉPARTEMENT DE LA LAVANDERIE
DE LA MAISON KÖRNER, A LOSCHWITZ[1].

Ma tête est stupide et lourde comme du plomb, la tabatière vide, l'estomac à jeun.... Que le ciel soit propice à la tragédie !

Je gratte avec mon tuyau de plume sur le chiffon broyé[2]. Qui peut pomper du fond d'un cœur creux les émotions, le sentiment ?

Il me faut verser du feu sur le papier.... avec des doigts glacés.... O Phébus, si tu hais le barbouillage, réchauffe ton disciple !

La lessive claque devant ma porte, la fille de cuisine piaille[3], et devant moi, une porte à deux battants s'ouvre et m'appelle à la cour du roi Philippe.

J'enfourche bravement mon coursier; en peu de secondes je suis à Madrid; déjà je l'ai attaché à l'entrée du palais du roi.

Je traverse la galerie d'un pas rapide; là j'épie la princesse Eboli dans sa douce ivresse d'amour.

Elle se jette au cou du prince, toute frémissante de volupté; dans ses yeux est une joie divine; lui, dans les siens, n'a que tristesse.

Déjà la jeune beauté s'écrie : « Triomphe ! » déjà j'entends.... Mort et enfer! qu'ai-je entendu ?... Un bas mouillé jeté dans le baquet.

---

1. Cette boutade est de 1786. Elle fut publiée d'abord dans la *Nouvelle Gazette mensuelle de Berlin*, en 1804. Pendant l'automne de 1786, Schiller demeurait chez son ami Körner, près de Loschwitz. On imprimait à Leipzig son *don Carlos*. Pressé par son éditeur, il fut obligé un jour de rester à la maison pendant que toute la famille Körner était allée faire une excursion aux environs. Par malheur, Mme Körner, qui avait compté que Schiller serait de la partie, avait donné ordre qu'on fit la lessive pendant son absence, et de plus fermé sa cave et ses armoires, de façon que le pauvre poëte fut réduit à jeûner et n'eut même pas de bois pour se chauffer.

2. C'est-à-dire sur le papier. — Cette seconde strophe manque dans plusieurs éditions.

3. D'autres éditeurs, au lieu de *plärrt*, « piaille, » donnent *scharrt*, « racle. »

Adieu rêve et féerie!... Princesse, Dieu vous bénisse! Que le diable emporte la poésie voisine de la lessive!

FRÉDÉRIC SCHILLER,
Poëte domestique et de ménage.

A MADEMOISELLE D***, DEPUIS COMTESSE DE K***[1].

Un bal masqué, image frappante de cette vie, t'a donnée à moi pour amie. Mon premier aspect fut.... tromperie; mais notre alliance, conclue en badinant, la sympathie des cœurs l'a confirmée.

Un regard a suffi, et, à travers le masque que je portais, ce regard a lu dans mon cœur, qui battait brûlant dans ma poitrine. Le commencement de notre amitié ne fut.... qu'apparence : que la suite soit vérité.

Dans la loterie si mêlée de la vie, bien souvent nous ne tirons que des billets blancs. Plus d'un porte le sceau glorieux de l'amitié, qui fuit, perfide, à l'heure de l'épreuve. Souvent nous voyons l'image que nous peignent nos rêves rayonner à nos regards dans des yeux humains. « C'est lui! crions-nous, il faut que ce soit lui! » Nous l'espérons.... et c'est.... un roc.

Ce noble penchant qui attache magnétiquement les unes aux autres les âmes tendres; qui nous pousse à nous tourmenter de la souffrance, à nous réjouir du bonheur d'autrui; qui nous apprend à porter les lourds fardeaux de la vie, à vaincre même les terreurs de la mort; grâce auquel nous osons approcher plus près de la divinité, et qui nous rendrait même moins douloureuse la privation du paradis.... ce noble penchant, tu l'as pleinement éprouvé; tu as en partage le rare et beau lot de l'amitié. Le plus grand des trésors, qui a échappé à des milliers d'hommes, tu l'as cherché.... tu l'as trouvé : c'est d'être l'amie d'un ami.

1. Cette pièce, qui est, dit-on, du mois de mai 1787, parut d'abord dans un supplément aux œuvres de Schiller, publié à Tübingue et à Vienne en 1810. Le collecteur anonyme dit, dans une note, qu'il la tient de la personne même à laquelle elle fut adressée.

Garde-moi aussi ce nom glorieux ; qu'il me reste une place dans ton cœur ! Le destin nous a rapprochés tard, mais il faut que notre alliance soit éternelle. Je ne puis te donner qu'une amitié fidèle : mon cœur est tout mon mérite. Je veux m'efforcer d'être digne de toi.... Ton cœur me restera.... si tu connais le mien.

LE POËTE[1].

FEUILLE D'ALBUM[2].

Pendant que les temps et les générations s'enfuient, on voit les justes couronnes de la gloire fleurir impérissables dans le chant du poëte, avec un parfum toujours frais et dans un printemps éternel. Par les vertus des races qui précédèrent, il enflamme la postérité ; il est assis, gardien incorruptible, dans le vestibule de l'immortalité. La plus belle des couronnes, le juge des actions la décerne.... par la main du poëte.

POUR LE JOUR DE NAISSANCE

DE MADAME LA CONSEILLÈRE D'ÉGLISE GRIESBACH, AU NOM DU PETIT GARÇON DU POËTE[3].

Ouvrez, madame Griesbach ! Je suis là et frappe à votre porte ; c'est papa et maman qui m'envoient pour vous complimenter.

Je n'apporte rien qu'un poëme pour célébrer votre jour de fête ; car tout aujourd'hui, dit maman, est vraiment hors de prix.

---

1. Écrit de la main de Schiller, à Iéna, le 9 août 1790, dans l'album du poëte danois Jens (Immanuel) Baggesen.
2. Voy. page 400, note 2.
3. Ce petit compliment enfantin est de 1796. Il fut publié d'abord dans une biographie du célèbre exégète Griesbach, professeur à l'université d'Iéna, et mari de la dame à laquelle ces vers furent présentés par le petit Charles Schiller, alors âgé de trois ans, fils aîné de l'auteur. — C'est, comme l'on sait, la coutume en Allemagne d'associer la femme au titre, quel qu'il soit, de son mari. Il n'est pas de nom de fonction, honoraire ou réelle, qu'on ne mette ainsi au féminin.

Dites vous-même ce que je dois vous souhaiter : je ne sais qu'imaginer ; car enfin vous avez cuisine et cave pleines, rien ne manque dans vos armoires.

Asperges et petits pois poussent presque sur votre table ; vos groseilles et vos reines-claudes fleurissent à souhait.

A propos de groseilles, je me souviens qu'elles ont un goût parfait, et quand elles seront mûres, faites que je le sache.

Vous nourrissez beaucoup de porcs gras, et donnez la pâture aux poules ; la vache dans l'étable crie : mou ! mou ! et vous fournit du lait et du beurre.

Tout le monde, jeunes et vieux, vous aime tant, et à votre cher et digne mari tout a réussi on ne peut mieux.

Vous êtes bien portante, j'en loue et bénis Dieu ! et il faut que vous le restiez bien gentiment toujours. Oui, écoutez ! ne soyez jamais malade, pour qu'ils ne vous écrivent pas d'ordonnance.

Et maintenant bonjour ! je vous dis adieu. J'ai été, n'est-ce pas ? bien discret aujourd'hui.... Pourtant vous pourriez, avant que je m'en aille, me couper une tartine de beurre.

LE RENARD ET LA GRUE[1].

A FD. NICOLAI[2].

Un jour le sens commun invita à dîner le sens philosophique et servit au convive affamé de la vaisselle très-large et très-plate. L'hôte quitta la table à jeun, son bec n'avait saisi que de maigres petits morceaux ; l'amphitryon avala seul les mets.

A son tour, le sens abstrait invita le sens commun à venir boire son vin, et servit au convive altéré une cruche au col étroit. « Bois, mon cher ! » lui dit-il, et lui-même, avec son long cou, aspira à plein gosier ; mais en vain le museau bestial reniffle au bord du vase.

---

1. *Almanach des Muses* de 1797.
2. Chr. Fr. Nicolai, libraire et littérateur berlinois, souvent raillé dans les *Xénies*. Il avait attaqué, avec beaucoup d'arrogance, dans son *Voyage en Allemagne et en Suisse*, la philosophie de Kant et les *Heures*.

APPENDICE.

A MON AMI KAAZ,

A SUBIACO[1].

Bienheureux, mon ami, celui qui, loin du désordre des villes, vit animé des sentiments d'Horace pour la belle nature! Ah! que je fuirais volontiers, moi aussi, la chaleur accablante, cette poussière, ce bruit, ce maudit tumulte des rues qu'ébranle le fracas des voitures, ce mouvement, cette presse éternelle, ce cercle fatigant du temps qui toujours apporte même chose! mais l'odieuse nécessité m'enchaîne dans les murs de Rome[2]. Prométhée ne peut se détacher du roc du Caucase. Sois mon Alcide : tire, atteins et tue le vautour, dont l'éternelle morsure me déchire le cœur et le foie. De quoi puis-je jouir, quand d'odieux travaux sont là qui m'attendent et s'attachent à moi, quand derrière moi s'entassent les soucis menaçants, qui, pâles comme de creux fantômes, chassent, en grinçant, le sommeil de ma tête accablée, et répandent du poison dans ma coupe? Ami, ce n'est qu'à l'homme joyeux, libre de soucis et d'humeur, que sourit l'aimable nature, que sourit le pré émaillé. Pour toi, jouis donc gaiement, et que j'aie la joie d'apprendre comme, pour mon ami, les jours s'évanouissent au sein d'une douce jouissance.

Dans les gorges de Subiaco, séparé du tumulte des hommes, heureux à l'ombre du bois silencieux, tu te trouves toi-même. Parmi les arbres l'artiste sensible n'est pas solitaire, et dans la foule des humains il est là, si souvent! seul et abandonné. Mais pour des milliers d'hommes la nature est muette : l'artiste toujours l'entend parler distinctement à son cœur ému. Ah! que son esprit aime à échapper au tumulte du monde, à s'enfuir

---

[1]. Cette épître est du mois d'août 1802. Je la prends dans les suppléments de M. Hoffmeister, qui lui-même l'a trouvée dans un volume où l'on n'eût guère été tenté de la chercher, à la suite d'un drame de Raphaël Sanzio, par G. Chr. Braun, publié à Mayence en 1819. — Subiaco est une petite ville des États de l'Église où demeurait en 1802 Kaaz, peintre distingué, que Schiller avait connu vraisemblablement à Dresde. Braun affirme que l'original de l'épître était en la possession de la veuve de Kaaz.

[2]. A Weimar. (*Note de M. Hoffmeister.*)

dans la contrée brillante, étrangère à l'humaine petitesse, où commandent les fantaisies au sceptre d'or; où Pygmalion ne pleure plus, inexaucé, auprès de son marbre; où l'on n'entend que le doux murmure des Napées sortir confidemment du vert feuillage; où la Naïade amie apparaît près de la source qui gazouille; où, sous les regards ravis, se déchirent les voiles mystérieux qui enveloppent dans une lueur douteuse l'image du monde antique; où l'esprit, sans entraves, parcourt les bocages de l'Ilissus, et, sur les rives du Strymon, écoute le chant des bergers! Salut, bois touffu, romantique vallée de Tibur, fontaine de Blandusie, cours murmurant de l'Anio! Hélas! le temps m'a ravi jusqu'à ma pauvre consolation, de me tromper gaiement moi-même, de me bâtir des palais aériens. Qui maintenant nous comprend? qui peut nous entendre et saisir notre pensée? Froid, insensible, émoussé, chacun ne regarde qu'à soi. Ce que nous sentons, ce qui autrefois battait dans toute poitrine, est pour le peuple une énigme, voilée des ténèbres du Styx. Ami, la source s'est tarie qui nous versait, au pied du Pinde, ses flots argentés; le soleil d'Ionie s'est éteint, l'Isthme est plongé dans la nuit, la mer tonne déchaînée dans le Pirée désert, des filets de pêcheurs pendent en ces lieux où brillaient jadis des flottes superbes. Au but ne flottent plus les couronnes ondoyantes de la gloire; l'hippodrome ne retentit plus du bruit des chars; l'hymne de Pindare se tait; les dieux irrités ont fui, et sur les autels obscurs le feu sacré s'est éteint. Rendez-moi, ciel et terre, la cité et les lois de Périclès! Ah! mon cœur soupire après ce temps qui a fui. Mais l'Olympe fleurit, fleurit encore pour un cercle étroit d'hommes sensibles; le temps de Saturne fleurit de nouveau. Ce qui nourrit la vie, ce qui réjouit la vie, les Grâces, sœurs aimables, l'embellissent toujours. Celui-là seul vit, qu'elles ont à sa naissance favorisé d'un sourire propice, plantant elles-mêmes dans son cœur sensible l'âge d'or. Ils sont loin ces temps où jaillissait la source vive qui n'offrait que des coupes écumantes pour une sublime jouissance[1]. Et des

---

1. La traduction n'est pas ici plus obscure que l'original :

   Welche zu hohem Genuss schäumende Becher nur bot.

M. Hoffmeister dit que l'authenticité de cette épître lui paraît incontestable;

enfants dégénérés, hélas! habitent les rives des saints fleuves. Le Nord, de son souffle glacé, a arraché toutes les fleurs. Vois! le temple des Immortels n'est plus qu'un amas de ruines et de cendres, et le chœur des Grâces est livré au deuil dans les champs d'Hellas. Les ouragans ont dispersé depuis longtemps la cendre des citoyens de Cécrops; le voyageur maintenant pleure sur leur tombe couverte de mousse. Cependant l'antique oracle retentit encore, entendu des initiés. Phébus vit, son chant résonne aux oreilles des hommes sensibles. Écoute, ami, ce chant sublime, et n'oublie pas ton ami, que son sort envieux retient loin d'Arcadie.

FEUILLE D'ALBUM POUR AUGUSTE DE GOETHE[1].

Aimable enfant, la fortune t'aime, car elle t'a donné le premier, le plus précieux des biens, celui de te réjouir glorieusement de ton père. Maintenant tu ne vois encore en lui que l'âme aimante de l'ami le plus tendre; quand tu seras homme, tu comprendras mes paroles. Alors tu reviendras, avec les sentiments d'un nouvel amour, sur le sein du grand homme qui aujourd'hui n'est encore pour toi qu'un père. Qu'il vive en toi comme il vit dans les œuvres sublimes qu'il nous a créées, le poëte unique, florissantes, immortelles; et que le lien cordial de la mutuelle sympathie et du dévouement qui unit les pères continue d'unir les fils[2].

pour moi, j'avoue que les négligences dont elle abonde me laissent quelques doutes. Ce n'était pas là, surtout en 1802, le style de Schiller, et il ne suffit pas, pour excuser les taches, de dire que la pièce n'était pas destinée à l'impression.

1. Écrit de la main de Schiller, vraisemblablement en 1804, dans l'album d'Auguste de Goethe, fils de l'illustre poëte, né en 1795 et mort à Rome en 1830.

2. Il y a dans l'allemand : « Qui unit les fils continue d'unir les pères. » C'est sans doute une faute; au moins les mots dont se sert ici le poëte seraient-ils bien graves pour une amitié enfantine comme celle qui pouvait lier en ce temps-là deux petits garçons comme Auguste Goethe et Charles Schiller.

ÉPIGRAMMES.

TABLETTES VOTIVES ET ÉPIGRAMMES GÉNÉRALES [1].

L'INSTITUTEUR.

Vous élevez des citoyens pour le monde moral; nous vous louerions de bon cœur, si en même temps nous ne vous voyions les exclure du monde sentant.

LA PRÉFÉRENCE.

Celui qui triomphe de son cœur est grand, j'honore son courage; mais celui qui triomphe par son cœur a encore plus de prix à mes yeux.

LA VÉRITÉ.

Elle n'est qu'une pour tous, mais chacun la voit diversement; ce qui rend vraies ces vues diverses, c'est qu'elle reste une.

LA BEAUTÉ.

La beauté n'est éternellement qu'une, mais le beau change diversement; ce qui seul fait cette unité belle, c'est précisément qu'il change.

L'ÉDUCATION.

La vérité n'est jamais nuisible; elle châtie, et son châtiment de mère forme l'enfant chancelant et combat les caresses de la servante.

---

1. Nous donnons ici, en n'en omettant qu'un petit nombre, les épigrammes que Schiller n'a point admises dans le Recueil de ses poésies. Il en est plus d'une, comme on le verra, qui perd dans la traduction tout sel et tout charme; plus d'une aussi qui tirait tout son intérêt ou toute sa malice de circonstances aujourd'hui oubliées. Nous l'avons déjà dit, il y en a dans le nombre qui sont de Goethe : les deux auteurs avaient mis en commun les épigrammes qu'ils avaient composées pour l'*Almanach des Muses*, et il avait été convenu qu'on ne ferait point le partage ni l'attribution, et qu'elles demeureraient leur propriété indivise. (Voy. p. 342, et p. 349, note 3.)

LE MOI.

C'est sans doute un grand art, un art difficile, de se préserver soi-même ; mais plus difficile est celui d'échapper à soi-même.

LE PHILOSOPHE ET LE RÊVEUR ROMANESQUE.

Celui-là a les pieds sur la terre, mais ses yeux regardent vers le ciel, celui-ci, les yeux dans la boue, lève les jambes en haut.

LA NATURE ET L'ENTENDEMENT.

Si vous étiez, rêveurs, en état de saisir l'idéal, oh! alors vous honoreriez aussi, comme il convient, la nature. Si vous étiez en état, Philistins [1], de voir en grand la nature, elle vous élèverait assurément elle-même aux conceptions idéales.

LE PAQUET TERRESTRE.

Ils monteraient volontiers au ciel, mais le corps aussi a du bon, et on l'empaquette habilement en croupe du séraphin.

L'EMPIRIQUE.

Que vous ayez choisi la voie la plus sûre, qui le pourrait nier? Mais vous ne marchez qu'à tâtons, en aveugles, sur la voie la plus frayée.

LE THÉORICIEN.

Vous procédez d'après des lois, aussi toucheriez-vous assurément le but, si seulement la majeure, si la mineure étaient vraies.

LE DERNIER REFUGE.

Dans le bonheur, vous jetez un regard hautain sur l'aveugle

---

1. Voy. la note 2 de la page 351. — Goethe a placé dans ses œuvres la première moitié de cette épigramme, qui est peut-être de celles que les deux poëtes ont faites ensemble.

empirique; mais dès que vous êtes dans le besoin, il est pour vous le dieu de Delphes.

LES SYSTÈMES.

Vous avez élevé de superbes édifices. Dieu du ciel! comment expulser l'erreur, maintenant qu'on l'a logée si royalement?

LES PARTISANS DE LA DÉCOMPOSITION [1].

Allez toujours, divisez la lumière! Vous vous efforcez de partager, comme vous faites si souvent, ce qui, en dépit de vous tous, demeure un pourtant et unique.

LE DIVIN.

Si la beauté ne se flétrissait, rien ne lui pourrait ressembler. Où elle fleurit, la divine, je ne sais rien qui lui soit pareil. L'entendement pressent l'infini; il se crée une suprême perfection : dans la belle forme, elle vit pour le cœur, pour le regard.

LA JEUNESSE.

Il est une Grâce dont chacun jouit dans cette vie; mais, enfant de la terre, elle s'enfuit rapidement, si la céleste Grâce ne la retient.

L'ENTENDEMENT.

L'entendement peut former, il est vrai; mais, sans vie lui-même, il ne peut animer. De ce qui a vie seulement jaillit tout ce qui a vie.

L'IMAGINATION.

Elle peut, il est vrai, créer la matière d'un ouvrage, mais sa fougue déréglée l'empêche de façonner. Ce qui est harmonieux peut seul produire l'harmonie.

1. Cette épigramme est probablement de Goethe; elle s'adresse aux partisans de la théorie des couleurs de Newton, à laquelle, comme l'on sait, Goethe en avait opposé une autre.

LA PUISSANCE POÉTIQUE.

Pour que la vie que tu crées ait une forme, et ta pensée la vie, il faut qu'à l'œuvre toujours préside la puissance qui donne à la fois et la vie et la forme.

L'ESPRIT ET LE BON SENS.

Celui-ci est trop craintif, celui-là trop hardi; il n'a été donné qu'au génie d'être hardi de sang-froid et modéré dans la liberté.

L'ABSURDITÉ ET LA DÉMENCE [1].

Que l'esprit se donne une entorse, c'est une sottise dont nous rions; que le génie glisse hors de sa voie, il ressemble à un fou furieux.

LA DIFFÉRENCE.

Nous voyons en souriant le danseur trébucher sur un sol uni; mais qui voudrait voir en proie au vertige celui qui s'avance sur la corde périlleuse?

LE PHILISTIN [2] ET LE BEL ESPRIT.

Celui-là a encore son prix, il sert du moins la vérité en valet diligent; mais celui-ci fait tort à la fois et au vrai et au beau.

LE BEL ESPRIT ET LE BEAU GÉNIE.

Le bel esprit ne porte avec aisance sur ses épaules que les choses légères, mais le beau génie porte légèrement les choses graves.

LEÇON POUR L'ÉLÈVE ARTISTE.

Pour que tu évites le pire des défauts, la médiocrité, n'évite trop tôt, jeune homme, aucun des autres!

---

1. Il est impossible de reproduire la piquante symétrie de cette épigramme. Nous n'avons pas en français, pour rendre le contraste, deux mots de même origine, comme *Aberwitz* et *Wahnwitz*.

2. Voyez la note 2 de la page 521.

LE MÉDIOCRE ET LE BON.

Veux-tu faire donner le prix à celui-là? compte les défauts; veux-tu relever celui-ci? fais le compte des beautés.

LE PRIVILÉGE.

Le riche seul donne prise au blâme; dans l'œuvre de la pauvreté, il n'y a rien de mauvais à voir, rien de bon.

LA SÉCURITÉ.

Il n'y a que le cheval ardent, plein de feu, qui tombe dans la carrière; l'âne s'avance d'un pas circonspect.

LA PUISSANCE DU GÉNIE [1].

Toute création est l'œuvre de la nature. Du trône de Jupiter part le trait tout-puissant; il nourrit et ébranle le monde. Plantez sur les maisons les pointes et les chaînes conductrices : elle agit sur toute la nature, cette force toute-puissante.

LA DÉLICATESSE DANS LE BLÂME.

Qu'appelle-t-on blâme délicat? — Celui qui épargne tes faiblesses? Non, celui qui fortifie l'idée que tu as de la perfection.

L'ART ALLEMAND.

Ce que nous possédons de beau en fait d'arts est un don qui vient d'en haut; vraiment ce n'est pas le sol, sous nos pieds, qui le produit. Ne faut-il pas que l'artiste cherche au dehors le plant même? qu'il emprunte à Rome, à Athènes, le soleil, la lumière?

---

1. Cette épigramme est probablement de Goethe; il en a admis la première moitié dans ses *Quatre saisons*.

LES LANGUES MORTES.

Quoi ! vous nommez langues mortes la langue d'Horace et la langue de Pindare ? Et c'est d'elles seulement que nous vient ce qui vit dans la nôtre.

LA VOCATION DE JUGE.

Qui est appelé à juger ? — Est-ce seulement le meilleur ? — Non, celui pour qui le bon a encore plus de prix que le mieux [1], celui-là est appelé à juger.

A ***.

Tu réunis tous les talents qui font un auteur parfait. Oh ! résous-toi, mon ami, à n'être que lecteur.

LE BON MOYEN.

Veux-tu, comme auteur, exercer de l'influence en Allemagne ? Frappe vigoureusement ; car il ne se trouve que bien peu de gens pour contempler attentivement l'œuvre.

LES CRITIQUES SANS MISSION.

Il est facile de blâmer, et si difficile de créer ! Vous qui blâmez ce qui est faible, avez-vous donc aussi ces dons excellents qui récompensent l'âme créatrice ?

LA RÉCOMPENSE.

Qu'est-ce qui récompense le maître ? — Un écho qui doucement répond, et le pur reflet du cœur par lui touché.

---

1. C'est-à-dire, celui qui considère une œuvre absolument, pour voir si elle est en elle-même bonne ou mauvaise, plutôt que d'examiner relativement si elle est meilleure ou pire que d'autres.

LE SORT COMMUN.

Après que tu as nourri sur ton sein plein d'amour l'enfant du sentiment, le lecteur ne te rend à la place qu'un mannequin, fruit de sa fantaisie.

LE CHEMIN DE LA GLOIRE.

Je nomme heureux l'auteur qui trouve en haut les suffrages; l'Allemand est réduit à se baisser pour les chercher en bas.

SIGNIFICATION.

« Que signifie ton œuvre ? » demandez-vous au créateur du beau. Questionneurs, vous n'avez jamais vu que la servante, jamais la déesse [1].

AUX MORALISTES [2].

Enseignez! cela vous convient : nous aussi, nous honorons la morale; mais la muse ne se laisse pas commander par vous. Je n'attends point de l'architecte des airs mélodieux; ni de toi, moraliste, un plan pour mon épopée. Les puissances de l'homme sont multiples; plût au ciel que chacune se gouvernât elle-même et s'efforçât d'atteindre à sa perfection propre!

LES ÉRUDITS.

Vous êtes astronomes et connaissez beaucoup d'astres; mais l'horizon vous cache mainte constellation.

CONDITION.

En vain tu t'efforces éternellement de te rendre semblable à l'essence divine, si d'abord tu n'as fait tienne la divine essence.

---

1. La « servante », c'est, selon Schiller, l'art qui a son but hors de lui; la « déesse », l'art libre et vrai qui est à lui-même son but.
2. Cette épigramme est probablement aussi de Goethe : du moins a-t-il placé dans ses *Quatre saisons* le premier des quatre distiques dont elle se compose.

L'INSTRUMENT AVEUGLE.

Combien je m'afflige quand je vois une âme excellente, digne d'aller au but elle aussi, ne se considérer que comme moyen!

LE CARACTÈRE MORAL ET LE BEAU CARACTÈRE.

Celui-là est le représentant de toute la communauté des esprits, mais la belle âme compte déjà bien que par elle-même.

LES BAVARDS DE MORALITÉ [1].

Comme ils nous tourmentent avec leur morale pure, nous les impurs! Ils n'osent assurément se fier en rien à la nature grossière. Il faut qu'ils fuient jusque dans le monde des esprits, pour échapper à la bête; ils ne peuvent faire humainement la chose même la plus humaine. S'ils n'avaient pas de *conscience* et si le *devoir* ne parlait si saintement, je crois, en vérité, qu'ils pilleraient leur fiancée au moment même où ils l'embrassent.

LE SCRUPULE.

Tu demandes ce qu'il t'est permis de dire tout haut à de chastes oreilles? — Ce qu'un chaste cœur te permet tout bas de faire.

LA MORALE DU DEVOIR ET LA MORALE DE L'AMOUR.

Chacune à sa place! Celle-là ne va qu'aux cœurs élevés, l'autre ne convient qu'aux belles âmes. Mais je ne sais rien de plus repoussant que de voir le grossier s'unir au grossier par les liens d'un délicat et spirituel amour, ni rien de plus méprisable que la morale des purs esprits dans la bouche de la plèbe à qui l'humanité manque encore.

DIGNITÉ DE L'HOMME.

N'en parlons plus, je vous prie. Donnez-lui des aliments, une

---

1. Critique de la philosophie morale de Kant.

demeure ; quand vous aurez couvert sa nudité, la dignité viendra d'elle-même.

XÉNIES [1].

LE COMMIS ESTHÉTIQUE DE LA PORTE DE VILLE.

Halte, voyageurs! Qui êtes-vous? De quelle condition et de quel caractère? Personne ne passe ici avant de m'avoir montré son passe-port.

LES XÉNIES.

Nous sommes des distiques. Nous ne prétendons être ni plus ni moins. Ferme, si tu veux ; nous passerons par-dessus la barrière.

LE DOUANIER.

Ouvrez les coffres! Vous n'avez pas de contrebande, j'espère? Rien de contraire à l'Église? à l'État? pas de marchandises de France?

LES XÉNIES.

Nous n'avons pas de coffres. Nous ne portons sur nous que ce qui tient dans nos deux poches [2] ; et chez les poëtes, comme l'on sait, ce qu'elles renferment ne pèse guère.

LE QUÊTEUR AVEC SA BOURSE.

Messieurs [3], il est d'usage que qui suit cette route mette dans la bourse une aumône pour les simples d'esprits, une aumône pour les infirmes.

DIEU VOUS ASSISTE!

Maudite gueuserie! Les voitures qui précèdent ont richement payé pour elles et pour nous. Nous ne donnons pas; fouette, cocher!

---

1. Voyez la note de la page 342.
2. Les deux vers du distique.
3. En français dans le texte.

LA LOTERIE.

Il y a foire ici; déballez vite et ornez la boutique. Venez, auteurs, et tirez! Que chacun essaye son bonheur!

LES PRATIQUES.

Il y a d'ordinaire peu de numéros gagnants dans de telles boutiques. N'importe, l'espérance et la curiosité vous y font courir.

LE METS RÉPUGNANT.

Poëtes et amants se donnent eux-mêmes; mais quel mets nauséabond, quand une nature vulgaire t'impose de jouir d'elle!

LE DÉSIDÉRATUM.

Si tu avais l'imagination et l'esprit et le sentiment et le jugement, en vérité il ne te manquerait pas grand'chose pour être un Wieland ou un Lessing.

LE TÉLÉOLOGUE [1].

Quelle vénération ne mérite pas le Créateur du monde qui, en créant le liége, inventa aussi sur-le-champ les bouchons!

LE PROPHÈTE [2].

Il est dommage que la nature n'ait fait de toi qu'un seul homme; il y avait matière pour un digne homme et pour un coquin.

IAMBES.

On appelle iambe la bête à deux pieds, l'un court et l'autre long; c'est donc à bon droit que tu nommes *Iambes* ton œuvre boiteuse [3].

1. C'est-à-dire l'homme qui enseigne le but des choses et exalte le créateur en montrant l'utilité des créatures.
2. Cette épigramme, qui pourrait bien être de Goethe, s'applique à Lavater.
3. Ce distique est dirigé contre les *Iambes* du comte Fr. L. de Stolberg.

AFFICHE [1].

Nous avons pétri sans bruit le salpêtre, le charbon et le soufre, et foré des tuyaux. Puisse maintenant vous plaire notre feu d'artifice!

POUR CHANGER.

Quelques pièces montent comme globes lumineux, d'autres mettent le feu; il en est plus d'une aussi que nous ne lançons qu'en jouant, pour réjouir les yeux.

L'ÂGE D'OR.

Est-ce pris en masse que les hommes s'améliorent? Je le crois; car, à les prendre un à un, qu'on cherche tant qu'on voudra, on ne s'en aperçoit guère.

MANSO SUR LES GRÂCES [2].

On peut bien par de méchantes formules évoquer des sorcières; mais la Grâce ne vient qu'à l'appel de la grâce.

LA JÉRUSALEM DU TASSE, TRADUITE PAR LE MÊME.

Un lac asphaltite marque encore la place où s'élevait la Jérusalem que Torquato nous a chantée.

L'ART D'AIMER [3].

Il te faut un art même pour aimer? Malheureux Manso, la nature n'a-t-elle donc rien fait, rien absolument pour toi?

---

1. Ce distique et le suivant s'appliquent aux *Xénies* mêmes.
2. J. G. Fr. Manso, directeur du gymnase de Breslau, avait blessé Schiller et Goethe par des critiques insérées dans la *Nouvelle bibliothèque des sciences*. Il avait écrit sur les Grâces dans ses *Essais sur quelques sujets de mythologie*.
3. Cette épigramme et les cinq suivantes sont la satire de l'*Art d'aimer*, poème didactique en trois livres (Berlin, 1794), du même Manso.

LE MAÎTRE D'ÉCOLE DE BRESLAU.

Dans des vers ennuyeux et avec d'insipides idées, un maître d'école ici nous enseigne comment on séduit et plaît.

CUPIDON EN PÉDANT DE COLLÈGE.

Qu'y a-t-il de plus affreux parmi toutes les choses affreuses ? — Un pédant à qui vient la démangeaison d'être licencieux et dissolu.

LE SECOND OVIDE.

Pauvre Nason, que n'as-tu écrit comme Manso ! Jamais, brave compagnon, tu n'aurais vu Tomi.

LA CHOSE IMPARDONNABLE.

Tout peut manquer et mal réussir, nous pouvons le tolérer et le pardonner : tout, excepté ce qui veut être aimable et séduisant.

LES RIMEURS PROSAÏQUES.

Wieland, que ton génie est riche ! On ne peut bien le sentir qu'en voyant combien ton *caput mortuum* est fade et vide.

JEAN-PAUL RICHTER.

Si tu ménageais ta richesse seulement moitié autant que l'autre[1] fait sa pauvreté, tu serais digne de notre admiration.

AU PRÔNEUR DU MÊME[2].

Crois-tu qu'il devienne plus grand si tu lui prêtes ton épaule ? Il restera petit comme auparavant, et toi tu en seras bossu.

---

1. Sans doute encore Manso.
2. Contre le critique qui avait loué l'*Hespérus* de J. P. Richter dans la *Gazette littéraire universelle*. On a supposé que c'était le professeur Woltmann d'Iéna.

INVASION HOSTILE.

Jetez-vous dans le pays des Philistins, renards aux queues enflammées, et ravagez, elle est mûre, la moisson de papier de ces messieurs.

LE NÉCROLOGUE[1].

Entre tous ceux qui rendent compte de nos œuvres, tu m'es le plus cher. Celui dont le nom se lit chez toi, par bonheur ne te lit plus.

BIBLIOTHÈQUE DES BELLES-LETTRES[2].

Cet hôpital est fondé pour les poëtes invalides : la Goutte et l'Hydropisie y sont traitées par la Consomption.

LES NOUVEAUX JUGES DU GOÛT.

Pauvres poëtes, que ne vous faut-il pas entendre, uniquement pour que l'étudiant lise bien vite son essai imprimé[3] !

AUX BAVARDS ET AUX BARBOUILLEURS.

Allez toujours, continuez votre métier, nous ne pouvons sans doute pas vous l'interdire ; mais désormais, croyez-moi, vous ne l'exercerez plus paisiblement.

GUERRE OUVERTE[4].

Depuis longtemps déjà vous nous harcelez, mais toujours en cachette et perfidement ; vous vouliez la guerre, eh bien ! faites-la donc, et que ce soit guerre ouverte.

---

1. Il s'agit du *Nécrologue* publié par Schlichtegroll, de 1790 à 1806.
2. Voyez page 373, note 2. Les trois épigrammes suivantes sont dirigées contre le même recueil.
3. Il paraît que la *Bibliothèque des belles-lettres* avait parmi ses rédacteurs bon nombre de jeunes débutants ou d'écrivains qui paraissaient tels.
4. Ce titre est en français dans l'original.

A CERTAINS COLLÈGUES.

Poursuivez, soit, de vos paroles sévères les mauvais princes, mais en même temps cessez de flatter les mauvais auteurs.

A MM N. O. P. [1].

C'est vous que je plains le plus; vous ne demanderiez pas mieux que de choisir le bon; mais la nature vous a absolument refusé le jugement.

LE COMMISSAIRE DU JUGEMENT DERNIER [2].

Il va en Calabre inspecter l'arsenal où se fond l'artillerie pour le jugement dernier.

LES DISCIPLES DE KANT.

Pourquoi des crânes vides ne comprendraient-ils pas les paroles de Kant ? N'avez-vous pas vu des devises dans des noix creuses ?

J...B. [3].

Le chemin de la vérité est escarpé sans doute et glissant à gravir : pourtant nous n'aimons pas à le parcourir sur des ânes.

LES AVEUGLES.

Les aveugles, je le sais, ont le tact beaucoup plus fin, et les sourds la vue; mais avec quel organe, dites-le-moi, la plèbe philosophe-t-elle ?

---

1. Trois critiques qui signaient, dit-on, par ces trois lettres dans l'*Uranie*, les *Archives du temps* et la *Flore*.
2. Allusion à un endroit du *Voyage en Allemagne et autres lieux* du comte Fr. L. de Stolberg, où il est parlé des convulsions de la Calabre, « dont l'accouchement doit ébranler la terre d'un pôle à l'autre. »
3. L. H. de Jakob, professeur à Halle, qui prétendait mettre la philosophie de Kant à la portée des écoles et du public illettré. Les huit épigrammes suivantes sont également dirigées contre lui ou contre des interprètes de même espèce.

LES ANALYSTES.

La vérité est-elle donc un oignon dont on ne fait qu'enlever les tuniques? Jamais vous n'en tirerez ce que vous n'y avez pas mis.

LA LETTRE ET L'ESPRIT.

On peut payer longtemps avec des fiches et des jetons; mais à la fin, messieurs, rien n'y fait, il faut bien tirer sa bourse.

LE GÉNIE SCIENTIFIQUE.

Naît-on seulement poëte? On ne naît pas moins philosophe. Toute vérité, en fin de compte, n'est que façonnée et contemplée par l'homme.

LES TÊTES BORNÉES.

Vous servez pourtant à quelque chose: l'esprit, dans ses conceptions, oublie si volontiers les bornes de l'intelligence, et vous nous les montrez honnêtement.

LE DEVOIR DES DOMESTIQUES.

Avant tout, que la maison soit propre où la reine fait son entrée. Alerte donc! qu'on balaye les chambres! Voilà pourquoi, messieurs, vous êtes là.

INDÉCENCE.

Mais, dès qu'elle paraît elle-même, vite à la porte, valetaille! Que la servante ne se plante pas sur le fauteuil de la dame.

A SANT.

Tu appelles aristocratique le ton des nouveaux prophètes? C'est très-juste; qui dit philosopher aristocratiquement, dit penser comme les roturiers.

LE PHILOSOPHE AMUSANT [1].

Un plaisant docteur enseigne ici une sagesse facétieuse, sérieux de nom seulement, et dans une salle riante.

VOCATION MANQUÉE.

Il est bien dommage qu'ici, dans la chaire, il se perde en vain bruit un talent qui eût mérité de briller sur des tréteaux plus élevés [2].

LE DIALOGUE PHILOSOPHIQUE [3].

L'un, j'entends bien, parle après l'autre, mais ils ne s'entretiennent pas ensemble. Qui jamais a nommé dialogue deux monologues?

LE PRIVILÉGE.

On ne fraye avec les poëtes et les enfants que pour jouer. Eh bien! ne vous fâchez donc pas si parfois cette jeunesse vous fait trop de bruit.

LE ZODIAQUE LITTÉRAIRE.

Maintenant, distiques, recueillez toutes vos forces : le zodiaque s'ouvre affreux devant vous. Enfants, suivez-moi! il faut que nous passions.

Le signe du Bélier.

Vous rencontrez d'abord le Bélier, le conducteur des moutons ; il s'élance arrogant du parc de Dyk [4].

---

1. Contre Ernst Platner, professeur de philosophie et de médecine à Leipzig. *Ernst* signifie en allemand, sérieux. Platner enseignait dans une salle élégamment décorée. L'épigramme suivante est aussi dirigée contre lui.
2. Ceux de saltimbanque, à la foire.
3. Le poète a en vue le *Dialogue sur l'athéisme*, du même Platner.
4. Éditeur de la *Nouvelle bibliothèque des belles-lettres*. Voyez plus haut, page 373, note 2. — Le Bélier désigne le célèbre philologue et littérateur Fré-

Le signe du Taureau.

Tout près de lui vous reçoit son frère de nom. Le Bœuf de Halle, si vous ne vous garez, vous frappera de ses cornes obtuses.

Le signe du Cocher¹.

Bientôt, dans G**, retentit le fouet du digne postillon d'empire ; il ne vous emmènera pas, il est vrai, mais toujours est-il qu'il passe devant vous.

Le signe de l'Ours².

Plus loin l'Ours, à K**, étend contre vous ses griffes de plomb ; mais il ne fera qu'attraper les mouches sur vos habits.

Le signe de l'Écrevisse ou du Cancer³.

Évitez-moi l'Écrevisse, à B**. Ses tenailles ont pincé à mort mainte fleurette lyrique qui s'épanouissait avec une riche sève.

Le signe du Lion.

Maintenant gardez-vous du vaillant Lion d'Eutin, qu'il ne vous blesse pas le pied avec sa dent grecque⁴.

---

déric Jacobs de Gotha. Au moins a-t-il lui-même avoué, avec beaucoup de bonne grâce, dans l'*Album de Schiller* (Cotta, 1831), qu'il s'y reconnaissait : « Tu me nommes, dit-il, le Bélier dans le Zodiaque. Que ne le suis-je ? Je porterais avec joie ma toison aux maîtres du sombre empire en guise de rançon ; et toi, divin poète, tu serais rendu aux peuples qui te regrettent. » — Le Taureau du distique suivant, frère de nom du Bélier, serait L. H. de Jakob (Voyez plus haut, page 539, note 3).

1. Schiller ajoute aux signes du zodiaque quelques constellations voisines. Il a ici en vue R. Z. Becker de Gotha, éditeur de la *Gazette nationale allemande* et de l'*Indicateur de l'Empire*.

2. Hermann, éditeur de la *Nouvelle Bibliothèque allemande universelle*, qui s'imprimait à Kiel.

3. Ramler de Berlin, qui avait publié, avec de prétendues améliorations, des poésies d'auteurs morts et d'auteurs vivants.

4. Le célèbre traducteur J. H. Voss, recteur à Eutin, ville du grand-duché d'Oldenbourg. Il se montrait critique très-sévère en fait de métrique.

Le signe de la Vierge¹.

Inclinez-vous, comme il convient, devant l'élégante vierge de Weimar. Elle boude souvent, il est vrai, mais qui ne pardonne les caprices à la Grâce ?

Le signe du Corbeau.

Seulement prenez garde au corbeau qui croasse derrière elle. La bête nécrologique ne se pose que sur des cadavres².

La chevelure de Bérénice.

Tâchez aussi d'échapper, à S**, aux poings grossiers qui étrillent avec un peigne de fer la chevelure de Bérénice³.

Le signe de la Balance.

C'est ici que vous devriez trouver la Balance ; mais depuis longtemps on ne voit plus ce signe au ciel.

Le signe du Scorpion.

Mais voici venir un méchant insecte de G..b..n ; il s'approche l'air caressant : si vous ne fuyez, vous êtes piqué⁴.

Le Serpentaire.

Maintenant le Serpentaire vous présente avec menace son serpent. Ne craignez point, ce n'est que sa peau sèche⁵.

---

1. Quelques personnes appliquèrent dans le temps cette épigramme à Sophie Mereau, d'autres à la duchesse de Weimar ; mais le poète nous apprend lui-même, dans une de ses lettres, qu'il avait en vue l'illustre Wieland.
2. Schlichtegroll, éditeur du *Nécrologue*. Voyez page 538, note 1.
3. Contre la *Gazette littéraire de l'Allemagne supérieure*, publiée à Salzbourg.
4. J. Fr. Reichardt, qui vivait alors à Giebichenstein, près de Halle.
5. On a expliqué ce distique comme une nouvelle attaque contre la *Bibliothèque allemande universelle*, publiée, jusqu'en 1792, par Nicolaï (c'était alors le serpent), et ensuite par Hermann (ce n'était plus que la peau).

Le signe du Sagittaire.

Une fois passés là heureusement, approchez-vous sans crainte de Schütz, le conseiller aulique à l'arc tendu ; il aime et à son tour comprend le badinage [1].

L'Oie.

Puis laissez paisiblement l'Oie crier ga ga à L...g, à G..a ; elle ne mord personne, son bruyant caquet fatigue seulement l'oreille [2].

Le signe du Capricorne.

En passant, heurtez-moi le vieux Bouquetin de Berlin. Cela le fâche et le public y trouve sujet de rire [3].

Le signe de Pégase.

Mais si vous voyez, à B**, le *Gradus ad Parnassum*, demandez-lui poliment pardon de vous être choisi vos propres voies [4].

Le signe du Verseau [5].

Du reste, tenez-vous loin du Verseau de D**, pour qu'il ne verse pas sur vous le courant de l'Elbe.

L'Éridan.

Sur les rives de l'Éridan évitez par un détour la terrible Lavandière, qui blanchit, avec lessive et sable, la langue de Teut [6].

---

1. Jeu de mots intraduisible. *Schütz* (*Schütze*) signifie en allemand « archer » ou « sagittaire. » Le conseiller aulique C. G. Schütz publiait à Iéna la *Gazette littéraire universelle*.
2. L'*Indicateur littéraire universel* de Leipzig et la *Gazette savante* de Gotha.
3. Chr. Fr. Nicolaï. Voy. page 522, note 2.
4. Contre J. J. Eschenburg, professeur à Brunswick, auteur d'un livre intitulé : *Théorie et Littérature des belles-lettres*. Il y a dans l'allemand : *Den Grad ad Parnassum*.
5. J. Chr. Adelung, à Dresde.
6. J. H. Campe, à Brunswick, critique très-sévère pour tout ce qui tenait à la pureté de la langue allemande.

Les Poissons [1].

Si vous voyez à Leipzig les petits poissons qui s'agitent dans la citerne de Sulzer, pêchez-y pour votre plaisir quelques goujons.

Le poisson volant [2].

Si, à Breslau, le Poisson volant vous harcèle, attendez patiemment; bientôt Neptune le fera redescendre dans son domaine d'eau claire.

Bon voyage!

Maints périls vous entourent encore, je les ai tus; mais nous nous souviendrons de tous à temps.... allez toujours !

LE PROBLÈME.

A qui appartiennent ces vers? vous le devinerez difficilement. Faites aussi votre triage ici, ô Chorizontes, si vous le pouvez [3] !

L'ESTIME A BON MARCHÉ.

Rarement l'homme est noble et grand et rarement digne d'amour : n'importe, toujours est-il qu'il vit, et qu'on l'estime et l'aime.

L'EMPIRE D'ALLEMAGNE.

L'Allemagne ? Mais où est-elle ? Je ne puis trouver le pays. Où commence l'Allemagne savante, là finit l'Allemagne politique.

---

1. Chr. Fr. de Blankenburg publia à Leipzig, avec Manso, Jakobs et d'autres, des *Additions à la Théorie des beaux-arts* de Sulzer. »
2. J. G. Fr. Manso (voy. p. 536). — Il y a en allemand « dans son domaine aqueux. » C'est un jeu de mots qu'il est difficile de rendre : *wässerig* signifie à la fois « aqueux » et « délayé, insipide. »
3. Schiller et Goethe s'étaient promis, comme nous l'avons dit, de mettre en commun leurs épigrammes et de les mêler de telle façon qu'il fût impossible d'y faire la part de chacun d'eux. — On appelait *Chorizontes* (χωρίζοντες) les grammairiens d'Alexandrie qui attribuaient les poèmes d'Homère à des auteurs divers.

LE CARACTÈRE NATIONAL ALLEMAND.

Faire de vous une nation, Allemands, vous l'espérez en vain; faites de vous (cela, vous le pouvez) d'autant plus librement des hommes.

LE DANUBE EN B***[1].

Bacchus, le dieu de la joie, et le gras Comus me conduisent par de riches pâturages; mais la Grâce demeure, toute honteuse, en arrière.

AU LECTEUR.

Lis-nous à ta fantaisie, d'après ton humeur, dans les heures ou tristes, ou joyeuses, selon que le bon ou le mauvais esprit nous ont procréés.

A CERTAINS LECTEURS.

Vous lisez beaucoup de livres sans sel; pardonnez s'il nous plaît de saler outre mesure ce petit volume.

DIALOGUES TRADUITS DU GREC[2].

Pour l'édification des âmes ferventes, F... St..., comte, poëte et chrétien, a germanisé ces dialogues.

LA COMPENSATION.

Pour avoir injurié les Dieux de la Grèce, Apollon te jeta du haut du Parnasse; en revanche tu iras en Paradis[3].

LE MODERNE DEMI-DIEU[4].

Hercule chrétien, tu étoufferais si volontiers les Géants! mais leur poitrine païenne, ô petit Alcide, tient toujours ferme.

---

1. En Bavière. Voy. page 374, note 4.
2. *Choix de dialogues de Platon*, traduits en allemand par Fr. L. comte de Stolberg.
3. A l'occasion d'un article du même Stolberg inséré dans le *Mercure allemand* et intitulé : *Pensées sur le poëme des dieux de la Grèce de M. Schiller*.
4. Même sujet. — Dans une autre édition, au lieu de *Brust*, « poitrine, » il y a *Brut*, « engeance, couvée. »

CHARIS.

Est-ce là la femme de l'artiste Vulcain? Elle parle du métier comme il convient à la noble moitié d'un roturier [1].

IMITATION DE LA NATURE [2].

Ce qu'un seul sait peindre, un seul le devrait peindre : Voss seul, le curé; Iffland, le chasseur.

LES SINGES.

Mais voilà que les bousilleurs s'imaginent que tout habit noir et tout habit vert est digne, en soi et pour soi, de notre contemplation.

EXHORTATION.

L'Allemagne ne se soucie guère de poésies; vous, petits camarades, faites tapage, jusqu'à ce que chacun se mette à la fenêtre pour admirer [3].

LE COUPLE FRATERNEL.

Ils parcouraient autrefois comme Centaures les forêts poétiques; mais cette race sauvage s'est tôt convertie [4].

K*** [5].

Écoute le critique! Tu peux acquérir ce qui, dit-il, te manque

---

1. Cette épigramme s'applique à un ouvrage de F. G. B. de Ramsohr, ambassadeur de Prusse à Naples : *Charis ou sur le beau et la beauté dans les arts d'imitation*. Schiller, dans une de ses lettres, se montre peu satisfait des principes et des idées générales de l'auteur : « C'est, dit-il, une philosophie de baron d'Empire; » mais il reconnaît qu'il a le goût assez exercé.

2. Dans ce distique et dans le suivant, le poète a en vue, d'une part, la *Louise* de Voss et les *Chasseurs* d'Iffland, et de l'autre les fades productions de leurs imitateurs.

3. Les *Xénies* en effet appelèrent l'attention sur le volume et firent vendre, comme le dit Goethe dans une lettre, les *Tablettes votives* et ce qu'il contenait, du reste, de bon et de sérieux.

4. Les frères Stolberg. Allusion à une vignette de leurs poésies qui les représentait sous forme de Centaures.

5. Ce distique s'adresse à Kant.

encore. Ce qui jamais ne s'acquiert, réjouis-toi, la nature te l'a donné.

AUX MORALISTES.

Tournez vers la vie et la pratique votre bâton de commandement, et laissez à l'Amour, au dieu aimable, les jeux avec la Muse.

LE LÉVIATHAN ET LES ÉPIGRAMMES.

Tu es terrible dans le combat, seulement il te faut un peu trop d'eau ; mais viens donc une fois, poisson, t'essayer avec nous dans les airs [1].

LA LOUISE DE VOSS.

En vérité, écouter le chant remplit le cœur de délices, quand le chanteur imite, comme fait celui-ci, les accents de l'antiquité [2].

LA CHAÎNE DE JUPITER.

Tous les rimeurs et barbouilleurs se pendraient après toi, qu'ils ne te tireraient pas en bas ; mais tu les tireras difficilement en haut [3].

EXTRAIT D'UNE ÉPÎTRE MODERNE.

Klopstock, voilà mon homme, lui qui a bourré ses phrases d'un goût nouveau de ce qu'il a entendu de sublime et de grand dans le bourbier d'enfer [4].

L'ALBUM DE D*** [5].

Une collection de poëmes ? — Dis plutôt une collecte, faite en faveur des pauvres et par des pauvres.

---

1. Quelques interprètes ont appliqué cette épigramme à Jens Baggesen ; la plupart, à Nicolaï.
2. Imité de l'Odyssée d'Homère (IX, 3).
3. A Voss qui s'était associé, pour faire son *Almanach des Muses de Hambourg*, avec des collaborateurs incapables.
4. On a supposé, mais cela paraît fort douteux, que cette épigramme s'appliquait à un éloge ridicule que fait quelque part de la *Messiade* le poëte Chr. Fr. D. Schubart.
5. L'Album de G. G. Becker.

UN CHEF-D'ŒUVRE ALLEMAND [1].

Tout est parfait dans ce poëme, la langue, la pensée, le rhythme. Il ne lui manque plus qu'une chose, c'est d'être un poëme.

INNOCENTE FAIBLESSE.

« Ta raillerie n'atteint que nos poésies ? » — Oh! estimez-vous heureux, que ce qu'il y a de pis en vous, ce soient vos fictions poétiques.

LES DERNIÈRES NOUVELLES DE ROME.

On a *peint* réellement l'Espace et le Temps; il faut s'attendre à ce que prochainement, avec le même bonheur, on nous *danse* la Vertu [2].

LE CONTE [3].

Plus de vingt personnes sont occupées dans le conte. Eh! que font-elles donc toutes? — Le conte, mon ami.

FRIVOLE CURIOSITÉ.

Oui, il vaudrait la peine de tourmenter le dieu de Delphes, pour qu'il te dise, mon ami, qui était l'Arménien [4].

CHOIX D'EXEMPLES.

Ce n'est pas seulement un choix d'exemples, mais encore un exemple qui enseigne comment on ne doit pas choisir dans l'intérêt du bon goût [5].

---

1. Dirigé, dit-on, contre un ouvrage de F. A. de Kleist, intitulé : *Zamori ou la Philosophie de l'amour.*
2. Une lettre de Fernow, écrite de Rome en mai 1795, et imprimée dans le *Mercure allemand*, décrit les peintures du peintre Danois A. J. Carstens, parmi lesquelles il y en avait une qui représentait allégoriquement l'Espace et le Temps, d'après les idées de Kant.
3. Relatif à un conte de Goethe, publié dans les *Heures* de 1795.
4. Personnage mystérieux du *Visionnaire* de Schiller, roman inachevé.
5. Contre un livre d'Eschenburg, intitulé *Théorie et littérature des belles-lettres, avec un choix d'exemples.* Voy. page 544, note 4.

AVEC VOTRE PERMISSION.

Ne te fâche pas qu'il soit aussi fait mention de toi! Veux-tu avoir pour rien le plaisir de voir houspiller ton voisin [1]?

LE PHILOLOGUE GRAMMAIRIEN.

Tu peux disséquer la langue, mais ce n'est que son cadavre; l'esprit et la vie échappent, comme une vapeur légère, à ton grossier scalpel [2].

ANECDOTES DE FRÉDÉRIC II.

Dans ces feuilles, le dix fois dix millième Fritz mortel traite de l'unique et immortel Frédéric [3].

LETTRES SUR LA LITTÉRATURE [4].

Quoi? Nicolaï a travaillé, lui aussi, à cet excellent ouvrage? — Je veux le croire, il y a aussi mainte trivialité dans cet ouvrage excellent.

CERTAINES MÉLODIES [5].

C'est de la musique pour faire penser. Tant qu'on l'entend, on est de glace. Ce n'est que quatre ou cinq heures après qu'elle produit son véritable effet.

RUBRIQUES AU-DESSUS DES LIGNES DE CES MÉLODIES [6].

Le chant est glacial et sans âme; mais le chanteur et l'accompagnateur sont poliment priés à la marge d'avoir du sentiment.

---

1. A Campe, qui vivait, ainsi qu'Eschenburg, à Brunswick. Voy. plus haut, p. 544.
2. Contre les *Analyses des chefs d'œuvre de la langue allemande* par Campe.
3. Contre *Frédéric Nicolaï*, auteur d'un recueil, comme il en existait déjà beaucoup, des *Anecdotes de Frédéric le Grand*. — Fritz est un diminutif familier de Frédéric.
4. *Lettres relatives à la littérature allemande la plus moderne*, publiées par Nicolaï, qui avait pour collaborateurs Lessing, Mendelssohn, Abbt, etc.
5. On a attribué à Goethe ce distique et les deux suivants. Ils sont dirigés contre les mélodies de J. Fr. Reichardt, qui avait été maître de chapelle à Berlin.
6. Il s'agit de ces avis placés au-dessus des lignes de musique, qui marquent le mouvement, le sentiment, comme *dolce*, *grazioso*, etc.

LE MAUVAIS ASSOCIÉ.

Poëte, prie les Muses, de préserver de lui ta chanson; ta plus légère même, son chant lourd la ferait ramper à terre.

CHARLES DE KARLSBERG [1].

Que mérite le célèbre auteur de la *Misère humaine?* — De se voir nourri gratis à la Charité.

OUVRAGES POUR LES DAMES ET POUR LES ENFANTS.

« Bibliothèque pour l'autre sexe, avec des fables pour les enfants. » Ainsi ni pour les enfants, ni pour l'autre sexe [2].

LES MÊMES.

Toujours pour les femmes et pour les enfants! Je serais d'avis qu'on écrivît pour les hommes, et qu'on laissât à l'homme le soin de la femme et des enfants.

SOCIÉTÉ D'AMIS DE LA LANGUE.

Oh! combien je vous estime! Vous brossez soigneusement les habits de nos auteurs, et sur qui ne vole pas quelque duvet [3]?

LE PURISTE.

Tu es ingénieux à purger la langue de mots étrangers: eh bien! dis-moi donc, ami, comment on doit germaniser *pédant* [4].

---

1. *Charles de Karlsberg* ou *la Misère humaine*, par Salzmann, 6 vol.
2. On a appliqué cette épigramme et la suivante aux écrits pour dames et pour enfants de Campe, Reinhold, Müchler, etc.
3. Campe avait fondé un journal dont l'objet était la *culture progressive de la langue allemande*, et qui était rédigé, disait le titre, par une « Société d'amis de la langue. »
4. L'épigramme n'a pas arrêté Campe; dans son *Dictionnaire des mots étrangers*, il a proposé, pour traduire *pédant*, l'équivalent, de sens incomplet, *Steißling*

CONSIDÉRATION RAISONNABLE.

Pourquoi nous tourmenter l'un l'autre? La vie s'écoule et nous n'avons qu'un temps à vivre ainsi ensemble[1].

A ***.

Je te tourmenterais volontiers aussi, mais je n'y puis réussir; tu es trop léger pour qu'on le fasse avec gravité; trop lourd pour qu'on badine.

A *** [3].

Non, tu ne m'irriteras pas. Tu aimerais à t'entendre railler, ce serait t'entendre nommer : voilà pourquoi, ami, je t'épargne.

GARVE [4].

Quand je t'entends parler de patience, noble patient, oh! comme je prends en haine la race des bavards cagots!

RÉPONSE A CERTAINES QUESTIONS.

Tu veux savoir si le génie t'appelle? si, quand il t'appelle, tu dois le suivre? — Non, te dirai-je, si tu m'interroges, ne suis pas son appel.

ORAISON JACULATOIRE [5].

Préservez-moi, ô dieux, de l'aristocrate en haillons, et du sans-culotte avec grosses épaulettes et plaque.

---

1. Comparez, page 358, *le Sort commun.*
2. Appliqué par les uns à C. A. Böttiger, par les autres à E. Th. J. Brückner.
3. On pense que ce distique s'adressait à Kotzebue.
4. Chr. Garve (mort en 1798), qui, sur son lit de douleur, dictait courageusement son livre *De la société et de la solitude.*
5. On suppose, avec vraisemblance, que ce distique et les sept ou huit suivants sont de Goethe. J'en passe à dessein plusieurs autres, fort insignifiants pour nous, qui sont évidemment de lui et ont pour objet des points de physique ou d'histoire naturelle qui l'intéressaient vivement.

PONCTUATION.

« Convenez que parmi vos petits poëmes il y en a plus d'un d'insignifiant ! » — Sans doute : dans tout écrit, il faut des points et des virgules.

LES ADRESSES.

Tout ici n'est pas pour tous, nous le savons nous-mêmes ; mais rien n'est sans destination, chacun se choisit soi-même son paquet.

LA POSSIBILITÉ.

Quand une fois l'erreur, comme une pierre fondamentale, gît en dessous dans le sol, on bâtit toujours dessus et jamais plus elle ne paraît au jour.

RÉPÉTITION.

Je vous le dirai cent fois et mille fois : l'erreur est l'erreur, qu'elle soit commise par le plus grand homme ou par le plus petit.

L'ESPÉRANCE.

Vous avez ôté l'honneur à tous ceux qui déposèrent contre vous ; mais l'honneur à la longue revient au martyr et lui revient doublé.

LA RÉSISTANCE.

Maint savant est aristocrate dans l'âme, car c'est tout un de s'appuyer sur son écusson et son cimier, ou sur des opinions héritées.

LE MOYEN.

Pourquoi nous dis-tu cela en vers ? — Les vers font de l'effet ; quand on vous parle en prose, vous vous bouchez les oreilles.

LES FINS MORALES DE LA POÉSIE.

« Il faut que le poëte nous rende meilleurs ! » — Alors donc le bâton de l'exempt ne doit pas une seule minute vous caresser le dos ?

RAGE DE DISSECTION.

On vous ouvre et vous vide tout vivants, et, quand vous êtes morts, il y a encore un prosecteur qui vous épie dans le Nécrologue [1].

ÉTUDES CRITIQUES.

Coupez, coupez, messieurs! L'écolier apprend en coupant, mais malheur à la grenouille qui est forcée de vous prêter sa cuisse.

LE CIEL ASTRONOMIQUE [2].

Le ciel est si auguste, si grand, si loin de nous! n'importe, l'esprit de minutie s'y est aussi frayé sa route.

AUX AUTEURS D'ALLIANCES PRÉMATURÉES.

Que chacun s'avance de son côté, sans rien savoir de l'autre Pourvu que tous deux marchent droit, ils se rencontreront assurément.

LE MIROIR FIDÈLE.

Pur ruisseau, tu ne défigures pas les cailloux de ton lit, tu les rapproches de l'œil : ainsi je vois le monde, **, quand tu le décris [3].

NICOLAÏ [4].

Nicolaï voyage toujours; longtemps encore il voyagera; mais jamais il ne trouvera la voie qui mène au pays de la raison.

---

1. C'est encore le *Nécrologue* de Schlichtegroll. Dans l'épigramme suivante il s'agit de certaines critiques relatives au théâtre de Goethe, etc.
2. Au sujet des *Entretiens cosmologiques pour la jeunesse*, par Wünsch. — C'est une variante du distique publié dans les Œuvres, parmi les Ex-voto, sous le titre d'*Écrits astronomiques*. Voy. p. 347.
3. Les uns ont rapporté ce distique au roman de *Wilhelm Meister* de Goethe; les autres, plus vraisemblablement, au *Miroir d'or* de Wieland.
4. Au sujet de son ouvrage intitulé : *Description d'un voyage en Allemagne et en Suisse, dans l'année 1781*. Voy. p. 522. — Les vingt-deux distiques suivants se rapportent également à Nicolaï.

L'IMPORTANT.

Il dit son opinion sur son siècle, il l'a dit, la dit encore bien haut, puis l'a dite et s'en va.

LE PLAN DE L'OUVRAGE¹.

Mon voyage est un fil à l'aide duquel, pendant trois lustres, je conduis, avec profit, les Allemands, comme me l'ordonne la forme de mon œuvre sans forme.

LA PHILOSOPHIE FORMELLE.

Il fait la guerre à toutes les formes; il sait bien que, de sa vie, il n'a fait que ramasser avec effort et peine des matériaux.

L'ENNEMI MORTEL.

Si tu veux exterminer tout ce qui ne convient pas à ta nature, Nicolaï, commence par jurer la mort du beau.

MAUVAISES TÊTES PHILOSOPHIQUES.

« Mauvaise tête! » crie dans nos bois monsieur Nicolas courroucé. « Vide tête! » lui répond gaiement l'écho du bois².

MAUVAISE TÊTE EMPIRIQUE

Pauvre diable empirique! tu ne connais pas seulement ta propre stupidité; elle est, hélas! si stupide *a priori*.

LE CHERCHEUR DE SOURCES.

Nicolaï découvre les sources du Danube! Quelle merveille! D'ordinaire il regarde si peu aux sources.

---

1. Il a douze volumes; la publication dura de 1783 à 1796.
2. L'écho est plus prolongé en allemand : *Querkopf.... Leerkopf.*

LE MÊME.

Il ne peut rien souffrir de grand ni de puissant; aussi, magnifique Danube, le guetteur t'a-t-il épié, jusqu'à ce qu'il t'ait surpris n'ayant qu'un filet d'eau.

VOYAGES DE N***, TOME XI, PAGE 177.

A propos¹, Tübingue! Il y a là des jeunes filles qui portent de longues tresses de cheveux; là aussi on publie les *Heures*².

L'HOMME HEUREUX.

Je voudrais te voir, Nicolas, quand tu trouves une petite pointe, et que ravi de ta trouvaille, tu te regardes dans le miroir.

L'EFFET INVERSE.

D'ordinaire, après une attaque, la langue s'embarrasse; mais lui, si longtemps paralysé, n'en parle que plus couramment.

L'AIGUILLON DANS LA CHAIR³.

Garde-toi bien de me nommer Lessing; l'excellent homme a beaucoup souffert, et tu as été une terrible épine dans la couronne du martyr⁴.

LES BLAGUES A NICOLAÏ.

Tu troublerais volontiers nos danses, mais nous poursuivrons notre marche, et toi, lourd compagnon, continue de patauger.

FICHTE ET LUI⁵.

Oui, sans doute, il plonge hardiment dans les profondeurs

---

1. En français dans le texte.
2. Elles paraissaient chez Cotta, libraire à Tübingue.
3. Locution biblique devenue proverbiale. L'allemand dit « le pal dans la chair, » ce qui est plus conforme au texte grec de saint Paul, tandis que notre façon de parler, « l'aiguillon dans la chair, » c'est la traduction du latin de la *Vulgate*.
4. Nicolaï avait été l'éditeur de la plupart des ouvrages de Lessing.
5. Nicolaï avait blâmé la philosophie de Fichte, comme trop abstruse.

de la mer, pendant que tu te balances sur ton léger bateau et prends des harengs.

LETTRES SUR L'ÉDUCATION ESTHÉTIQUE [1].

Elles sont parfois obscures, peut-être est-ce un tort, ô Nicolas ! mais chez toi la clarté n'est vraiment pas une vertu.

LA PHILOSOPHIE A LA MODE.

Risible personnage ! que l'esprit humain, par de sérieux efforts, tende toujours, de nouveau, à une culture meilleure, tu nommes cela une mode.

L'ORGANE GROSSIER.

Ce que tu ne prends pas dans tes mains, te paraît, ô aveugle, une chimère, et si tu regardes quelque chose, l'objet est aussitôt souillé.

LE PORTEFAIX.

Parce que tu as porté maint fardeau, que tu en portes et en porteras, tu te figures que ce qui se meut soi-même ne peut pas subsister devant toi.

LA GIBECIÈRE.

Que quelque chose bouge, aussitôt le chasseur tire; la création, toute vivante qu'elle est, ne lui paraît faite que pour sa carnassière.

LA CHOSE INDISPENSABLE.

Si l'humain bon sens pouvait exister sans raison, Nicolas aurait assurément le bon sens le plus humain.

LES XÉNIES.

Ce qui nous fâche.... c'est qu'avec des notes d'une longueur effrayante tu nous republies sous la rubrique de tes voyages.

1. C'est le titre d'un ouvrage de Schiller, qui fut d'abord imprimé dans les *Heures*.

LUCRI BONUS ODOR [1].

Nous t'avons traité durement : tires-en bon parti et injurie-nous dans ton tome douzième [2], cela te fera une feuille.

PROJET.

Que nos gais distiques, qui n'honorent que le bon, dépitent le philistin [3], harcèlent le fanatique, tourmentent l'hypocrite.

CE NE SONT QUE DES ÉCRITS PÉRIODIQUES [4].

Il embrasse la France d'une main; la pauvre Allemagne, puissamment, de l'autre; mais elles sont de papier et légères.

L'ÉPIGRAPHE.

« La vérité, vous dis-je! la vérité! toujours la vérité! » Je m'entends : « ma vérité à moi », car je n'en connais pas d'autre [5].

LE GARDIEN DE SION.

Ma vérité consiste à aboyer, surtout quand quelqu'un de bien vêtu se montre à moi dans la rue.

BÊTES DIVERSEMENT DRESSÉES.

Les chiens aristocratiques, ils grognent contre les mendiants; le vrai roquet démocratique jappe après les bas de soie.

---

1. « Le gain a bonne odeur. » Allusion à un mot bien connu de l'empereur Vespasien.
2. Voy. la note de la page 555.
3. Voy. page 551, note 2.
4. A l'adresse de Reichardt, éditeur de deux journaux mensuels, la France et l'Allemagne.
5. Le journal la France avait pour épigraphe : « Vérité! rien que la vérité! toute la vérité! » Les deux distiques suivants, qui sont vraisemblablement de Goethe, vont à la même adresse; ceux qui viennent après peuvent aussi s'appliquer à Reichardt, mais en même temps, d'une manière générale, aux déclamateurs démocratiques.

LA MAUVAISE SOCIÉTÉ.

Les aristocrates, passe encore! leur orgueil est du moins poli ; mais toi, honorable peuple, tu es si plein d'arrogance et si grossier.

AUX SUPÉRIEURS.

On aboie toujours après vous. Restez assis! Les aboyeurs ont envie de ces places d'où l'on entend paisiblement aboyer.

LES PRÊTRES DE BAAL.

Sainte liberté! sublime tendance de l'homme au progrès, vraiment, tu ne pouvais te pourvoir de plus mauvais prêtres!

VOCATION MANQUÉE.

Ils seraient volontiers terroristes ; mais on rit en Allemagne de leur fureur, qui ne déchire, comme modérés, que des écrits[1].

A PLUS D'UN.

Vous vous êtes assis d'abord à la table des grands ; maintenant vous voulez les renverser : jamais on n'a vu de parasites reconnaissants envers leur hôte.

COMPLÉMENT NÉCESSAIRE.

Nous vous dépiterons longtemps encore et vous dirons : « Bonnets rouges, pour achever la parure, il ne vous manque plus que les grelots. »

LE PROFIT.

Si les Allemands n'ont guère profité de ce que tu fais pour leur culture, toi du moins, Fritz Nicolaï, tu y as fait de fort grands profits.

---

1. L'allemand a ici un jeu de mot intraduisible : *mässig* signifie à la fois modéré et médiocre.

LA RÉVOLUTION.

Non, c'est pourtant trop fort! Voilà le chantre lui-même qui soudain quitte l'orgue et vient tapoter sur le clavier de l'État[1].

L'OISEAU MANQUÉ.

L'autruche voudrait voler, mais elle rame en vain; sa patte maladroite touche toujours ce malheureux sable.

LE DERNIER ESSAI.

Tu as beaucoup écrit, l'Allemagne n'a pas voulu te lire; si tes journaux ne se débitent pas, tout est fini.

EXPÉDIENT.

Tu n'as qu'à publier tes journaux sous le voile de l'anonyme : tu pourras ainsi, à pleines joues, y louer ta musique, personne ne le remarquera.

LE RODOMONT.

Souvent déjà tu as gonflé tes joues, sans pour cela produire aucun effet; maintenant encore tu n'en produis aucun : cesse donc de gonfler ainsi tes joues.

LES ÉPIGRAPHES.

Eh bien, soit! mets toujours des épigraphes sur tes journaux ; elles indiquent toutes les vertus qu'on ne remarque pas en toi.

SA MANŒUVRE.

Je m'entends à extraire et à salir les écrits : par là je les fais miens, et vous me les payez.

---

1. Reichardt était musicien. Les dix épigrammes suivantes sont aussi dirigées contre lui.

LES COLLABORATEURS.

Comme ils se disloquent les membres, les pauvres diables ! Mais aussi danser au son d'un tel fifre, par Apollon ! ce n'est pas une plaisanterie.

REVANCHE IMPOSSIBLE.

Tu décries et pilles tes collègues ! Te décrier n'est point nécessaire, et il n'y a rien à piller sur toi.

LE CŒUR VERTUEUX.

Nous te faisons grâce volontiers de la délicatesse morale, pourvu que tu remplisses à la rigueur les dix commandements.

L'HORREUR.

Hypocrites, loin de moi ! Toi surtout, odieux hypocrite, qui crois couvrir par la grossièreté la fausseté et la ruse.

REVANCHE DE L'ALLEMAGNE SUR LA FRANCE.

Vous nous avez vendu maint laquais comme homme d'importance. Bon ! nous vous expédions ici Kr.... [1] comme homme de mérite.

LE PATRIOTE.

Qu'il se forme partout des constitutions, ah ! combien c'est désirable ! mais vous ne nous aidez guère, bavards, à rien constituer.

LES TROIS ÉTATS.

Dites, où est en Allemagne le sans-culotte ? — Au milieu : en bas et en haut, chacun possède ce qui lui convient.

---

1. Ch. Fr. Cramer, qui, après avoir perdu sa chaire de philosophie à Kiel, à cause de son enthousiasme pour la Révolution française, alla ouvrir à Paris un commerce de librairie. Je passe un autre distique qui roule sur un jeu de mots intraduisible, sur le rapprochement du nom propre *Cramer* et du nom commun *Krämer*, Kramer, « petit marchand détaillant. »

LA CHOSE PRINCIPALE.

A tout possesseur son avoir, à tout souverain le sentiment du droit! Voilà ce qu'il faut souhaiter; mais vous ne nous procurez, vous, ni l'un ni l'autre.

ANACHARSIS II.

Vous avez enlevé la tête au premier Anacharsis; maintenant le second, Parisiens, fait sagement d'aller chez vous sans tête [1].

LES SOURCES HISTORIQUES.

Pour étudier ce qui se passe en France, l'aveugle te prête ses yeux, le sourd ses oreilles : tu es, ô Allemagne, excellemment servie [2].

L'ALMANACH RUCHE.

Qu'elle donne à l'ami un doux miel; mais, si le philistin s'approche lourdement, que l'essaim piquant bourdonne à ses oreilles.

ÉTYMOLOGIE.

Ton nom est un présage, il exprime tout ton mérite : tu procurerais volontiers, si ça allait, la victoire à la plèbe [4].

EXCEPTION.

Pourquoi ne blâmes-tu pas publiquement tel et tel ? — Parce qu'il est mon ami; l'ami, je le blâme en silence, comme je me blâme moi-même.

LES INSECTES.

Pourquoi attaques-tu si fréquemment certaines gens ? —

---

1. Le premier est Anacharsis Clootz, guillotiné en 1794; le second, Cramer.
2. Contre les journaux politiques de Reichardt, Schirach, Posselt, etc.
3. L'Almanach des Muses, où furent publiés les Xénies, avec d'autres poésies.
4. A Nicolaï. — Le nom grec Nicolaos est formé, comme l'on sait, de deux mots qui signifient victoire et peuple.

Parce que cette vermine, si la queue n'est sans cesse en mouvement, vous lèche et vous pique toujours.

INVITATION.

Crois-tu donc qu'on ne puisse pas te montrer ton côté faible ? — Fais-le, ami, avec esprit et bonne humeur, et nous serons les premiers à rire.

AVERTISSEMENT.

Mille des nôtres sont encore en embuscade.... C'est pour que vous n'alliez pas, marchant avec trop de feu, découvrir vos épaules et votre dos.

AUX PHILISTINS.

Ne vous réjouissez pas à la vue du papillon : le scélérat engendre aussi la chenille, qui vous mange votre beau chou presque dans le plat.

DROIT DOMESTIQUE.

Je n'en veux à aucun jardinier de chasser les moineaux : qu'il sache cependant qu'il n'est, lui, que jardinier, et qu'ils sont les enfants de la nature.

CURRUS VIRUM MIRATUR INANES [1].

Comme ils claquent, les fouets! Le ciel nous soit en aide! Des journaux! des calendriers! Chars et chars à la file! Que de poussière et combien peu de bagages!

LE CALENDRIER DES MUSES ET DES GRÂCES [2].

Muses et Grâces, souvent vous vous êtes égarées terriblement; mais jamais encore vous n'avez de votre main présenté au curé sa perruque.

---

1. Virgile, *Énéide*, VI, 651.
2. Publié par Fr. W. A. Schmidt, pasteur à Werneuchen, près de Berlin, qui, à force de rechercher le naïf et le naturel, tombait dans le ridicule et le trivial.

ALBUM [1].

Dans les pays du Sud beaucoup de maisons et de boutiques sont ouvertes, et l'on voit l'industrie des gens, mais en même temps leur pauvreté.

L'ALMANACH DE VOSS.

Courage, honnête Voss! Que du moins, à la vue du nouveau calendrier, l'Allemand te nomme, lui qui t'oublie dans le reste de l'année.

L'ALMANACH DE SCHILLER POUR 1706.

Tu nous élèves d'abord à des vues idéales, puis nous rejettes brusquement dans la nature : crois-tu que nous t'en sachions gré?

LE PAQUET.

Scellé d'une chouette? Minerve alors n'est pas loin! J'ouvre... qu'en sort-il? « Par et pour l'Allemagne [2]! »

LE JOURNAL « L'ALLEMAGNE [3]. »

L'Allemand commence tout avec solennité : aussi devant ce journal marche un musicien soufflant à pleines joues.

L'INDICATEUR DE L'EMPIRE [4].

Noble organe par lequel l'Empire d'Allemagne se parle à lui-même! quant à l'esprit et au talent, telle la voix, tel l'écho.

A. D. PH. [5].

Une semaine après l'autre elle parcourt l'Allemagne, la char-

---

1. Au sujet des albums qui paraissaient alors à Vienne, à Mannheim, et dans d'autres villes de l'Allemagne du Sud.
2. Titre d'un journal publié par le baron de Bibra à Fulda.
3. Voy. page 558, note 4.
4. Publié par R. Z. Becker.
5. *Annales de la philosophie*, publiées par Jakob.

APPENDICE.

rette de gueux, que dirige, assis sur son siége crasseux, Jakob le cocher.

B. A. U. [1].

Des pensées dix fois lues, sur du papier dix fois imprimé; sur un plomb usé, un esprit émoussé, un esprit de plomb.

A. D. T. [2].

Sur la couverture on voit les Grâces, mais, hélas! Aglaé nous tourne.... le côté que je n'ose nommer.

LA FEUILLE MENSUELLE ALLEMANDE [3].

Allemand, en fait d'arts, signifie d'ordinaire médiocre! Mois allemand, est-ce peut-être aussi en ce sens que tu te nommes œuvre allemande?

G. D. T. [4].

Je t'attends, Génie divin, avec tes souveraines fantaisies.... mais que vois-je? un gnome qui se traîne dans un sac de bure.

LE MERCURE [5].

Wieland ne se montre que rarement; mais on recherche la société où se montre, ne fût-ce que rarement, Wieland, l'homme rare.

LES HEURES, PREMIÈRE ANNÉE [6].

Les unes marchent d'un pas trop grave, les autres s'avancent témérairement; peu vont au pas, du même train que le public.

---

1. *Bibliothèque allemande universelle*, publiée par Nicolaï.
2. *Archives du temps et de son goût*, publiées par Meyer, Rambach et Fessler.
3. *Nouvelle feuille mensuelle allemande*, publiée par Fr. de Gentz.
4. *Le Génie du temps*, rédigé par A. A. Fr. de Hennings.
5. *Le Mercure allemand*, publié par Wieland, de 1773 à 1810.
6. *Les Heures*, première année, 1795, publiées par Schiller, en société avec Goethe, G. de Humboldt, Fichte, etc.

MINERVE [1].

Tu es sèche et sérieuse, mais toujours la digne déesse; aussi prêtes-tu volontiers ton nom à ce cahier.

JOURNAL DU LUXE ET DES MODES [2].

Tu châties la mode, tu châties le luxe, et tu sais en même temps les favoriser : tu es toujours sûr d'être approuvé.

LE PRÉSENT ALMANACH DES MUSES [3].

Maintenant donc, chers confrères, pour ses cordiales offrandes, notre calendrier attend aussi de vous ses remerciements.

L'HOMÈRE DE WOLF [4].

Sept villes se disputaient l'honneur de l'avoir mis au monde; maintenant que le loup l'a déchiré, que chacune prenne son morceau.

M*** [5].

Puisque tu décris tout, ami, décris-nous donc aussi, pour bien finir, la machine qui te sert si activement.

M. LÉONARD *** [6].

Je lis ton nom sur vingt écrits, et pourtant, ami, ce qui seul manque à tous, c'est le droit de porter un tel nom.

PANTHÉON DES ALLEMANDS, TOME I [7].

Les plus grands hommes de l'Allemagne et les plus petits sont

---

1. La *Minerve*, journal publié par J. G. d'Archenholz.
2. Rédigé par J. Bertuch.
3. Voy. la note de la page 526.
4. *Wolf*, comme l'on sait, signifie « loup » en allemand.
5. A. G. Meissner, écrivain très fécond.
6. Léonard Meister de Zürich. *Meister* signifie « maître » en allemand.
7. Ce premier volume contenait une étude sur Luther, par E. Ch. Wieland, professeur à Leipzig, et une autre sur Frédéric II, par H. Wurzer d'Altona.

ici rassemblés. Ceux-là ont fourni la matière, ceux-ci le style du livre.

BORUSSIAS [1].

La guerre que tu chantes n'a duré que sept ans! Ami, ton poëme héroïque me dure sept siècles.

BON CONSEIL.

« Accipe facundi culicem, studiose, Maronis,
« Ne, nugis positis, arma virumque canas [2]. »

REINEKE FUCHS [3].

Il y a des siècles, dites-vous, qu'un poëte a ainsi chanté? Comment est-ce possible? Sa matière n'est-elle pas d'hier et d'aujourd'hui?

MISANTHROPIE ET REPENTIR [4].

Misanthropie? non, à la pièce d'aujourd'hui, je n'ai rien éprouvé de tel; mais le Repentir, oui, je l'ai senti.

LE FAUST DE SCHINK [5].

Souvent déjà, en Allemagne, Faust, hélas! s'est donné au diable; mais jamais encore il n'a conclu si prosaïquement ce pacte effroyable.

A Mme B*** ET SES SŒURS [6].

Maintenant tu es encore Sibylle, bientôt tu seras Parque,

---

1. Poëme épique en douze chants, par D. Ienisch.
2. Le même Ienisch avait publié d'insignifiantes satires.
3. Titre allemand du roman du Renard. Goethe avait publié en 1794 un poëme de ce nom.
4. Drame bien connu, de Kotzebue.
5. J. Fr. Schink, bibliothécaire de la duchesse de Sagan.
6. On a appliqué cette épigramme à Mme Böhmer d'Iéna, qui plus tard épousa A. G. Schlegel. Elle était fort entichée du magnétisme et des prédictions des somnambules.

mais je crains que vous ne finissiez toutes affreusement par être des Furies.

ALMANSARIS ET AMANDA [1].

Pourquoi Amanda me pardonne-t-elle mon badinage, tandis qu'Almansaris fait grand bruit? Celle-là est vertueuse, ami; celle-ci veut prouver qu'elle l'est.

D*** [2].

Si la nature et le génie étaient honorés de tous les hommes, dis-moi, rêveur, quel public te resterait-il?

RÉCRÉATIONS, SECOND NUMÉRO [3].

Pour que vous voyiez comme nous justifions bien le titre du livre, nous vous offrons ici, comme récréation, l'anéantissement.

A L'IMPORTUN [4].

Une fois pour toutes, veux-tu me procurer une vie éternelle? Alors, dans la vie présente, ne me fais donc pas tant durer le temps.

POUR LE JOUR DE NAISSANCE.

Puisse le fil de ta vie se prolonger autant que, dans la prose, ta période, durant laquelle, hélas! Lachésis s'endort [5].

ENTRE QUATRE YEUX.

Beaucoup la vantent et disent qu'elle a du jugement; je le crois, aux yeux de chacun de ceux qu'elle aime successivement, elle a en effet du jugement.

---

1. Deux personnages féminins de l'*Obéron* de Wieland.
2. Sans doute G. G. Becker. Voy. le distique suivant.
3. *Les Récréations*, publiées par G. G. Becker. Le second numéro contient l'*Anéantissement*, vision, de Jean-Paul Fr. Richter.
4. Ce distique est, selon les uns, à l'adresse de Fr. L. Stolberg; selon d'autres, il s'applique à Fr. Schlegel, qui fatiguait Goethe de ses éloges.
5. Allusion aux longues périodes de Wieland.

CHARADE[1].

Il ne te manque que ton premier, pour qu'on puisse jouir de ton second ; mais ton tout, mon ami, est sans sel et sans goût.

QUESTION RELATIVE A W. MEISTER[2], INSÉRÉE DANS L'INDICATEUR DE L'EMPIRE.

Pourquoi des noms welches pour des personnages allemands ? Cela ne vous ôte-t-il pas tout le plaisir qu'on prendrait à ce bel ouvrage ?

GOESCHEN AUX POÈTES ALLEMANDS[3].

Quand une fois Wieland aura paru, ce sera votre tour, à vous tous, et dans l'ordre où j'ai reçu vos manuscrits. En attendant, prenez patience.

L'ÉDITEUR DES ÉCRITS DE P***.

Je possède une machine qui pense elle-même ce qu'elle imprime. Je donne ici pour spécimen le susdit ouvrage[4].

DICTON DE JOSEPH II AUX LIBRAIRES.

Il a comparé votre industrie à un commerce de fromage ? Assurément l'empereur, on le voit, a été à la foire de Leipzig.

QUESTION MISE AU CONCOURS PAR L'ACADÉMIE DES SCIENCES UTILES[5].

Comment pourrait-on désormais épargner sur la lettre u ce coûteux crochet ? Il y a trente ducats de proposés pour la réponse.

---

1. Contre G. G. Fülleborn, auteur d'ouvrages philosophiques. *Fülle* signifie « abondance, » et *Born* « source. »
2. Roman de Goethe.
3. Gœschen, libraire à Leipzig, publiait alors une belle édition des œuvres de Wieland.
4. *L'homme-machine*, dans les aphorismes philosophiques de Platner.
5. Dans l'écriture allemande, la voyelle u (français ou) se distingue de la consonne n par une sorte de crochet superposé ; la voyelle ü (français u) a deux points. — Le distique est dirigé contre Chr. H. Wolke, connu pour ses étranges réformes de l'orthographe allemande.

LES SALLES DES COURS DANS CERTAINES UNIVERSITÉS.

Les princes et les comtes sont ici séparés des autres auditeurs[1]. Bien! car la condition ne classerait les gens nulle part, qu'elle le ferait ici.

LE VIRTUOSE[2].

Je suis aux ordres de l'auguste assemblée avec ma flûte, qui, comme tout Vienne me l'atteste, sonne absolument comme un violon.

DEMANDE.

On désire avoir un domestique qui écrive lisiblement et mette l'orthographe, mais qui pourtant ne se soit pas exercé dans les belles-lettres.

COMÉDIES FRANÇAISES DE DYK[3].

Nous vous jurons sur l'honneur que jadis nous avons eu de l'esprit, bien que nous soyons ici, nous l'avouons, parfaitement fades et sans nul goût.

LE JUGEMENT DE DIEU.

(Entre un champion de Gœttingue et un de Berlin.)

Ouvrez les barrières! Apportez deux cercueils! Trompettes, sonnez! Le chevalier de l'almanach contre le chevalier de l'éperon[4].

RÉCLAMATIONS D'IDÉES VOLÉES.

(C'est Immanuel Kant qui parle.)

Vingt idées m'ont été naguère soustraites furtivement; elles sont faciles à reconnaître : mon I. K. est proprement marqué dessus.

---

1. Tel était l'usage à Gœttingue, par exemple, et à Iéna. — La jeune noblesse était généralement peu laborieuse, et se distinguait peu dans les universités.
2. Le Flûtiste aveugle, Fr. L. Dulon.
3. Contre le *Théâtre comique des Français* de Dyk.
4. Ch. de Reinhard, éditeur de l'*Almanach des Muses* de Gœttingue et D. Ienisch, auteur de la *Borussiade*. Voy. p. 565.

RÉPONSE AU PRÉCÉDENT AVIS.

Si tout ne me trompe, j'ai vu dernièrement à Hall, dans les écrits de M. Jakob, les idées susdites.

LA COMÉDIENNE [1].

Les rôles d'amantes furieuses sont mon fort dans le drame, et dans la comédie je brille comme marchande de rogomme.

PROFESSOR HISTORIARUM [2]

Le monde s'agrandit sans cesse, et sans cesse il s'y passe des faits nouveaux. Hélas ! l'histoire devient toujours plus longue, et le pain quotidien plus court.

CRITIQUE [3].

Voyez comme la grenouille gentiment saute ! Pourtant je trouve les pattes de derrière beaucoup trop longues, celles de devant trop courtes.

ALMANACH LITTÉRAIRE D'ADRESSES.

Que chacun fasse son métier, mais que l'enseigne porte toujours : « Tel est son métier, et ce métier il l'exerce habilement. »

LES PLUS NOUVEAUX ÉCHANTILLONS DE CRITIQUE [4].

Il te manque peu de chose pour être digne, d'après mes idées, du nom de maître ; je ne fais qu'une seule réserve : tu délires comme un extravagant.

---

1. On appliqua ce distique à une actrice de Leipzig.
2. Schiller était alors professeur d'histoire à Iéna, avec un traitement de 200 thalers.
3. Au sujet de quelques critiques dirigées contre les *Xénies*.
4. Cette épigramme et les six suivantes sont relatives à certaines critiques des *Heures*, insérées dans divers journaux du temps.

UN AUTRE.

Tes sentiments sont aimables et délicats, ton expression polie ; je ne blâme qu'une chose : tu as le cœur glacé et tu es terne.

UN TROISIÈME.

Toi seul à mes yeux tu es le vrai poëte ! Tu ne regardes pas à une platitude, rien que pour être naturel.

« DIGNITÉ DES FEMMES » DE SCHILLER [1].

Si on lit la chanson à commencer par en haut, elle ne fait pas très-bon effet ; je la lis à rebours, strophe par strophe, et de la sorte elle est tout à fait jolie.

« PÉGASE » PAR LE MÊME [2]

Ma nature délicate est choquée de la crudité du tableau ; mais, peint par Langbein, le diable est fort à mon goût.

LA DISPROPORTION.

Nos poëtes sont superficiels, mais c'est un malheur qui se pourrait pallier, si les critiques, hélas! n'avaient tant de génie.

CURIOSITÉ.

Il est une chose que je voudrais voir : le mérite des bons amis qui trouvent si vite vos défauts.

LES GAZETTES LITTÉRAIRES.

Comme les numéros à la loterie, on tire ici les auteurs comme ils viennent, seulement de telle sorte que personne n'y gagne.

1. Voy. page 299.
2. Voy. page 325.

EXAGÉRATION ET PARTIALITÉ EXCLUSIVE [1].

Faut-il donc que l'Allemand pousse tout à l'extrême! qu'il se passionne ainsi pour la nature et la raison, même la froide raison!

ASSERTION TOUTE MODERNE.

La poésie des modernes est absolument sans caractère, car ils ne savent être que caractéristiques.

LA TRAGÉDIE GRECQUE ET LA TRAGÉDIE MODERNE.

Notre tragédie parle à l'entendement, voilà pourquoi elle déchire tant le cœur; celle des Grecs émeut l'âme, c'est pour cela qu'elle calme à ce point.

L'EFFET OPPOSÉ.

Nous autres modernes, nous sortons, troublés, émus, du spectacle; le Grec en revenait, allègre, la poitrine soulagée.

LA PLUS HAUTE HARMONIE.

Œdipe s'arrache les yeux, Jocaste se pend, tous deux innocents : la pièce s'est dénouée harmonieusement.

SOLUTION DE L'ÉNIGME.

Enfin nous savons pourquoi Hamlet nous attire à ce point : c'est, remarquez-le bien, parce qu'il nous plonge absolument dans le désespoir.

LES XÉNIES.

Muse, où nous conduis-tu? Quoi, même aux enfers, chez les

---

[1]. Ce distique et les cinq suivants sont dirigés surtout contre la dissertation de Manso *Sur certaines différences de la tragédie grecque et de la tragédie allemande.*

mânes? As-tu oublié que nous ne sommes que des monodistiques ¹?

LA MUSE.

Tant mieux! Ailés comme vous êtes, corps subtils et vaporeux, plutôt âme que charpente osseuse, vous passez en glissant comme des ombres.

ACHERONTA MOVEBO ².

Enfer, maintenant prends garde à toi : il vient un narrateur de voyages, et la publicité dévoilera l'Achéron même ³.

STERILEMQUE TIBI, PROSERPINA, VACCAM ⁴.

Hécate, chaste déesse! je te sacrifie « la Science⁵ d'aimer » de Manso; elle est vierge encore, elle n'a jamais rien su de l'amour.

ELPÉNOR ⁶.

Faut-il que je te trouve déjà en ces lieux, Elpénor? Tu m'as devancé d'une course rapide! et comment? la nuque brisée⁷.

LA MALHEUREUSE PRÉCIPITATION.

Ah! quand ils ont crié : « Liberté, égalité! » j'ai voulu bien vite les suivre, et comme l'escalier me semblait trop long, j'ai sauté du toit⁸.

---

1. Et c'est dans les longues épopées que se trouvent les « Descentes aux Enfers. »
2. Virgile, *Énéide*, VII, 312.
3. Au sujet du *Voyage en Allemagne et en Suisse* de Nicolaï.
4. Virgile, *Énéide*, VI, 251.
5. En allemand « l'Art d'aimer. » — *Die Kunst*, « l'art », est un nom féminin.
6. Elpénor, compagnon d'Ulysse; il tomba d'un toit et se brisa la nuque. Ulysse le rencontra aux Enfers.
7. Ce distique et le suivant sont relatifs au terroriste Euloge Schneider, d'abord professeur à Bonn, puis grand vicaire de l'évêque constitutionnel de Strasbourg. Il fut arrêté par ordre des commissaires de la Convention, et guillotiné à Paris en 1794.
8. C'est la réponse d'Elpénor-Schneider à la question du distique précédent.

ACHILLE.

Autrefois nous t'honorions dans la vie comme un des dieux; maintenant que tu es mort, ton âme règne sur les âmes [1].

CONSOLATION.

Ne t'afflige pas de ta mort, Achille! Ton nom vit glorieux dans la *Bibliothèque des belles-lettres* [2].

SA RÉPONSE.

J'aimerais mieux servir, comme valet de charrue, le plus pauvre des hommes, que de conduire, comme tu le dis, ce troupeau d'oies.

QUESTION.

Donne-moi des nouvelles de mes jeunes neveux. Règnent-ils encore tous deux dans les lettres, et comment [3]?

RÉPONSE.

Sans doute ils règnent encore, et pressent rudement les Troyens; parfois aussi ils tirent aveuglément en l'air.

QUESTION.

Dis-moi aussi si tu as des nouvelles du vieux Pélée [4]; si son nom se lit encore, célèbre au loin, dans les calendriers

RÉPONSE.

Ah! il n'a plus, hélas! cette vigueur de tension et cette promptitude qui jadis animèrent les cordes admirables du *Gr* **** [5].

---

1. Ce distique et les deux suivants se rapportent à Lessing. C'est une parodie de l'entretien d'Ulysse avec l'ombre d'Achille. (*Odyssée*, XI, 434 et suivants.)
2. Voy. page 538, note 3.
3. Ces deux jeunes neveux sont vraisemblablement Auguste-Guillaume Schlegel et son frère Frédéric, et le questionneur serait leur oncle, le poëte dramatique J. E. Schlegel. La parodie d'Homère continue.
4. Gleim, alors âgé de 77 ans.
5. Gleim avait publié, en 1758, ses beaux chants de guerre prussiens, sous le titre du *Grenadier*.

AJAX.

Ajax, fils de Télamon! Quoi, même après la mort, il t'a fallu garder ce vif ressentiment au sujet de ma critique[1]?

TANTALE[2].

Il y a des années que je suis ici debout, tel que tu me vois, penché vers l'Hippocrène, mourant de soif; mais la source, dès que j'y veux goûter, s'écoule.

PHLEGYASQUE MISERRIMUS OMNES ADMONET[3].

Fou que je suis! fou furieux! et fou quiconque, obéissant au conseil d'une femme, plante l'arbre de la liberté!

LA COCARDE TRICOLORE.

Quel est cet enragé qui hurle ainsi dans les Enfers, et d'une main furieuse déchire sa cocarde?

AGAMEMNON.

Citoyen Ulysse, que tu es heureux! Ton épouse est modeste, elle te tricote des bas et ne te pare point d'emblèmes tricolores[4].

SISYPHE.

Quoi, même ici, pas encore de repos, malheureux? Tu roules

---

1. Allusion à la critique des poésies de Bürger, que Schiller avait publiée dans la *Gazette littéraire universelle*, en 1791, et qui avait fort irrité Bürger.— Voyez l'*Odyssée*, XI, 583.
2. J. Chr. Gottsched.
3. *Énéide*, VI, 618. — Cette épigramme et peut-être la suivante s'appliquent à J. G. A. Forster qui, à l'instigation de sa femme, disait-on, était allé à Paris, en 1793, plein d'enthousiasme pour la Révolution française, et y était mort l'année suivante, déçu dans ses espérances et profondément affligé.
4. On a rapporté cette épigramme à Klopstock, qui avait chanté la Révolution française, mais que sa femme, dit-on, avait empêché de publier les plus vives de ses odes démocratiques.

toujours ton rocher au haut de la montagne, comme autrefois quand tu régnais [1] !

SULZER [2].

Ici, par delà les urnes sépulcrales, que les choses sont bien différentes de ce que nous pensions ! Mon cœur sincère m'a obtenu mon pardon.

HALLER [3].

Ah ! comme les gros volumes fondent ici et se réduisent ! Quelques-uns sont récompensés, mais la plupart sont pardonnés.

MOSES MENDELSSOHN.

Oui, tu me vois immortel ! — Tu nous l'as prouvé il y a longtemps dans le Phédon [4]. — Mon ami, réjouis-toi de le voir.

LE JEUNE WERTHER [5].

Qu'épies-tu ici ? — J'attends le stupide compagnon qui s'est réjoui d'une façon si insipide de ma souffrance.

L***.

« Noble ombre, tu t'irrites ? » — Oui, contre un frère cruel qui ne laisse pas reposer en paix mon corps qui s'en va en poudre [6].

LES DIOSCURES [7].

J'espérais trouver ici, aux Enfers, au moins l'un de vous

---

1. Chr. Ad. Klotz, qui, jusqu'au temps de sa querelle avec Lessing, avait exercé une certaine autorité dans le monde littéraire. Voy. l'*Odyssée*, XI, 593.
2. Au sujet des cinq dissertations de J. G. Sulzer « Sur l'immortalité de l'âme, considérée comme une matière de physique. »
3. Alb. Haller, mort en 1777, auteur de nombreux ouvrages.
4. C'est le titre qu'il avait donné, d'après Platon, à son livre sur l'immortalité de l'âme, publié en 1767.
5. Au sujet de la parodie publiée, en 1775, par Nicolaï, sous le titre des « Joies du jeune Werther. »
6. Au sujet de la *Vie de Lessing*, publiée par son frère, « avec ce qui restait de ses œuvres posthumes. »
7. Les deux frères Stolberg.

deux ; mais vous êtes tous deux mortels, voilà pourquoi vous vivez à la fois.

RENCONTRE INATTENDUE [1].

Dis-moi, mon ami, comment se fait-il que je te trouve dans le séjour de la mort, toi que j'ai laissé, sain encore et frais, dans Berlin?

LE CADAVRE [2].

Ah! ce n'est que mon corps qui circule encore dans des almanachs; mais depuis longtemps mon esprit a passé le Léthé.

PEREGRINUS PROTEUS.

Si tu vois Wieland, offre-lui tous mes remerciments ; mais il m'a fait trop d'honneur ; j'étais pourtant un gredin [3].

LUCIEN DE SAMOSATE.

« Maintenant, ami, es-tu réconcilié avec les philosophes ? Là-haut, dans la vie, tu les as (Jupiter le sait) cruellement harcelés. »

AVEU.

Parle plus bas, mon ami! J'ai, il est vrai, châtié les fous, mais souvent aussi, avec mon babil, tourmenté les sages [4].

ALCIBIADE.

Viens-tu d'Allemagne? Regarde-moi donc, pour me dire si je suis réellement ce fat que je parais être chez vous dans les peintures qu'on fait de moi [5].

---

1. Ce distique et le suivant se rapportent à Ramler.
2. C'est la réponse de Ramler au distique précédent.
3. Au sujet de l'*Histoire secrète du philosophe Peregrinus Proteus*, par Wieland.
4. Cette épigramme et la précédente s'appliquent à la traduction de Lucien, par Wieland.
5. *L'Alcibiade* de A. G. Meissner et l'*Alcibiade allemand* de Ch. G. Cramer.

MARTIAL.

Vous vous nommez Xénies? Vous vous donnez pour présents culinaires? Est-ce donc de piment (pardon de la question!) qu'on se nourrit chez vous[1]?

LES XÉNIES.

Pas précisément! mais les nombreux aliments fades vous ont tellement affaibli l'estomac, qu'il n'y a plus que le poivre et l'absinthe qui agissent[2].

LA MUSE AUX XÉNIES.

Mais maintenant, je vous le conseille, partez; sans quoi vous apparaîtrait encore la grimace de la Gorgone ou un volume d'odes de Haschka[3].

AUX PRÉTENDANTS[4].

Tout cela n'était qu'un jeu! Vous vivez tous encore, prétendants; voici l'arc et voici la place pour lutter.

---

1. Martial, comme nous l'avons dit, avait donné à son treizième livre le titre de *Xénies*, mot qui désigne des présents, surtout culinaires, qu'on faisait à ses hôtes.
2. C'est ici que venaient, dans l'*Almanach des Muses* de 1797, les distiques traduits plus haut (pages 381 à 388) et groupés sous trois titres: *les Homérides*, *les Philosophes* et *l'Ombre de Shakspeare*. Ils avaient bien plus de sel comme faisant partie de la *Nécyomantie* que détachés comme ils le sont maintenant dans le recueil des poésies.
3. « Chant sur M. Wurz, » par L. L. Haschka.
4. Le jugement des prétendants avait fourni à Schiller un bon nombre de paroles satiriques qu'il a supprimées, pour n'insérer dans l'*Almanach des Muses* que le distique final.

FIN DES POÉSIES DÉTACHÉES.

TABLE DE CONCORDANCE,

OU LES POÉSIES SONT RANGÉES D'APRÈS L'ORDRE DES ÉDITIONS ALLEMANDES

Poésies de la première période.

Adieux d'Hector	429	Rousseau	431
Amalie	430	L'Amitié	432
Les Funérailles. Rêverie	432	Groupe du Tartare	464
Fantaisie. A Laure	440	L'Élysée	465
Laure au clavecin	442	Le Fugitif	450
L'Extase. A Laure	444	Les Fleurs	451
Le Mystère de la réminiscence. A Laure	445	Au Printemps	468
		A Minna	461
Mélancolie. A Laure	447	Le Triomphe de l'Amour	434
La Fille infanticide	458	La Fortune et la Sagesse	462
La Grandeur du monde	463	A un Moraliste	433
Élégie sur la mort d'un jeune homme	455	Le comte Éberhard le Larmoyeur, de Wûrtemberg	469
La Bataille	466	Séméle, en deux scènes	473

Poésies de la deuxième période.

A la Joie	401	La Femme célèbre	411
La Flotte invincible	405	A une Jeune Amie sur son album	399
Le Combat	407		
Résignation	408	Avertissement de Schiller pour la traduction en stances rimées du second livre de l'*Énéide*	493
Les Dieux de la Grèce	414		
Les Artistes	418		

Poésies de la troisième période.

La Rencontre	397	Le Soir. D'après une peinture	387
A Emma	393	Aspiration	279
Le Mystère	394	Le Pèlerin	278
L'Attente	395	Les Vues et Espérances idéales	389

TABLE DE CONCORDANCE.

La Plainte de la jeune fille......	241
Le Jeune homme au bord du ruisseau...............	288
La Faveur du moment,......	263
Chanson de la montagne......	262
Le Chasseur des Alpes.........	263
Dithyrambe...............	392
Les Quatre Ages du monde.....	260
Chanson à boire le punch......	319
Aux Amis................	267
Chanson à boire le punch, à chanter dans le Nord............	320
Chant funèbre d'un Nadoessis...	217
La Fête de la victoire...........	265
Plainte de Cérès.	313
La Fête d'Éleusis.............	255
L'Anneau de Polycrate.........	215
Les Grues d'Ibycus............	211
Héro et Léandre...............	280
Cassandre................	285
La Caution. Damon et Panitias..	230
Le Plongeur..........	219
Le chevalier Toggenbourg......	223
Le Combat contre le Dragon.....	234
Le Message à la forge..........	225
Le comte de Habsbourg........	289
Le Gant.	209
L'Image voilée de Saïs.........	322
Le Partage de la Terre........	324
La Jeune étrangère...........	277
L'Idéal et la Vie.............	295
Paraboles et Énigmes.........	328
La Promenade...........	249
Le Chant de la Cloche.......	242
Puissance du chant.........	305
Dignité des femmes............	249
Espérance........	318
La Muse allemande.........	374
Le Semeur............	300
Le Marchand.............	367
Ulysse.................	311
Carthage............	369
Les Chevaliers de Saint Jean...	367
La Foi allemande............	350
Colomb.............	310
Pompéies et Herculanum.......	387
L'Iliade.............	355
Jupiter à Hercule........	305
L'Œuvre d'art antique au voyageur du Nord............	337
Les Chantres du monde ancien..	305
Les Antiques à Paris.........	337
Thécla, voix d'un esprit.......	275
La Pucelle d'Orléans..........	276
Nénie............	265
Le Petit garçon qui joue......	357
Les Sexes...........	304
Puissance de la femme........	364
La Danse..............	312
Le Bonheur...........	308
Le bon Génie...........	302
L'Égoïsme philosophique......	339
Les Paroles de la foi.........	335
Les Paroles de l'Illusion......	336
Sentences de Confucius......	316
Lumière et Chaleur..........	317
Largeur et Profondeur.......	318
Les Guides de la vie.........	328
Archimède et le Disciple......	311
Le Savoir de l'homme	310
Les Deux chemins de la vertu...	363
Les Dignités........	307
Zénith et Nadir...........	306
Sortie de la vie............	363
L'Enfant au berceau..........	357
L'Immuable.........	305
Théophanie...............	337
Ce qu'il y a de plus élevé......	364
Immortalité............	353
Les ex-voto ou tablettes votives................	342
La meilleure Constitution politique	370
Aux Législateurs............	369
Ce qu'il faut honorer.......	369
La Fausse ardeur pour l'étude...	353
La Source de Jouvence.......	353
Le Cercle de la nature........	359
Le Génie avec la torche retournée............	360
La Vertu de la femme........	361
La plus belle Apparition......	362
Tribunal de la femme..........	360
Le Jugement féminin	360
L'Idéal de la femme..........	362
Attente et Accomplissement....	358
Le Sort commun	358
L'Activité humaine..........	320
Le Père.......	359
Amour et Désir........	364
Bonté et Grandeur..........	364
Les Ressorts............	352
Les Naturalistes et les Philosophes transcendants............	377
Le Génie allemand............	354
Bagatelles.....	335
L'Allemagne et ses princes......	370

Aux Faiseurs de prosélytes	352
Le Moyen d'union	371
L'Époque	373
La Comédie allemande	377
Annonce de libraire	378
Dangereuse séquelle	380
Le Génie grec	380
Les Enfants du dimanche	381
Les Philosophes	382
S. S.	378
Les Homérides	381
Le Poëte moraliste	372
Les Danaïdes	373
Le Sujet sublime	372
L'Habile artifice	372
Jérémiade	379
La Science	374
Kant et ses interprètes	373
L'Ombre de Shakspeare	385
Les Fleuves	
Le Métaphysicien	
Les Grands philosophes	341
Pégase sous le joug	325
Le Jeu de la vie	368
A un Jeune ami qui était sur le point de se consacrer à la philosophie	338
Poésie de la vie. A***	321
A Goethe, quand il mit sur la scène le *Mahomet* de Voltaire	271
A Mlle Slévoigt, lors de son mariage	398
Dans l'Album d'un ami	400
Dans l'Album in-folio d'un ami des arts	400
Le présent	401
Guillaume Tell	274
Au Prince héréditaire de Weimar, comme il partait pour Paris	269
Le Commencement du nouveau siècle. A***	270
Adieu du poète au lecteur	402

TABLE DES MATIÈRES.

Préface.. Pages 1
Vie de Schiller.. 1

POÉSIES DÉTACHÉES.

Le Gant.. 209
Les Grues d'Ibycus... 211
L'Anneau de Polycrate...................................... 215
Chant funèbre d'un Nadoessis............................... 217
Le Plongeur.. 219
Le chevalier Toggenbourg................................... 223
Le Message à la forge...................................... 225
La Caution Damon et Phintias............................... 234
Le Combat contre le Dragon................................. 236
La Foi allemande... 240
La Plainte de la jeune fille............................... 241
Le Chant de la Cloche...................................... 242
La Promenade... 249
La Fête d'Éleusis.. 255
Les Quatre Âges du monde................................... 260
Aux Amis... 262
La Faveur du moment.. 263
Nénie.. 265
La Fête de la victoire..................................... 265
Au Prince héréditaire de Weimar, comme il partait pour Paris......... 269
Le Commencement du nouveau siècle. A***................... 270
A Goethe, quand il mit sur la scène le *Mahomet* de Voltaire....... 271
Guillaume Tell... 274
Thécla, voix d'un esprit................................... 275
La Pucelle d'Orléans....................................... 276
La Jeune étrangère... 277
Le Pèlerin... 278
Aspiration... 279
Héro et Léandre.. 280
Cassandre.. 285
Le Jeune homme au bord du ruisseau......................... 288
Le Comte de Habsbourg...................................... 289

TABLE DES MATIÈRES.

	Pages
Le Chasseur des Alpes.	292
Chanson de la Montagne.	293
L'Idéal et la Vie.	295
Dignité des femmes.	299
Le bon Génie.	302
Les Sexes.	304
Les Chantres du monde ancien.	305
Puissance du chant.	306
Les Dignités.	307
Le Bonheur.	308
Colomb.	310
Ulysse.	311
Archimède et le Disciple.	311
La Danse.	312
Plainte de Cérès.	313
Sentences de Confucius.	316
Lumière et Chaleur.	317
Largeur et Profondeur.	318
Espérance.	318
Chanson à boire le punch.	319
Chanson à boire le punch, à chanter dans le Nord.	320
Poésie de la vie. A***.	321
L'image voilée de Saïs.	322
Le Partage de la terre.	324
Pégase sous le joug.	325
Les Guides de la vie.	328
Paraboles et Énigmes.	329
Les Paroles de la Foi.	335
Les Paroles de l'Illusion.	336
L'Œuvre d'art antique au voyageur du Nord.	337
Les Antiques à Paris.	337
A un jeune ami qui était sur le point de se consacrer à la philosophie.	338
L'Égoïsme philosophique.	339
Le Savoir de l'homme.	340
Le Métaphysicien.	340
Les Grands philosophes.	341
LES EX-VOTO OU TABLETTES VOTIVES.	342
Les vocations différentes.	343
Le Principe de vie.	343
Deux Modes d'action.	343
Différence des conditions.	343
Prix et Dignité.	343
La Force morale.	343
Communication.	344
A*.	344
A**.	344
A***.	344
La Génération présente.	344
A la Muse.	344
Le Travailleur érudit.	344
Le Devoir de chacun.	344
Problème.	345

L'Idéal propre.. Pages	345
Aux Mystiques......................................	345
La Clef...	345
Le Guetteur...	345
Sagesse et Prudence.................................	345
Accord...	346
Enseignement politique..............................	346
Majestas populi.....................................	346
A un Réformateur du monde.........................	346
Mon Antipathie.....................................	347
Aux Astronomes....................................	347
Ecrits astronomiques................................	347
Le Meilleur État....................................	347
Ma Croyance..	347
L'Intérieur et l'Extérieur............................	347
Ami et Ennemi......................................	348
Lumière et Couleur.................................	348
Belle individualité..................................	348
La Diversité..	348
Les Trois âges de la nature.........................	348
Le Génie..	348
L'Imitateur...	349
Caractère du génie..................................	349
Les Scrutateurs.....................................	349
L'Union difficile....................................	349
Correction..	350
La Loi de la nature.................................	350
Choix...	350
La Musique...	350
La Parole...	350
Au Poëte..	350
Le Maître...	350
La Ceinture...	350
L'Amateur..	351
Les Bavards en matière d'art........................	351
Les Philosophies....................................	351
La Faveur des Muses................................	351
La tête d'Homère comme cachet.....................	351
Aux Faiseurs de prosélytes..........................	352
Les Ressorts..	352
La Fausse ardeur pour l'étude.......................	353
Immortalité...	353
La Source de Jouvence..............................	353
La Muse allemande.................................	354
Le Génie allemand..................................	354
L'Iliade..	355
Bagatelles...	355
Théophanie...	357
L'Enfant au berceau.................................	357
Le Petit garçon qui joue.............................	357
Attente et Accomplissement.........................	358
Le Sort commun....................................	358

TABLE DES MATIÈRES.

	Pages
L'Activité humaine	359
Le Père	359
Le Cercle de la nature	359
Le Génie avec la torche retournée	360
Tribunal de la femme	360
Le Jugement féminin	360
La Vertu de la femme	361
Puissance de la femme	361
L'Idéal de la femme	362
La plus belle Apparition	362
Les Deux chemins de la vertu	363
Sortie de la vie	363
Ce qu'il y a de plus élevé	364
Amour et Désir	364
Bonté et Grandeur	365
Jupiter à Hercule	365
L'Immuable	365
Zénith et Nadir	366
Le Semeur	366
Les Chevaliers de Saint-Jean	367
Le Marchand	367
Carthage	368
Le Jeu de la vie	368
Ce qu'il faut honorer	369
Aux Législateurs	369
La meilleure Constitution politique	370
L'Allemagne et ses princes	370
Le Génie grec. A Meyer en Italie	371
Le Moyen d'union	371
Le Poëte moraliste	372
L'Habile artifice	372
Le Sujet sublime	372
L'Époque	374
Les Danaïdes	373
Kant et ses Interprètes	373
La Science	374
Les Fleuves	374
La Comédie allemande	377
Les Naturalistes et les Philosophes transcendants	377
S. S.	378
Annonce de libraire	378
Jérémiade	379
Le Génie grec	380
Dangereuse séquelle	380
Les Enfants du dimanche	381
Les Homérides	381
Les Philosophes	382
L'Ombre de Shakspeare. Parodie	385
Le Soir. D'après une peinture	387
Pompéies et Herculanum	387
Les Vues et Espérances idéales	389
Dithyrambe	392
A Emma	393

TABLE DES MATIÈRES.

	Pages
Le Mystère	394
L'Attente	395
La Rencontre	397
A Mlle Slévoigt, lors de son mariage	398
A une Jeune amie, sur son album	399
Dans l'Album in-folio d'un ami des arts	400
Dans l'Album d'un ami	400
Le Présent	401
A la Joie	401
La Flotte invincible	405
Le Combat	407
Résignation	408
La Femme célèbre	411
Les Dieux de la Grèce	414
Les Artistes	418
Adieux d'Hector	429
Amalie	430
Rousseau	430
A un Moraliste	433
Le Triomphe de l'amour. Hymne	434
L'Amitié	438
Fantaisie. A Laure	440
Laure au clavecin	442
L'Extase. A Laure	444
Le Mystère de la réminiscence. A Laure	445
Mélancolie. A Laure	447
Le Fugitif	450
Les Fleurs	451
Les Funérailles. Rêverie	452
Élégie sur la mort d'un jeune homme	455
La Fille infanticide	458
A Minna	461
La Fortune et la Sagesse	462
La Grandeur du monde	463
Groupe du Tartare	464
L'Élysée	465
La Bataille	466
Au Printemps	468
Le comte Eberhard le Larmoyeur, de Wurtemberg	469
Sémélé, en deux scènes	473
Adieu du poëte au lecteur	492
Avertissement de Schiller pour sa traduction en stances rimées du second livre de l'*Énéide*	493

APPENDICE. Poésies non contenues dans les éditions allemandes des œuvres. 497

Le Soir	497
Le Conquérant	499
Hymne à l'Infini	502
Peinture de la vie humaine	503
Aux Parques	503
Les Mauvais monarques	505
Reproche. A Laure	507
Le Monument de Moor le brigand	509

	Pages
La Peste	510
Histoire de la fameuse expédition que Hugo Sénachérib voulut entreprendre contre le pays de Juda	511
Epithalame pour le mariage de Henriette	513
Chant funèbre sur la tombe de Ph. Fr. de Rieger	517
Très-humble adresse d'un poëte tragique découragé, présentée au département de la lavanderie de la maison Kœrner	519
A Mlle d'**	520
Le Poëte. Feuille d'album	521
Pour le jour de naissance de Mme Griesbach	521
Le Renard et la Grue	522
A mon ami Kaaz, à Subiaco	523
Feuille d'album pour Auguste de Goethe	525
ÉPIGRAMMES	526
Tablettes votives et épigrammes générales	526
Xénies	534

IMPRIMERIE GÉNÉRALE DE CH. LAHURE
Rue de Fleurus, 9, à Paris

www.ingramcontent.com/pod-product-compliance
Lightning Source LLC
Chambersburg PA
CBHW060407230426
43663CB00008B/1416